国家社科基金
后期资助项目

回望燕京

何卫国 著

明清笔记、小说
与北京文化记忆

社会科学文献出版社
SOCIAL SCIENCES ACADEMIC PRESS (CHINA)

图书在版编目(CIP)数据

回望燕京：明清笔记、小说与北京文化记忆／何卫
国著.--北京：社会科学文献出版社，2025.6.
ISBN 978-7-5228-5356-7

Ⅰ.G127.1
中国国家版本馆 CIP 数据核字第 2025CJ0336 号

国家社科基金后期资助项目
回望燕京：明清笔记、小说与北京文化记忆

著　　者／何卫国
出 版 人／冀祥德
责任编辑／李丽丽
文稿编辑／李蓉蓉
责任印制／岳　阳

出　　版　社会科学文献出版社·历史学分社（010）59367256
　　　　　　地址：北京市北三环中路甲29号院华龙大厦　邮编：100029
　　　　　　网址：www.ssap.com.cn
发　　行　社会科学文献出版社（010）59367028
印　　装　三河市龙林印务有限公司

规　　格　开　本：787mm×1092mm　1/16
　　　　　　印　张：31.25　字　数：494千字
版　　次　2025年6月第1版　2025年6月第1次印刷
书　　号　ISBN 978-7-5228-5356-7
定　　价　128.00元

读者服务电话：4008918866

▲ 版权所有 翻印必究

国家社科基金后期资助项目
出版说明

　　后期资助项目是国家社科基金设立的一类重要项目,旨在鼓励广大社科研究者潜心治学,支持基础研究多出优秀成果。它是经过严格评审,从接近完成的科研成果中遴选立项的。为扩大后期资助项目的影响,更好地推动学术发展,促进成果转化,全国哲学社会科学工作办公室按照"统一设计、统一标识、统一版式、形成系列"的总体要求,组织出版国家社科基金后期资助项目成果。

全国哲学社会科学工作办公室

序

在这个"最低温度"纪录被频频刷新的冬天,我高兴地阅读了何卫国先生的新著《回望燕京:明清笔记、小说与北京文化记忆》。这是他即将付梓的第二部学术专著,其内容之丰富,议论之精当,行文之流畅,使我忘却了窗外的严寒,而感到了春天的暖意。

我们继承和发扬中华优秀传统文化,这绝非一句空泛的口号。而要做的第一步,应该是对传统文化进行实实在在的了解与研究。卫国先生的这部著作正是如此,通过对明清笔记、小说等的梳理与研究,全面阐释了古都北京的"文化记忆"。

卫国嘱我为此书作序,这使我想起2017年为他的第一部专著所作序言中表达的愿望:希望看到他的第二部专著不久问世。如今这个愿望实现了。而且新著中确有很多让我颇感兴趣,甚至非常敬佩的见解和叙述,遂有几句"读后感"写在下面。

本书充分体现了文献(笔记、小说)研究与实地考察的紧密结合。作者并不否认"北京在古代小说中的呈现确实不如杭州、南京等城市密集",但他同时指出,如果把视野扩大至文人笔记,"则相关资料极其丰赡",确认"文人笔记对北京的记述则远超其他城市,形成明清笔记中的特殊景观"。于是,他广泛涉猎明代笔记、清代笔记,乃至民国时期的笔记(见书中"明清笔记举要"部分)。这样,大量的笔记记载与小说的文学书写,构成了这本书极其扎实的文献基础,这一点,正是一切学术著作的第一要务。就方法论而言,本书则无疑为小说和文人笔记的研究开辟了新径。与此同时,卫国还对诸多景观、遗址、风俗进行了认真的实地考察,辨析了很多前人的记载与判断,并提出了一些有益的见解。比如,关于"纸上园林"《红楼梦》中大观园的论述,据我所知,卫国对恭王府后花园的了解是很深的,他曾在那里做过很多工作，这恰恰成了他深入的"实地考察"。同时，他对什刹海地区的王府、园林也有广泛的了解。因此，在论述"大观园"时，他能够提出一种很中肯的意见："其实，与其探讨恭王府后花园等私家园林与大观园的关系，不如探讨什刹海地区的园林景观与大观园的关系，这样或许更具说服力。"于是用了很长的一段文字阐释了他的观点。我以为是言之成理的，是有学术价值的。

书中对北京"文化记忆"的记叙与论证，充分体现了皇家气象与士风民俗的结合。皇家气象是北京特有的"文化记忆"，它体现在很多领域。本书通过对坛庙寺观、园林府邸等的论述，将这种"气象"生动而具体地呈现在读者面前。十分可贵的是，本书在展现皇家气象的同时，更融入了丰富的士风民俗文化内容。比如对盛行七百多年的"燕九节"做了细致的介绍；对东岳庙也以一节的篇幅加以论述，关于"掸尘会"，特别是"拴娃娃""摸铜像"等活动也做了阐释；在讨论"纸上园林"——"隐园"时，引申叙述了北京"三月看柳"的习俗。在讨论文人遗迹的章节中，特别突出了文人特有的风度、气质，揭示其文化意蕴。如关于"古藤书屋"，强调其"名气不在屋宇建筑，而在书屋里居住的文人。不论屋宇破败与否，古藤书屋都充盈着一股'文人气'"。总之，我认为这是一种很重要的思路，皇家气象与士风民俗的融合，才真正显示古都北京全面、立体的"文化记忆"。那种一提到古老的北京，就只着眼于皇城的巍峨与皇室的豪奢，却无视士风与民俗的认知，显然是片面的。

本书的后几章，广泛论述了明清以来北京地区各种风俗礼仪，从衣食住行到婚丧嫁娶，从科举教育到梨园节日等，揭示了多方面的文化意蕴。比如探讨服饰、饮食的章节中，特别指出种种规范所体现的等级制度的固化与变迁。关于服饰，作者首先强调的是服饰所体现的"等级"，在引用了钟敬文先生的一段精彩论述之后，指出"北京作为王朝的都城……其服饰文化的首要特征就是规制性，具体则体现为辨夷夏、明贵贱、别等威的等级服制"。以下所展开的论述都是很有启发性的。如果说这是一种横向的考察，那么书稿又对服饰的"时尚性"特征进行了纵向的梳理，指出"一代有一代之时尚。北京在不同历史时期，在首服、体服、鞋靴等服饰，甚至面料、色彩等方面，都曾刮起流行风"，详细论述了时尚的变迁。

书中所涉及的某些习俗的"尾声",甚至延续到20世纪40年代至50年代初。我自幼生长于北京,对书中所写到的某些习俗还有些记忆,所以感受很深。而"礼仪"意识,是很多习俗的要素。总之,本书后面几章借助小说、笔记的记述,有叙有论,使北京的"文化记忆""活"起来,古老京城的晨钟暮鼓似乎就响彻在耳边。

本书"后记"中写道:"本书所展现的明清北京城市图景,所揭示的城市文化内涵,或许对当前的北京城市文化建设有借鉴意义。"是的,这正是探究北京"文化记忆"的真正意义。北京,既古老,又青春,说它"日新月异""与时俱进"是一点也不过分的,而且始终充满着独特的文化意蕴。前些年,我有时还夸口说:三环以外,我本来就不熟悉,现在自然更不熟悉;而三环以内,是我从小就熟悉的地方,现在也不会陌生。但我错了,如今三环以内发生了太大的变化,有一天我坐车从西单路口经过,竟然没有认出这里就是当年的西单(牌楼)!一种"陌生感"油然而生。因此,近日拜读卫国的这部大作,我的感触很多。传统的北京"城市文化内涵",我们无疑要继承和发扬,它与其他多种元素共同构成了这个城市无可取代的个性。

我珍爱北京的一切,但我并没有对它做过认真的研究,所以对它的理解是肤浅的。我非常感谢卫国先生写出了这部著作,让我读过之后,收获多多。是的,年纪大了,视力不佳,但还是学习陆放翁"灯前目力虽非昔,犹课蝇头二万言"的精神,读了全书,并写了以上一些读后感。而这些读后感,自知写得文字拉杂,不成体系,不过是借以表达我的喜悦的心情,以及对卫国新著问世的祝贺!

段启明
写于癸卯腊月

目 录

绪 论 1

第一章 都城威仪与坛庙祭祀 20
第一节 "九坛八庙"及其祭祀仪式概略 20
第二节 天坛祭天 33
第三节 孔庙祭孔 48
第四节 先农先蚕耕织礼 58

第二章 芸芸众生与寺观庙宇 70
第一节 北京寺观庙宇略论 70
第二节 白云观里"会神仙" 84
第三节 东岳庙中"掸尘会" 95
第四节 娘娘庙朝顶进香 107
第五节 雍和宫看"打鬼" 120

第三章 休闲娱乐与山水园林 134
第一节 《帝京景物略》与明代北京园林 134
第二节 大观园与清代北京园林 147
第三节 隐园与清代京西园林 159

第四章 宣南"士乡"与士林文化 170
第一节 名人居所与士林雅集 170
第二节 会馆林立与地域文化交汇 184
第三节 琉璃厂书肆与文化传播 198

第五章　八旗世家与教育科举·······················214
第一节　八旗世家与子弟教育·····················214
第二节　旗人"秋闱"与科考流程··················230
第三节　才女文化与八旗闺秀·····················244

第六章　京旗文化与人生礼俗·······················258
第一节　生育习俗······························259
第二节　婚嫁仪式······························267
第三节　丧葬风俗······························279

第七章　四时节序与节日习俗·······················293
第一节　春节··································293
第二节　元宵节································304
第三节　清明节································315
第四节　端午节································323
第五节　中秋节································332

第八章　衣食住行与日常生活·······················341
第一节　服饰··································341
第二节　饮食··································360
第三节　居所··································380
第四节　出行··································396

第九章　剧坛风云与梨园习尚·······················414
第一节　花雅之争······························414
第二节　文人"品花"····························427
第三节　家庭演剧······························436

第十章　京师气象与西风东渐 ………………………………… 447
　　第一节　西洋物品与贵族生活 ……………………………… 447
　　第二节　西洋建筑与城市景观 ……………………………… 466

参考文献 ……………………………………………………………… 481

后　　记 ……………………………………………………………… 488

绪　论

一个城市的历史与文化，是这个城市的灵魂，也是其独特魅力之所在。北京有3000多年的建城史，870余年的建都史，是世界著名古都和历史文化名城，有举世称羡的文化遗产和深厚的文化积淀。明清时期是北京城至关重要的发展阶段，在其城市文化特质形成中发挥着极其重要的作用。明清时期的文人笔记与通俗小说，记录并描述了一个鲜活而立体的北京城。这些文献成为研究北京历史与文化的重要史料。本书即以此为研究对象，试图从其所描绘的北京城市生活图景中，捕捉具有都城文化特征的独特符号，探寻明清北京城的文化特质，并把它们与现在的北京城相联系，从而彰显历史文化资源在当代的价值与意义，以推动中华优秀传统文化创造性转化与创新性发展。

一　明清文人笔记、通俗小说与北京研究概述

本书为古代文学中的都城书写研究。都城是国家在一定时期的物质文明和精神文明发展水平的标志，是文学书写的特殊对象。近年来，都城文化与古代文学研究日渐繁荣。2018年，北京师范大学"中国古代都城文化与古代文学及相关文献研究"获批为国家社科基金重大项目。该课题组主持召开的相关学术研讨会以及发表的专题论文，推进了都城文化与古代文学的研究。

都城文化与古代文学研究能够延展出诸多有价值的学术议题。本书聚焦于古代文学书写对都城北京形象的塑造以及城市文化的建构。在文学作品的类别上，选择以明清时期与北京相关的文人笔记与通俗小说为研究对象，尤以文人笔记为重。

（一）研究范围及相关著述

文人笔记，简称笔记，或称笔记文，内容包括政治、经济、文化、军事、山水、风俗、物产、考证、诗文评论等，文体较为自由，篇幅长短不

定,语言雅俗皆可。中国古代有众多属于笔记的作品,但各种目录学著作中均没有笔记这一类别。《四库全书总目提要》将今人认定的笔记作品主要归入"史部·杂史""子部·杂家""子部·小说家"三类。

考虑到笔记的数量及价值,学界将之视为一个独立的文体加以研究。刘叶秋的《历代笔记概述》、谢国桢的《明清笔记谈丛》等对笔记的概念进行了界定。刘叶秋认为:"后人就总称魏晋南北朝以来'残丛小语'式的故事集为'笔记小说',而把其他一切用散文所写零星琐碎的随笔、杂录统名之为'笔记'。"① 当然,在古代小说研究领域,关于"笔记小说"与"笔记"的概念界定,学界也存在分歧。一般认为,"笔记小说"是"笔记"之一种。但上海古籍出版社出版的《历代笔记小说大观》在"出版说明"中对"笔记小说"的界定为:

> "笔记小说"是泛指一切用文言写的志怪、传奇、杂录、琐闻、传记、随笔之类的著作,内容广泛驳杂,举凡天文地理、朝章国典、草木虫鱼、风俗民情、学术考证、鬼怪神仙、艳情传奇、笑话奇谈、逸事琐闻等等,宇宙之大,芥子之微,琳琅满目,真是万象包罗。②

此处的"笔记小说"大体囊括了"笔记"的所有类别。刘叶秋的《历代笔记概述》将笔记分为三类,分别是小说故事类、历史琐闻类及考据辨证类。小说故事类即所谓的"笔记小说",内容主要是情节简单、篇幅短小的故事,如晋干宝《搜神记》、南朝宋刘义庆《世说新语》等,明清时期则有瞿佑《剪灯新话》、纪昀(晓岚)《阅微草堂笔记》、长白浩歌子《萤窗异草》等;历史琐闻类,内容博杂,多为随手记录的零星材料,如晋人伪托汉刘歆所作《西京杂记》、唐刘𫗧《隋唐嘉话》等,明清时期则有沈德符《万历野获编》、王士禛《池北偶谈》等;考据辨证类有晋崔豹《古今注》、宋沈括《梦溪笔谈》等,明清时期则有顾炎武《日知录》、赵翼《陔余丛考》等。笔记以博、杂见称,任何一种分类都并非绝对,

---

① 刘叶秋:《历代笔记概述》,北京出版社,2016,"绪论",第1页。
② 《历代笔记小说大观》,上海古籍出版社,2007,"出版说明",第1页。

彼此之间往往存在交叉、渗透的现象。本书探讨的是与北京相关的著述，所涉笔记主要为小说故事类与历史琐闻（掌故）类，且以历史琐闻（掌故）类为多。

明清时期是中国笔记发展的鼎盛时期，尤其是清代，各类笔记在前人的基础上有所发展，是集大成时期。明清笔记数量之多，至今尚未能统计清楚，估计超过我国历代笔记总数的一半，仅来新夏《清人笔记随录》就收录笔记200余种。① 如此多的笔记，为本书提供了更为宽广的视角。

在笔记的都城书写中，宋代以前专注于长安与洛阳，两宋时期以都城汴梁与临安为主，元明清时期则集中于南京与北京。明清以前出现的作品主要有：晋人伪托西汉刘歆之作《西京杂记》，北魏杨衒之《洛阳伽蓝记》，唐代杜宝《大业杂记》、崔令钦《教坊记》、段成式《寺塔记》，北宋欧阳修《洛阳牡丹记》、李格非《洛阳名园记》，南宋孟元老《东京梦华录》、耐得翁《都城纪胜》、吴自牧《梦粱录》、佚名《西湖老人繁胜录》、周密《武林旧事》，元代熊梦祥《析津志》，等等。明代虽有南京与北京两京，但南京真正作为政治中心仅在明初。因此，明清时期笔记中关于都城的书写，重在北京。北京虽有3000多年的建城史，但元代以前，相关地方志书基本散佚无存，至明清时期，始蔚为大观。

明代，记述北京的专书数量众多，据《光绪顺天府志》统计有121种，存而可见者仅10余种，如张爵《京师五城坊巷胡同集》，蒋一葵《长安客话》，沈榜《宛署杂记》，孙国敉《燕都游览志》，刘侗、于奕正《帝京景物略》，刘若愚《酌中志》，陆启浤《北京岁华记》，等等。其他涉及北京者，有陆容《菽园杂记》、陆深《玉堂漫笔》、郎瑛《七修类稿》、朱国祯《涌幢小品》、沈德符《万历野获编》、杨士聪《玉堂荟记》等。清代至民国，专记北京之笔记有顾炎武《昌平山水记》，孙承泽《春明梦余录》《天府广记》，朱彝尊《日下旧闻》，于敏中等《日下旧闻考》，高士奇《金鳌退食笔记》，查慎行《人海记》，吴长元《宸垣识略》，汪启淑《水曹清暇录》，潘荣陛《帝京岁时纪胜》，戴璐《藤阴杂记》，崇

---

① 参见来新夏《清人笔记随录》，中华书局，2005。

彝《道咸以来朝野杂记》，昭梿《啸亭杂录》，杨懋建《京尘杂录》，蜀西樵也《燕台花事录》，福格《听雨丛谈》，震钧《天咫偶闻》，何刚德《春明梦录》，富察敦崇《燕京岁时记》，陈宗蕃《燕都丛考》，朱一新《京师坊巷志稿》，孙殿起《琉璃厂小志》，柴桑《京师偶记》，阙名《燕京杂记》，夏仁虎《旧京琐记》等行世。此外，其他笔记中记北京者亦甚多，主要有刘廷玑《在园杂志》，王士禛《池北偶谈》《居易录》《香祖笔记》，纪昀《阅微草堂笔记》，长白浩歌子《萤窗异草》，和邦额《夜谭随录》，俞蛟《春明丛说》，张宸《平圃杂记》，纳兰性德《渌水亭杂识》，沈初《西清笔记》，英和《恩福堂笔记》，完颜麟庆《鸿雪因缘图记》，陈康祺《郎潜纪闻》，姚元之《竹叶亭杂记》，梁溪坐观老人《清代野记》，薛福成《庸庵笔记》，沈善宝《名媛诗话》，陈夔龙《梦蕉亭杂记》，徐珂《清稗类钞》等。如此多笔记集中笔墨记述北京城，此种情况远超历代都城。

通俗小说中与北京城市描写相关者，其数量远不如与杭州、南京相关者。《梼杌闲评》《红楼梦》《儿女英雄传》《品花宝鉴》《红楼梦影》等长篇章回小说中涉及北京的描写不少。《梼杌闲评》又名《明珠缘》，成书于明崇祯年间，不提撰人，记魏忠贤、客氏乱国事，详于明代宫廷生活，对北京市井生活亦多有描写，比如北京元宵灯会盛景、梨园子弟居处等。《红楼梦》成书于乾隆年间，作者曹雪芹，该书虽自言"朝代年纪，地舆邦国"，"失落无考"，但其小说叙事与北京有着千丝万缕的联系是可以确定的。《红楼梦》与北京渊源颇深，一方面作者曹雪芹系内务府旗人，其家族及个人有清晰的北京生活印记；另一方面，《红楼梦》以北京官话写成，书中的地名、园林、饮食、风俗、节令、技艺等，都有鲜明的北京特色。《红楼梦》可谓"京味儿"小说鼻祖。《儿女英雄传》系晚清出现的旗人小说，作者文康系满洲镶红旗人，小说主人公安骥、何玉凤等亦为旗人。小说以北京旗人社会为背景，描写一个旗人官宦家庭的日常生活，体现出鲜明的旗人文化色彩，是了解清代京旗社会风俗的重要作品。《品花宝鉴》成书于道光年间，作者陈森，小说围绕京师文人"品花"习尚，刻画嘉道之际北京的芸芸众生，描摹出一幅达官显宦、文人雅士、伶人歌伎等组成的京师生活长卷。该书系中国第一部以优伶为主人公、反映梨园生活的长篇章回小说。陈森本人喜爱戏曲，常年流连于歌楼舞馆，熟悉北京梨园状貌。小说笔墨所及北京剧坛花雅之争、士优交往风气、堂会演出状况等，生动形象地展现了清代中后期北京的戏曲发展生态。《红楼梦影》系《红楼梦》续书之一，成书于咸丰年间，作者顾太清系满洲镶蓝旗人。小说以地道北京官话写成，其描写的贾府生活，具有典型的旗人生活特征。书中所写的"纸上园林"——隐园，与顾太清人生行迹及京西园林关系密切。该书是一部具有鲜明北京地域特色的小说。上述小说借长篇章回小说的优势，生动展现了皇宫禁苑、贵族世家、旗人社会、戏园茶楼等京师生活场景。除此之外，明代冯梦龙、凌濛初"三言""二拍"、长安道人国清《警世阴阳梦》，清代西周生《醒世姻缘传》、随缘下士《林兰香》、李绿园《歧路灯》、陈少海《红楼复梦》、海圃主人《续红楼梦新编》、佚名《施公案》、魏秀仁《花月痕》、尹湛纳希《泣红亭》、西泠野樵《绘芳录》、李伯元《官场现形记》、吴趼人《二十年目睹之怪现状》、蘧园《负曝闲谈》、曾朴《孽海花》、王冷佛《春阿氏》、松友梅《小额》等，都有涉及北京的描写。这些小说与《梼杌闲评》《红楼梦》《儿女英雄传》《品花宝鉴》《红楼梦影》可互为补充。需要说明的是，晚清谴责小说《官场现形记》《孽海花》等有相当篇幅描写北京，早期旗人小说《春阿氏》《小额》更是以北京旗人为写作对象，北京大学出版社曾出版"清末民初京味儿小说书系"，但是本书的研究重点并不在晚清，故此时期的小说并非重点考察对象。

（二）研究现状

在中国古代笔记中，记述都城者可谓特殊一类，历来颇受学界关注。20世纪50年代，吕叔湘在《笔记文选读》中，即将《东京梦华录》《梦粱录》《武林旧事》《都城纪胜》诸书，视为"都市文学之滥觞也"。[1] 20世纪90年代以来，关于笔记与城市的研究日趋繁荣。史学研究者大量利用笔记作为第一手材料展开相关研究，如周宝珠《宋代东京研究》[2]、林正秋《南宋都城临安研究》[3] 等。研究城市文化、节令、园林、艺术、民俗

---

[1] 参见吕叔湘选注《笔记文选读》，古典文学出版社，1955，第94页。
[2] 周宝珠：《宋代东京研究》，河南大学出版社，1992。
[3] 林正秋：《南宋都城临安研究》，中国文史出版社，2006。

等领域的学者，亦积极挖掘笔记史料，研究成果颇丰，如伊永文《行走在宋代的城市：宋代城市风情图记》①、李春棠《坊墙倒塌以后——宋代城市生活长卷》②、常卫锋《北宋东京园林景观与游园活动研究》③、冯羽《明清笔记中的南京俗曲音乐研究》④、戴晓峰《宋代两京都市女性研究——以五种都市笔记为中心》⑤、康琦《基于园记文献的两宋私家园林造园风格及其流变研究》⑥、蔡丹君《〈洛阳伽蓝记〉都城书写的多民族思想文化特质》⑦、李承柳《从〈东京梦华录〉看北宋都城居民生活》⑧等。也有以城市为中心，将书写城市（或某一城市）的笔记视为一个整体进行系统全面研究者，如刘海霞《中国古代城市笔记研究》⑨、郑继猛《宋代都市笔记研究》⑩、朱琴《苏州古代笔记研究》⑪等。

如前所述，明清时期笔记中的北京著述数量甚夥。与此相关的研究成果：有在两京比较中对北京的研究，如刘海霞《中国古代城市笔记研究》第四章"明清两京的辉映与城市笔记的繁盛"第一节，探讨《帝京景物略》中的北京园林书写；⑫谢丽芳《明清笔记中的"双都叙述"》第三部分"明清笔记中'双都叙述'的典型意象"之（三），探讨明清笔记中的北京市井意象与世俗生活。⑬有以笔记为史料，对北京某一文化现象进行的研究，如魏兆惠、华学诚《明清文人笔记所见北京方俗语三

---

① 伊永文：《行走在宋代的城市：宋代城市风情图记》，中华书局，2005。
② 李春棠：《坊墙倒塌以后——宋代城市生活长卷》，湖南人民出版社，2006。
③ 常卫锋：《北宋东京园林景观与游园活动研究》，硕士学位论文，河南大学，2006。
④ 冯羽：《明清笔记中的南京俗曲音乐研究》，硕士学位论文，南京艺术学院，2014。
⑤ 戴晓峰：《宋代两京都市女性研究——以五种都市笔记为中心》，硕士学位论文，西北大学，2016。
⑥ 康琦：《基于园记文献的两宋私家园林造园风格及其流变研究》，博士学位论文，北京林业大学，2019。
⑦ 蔡丹君：《〈洛阳伽蓝记〉都城书写的多民族思想文化特质》，《民族文学研究》2022年第4期。
⑧ 李承柳：《从〈东京梦华录〉看北宋都城居民生活》，《兰台世界》2023年第7期。
⑨ 刘海霞：《中国古代城市笔记研究》，博士学位论文，上海师范大学，2014。
⑩ 郑继猛：《宋代都市笔记研究》，博士学位论文，陕西师范大学，2009。
⑪ 朱琴：《苏州古代笔记研究》，博士学位论文，苏州大学，2011。
⑫ 参见刘海霞《中国古代城市笔记研究》，博士学位论文，上海师范大学，2014，第120~123页。
⑬ 谢丽芳：《明清笔记中的"双都叙述"》，硕士学位论文，浙江师范大学，2013，第69~77页。

则——"嗓子""老婆"和"臭豆腐"》，① 代鹏辉《明清笔记史料中反映的满族婚俗文化发展趋势》。② 其中最热门者为戏曲研究，如蒋宸《清人笔记中戏曲文献史料研究》，③ 林秋云《清代北京梨园花谱：文本、性质与演变》，④ 王雪松《晚清笔记中的伶人演剧史料研究》，⑤ 严光《清代嘉庆道光年间的狭邪笔记研究》，⑥ 么书仪《试说嘉庆、道光年间的"花谱"热》，⑦ 温显贵、秦幼苹《清末笔记小说所见戏曲的地域差异——以北京、上海为中心》，⑧ 裴雪莱《清中期"花雅之争"视域下的戏曲演员地理来源——以北京、扬州等地文人笔记为中心》，⑨ 等等。

不过，成果最多的，仍然是对单部笔记的研究。如张勃《〈北京岁华记〉手抄本及其岁时民俗文献价值》，⑩ 刘永安《〈帝京景物略〉的园林研究》，⑪ 李怡洋《〈日下旧闻考〉及〈日下旧闻〉的园林研究》，⑫ 伍萍萍《〈日下旧闻考·风俗门〉研究》，⑬ 管谨严《〈夜谭随录〉对清中期京旗生活的描画》，⑭ 王文华《和邦额及其〈夜谭随录〉研究》，⑮ 项小玲《震钧与〈天咫偶闻〉》，⑯ 杨晴《杨懋建〈京尘杂录〉——兼论早期京

---

① 魏兆惠、华学诚：《明清文人笔记所见北京方俗语三则——"嗓子""老婆"和"臭豆腐"》，《汉字汉语研究》2020年第1期。
② 代鹏辉：《明清笔记史料中反映的满族婚俗文化发展趋势》，《兰州教育学院学报》2014年第11期。
③ 蒋宸：《清人笔记中戏曲文献史料研究》，博士学位论文，南京大学，2014。
④ 林秋云：《清代北京梨园花谱：文本、性质与演变》，硕士学位论文，复旦大学，2014。
⑤ 王雪松：《晚清笔记中的伶人演剧史料研究》，硕士学位论文，安徽大学，2016。
⑥ 严光：《清代嘉庆道光年间的狭邪笔记研究》，硕士学位论文，福建师范大学，2016。
⑦ 么书仪：《试说嘉庆、道光年间的"花谱"热》，《文学遗产》2004年第5期。
⑧ 温显贵、秦幼苹：《清末笔记小说所见戏曲的地域差异——以北京、上海为中心》，《音乐艺术（上海音乐学院学报）》2018年第3期。
⑨ 裴雪莱：《清中期"花雅之争"视域下的戏曲演员地理来源——以北京、扬州等地文人笔记为中心》，《戏曲艺术》2021年第2期。
⑩ 张勃：《〈北京岁华记〉手抄本及其岁时民俗文献价值》，《文献》2010年第3期。
⑪ 刘永安：《〈帝京景物略〉的园林研究》，硕士学位论文，天津大学，2012。
⑫ 李怡洋：《〈日下旧闻考〉及〈日下旧闻〉的园林研究》，硕士学位论文，天津大学，2011。
⑬ 伍萍萍：《〈日下旧闻考·风俗门〉研究》，硕士学位论文，聊城大学，2022。
⑭ 管谨严：《〈夜谭随录〉对清中期京旗生活的描画》，《民族文学研究》2008年第3期。
⑮ 王文华：《和邦额及其〈夜谭随录〉研究》，硕士学位论文，内蒙古大学，2005。
⑯ 项小玲：《震钧与〈天咫偶闻〉》，《满族研究》1992年第4期。

剧史学史（1949年以前）》，[1] 屈鹏飞《古代两湖与北京的端午节——〈荆楚岁时记〉、〈帝京岁时纪胜〉与〈燕京岁时记〉的比较》，[2] 宁萍《回味老北京岁时风俗——以〈燕京岁时记〉为源》，[3] 李建英《〈燕京杂记〉和〈旧京琐记〉中的市井细民群像》，[4] 杨俊涛《〈明内廷规制考〉考述——基于〈春明梦余录〉与方志〈天府广记〉的考证》，[5] 彭利芝《委巷妄谈　时亦有据——从〈啸亭杂录〉看昭梿小说观》，[6] 等等。

　　总体来看，明清笔记与北京相关的研究并不发达。首先，单部笔记研究往往集中于《帝京景物略》《夜谭随录》《啸亭杂录》《天咫偶闻》《京尘杂录》等著名作品，其他作品学界关注甚少。其次，细分专门领域研究，多集中于戏曲、园林、节令等，尤以戏曲为最，其他领域成果较少。最后，整体研究专著或博士、硕士学位论文缺乏。如此数量巨大的关涉北京的笔记，无论是纵向、横向考察，抑或从史学、文学、城市学等视角观照，都有非常广阔的研究空间。

　　小说作为叙事文学，与城市关系密切。一方面，城市对小说的产生和发展有重要的影响；另一方面，小说所描写的城市生活图景，是城市文化记忆的一部分。关于小说与城市关系的研究，较早的有刘勇强的"西湖小说"研究。[7] 上海师范大学教育部人文社会科学重点研究基地"上海师范大学都市文化研究中心"在这一领域颇有建树，其中孙逊教授指导的博士多有从事该领域研究者。葛永海的博士学位论文《古代小说与城市文化》（2003）是较早探讨小说与城市文化关系的成果。[8] 该成果出版后

---

[1] 杨晴：《杨懋建〈京尘杂录〉——兼论早期京剧史学史（1949年以前）》，硕士学位论文，南开大学，2016。
[2] 屈鹏飞：《古代两湖与北京的端午节——〈荆楚岁时记〉、〈帝京岁时纪胜〉与〈燕京岁时记〉的比较》，《第八届海峡两岸端午文化论坛论文集》，2012年。
[3] 宁萍：《回味老北京岁时风俗——以〈燕京岁时记〉为源》，《文化月刊》2023年第1期。
[4] 李建英：《〈燕京杂记〉和〈旧京琐记〉中的市井细民群像》，《汉字文化》2019年第11期。
[5] 杨俊涛：《〈明内廷规制考〉考述——基于〈春明梦余录〉与方志〈天府广记〉的考证》，《中国地方志》2022年第2期。
[6] 彭利芝：《委巷妄谈　时亦有据——从〈啸亭杂录〉看昭梿小说观》，《明清小说研究》2023年第1期。
[7] 刘勇强：《西湖小说：城市个性和小说场景》，《文学遗产》2001年第5期。
[8] 葛永海：《古代小说与城市文化》，博士学位论文，上海师范大学，2003。出版时名为《古代小说与城市文化研究》（复旦大学出版社，2004）。

与《长安与洛阳：汉唐文学中的帝都气象》、①《汴京与临安：两宋文学中的双城记》、②《扬州与苏州：最是红尘中一二等富贵风流之地》、③《广州与上海：近代小说中的商业都会》、④《北京与南京：明清小说中抹不去的京都之恋》，⑤ 构成了一套"中国古代文学双城书系"。葛永海的《中国城市叙事的古典传统及其现代变革研究》在其古代小说与城市文化研究的基础上，贯通古今，总结和分析了城市叙事发展演进的历史规律。⑥在这些研究成果的带动下，文学和城市关系的研究在文学体裁、城市数量等方面都有所拓展，并逐渐发展为文学地理学研究。

随着对古代小说中城市书写的相关研究日趋繁荣，研究对象也由杭州、南京、开封扩展到长安、扬州、洛阳、广州等地。然而对古代小说中北京城的研究仍相对滞后。葛永海在《古代小说与城市文化研究》第五章"南京—北京：明清小说中抹不去的京都之恋"对明清小说中所描写的北京城有简要阐述，但限于篇幅，不够全面与深入。⑦张旭则对这一问题进行了专门的研究，其博士学位论文《北京与南京：明清通俗小说双城书写研究》(2019)，⑧是目前笔者所见对古代小说中北京城研究的最新成果，于2021年出版。该书探讨了明清小说中北京的宫廷气象、官场及官场文化、城市商业与服务业、市民生活风俗等，以及着重论述了《红楼梦》中的北京等内容。该书还附录了《明清小说涉及北京的作品列表》，数量多达167条。不过，明清小说中的北京书写其实并不丰富，该书依托的主要是晚清时期的小说。在明清小说中，《红楼梦》与北京渊源颇深，相关研究也最为丰富，如胡文彬《红楼梦与北京》，⑨ 杨乃济《恭王府是不是大观园？——兼谈清代北京的

---

① 谢昆芩：《长安与洛阳：汉唐文学中的帝都气象》，上海古籍出版社，2013。
② 刘方：《汴京与临安：两宋文学中的双城记》，上海古籍出版社，2013。
③ 蒋朝军：《扬州与苏州：最是红尘中一二等富贵风流之地》，上海古籍出版社，2014。
④ 邓大情：《广州与上海：近代小说中的商业都会》，上海古籍出版社，2014。
⑤ 张旭：《北京与南京：明清小说中抹不去的京都之恋》，上海古籍出版社，2021。
⑥ 葛永海：《中国城市叙事的古典传统及其现代变革研究》，商务印书馆，2022。
⑦ 葛永海：《古代小说与城市文化研究》，第236~243页。
⑧ 张旭：《北京与南京：明清通俗小说双城书写研究》，博士学位论文，上海师范大学，2019。出版时改名为《北京与南京：明清小说中抹不去的京都之恋》。
⑨ 胡文彬：《红楼梦与北京》，陕西人民出版社，2008。

王府与园林》，① 张书才《〈红楼梦〉与宣南关系的历史考察》，② 曹立波、王丽敏《〈红楼梦〉程乙本的流传与北京琉璃厂》，③ 吴松林《〈红楼梦〉的满族习俗研究》，④ 陈伯霖《〈红楼梦〉与满族生育习俗》，⑤ 王潞伟《〈红楼梦〉中演剧所反映的"花雅之争"》，⑥ 等等。关于《儿女英雄传》《品花宝鉴》与北京的关系，相关研究成果有李婷《〈儿女英雄传〉的满文化研究》，⑦ 邹静《〈品花宝鉴〉与品花》，⑧ 杨海英《〈品花宝鉴〉士优关系研究》，⑨ 雍西信《从〈品花宝鉴〉管窥清中后期北京戏曲生态》，⑩ 等等。就单部作品而言，对《红楼梦》《儿女英雄传》《品花宝鉴》的研究，挖掘较深，但总体来看，缺乏整体的观照，宏观研究成果不足。

对古代小说中北京城研究不足，主要原因在于北京在古代小说中的呈现确实不如杭州、南京等城市密集。这种原始资料的不足，难以引发研究者的兴趣。然而，如果将小说与文人笔记视为一个整体进行考察，则相关资料极其丰赡。其实，从事古代小说与城市研究的学者，也不可能局限于小说文本，笔记始终是他们无法忽略的重要文献。将通俗小说与文人笔记结合起来，不同著述互为补充，研究视野更为开阔。

本书将关涉北京的文人笔记与通俗小说作为一个整体进行研究，以更为全面、真实、立体地展现明清北京城的状貌，最大程度上挖掘城市的文化特质与文化记忆。

（三）研究目标与方法

北京有着870余年的建都史，长期作为封建王朝政治中心与文化中

---

① 杨乃济：《恭王府是不是大观园？——兼谈清代北京的王府与园林》，《建筑知识》1982年第1期。
② 张书才：《〈红楼梦〉与宣南关系的历史考察》，《红楼梦学刊》2002年第4辑。
③ 曹立波、王丽敏：《〈红楼梦〉程乙本的流传与北京琉璃厂》，《红楼梦学刊》2019年第3辑。
④ 吴松林：《〈红楼梦〉的满族习俗研究》，博士学位论文，中央民族大学，2010。
⑤ 陈伯霖：《〈红楼梦〉与满族生育习俗》，《黑龙江民族丛刊》1996年第4期。
⑥ 王潞伟：《〈红楼梦〉中演剧所反映的"花雅之争"》，《曹雪芹研究》2015年第2期。
⑦ 李婷：《〈儿女英雄传〉的满文化研究》，博士学位论文，中央民族大学，2003。
⑧ 邹静：《〈品花宝鉴〉与品花》，硕士学位论文，暨南大学，2010。
⑨ 杨海英：《〈品花宝鉴〉士优关系研究》，硕士学位论文，哈尔滨师范大学，2012。
⑩ 雍西信：《从〈品花宝鉴〉管窥清中后期北京戏曲生态》，《大舞台》2011年第8期。

心，在中国城市发展史上占据重要地位。但就文学的都城书写而言，北京却不如南京、杭州等地受到学界关注。然而，明清文人笔记对北京的记述则远超其他城市，形成明清笔记中的特殊景观。这些不可多得的文人笔记，跨越北京城的历史与空间，深入城市生活诸多方面，为我们描述一座可以感知、可以触摸的鲜活的北京城。

城市文化，是与城市生活相关联的物质文化、精神文化和制度文化的总称，内容涉及城市物质生活、风俗习惯、制度礼仪、思想观念、审美风尚、人文景观、自然景观等。本书以明清时期的文人笔记与通俗小说为研究对象，融合文学、史学、文献学、社会学、民俗学、文化学、城市学等多学科研究视角，广泛考察北京的政治、宗教、园林、节令、习俗、娱乐生活等，在勾勒明清北京社会生活图景的基础上，梳理北京城市文化的发展历程，探究北京城市文化特质，为读者呈现出一个完整、立体的古代都城。

本书涉及的明清文人笔记与通俗小说数量庞大、材料驳杂，采用何种研究方法尤为重要。首先，主要采用文献研究法，具体来说将宏观研究与微观分析相结合。宏观研究，指将与北京相关的文人笔记与通俗小说视为一个整体，置于北京文化发展史中进行考察；微观分析，指在不同章节对具体作品进行深入考察和分析，兼顾个性与共性。其次，采用文史互证和跨学科研究的方法，在比较研究与多学科视角中，尽可能凸显文人笔记与通俗小说书写的特殊性，力求全面真实地阐述北京城市文化的个性。最后，在文化遗迹与文化传承等方面，则适当采取实地调查的方法，力求历史与现实勾连，继承与发展并重。

二 明清笔记举要

本书涉及明清文人笔记数量颇多，此处对其中重要笔记（19种）做简要介绍，大体按成书时间先后为序。此外，有二种成书于民国时期，亦纳入研究之列。

（一）明代笔记

1. 《长安客话》

蒋一葵撰，万历年间成书。蒋一葵，字仲舒，号石原，江苏武进（今常州）人。曾任京师西城指挥使，在此期间，访问北京名胜古迹，收集前人著述，汇而成书。"长安"是封建时代都城的通称，故书名为《长安客话》。该书主要记述明代北京城苑、山川、寺观、陵寝、名胜、古迹、关镇等，按所记内容分类分卷，纂辑成书。全书共8卷。卷1、卷2为《皇都杂记》，记北京城沿革及建筑布局，亦涉及北京政治、民俗等；卷3、卷4为《郊坰杂记》，记京郊名胜古迹甚详；卷5、卷6为《畿辅杂记》，记北京周围外县名胜古迹；卷7为《关镇杂记》，记边塞关镇；卷8为《边镇杂记》，记边镇城堡及塞外诸夷。该书为北京较早的专史之一。

2.《宛署杂记》

沈榜编撰，成书于万历二十一年。沈榜，湖广临湘（今湖南长沙）人，任顺天府宛平知县期间，因苦于宛平无志书，为施政方便，遂编撰此书。该书写成于宛平官署，故名《宛署杂记》。该书记载明代宛平县社会、政治、经济、历史地理、风俗民情、人物遗文等。全书按问题分别叙述，各问题又按时间先后编排，有的还附有作者评论。全书共20卷，内容涉及圣谕、署廨、职官、山川、铺舍、街道、地亩、人丁、宫庄、马政、税契、人物、民风、寺观等。该书相当于明代宛平县志，是了解明代北京西城区、丰台区等的重要史料。

3.《万历野获编》

沈德符撰，万历三十四年至三十五年间成书，万历四十七年又编成《续编》。沈德符，字景倩，又字虎臣、景伯，浙江秀水（今嘉兴）人，自幼长于北京。该书原未分类，至清康熙年间被编为30卷，48门，另有《补遗》4卷。30卷或以官，或以人，或以事，或以物，或以地域等分类编排。48门为列朝、宫闱、宗藩、公主、内监、勋戚、内阁、词林、吏部、户部、河漕、礼部、科场、兵部、刑部、工部、台省、言事、京职、历法、禁卫、佞幸、督抚、司道、府县、士人、山人、妇女、妓女、畿辅、外郡、风俗、技艺、评论、著述、词曲、玩具、谐谑、嗤鄙、释道、神仙、果报、征梦、鬼怪、机祥、叛贼、土司、外国。该书记述时间自明初至万历末年，内容涉及典章制度、朝野掌故、宗教鬼怪、山川风物、民情风俗、琐事逸闻等诸多方面。该书内容丰富、史料详赡，乃明代笔记中上乘之作。其中涉及北京者亦不少，可与北京专书相参看。

4.《帝京景物略》

刘侗、于奕正撰,崇祯八年刊行。刘侗,字同人,号格庵,湖北麻城人。于奕正,字司直,宛平(今北京)人。刘侗自述二人编撰经过:"侗北学而燕游者五年,侗之友于奕正,燕人也,二十年燕山水间,各不敢私所见闻,彰厥高深,用告同轨。奕正职搜讨,侗职摘辞。事有不典不经,侗不敢笔;辞有不达,奕正未尝辄许也。所未经过者,分往而必实之,出门各向,归相报也。"① 全书共8卷,以城北内外、城东内外、城南内外、西城内、西城外、西山上、西山下、畿辅名迹为序,详细叙述明代北京及其周边的寺庙宫观、园林风景、名胜古迹、风俗民情等。所列凡129篇,每篇之末,各系以诗,采撷颇疏。该书集历史地理、文化和文学著作于一体,内容丰富,资料翔实,措辞严谨,成书有据,为明代北京笔记之翘楚,是研究北京的重要史料。清代以来的北京城市著述,多参考该书。

5.《酌中志》

刘若愚撰,成书于崇祯十四年。刘若愚,原名刘时敏,南直隶定远(安徽定远)人,其家世袭延庆卫指挥佥事,16岁时感异梦而自宫,入皇宫为太监。该书又名《宫闱秘典》(全名《皇明宫闱秘典》),24卷,记述明万历朝至崇祯初年的宫廷事迹,内容涉及帝王、后妃及内侍日常生活,以及宫中规则、内臣职掌、饮食、服饰等,分类记述。该书所记皆作者耳闻目睹之事,较之正史所书,视角不同,内容更为详尽,成为了解明代宫廷的第一手资料,颇具参考价值。明人吕毖从《酌中志》中选辑第16卷至第20卷,编成《明宫史》一书。

6.《北京岁华记》

陆启浤撰,成书于崇祯十七年。陆启浤,字叔度,浙江平湖人。作者称:"客燕二十年,略识岁时俗尚。甲申之秋,有过而问焉者,为忆所知,录之于笔。"② 该书记述作者亲历北京岁时民俗生活,据时序进程编撰而成。全书依次分元旦,灯节,正月杂事,清明,二月杂事,三月杂事,四月杂事,端午,五、六月间杂事,七夕,七夕杂事,中秋,八月杂

---

① 刘侗、于奕正:《帝京景物略》,孙小力校注,上海古籍出版社,2001,"叙",第2页。
② 陆启浤:《北京岁华记》,《燕京岁时记》(外六种),北京出版社,2018,第3页。

事、重阳、九月杂事、十月朔、十月、十一月间杂事、冬至、腊月杂事，井然有序地记录了明代北京的岁时节俗。该书记述虽简略，却为目前所知唯一存世的专记明代北京岁时节俗文献。

（二）清代笔记

1.《春明梦余录》

孙承泽撰，成书于康熙年间。孙承泽，字耳伯，号北海、退谷，顺天府上林苑（今北京大兴）人。该书凡70卷，主要记述明代北京的历史掌故、典章制度和名胜古迹，分建置、形胜、城池、畿甸、城坊、宫阙、坛庙、官署、名迹、寺庙、石刻、岩麓、川渠、陵园14门，其中《官署》40卷，篇幅最长。该书体例上兼有政书、掌故、方志等特点，尤以政书内容为详。"春明"原为唐都长安三座东门的中门之名，后为"京城"或"都城"之通称。孙承泽仿北宋宋敏求《春明退朝录》、南宋孟元老《东京梦华录》诸书之名，名之曰《春明梦余录》。孙承泽另撰有《天府广记》，该书与《春明梦余录》大体相同，但记载北京文物古迹、地方机构及五城兵马司等建制更为详尽。《天府广记》与《春明梦余录》是清初最重要的北京地方文献。

2.《池北偶谈》

王士禛撰，成书于康熙年间。王士禛，字子真，号阮亭、渔洋山人，山东新城（今桓台县）人。著述颇丰，与北京有关的笔记有《池北偶谈》《居易录谈》《香祖笔记》。《池北偶谈》又名《石帆亭纪谈》，26卷。其中《谈故》4卷，记清代典制，尤详于科举与官制。《谈献》6卷，记名臣、畸人、列女事迹，涉及人物甚广，多为逸闻。《谈艺》9卷，以撰者神韵说为据，评诗论画，间录诗词。《谈异》7卷，记神怪传闻、奇人轶事。王士禛"居京师四十年"，曾任翰林院侍讲学士、国子监祭酒、刑部尚书等，阅历丰富，交游甚广，其笔记中多涉及文学侍从之士，是了解清代北京士人文化的重要资料。

3.《金鳌退食笔记》

高士奇撰，成书于康熙二十三年。高士奇，字澹人，号江村，浙江钱塘人。高士奇供职内廷期间，上朝退朝需经金鳌玉蝀桥，故书名曰《金鳌退食笔记》。其自序云："余自丁巳赐居太液池之西，朝夕策马过金鳌玉𬘓桥，望苑中景物，七阅寒暑。退食之顷，偶访曩时旧制，约略得之传闻，又仿佛寻其故址，……因率笔记之。"① 全书凡 2 卷，记载明代以后（间有金、元）禁城宫苑池榭的沿革、构造，遗闻佚文，并附录个人诗作，是研究北京皇城建筑的重要史料。

4.《日下旧闻》《日下旧闻考》

《日下旧闻》，朱彝尊撰，成书于康熙二十七年。朱彝尊，字锡鬯，号竹垞，浙江秀水（今嘉兴）人，康熙十八年博学鸿儒科进士，后充日讲起居注官，入值南书房。王勃《滕王阁序》有"望长安于日下，目吴会于云间"之句，后以"日下"喻京师，此处专指北京。该书系朱氏从 1600 余种古籍中选录有关北京的记载辑录而成，凡 42 卷，分星土、世纪、形胜、宫室、城市、郊坰、京畿、侨治、边障、户版、风俗、物产、杂缀 13 门。《日下旧闻考》系在《日下旧闻》基础上增补、考证而成，于敏中、英廉等奉敕编撰，始修于乾隆三十八年，成书于乾隆四十七年。全书 160 卷，较之《日下旧闻》，卷次增加了近三倍。该书仍沿用《日下旧闻》编次目录，但内容和篇幅大为增加。新增国朝宫室 20 卷、京城总记 2 卷、皇城 4 卷、国朝苑囿 14 卷，官署 12 卷从原"城市"门中单列出来，郊坰由 6 卷增为 20 卷，京畿由 10 卷增为 30 卷。该书参阅古籍近 2000 种，收集保存大量有关北京的史志，尤其是清顺康雍乾四朝中央机构及顺天府、宫室、苑囿、寺庙、园林、山水、古迹诸方面的建置、沿革及现状的原始资料，是"过去最大最完全关于北京历史、地理、城坊、宫殿、名胜等的资料选辑"。②

5.《宸垣识略》

吴长元撰，成书于乾隆年间。吴长元，字太初，浙江仁和人。乾隆年间久居北京，浪迹于公卿之门，以雠校文艺谋生。该书记载了北京的史地沿革和名胜古迹，凡 16 卷，天文、形胜、水利、建设共为 1 卷，大内 1 卷，皇城 2 卷，内城 4 卷，外城 2 卷，苑囿 1 卷，郊坰 4 卷，识余 1 卷，附地图 18 帧。该书根据《日下旧闻》和《日下旧闻考》两书增删、考

---

① 高士奇：《金鳌退食笔记》，北京古籍出版社，1982，第 117 页。
② 于敏中主编《日下旧闻考》，北京出版社，2018，"出版说明"，第 1 页。

订、重写而成，可谓记北京史地沿革与名胜古迹之专著，为研究北京史地的重要史料。

6.《帝京岁时纪胜》

潘荣陛撰，成书于乾隆二十三年。潘荣陛，字在廷，北京大兴人，雍正九年入皇宫任事，乾隆十年退休家居，著书自娱。其自序云："惟是皇都品汇万方，泽流九有，而岁时令节，风土景物，典仪之盛，远迈前古，岂可茫无记述？因自不揣鄙陋，敬以耳目之余，汇集为编，颜曰《帝京岁时纪胜》。"① 全书凡93条，以月份为纲，自正月至十二月，逐月记录北京各节令及相关习俗、宗教活动、四时鲜果蔬菜食品等。该书系迄今笔者所见第一部清代北京岁时风土杂记，对研究清代北京社会生活和岁时风物均有重要参考价值。

7.《藤阴杂记》

戴璐撰，成书于嘉庆元年。戴璐，字敏夫，别号吟梅居士，浙江归安（今湖州）人。戴璐自乾隆二十四年入都，即留心搜访北京坊巷名迹，掇拾闻见，晚年汇集成此书。其"叙"云："余弱冠入都，留心掌故，尝阅王渔洋偶谈、笔记等书，思欲续辑。于是目见耳闻，随手漫笔。及巡视东城，六街踏遍，凡琳宫梵宇，贤踪名迹，停车咨访，笔之于书。甲寅读礼闲居，重加芟削，见《旧闻考》、《宸垣识略》已载者，悉去之。……爰仿渔洋香祖之例，即以名之。"② 该书凡12卷。卷1至卷6记述各部官署典章制度、科场嘉话、掌故、官场见闻及讽刺官场陋习之诗词等；卷7至卷12记载北京及京郊坊巷、官署、寺观、祠墓的分布情况，对士大夫寓所及名胜古迹记载颇详。该书是研究清代北京士人文化的重要文献。

8.《啸亭杂录》

昭梿撰，成书于道光年间。昭梿，字汲修，自号汲修主人，又号檀樽主人，努尔哈赤次子礼亲王代善后裔，袭礼亲王爵。昭梿身为宗室贵胄，爱好文史，精通满洲民俗和清朝典章制度，《啸亭杂录》为其政治失意后所撰。该书凡10卷，记述道光初年以前清代典制、政事、军事、学术、

---

① 潘荣陛：《帝京岁时纪胜序》，《燕京岁时记》（外六种），第29~30页。
② 戴璐：《藤阴杂记》，北京古籍出版社，1982，"叙"，第1页。

文艺及人物遗闻轶事、社会风俗等，以典制、人物掌故为多。该书记事翔实，所记多为亲历亲闻，多不见于他书或不详于其他著述，可补正史之阙，为清人笔记中颇负盛名之作。昭梿尚有《啸亭续录》5卷，其内容、体例与《啸亭杂录》相仿。

9.《京尘杂录》

蕊珠旧史（杨懋建）撰，成书于道光年间。杨懋建，字掌生，广东嘉应（今梅州）人，曾以举人身份淹留京师。该书记录北京嘉庆、道光年间梨园掌故、伶人生平事迹，凡4卷，分年撰成。卷1题《长安看花记》（道光十七年），卷2题《辛壬癸甲录》（道光十一年至十四年），卷3题《丁年玉笋志》（道光十七年），卷4题《梦华琐簿》（道光二十二年）。前三卷均为伶人立传，卷4记述梨园掌故。该书系研究道光前期京师戏曲文化的重要史料。

10.《听雨丛谈》

福格撰，成书于咸丰末年。福格，姓冯，字申之，内务府汉军镶黄旗人，乾隆间大学士英廉曾孙。该书凡12卷，记清代八旗制度、内阁官制、科举制以及风俗礼仪等，在记叙时，颇注意其历史沿革。其中所记满洲八旗制度、内务府旗鼓汉军的掌故风俗尤为详尽。该书题材广泛、内容丰富，各条简要详明，对于研究清代典制特别是八旗制度、风俗礼仪、京旗社会等颇具参考价值。

11.《郎潜纪闻》

陈康祺撰，成书于光绪年间。陈康祺，字钧堂，号綗士，别署桼园居士，浙江鄞县人，在京仕宦10年，娴于掌故，笔录见闻。全书包括《郎潜纪闻初笔》14卷，《二笔》（《燕下乡脞录》）16卷，《三笔》（《壬癸藏札记》）12卷，《四笔》（《判牍余沈》）11卷。其自序云："《郎潜纪闻》者，余官西曹时纪述掌故之书也。多采陈编，或询耆耇，非有援据，不敢率登。"① 该书多辑录清代词林掌故、典章制度、人物逸事，间及风土民情等，搜罗材料广泛、内容丰富，尤详于清初以后著名人物事迹，是清代比较著名的史料笔记。

---

① 陈康祺：《郎潜纪闻初笔序》，《郎潜纪闻初笔二笔三笔》，中华书局，1984，第3页。

12.《燕京岁时记》

富察敦崇撰，成书于光绪二十六年。富察敦崇，字礼臣，号铁狮道人，满洲镶黄旗人，长住北京铁狮子胡同，熟习北京掌故和风土人情。全书凡146条，以四时节令为序，从正月至十二月，记述清代北京节令、风土、名胜、物产和技艺等。该书与潘荣陛《帝京岁时纪胜》接近，皆系记叙清代北京岁时风俗杂记，但其内容更为翔实。作者自称"皆从实录写，事多琐碎"，为后世留存了鲜活的清代北京节令生活图景。郑振铎言："读此《燕京岁时记》，种种景象，皆宛在目前。"（《西谛书话》）该书为北京"岁时"类笔记中的杰作。

13.《天咫偶闻》

震钧撰，成书于光绪二十九年。震钧，瓜尔佳氏，字在廷（亭），号涉江道人，汉名唐晏。亲历咸丰、同治、光绪、宣统四朝，久居京师，熟悉北京朝野遗闻、名人轶事。其自叙云："世居京师，习闻琐事，可以绳《梦华》、《梦粱》二录之前踪者。自乙未以来，信手条记。凡得若干，置之箧中，未暇整比。今夏伏处江干，日长无事，依类条次，都为一编。缘述小闻，署名《天咫》。"① 该书凡10卷，以北京内外城各区分卷次：皇城、南城、东城、北城、西城、外城东、外城西、郊坰（2卷）、琐记共9类。内容涉及北京坊市街衢、典制礼仪、名宦学者、风俗民情、遗闻轶事等，内容丰富，文字精到，北京地方特色浓郁，对研究北京历史、掌故、风物、民俗等有重要参考价值。

（三）民国笔记

1.《清稗类钞》

徐珂编撰，初刊于1917年，系清代史料汇编。徐珂，原名昌，字仲可，别署中可、仲玉，浙江杭县（今杭州）人。该书记载之事，上起顺治、康熙，下迄光绪、宣统，系从清人、近人文集、笔记、札记、报章、说部中广搜博采，仿照清人潘永因《宋稗类钞》之体例编撰而成。内容涉及政治经济、典章制度、学术文化、风俗民情、社会习气、疾病灾害、古迹名胜等。全书分92类，诸如时令、气候、地理、名胜、宫苑、第宅、

---

① 震钧：《天咫偶闻》，北京古籍出版社，1982，第224页。

园林、祠庙等，计 13500 余条。该书卷帙浩繁，资料丰富，内容广博，具有重要史料价值。

2.《旧京琐记》

夏仁虎撰，成书于民国时期。夏仁虎，字蔚如，号枝巢、枝翁等，江苏南京人，清朝京官，北洋政要，寓居北京 30 余年。其活跃于政界，阅历丰富，熟悉北京风土和掌故。书前小引曰："余以戊戌，通籍京朝。日月不居，忽逾一世。沧桑数变，逢此百忧。鬓发已摧，名业未立。……梦华一篇，况乃异代。初为卑官，多习鄙事。不弃长老，时获逸闻。岁月滋多，胸臆遂积。……暇则趋录，著之简篇。钟虡已往，怀哉旧京。荐绅羞言，是曰琐记。"[①] 该书凡 10 卷，分俗尚、语言、朝流、宫闱、仪制、考试、时变、城厢、市肆、坊曲，所记为同治、光绪、宣统年间北京琐闻逸事、里巷俳谈，间及时政等。该书乃近代笔记之上乘者。

[①] 夏仁虎：《旧京琐记》，北京出版社，2018，第 171 页。

第一章　都城威仪与坛庙祭祀

中国传统国家政治，首重祭祀。《礼记·祭统》云："凡治人之道，莫急于礼；礼有五经，莫重于祭。"①《左传》亦云："国之大事，在祀与戎。"② 祭祀在传统政治中，有"昭孝息民，抚国家，定百姓"③之功用。北京有870余年的建都史，积淀了丰富的国家祭祀文化遗产，其中最典型的是坛庙建筑及与之配套的祭祀仪式。这也是北京作为数朝都城，最为突出的文化特征。

第一节　"九坛八庙"及其祭祀仪式概略

坛庙是中国古代传统礼制建筑，具有国家宣教功能。坛即祭坛，东汉许慎的《说文解字》释"坛，祭场也"，意思是指在铲除杂草的平地上，筑土堆以祭祀神灵的高台。庙即宗庙，《说文解字》释"庙，尊先祖皃也"，后人注称"古者庙以祀先祖"，"尊其先祖而以是仪皃之，故曰宗庙"。④ 坛庙是"一种介于宗教建筑与非宗教建筑之间，具有一定国家宣教职能的建筑。坛庙建筑中供养对象是天上神仙或已升天的人间伟人；有一套敬神的仪轨及节日；崇拜的目的是求福保安，这些特征与宗教要求是相类似的。但它又不完全是宗教建筑，因为在坛庙中没有类似僧、道、阿訇等宗教职业者；也没有宣传神佛信仰义理的经书、道藏等"。⑤ 中国坛庙建筑历史悠久，周代已有明堂和圜丘。此后，汉、唐、宋等王朝在长安、洛阳、开封等地皆有建造。但规模最大者，首推明清时期北京的天、

---

① 胡平生、张萌译注《礼记》下册，中华书局，2017，第926页。
② 郭丹、程小青、李彬源译注《左传》中册，中华书局，2017，第974页。
③ 陈桐生译注《国语》"楚语下"，中华书局，2013，第629页。
④ 段玉裁：《说文解字注》，中华书局，2013，第450页。
⑤ 孙大章编著《中国建筑艺术全集》第9卷《坛庙建筑》，中国建筑工业出版社，2000，第1页。

地、日、月等坛庙建筑群。

北京自金朝起便一直是封建王朝的都城，因此，北京的坛庙建筑种类齐全、样式繁多，不仅有天坛、地坛、日坛、月坛、太庙、孔庙、历代帝王庙等，还有火神庙、城隍庙、地藏庙、药王庙、娘娘庙、财神庙、关帝庙等。《旧都文物略》是原北平市政府秘书处编撰的一部北京"文物"典籍，① 其中"坛庙略"包括天坛、地坛、社稷坛、朝日坛、夕月坛、先农坛、神祇坛、先蚕坛、清太庙、孔庙、雍和宫、大高玄殿、堂子、帝王庙、关岳庙、都城隍庙、黄寺、东岳庙。从建筑形制上，这些坛庙可分为坛与庙两大类，坛即祭坛，庙即祠庙；从建筑性质上，可分为皇家坛庙和普通坛庙两类。本章所论皆为皇家坛庙，有民间坛庙功能的东岳庙、都城隍庙等则归入第二章"寺观庙宇"部分再论述。

一 "九坛八庙"

北京坛庙的历史与北京作为都城的历史同样久远。辽之南京（今北京）政治地位从属于帝京，因此其祭祀活动不在南京举行。至金迁都燕京（后改中都，今北京）后，仿照宋之规制，开始建造太庙、四郊坛、社稷坛、孔庙等。忽必烈建立元朝，定都大都（今北京）后，亦先后建造郊坛、社坛、稷坛、先农坛、先蚕坛等。以上建筑大都损毁，今偶有遗迹幸存。明永乐年间建天地坛、山川坛、太庙、社稷坛等。嘉靖时期，大修坛庙，形成了左祖右社、四郊分祀、先农祈谷并举的新格局，从而奠定了北京祭坛的基本规模。② 清乾隆时期，大举修缮京城坛庙建筑，已达鼎盛，最终形成以"九坛八庙"为代表的坛庙建筑群，突出皇帝对天地社稷祭祀的特权。

---

① 原北平市政府秘书处编《旧都文物略》，中国建筑工业出版社，2005。该书初版于1935年，是一部大型的以实地摄影图片为主，图文并茂地全面介绍北京名胜古迹、历史文化、艺术风俗的"导游之作"。全书共分12门，分别是"城垣略""宫殿略""坛庙略""园囿略""坊巷略""陵墓略""名迹略上""名迹略下""河渠关隘略""金石略""技艺略""杂事略"，系汤用彬主持纂事，陈声聪、彭一卣协同编辑。该书虽为"导游之作"，却文字典雅，文化气息浓郁。

② 参见姚安《清代北京祭坛建筑与祭祀研究》，博士学位论文，中央民族大学，2005，第10页。

"九坛八庙"或"五坛八庙"的说法,是老北京民间对明清以来北京坛庙建筑的概称。"九坛"指天坛(含祈谷坛)、地坛、日坛、月坛、先农坛(含太岁坛)、先蚕坛和社稷坛。天坛、先农坛、先蚕坛将在本章第二节、第四节专门叙述,以下仅对地坛、日坛、月坛、社稷坛做简要概述。

地坛为明清祭祀地祇的场所,原名方泽坛,位于北京安定门外,始建于明嘉靖九年(1530),清代加以扩建。地坛由内、外坛组成,有方泽坛、皇祇室、斋宫、神库、神厨、宰牲亭、钟楼等建筑。根据天圆地方思想,方泽坛为方形,四面围砌黄色琉璃砖。昭梿《啸亭续录》记载有地坛斋宫的兴建与使用事宜:"自明嘉靖中更定祀典,分祀天地,北郊因循未建斋宫。纯皇帝念祀典甚巨,未可二郊异宜,因建北郊斋宫,规模一如南郊,然后二郊之制始备。乾隆己巳,上宿斋宫,以天时暑热,从者多有渴者,因仍旧制斋于内宫,体恤臣僚故也。其后斋宫为更衣别殿,不复驻跸焉。"①

日坛又称朝日坛,位于北京朝阳门外,始建于明嘉靖九年。祭坛为方形,坛面砌以红琉璃砖(清代用方砖代替),象征太阳。日坛是明清祭祀大明神(太阳)的场所。

月坛又称夕月坛,位于北京阜成门外,始建于明嘉靖九年。祭坛为方形,坛面砌以白琉璃砖,与日坛的红色基调相对。月坛是明清祭祀夜明神(月亮)的场所。

社稷坛位于紫禁城西南,始建于明永乐十八年(1420),是明代迁都北京所建的第一坛。社稷坛是明清祭祀土地神和五谷神的场所。明末清初孙承泽《春明梦余录》载:

> 社稷坛,在阙之右,与太庙对。坛制二成,四面石阶,各三级。上成用五色土,随方筑之。坛西砌瘗位,四面开棂星门。西门外西南建神库,库南为神厨;北门外为拜殿。外天门四座,西门外南为宰牲亭。②

---

① 昭梿:《啸亭杂录 续录》,《清代笔记小说大观》第5册,上海古籍出版社,2007,第4694页。
② 孙承泽:《春明梦余录》,北京古籍出版社,1992,第271页。

"八庙"指太庙、奉先殿、传心殿、寿皇殿、堂子、雍和宫、历代帝王庙和孔庙。孔庙、雍和宫将分别在本章第三节、第二章第五节详细叙述,此处仅对其他建筑做简要叙述。

中国古代皇城有"左祖右社"的建筑规制,"左祖"即太庙,"右社"即社稷坛。太庙位于紫禁城东南,与社稷坛相对,是明清两代的皇家祖庙,始建于明永乐十八年,嘉靖、万历年间曾多次重修。《春明梦余录》追溯永乐朝北京太庙的建制:"太庙,在阙之左。永乐十八年建庙京师,如洪武九年改建之制。前正殿。翼以两庑,后寝殿,九间,间一室。主皆南向,几席诸器备,如生仪。"①

顺治元年(1644),清世祖定都北京后,即将太祖、太宗等神牌由盛京太庙移至北京太庙供奉,并将明代历代帝后神牌移至历代帝王庙。顺治五年重修太庙,形成今之太庙的基本格局。太庙主要建筑有前殿、中殿、后殿、牺牲所等。如今,北京太庙的规模和木石部分大体维持原状,是北京保存最完整的明代建筑群之一。

奉先殿位于紫禁城内廷东侧,为明清皇室祭祀祖先的家庙,始建于明初,清顺治十四年重建,后又多次修缮。沈德符《万历野获编》载:"奉先殿者,太祖所建以奉先灵。凡节候、朔望、荐新以及忌日,俱于大内瞻拜祭告。百官皆不得预列。……内廷因目之为'小太庙'。闻主上每遇升殿受大朝,必先谒奉先殿,次及两宫母后,然后出御外殿。……则又属之革除末年,文皇帝鼎建,非太祖矣。"②

传心殿位于紫禁城文华殿东侧,供奉帝王、先师的牌位。

寿皇殿位于景山公园内北侧,系供奉帝后、祖先神像之处,亦是帝后死后入葬前的停灵之所。昭梿《啸亭续录》记载:"寿皇殿在景山门内正北,殿凡九室,重檐金槛,一如太庙之制,供奉列圣御容。上遇元旦、岁暮及圣诞、忌辰之日,皆行亲谒礼。凡诸皇子、皇孙及近支亲、郡王,皆从行礼。"③ 夏仁虎《旧京琐记》记载又有所不同:"寿皇殿者,以供列

---

① 孙承泽:《春明梦余录》,第241页。
② 沈德符:《万历野获编》,《明代笔记小说大观》第3册,上海古籍出版社,2005,第1896~1897页。
③ 昭梿:《啸亭杂录 续录》,《清代笔记小说大观》第5册,第4698页。

祖御容,每御容前必供苹果一大盘,四时弗撤也。月之朔望必祭,四时令节必祭,各祖忌辰必祭。故皇帝每晨赴寿皇殿之时为多,赴殿后,始诣慈宫问安也。"① 2018年,寿皇殿经过全面修缮,恢复乾隆年间的历史面貌,面向公众开放。

堂子位于长安左门外御河桥东,始建于顺治元年,供奉清入关前战死的四位祖先的遗物,是清朝皇室祭天祭神的场所。昭梿《啸亭杂录》载:"国家起自辽、沈,有设竿祭天之礼。又总祀社稷诸神衹于静室,名曰堂子,实与古明堂会祀群神之制相符,犹沿古礼也。既定鼎中原,建堂子于长安左门外,建祭神殿于正中,即汇祀诸神衹者。"②

历代帝王庙位于阜成门内,始建于明嘉靖十年。其主殿是景德崇圣殿,重檐庑殿顶,主要祭祀历代帝王和名臣。沈德符《万历野获编》详细记载了修建历代帝王庙之起因:

> 太祖洪武六年建帝王庙于金陵,……至嘉靖十年,始为位于文华殿而祭之。其年,中允廖道南请撤灵济宫二徐真君,改设历代帝王神位及历代名臣。上下其议于礼部。时李任丘为春卿,谓徐知证、知谔得罪名教,固宜撤去,但所在窄隘,不足改设寝庙,宜择善地。上以为然,令工部相地。以阜城门内保安寺故址整洁,且通西坛,可于此置庙。上从其言。次年夏竣役。上亲临祭,今帝王庙是也。③

坛庙本为朝廷专享的国家祭祀场所,因此,其建造沿革与建筑规制多记载于正史,而野史笔记记载较少。不过,"九坛八庙"历经历史的风云变幻,大部分保存至今。虽然有的已成为市民公园,有的已变为博物馆,但其基本建筑规模仍在。它们是中国历代都城中保存最完好、最有代表性的礼制建筑遗产,已成为北京的标志性建筑名片。《旧都文物略》"坛庙略"前言,以整饬典雅的骈文,礼赞其曰:

---

① 夏仁虎:《旧京琐记》,第209页。
② 昭梿:《啸亭杂录 续录》,《清代笔记小说大观》第5册,第4567页。
③ 沈德符:《万历野获编》,《明代笔记小说大观》第3册,第1897页。

廊雍畦畤，宅兆虵蝘，洛阳伽蓝，迹留象马。故封土除地，法度古垂，天外人区，宗门弘辟。黄图崇郊埠之仪，绀宇饰只陀之相，莫不复殿留景，重陛结风。北平为畿甸旧京，范阳巨镇，承三都之典制，轶九市之繁荣。璧宫圜丘，式瞻皇极；石镫金铎，广护梵天。寿宫则丹艧维新，名刹则栝椿同古。灵星上接，溯西京五色之封；夕照远涵，数南朝八百之寺。①

二 "九坛八庙"祭祀仪式

坛庙的基本功能是祭祀。坛庙建筑与具体的祭祀礼仪结合，才能体现其功能与价值。祭祀仪式是人类社会共有的文化现象，有着复杂的功能和多重的影响。北京"九坛八庙"举行的祭祀仪式，既具有传统祭祀礼俗的共同特征，又有北京文化的独特之处。北京作为金、元、明、清等王朝的都城，契丹、女真、蒙古、汉、满等民族在此交流、交往和交融，因此其祭祀仪式较有特色，但有的也较为繁复。其坛庙祭祀主要沿袭汉族传统祭祀仪礼，在不同时期也融入游牧民族的祭祀特色。北京作为一座皇城文化、士子文化与平民文化并存的都城，不同阶层人士几乎都参与祭祀活动，但其形式、规模、目的等有所不同。北京的坛庙祭祀大致分为宫廷和民间两大类，本章探讨的是以宫廷祭祀为主的坛庙祭祀仪式。

宫廷祭祀较之民间祭祀，其政治色彩更为浓厚。辽、金、元虽然是北方游牧民族政权，但与汉族政权相同，其祭祀都以"天地宗庙社稷之主"为主要对象。明清时期，坛庙建设日益完备，其祭祀礼仪也更为系统和严格。中国古代的祭祀仪式，其核心理念是敬天法祖。《周礼·春官·大宗伯》将礼仪归纳为五礼，即"吉礼""凶礼""宾礼""军礼""嘉礼"。其中，"吉礼"即祭祀之礼，其地位最为尊崇。吉礼祭祀的对象分为三类：一类是天神，包括昊天上帝、日月星辰等；一类是地祇，包括土地、社稷、山岳、河海等；一类是人鬼，包括先祖、先师、功臣等。简而言之，就是祭天、祀地与祭人鬼。三者各有侧重，共同发挥国家宣教功能。

① 《旧都文物略》，第34页。

北京"九坛八庙"中,天坛祭皇天上帝神,日坛祭大明神(太阳),月坛祭夜明神(月亮),祭祀的都是天神。在自然神崇拜中,日月仅次于天地,祭日月也是重要的国家典礼。"祭日于坛,祭月于坎,以别幽明,以制上下。祭日于东,祭月于西,以别外内,以端其位。日出于东,月生于西,阴阳长短,终始相巡,以致天下之和。"① 中国历朝历代都十分重视祭日典礼。明洪武三年(1370)正月,礼部考订古礼,奏定朝日、夕月之祭,使日、月之神不仅从祀郊坛,还另设坛专祀,并分别以春分、秋分日祭。明清两朝祭日仪式都在春分日,甲、丙、戊、庚、壬年皇帝亲祀,其他年份均遣官致祭。祭日虽比不上祭天与祭地典礼,但仪式也颇为隆重。祭祀时,皇帝着红袍,祭器、乐器均为红色。明代皇帝祭日时,用奠玉帛、礼三献、乐七奏、舞八佾、行三跪九叩大礼。清代皇帝祭日礼仪有迎神、奠玉帛、初献、亚献、终献、答福胙、撤馔、送神、望瘗等仪程。② 明清时期,祭月则在秋分日,丑、辰、未、戌年皇帝亲祭,其他年份遣大臣摄祭。祭月时,皇帝穿纯白袍服,祭器、乐器均为白色。在明清时期,"春分祭日,秋分祭月,乃国之大典,士民不得擅祀"。③ 沈榜《宛署杂记》详细记载明万历年间宛平县为朝日坛、夕月坛祭祀所承担的经费:

> 朝日坛春分祭,共该银玖钱。苇把四束,每束重二十五斤,脚价使用银一钱五分;烧香木炭五十斤,价三钱,行银办送。
> ……
> 夕月坛秋分祭,共该银壹两伍钱。苇把六束,每束重二十五斤,脚价使用银一钱五分;烧香木炭五十斤,价三钱;又赁房银三钱,行银支办。④

宛平县所承担的费用,只是其中的一部分,并非祭祀的所有费用,但从《宛署杂记》的记载来看,朝日坛、夕月坛祭祀总体规模大致相当,

---

① 胡平生、张萌译注《礼记》下册,第904~905页。
② 参见高洪艳《浅论北京四大祭祀活动的恢复》,《大众文艺》2011年第9期。
③ 潘荣陛:《帝京岁时纪胜》,《燕京岁时记》(外六种),第36页。
④ 沈榜:《宛署杂记》,北京出版社,2018,第121页。

因祭月仪式在夜间，费用可能会稍高一些。

民国成立后，日坛祭日、月坛祭月仪式终止。如今，日坛与月坛分别从2011年、2010年开始有祭祀表演。

地坛与社稷坛祀典则属于祀地仪典。圜丘祀天，方泽祭地。方泽祭地是除圜丘祭天外又一项重要祭祀。明清两朝，每逢夏至日，朝廷都在地坛的方泽坛举行祭地仪式。从嘉靖十年（1531）到1911年，先后有15位皇帝在地坛举行过祭地仪式。祭地仪式较之日月祭祀隆重，沈榜《宛署杂记》所记夏至祭地所需物件，也与日月祭祀不同：

> 方泽夏至大祭，共该银贰两肆钱玖分。柳箕七个半，价二钱二分五厘；木掀五把，价一钱五分；扫帚十把，价一钱五分；苫帚十五把，价七分五厘；竹笟五个，价五钱；大荆筐五个，价一钱五分；芦席六领，价二钱四分；麻绳二十条，价二钱；抬牲扛十根，价三钱；扒沙板五片，价五钱；苇把八束，每束重二十五斤，脚价使用银一钱五分；烧香木炭一百斤，价六钱，俱行银办送。①

1990年以来，在春节庙会期间，地坛都会举行清代祭地表演。2010年，地坛还首次举行了夏至祭地表演。

社稷坛祭社神和稷神。社指土地神。社稷坛上覆五色土，东方青色，南方赤色，西方白色，北方黑色，中央为黄色。五色土采自全国各地，以表明"普天之下，莫非王土"之意。五色土是华夏文化的典型符号。稷指五谷神，五谷产自大地，亦属地神。社稷相连，成为国家的代称。《白虎通义》曰："王者所以有社稷何？为天下求福报功。人非土不立，非谷不食。土地广博，不可遍敬也。五谷众多，不可一一而祭也。故封土立社，示有土尊。稷，五谷之长，故封稷而祭之也。"② 所以，历来王朝建立，必先立社稷坛以祭。

清帝退位后，社稷坛闲置，以致荒废。时任交通总长朱启钤遂萌生将

---

① 沈榜：《宛署杂记》，第121页。
② 班固：《白虎通义·社稷》，中国书店，2018，第40~41页。

之辟为公园的念头，后几经努力，于 1914 年 10 月 10 日对民众开放，称中央公园，它是北京最早成为公园的坛庙。1925 年，孙中山的灵柩曾停放在园内的拜殿。1928 年改名中山公园，沿用至今。中山公园仍保留着昔日祭坛的五色土与部分建筑，依稀能分辨出祭坛的规模，但当年盛大的祭祀仪式早已不复存在。

太庙、孔庙、历代帝王庙、寿皇殿祀典等，则皆属人鬼祭祀。明嘉靖年间，是北京坛庙建设的高峰时期，也是祭祀仪式的变革时期。人鬼祭祀的祭典，曾引起朝廷之热议，最著者莫过于"大礼议"事件。"大礼议"事件后，明代奉先殿、太庙祀典发生较大变化。其他如历代帝王庙、孔庙祀典等，也发生变化。沈德符《万历野获编》专门记叙历代帝王庙、孔庙祀典之争：

> 世宗朝大虏频犯内地，上愤怒，思所以大创之。时正议礼纷纷，前朝祀典多所更改，于是修撰姚涞、给事中陈棐辈，窥知上意，疏请帝王庙削元世祖之祀，又追论故诚意伯刘基，曾受虏元伪命，故力为拥护，致污庙祀，非出我太祖深意。上嘉而允之。又如孔庙易像为主，易王为师，尚为有说，至改八佾为六，笾豆尽减，盖上素不乐师道与君道并尊，永嘉伺得微旨，建议迎合廷臣争之，上不顾也。①

清代太庙祭祀，是为大祀，有时享、告祭、祫祭等形式。时享即按季节举行祭祀，每年春、夏、秋、冬四季之孟月（第一月），由皇帝亲诣太庙祭祖（如有事可遣官代祭）。告祭即皇帝遇登基、万寿、大婚、亲征、凯旋等国之大事，亲诣太庙中殿告祭或遣官于后殿告祭。祫祭意为合祭，是清代皇家特有的太庙祭祀仪式。每年除夕前一日，将太庙后殿供奉的远祖四帝后之神牌，与中殿自太祖以下亡故诸帝后之神牌同合于前殿祭祀。② 昭梿《啸亭续录》称清代太庙祭祀制度"实祭典之良制"：

---

① 沈德符：《万历野获编》，《明代笔记小说大观》第 3 册，第 2275 页。
② 参见李中路《清代太庙与祭祀》，《紫禁城》2006 年第 1 期。

自商、周时尊契、稷为始祖，历代相沿，各追崇四亲帝号，供奉太庙，而开创之君反居其下。至亲尽庙祧时，太祖始正南向之位，非历有百年，其典不备，如唐之宪、懿，宋之僖、宣，屡经罢复，浑如儿戏，识者讥之。本朝太祖肇基东土，抚有寰区，追崇原皇帝四圣神主，即安奉于太庙后殿。遇四时祭享，遣亲王一人为之摄祭；元旦万寿节日，特遣官致祭；每岁袷祭时，则命觉罗官恭捧四圣神主合祭于太庙中，礼成仍安奉于后殿焉。时享之时，既不预九庙之数，复不压高皇帝南向之尊，实祭典之良制，百世宜遵奉者焉。①

《啸亭续录》还特别强调"太庙袷祭"，"凡捧帛执爵诸执事官，皆用圣祖以下宗支诸王公、将军充之"。②

　　历代统治者对坛庙祭祀礼仪极为重视，对于祭品、祭祀日期、祭典礼仪程序等都有严格规定。明清在祭祀礼仪上较前代更为繁复，而清代更是"度越唐、明远矣"（《清史稿》），是中国历史上祭祀制度最为完备的时期。顺治二年，清朝制定坛庙祭祀制度，规定：元旦祭堂子，正月上旬择日祭祖于太庙，祭太岁于太岁坛，正月上辛日祈谷于祈谷坛，上戊日祭社稷于社稷坛，亥日祭司先农坛，五月夏至日祀皇地祇于方泽，上戊日再祀太社、太稷于社稷坛，十一月冬至在圜丘大祀皇天上帝，岁除前一日告太岁、月将，于太庙行暮袷祭礼。③ 这些祭祀仪式将传统的祭祀文化推向高峰，也为北京积淀了丰厚的物质与非物质文化遗产。

三　坛庙祭祀仪式与传统礼制文化

　　坛庙建筑是建筑思想和建筑技艺的完美统一体。北京的坛庙代表了古代坛庙建筑文化和建筑艺术的最高水平。如今，这些庄严辉煌的礼制建筑已成为北京最重要的历史文化遗产之一。

　　坛庙祭祀仪式是中国传统礼制文化的重要组成部分。礼既是一种仪

---

① 昭梿：《啸亭杂录　续录》，《清代笔记小说大观》第 5 册，第 4696~4697 页。
② 昭梿：《啸亭杂录　续录》，《清代笔记小说大观》第 5 册，第 4683 页。
③ 参见姚安《清代北京祭坛建筑与祭祀研究》，博士学位论文，中央民族大学，2005，第 10 页。

式,也体现了特定的宇宙观、世界观,代表国家权力和等级秩序,发挥极其重要的社会政治功能。《礼记》曰:"天下之礼,致反始也,致鬼神也,致和用也,致义也,致让也。致反始,以厚其本也;致鬼神,以尊上也;致物用,以立民纪也。致义,则上下不悖逆矣;致让,以去争也。合此五者以治天下之礼也,虽有奇邪,而不治者则微矣。"① 祭祀居传统礼制之首,北京坛庙祭祀仪式在明清时期发挥着极其重要的政治教化功能。

北京坛庙祭祀体现中国传统文化敬天、法祖、尚贤的价值取向,蕴含着哲学、政治、伦理、道德等思想内涵。明代礼部尚书李时曾言:"谨按山川、岳渎之神,皆所谓受命于天而主祐下民者,古先帝王率致慎躬祭,精诚昭假,是以雨旸时若,灾害不生,民用大和。我太祖、太宗凡山川诸神,悉躬致祭,未闻遣代,嗣后因坛在郊外,乘舆一出则有卤簿大驾之设,六军拥护之劳,且越宿而返,遂命官行礼。今皇上厉精化理,恪谨天戒,忧恤民隐,屡形诏旨。近因四方灾变,亲出祈祷,兹复上稽祖训欲亲祭,以期昭假,转灾为福,敬神恤民,诚古帝王之盛节。"②"山川、岳渎之神,皆所谓受命于天而主祐下民者",帝王"躬祭"的敬神之举,其目的则在"恤民"。明代自实行天地分祀后,圜丘祭天、方泽祀地仪式更是突出阴阳调和的哲学思想,顺应天地之道治理天下的政治理念。明朝天地祭祀虽然受到诸多政治因素影响而几经变动,但无论采用哪种祭祀方式,其核心内涵是秉持以农为本的精神,即天地祭祀要顺应阴阳四时的变化,为农业生产和百姓生活提供佑护。嘉靖九年改革郊祀礼以后,祭天礼一分为四,所增加的圜丘祈谷礼正是突出祭天之祈福于农事的内涵。如皇帝亲祀圜丘祈谷礼的祝文中所说:"候维启蛰,农事将举。爰以兹辰,敬祈洪造。谨率臣僚,以玉帛牺斋,粢盛庶品,备斯明洁,恭祀上帝于圜丘。仰希垂鉴,锡福蒸民。俾五谷以皆登,普万方之咸赖。"③ 在祭祀时间上,祈谷于启蛰(后称惊蛰)之日行礼,即春天万物复苏之际,寓意农作物的生长。

---

① 胡平生、张萌译注《礼记》下册,第905页。
② 《明世宗实录》卷104,台北"中研院"历史语言研究所,1962,第2450~2451页。
③ 《明会典》卷84,"祈谷",万历朝重修本。

同样，通过太庙与历代帝王庙的人鬼祭祀仪式，提倡尊宗重祖、崇尚德行的观念，这对稳定统治秩序具有重要意义。所谓"祀乎明堂，所以教诸侯之孝也。……祀先贤于西学，所以教诸侯之德也"。①

北京坛庙祭祀仪式，随着封建帝制崩溃，逐渐走向消亡。1860年，英法联军劫掠地坛，他们将地坛的祭器、礼器和陈设席卷一空，并毁掉其主体建筑方泽坛，此乃北京坛庙遭受的第一次重大劫难。1900年，各坛庙皆为八国联军占领。据仲芳氏《庚子记事》："紫禁城内各宫殿，尽是洋兵分国占据。三海、万寿山、颐和园等处，皆有各国洋兵驻扎。各宫陈设盗抢一空。各处禁地车马驰骋，任意焚掠。太庙、社稷坛皆是洋兵居住。天坛被英国驻兵，先农坛被美国驻兵。其余各坛庙以及行宫衙署官厅堆拨，亦多被各国洋人居住。"②侵略者对坛庙造成了极大破坏，"太庙、社稷坛亦被洋人拆毁不堪。各门无一处不开，车马驰行与街衢一样。匪徒拆卸各殿窗格，偷窃砖瓦木料，任意盗运"。"天坛、先农坛等处，尽被各国屯兵，殿宇、祭器并皆罄尽。"仲芳氏即说："我朝敬天法祖，尊崇祀典，为历朝所不及，至此弃国而逃，一败涂地矣。"③此后，清政府对太庙、社稷坛、天坛进行了修复，但此时的清朝已元气大伤。光绪三十二年（1906），光绪帝停止了先农、朝日、夕月、方泽诸坛的亲祀。两年后，停止了除太庙以外的所有坛庙祭祀，而太庙祭祀也渐趋废弛。政治变革也是影响北京坛庙祭祀仪式的最重要因素。帝制崩溃后，与清王朝密切相关的国家祭祀也随之终结。天坛、朝日坛、夕月坛等日渐荒废，地坛、社稷坛、先农坛等相继辟为市民公园或文教场所。

如今，天坛、地坛、日坛、月坛、孔庙、历代帝王庙等都"恢复"了祭祀仪式，但这些表演层面的"仪式"显然与曾经的国家祭祀仪典有根本区别。在传统祭祀仪式中，首要条件就是主祭者与参与人发自内心的

---

① 胡平生、张萌译注《礼记》下册，第919页。
② 中国社会科学院近代史研究所《近代史资料》编译室主编《庚子记事》，知识产权出版社，2013，第29~30页。《庚子记事》为清末仲芳氏日记，主要记载自庚子年（1900）五月至辛丑年（1901）十一月二十八日所见所闻的义和团运动及八国联军入侵前后北京地区的情况。
③ 《庚子记事》，第39、55页。

神圣感，所谓"礼莫大于敬"。所有的礼都以敬为要，唐人孔颖达说："人君行礼，无有不敬，行五礼，皆须敬也。"就是说，人君行吉、凶、军、宾、嘉五礼，必须要有恭敬之心。礼是用来表达内心情感的方式。传统祭祀仪式中对天神、地祇、人鬼的祭祀，都是要表达对天地日月、列祖先贤的崇敬之心。"祷祠祭祀，供给鬼神，非礼不诚不庄。"① "郊之祭也，丧者不敢哭，凶服者不敢入国门，敬之至也。"② 古代所有的祭祀仪式，都试图培养人内心的这种敬意。祭祀中的各种礼仪，如沐浴、斋戒、乐舞等，都是出于这个目的。《皇明祖训》云："凡祀天地，祭社稷，享宗庙，精诚则感格，怠慢则祸生。故祭祀之时，皆当极其精诚，不可少有怠慢，其风云雷雨师、山川等神，亦必敬慎自祭，勿遣官代祀。"③ 为此，历代朝廷祭祀在时空、祭器、祭品、仪程、服饰、乐舞等各方面都有详尽的规定。朝廷为了树立国家祭祀仪式的威严，甚至予以法律监督和保障。如《大明律》"十大恶"中之第二条"谋大逆罪"，即指毁宗庙、山陵及宫阙，而盗取大祀神御之物，也被定为大不敬之罪，判斩刑。盗取尚未呈进之神物及营造未成之物，或是已奉祭祀完毕之物及其余官物，要被处以"笞一百，徒三年"的重罚。在具体祭祀规则方面，诸如有司不按期公布大祀及庙享日期，参与祭祀之官已受誓戒而仍行吊丧问疾、判署刑杀文书及预筵宴，已受戒人员不宿净室，准备大祀牲牢玉帛黍稷之属而不如法，饲养大祀牺牲而致瘦损等，皆有明文惩处之条。④ 朝廷通过严苛的惩治措施，树立祭祀的威严，借此昭示其内心的虔诚与敬意。

  历史发展到今天，传统祭祀文化中的思想观念已不再是治国方略，传统祭祀仪式已失去其存在的大环境。就现今"恢复"的某一具体仪式而言，主祭者与陪祭者皆为演员，参与者多为凑热闹的群众。这些表演是一种普及历史知识的情景剧。当然，有了祭祀表演之后，今天的人们对于坛庙的认识会更为形象，这也不失为一种文化传播方式。

---

① 胡平生、张萌译注《礼记》上册，第5页。
② 胡平生、张萌译注《礼记》下册，第903页。
③ 朱元璋：《皇明祖训》，《四库全书存目丛书》，齐鲁书社，1997，第171页。
④ 参见《大明律》卷11，怀效锋点校，法律出版社，1999，第87~88页。

第二节 天坛祭天

坛庙祭祀是隆重的国家祀典，受到历代帝王的高度重视。古代帝王自称"天子"，推崇"君权神授"以巩固其特权，因此尤为重视天帝祭祀，其中以圜丘祭天最为重要，其仪式也最为繁缛隆重。

祀天是最早形成的祭祀活动之一，是古代国家祭祀体系的核心。祭天礼仪起源很早，自五帝时代一直延续至20世纪初。秦汉以后，历代封建帝王以"敬天法祖"为己任，建祭坛举行祭天典礼，以禳灾祈福、祈求天帝的佑护。宋代以前，祀天之说存在种种分歧。至明太祖朱元璋时期，"天"的至尊地位获得肯定。此后，在国家的祭祀体系中，"天"被视为唯一的至上神加以崇祀。天坛在北京坛庙中的地位，由此可见一斑。

坛庙祭祀仪式主要由三部分组成，即建筑（坛庙）、祀典陈列、仪式。天坛祭天同样如此。

一 天坛的建筑沿革、规制与变迁

北京天坛是明清两朝祀天、祈谷的礼制建筑，为北京祭坛之首。天坛主要包括祈年殿、圜丘、斋宫、皇穹宇、神乐署和牺牲所等建筑，这些建筑自南而北沿中轴线依次布设，体现了中国古代建筑的高超技艺与"天人合一"的意境追求。

天坛始建于明永乐十八年，初名天地坛。天地坛的中心建筑为大祀殿（祈年殿的前身），永乐帝于大祀殿举行天地合祀大典。除祭祀天地外，每遇登基、册封皇后等皇家盛典，或遭遇自然灾害、受游牧部族骚扰等，皇帝或亲祭，或派遣亲王代祭。从永乐十八年至嘉靖九年，共有9位皇帝在大祀殿举行天地合祀102次。

嘉靖九年，嘉靖帝恢复洪武初制，决定于南、北郊分祀天地。于是，在大祀殿之南建圜丘，祭祀时间由孟春改为冬至，天地坛改名为天坛，并晓谕礼部："南郊之东坛名天坛，北郊之坛名地坛，东郊之坛名朝日坛，西郊之坛名夕月坛,南郊之西坛名神祇坛,著载《会典》,勿得混称。"①其后,天坛在祭祀时仍称"圜丘",其余事项则称"天坛"。此后,大祀殿被废弃。嘉靖二十一年在其旧址上另建新殿,名"大享殿",岁以秋季大享上帝。大享殿即祈年殿之前身。

孙承泽《春明梦余录》对天坛及大祀殿的建筑规制记载颇详:

> 天坛,在正阳门南之左,永乐十八年建,缭以垣墙,周回九里三十步。初遵洪武合祀天地之制,称为天地坛。后既分祀,乃始专称天坛。
>
> ……
>
> 祈谷坛大享殿,即大祀殿也。永乐十八年建,合祀天地于此。其制十二楹,中四楹饰以金,余施三采。正中作石台,设上帝皇祇神座于其上。殿前为东、西庑三十二楹,正南为大祀门,六楹。接以步庑,与殿庑通。殿后为库,六楹,以贮神御之物,名曰天库。皆覆以黄琉璃。其后,大祀殿易以青琉璃瓦。坛之后,树以松柏。外墙东南凿池,凡二十区。冬月,伐冰,藏凌阴。以供夏、秋祭祀之用,悉如太祖旧制。②

清乾隆时期,天坛得以修缮与扩建,最终形成了天坛祭祀建筑群。"天坛的建筑紧扣祭天的主题,着重突出天帝的至尊、祭天的神圣。"③震钧《天咫偶闻》描述了扩建后的天坛建筑群:

> 天坛,在永定门内之左,都城之丙方也。建自明永乐间,周凡十里。前为圜丘,后为皇穹宇,又后为祈年殿,又后为皇乾殿。西为斋宫,西南为神乐署,东南为神库。周以缭垣,上覆椽瓦。垣外为沟,其中古木千章,三伏无暑。④

---

① 《明世宗实录》卷119,第2833页。
② 孙承泽:《春明梦余录》,第191、203页。
③ 习五一:《北京坛庙的文化价值》,《北京观察》2007年第4期。
④ 震钧:《天咫偶闻》,第133页。

天坛见证了明清两朝的兴衰更迭。永乐年间，天地坛得以建造，大祀殿的天地合祀大典，标志着明代北京都城地位的确立。嘉靖年间，随着明王朝国力的增强，国家礼仪制度逐渐完备，天地分祀制度确立，圜丘的建造，标志着祭天祀典的至尊地位。在清代康乾盛世，扩大天坛建筑群规模，其祭天仪式也最为繁复。随着清朝国力的衰退，天坛也逐渐荒废。光绪十五年（1889），祈年殿遭遇雷击，失火被毁。薛福成在《庸庵笔记》中记载了当时的情形：

> 光绪十五年八月二十四日寅刻，雷电交作，大雨如注。……霹雳一声，直击祈年殿前所悬之额，碎堕地上，雷火燃着悬额之楣木。未刻，殿内火起，烟焰从槅扇窗棂冒出，烧着梁柱，其光熊熊如赤虹亘天。守坛官牟鸣锣报警，步军统领发令箭，传集官兵及五城坊官水会奔救。殿宇过高，水激不到；虽雨势倾盆，又为琉璃顶所隔。
>
> ……戌刻后，祈年殿八十一楹及檀木雕成朱扉黄座，悉成灰烬。数十里内光同白昼，香气勃发。……夜过半，火势犹未衰，至天明乃熄。丹陛上之汉白玉栏杆悉皆炸裂。①

光绪十六年，光绪帝下令重建祈年殿，重建工程历时6年才竣工。何刚德《春明梦录》记载了祈年殿重建工程的情况：

> 余所办工程，以祈年殿为最巨，工费将及百万。祈年殿者，即上辛祈谷坛也。坛为雷火所击，全体毁焉。或云守者举火于殿额后割蜂蜜，以致失慎，然事后莫能诘也。殿柱本用楠木，近时无此材料，以洋楠木代之，横卧于地，对面不能见人，其圆径之巨可想而知。殿顶以金镀之，在库领金六百两，中可容数十人，甚矣规模之宏壮也。②

重修的祈年殿外形同原殿大体相似，今日所见之祈年殿即为光绪

---

① 薛福成：《庸庵笔记》，重庆出版社，1999，第137～138页。
② 何刚德：《春明梦录 客座偶谈》，山西古籍出版社，1997，第77页。

年间重建。祈年殿已经被列入《世界遗产名录》，是北京坛庙建筑的代表。

二 祀天陈设、祭器与"宝象"

坛庙中的陈设属礼器，是祭祀活动中不可或缺的组成部分。祀典规模、级别及所祀神祇不同，坛庙的陈设亦有所不同。明清两朝天坛祭天陈设主要包括行礼陈设、祭器祭品和仪仗乐器三大类。

行礼陈设包括神位宝座、幄次、拜垫、脚踏、灯具等。清朝祭天前，军士为祭坛除尘，礼部、工部、太常寺等机构负责棕垫拜褥、幄帐、幄次、走牲棚、神主宝座、神位等各项准备工作。行礼陈设无论大小，丝毫不能怠慢。本章第一节曾提及，《大明律》规定，盗取大祀神御之物，属于大不敬之罪，判斩刑。此外，盗取已祭祀完毕的物件、有司不按期公布大祀日期、准备大祀的牲牢玉帛黍稷等祭品不如法等，都将予以惩处。圜丘祭祀在冬日的清晨 4 点 15 分，此时北京城仍然一片漆黑，照明的灯具必不可少。然而，北方的冬季寒风肆虐，灯烛极易被风吹灭，而一旦在祭祀时发生此种情况，则被视为不祥。沈德符《万历野获编》记载成化十二年（1476）的一次事件：

> 成化丙申年正月十三日，上方南郊，忽阴晦大风，郊坛灯烛俱灭，执幡麾并乐官俱冻死。此祝枝山大父居京师亲见，而《宪宗实录》不载，盖秉史笔丘文庄公讳之也。南宋光宗绍熙年间，亦有此异，时后李氏窃至斋宫嬿婉，且不避程姬之疾，次晨厉风震荡，从官辟易，至不能成礼而罢。帝既怖恐，又闻李后擅杀所嬖贵妃黄氏，遂得心疾以至于崩。宪庙圣明，谨于事天，非宋主可比万一，且雍容成礼，对越上帝，即风霾何损？独此时正商文毅当国，却不闻引汉灾异策免三公故事求退，何也？①

根据竺可桢绘制的中国近 5000 年温度变化曲线图，明末清初正处于

---

① 沈德符：《万历野获编》，《明代笔记小说大观》第 3 册，第 2666 页。

中国历史上第四个气候寒冷期。依照《中国气象灾害大典·北京卷》记载，明成化十二年正是北京最冷的时期。① 在如此奇寒天气下，又逢朔风肆虐，因此天坛"灯烛俱灭"，仪仗人员及乐官皆冻死。这本是一场自然灾害，但在祭天文化的语境中，奇寒的天气，灾害的发生，寓意上天对人间的惩罚，更是对帝王的警示。这种凶兆，被理解为关乎王朝之气运。沈德符特意引一则南宋事例，说明明宪宗"谨于事天""雍容成礼"，非宋光宗可比。沈德符将此事载于"禨祥"条，本身就能说明问题。

祭器祭品也是祀典所需的重要物件，一般随着祀典制度演变而有所变化。明清时期，祭器的制作形式和色彩都有严格规定。明嘉靖九年更定祀典，天、地、日、月四坛的祭器各依所祭神祇使用不同颜色：圜丘青色，方泽黄色，朝日赤色，夕月白色。祭器的式样也有所调整，登、铏代之以瓷碗，簠、簋、豆代之以瓷盘。清初依明制，祭器亦用瓷碗、瓷盘。乾隆时期，依古制重新厘定祭器。圜丘冬至大祀所用祭器依照新制准备，此后沿用至清末。震钧《天咫偶闻》记载了乾隆朝陈设改易情况：

> 天坛之殿墙，皆用蓝瓦而朱柱。其坛上陈设帟幄，亦皆蓝色。执事者，衣青衣。坛旁有天镫竿三，高十丈。镫高七尺，内可容人，以为夜间骏奔助祭者准望。
>
> 乾隆十三年，圣制《冬至》《南郊述志诗》注云："国初一切礼仪，率依明制。郊庙所用祭器，徒存其名，皆以瓷盘代之，相沿未改，亦不知始于何时。朕以既用其名，宜备其物，特敕廷臣议更古制。今冬至大祀，始用之于南郊，自是诸祀俱用古礼器矣。"又二十六年，《南郊礼成述志诗》注云："比因临江得古镈钟，参考仿制，副以特磬，大乐条理乃备，今大祀始用之。"②

明清天坛祭天仪式中，皇帝出行时扈从仪仗队尤其引人关注。这种仪仗队称为"卤簿"，是彰显帝王至高无上地位和威严的一种仪礼设置。卤

---

① 参见谢璞主编《中国气象灾害大典·北京卷》，气象出版社，2005，第5页。
② 震钧：《天咫偶闻》，第133~134页。

簿制度始于秦汉,历经唐宋的发展,至明清臻于鼎盛。清乾隆十三年(1748)钦定用于圜丘祭天的大驾卤簿最为盛大。此套卤簿前列有4匹导象、5匹宝象,中置36人抬宝辇,光是后边跟随的乐队人数就达188人。声势浩大的卤簿凸显出皇帝的赫赫威仪,彰显了祭天活动的严肃性与庄重性。卤簿最前列的导象和宝象,无疑是明清时期帝王卤簿中的一大特色,"洗象"甚至成为北京的民俗事项。《长安客话》《万历野获编》《帝京景物略》《金台游学草》《金壶浪墨》《帝京岁时纪胜》《燕京岁时记》等明清笔记,对此都有记载。

北京本来没有大象,但是"象"与"祥"谐音,有吉祥寓意,因而大象历来受到民众的喜爱。在我国,驯养大象历史悠久,宋代就出现专门豢养驯象的"养象所",明清两代宫廷中也饲养有大象。蒋一葵《长安客话》载:

> 象房在宣武门西城墙北,每岁六月初伏,官校用旗鼓迎象出宣武门濠内洗濯,观者徐渭诗:"帝京初伏候,出象浴城湍。决荡粗泥落,吹喷细雪残。鼻卷荷屈水,牙划藕穿澜。出没漩涡口,崔嵬鳌岸端。巴蛇吞未下,滟石浸还干。逐队趋蹄易,呼群拭背难。秣刍厮养习,湔刷羽林官。并是生殊域,同来饲一阑。不争倚力大,共荷主恩宽。"①

《长安客话》的记载,说明在明万历十年前后北京就已经形成在宣武门外观"洗象"的习俗。文中提及的徐渭(1521~1593),绍兴府山阴(今浙江绍兴)人,字文长,与解缙、杨慎并称"明代三才子"。徐渭60岁时(1581年),应好友张元忭之邀来北京,居住三年后回到山阴。上述记载中提及的诗歌,名为《观浴象》,描述徐氏在北京生活所见,只不过《长安客话》截取了部分诗句,而且前后次序也有错乱之处,体现了笔记不甚准确的特点。

《帝京景物略》《日下旧闻考》的记载较《长安客话》更为详细。明

---

① 蒋一葵:《长安客话》,北京出版社,2018,第12页。

弘治八年（1495），东南亚进贡大象，北京专门设立了象房、演象所。"凡大朝会，役象甚多，驾车驮宝皆用之。"（《日下旧闻考》）宫廷各种仪式中使用大象的场景，哪怕是天坛祭天的大驾卤簿中的大象，寻常百姓也无缘得见。洗象，则是百姓观看大象的最好时机。明清时期，每年六月初，大象到南边的护城河里洗澡，数十头大象迤逦而出，"观者如堵"，场面甚是壮观。《帝京景物略》载："三伏日洗象，锦衣卫官以旗鼓迎象出顺承门，浴响闸。象次第入于河也，则苍山之颓也，额耳昂回，鼻舒纠吸嘘出水面，矫矫有蛟龙之势。象奴挽索据脊，时时出没其髻。观者两岸各万众，面首如鳞次贝编焉。然浴之不能须臾，象奴辄调御令起，云浴久则相雌雄，相雌雄则狂。"① 清代诗人朱彝尊用诗歌描述"洗象"场景："后园虚阁压城濠，溅瀑跳波闸口牢。正欲凭阑看洗象，玉河新水一时高。"②《燕京岁时记》记载关涉象房的掌故：

  象房有象时，每岁六月六日牵往宣武门外河内浴之，观者如堵。后因象疯伤人，遂不豢养。光绪十年以前，尚及见之。象房在宣武门内城根迤西，归銮仪卫管理。有入观者，能以鼻作觱篥、铜鼓声。观者持钱畀象奴，如教献技；又必斜睨象奴受钱满数，而后昂鼻俯首，鸣鸣出声。将病，耳中出油，谓之山性发。象寿最长，道光间有老象，牙有铜箍，谓是唐朝故物，乃安史之辈携来者。后因象奴等克扣太甚，相继倒毙。故咸丰以后十余年，象房无象。同治末年、光绪初年，越南国贡象二次，共六七只，极其肥壮。都人观者喜有太平之征，欣欣载道。自东长安门伤人之后，全行拘禁，不复应差，三二年间饥饿殆尽矣。③

《天咫偶闻》对大象伤人事件有更详细的记载：

  至同治戊辰，云南底定，缅甸始复贡象七只。余庚辰入都，曾往

---

① 刘侗、于奕正：《帝京景物略》，第 103~104 页。
② 朱彝尊：《曝书亭集》卷 14，《文渊阁四库全书》集部，台北，台湾商务印书馆，1986。
③ 富察敦崇：《燕京岁时记》，《燕京岁时记》（外六种），第 92 页。

观之。至甲申春,一象忽疯,掷玉辂于空中,碎之,遂逸出西长安门。物遭之碎,人遇之伤。掷奄人某于皇城壁上如植。西城人家,闭户竟日,至晚始获之。从此象不复入仗,而相继毙矣,京师遂无象。①

从上述记载可知,大象伤人事件发生在光绪甲申年(1884),地点是西长安门(而不是东长安门),后果非常严重(将一个太监甩到城墙上),以致"西城人家,闭户竟日"。《天咫偶闻》的记载应该更准确,当时的象房在长椿街,大象伤人事件不大可能发生在东长安门。大象自伤人之后,便被拘禁,也不再让其入仪仗队,大象因失去政治功用,几年之间全部饿死了,"京师遂无象"。

三 圜丘祀天仪式

明清时期,天坛祭祀仪式已非常完备,有"春正月天地合祀""春正月祈谷大祀""孟夏常雩大祀""仲夏大雩大祀""冬至祭天大祀"等。其中,"冬至祭天大祀"最为隆重。

明嘉靖九年,圜丘建成后,规定冬至日举行祭天大典,从祀以大明、夜明、星辰、云雨、风雷诸神。但是,嘉靖帝对圜丘祭祀似乎并未充分重视,有时遣官代祭。沈德符《万历野获编》记载了这种"代祀"现象:

嘉靖十一年二月惊蛰节,当祈谷于圜丘,上命武定侯郭勋代行。时张永嘉新召还,居首揆,夏贵溪新简命拜宗伯,不闻一言匡正,独刑部主事赵文华上言,切责而宥之。时文华登第甫三年,其辞严而确,使其末路稍修洁,固俨然一直臣矣。次年十一月,大祀天于南郊,又命郭勋代之,大小臣遂无一人敢谏者。时上四郊礼甫成,且亲定分祭新制,遂已倦勤如此,至中叶而高拱法宫,臣下不得望清光,又何足异。盖代祀天地,自癸巳始,至甲午后,遂不视朝。……至陶

---

① 震钧:《天咫偶闻》,第45页。

仲文更劝以退居为祈天永命秘术，何论郊祀哉。①

沈德符提及嘉靖十一年与十二年的两次天坛祭祀，都派遣武定侯郭勋前往代祭，而除刑部主事赵文华外，竟无一人敢劝谏。此时，"四郊礼甫成"，且"亲定分祭新制"，嘉靖帝竟然"倦勤如此"。嘉靖中期，嘉靖帝愈加迷恋道教，对天坛的祭祀活动越发懈怠。此后，明代帝王遣官代祭现象时有发生。

按明制，国家凡遇严重的自然灾害，帝王须在宫中祷告、祭祀，或于坛庙亲祭或遣官祭祀。《宛署杂记》记载万历十年（1582）十月的祷雨事件：

> 十月十二日，奉礼部札付，为再祷雨泽，以重农务事，行府虔祷等因。臣等随率僚属，于十三日虔祷三日，忽阴云四合，雷雨交布。纶音七日为期，而雨以四日感应，何神矣哉！②

总体而言，有明一代，帝王对于天坛祭祀不如清代帝王重视，祭祀仪典也不如清代繁复。

顺治元年，清军入关定鼎北京。十月，顺治帝继位，随即到天坛祭祀，祷告天帝"建有天下之号曰大清，定鼎燕京，纪元顺治"。顺治帝的祷文表达了三层意思：一是"天"眷顾清朝，授予其统治的合法性与权威性；二是顺治"救民涂炭""解民悬"，使得清朝的统治进一步合理化；三是臣民都不得违背"天"意。③ 顺治帝授予天坛圜丘祭天崇高的地位，也通过祭天强化自身统治的合法性与权威性。随后，正式规定"每岁冬至日大祀天于圜丘"。顺治十四年正月，顺治帝恢复明穆宗废弃的祈谷礼，在大享殿举行祈谷大典。康熙九年（1670），祈谷礼成为清代定制，历代遵行直至清亡。乾隆七年（1742），规定每岁巳月举行常雩礼，大旱

---

① 沈德符：《万历野获编》，《明代笔记小说大观》第3册，第1948页。
② 沈榜：《宛署杂记》，第106页。
③ 参见宋剑飞《中国空间策略：帝都北京（1420~1911）》，诸葛净译，三联书店，2017，第281~282页。

则举行大雩礼。昭梿《啸亭续录》详细记载清代"常雩礼""大雩礼"的规制：

> 本朝列圣，忧勤民瘼，每于雨泽愆期，必敬谨设坛祈祷。乾隆七年特旨：每岁巳月，择日行常雩礼，如冬至郊坛之制。皇帝躬诣行礼，所用散衣旗帜皆皂色，以祈甘霖速降。常雩既举，如未得雨，先祈天神、地祇、太岁三坛，次祈社稷。遣官各一人，皆七日一告祭，各官咸斋戒陪祀。如仍不雨，还从神祇等坛祈祷如初。旱甚乃大雩，皇帝躬祷昊天上帝于圜丘，不设卤簿，不除道，不作乐，不设配位，不奠玉，不饮福受胙。三献，乐只用舞童十六人，衣玄衣，为八列，各执羽翳，歌纯皇帝御制《云汉诗》八章。余仪与常雩同，祭后雨足则报祀之。

昭梿认为乾隆此举"感格苍穹，轸念农业，实为自古所未有也"。①

天坛祭祀活动中，圜丘祭天当是重中之重。祭天仪式在乾隆朝臻于完备。祭天典礼包括"择吉日""题请""涤牲""省牲""演礼""斋戒""上香""视笾豆""视牲""行礼""庆成"等多项仪程。基本仪程如下：先期在凝禧殿视牲、演礼。前三日，皇帝至太庙请神主，太常寺进铜人，百官誓戒，皇帝阅祝版、斋戒。前一日，皇帝诣坛，至皇穹宇上香，至神库视笾豆，至神厨视牲。祀日，日出前七刻，皇帝诣坛行祭礼。具体仪程为：迎神、初献、亚献、终献、答福胙、撤馔、送神、望瘗。礼毕，皇帝乘礼舆，由大驾卤簿前导，奏《佑平之章》，返回紫禁城。②

清代笔记也有所记载，如《天咫偶闻》记载圜丘祭天前的准备情况：

> 我朝列圣谨于事天，凡郊祀靡不亲行。且于前一日出宿斋宫，午夜将事。自定鼎至今如一日。祭前期十日，部臣敬演郊事，青舆五路，日日到坛。正阳门左右列肆，皆悬镫彩。营军巡警，往

---

① 昭梿：《啸亭杂录 续录》，《清代笔记小说大观》第5册，第4682页。
② 参见姚安《清代北京祭坛建筑与祭祀研究》，博士学位论文，中央民族大学，2005，第49~51页。

来不断，游人蚁织。此十日间，各署官吏，亦时往来，上辛常雩皆如是。①

徐珂编撰《清稗类钞》"时令类"的记载与《天咫偶闻》类似，但更为详细：

冬至郊天

每岁冬至，太常寺预先知照各衙门，皇上亲诣圜丘，举行郊天大祭。前一日，御驾宿斋宫，午夜将事，坛上帝幄皆蓝色，执事者衣青衣，王大臣服貂蟒。坛旁有天灯竿三，高十丈，灯高七尺，内可容人，以为夜间骏奔助祭者之准望。届期，正阳门列肆悬灯彩，上辛常雩亦如是，附近庙宇，不准鸣钟擂鼓，亦不准居民施放鞭炮，以昭敬慎。

冬至胙肉纳于怀

皇帝祀天圜邱，所受福胙，必纳之怀，携回斋宫，以示祇承天庥帝贲之意。亦以长至令节，北方隆寒，胙肉冰凌坚结，不至沾渍衮衣也。②

繁缛的礼仪表达统治者对上天的无比崇敬。如果皇帝不能亲祭，则派遣亲信重臣代祭。为区别尊卑，两种典仪有所不同。

明清两朝共有23位皇帝亲赴天坛祭祀。清代帝王更是非常重视天坛祭祀，尤以康熙、乾隆为最。

康熙十八年七月二十八日，京师发生强烈地震，损失惨重。九月十五日，康熙帝决定至天坛圜丘告祀，请求上天的宽宥。昭梿《啸亭续录》"亲祷"条记载了此事：

---

① 震钧：《天咫偶闻》，第133页。
② 徐珂编撰《清稗类钞》第1册，中华书局，2010，第35页。

康熙中，孟夏间久旱，上虔诚祈祷，由乾清门步祷南郊，诸王大臣皆雨缨素服以从。南未至天桥，四野浓云骤合，甘霖立降。①

康熙二十六年十一月二十一日，孝庄文皇后病重。十二月初一日，康熙帝率宗室、臣僚由紫禁城步行至天坛圜丘致祭，此次祭天是圜丘历史上一次特殊的典礼。王士禛称赞康熙："盖上登极三十年以来，凡郊庙大祀，无不躬亲，虽大雨雪必出。敬天尊祖，久而勿怠如此。"（《居易录》）

昭梿《啸亭续录》还记有乾隆帝天坛祭祀事宜："乾隆己卯，上因旱，屡祷于三坛、社稷，雨不时降，乃步祷于南郊。次夕，澍雨普被，岁仍大稔，上咏《喜雨诗》以志之。"昭梿盛赞康熙、乾隆"亲祷"的行为："二圣轸念农食惟艰，甘屈万乘之尊为民请命，其于桑林之责，千古若合符节也。"②

1860年，英法联军入侵北京，各大坛庙惨遭浩劫，天坛祭祀仪式因之逐渐消失。1911年辛亥革命后，祭天祀典宣告废除。民国时期袁世凯复辟帝制举行了祭天仪式。

在古人心中，"天"是至高无上的象征，具有多重内涵。"天"是自然界的主管，遇干旱、水灾、虫灾等自然灾害之时，常常由皇帝或朝廷重臣祭祀天地，以祈福弥灾。同时，"天之序"规定"人之序"，"天"代表终极秩序，能实现人间的各种诉求和期盼。国家层面的祭天仪式，体现君王对国泰民安的期盼。朱元璋说："所谓敬天者，不独严而有礼，当有其实。天以子民之任付于君，为君者欲求事天，必先恤民。恤民者，事天之实也。即如国家命人任守令之事，若不能福民，则是弃君之命，不敬，孰大焉？又曰：为人君者，父天母地子民，皆职分之所当尽。祀天地，非祈福于己，实为天下苍生也。"③ 祀天仪式反复举行，使君、臣和民众凝聚起对"天"的共同认知，在一定程度上起到维系统治的作用。

2002年春节期间，天坛首次举办祭天文化展演活动，2004年又恢复

---

① 昭梿：《啸亭杂录 续录》，《清代笔记小说大观》第5册，第4694页。
② 昭梿：《啸亭杂录 续录》，《清代笔记小说大观》第5册，第4694页。
③ 《明太祖实录》卷180，洪武二十年正月甲子。

了祭天乐舞表演，让我们可以看到明清时期皇家祭天的大致景况。圜丘祀天，镌刻在北京城的文化记忆之中。

四 天坛之变迁：从禁坛到公园

明清时期，天坛作为皇家坛庙，属于禁地，民众不得进入。但实际上，天坛在北京的"九坛八庙"中，是最具游览功能的坛庙。

大型坛庙往往与古树相连。《墨子·明鬼下》曰："昔者虞夏、商、周三代之圣王，其始建国营都日，必择国之正坛，置以为宗庙；必择木之修茂者，立以为菆位。"① 树木成为历代祭坛的必备要素。明清时期，在坛庙之内种植树木成为定式。明朝在营建祭坛之时，大量种植松柏作为"仪树"，以此来营造庄严肃穆的祭祀氛围，尤以柏树为多。天坛作为最大的皇家祭坛，"仪树"数量惊人。清代在明代的基础上，又大量栽植与补种松、柏、槐、榆等树种。历经几百年，天坛古树林立，柏树独成风景。清光绪时姚永概《方伯岂仲斐招游天坛观古柏作歌》，描述天坛"绕坛一碧皆种柏，罗列骈生咸秩秩"的情景。

天坛虽为禁坛，但明代后期，神乐署道士为谋利，私自开设茶舍招揽民众入坛，天坛踏青遂发展成北京端午之节俗。沈德符《万历野获编》载：

> 京师及边镇最重午节。至今各边，是日俱射柳较胜，士卒命中者，将帅次第赏赉。京师唯天坛游人最盛，连钱障泥，联镳飞鞚，豪门大估之外，则中官辈竞以骑射为娱，盖皆赐沐请假而出者。②

由上可知，当时天坛已成北京一处名胜。但也说明，此时朝廷对天坛的管理比较松懈。明代端午节"射柳"习俗，是金元旧俗，天坛树木繁多，乃"射柳"佳处。

清代初期，端午节天坛踏青习俗依旧盛行。至雍正年间，朝廷采取强

---

① 方勇译注《墨子》，中华书局，2015，第260页。
② 沈德符：《万历野获编》，《明代笔记小说大观》第3册，第1966页。

硬手段严加整饬，游人锐减。但至嘉庆朝，此风再次兴起。潘荣陛《帝京岁时纪胜》载：

> 帝京午节，极胜游览。或南顶城隍庙游回，或午后家宴毕，仍修射柳故事，于天坛长垣之下，骋骑走繲。更入坛内神乐所前，摸壁赌墅，陈蔬肴，酌余酒，喧呼于夕阳芳树之下，竟日忘归。①

天坛林木葱茏，环境清幽，乃城市中的"小森林"。在清代，它还是采药之所。《天咫偶闻》卷1载："太庙中多灰鹤，社坛中多蛇，天坛产益母草，此皆地秀所钟，聚于一处。一墙之限，外此求之不得，足异也。"② 完颜麟庆《鸿雪因缘图记》中有"天坛采药"图，图注为：

> 坛内树木森蔚，药草苾芬，所产益母草最良。肃禁时，高宗特准神乐观官生开药肆十六，以利施济。年例秋后入坛采刈。癸卯（1843年——引者注），届期，贺焕文因龚、刘二生招余同行，二生司乐舞，俗称金童。恭纪以诗曰："肃穆圜丘下，翻因采药来。绿荫浓宛树，元瓦丽坛台。宝地寻芝术，金童辟草莱。先皇隆胙蠁，曾许侍班陪。"③

天坛成为采药佳处，说它是一座"小森林"，显然不是溢美之词。

至晚清时期，天坛周边又出现一片市井喧嚣之地——天桥，乃因天子祭天所走之天桥而得名。由于清代实行满汉分城而居制度，宣南地区聚集大量南来北往的人，天桥地区逐渐成为"北平下级民众会合憩息之所"（齐如山《天桥一览》序），"天桥把式"也成为北京平民文化的代表。《天咫偶闻》对天桥的环境记录详细：

> 天桥南北，地最宏敞。贾人趁墟之货，每日云集。更有金张少

---

① 潘荣陛：《帝京岁时纪胜》，《燕京岁时记》（外六种），第44页。
② 震钧：《天咫偶闻》，第5页。
③ 完颜麟庆撰《鸿雪因缘图记》第3集，浙江人民美术出版社，2019，第889页。

年，扶风豪士。夕阳未下，黄尘正繁。轮雷乍惊，驹电交掣。飘风一过，忽已远逝。洛阳青门之犊，不足斗其捷也。而仲夏南顶之游，驰骋尤众。孙文定公（尔准）有小寒食，宿雨初霁，踏青至天桥。登酒楼小饮，稚柳清波，漪空皴绿。渺渺余怀，如在江南村店矣。顾其檐额曰杏花天，因倚声书壁云：……又武虚谷与黄仲则、洪稚存饮于天桥酒楼，……今日天桥左近亦无酒楼，但有玩百戏者，如唱书、走索之属耳。①

从天子祭天行走的"天桥"，到"天桥把式"的"天桥"，北京的皇城文化与平民文化，就这样在历史的风云变幻中无缝对接。

1912年，天坛移交给内务部礼俗司掌管，但仅是名义上接管，并未派驻管理人员，也未订立相关制度。1913年元旦，天坛首次正式开放，限期10日供民众参观。1918年1月1日，天坛正式成为公园。至此，天坛实现从皇家坛庙到市民公园的功能转化。当时报刊登载《开放天坛》通告云：

> 天坛为历朝祀天之所，建筑闳丽，林木幽茂，实为都会胜迹之冠。外人参观向由外交部给予执照，而本国人士罕有游涉。今者内务部特将天坛内重事修葺，平垫马路，以期引人入胜。订于阳历新年一号，将斋宫皇穹宇祈年殿一律开放，任人购票游览。并拍照名胜处所，制成邮片赠送游客。观光之士、考古之儒，行见连骑叠迹于其间矣。②

在天坛成为公园之前，社稷坛、先农坛已先后被辟为市民公园，这是民国时期北京坛庙一种适应社会的发展思路。至今，中山公园（社稷坛）、天坛仍然是北京市民最喜爱的公园。1998年，联合国教科文组织将天坛列入《世界遗产名录》，天坛已成为展现北京古都魅力的一张亮丽名片。

---

① 震钧：《天咫偶闻》，第135~136页。
② 《开放天坛》，《群强报》1917年12月30日，转引自王炜、闫虹编著《老北京公园开放记》，学苑出版社，2008，第115页。

第三节 孔庙祭孔

中国传统祭祀中的"人鬼"大致可分为三类：第一类是宗庙祭祀中的皇室历代祖宗；第二类是历代帝王、功臣、先圣先哲及其他道德典范和有功于民者；第三类是所谓死后无所依附的孤魂野鬼。北京的坛庙祭祀以第一、第二类影响最大，第一类者如太庙，第二类者如历代帝王庙、孔庙。太庙是皇室宗庙，是封建帝王祭祀祖先之所。历代帝王庙是祭祀历代帝王、功臣的坛庙。孔庙则是以孔子为祭祀对象的坛庙。如今，太庙已成为北京劳动人民文化宫。历代帝王庙在政府的支持下得以重修，也在此表演过历代帝王祭祀部分典礼仪式。只有孔庙，仍然保持着昔日的建筑规模，现在举办的祭孔大典也是唯一的政府部门参与的祭祀仪式，它与全国其他地方的祭孔活动一起均受到了人们的关注。

一 孔庙的建筑沿革、规制与特色

孔庙是祭祀儒学的创始人——孔子的庙宇，又称"文庙""夫子庙"等。自汉武帝"罢黜百家，独尊儒术"后，儒家学说成为主流。孔子被历代尊崇为圣人先师。孔庙分为家庙、国庙与学庙，目前国庙有两所，一为曲阜孔庙，一为北京国子监孔庙。北京国子监孔庙是皇家祭祀孔子的庙宇。

北京国子监孔庙坐落于成贤街（又称国子监街），元代至元二十四年（1287），世祖忽必烈在大都城崇仁门（今东直门）内的成贤街修建"国子学"。元大德六年（1302）正式修建宣圣庙（孔庙），大德十年建成，同年又在孔庙西正式修建国子监，体现"左庙右学"的规制。明朝初年，明太祖定都南京，北京国子监降为北平府学。永乐二年（1404），北平府学又升为北京国子监，国子监和孔庙在原址得以重修。此后，宣德、正统、弘治年间多有修缮与改建。嘉靖年间，又于大成殿之后增建启圣祠。万历年间，孔庙的瓦顶改为绿琉璃瓦。明崇祯八年（1635）刊印的《帝京景物略》记载："都城东北艮隅，瞻其坊曰'崇教'，步其街曰'成贤'，国子监在焉。……左庙右学，规制大备。……庙初设像，嘉靖九年，撤像以主焉，启圣有专祠焉，庑从祀，有陟有黜焉。"① 明末清初孙承泽的《天府广记》对孔庙的建筑沿革与规制有简要记载：

> 文庙在城东北国学之左。元太祖置宣圣庙于燕京，以旧枢密院为之。成宗大德十年，京师庙成。明太祖改为北平府学，庙制如故。永乐元年八月，遣官释奠，仍改称国子监孔子庙，寻建新庙于故址，中为庙，南向，东西两庑，丹墀西为瘗所，正南为庙门，门东为宰牲亭、神厨，西为神库、持敬门，门正南为外门。正殿初名大成殿，嘉靖九年改称先师庙，殿门为庙门。②

清初，孔庙已破败不堪，顺治"发内帑银三万两，特加修葺"。此后，康熙、雍正、乾隆、道光、光绪朝都曾有过修缮与改建。其中，雍正元年（1723），改启圣祠为崇圣祠。乾隆二年（1737），孔庙开始使用黄琉璃瓦，崇圣祠使用绿琉璃瓦。光绪三十二年（1906），大成殿改七间三进为九间五进。徐珂《清稗类钞》"祠庙类"特别说明："至光绪乙巳，孔子升为大祀，因仪制较崇，殿庭旧式，诸多未合。"③ 历经多次修缮与改建，孔庙最终形成今天的布局规模和建筑规制。孔庙在建筑风格上深受中国传统礼制观念的影响，空间布局上以大成殿为中心，沿中轴线对称分布，整个建筑群均衡对称、布局严谨，体现了祭祀的庄严性与权威性。除山东曲阜孔庙外，北京孔庙是中国规模最大、形制最高、保存最完整的孔庙建筑群。④

孔庙有极其丰厚的文化遗产，比如大成殿、崇圣祠、御制记功碑亭、历朝进士题名碑等。大成门外的历朝进士题名碑，共198通，其中元代3通，明代77通，清代118通，成为孔庙里一道特殊的风景。碑石上刻有元明清三代各科进士的姓名、籍贯、名次，计51624人，《日下旧闻考》

---

① 刘侗、于奕正：《帝京景物略》，第1页。
② 孙承泽：《天府广记》，北京古籍出版社，1984，第90页。
③ 徐珂编撰《清稗类钞》第1册，第212页。
④ 关于北京孔庙的建筑群概况，可参见马超卿《北京孔庙建筑研究》，硕士学位论文，北京建筑工程学院，2012。

等笔记中都有记载。但明清笔记中提及较多的是孔庙里的周代石鼓。《帝京景物略》第一篇即为"太学石鼓"：

> 庙门内之石鼓也，其质石，其形鼓，其高二尺，广径一尺有奇，其数十，其文籀，其辞诵天子之田。初潜陈仓野中，唐郑余庆取置凤翔之夫子庙，而亡其一。皇祐四年，向传师得之民间，十数乃合。宋大观二年，自京兆移汴梁，初置辟雍，后保和殿。嵌金其字阴，错错然。靖康二年，金人辇至燕，别取其金，置鼓王宣抚家，复移大兴府学。元大德十一年，虞集为大都教授，得之泥草中，始移国学大成门内，左右列矣。……鼓文今剥漫，而可计数其方，要当六百五十七言。先所存无考。①

周朝石鼓共10座，排列于大成门内东西两侧。《帝京景物略》详细叙述石鼓移入北京孔庙的历史沿革，显然是参考前人的著述，如元代潘迪的《石鼓文音训》跋、明万历间蒋一葵的《长安客话》②等。《帝京景物略》还详细列举历代关于石鼓年代的争议、鼓文字数及历代吟咏石鼓的诗歌。

关于孔庙石鼓，清代及民国著述中也有所叙录。如《清稗类钞》载："京师孔庙，……有周宣王时石鼓十具，风剥雨蚀，石文已十九脱落，字迹模糊，后人将全文镌刻一碑，屹然立于阶下。"③《北平旅行指南》载："殿门外，有石鼓十座，径长尺余，高约三尺；周镌文字，脱落不清，传为周宣王之猎碣。但据《天咫偶闻》所载，则断为秦文公东猎时所制。"④

历经元明清直至民国初期的600多年，周朝石鼓一直存放于北京孔庙，为文人学士所瞻仰。然而九一八事变爆发后，石鼓随故宫文物

---

① 刘侗、于奕正：《帝京景物略》，第2~3页。
② 参见蒋一葵《长安客话》，第27页。
③ 徐珂编撰《清稗类钞》第1册，第212页。
④ 马芷庠：《老北京旅行指南》，张恨水审定，吉林出版集团有限责任公司，2008，第115页。该书原名为《北平旅行指南》，1935年初版。为行文方便，本书叙述采用初版书名。

南迁，之后辗转大半个中国，直至1950年，石鼓才回到北京，存于故宫博物院。

孔庙作为元明清三代皇帝祭祀孔子的场所，建筑格局基本完好，成为人们了解儒家文化和祭祀文化的重要场所。

二 孔庙释奠礼之变迁

据文献记载，祭祀孔子的仪式有三种，即"释奠""释菜"和"释币"，其中释奠的规格最高。起初，释奠礼用于纪念有德行的先师。《礼记·文王世子》云："凡学，春，官释奠于其先师，秋、冬亦如之。凡始立学者，必释奠于先圣、先师。"[①] 历经汉、隋、唐、宋、元、明的发展完善，至清代，其成为一种规模宏大、程序繁复、等级严格的祭祀仪典。

中国的祭孔活动可追溯至公元前478年，即孔子去世后的第二年。该年，鲁哀公下令在曲阜阙里孔子旧宅立庙，按岁时祭祀，开启祭孔之先河。汉代以后，祭孔规模逐步扩大。汉高祖刘邦以太牢之礼祭祀孔子，开帝王祭孔之先河。隋代，太学国子监于每年春夏秋冬四季中第二个月的上丁日祭奠孔子，开丁日祭孔之先河。唐代，孔庙和祭孔活动遍及全国，孔子被封为文宣王，释奠先师礼列入国家祀典。宋代，朝廷以"王者之制"祭孔，将孔庙更名为大成殿，大成殿遂成为孔庙之象征。元世祖定都北京后，建立宣圣庙，并率诸士大夫行释奠礼。

明清时期，祭孔活动达到顶峰，被称为"国之大典"。明初，明太祖规定在春秋两季的仲月上丁日（二月和八月的第一个丁日）举行释奠礼。永乐朝后，明代国家祭孔仪式转移到北京。永乐四年（1406）三月辛卯，明成祖亲视太学，并敕谕礼部曰："朕惟孔子帝王之师，帝王为生民之主，孔子立生民之道。三纲五常之理，治天下之大经大法，皆孔子明之，以教万世。……今当躬诣太学，释奠先师，以称崇儒重道之意。"[②] 永乐时期在北京孔庙举行的释奠礼，其规模、影响远远超过洪武时期在南京举

---

① 胡平生、张萌译注《礼记》上册，第400页。
② 《明太宗实录》卷52，永乐四年三月辛卯。

行的释奠礼。

永乐、宣德后，明朝尊孔崇儒之风愈演愈烈，北京孔庙的释奠礼更为隆重。至成化、弘治年间，释奠礼规格达到鼎盛，孔子的地位已与君王等同。①"（成化）十三年闰二月丁丑，释奠，初用八佾，笾豆各十二。"②弘治九年（1496），又"增文庙乐器人数为七十二人，如天子制"。沈德符《万历野获编》补遗"礼部"记载此事：

> 弘治九年孔庙春祭，太常寺奏祭先师孔子已用天子礼，增为八佾之舞，惟乐器之数尚用诸侯，为未称，请增文庙乐器人数为七十二人，如天子制。礼部复请通行天下，并南京国学一体遵行。上谓所言良是，如拟，以副朕肃奉先师之意。阅五日为丁祭，即如议行之。③

至嘉靖年间，祭孔祀典发生较大变化。嘉靖帝在《正孔子祀典说》中明确表示："朕惟孔子之道，王者之道也；德，王者之德也；功，王者之功也；事，王者之事也；特其位也，非王者之位焉。"④嘉靖九年，孔庙祭祀规格大为降低。世宗规定：孔子封号不再称王，只称"至圣先师孔子"；改大成殿为先师庙；撤毁塑像，只用木主（神位）；笾豆由十二减为十，舞由八佾减为六佾。《万历野获编》详细记叙明代关于孔庙废塑像改木主的过程：

> 正统八年，国子助教李继上言，宫殿将成，唯太学尚仍元旧，且土木肖像不称，亦非古制，请择地改建。上曰朝廷自有措置，不允。……至成化十七年，国子监丞祝澜者，遂上疏欲以木主改塑像，上不允，斥为云南府幕而去。至弘治十二年己未，南京兵科给事中杨廉遇阙里灾，乃上疏宜趁庙宇一新，更易木主，以革夷教，及"大

---

① 关于孔庙释奠礼的变迁，可参见吉恩煦《明代北京释奠礼流变考略》，硕士学位论文，首都师范大学，2011。
② 孙承泽：《春明梦余录》，第304页。
③ 沈德符：《万历野获编》，《明代笔记小说大观》第3册，第2800页。
④ 《明世宗实录》卷119，嘉靖九年十一月癸卯。

成"二字乃譬喻之语，于谥法不合，亦宜革去。上虽不从，而不加谯让。至嘉靖初，张永嘉用事，而普天塑像被毁矣，盖其说非始于张也。杨又有疏申明祀典，谓宋儒周、程、张、朱从祀之位，宜升居汉唐诸儒之上，其说更为不经，识者非之。①

从上述记载来看，虽然孔庙废塑像改木主事件发生于嘉靖九年，但明代朝堂就此事已经历漫长的拉锯战。北京孔庙自元代起便是塑像与木主并存。明太祖曾提议各地文庙只设木主而不设塑像，但北京孔庙仍然设立塑像。随着尊孔崇儒风气日增，设塑像更是获得帝王的支持，以致成化年间，国子监丞祝澜上疏以木主改塑像，最终被贬谪为云南府幕。

废塑像改木主事件给沈德符留下了深刻印象，他在《万历野获编》中多次记载。比如《万历野获编》补遗载："太祖废天下神祇王公等号，而独存孔子文宣皇［王］尊称及塑像，盖有深意。至世宗用张璁言，改王称师，毁像用主，儒者至今饮恨。"② 沈德符显然是废塑像改木主做法的反对者。此条记载带有强烈的主观色彩，体现了作者鲜明的立场。

清朝释奠礼沿袭明制，且规模更大，祀典级别更高。顺治十四年（1657），祀典规格升为上祀，帝王行三拜九叩大礼。光绪三十二年（1906），升祭孔为"大祀"，按帝王之礼使用"八佾舞"。光绪年间，大成殿也由七间三进改为九间五进，以符帝王"九五之数"。光绪年间的释奠礼，成为祭孔祀典的最后辉煌。

三 民国时期孔庙及祭孔仪式的历史沉浮

民初，孔庙和国子监由北洋政府教育部管理。1912年，教育部将孔庙国子监改为国立历史博物馆筹备处，由内政部北平坛庙管理所管理。日本学者中野江汉在其著作《北京繁昌记》中，描述了1920年前后北京孔庙的状貌：

---

① 沈德符：《万历野获编》，《明代笔记小说大观》第3册，第2276~2277页。
② 沈德符：《万历野获编》，《明代笔记小说大观》第3册，第2754页。

  孔庙的结构极其壮丽,丹画朱彩,金碧绣错,黄瓦灿然,夺人眼目。庙前桧柏,横柯上蔽,郁郁葱葱,经六百春秋,历风吹雨打,依旧翠色欲滴。……略微了解后拜谒此庙,其威严之气,使人不觉正襟危立。①

  1937年,北平成立旧都整治委员会,该委员会曾于1937~1939年对孔庙进行修缮。

  新中国成立后,北京孔庙为多家文化事业单位使用。1981年,北京孔庙成为首都博物馆馆址。2005年,首都博物馆从孔庙迁出。同年,政府对孔庙和国子监进行全面修缮,恢复清代的建筑规模和样式。2008年,孔庙和国子监正式成为孔庙和国子监博物馆。

  北京孔庙成为博物馆,可以说是最好的选择。乾隆曾言:"京师为首善之区,而国子监为首善之地。"孔庙所在的国子监街(清时称成贤街),元时已然形成,是中国历史文化名街之一。国子监街是今日北京唯一保留过街木质老牌坊的街道,仍然保存明清街巷肌理,文化底蕴深厚。孔庙和国子监与老街一起,组成一个大型博物馆,留存了老北京的胡同文化。

  北京孔庙还是一座传统建筑博物馆。北京素以胡同和四合院闻名,国子监与孔庙其实就是一个放大的豪华版四合院,传统建筑艺术与文化都在此得到呈现。如北京孔庙严格依照传统建筑的中轴线布局,沿中轴线从南向北依次为先师门、大成门、大成殿、崇圣门及崇圣祠,主体建筑覆以黄色琉璃瓦,布局井然,气氛庄重,体现了礼制建筑的特点。门、庑、殿、堂、脊兽、飞檐、斗拱、雕花、雕刻、匾额等,也都具有传统建筑的典型特征。此外,孔庙内的御制碑刻、历代进士题名碑等,都是珍贵的历史文物,以博物馆的方式原地保存,是对历史最大的尊重。

  孔庙是中国儒家文化的象征,是儒学思想的物化形态。北京孔庙是中国仅有的两座国庙之一,在元明清时期发挥着重要的国家宣教功能。不论是"棂星""大成""明伦"等建筑名,还是"大成文宣""至圣先师""万世师表"等匾额,都彰显着鲜明的儒家文化理念。乾隆十三经刻石,是中国现存最完整的儒家经典碑刻。进士题名碑,则是科举制度的第一手

---

① 〔日〕中野江汉:《北京繁昌记》,韩秋韵译,北京联合出版公司,2017,第134页。

珍贵史料。此外，祭孔仪式集乐、歌、舞于一体，更是珍贵的非物质文化遗产。它们与孔庙的物质文化共同生动而立体地展示中国传统儒家文化、礼制文化、教育文化的精髓。

在北京孔庙的现当代发展中，祭孔仪式的沉浮也非常值得关注。

民国时期，袁世凯曾意图保留北京孔庙以及祭孔祀典。1913年，袁氏颁布《尊孔祀孔令》，将农历八月二十七日（后人推算的孔子生日）定为"圣节"。1914年9月28日（恰逢仲秋月的上丁日），袁氏亲临孔庙祭孔，行三跪九叩之礼。① 袁世凯希望"用制度化的国祀形式来保留和继承祭孔礼仪"，② 结果却因为他的"帝制梦"，祭孔仪式被打上"复辟"的印记。袁氏复辟帝制失败后，北洋政府仍照旧保留了祭孔仪式。中野江汉非常肯定这一做法，他赞叹道："帝政更改为共和政体后，在前朝礼仪几乎被一一废除的今天，仅此释奠被保留下来。作为中华民国的大祭之一，该仪式倚仗国家的力量而续存，这不仅是中国独自的骄傲，在弘扬东洋文化方面也发挥了重要的作用。"③

1928年，南京政府成立后，蔡元培宣布"将春秋祀孔旧典一律废止"。1929年，南京政府迫于舆论压力，将每年农历八月二十七日定为"孔子诞辰纪念日"，各界可自行举行纪念活动。1934年，蒋介石再次将每年农历八月二十七日列为国家纪念日。此后，祭孔时间改为孔子诞辰日，中断数年的官祭又开始兴起。其实，孔子诞生日祭孔，本身也有历史传统。《帝京岁时纪胜》记载："八月廿七日为至圣先师诞辰，禁止屠宰，祭文庙。各书室设供，师生瞻拜。"④

1939年，教师节也被改为八月二十七日，庆祝教师节与纪念孔子活动并为同一天。《北平旅行指南》对民国时期祭孔仪式的起起落落有简要记载：

---

① 参见侯宜杰《袁世凯一生》，河南人民出版社，1984，第360~363页。
② 王霄冰：《国家祀典类遗产的当代传承——以中日韩近代以来的祭孔实践为例》，《山东社会科学》2012年第5期。
③ 〔日〕中野江汉：《北京繁昌记》，第134页。
④ 潘荣陛：《帝京岁时纪胜》，《燕京岁时记》（外六种），第52页。

自鼎革后，新学倡行，儒教日衰。民国十八年间北伐成功后，新学势力膨胀已极，孔子学说几全湮没。甚有指孔学为封建余孽。各地孔庙，多被摧毁，为孔教之空前大劫。民国二十三年，尊崇旧道德，于是儒学复兴。是年秋，国府派员赴曲阜孔庙，举行隆重礼典，全国景从。北平孔庙亦因之整饬一新，祭祀活动颇极一时之盛。民国二十五年春丁祭祀，尤为隆重。①

可以说，祭孔仪式是唯一在民国时期还举行的国家传统祭祀仪式。但相关争论也非常多，有人认为祭孔已无存在的必要。1913~1924年，鲁迅曾任教育部佥事，北京孔庙春秋二祭时，被派去做执事。他在1913年9月28日的日记中写道："昨汪总长令部员往国子监，且须跪拜，众已哗然。晨七时往视之，则至者仅三四十人，或跪或立，或旁立而笑，钱念劬又从旁大声而骂，顷刻间便草率了事，真一笑话。闻此举由夏穗卿主动，阴鸷可畏也。"②《申报》也曾报道1925年秋丁日南方的一次祭孔祀典：

　　民国乙丑秋夏历八月三日，为文庙祀孔之期。余适以事赴邻邑之南陵，借观其礼，不可谓非采风中之佳遇也。……天破晓鸡既鸣，始来十数人入行祀礼，中多斑白者，要皆教育界要人，草草具文，乃于无精打采中演之。而前此蜂拥蚁聚之签名者，至是亦皆杳无踪迹。翌日，主祀者即可按名酬送胙肉二斤，余以是知彼等之兢兢签名者，乃分肥也，岂真祀孔乎。呜呼！吾国今日孔教之不昌，于此可见一斑矣。③

此次祀孔典礼徒有其表，已经失去祀孔的价值与意义。有人不禁发出"口诵孔子，耳熟孔子者，其胸中果有孔子之道存在乎"的疑问。④

---

① 马芷庠：《老北京旅行指南》，第115~116页。
② 鲁迅著，陈漱渝等编《日记全编》，《鲁迅著作分类全编》，广东人民出版社，2019，第61页。
③ 韵笙：《祀孔见闻录》，《申报》1925年9月29日，第3张第9版。
④ 佚名：《孔子诞日之感想》，《申报》1925年10月15日，第4张第11版。

祭孔活动在1949年至1984年基本处于消停阶段。20世纪80年代，大批海内外人士前往孔子故里曲阜观光、朝圣。1984年，曲阜县政府率先开展以"孔子诞辰故里游"为名的孔子纪念活动。1989年，曲阜"孔子诞辰故里游"正式更名为"中国曲阜国际孔子文化节"，时间从农历的八月二十七日调整为公历9月28日。20世纪90年代中期，随着国学兴起与倡导弘扬优秀传统文化，儒学在中国文化中的地位与价值日益得到认可，祭孔礼仪逐渐引起关注。2004年，曲阜孔庙首次举行由政府主办的公祭孔子大典，自此祭孔大典成为每年的例行活动，并于2006年被列入《第一批国家级非物质文化遗产名录》。

在全国各地的孔庙中，北京孔庙级别最高。曲阜孔庙的春秋祭祀，其庙制、祭器及礼仪都以北京孔庙为准绳。2002年9月28日，为纪念孔子诞辰2553年，孔庙和国子监博物馆举行了两场祭孔乐舞表演。如今，"祭孔大典"已经成为其国学文化节的重点文化项目。2019年，适逢孔子诞辰2570年，10月18日，孔庙和国子监博物馆举行祭孔大典，有领导干部、专家学者、民主人士、孔氏后裔以及市民观众等数百人出席和参与。孔庙和国子监博物馆馆长王培伍宣读诰文如下：

> 时值公元二零一九年十月十八日，孔历二五七零年。首都各界代表致祭于大成至圣先师孔子。惟师：祖述尧舜，宪彰文武，开创私学，修诗书，定礼乐，作春秋，赞周易；惟师：德配天地，道冠古今，万世敬仰。谨以牲帛醴齐，粢盛庶品，祇[祗]奉旧章，式陈明荐，并共祭复圣公、宗圣公、述圣公、亚圣公及十二先哲。伏惟尚飨。①

此次祭孔大典的具体仪程，以明代《嘉靖释奠仪》为主要依据，另外参考了明洪武年间的释奠仪，以及成化年间的释奠规格（如八佾，十二笾豆），力求还原传统祭祀场景。北京孔庙的祭孔大典，是传统祭孔仪式在当代的调整和发展。祭孔大典的举行，使北京孔庙的建筑与祭祀仪式

---

① 《孔庙和国子监博物馆举行祭孔大典》，2019年10月18日，中国新闻网，http://www.chinanews.com/cul/2019/10-18/8982899.shtml。

融为一体,它与天坛、地坛、日坛、月坛等坛庙的祭祀表演有着本质的不同,参加者也非临时拼凑的演员,这使祭孔大典独具当代文化价值。

明代侍郎程徐曾劝谏太祖勿停天下通祀孔子,认为"孔子以道设教,天下祀之,非祀其人,祀其教也,祀其道也"。① 祭孔仪式在中国乃至华人世界延续至今,既反映了人们对以孔子为代表的儒学思想的尊崇,也反映了人们对中华民族传统文化的认同。这也是五四运动以后祭孔仪式逐渐演变为祭孔大典的原因。如何让古老的祭孔仪式传承儒学文化,弘扬中华优秀传统文化,在当代文化建设中发挥更大的作用,是一个值得研究的课题。

第四节　先农先蚕耕织礼

在中国传统农业社会,历来农耕与蚕桑并重,男耕女织是最基本的生产和生活方式。相应地,当时的国家祀典中设置先农礼与先蚕礼,凸显了国家对耕织的重视和倡导,以及对民生疾苦的关注。所谓"天子亲耕于南郊以共齐盛,王后蚕于北郊以共纯服;诸侯耕于东郊亦以共齐盛,夫人蚕于北郊以共冕服。天子、诸侯非莫耕也,王后、夫人非莫蚕也,身致其诚信。诚信之谓尽,尽之谓敬,敬尽然后可以事神明,此祭之道也"。② 北京的先农坛与先蚕坛,是明清两代帝后祭祀农神与蚕神的场所。先农礼与先蚕礼具有典型的中国传统农业社会的特色,在明清时期的国家治理中发挥着重要作用。

一　先农坛与先蚕坛

先农坛是祭祀农神的礼制建筑。先农,即神农氏炎帝,又名"田祖""先啬",汉代始称"先农"。传说神农氏制耒耜、种五谷,教民以稼穑,是为农神。先蚕坛是祭祀蚕神的礼制建筑。关于蚕神的身份,一为马头娘说,一为嫘祖说,历代官方祀典供奉的则是嫘祖。嫘祖是黄帝元妃,据说

---

① 《明史》卷139《钱唐传》,中华书局,1974,第3982页。
② 胡平生、张萌译注《礼记》下册,第929页。

发明养蚕和缫丝技术。在西周时期，中国就形成了"帝亲耕后亲蚕"的礼仪制度，并被历代王朝所沿用，相应地就出现了先农坛与先蚕坛等礼制建筑。

北京先农坛是明清两代帝王祭祀神农、亲耕和观耕的地方，位于南中轴线西侧，与天坛东西相望。北京先农坛始建于明永乐十八年（1420），始称山川坛。《宸垣识略》载："先农坛一名山川坛，在正阳门外西南永定门之西，与天坛相对。缭以垣墙，周回六里。"① 关于山川坛的建筑规制，《续文献通考》对洪武年间所建南京山川坛有详细记载：

  初山川坛建于正阳门外，合祭太岁风云雷雨山川诸神，至是始定太岁、风、云、雷、雨、岳镇、海渎、钟山、京畿、山川、四季、月将、京都城隍凡十三坛。建正殿拜殿各八楹，东西庑二十四楹，坛西为神厨六楹，神库十一楹，井亭二，宰牲池亭一。西南建先农坛，东南建具服殿六楹，殿南为藉田坛，东建旗纛庙六楹，南为门四楹，后为神仓六楹。缭以周垣七百一十二丈。东西北神门各四楹，皆甃以砖垣，东又别为周垣，甃为门一，垣内地七十亩，水田十亩，岁种黍稷稻粱来牟及青芹葱韭以供祀事。是月成，帝亲告祀焉。②

而永乐年间所建北京山川坛，位置、陈设一如南京旧制，但面积稍大。

关于山川坛西南的先农坛，孙承泽《天府广记》载有其建筑规制：

  永乐建坛京师，一如其制，建于太岁坛旁之西南，为制一成，石包砖砌，方广四丈七尺，高四尺五寸，四出陛。西为瘗位，东为斋宫、銮驾库，东北为神仓，东南为具服殿。殿前为观耕台，用木，方五丈，高五尺，南东西三出陛，台南为耤田。护坛地六百亩，供黍稷及荐新品物。③

---

① 吴长元辑《宸垣识略》，北京古籍出版社，1982，第210页。
② 王圻：《续文献通考》卷72，郊社八，浙江古籍出版社，2000年影印本。
③ 孙承泽：《天府广记》，第76页。

嘉靖年间，在藉田①北侧搭建木质观耕台，始建太岁坛（又称太岁殿），增建天神坛、地祇坛，先农坛建筑群格局基本形成。嘉靖十一年（1532），改山川坛为天神地祇坛。万历四年（1576），又改称先农坛。至此，先农坛的名称得以固定，并沿用至今。

清雍正年间，天神坛、地祇坛二坛荒置，仅留太岁坛、先农坛祭祀。直至乾隆年间，先农坛经过部分修缮和改建，形成由太岁殿、具服殿、神仓、神厨、庆成宫、先农坛、观耕台、天神坛、地祇坛等建筑群组成的规模宏大、功能齐全、风格独具的皇家坛庙。这种格局，一直保持至清末。

历经明清两代，先农坛建筑群其实包括四座祭坛，即先农坛、太岁坛、天神坛、地祇坛。先农坛供奉先农神，太岁坛供奉太岁神、四季月将神，天神坛供奉风云雷雨诸神，地祇坛供奉五岳、五镇、四海、四渎等神。其供奉神祇之多，在北京坛庙中少见。各坛供奉神祇不同，祭祀的规格、时间和仪礼不同，功能自然也不同。先农坛祭祀是其中影响最大的祭祀活动。

与先农坛对应者即先蚕坛。先蚕坛是祭祀蚕神的场所。相传周代的王与诸侯都有公桑蚕室，历代王朝相沿成习，设祭坛祭祀蚕神。

北京的先蚕坛建造始于元代，但《元史》记载的坛址早已湮没无闻，大致在大都城的东南郊。明永乐帝迁都北京，先后建造天地坛、山川坛、社稷坛、太庙等礼制建筑，但先蚕坛并未列入祀典。嘉靖九年，都给事中夏言等人建议"令有司种桑柘，以备宫中蚕事"，嘉靖帝同意此项建议，决定筹建先蚕坛，并敕命"自今岁始，朕躬祀先农，……皇后亲蚕……考求古制，具仪以闻"。② 大学士张璁等主张在安定门外建先蚕坛，但此处无水，无浴蚕之所。户部官员主张仿唐宋旧制，在皇家宫苑中，利用太液池水浴蚕缫丝。最终，嘉靖帝坚持古制，将先蚕坛建于安定门外，且亲自制定先蚕坛的规制。是年四月，先蚕坛尚未建成，皇后遂在安定门外举行了一次先蚕礼。嘉靖十年，又改筑先蚕坛于西苑。安定门外的先蚕坛，未完工即废弃，遗址即今日之青年湖。最终，明代先蚕坛在西苑建成，并

---

① 藉田、籍田、耤田在文献中都有使用，在正文叙述中，本书统一使用"藉田"，以便于行文。
② 《明世宗实录》卷109，嘉靖九年正月丙申。

配置相应的办事机构——蚕宫署。

关于西苑先蚕坛的具体位置，笔记记载稍有出入。《日下旧闻考》记载为"改筑坛于西苑仁寿宫侧"，而高士奇的《金鳌退食笔记》则记为"亲蚕殿（即先蚕坛主殿）在万寿宫西南"。有学者认为"仁寿宫侧"确切地点是"仁寿宫西侧"，而"仁寿宫西侧"与"万寿宫西南"指的是同一个位置，二者的记载并不矛盾。①

明代王圻《续文献通考》记有西苑先蚕坛的建筑规制：

> 改筑先蚕坛于西苑，坛高二尺六寸，广六尺四寸，四出陛，东为采桑台，高二尺四寸，方一丈四尺，三出陛，铺甃如坛制。台之左右树以桑。东为具服殿，北为蚕室，左右为厢房，后为从室，以居蚕妇，设蚕宫署于宫左。②

至清朝，康熙帝于西苑丰泽园内设立蚕舍，植桑养蚕，浴茧缫丝。雍正十三年（1735），先蚕坛的建造提上议事日程，但因雍正帝疾病缠身，此建议就此搁置。直至乾隆八年（1743），先蚕坛于西苑东北角（今北海公园东北角）建设完工。关于清代先蚕坛的规制，《日下旧闻考》卷28记载较详：

> 坛东为观桑台。台前为桑园，台后为亲蚕门，入门为亲蚕殿。观桑台高一尺四寸，广一丈四尺，陛三出。亲蚕殿内恭悬皇上御书额曰"葛覃遗意"，联曰："视履六宫基化本，授衣万国佐皇猷。"亲蚕殿后为浴蚕池，池北为后殿。后殿恭悬皇上御书额曰"化先无斁"，联曰："三宫春晓觇鸠雨，十亩新阴映鞠衣。"屏间俱绘蚕织图，规制如前殿。宫左为蚕妇浴蚕河。南北木桥二，南桥之东为先蚕神殿，北桥之东为蚕所。浴蚕河自外垣之北流入，由南垣出，设闸启闭。先蚕神殿西向，左右牲亭一，井亭一，北为神库，南为神厨。垣左为蚕署

---

① 具体参见李明《元明清先蚕坛建置考》，《首都博物馆丛刊》2010年总第24辑，北京燕山出版社，2010。
② 王圻：《续文献通考》卷78，群祀二。

三间。蚕所亦西向,为屋二十有七间。①

先蚕坛建筑群由先蚕坛、祭台、采桑台、亲蚕殿、蚕宫、织室、蚕馆、神库、神厨、井亭、从室、具服殿等殿宇组成。坛覆以绿琉璃瓦,通蚕桑之意。② 乾隆二十二年,扩建先蚕坛,此后嘉庆、道光、同治、光绪、宣统时期皆有不同程度的修缮。先蚕坛建于西苑,既方便皇后、妃嫔等举行先蚕礼,坛庙建筑的整饬美又与西苑景观的园林美相得益彰,可谓匠心独运。乾隆朝《钦定大清会典》绘有《先蚕坛总图》,勾勒了先蚕坛全貌。北京先蚕坛是古代皇家先蚕坛建筑的集大成者,也是中国现存唯一一座皇家先蚕坛。

二 先农、先蚕耕织礼

先农坛的藉田礼与先蚕坛的亲桑礼,一帝一后,一阳一阴,相互配合,共同诠释中国传统社会男耕女织的生活图景。其中,先蚕礼是唯一一个由女性主持的国家祀典,在中国礼制文化中地位非常特殊。

先农礼主要包括两项仪式:祭享先农与藉田礼。祭享先农是序曲,重点是藉田礼。"藉",也称帝藉、耕藉、亲耕或王耕。藉田礼,又称耕耤礼、耕藉礼、藉礼,指皇帝在藉田扶犁亲耕的礼仪。先农礼属国家祀典。每年开春之际,天子或亲耕藉田或派遣大臣祭祀,为天下人做表率,以示劝农之意。

明初,祭享先农被列为国家大祀,后改为中祀。迁都北京后,朝廷派遣顺天府官员致祭先农,遇新皇登基则由皇帝亲行耕藉礼,时间一般在每年二月或三月的亥日。皇帝躬耕的藉田为1.3亩,因此形成后世的"一亩三分地"之说。

嘉靖九年二月戊辰,明世宗亲祀先农并行耕藉礼。但明代帝王对先农

---

① 于敏中主编《日下旧闻考》第2册,第391~392页。关于先蚕坛的规制,《清史稿》中也有相关记载。《清史稿》卷83载:"三面树桑柘。坛东为观桑台,前桑园,后亲蚕门。其内亲蚕殿,后浴蚕池,池北为后殿,宫左为蚕妇浴蚕河。南北木桥二,南桥东即先蚕神殿也。左曰蚕署,北桥东曰蚕所,皆符古制。"
② 关于先蚕坛建筑,可参见董绍鹏、刘文丰《北京先蚕坛》,学苑出版社,2014,第三章。

祭祀显然不够重视，亲行藉田礼屈指可数。但《宛署杂记》中对万历十八年（1590）皇帝在地坛参加的藉田礼有详细记述。

圣驾躬耕籍田于地坛，先期一月，顺天府行两县，选集老人年高有行者数十人，于本府候气堂后空处，随班习仪，预备牛犁、谷种及耕敛器具，良民二百余人，地坛内搭盖耕棚，方广五十余步，土取罗细数次，覆黄土其上。至期，教坊司妆扮优人为风云雷雨地土等神，小伶为村庄男妇，播蠡鼓唱太平歌，两县民执农具，如担勾扫帚之类，各列籍田左右，以待驾至。左手执鞭，右手执金龙犁，稍前用导驾官二员牵牛，老人二扶犁，老人二执粪箕净桶，老人二夹驾左右，名为帮耜臣，凡往回者三。驾升望耕台御座，公卿以次亲耕，多寡有次。耕毕，顺天府治中、通判、推官五员，各携谷种箱一，遍散地上，老人牵牛覆土为耕种之状，小优百余，衣田家男女服，奉五谷以进。驾回斋堂，受贺毕，宴三品以上官，赐耆老及农民各馒头二个、肉二斤，随驾正官诸民各执农具以从，至午门而止，复赏老人各布二匹，农夫各布一匹。①

清朝祭享先农仪式沿袭明制，但重视程度远甚于明，为历代王朝所莫及。自顺治十一年（1654）恢复先农礼后，清帝几乎每年或亲祭亲耕或遣官代祭。比如，雍正在位13年，除元年外，从二年至十三年，共亲祭亲耕12次。②《钦定四库全书》载："乾隆五十四年三月初六日皇上诣先农坛致祭，毕亲至耕所行三推礼。"③ 乾隆时年78岁，仍率先示范。"有清一代先后经历10个皇帝，计267年，帝王亲祭先农的次数则多达248次，是中国历代帝王中亲祭先农最多的一代。"④ 清代是先农祀典最为兴盛的时期。

先蚕礼是由皇后主祭的祭拜蚕神、躬桑饲蚕的祀典，始于周朝。《周

---

① 沈榜：《宛署杂记》，第131~132页。
② 参见刘潞《〈祭先农坛图〉与雍正帝的统治》，《清史研究》2010年第3期。
③ 《钦定四库全书》卷10，史部，政书类，仪制之属，八旬万寿盛典。
④ 朱祖希：《先农坛——中国农耕文化的重要载体》，《北京社会科学》2000年第2期。

礼·天官·内宰》载:"中春,诏后帅外,内命妇始蚕于北郊,以为祭服。"①《春秋穀梁传·桓公十四年》载:"天子亲耕,以共粢盛,王后亲蚕,以共祭服。国非无良农工女也,以为人之所尽,事其祖祢,不若以己所自亲者也。"②《礼记》载西周时先蚕礼:

> 古者天子、诸侯必有公桑、蚕室,近川而为之。筑宫,仞有三尺,棘墙而外闭之。及大昕之朝,君皮弁、素积,卜三宫之夫人、世妇之吉者,使入蚕于蚕室。奉种浴于川,桑于公桑,风戾以食之。岁既单矣,世妇卒蚕,奉茧以示于君,遂献茧于夫人。夫人曰:"此所以为君服与?"遂副、袆而受之,因少牢以礼之。古之献茧者,其率用此与?③

"大昕"即初一日,三宫夫人、世妇进入蚕室,以风干了露水的桑叶喂食蚕种。孟夏时节,蚕茧养成,献于夫人。季夏时节,妇官将蚕丝织成锦帛,用以制作祭祀郊庙的祭服。周以后,历朝沿袭祭先蚕的礼制,但在清朝以前,皇后亲祭及遣妃代祭的次数有限。④

明代先蚕礼始于嘉靖年间。嘉靖九年,先蚕坛尚未建成时,明朝就举行了第一次皇后亲蚕礼。明西苑先蚕坛建成后,嘉靖朝开始于此举行先蚕礼。每年季春(农历三月)择吉日,皇后亲临先蚕坛拜祭"蚕神",并采桑治茧。明代先蚕礼集历代之大成,在坛庙、服饰、乐舞诸方面都达到了礼制上的高峰。但嘉靖十八年,皇后亲蚕礼就已中止;嘉靖三十八年,罢亲蚕礼。嘉靖帝稽古创制的亲蚕亲耕之礼,未行几载即名存实亡。

明代先蚕礼从无到有,由兴而衰,历时 29 年,虽昙花一现,但其象征意义不可忽视。嘉靖九年,夏言的《请举亲蚕典礼疏》阐释得非常清楚,所谓"一以致其诚信,可以交于神明;一以劝天下之农夫蚕妇,非

---

① 徐正英、常佩雨译注《周礼》上册,中华书局,2014,第 161 页。
② 徐正英、邹皓译注《春秋穀梁传》,中华书局,2020,第 99 页。
③ 胡平生、张萌译注《礼记》下册,第 910 页。
④ 参见宗宇《先蚕礼制历史与文化初探》,《艺术百家》2012 年第 S2 期。

身帅先之弗可也"。① 祭祀先蚕礼的祝文言:"维神肇兴蚕织,衣我烝民,万世永赖,时维季春,躬行采桑礼,仰冀默垂庇佑,相兹蚕事,率土大同,惟神之休。敬以牲帛醴斋之仪,用申祭告。"② 举行先蚕礼,目的是彰显皇家对农夫蚕妇的体恤之心,体验农桑之艰苦,以此垂范天下,教化斯民。它与先农礼一道共同体现传统社会"男务稼穑,女勤织纴"的美好愿景。

清代先蚕礼始于乾隆七年(1742),孝贤皇后在西苑新建的亲蚕坛举行清朝首次皇后亲蚕礼。清代先蚕礼在每年季春择吉日举行,持续数日,祭祀典礼分斋戒、亲蚕、躬桑、授蚕、治茧等严格仪程。

据资料统计,自乾隆七年至宣统三年近170年间,皇后亲祭先蚕礼54次,其余由嫔妃或官员代祭。先蚕礼与先农礼一样,在清代达到兴盛。

先蚕礼是对男耕女织的基本生产方式和传统社会男女角色定位的强化。先蚕礼作为唯一由女性主持的国家祀典,其性别色彩十分突出。明代后期废除先蚕礼,可能和明代加强皇权、压低皇后地位、防止后宫干政有关。③

中国是农业大国,农桑是农业经济之根本,男耕女织构成了社会的基本生产方式。封建王朝统治者历来实行"农桑并举,耕织并重"的国策。管子曰:"农有常业,女有常事。一农不耕,民有为之饥者。一女不织,民有为之寒者。饥寒冻饿,必起于粪土,故先王谨于其始。"④ 元世祖即位之初发布诏令:"国以民为本,民以衣食为本,衣食以农桑为本。"⑤ 所谓"仓廪实而知礼节,衣食足而知荣辱"。中国的礼仪制度,发挥着重要的国家宣教功能。《礼记》云:

> 夫祭也者,必夫妇亲之,所以备外内之官也。……是故天子亲耕于南郊以共齐盛,王后蚕于北郊以共纯服;诸侯耕于东郊亦以共齐

---

① 夏言:《请举亲蚕典礼疏》,陈子龙辑《皇明经世文编》,中华书局,1962,第2118页。
② 《明会典》卷92,群祀二,第526页。
③ 参见朱子彦《帝国九重天:中国后宫制度变迁》,中国人民大学出版社,2006,第166~171页。
④ 黎翔凤:《管子校注》,中华书局,2004,第1388页。
⑤ 《元史》卷93,中华书局,2013,第2354页。

盛,夫人蚕于北郊以共冕服。天子、诸侯非莫耕也,王后、夫人非莫蚕也,身致其诚信。诚信之谓尽,尽之谓敬,敬尽然后可以事神明,此祭之道也。①

先农礼、先蚕礼以礼仪制度的严肃性、庄重性,以帝王亲耕、皇后亲桑的仪式符号,彰显王朝对农桑的高度重视。雍正元年(1723),雍正帝针对先农坛藉田礼晓谕礼部,要求地方守土之官都得行藉田礼:

礼曰:天子为藉千亩,诸侯百亩,据此,则耕藉之礼亦可通于臣下矣。朕意欲令地方守土之官俱行耕藉之礼,使知稼穑之艰难,悉农夫之作苦,量天时之晴雨,察地力之肥硗,如此则凡为官者皆时存重农课稼之心,而凡为农者亦断无苟安怠惰之习,似与养民务本之道大有裨益。②

为帝者,为官者,皆能"存重农课稼之心",则为农者"无苟安怠惰之习",如此"农有常业,女有常事",百姓安居乐业,天下太平安定。这是举行耕织礼的主要目的。

1920年前后,日本学者中野江汉站在先农坛的观耕台前感叹:"中国自古以来就是以农业为本的国家,视祭祀为举国大事。因此象征着劝农敬祀两大目的的亲耕祭典成为治国不可或缺的手段。秦颠汉仆,无论历经几多寒暑,只有这个祭礼历代相沿,没有废止,即使一时中断也能立即复兴,但进入民国已被完全废除。新的中国人对于这个古雅的典礼几乎全然不知。或许复兴的时机永远不会到来。"③

三 先农坛、先蚕坛的历史变迁

与北京的其他坛庙一样,清末民初以后,先农坛、先蚕坛发生了较大变化。辛亥革命以后,先农坛由皇家禁坛逐渐变成市民公园和街市。

---

① 胡平生、张萌译注《礼记》下册,第928~929页。
② 《清世宗实录》卷47,中华书局,1986,第6568页。
③ 〔日〕中野江汉:《北京繁昌记》,第114~115页。

光绪二十六年（1900），八国联军入侵北京，先农坛被美军占据。1912年，内务部将北京坛庙祭器统一移存至先农坛，并成立古物保存所。1913年元旦，先农坛首次对外开放，观者如堵。1914年，民国政府在太岁坛设立忠烈祠，以祭祀为创立民国牺牲的烈士。[1] 1915年，先农坛被正式辟为市民公园，成为北京南城的第一座公园。1918年，外坛北部修建"城南游艺园"，成为当时最吸引人的商业性游乐园。对于1920年前后的先农坛建筑群，中野江汉的《北京繁昌记》有详细描述，书中涉及的建筑有神仓、太岁殿、拜殿、神库、神厨、地祇坛、天神坛、观耕台、庆成宫等，相关记述颇为详细。[2] 1927年，外坛土地、树木变卖，兴建街市，商铺、茶社、戏园等纷纷进驻。当时先农坛的情况，大体如下：

> 东配殿，即系古物保存所（所购票入览），内陈钟鼓音乐之类……西配殿……盖所谓评古社。古物保质社、古物研究会、古物杂志社等处，其在兹乎。出西北旁门而西行，即古物萃卖场……又西北行见破屋两椽……其西南即秋千圃、品茶社、蹴鞠场等……再东，古艺游习社……再折而东行，入山门，为庆成宫，宫内即共和纪念会先烈坛在焉。[3]

民国时期政府在对先农坛的改建中将古物保存所、公园、纪念碑、历史博物馆等设置在古老的坛庙空间里，以此实现强健国民、娱乐和教育等多重功能。[4] 这种设置并非先农坛所独有，社稷坛、地坛都曾经历过类似改建。而且，由地坛改成的京兆公园，在功能设计上比先农坛更为丰富与科学。[5] 民国时期这种公共空间多重功能的设计在当今公园建设中也有所延续。

---

[1] 参见吴丽平《国家祭典的历史变迁和当代复兴——以北京先农坛祭祀为例》，《民间文化论坛》2014年第3期。

[2] 参见〔日〕中野江汉《北京繁昌记》，第102~117页。

[3] 《先农坛观览纪事》，《北京先农坛史料选编》，学苑出版社，2007，第245页。

[4] 参见陈蕴茜《论清末民国旅游娱乐空间的变化——以公园为中心的考察》，《史林》2004年第5期。

[5] 参见王炜、訚虹编著《老北京公园开放记》，学苑出版社，2008，第152页。

新中国成立初期，育才学校等单位迁入，坛区东南角变成先农坛体育馆。1979年后，先农坛先后被定为市级、国家级文物保护单位。现太岁殿、神厨、具服殿、观耕台等部分为北京古代建筑博物馆所属。太岁殿建筑群是先农坛内占地面积最大、最雄伟、保存最完整的一组古建筑群，也是中国现存专祀太岁神的规模最大、最完整的礼制建筑。太岁殿的跨度仅次于故宫太和殿，建筑庄重而华丽，被辟为古代建筑博物馆，不失为一种好选择。太岁坛建筑本身及馆内的实物图片等展览，给参观者留下深刻印象。但先农坛不仅是传统礼制文化的产物，更是传统农耕文化的重要载体，在这里最该展示的应是与其相关的祭祀文化、农耕文化。现在的博物馆内，在曾经神库的院落，虽也有先农祭祀展览，但总体而言，先农祭祀的文化氛围并不强。北京古代建筑博物馆展示的重点是古代建筑艺术与文化，与先农坛作为先农、太岁等祭祀的坛庙空间并不完全匹配。"北京中轴线"由准备申遗至申遗成功，历时12年，先农坛建筑群得到了更好的修缮与保护，其神仓建筑群在完成腾退修缮、陈列布展等工作后，已于2024年4月面向公众开放，先农坛作为坛庙空间的历史文化价值得以进一步彰显。

进入民国后，先蚕坛的祭祀功能消失，建筑也失修。1924年，先蚕坛为河道派出所使用。1930年后，先蚕坛先后为历史语言研究所、北京大学医学院租用。1941年初，国货陈列馆迁移至先蚕坛。1948年，先蚕坛进行修缮。1948年底，平津战役激战正酣，败退入城的傅作义主力部队强行占据先蚕坛达两个月有余，其间建筑设施有所损坏。1949年，先蚕坛拨借给北海实验托儿所使用。昔日的神殿、祭台、桑园成为教室、礼堂、活动场，观桑台、蚕宫署等古建筑已不复存在。[①] 2008年，先蚕坛重新修缮，北京坛庙的格局得以进一步恢复。但是，先蚕坛尚未恢复完整的祭祀空间，也就尚未开放公众参观。

随着国家对非物质文化遗产保护的重视，坛庙的祭祀仪式重新获得关注。先农礼、先蚕礼与圜丘祭天、方泽祀地等，逐渐以文化表演的形式出

---

① 关于先蚕坛变迁的详细情况，可参见刘文丰《北京先蚕坛沿革》，《北京观察》2019年第3期。

现在公众视野。2005年以后，北京古代建筑博物馆与周边的社区、学校相继组织了"祭先农，植五谷""先农坛里识五谷，端午耤田麦飘香"等活动。2012年，北京北海公园先蚕坛也开始举行"春阴祭蚕盛典"表演。

  先农礼与先蚕礼体现了中国传统社会的重农思想，有着厚重的文化积淀。随着中华文化的广泛传播，先农礼作为一种文化现象在海内外有着深远的影响。比如活跃于18世纪60年代前后的法国重农学派将"亲耕"视为皇帝重农的标志，曾先后促成路易十五及其继承人仿效中国皇帝郑重其事地举行亲耕的藉田仪式。① 韩国现仍然保留四月份祭祀先农的习俗，甚至将祭祀先农的活动列为"无形文化保护遗产"。明清时期的先农礼与先蚕礼，是中国重要的非物质文化遗产，虽然目前已经有博物馆展览与祭祀表演这两种传承方式，但或许还可以与时俱进，与中国农民丰收节等当下的文化建设结合起来，探寻更多合适的传承方式。

---

① 参见谈敏《法国重农学派学说的中国渊源》，上海人民出版社，1992，第282页。

第二章　芸芸众生与寺观庙宇

宗教文化是明清北京城市文化记忆的重要组成部分。北京的寺观庙宇随着辽、金、元、明、清五个封建王朝的兴亡交替及其社会政治、经济的发展而兴盛。明清时期的北京，寺观庙宇林立，大大小小的胡同均有神庙奉祀，因此有"神京""寺庙甲天下"之称。这些寺观庙宇成为明清时期北京城的独特空间，在民众的生活中发挥着重要的作用。明清时期的文人笔记与小说，为寺观庙宇留下了浓墨重彩的篇章。

第一节　北京寺观庙宇略论

道教自东汉产生后，就已在北京地区流传。佛教大约于晋代初年传入北京。辽金元时期，藏传佛教、伊斯兰教与基督教也陆续传入。随着北京在全国政治地位的提高，其宗教的发展迅速，宗教活动场所不断增加，至清代，北京已成为全国最著名的宗教活动中心。

北京的宗教文化体现了鲜明的包容性与共存性的特征。原始宗教以及道教、佛教、基督教、伊斯兰教在北京的传播，形成了许多闻名遐迩的寺观庙宇和风格各异的宗教仪式与民俗事项。其中，与原始宗教以及道教、佛教相关的寺观庙宇数量最多，影响深远。因此，本章以此为主要的考察对象。

一　寺观庙宇概览

明清时期，北京的宗教活动场所多以庙、寺、庵、祠、观、宫、禅林、院、殿、堂、阁、坛等命名，美国学者韩书瑞（Susan Naquin）称之为"寺院"（temple），本书统称"寺观庙宇"。北京的寺观庙宇历史悠久、数量众多、分布密集、规模宏大，文化底蕴深厚，留存的文化遗产也极其丰富。

韩书瑞专门研究了北京1400年至1900年的寺院,并撰写了《北京:公共空间和城市生活(1400~1900)》一书。据其统计,1401年北京城只有41座寺院,1550年已有236座,到明末大致有430座,至清代,其数量增长惊人,1800年已有636座。从1400年至1900年,北京包括郊区在内有档案记载的寺院超过2500座。① 其实,北京城寺观庙宇的数量,应该比韩书瑞统计的还要多。沈榜《宛署杂记》记载,明代北京宛平县所属地域寺有211所,其中城内72所,城外139所;庵140所,城内77所,城外63所;宫6所,城内3所,城外3所;观21所,城内7所,城外14所;庙206所,城内77所,城外129所;堂13所,城内4所,城外9所;祠7所,城内2所,城外5所。总计604所。② 当时的北京城,分为大兴县与宛平县,仅宛平县的寺观庙宇就达604所。明代,上至帝王后妃,下至太监士庶,都热衷于造庙建寺。据《明会典》统计,至宪宗成化十七年(1481)前,仅"京城内外敕赐寺观已至六百三十九所"。有明一代,北京共建佛寺达上千所,且多为宦官所建。清初,北京的寺观庙宇多有损毁,后历经康、雍、乾三朝,有所修复。1950年,中国科学院考古研究所对北京内外城的寺观庙宇进行重新调查,据统计,当时仍保存有891所。可见,寺观庙宇之多,是明清时期北京城突出的文化现象。

北京的寺观庙宇历史悠久,底蕴深厚。以潭柘寺为例,所谓"先有潭柘寺,后有幽州城"。潭柘寺是北京现存最古老的寺庙,始建于西晋永嘉元年(307),发展到明清时期,更是得到皇家恩宠,兴盛一时。

明清文人笔记多处提及潭柘寺。《春明梦余录》记载:"晋嘉福寺,唐改龙泉寺,即今潭柘寺也。……燕谚谓:先有潭柘,后有幽州。此寺之最古者也。"③《燕京岁时记》的描述则更为详细:

  潭柘寺在浑河石景山西、栗园庄北,去京八十余里。每至三月,

---

① 参见〔美〕韩书瑞《北京:公共空间和城市生活(1400~1900)》,孔祥文译,中国人民大学出版社,2019,第20页。
② 参见沈榜《宛署杂记》,第223~235页。
③ 孙承泽:《春明梦余录》,第1268页。

自初一日起，开庙半月，香火甚繁。庙在万山中，九峰环抱，中有流泉，蜿蜒门外而没。有银杏树者，俗曰帝王树，高十余丈，阔数十围，实千百年物也。其余玉兰、修竹、松柏、菩提等，亦皆数百年物，诚胜境也。其先戒律极严，荤酒莫入。近则酒炙纷腾，无复向时清净矣。有灵蛇二，曰大青、小青，与秘魔崖相仿佛，殊不知是一是二。所谓柘木者，仅存数尺，与元妙严公主拜佛砖同为古迹。凡至寺者必观此数事焉。①

至今，潭柘寺仍是京西地区的著名寺庙，其悠久的历史、雄伟的建筑、优美的风光与丰厚的文化底蕴，对民众仍然有着极大的吸引力。

同样，天宁寺、戒台寺、大觉寺、云居寺、悯忠寺（法源寺）、卧佛寺、广济寺、龙泉寺、独乐寺、报国寺、圣安寺、柏林寺、慈悲庵、白云观、东岳庙等，这些寺观庙宇也都有着悠久的历史与深厚的文化底蕴。

二 寺观庙宇的文化特色

作为都城的宗教场所，北京的寺观庙宇区别于其他地区的自然是其"皇家气"。潭柘寺之所以享有盛誉，一则是因为其历史悠久，二则是皇室的推崇。自金代以后，历代王朝都有帝王后妃至潭柘寺进香礼佛。元代，忽必烈的女儿妙严公主于潭柘寺出家为尼，其礼忏的"拜砖"，成为寺内珍贵文物。明成祖的智囊姚广孝功成名就后，辞官归隐于潭柘寺。姚广孝修行期间，朱棣多次到潭柘寺探望。据传姚广孝在设计规划北京城时，其灵感就来自潭柘寺的建筑布局。清康熙帝也三次游幸潭柘寺，并赐金重修寺庙，将其定为"敕建"，更名为"岫云寺"。康熙帝的推崇，使潭柘寺在清代政治、宗教领域的地位显赫，享有"京都第一寺"之美誉。另外，如法源寺、隆福寺、万寿寺、五塔寺、智化寺、白云观、东岳庙等，背后都不乏皇家的支持。

北京的寺观庙宇建筑，各有其独特的风貌。小的寺院，或许只有一间

---

① 富察敦崇：《燕京岁时记》，《燕京岁时记》（外六种），第81页。

殿堂，或一座小院落，如城西的清凉庵；大的寺院，可能由几组院落组成，规制上甚至可媲美王府，如外城的药王庙、内城的隆福寺。寺院内的布局也不一样，有的只有几座神龛，如法源寺就只有12座神龛；有的则由几十座甚至上百座建筑组成，如东岳庙有100余座独立建筑。小者缩至居室，大者煊赫如王府；僻陋者独处于街衢陋巷，尊显者屹立于紫禁城之中轴。

北京寺观庙宇供奉的神祇体系庞杂，却能各安其位、各司其命。北京的宗教场所体现出对天地山川、皇天后土、社神稷神、先圣先贤、帝王忠烈等的尊崇，有着浓厚的神道设教的政治目的。其中一些场所，如圜丘、方泽、太庙等成为国家的礼制建筑，其祭祀仪式也上升为国家祭典。此部分内容本书已在第一章予以阐述，不再赘述。还有一些场所，如文昌帝君庙、先贤祠等，虽有国家祀典的成分，但更趋于平民化，有着民间信仰的浓厚色彩。以文昌帝君为例，其乃主宰天下文教之神，掌管科举士子的前途命运，历来为士子所虔诚奉祀。而北京作为全国的科举考试中心，荟萃天下文人学子，因此文昌帝君崇拜也最为兴盛。北京帽儿胡同的文昌帝君庙香火旺盛，后因庙宇狭窄，难以满足民众所需，历经多次扩建与重修。嘉庆元年（1796），白莲教起义爆发，清政府深感民间宗教对统治秩序的威胁，于是抬出文昌帝君，希望它能"振兴文运，福国佑民"。为此，清廷不仅重修祠宇，甚至将文昌诞礼纳入国家祀典。由此可见民间信仰与国家祀典的融合轨迹。

北京的寺观庙宇中，还有芸芸众生信奉的世俗神，体现出浓郁的"烟火气"。如关帝信仰，三国时期的关羽一生忠义勇武，死后受到历代统治者的推崇，由"侯而王，王而帝，帝而圣，圣而天"，可谓"褒封不尽，庙祀无垠"。而在民间信仰中，关公成为武神、财神，具有司命禄、佑科举、治病除灾、招财进宝、惩恶扬善等无边"法力"，受到民众的膜拜。关羽同时被儒、道、佛所崇信，其庙宇众多、信众广泛。《帝京景物略》记载："关庙自古今，遍华夷。其祠于京畿也，鼓钟接闻，又岁有增焉，又月有增焉。"[①] 清乾隆十五年（1750）绘制完成的《乾隆京城全

---

① 刘侗、于奕正：《帝京景物略》，第140页。

图》显示，当时北京城内专门祭祀关帝和以关帝为中心的庙宇达116座。关帝庙是明清时期北京城数量最多的庙宇（其次是观音庙与碧霞元君庙），由此可见北京关帝信仰之盛行。此外，其他世俗神如财神、门神、灶神、喜神等，行业神如鲁班、药王、马王等，也成为北京民众信仰的对象。

三　寺观庙宇的信仰、居住与游览功能

寺观庙宇最初只是宗教信仰场所，但随着历史的发展，它们开始承担更多的社会功能。"寺庙风俗涉及的范围极广，诸如年节祭会、信仰祭祀、巫卜禁忌、寿诞丧葬、婚姻生育、服饰饮食、礼仪交际、组织制度、建筑居住、交易赈济、游艺收藏、器用工艺等等。"① 可见，明清时期寺观庙宇已与北京人的日常生活紧密相关。

北京的寺观庙宇本质上都是祈福、纳祥、还愿之所，民众来此烧香拜佛，祈求神灵庇护与赐福。中国的传统节俗大多寄托着人们的美好祈愿。明清时期北京的岁时节俗，多与寺观庙宇发生关联。比如，在辞旧迎新之际，人们聆听着大钟寺的钟声进入新年。大钟寺原名觉生寺，建于清雍正十一年（1733），因寺内有大铜钟而俗名大钟寺。寺内大铜钟造于明永乐元年（1403），即永乐大钟。明成祖朱棣登基后，决定迁都北京，确定了营建京师的三大工程，即紫禁城、天坛与永乐大钟。据传永乐帝因靖难之役杀戮太过，终日惶恐不安，故造钟以忏悔罪孽，同时也宣扬皇权之至尊。永乐大钟造型古朴、精美，其声激越清扬，穿透力极强，轻击圆润悦耳，重敲则浑阔洪亮。佛教有云："闻钟声，烦恼轻。"新年闻钟，成为北京新春祈福的一大活动。

明清时期，大钟寺香火兴旺，善男信女烧香祈福，络绎不绝。《燕京岁时记》载：

> 大钟寺本觉生寺，以大钟得名，盖岁时求雨处也。每至正月，自初一日起，开庙十日。十日之内，游人坌集，士女如云。长安少年多

---

① 段玉明：《中国寺庙文化》，上海人民出版社，1994，第665页。

驰骤车马以为乐,超尘逐电,劳瘁不辞。①

大钟寺最引人注目的祈福活动,即"打金钱眼"。"金钱眼"指的是永乐大钟顶部碗口大的洞眼。民间盛传,若能把钱投入金钱眼里,来年必能吉祥如意,于是"打金钱眼"成为市民来此祈福的典型民俗活动。

抽签也是寺观庙宇的常见民俗活动。北京的关帝庙甚夥,尤以正阳门(前门)与地安门的关帝庙香火最盛,《酌中志》《日下旧闻考》《帝京岁时纪胜》等皆有相关记述。《帝京岁时纪胜》载:"殿祀精严,朱楹黄覆,绮槛金龛,中奉圣祖御书额曰'忠义'。西庑下有明董文敏书、焦太史所撰碑记,传为二绝。"② 据传,前门的关帝庙"关帝签"闻名遐迩,"灵签第一推关庙,更去前门庙里求"。道光末刊刻的杨静亭《都门杂咏》称:"关帝庙在前门瓮城内,求签者甚多。"其词曰:"来往人皆动拜瞻,香逢朔望倍多添。京中几万关夫子,难道前门许问签?"③ 明清两朝"关帝签"轶事颇多,且多奇异色彩。《道咸以来朝野杂记》载:

> 李若农侍郎文田,当咸丰己未科,来京会试,祷于正阳门关帝庙。签语有"名在孙山外",自以为此次必落第耳。及发榜,中进士高第,此签实不灵验。至殿试,状元为孙家鼐,榜眼名孙念祖,李氏得探花,实列二孙之后,与签语真巧合也。④

王士禛《池北偶谈》记载了他到前门关帝庙求签的故事:

> 京师前门关帝庙签,夙称奇验。予顺治己亥调选往祈,初得签云:"今君庚甲未亨通,且向江头作钓翁。玉兔重生应发迹,万人头上逞英雄。"又云:"玉兔重生当得意,恰如枯木再逢春。"尔时殊不

---

① 富察敦崇:《燕京岁时记》,《燕京岁时记》(外六种),第72页。
② 潘荣陛:《帝京岁时纪胜》,《燕京岁时记》(外六种),第45页。
③ 杨静亭:《都门杂咏》,路工选编《清代北京竹枝词》(十三种),北京出版社,2018,第75页。
④ 崇彝:《道咸以来朝野杂记》,北京古籍出版社,1982,第109页。

解。是年十月，得扬州推官，以明年庚子春之任。在广陵五年，以甲辰十月内迁礼部郎。所谓庚甲者，盖合始终而言之。扬郡濒江，故曰江头也。然终未悟后二句所指。至庚申年八月置闰，而予以崇祯甲戌生，实在闰八月，过闰中秋四阅月，遂蒙圣恩擢拜国子祭酒。于是乃悟玉兔重生之义。谚云："饮啄皆前定。讵不信夫？"①

元代以后，北京成为全国政治与文化中心，任职的官员、赶考的士子大多聚集于此。其中许多人只是临时寄居京师，并无家眷同行。他们需要找寻一处清静的临时寄居之所，少则一年半载，多则三五年，而寺庙低廉的居住费用与清静的环境能够满足他们的主要需求，成为一些人的最佳选择。明清时期，南来北往的士人大多寄居于寺观庙宇之中。和邦额《夜谭随录·丘生》篇记叙一位姓丘的贡生寄居于左安门外某寺中，"丘贡生者，忘其名，贵家子也。年甫二十，丰姿如玉。雍正间，自闽入都，将肄业于成均，以图进取。未考到，暂寓左安门外某寺中"。②《施二》篇则记述卖糖为业的施二寄居废寺的境况，"京师某坊，有废寺一区，殿宇宏巨，僧房数十间，强半倾圮。佛像暴露，钟鱼阒寂，惟一老衲及两沙弥主之，生涯冷落。所恃缮葺间房，招小经纪者僦居，月觅钱四五缗，为香火之资而已。有交城民施二者，秋夏耕稼，冬春入京以卖糖为业。至则税居寺中东院中，例数年矣"。③

北京的寺观庙宇因文人的寄居与游览而濡染上一抹"文人气"。刘侗、于奕正的《帝京景物略》介绍北京城市景观，几乎囊括当时知名的寺观庙宇。该书在每篇之后均附有景物诗，总计达千余首，所附之诗为刘侗好友周损从5000多首诗歌中精选而出。周损所选之诗，大多为名家在北京的寺观庙宇中的触景生情之作，如《白云观》篇，就录有莆田陈音《重九白云观》、太仓王世贞《游白云观遇钟丫髻》、内江赵贞吉《白云观》、肥乡张懋忠《白云观》、固始余廷吉《游白云观》、黄陂蔡士吉《游白云观》六首诗。每篇诗作背后，几乎都隐藏着一位文人与一座寺庙

---

① 王士禛：《池北偶谈》，中华书局，1982，第528页。
② 和邦额：《夜谭随录》，上海古籍出版社，1988，第187页。
③ 和邦额：《夜谭随录》，第184页。

的故事。入选的 1000 余首诗，或是作为资料库的 5000 余首诗，数量之大，令人瞠目。明清文人与北京寺观庙宇之间有着怎样的不解之缘，令人遐想。

明清时期，受交通工具的限制，大多数北京市民无法远游京外，而城内的寺观庙宇大多环境清幽、风景宜人，自然成为民众日常休闲游玩之地。因此，有学者将北京的寺庙归纳出一类"游览型寺庙"，发现"明代游览型寺庙有 65 所"，[①] "北京清代存有游览型寺庙共 93 所"。[②] 明清时期北京大多数寺观庙宇都具有游览功能，与北京人的休闲生活息息相关。清康熙年间所编《大兴岁时志稿》记载了北京人四月间的游览活动：

> 四月一日至八日，游戒坛、潭柘、香山、卧佛、碧云、玉泉、天宁寺诸名胜，为浴佛会也。十日至十八日，游高梁桥西顶、草桥之中顶、弘仁桥里二泗、丫髻山。[③]

民国年间编撰的《清稗类钞》列有"京师逛庙日期"条，总结了北京人每月的逛庙活动，录四月、五月事如下：

> 四月初一日，游西山（亦名妙高峰）。山有天仙圣母庙，同治间，孝钦后曾为穆宗祈痘于此。先期预诏庙祝，必俟宫中进香后，始行开庙，谓之头香。初一日至十五日，蓝靛厂广仁宫进香，游西直门外万寿寺。二十八日，游北顶（北方多山庙，必在山极顶，连类而及，故谓庙亦曰顶）。
> 五月初一日至十五日，游南顶（即碧霞元君庙，在永定门外）。旧有九龙冈，环植桃柳，南邻草桥河。是日，游人辄就河上苇棚小饮，且有歌者侑酒。初一日至初五日，游崇文门外卧佛寺。初一日至

[①] 吴承忠、宋军：《明代北京游览型寺庙分布特征》，《城市问题》2008 年第 2 期。
[②] 舒时光、吴承忠：《清代北京游览型寺庙的空间分布特征及其成因》，《北京社会科学》2011 年第 4 期。
[③] 张茂节、李开泰编《大兴岁时志稿》，《燕京岁时记》（外六种），第 16 页。

初十日,游都城隍庙。十三日,十里河关帝庙进香,游月檀外瓜市,至立秋止。①

关于清代北京人"游西直门外万寿寺",《燕京岁时记》有详细的记载:

> 万寿寺在西直门外五六里,门临长河,乃皇太后祝釐之所。每至四月,自初一日起,开庙半月。游人甚多,绿女红男,联蹁道路。柳风麦浪,涤荡襟怀,殊有天朗气清、惠风和畅之致。诚郊西之胜境也。②

北京城内历史最悠久的寺庙——天宁寺,则是秋天游玩之佳处。天宁寺始建于北魏孝文帝年间,保存至今的天宁寺塔建于辽代,是北京最高的密檐式砖塔。天宁寺塔位于辽南京(今北京)城的中心位置,为城内最高建筑。其建筑和装饰依照《华严经》经义设计成象征大日如来的"华藏世界",砖塔雕塑造型优美、手法细腻,梁思成称其"富有音乐的韵律"。明清时期,"梵宫塔影"被誉为"宛平八景"之一。每当正午时分,即使大士殿中门关闭,阳光依然穿门缝而入,而天宁寺塔的塔影恰好映在其中,此即"梵宫塔影"。天宁寺塔共有13层,为皇家特许的最高级别。早年,天宁寺塔每层都悬挂着铜塔铃,全塔总计超过3000个,每当风起,塔铃叮当作响,声音悠扬,绵延数里。如此景象,实为京城奇观。天宁寺环境清幽,亦是休闲赏玩好去处。自明末始,天宁寺成为京城赏菊最佳场所,秋日气爽之时,达官贵人、文人墨客、善男信女、市井小民纷至沓来,好不热闹。清代李静山《增补都门杂咏》写道:"天宁寺里好楼台,每到深秋菊又开。赢得倾城车马动,看花齐带玉人来。"③

清代,京师花事为一大特色。赏花是清代北京人的一大爱好,人们依照四时之序,游走于城市内外,赏玩各种奇花异卉。寺观庙宇则是最佳的

---

① 徐珂编撰《清稗类钞》第1册,第8~9页。
② 富察敦崇:《燕京岁时记》,《燕京岁时记》(外六种),第83~84页。
③ 李静山:《增补都门杂咏》,路工选编《清代北京竹枝词》(十三种),第97页。

赏玩去处，如天宁寺赏菊花。晚清女词人顾太清经常去天宁寺、枣花寺、花之寺等处赏花，枣花寺的牡丹、花之寺的海棠等，在其词作中呈现出千姿百态。清代的文人笔记多津津乐道于京师的赏花盛事。如清代陈康祺《郎潜纪闻初笔》记载：

> 都门花事，以极乐寺之海棠，枣花寺之牡丹，丰台之芍药，十刹海之荷花，宝藏寺之桂花，天宁寺之菊花为最盛。春秋佳日，挈榼携宾，游骑不绝于道。①

极乐寺之海棠、枣花寺之牡丹、宝藏寺之桂花、天宁寺之菊花，在清代文人笔记中屡被提及。如《天咫偶闻》载："崇效寺，俗名枣花寺，花事最盛。昔，国初以枣花名。乾隆中以丁香名，今则以牡丹名。"② 崇效寺相传为唐代幽州节度使刘济于唐贞观元年（627）舍宅而建，以育花著称。每至暮春三月，牡丹盛开，人们纷纷前往崇效寺赏花。当时的牡丹园在崇效寺大殿西北角，除常见的姚黄、魏紫外，园内还有名贵的墨牡丹与绿牡丹，墨牡丹堪称天下一绝。清代至民国，王士禛、林则徐、康有为、梁启超、鲁迅等都曾游览该寺。1950年，叶恭绰见崇效寺牡丹大多枯萎，建议将之移入中山公园。如今中山公园的牡丹在北京享有盛誉，就有崇效寺牡丹园的贡献。清代，法源寺的丁香与崇效寺的牡丹齐名，法源寺建于唐太宗贞观十九年，唐时为悯忠寺，清雍正时重修并改为今名。法源寺的丁香极为繁盛，号称"香雪海"，因此，法源寺又名"香刹"。明清时期，法源寺以"丁香诗会"闻名，每当寺内丁香盛开之时，僧人备好素斋，邀集文人雅士赏花对诗，顾亭林、纪晓岚、何绍基、龚自珍、林则徐等皆留有诗篇。法源寺的丁香、崇效寺的牡丹、极乐寺的海棠，曾被誉为京城三大花事，吸引一代代文人雅士、市井细民游玩观赏。如今，极乐寺的海棠早已淡出历史视野，崇效寺的牡丹已迁入中山公园，法源寺的丁香仍然在北京花事中占一席之地。

---

① 陈康祺：《郎潜纪闻初笔》，《郎潜纪闻初笔二笔三笔》，第258页。
② 震钧：《天咫偶闻》，第158页。

清代京城的花事延续至今。今天北京人仍然喜欢到寺观庙宇赏花，比如戒台寺看玉兰、潭柘寺赏牡丹等。只不过北京如今已有诸多风景宜人的公园胜景，加之交通便捷，赏花之地也更为多元。

四 寺观庙宇的节庆与庙会

北京的寺观庙宇往往都有特定的节俗活动。活动期间，各种曲艺杂耍表演荟萃，使得寺观庙宇成为展演民间技艺的大舞台。每年二月初三日，即文昌帝君神诞之日，士子举人聚集在供奉文昌帝君的庙宇祭祀祈福，举行文昌会，乾隆时还有惜字会。潘荣陛《帝京岁时纪胜》载："香会，春秋仲月极胜，惟惜字文昌会为最。俱于文昌祠、精忠庙、金陵庄、梨园馆及各省乡祠，献供演戏，动聚千人。"① 城隍，道教中守护城池之神。北京的城隍有特定的巡城日期。城隍出巡，本就是一种仪式表演。《燕京岁时记》载：

> 四月二十二，宛平县城隍出巡。五月初一日，大兴县城隍出巡。出巡之时，皆以八人肩舆，舁藤像而行。有舍身为马僮者，有舍身为打扇者，有臂穿铁钩、悬灯而导者，有披枷带锁俨然罪人者。神舆之旁，又扮有判官、鬼卒之类，彳亍而行。亦无非神道设教之意。②

城隍出巡期间，还有各种香会组织表演，俗称"过会"。《燕京岁时记》载：

> 过会者，乃京师游手，扮作开路、中幡、杠箱官儿、五虎棍、跨鼓、花钹、高跷、秧歌、什不闲、耍坛子、耍狮子之类。如遇城隍出巡及各庙会等，随地演唱，观者如堵，最易生事。③

清代北京，还有一些地方特色表演，表演者是畿辅的农民。《燕京岁

---

① 潘荣陛：《帝京岁时纪胜》，《燕京岁时记》（外六种），第37页。
② 富察敦崇：《燕京岁时记》，《燕京岁时记》（外六种），第88页。
③ 富察敦崇：《燕京岁时记》，《燕京岁时记》（外六种），第88~89页。

时记》载：

> 京师谓鼠为耗子。耍耗子者，水箱之上，缚以横架，将小鼠调熟，有汲水、钻圈之技，均以锣声为起止。耍猴儿者，木箱之内藏有羽帽乌纱，猴手自启箱，戴而坐之，俨如官之排衙。猴人口唱俚歌，抑扬可听。古称沐猴而冠，殆指此也。其余扶犁跑马，均能听人指挥。扶犁者，以犬代牛；跑马者，以羊易马也。苟利子即傀儡子，乃一人在布帷之中，头顶小台，演唱打虎、跑马诸杂剧。跑旱船者，乃村童扮成女子，手驾布船，口唱俚歌，意在学游湖而采莲者，抑何不自愧也！
>
> 凡诸杂技皆京南人为之，正月最多。至农忙时则舍艺而归耕矣。①

明清时期的寺观庙宇，还是人们定期进行商业贸易活动的场所，谓之"庙市"或"庙会"。寺观庙宇中的和尚、道士定期向民众宣讲宗教教义，每逢开讲之日，百姓云集，商贩趁机兜售商品。久之，开讲之日就形成了固定的集市。明清时期，北京的寺观庙宇承担了城市的大多数商贸活动。各具特色的庙会，也成为北京城的标志性活动。《帝京景物略》记载了晚明时期北京城的庙会景况，尤其对城隍庙市记述颇详，并对参加庙会的各色人员进行统计分析：

> 城隍庙市，月朔望，念五日，东弼教坊，西逮庙墀庑，列肆三里。……市之日族族，行而观者六，贸迁者三，谒乎庙者一。②

由上可见，到城隍庙会的人，看热闹游玩的占六成，买卖东西的占三成，只有一成是谒庙烧香拜佛的。城隍庙会是明代北京最大的庙会。城隍庙建于明永乐初年，至宣德年间，庙会就已存在。至万历年间，城隍庙会

---

① 富察敦崇：《燕京岁时记》，《燕京岁时记》（外六种），第78页。
② 限于篇幅，详细的庙会景况请参看刘侗、于奕正《帝京景物略》，第238~242页。

已经成为书画古董的重要市场，吸引雅好书籍、古玩、碑帖、字画的文人墨客。从沈德符《万历野获编》所载，可见万历后期其盛况：

> 城隍庙开市在贯城以西，每月亦三日，陈设甚夥，人生日用所需，精粗毕备，羁旅之客，但持阿堵入市，顷刻富有完美。以至书画骨董，真伪错陈，北人不能鉴别，往往为吴侬以贱值收之。其他剔红填漆旧物，自内廷阑出者，尤为精好，往时所索甚微，今其价十倍矣。至于窑器，最贵成化，次则宣德，杯盏之属，初不过数金，余儿时尚不知珍重，顷来京师，则成窑酒杯，每对至博银百金，予为吐舌不能下。宣铜香炉，所酬亦略如之。盖皆吴中儇薄倡为雅谈，戚里与大估辈，浮慕效尤，澜倒至此。①

至清代，京城内外几乎月月都有庙会，赶庙会成为民众生活不可或缺的重要事项。《燕京岁时记》依照四时之序，介绍京城各大寺观庙宇的庙会，主要有：大钟寺、白云观、护国寺、隆福寺、土地庙、小药王庙、北药王庙、蟠桃宫、东岳庙、潭柘寺、天台山、万寿寺、西顶娘娘庙、妙峰山、丫髻山、北顶、城隍庙、南顶、十里河关帝庙、中顶碧霞元君庙、江南城隍庙、皂君庙、财神庙。这20多处庙会中，规模最大、最繁盛者为护国寺与隆福寺庙会：

> 西庙曰护国寺，在皇城西北定府大街正西。东庙曰隆福寺，在东四牌楼西马市正北。自正月起，每逢七、八日开西庙，九、十日开东庙。开庙之日，百货云集，凡珠玉、绫罗、衣服、饮食、古玩、字画、花鸟、虫鱼以及寻常日用之物，星卜、杂技之流，无所不有。乃都城内之一大市会也。
>
> 两庙花厂尤为雅观。春日以果木为胜，夏日以茉莉为胜，秋日以桂、菊为胜，冬日以水仙为胜。②

---

① 沈德符：《万历野获编》，《明代笔记小说大观》第3册，第2543页。
② 富察敦崇：《燕京岁时记》，《燕京岁时记》（外六种），第75~76页。

护国寺原名崇国寺，始建于元至元二十一年（1284）前后，明宣德年间赐名大隆善寺，成化年间赐名大隆善护国寺，俗称护国寺。护国寺开庙日期为每月逢七、八日。隆福寺始建于明景泰三年（1452），清雍正九年（1731）重修。隆福寺开庙日期为每月逢九、十日，其热闹程度更盛于护国寺庙会。《清代北京竹枝词》描绘当时东西两庙盛况："东西两庙货真全，一日能消百万钱。多少贵人闲至此，衣香犹带御炉烟。"① 中野江汉在《北京繁昌记》中描述了民国初年东西两庙会的盛况："这一日（开庙之日）来自各个城市的人汇集于此，不分贵贱，肩摩毂击，如此宽广的寺内竟拥挤不堪。尤其隆福寺附近又是琉璃厂和古书肆的渊薮，因此文人墨客往来繁复。另外，这周边一带的古董店和贩卖花卉类的店铺鳞次栉比，因而通常是人声鼎沸，热闹非凡。"② 至20世纪30年代，护国寺庙会仍每月逢七、八日开市，而隆福寺虽已颓败，"惟庙市尚盛，每逢一、二、九、十等日，百货具陈，游人众多，至今不替"。③ 夏仁虎在《旧京琐记》中记载："京师之市肆……有期集者，逢三之土地庙，四、五之白塔寺，七、八之护国寺，九、十隆福寺，谓之四大庙市，皆以期集。"④

现今，无论是东西两庙会，还是四大庙会，皆已消散在历史长河之中。但是，源于护国寺庙会的护国寺小吃仍是北京地方美食的代表，隆福寺的藻井已成为北京古代建筑博物馆的镇馆之宝，它们的存在仍然能够令人想象昔日庙市的辉煌。

寺观庙宇是北京城的独特景观。明清时期，它们在方方面面都融入了北京人的生活，成为北京城历史与文化的重要组成部分。今天，它们仍然有一部分坐落在北京的各个角落，铭记着北京的文化与历史。历经岁月沧桑、风云变幻，它们依托自身深厚的文化底蕴，再次焕发出勃勃生机，重新融入北京的发展进程之中。

本章选取白云观、东岳庙、雍和宫、妙峰山四个典型做个案解读，以窥北京寺观庙宇之貌。

---

① 得硕亭：《草珠一串》，路工选编《清代北京竹枝词》（十三种），第52页。
② 〔日〕中野江汉：《北京繁昌记》，第239页。
③ 《旧都文物略》，第137页。
④ 夏仁虎：《旧京琐记》，第237页。

第二节 白云观里"会神仙"

道教是中国土生土长的宗教，与我国的民风民俗有着千丝万缕的联系。明清时期，北京的道教场所众多，宗教节庆活动丰富，它们与京城民众的日常生活紧密相连。

北京的道教宫观有白云观、东岳庙、玉虚宫、五道庙、岫云观、三官庙、静福寺、元圣宫、吕祖庙、慈善寺、蟠桃宫、火德真君庙、灵济宫、显灵宫、朝天宫、昌运宫等。其中，白云观和东岳庙最为知名。本节探究明清时期白云观与北京城之渊源。

一 白云观的历史沿革与建筑特色

白云观历史悠久、规模宏大，为道教全真龙门派祖庭，享有"全真第一丛林"之誉，影响深远。

白云观始建于唐开元二十七年（739），已有1200多年的历史。关于白云观建观之缘起，明清笔记有记载。明代记录白云观者，有《明宫史》《长安客话》《宛署杂记》《帝京景物略》等书。除《帝京景物略》著于明末外，其余均著于明万历年间。清代笔记则有《日下旧闻考》《宸垣识略》《帝京岁时纪胜》《道咸以来朝野杂记》等。初版于1935年，由马芷庠编撰、张恨水审定的《北平旅行指南》概述白云观沿革言："观在西便门外二里许，为燕京最大之道院。元之都城，在北平之西，观址当时在城内；后元城废圮，城垣东移，白云观遂摒城外。观建于唐开元中，名天长观，金时名太极宫。元世祖时长春真人邱处机，奉召来京，居此观中，在此羽化，因改长春宫；明正统年始改称白云观。"①

如前所述，北京的寺观庙宇，知名者往往都有"皇家气"。白云观自元代起一直颇受皇家推崇。元初，丘处机奉召来京，即居住于此观。明洪武二十七年（1394），当时分封北平的燕王朱棣下令重修宫观，并于洪武二十八年正月十九日"燕九节"亲临宫观降香瞻礼。明正统八年（1443），朝廷

---

① 马芷庠：《老北京旅行指南》，第171页。

正式赐额"白云观"。至清代，白云观与朝廷的关系更为密切，康熙、乾隆等为白云观题匾、撰联、立碑。如乾隆于五十三年（1788）到白云观瞻礼，题诗："古观西郊外，逮今五百年。葺新不知几，有象那恒坚。前岁临真域，当春礼法筵。希敷万民福，宁渠为求仙。"① 乾隆帝又御书碑文，记白云观之沿革及长春真人事迹。白云观玉皇殿的两座石碑，东侧即为乾隆五十三年所立《重修白云观碑记》，西侧为乾隆御笔的《瞻礼诗》碑。

白云观殿宇雄伟，但明清笔记对其规制的记载却颇为简略。《帝京景物略》成书于崇祯八年，有25万余字，与明代同类型书籍比较，所记内容更丰富，资料也最为翔实。但书中《白云观》篇对其规制的描述非常简洁，开篇仅以寥寥几笔勾勒白云观之概貌："白云观，元太极宫故墟。出西便门，下上古隍间一里，麦青青及门槛者，观也。中塑白皙皱皱无须眉者，长春丘真人像也。观右有阜，藏真人蜕。像，假也；蜕者，亦假也，真人其存欤？"② "麦青青及门槛者，观也"，仅仅是一个远观的印象；至于观内的景象，文字直接跳跃至"丘真人像"。白云观在明末毁于大火，在清代曾经历大规模重修与扩建，才有后来之规模。但当时白云观的状貌，当不至于仅存"丘真人像"。其实，明清笔记对白云观规制的忽略，并不是个例。明清笔记对于北京寺观庙宇的记载，重在其沿革及相关民俗活动，即寺观庙宇之掌故。这应是明清文人笔记的特殊趣味。民国时期的著作对北京寺观庙宇的记载多重视其建筑格局与规制。如《旧都文物略》、马芷庠《北平旅行指南》、中野江汉《北京繁昌记》等，在记述白云观时，都详述其观内建筑。如《旧都文物略》，虽文字简短，但叙述颇细：

> 观南向，前有牌楼一座。入殿门，左右有钟、鼓楼各一。正殿凡五进，建筑伟丽，为北平道院之冠。第四进殿，为丘祖殿，塑真人像，传为刘元所塑。像前一钵，剜木瘿为之，上广下狭，可容五斗，

---

① 《弘历御笔诗碑》，乾隆五十三年二月，中国科学院图书馆藏《白云观拓本》。
② 刘侗、于奕正：《帝京景物略》，第198~199页。

内涂以金，外刻清高宗御制诗，承以石座。第五进殿楼，为三清阁。①

《北京繁昌记》的《白云观》篇，算是中野江汉的一篇游记。文章按其游踪，从牌楼、小石桥、灵官殿、玉皇殿、老律堂、丘祖殿、四御殿到斋堂等，移步换景，一一叙述，甚至影壁、匾额、塑像等细节，也精心描摹。② 明清笔记与民国著述各有特点，互为补充。不过，它们都体现出对长春真人丘处机的重视。

白云观在北京寺观庙宇中的地位提升始于丘处机。成吉思汗西征途中，曾派人召道教全真派长春真人丘处机北上。丘处机率弟子18人，跋涉万里，历时四年，终于到达成吉思汗的驻地。他谏言，得天下之关键在于"不嗜杀人"四字，得成吉思汗赏识，赐号"神仙"，爵大宗师，令其掌管天下道教，赐居太极宫，又将太极宫更名为长春宫。金正大四年（1227），丘处机去世并葬于长春宫，其弟子尹志平在长春宫东侧建立道院，取名白云观。可以说，没有丘处机，就没有白云观后世的辉煌。作为喜好掌故的文人，当会详述丘处机与白云观之渊源。

《帝京景物略》为竟陵派代表作之一。竟陵派是晚明重要的文学流派，以钟惺、谭元春为代表，反对复古和模拟，提倡抒写"性灵"，在文风上力求"幽深孤峭"。《帝京景物略》作者刘侗"为人以千秋自命，不苟同于世"，是明末竟陵派的重要代表，其诗文"多幽古奇奥"。③ 另一作者于奕正"生而峻洁，喜读书，性孝友"，"诗学竟陵"。④ 刘侗、于奕正与谭元春友善，其文学创作深受竟陵派的影响。《帝京景物略》之《白云观》篇发挥竟陵文风之所长，以凝练的笔墨，概述丘真人一生之行藏及其与白云观的关系：

---

① 《旧都文物略》，第168页。
② 参见〔日〕中野江汉《北京繁昌记》，第220~235页。
③ 《麻城县志》卷9《耆旧志·文学》，1935年刊本。
④ 陈田：《明诗纪事》"辛签"卷25，《续修四库全书》第1712册，上海古籍出版社，2002，第249页。

>真人名处机，字通密，金皇统戊辰正月十九日生。有日者相之，曰神仙宗伯。年十九，辞亲居昆仑。二十，谒重阳王真人，请为弟子。道成，而成吉思皇帝自乃蛮国手诏致聘。……真人庚辰正月，乃北至燕。……寻乞还，诏居大都太极宫，改从真人号，曰长春。真人每晨起，呼果下骝，其徒数十，徜徉山水间，日暮返。年八十时，北山口崩，太液池竭，真人曰："其在我乎？"七月九日，留诵而逝。逝之明年，其徒尹清和，始以师入龛，葬于处顺堂之后。①

如前，《旧都文物略》本为"文物略"，其中不仅有文字，还"摄取真景，辅以诗歌"，每一则"文物"的介绍非常简短。但是在"白云观"条中，却附录了一则《长春真人小传》。小传之篇幅，甚至超过了对白云观的介绍。而《帝京景物略》则详述丘真人一生及其与白云观之渊源。文人对丘处机的重视，可算白云观相关著述之特色。

二 "燕九节"及其民俗活动

道教作为中国本土宗教，与民俗文化关系匪浅。道教场所也颇多民俗活动，白云观即为其中的代表。

白云观比较隆重的节日有五个：正月初七、初八为香客祭祀本命星神日；正月初九为玉皇大帝圣诞；正月十九日为"燕九节"，即长春真人丘处机诞辰；三月二十五日为道教教主太上老君诞辰；十月十四日为吕洞宾诞辰。其中，又以"燕九节"最热闹。

燕九，也称"筵九""宴丘"等。正月十九日为丘处机诞辰，每逢此日，白云观都会举办大型斋醮仪式，民众亦于此日前来烧香祈福。此活动在丘处机葬于白云观后不久即开始举办，元中后期已颇具规模与影响，逐渐成为京城专门的节日——"燕九节"。《析津志辑佚》载："至（正月）十九日，都城人谓之燕九节，倾城士女曳竹杖，俱往南城长春宫、白云观，宫观葳扬法事烧香，纵情宴玩以为盛节，犹有昔日风纪。"②

---

① 刘侗、于奕正：《帝京景物略》，第199页。
② 熊梦祥：《析津志辑佚》，北京图书馆善本组辑，北京古籍出版社，1983，第213页。

至明清时期，"燕九节"逐渐成为北京地区正月里最后一个重要节日。《长安客话》《宛署杂记》《帝京景物略》《酌中志》等书不仅都记述了明代之"燕九节"，还互为补充，各有特色。《长安客话》乃万历间蒋一葵撰，其"白云观"条云："真人生于金皇统八年戊辰正月十九日。自元以来历数百祀，京畿黎庶每于是日致浆祠下，不啻归市。于时松下多玄门，结圜室十余所，趺坐说法，至于冶郎游女，纷纭杂沓，则又谑浪无忌，恬然不以为怪也。京师人谓之燕九节。"① 此书强调京城黎庶和冶郎游女等致浆祠下纷纭杂沓活动，且"谑浪无忌，恬然不以为怪"。《宛署杂记》乃万历间宛平县令沈榜所撰，该书载："相传本观为古燕丘地，丘真人以正月十九日于此飞升，万人集观。其后遂沿为俗节，名曰耍燕丘。至期，倾城男女往游，技巧笙歌，珠玉锦绣，充塞道路，应接不给，备极一时之盛云。"② 此记载说明"燕九节"既有珠玉锦绣上市，又有技巧笙歌表演，反映了在明万历间"燕九节"的活动已具群众性。崇祯年间的《帝京景物略》综合了前人的叙述，不过该书似乎更重视"燕九节"的"会神仙"。《酌中志》为万历间刘若愚所著，其载："十九日名燕九。是日也，都城之西南有白云观者，云是胜国时邱真人成道处。此日僧道辐辏，凡圣混杂，勋戚内臣凡好黄白之术者，咸游此访丹诀焉。"③ 这段记载反映了白云观"燕九节"时的活动，特别提及勋戚内臣的好神仙丹诀之举。

以上记载说明，京城民众无论是何种身份，都热衷于参加"燕九节"活动。"燕九节"在明万历年间已经成为北京盛大的民俗节日。

至清代，白云观成为京师民众休闲娱乐的重要处所。清代笔记《宸垣识略》《帝京岁时纪胜》《日下旧闻考》《道咸以来朝野杂记》等对此均有记载。

"燕九节"中有多项民俗活动，并不断增衍。"会神仙"是其中影响最大的活动。据传，丘处机去世后，每年都要在正月十九日这天幻化为官绅、仕女、游人、乞丐等不同形象返回观中，有缘与他相遇者，便能增福

---

① 蒋一葵：《长安客话》，第 65 页。
② 沈榜：《宛署杂记》，第 232 页。
③ 刘若愚：《酌中志》，《明代笔记小说大观》第 4 册，上海古籍出版社，2005，第 3063 页。

添寿、得财致富，甚至可以长生不老、羽化登仙。明代笔记《帝京景物略》描述"燕九节"："今都人正月十九，致浆祠下，游冶纷沓，走马蒲博，谓之燕九节（又曰宴丘）。相传是日，真人必来，或化冠绅，或化游士冶女，或化乞丐。故羽士十百，结闠松下，冀幸一遇之。"① 清代笔记《燕京岁时记》云："每致筵九，皇上幸西厂子小金殿筵宴，看玩艺贯跤。……民间无事可纪，游赏白云观者谓之会神仙焉。"② 《帝京岁时纪胜》云："真人生于宋绍兴戊辰正月十九日，故都人至正月十九日，致醑祠下，为燕九节。车马喧阗，游人络绎。或轻裘缓带簇雕鞍，较射锦城濠畔；或凤管鸾箫敲玉版，高歌紫陌村头。已而夕阳在山，人影散乱，归许多烂醉之神仙矣。"③ 明清诗人的题咏中亦多有提及白云观"会神仙"活动。如庞垲《长安杂兴效竹枝体》："白云观与禁城连，燕九人多曲巷填。看尽乔妆诸道士，不知若个是真仙。"④ 蔡士吉《游白云观》："春灯市罢散千红，驰射当年太极宫。蛛带日光飞野马，兔丝古木蔓游龙。运余故役隍为陆，战罢哀忠陇有封。共道真人来隐迹，茫茫海峤想高踪。"⑤ 清代周兹《燕九竹枝词》诗云："正月十九燕九节，神仙肯授长生诀。只今留得白云观，峭寒遍地霜花结。"⑥

明清时期，正月十九"会神仙"之日，白云观内外，游人如织，车水马龙。人们纷纷至白云观焚香祈福，以求新岁安康、益寿延年。自十八日夜至十九日，道士或坐于廊下，或聚于松下；有的民众索性前往观内，彻夜不眠，或躲在观内的僻静角落，期冀见到真仙。此日，香客一般都不会拒绝观内乞丐的索求，有的乞丐更是装神弄鬼，骗取钱财。《草珠一串》言："才过元宵未数天，白云观里会神仙。沿途多少真人降，个个真人只要钱。"⑦

明清文人还以诗词的形式描述"燕九节"盛况，如明人吴宽七律

---

① 刘侗、于奕正：《帝京景物略》，第199页。
② 富察敦崇：《燕京岁时记》，《燕京岁时记》（外六种），第71页。
③ 潘荣陛：《帝京岁时纪胜》，《燕京岁时记》（外六种），第35页。
④ 孙殿起辑《北京风俗杂咏》，北京出版社，2018，第18页。
⑤ 刘侗、于奕正：《帝京景物略》，第201页。
⑥ 周兹：《燕九竹枝词》，路工选编《清代北京竹枝词》（十三种），第8页。
⑦ 得硕亭：《草珠一串》，路工选编《清代北京竹枝词》（十三种），第57页。

《燕九诗》、潘之恒六言诗《燕九》等皆以"燕九"为题,诗曰:

燕九诗

京师胜日称燕九,少年尽向城西走。白云观前作大会,射箭击球人马吼。古祠北与学宫依,箫鼓不来牲醴稀。如何义士文履善,不及道人丘处机。①

燕　九

燕市重逢燕九,春游载选春朝。寒城旭日初丽,暖阁微阳欲骄。公子高褰锦障,侍中齐插金貂。书传海外青鸟,箭落风前皂雕。翟茀烟尘骤合,马蹄冰雪全消。张罗释兔求雉,投博呼卢得枭。剑说荆卿匕首,舞怜蛮女纤腰。闹蛾人胜争帖,怖鸽天花乱飘。台上试听萧史,峰头方驾王乔。宝幢星斗斜挂,仙乐云璈碎敲。高辅少年任侠,倡楼大道相邀。寄言洛社豪举,莫笑春光不饶。②

吴宽,明成化八年(1472)进士第一,官至礼部尚书。其诗形象生动地描绘了"燕九节"的热闹场景,可见在明成化年间,射箭、击球已成为"燕九节"的娱乐项目。而潘之恒的古体诗则具体地描绘了万历年间白云观"燕九节"的场景。潘之恒,安徽歙县人,万历十七年至北京,并与程仲权、梅季豹、何无咎等人结诗社,有诗集《黍谷集》。《燕九》诗即创作于此期间。潘之恒初入京城,白云观"燕九节"的各种游艺、杂耍项目令其耳目一新,他充分发挥古体诗的特点,以白描、铺陈的方式,描摹出这一喧嚣场景,呈现出浓郁的市井趣味。

康熙三十二年(1693),戏曲家孔尚任与陈健夫、袁启旭、蒋景祁、陆又嘉、周兹、柯煜、王位坤、曹源乡九人,于正月十九日"燕九节"游白云观。之后由陈健夫牵头,组织在郊外聚会,限用庾信"结客少年场,春风满路香"句为韵,各作10首竹枝词,共90首,结集为《燕九

---

① 吴宽:《匏翁家藏集》卷16《戊申燕九日》,上海商务印书馆缩印明正德刊本。
② 潘之恒:《燕九》,见蒋一葵《长安客话》,第65~66页。

竹枝词》。袁启旭为诗集作序云：

> 京师以正月十九日为燕九之会。相传元时丘长春于此日仙去，至今远近道流皆于此日聚城西白云观；观即长春修炼处也。车骑如云，游人纷沓，上自王公贵戚，下至舆隶贩夫，无不毕集，庶几一遇仙真焉。古时都会之地，元日至月晦，士女悉集水湄，湔裙酹酒，以为解除。唐人唯于晦日行之。燕山风沙莽荡，首春率多严冷，冰车雪柱，太液无波，度水濡裳之戏，不可复得。唯燕九之游，差有昔人遗意。是日为陈子健夫见招，走马春郊，开筵茅屋，命简抽毫，各为十绝句。虽难叶于巴渝之歌，或有合于吴趋之节，但按之琵琶羌管，恐未有当耳。①

竹枝词源于巴渝一带，古称"竹枝""竹枝曲""竹枝歌""巴渝曲"等，在唐宋时写作者日多，于明清渐至盛行。竹枝词出自民间，初乃下里巴人之曲，因此，最能体现一地之民风民俗。清代，北京成为竹枝词的创作重镇，文人间集会唱和竹枝词蔚然成风。《燕九竹枝词》充分发挥竹枝词记载风土之特点，全方位描写了"燕九节"北京民众出西便门赴白云观的热闹场景。如"青骢油璧阗街陌，罗绮香风娇络绎。年例倾都尽一行，白云观里寻仙客"；②"帝城才过元宵节，摩肩击毂何更迭。观前观后笛声高，白云飞去红尘结"。③ 竹枝词中最引人注目的是"会神仙"习俗，如"春宵过了春灯灭，剩有燕京烟［燕］九节。才走星桥又步云，真仙不遇心如结"。④《燕九竹枝词》共 90 首，据统计，带有"仙"字的就有 26 首，占了近 1/3。⑤ 这"神仙"在何处？"神仙端的是谁人，笑杀黄冠羽服身。一片软红迷去住，白云何处觅长春。"⑥ "帝里盛传燕九节，

---

① 袁启旭：《燕九竹枝词序》，路工选编《清代北京竹枝词》（十三种），第 3 页。
② 袁启旭：《燕九竹枝词》，路工选编《清代北京竹枝词》（十三种），第 6 页。
③ 王位坤：《燕九竹枝词》，路工选编《清代北京竹枝词》（十三种），第 9 页。
④ 孔尚任：《燕九竹枝词》，路工选编《清代北京竹枝词》（十三种），第 4 页。
⑤ 参见王颖超《〈燕九竹枝词〉中的"燕九节"习俗》，《北京文化论坛文集》编委会编《首都非物质文化遗产保护——2012 北京文化论坛文集》，首都师范大学出版社，2013。
⑥ 袁启旭：《燕九竹枝词》，路工选编《清代北京竹枝词》（十三种），第 6 页。

白云观里人痴绝。神仙那肯降尘凡，枉爇沉檀香篆结。"① 作者以轻松的笔调，调侃善男信女的"会神仙"之举。"黄冠趺坐围松柏，欲募青趺谈炼药。好事颇多城阙人，鹑衣皆认为丹客。"② 好事者，将围坐松柏下的道士都当成了"仙人"。"金桥玉洞隔凡尘，藏得乞儿疥癞身。绝粒三旬无处诉，被人指作丘长春。"③"作者以轻俏的语言，真实而生动地把个乞丐装的'活神仙'写得淋漓尽致，揭穿了这种'会神仙'活动的真实情况。"④

民初，白云观"会神仙"活动仍旧延续。中野江汉《北京繁昌记》的篇目自1919年2月在《京津日日新闻》上连载（原题为《京津繁昌记》），1922年出版《北京繁昌记》第1卷。按作者在原作"凡例"中的说明，《北京繁昌记》主要收录其在1919年春执笔的文章，并于1922年7月再次实地考察后，对相关记述进行大范围的增补和修订。也就是说，《北京繁昌记》中记载的北京事项，基本上是作者1919~1922年考察所得。《北京繁昌记》之《白云观》开篇即转录了北京发行的报纸中的一则报道：

> 旧历正月十九日为长春丘真人诞辰。于西便门外的白云观举行年例善会，有众多施主十八日夜间前往观赏，名曰会神仙。昨日，该方丈陈彬霖敦请各界善士速来烧香，以结善缘。⑤

这其实是白云观登载在报纸上的开展"会神仙"活动的启事，说明直到此时"会神仙"活动仍在进行。后人的回忆亦可佐证：

> 十八日为会神仙之日，白云观内最有趣味最热闹的一天，俗传是夕，必有神仙下降……他们下临人世的时候，或化为缙绅，或化为乞丐，或

---

① 陆又嘉：《燕九竹枝词》，路工选编《清代北京竹枝词》（十三种），第7页。
② 陈于王：《燕九竹枝词》，路工选编《清代北京竹枝词》（十三种），第5页。
③ 孔尚任：《燕九竹枝词》，路工选编《清代北京竹枝词》（十三种），第4页。
④ 段天顺：《竹枝词与北京民俗》，《北京社会科学》1996年第3期。
⑤〔日〕中野江汉：《北京繁昌记》，第220页。

变成老妪，或变成童稚，唯有缘者能遇之……一般迷信男女，和不迷信男女，如富室妾姬、纨绔子弟、下等痞氓，率宿于观中，彻夜不眠。有的在床上辗转反侧，有的在各偏僻地点藏躲，期与神仙一晤，谓之会神仙。有些老道们喜作狂态奇行，假冒神仙，以钓众愚。①

此外，还有"骑毛驴逛白云观""窝风桥打金钱眼""摸猴"等民俗活动。如"骑毛驴逛白云观"事：

骑小毛驴逛白云观，是北京人正月里一件乐事。……整个正月里，白云观摊贩林立，仕女云集，成了一个大型庙会。当时，进入正月的宣武门门洞旁，便出现一些来自农村的赶毛驴的，每人牵小毛驴三五头，伫立街头，等候主顾。②

"窝风桥打金钱眼"是"燕九节"民众参与最多的活动之一。"相传早年有西风僧与邱真人斗宝，西风僧在观之西建一庙名西风寺，取'西风吹散白云飞'之义相克制；邱真人因在观中建一窝风桥以御之。"③窝风桥逐渐形成"打金钱眼"的习俗，"桥下无水，石色光洁，下有一洞，口狭而内广，内坐鹤龄道士，眉垂目瞑，盘膝危坐。洞中悬一圆圈，中系铜铃，游人多以钱投之，击中铃者，目为吉顺"。④清代"窝风桥"原本是一座低矮的石桥，规模较小，民国时期经扩建，成为观内一处有名的景观，因而参与"打金钱眼"者日渐增多。

"摸猴"也是一项颇受民众喜欢的活动。民国年间有记载称："庙门的两旁楣上雕上一对石猴，有人说摸了石猴身体的哪一部分，就可以医好自己身体哪一部分的病；又有人说摸了就可以生儿子。"⑤

---

① 李家瑞编《北平风俗类征》引《白云观庙市记》，北京出版社，2010，第58页。该书参考商务印书馆1937年版。
② 周简段：《老俗事》，新星出版社，2008，第143页。
③ 马芷庠：《老北京旅行指南》，第172页。
④ 马芷庠：《老北京旅行指南》，第172页。
⑤ 老兰：《白云观》，《国讯》第157期，1937年，转引自北京市东城区园林局汇纂《北京庙会史料通考》，北京燕山出版社，2002，第70页。

白云观"燕九节",是北京寺观庙宇活动的缩影,有着极其丰富的民俗文化内涵。

三 白云观庙会之变迁

自丘处机葬入白云观处顺堂,一直到民国时期,"燕九节"在北京相沿700多年。"燕九节"时,北京上至王公贵胄,下至平民百姓,几乎倾城而至白云观,"燕九节"成为当时北京最重要的节庆活动之一,白云观也成为明清时期北京市民休闲娱乐的重要空间之一。这一节庆活动极大地影响了京城民众的日常生活与精神世界。

迨至民国时期,北京屡受政治变迁之影响,寺观庙宇的命运也随之发生变化。1928年,南京国民政府颁布《神祠存废标准》,废除偶像崇拜和神祇信仰。白云观受此影响日渐没落,但其庙会仍照常举行:

> 西便门外白云观、和平门外厂甸及各庙会每值废历年照例开放,任人游览,市政府、公安局近准本市商民呈请援例开放。公安局以白云观、厂甸及各庙会开放届时亟应派警维持秩序,昨特令各主管区署派警弹压。①

因此有人感叹:"夫都门之古庙多矣,如护国寺、白塔寺等皆颓败不堪,神像残剥,荆棘丛生,而此观独巍峨壮丽,未改旧观。香烟袅袅,钟磬铿锵,且每届新正游人络绎。夫同为数百年之古庙,同在首都范围之内,规模相埒,古迹俱全,岂亦有幸有不幸欤?"② 当时,"燕九节"活动规模仍然可观。"按'燕九'原是邱真人的生诞,是日在白云观开贺。……传流至今,仍为各界所欢迎。……每年一到正月十九,游人异常踊跃,高等者或放堂,或出善会,苦其码子只好摸摸石猴儿,中等人稍有余资,还可以打打金钱眼。"③ 关于当时的"会神仙"活动,相关文献记述如下:

---

① 《白云观照旧开放》,《北平晨报》1931年2月14日,转引自《北京庙会史料通考》,第13页。
② 汪剑森:《白云观会神仙》,《新轮》1940年4月,转引自《北京庙会史料通考》,第70页。
③ 逆旅过客:《都市丛谈》"燕九",北京古籍出版社,1995,第164~165页。

北京旧岁中最称特色的还是宗教上的信条，而不是年节的礼俗。这一点是值得特别提出来的。

……

最奇特的是白云观庙会。……从前在正月十八日那天晚上，善男信女们一定要在观里过宿一宵以会神仙，男则大福大寿，女则多贵多男，因而在会神仙时候常要演出风流喜剧的。但到民国以来，这种风俗似乎是不行了，不过在十八日这天的古城人士骑驴逛白云观，到老人堂看老人，却是一件极风行的事。①

《旧都文物略》记载："都人以处机真人生于正月十九日，是日，少长咸集，游骑杂沓，车马骈阗，谓之宴邱，亦曰燕九节。"②

1949年之后，白云观"燕九节"停办，直到1987年春节才重新举办，不过不再叫"燕九节"，而是称为传统庙会，时间移至正月初五、初六。虽然现在白云观已无昔日"会神仙"之景况，但春节白云观庙会熙熙攘攘的人群，似以另一种方式讲述着"燕九节"的故事。

第三节　东岳庙中"掸尘会"

北京的道观中规模最大的即东岳庙。京城百姓中曾流传："活着不去东岳庙，死了没着落儿。"东岳庙位于朝阳门外，是泰山东岳香火的分香，主祀泰山神东岳大帝。秦汉以后，泰山成为历代王朝封禅圣地，东岳神也被认为是上天与人间沟通的神圣使者，被视为帝王受命于天、治理天下的保护神。冠以"大帝"称号的东岳神，受到历代帝王的推崇，更被列入国家祀典，唯天子享有祭祀的权利。在民间，自东汉始，泰山被视为治鬼之所，人死后灵魂所归之处。东岳神便成为主司阴间，掌十八地狱、六案簿籍，赏善罚恶，注生死之期的冥府之神。明清时期不仅泰山建有东岳庙，全国各地也建有不少，而北京朝阳门外的东岳庙则影响最大。

---

① 张向天：《忆北平的旧岁》，1938年1月，转引自《北京庙会史料通考》，第22~23页。
② 《旧都文物略》，第168页。

一　东岳庙的历史沿革与建筑特色

北京东岳庙是道教教派正一派在华北地区最大的宫观。正一派始自汉代张道陵，早期主要在南方地区传播。元统一全国后，正一派北上，开始在北京地区传播。在朝廷支持下，正一派发展迅速，并超过全真派，成为北京地区第一大道教宗派。东岳庙正是在正一派风行时期修建而成。

东岳庙始建于元延祐六年（1319），至治二年（1322）主殿与大门完工，次年东、西庑殿竣工。元仁宗特赐"东岳仁圣宫"之名。后历经元、明、清三代的发展，成为道教正一派在华北地区最大的道观。

明清文人对寺观庙宇的记述，体现出对相关掌故的浓厚兴趣，"在以某座寺庙为题材积累起来的文本中，逐渐沉淀出一些具有核心意义的、为文人所熟知和记忆的典故，通常称之为'掌故'"。[1] 20世纪30年代，熟悉北平掌故的黄濬说："累朝掌故，多属于僧窗，一松一石，每有佳话，浮屠幢塔，所系尤弘。"[2] 如前文所述，明清笔记对白云观的记述，热衷于丘处机与白云观的掌故；而记述东岳庙时，则关注庙内的文化遗迹如塑像、石碑等掌故，较少关注与建庙缘起相关的元代道士张留孙、吴全节，其原因除张、吴不如丘处机声名远播外，还有他们未能给东岳庙留下"燕九节"这样的节俗。

东岳庙的塑像与石碑，都出自名家之手。《帝京景物略》对塑像描述详细：

> 帝像巍巍然，有帝王之度，其侍从像，乃若忧深思远者，相传元昭文馆学士艺元手制也。元，宝坻人，初为黄冠，师事青州杞道录，得其塑土范金拚换像法。拚换者，漫帛土偶上而鬃之，已而去其土，鬃帛俨成像云。始元欲作侍臣像，久之未措手，适阅秘书图画，见唐魏徵像，瞿然曰："得之矣，非若此，莫称为相臣。"遽走庙中为之，即日成。今礼像者，仰瞻周视，一一叹异焉。元仁宗尝敕元，非有

---

[1] 季剑青：《重写旧京：民国北京书写中的历史与记忆》，三联书店，2017，第112页。
[2] 黄濬：《花随人圣庵摭忆》上册，中华书局，2008，第13页。

旨，不许为人造他神像也。①

东岳庙里的塑像，相传为刘元（艺元）所制。上述文字对此事的记载，涉及刘元其人、塑像法、塑像之蓝本、塑像之效果。特别是刘元以秘书图画中的魏徵像为蓝本之事，体现了明清文人对掌故的偏爱。元代塑像家刘元，也是当时大都著名的道士，跟随西域尼泊尔人阿尼哥（北京妙应寺白塔的设计者）学塑西天梵像。其塑像惟妙惟肖，技艺名重一时，当时大都及上都的寺观多请其塑像。道士吴全节造东岳庙时，即设法请刘元塑像。关于刘元塑像一事，明清文人探究兴趣浓厚。如《日下旧闻考》卷42认为《帝京景物略》记载有误，昭文馆学士刘元与金元塑像艺人刘銮并非一人。再如《天咫偶闻》卷8载："朝阳门外之东岳庙，始自元时。……其神像，旧云出刘供奉塑。康熙中毁于火。考《道园学古录》《刘正奉塑像记》，则刘所塑东岳庙神像，在长春宫东，与此无涉。其误自《燕都游览志》始，竹垞因之。乃游者犹啧啧称叹不置，此南人所谓：隔壁账也。"②今人民俗学家邓云乡亦提出，元大都东岳庙有二，城内东岳庙中的塑像为刘元所塑，可能毁于明永乐时，而城外，即齐化门（朝阳门）外的东岳庙，也就是本节所述之庙，其塑像并非出自刘元之手。③

作为首善之区的北京，其寺观庙宇更能体现统治者神道设教的政治功能，东岳庙尤其体现出这一特点。因此，东岳庙与历代皇室之掌故，也为明清文人津津乐道。

道士张留孙、吴全节正是获得元廷的支持，才得以在北京地区巩固与发展正一派。二人募资兴建东岳庙，即被赐名"东岳仁圣宫"。明清两代，东岳庙与朝廷的关系更为密切。明英宗正统十二年，朝廷拨巨资重修该庙，英宗撰写《御制东岳庙碑》。明代还把东岳庙列为钦定皇家祭祀的"京师九庙"之一，东岳祭祀列入国家祭祀，每年三月二十八日

---

① 刘侗、于奕正：《帝京景物略》，第98页。
② 震钧：《天咫偶闻》，第185页。
③ 参见邓云乡《天齐庙》，《红楼风俗名物谭——邓云乡论红楼梦》，文化艺术出版社，2006，第244~245页。

东岳大帝诞辰日，皇帝亲临举行盛大祭典。清代，康熙、乾隆、同治等朝都曾对东岳庙进行修缮，康熙、乾隆还曾于此留下御笔。正因东岳庙与朝廷关系特殊，《旧都文物略》将白云观列入"名迹"类，而将东岳庙列入"坛庙"类。关于东岳庙与康熙朝的掌故，清代笔记多次提及东岳庙火灾事。王士禛《居易续谈》记载："庚辰三月，朝阳门外东岳庙火，殿庑皆烬，独左右道院无恙。特发内帑，并令在京在外大小官员捐助，仍以裕亲王监视之，阅岁始毕，上亲临幸焉。"①《日下旧闻考》记载有《康熙御制东岳庙碑文》，其文曰："康熙三十七年，居民不戒而毁于火。其明年，朕发广善库金，鸠工庀材，命和硕裕亲王董其事。不劳一民，不兴一役，经始于三十九年三月，迄工于四十一年六月，不三岁而落成。"②《康熙御制东岳庙碑文》记载东岳庙大火发生于康熙三十七年（1698），王士禛所记康熙庚辰年（康熙三十九年）其实是东岳庙重修的时间。

二 "七十二司"与泰山信仰

明清时期，各地东岳庙供奉的神灵除东岳大帝、碧霞元君、地府判官七十二司等东岳"仙班"外，并供奉有玉皇大帝、关圣帝君、文昌帝君、三官大帝、斗姆元君、药王诸神，同时还供奉行业祖师鲁班、马王爷、喜神等。东岳庙一跃成为"万神殿"。在朝廷与民众的共同努力下，北京东岳庙获得前所未有的发展，庙内神灵增加至3000多尊，故称"神像最全，酬神最易"。北京东岳庙具有明清时期东岳大帝行宫的典型特征，其供奉的神祇有三大类，即东岳大帝、阴曹地府审判者、行业神生育神，其建筑规制也对应有三重信仰空间。③ 地府判官主掌人间善恶福祸、因果报应、生死轮回，他们与北京民众的世俗生活更为密切。地府判官所居之七十二司是北京东岳庙建筑群最大的亮点，因而成为明清笔记记述的重要内容。

---

① 王士正（禛）：《居易录谈 附居易续谈》，上海商务印书馆，1936，第34页。
② 于敏中主编《日下旧闻考》第5册，第1487页。
③ 参见楼崔蔺《北京东岳庙及其建筑群的宗教文化内涵探析》，硕士学位论文，华东师范大学，2011。

第二章 芸芸众生与寺观庙宇

古人普遍认为人死而为鬼，鬼所归之地府，或曰黄泉，或称幽都。佛教与道教都有关于地府的描述：佛教有十八层地狱之说；道教之地府则融合封建官府衙门设置，有七十二司、十殿阎君等。泰山在很早就成为魂灵依归之地，两汉时期民间已经形成"生属长安，死属泰山"之说。东岳大帝行宫之东岳庙，自然有"阴曹地府"之配置。

北京东岳庙"阴曹地府"区域主要指七十二司（民间还有称七十六司、七十五司，都是大致的说法）。七十二司内设官衙塑像，"塑像精奇，生动惊人"。[1] 七十二司始建于元代，当时有多少司不得而知。明正统年间，"益拓其宇，两庑设地狱七十二司"，[2] 塑像衣冠服饰已易为明制。七十二司有生死司、功德司、贵贱司、瘟疫司、放生司、长寿司等。顾颉刚于1924年两次到北京东岳庙实地调研，之后在《歌谣》周刊发表《东岳庙的七十二司》《东岳庙游记》，对七十二司简单分类。陈巴黎《北京东岳庙七十六司概述》一文介绍东岳庙七十六司颇为全面，可作参阅。[3]

相传各司神皆有姓名，最有名的是速报司神岳飞。《燕京岁时记》载：

> 庙有七十二司，司各有神主之。相传速报司之神为岳武穆，最著灵异。凡负屈含冤、心迹不明者，率于此处设誓盟心，其报最速。阶前有秦桧跪像，见者莫不唾之，已不辨面目矣。[4]

明清时期，香客到东岳庙进香，往往到七十二司求灵签，请求神明庇护，所求内容不外乎钱财、官禄、婚姻、子嗣、疾病等。求中好签者，继续酬神保佑；求到坏签者，则愈发虔诚供奉。

东岳庙七十二司，在清代章回小说《红楼梦》中也有所体现。俞平伯指出，《红楼梦》中有关涉东岳庙的信仰风俗。[5] 其后，邓云乡、周汝

---

[1] 马芷庠：《老北京旅行指南》，第197页。
[2] 刘侗、于奕正：《帝京景物略》，第98页。
[3] 陈巴黎：《北京东岳庙七十六司概述》，《中国道教》2000年第2期。
[4] 富察敦崇：《燕京岁时记》，《燕京岁时记》（外六种），第80页。
[5] 俞平伯：《〈红楼梦〉的天齐庙》，《俞平伯论红楼梦》，上海古籍出版社，1988，第609~610页。

昌更进一步指出东岳庙对"太虚幻境"艺术构思的影响。①《红楼梦》第80回写到天齐庙：

>……正说着，贾母打发人来找宝玉，说："明儿一早往天齐庙还愿。"……
>
>次日一早，梳洗穿带已毕，随了两三个老嬷嬷坐车出西城门外天齐庙来烧香还愿。这庙里已于昨日预备停妥的。宝玉天生性怯，不敢近狰狞神鬼之像。这天齐庙本系前朝所修，极其宏壮。如今年深岁久，又极其荒凉。里面泥胎塑像皆极其凶恶，是以忙忙的焚过纸马钱粮，便退至道院歇息。②

此处所说天齐庙，可能影射的是北京朝阳门（元时称齐化门）外的东岳庙。小说中描写的"里面泥胎塑像皆极其凶恶"，非常符合东岳庙中的状貌。东岳庙素以恐怖的神鬼塑像著称：七十二司的塑像所展现的地府场景非常恐怖，其中恶鬼、怨鬼，有的青面獠牙、面目狰狞，有的身首异处、躯体残损；阎罗殿"十八地狱"，刀山、油锅、炮烙、挖眼等酷刑，逼真到令人毛骨悚然；有的殿宇还装有木机关，香客踩上，判官、无常等迎面扑来，营造出极其阴森的气氛。如此，宝玉"不敢近狰狞神鬼之像"，则非常合理。

《红楼梦》第5回所描述的"太虚幻境"，似乎也与七十二司有关联：

>宝玉听说，便忘了秦氏在何处，竟随了仙姑，至一所在，有石牌横建，上书"太虚幻境"四个大字，两边一副对联，乃是：
>假作真时真亦假，无为有处有还无。
>转过牌坊，便是一座宫门，上面横书四个大字，道是"孽海情天"。又有一副对联，大书云：
>厚地高天，堪叹古今情不尽；

---

① 参见邓云乡《天齐庙》，《红楼风俗名物谭——邓云乡论红楼梦》，第241~246页；周汝昌：《红楼小讲》，北京出版社，2002，第210~214页。
② 曹雪芹著，无名氏续《红楼梦》，人民文学出版社，2008，第1134页。

痴男怨女，可怜风月债难偿。

宝玉……当下随了仙姑进入二层门内，至两边配殿，皆有匾额对联，一时看不尽许多，惟见有几处写的是："痴情司""结怨司""朝啼司""夜怨司""春感司""秋悲司"。①

脂砚斋在此处批曰："有修庙造塔祈福者，余今意欲起'太虚幻境'，似较修'七十二司'更有功德。"邓云乡指出"太虚幻境"与北京东岳庙之关系：

> 所谓"七十二司"，也各有专名，……这些"司"，和那门前的那座美轮美奂的绿色琉璃砖大牌楼，是很特别的，在某种程度上，很像"太灵［虚］幻境"中的种种情景。《红楼梦》在这方面的种种设想，自然是明显地受到道教的影响，说不定也直接是东岳庙的印象所造成的吧。②

周汝昌还论及东岳庙石牌坊、七十二司与女神像对《红楼梦》"太虚幻境"的影响。"'太虚幻境'也有它的'原型'——就是北京朝阳门外的东岳庙！……即就此三点（东岳庙石坊、诸司、女神像——引者注）而察之，可悟全与'太虚幻境'的特色相合。盖普天下的寺庙，此为独一无二，雪芹从'现实'景观而得其艺术境界，触磕信悟，只能是这一实体而别无可能。"③ 周郢《〈红楼梦〉与泰山文化——从"泰岳阴司"到"太虚幻境"》一文对"太虚幻境"与泰山信仰中的阴司文化的关系探讨较为详细，可作参阅。④

此外，《萤窗异草》中有《考勘司》篇，记载刑曹多公被东岳庙七十二司的"考勘司"请往阴司断案的故事：

---

① 曹雪芹著，无名氏续《红楼梦》，第73~74页。
② 邓云乡：《天齐庙》，《红楼风俗名物谭——邓云乡论红楼梦》，第246页。
③ 周汝昌：《红楼小讲》，第210~211页。
④ 周郢：《〈红楼梦〉与泰山文化——从"泰岳阴司"到"太虚幻境"》，《红楼梦学刊》2009年第1辑。

盖公之宅在京城之东偏，居恒赴部，辄西行，今反东向，然亦疑之而不能诘。无何抵一门，重楼赫奕，雉堞巍峨，则京之齐化也，益骇然，且虑门扃，无由飞越。比及阛阓间，封锁依然，隶引之，竟从枨阑之隙，策马而出，亦毫无窒碍，公更为之震惊。出城又行里许，至一大署，金碧交辉，仿佛如岳庙，隶白曰："至矣。"公弃骑，隶导之入门而南，至一所，亦若部之分曹。隶止公于门外，遂入报。旋有人来延请，公从之入。甫达门屏，早有官人十余，降阶迎迓，冠带亦与己相类，貌颇谦抑，视之皆漠不相识。众揖公入听事，逊以宾席，公固辞然后坐。仰视堂额，粉地朱文，榜曰"考勘司"，亦不解为何署。众俱列坐左右。

　　献茗啜已，公询众官阀，且咨见召故。东侧首坐一官，品秩与公埒，答曰："君阳官，仆等皆阴吏也，冥冥中与君为寅友，今已有年矣。尝阅案卷，见君断才，不胜心折。近因一死狱，微涉不平，故特屈君至此，幸勿疑讶。"[1]

《萤窗异草》是清代文言短篇小说集，根据该书内容判断，应成书于乾隆三十三年至五十三年（1768~1788），作者"长白浩歌子"，学界普遍认为是生活于乾隆元年至五十三年的满族文人尹庆兰。尹庆兰，满洲镶黄旗人，原姓章佳氏，"家世簪缨，三代宰辅"，才学俱佳，却视功名如敝屣。在《考勘司》中，作者描述刑曹奔赴"考勘司"的过程，以文学的笔墨为读者展现了乾隆年间朝阳门、东岳庙以及"考勘司"的样貌。

三　"掸尘会"及其民俗活动

　　道教宣称泰山为群山之祖、五岳之宗、神灵之府，并得到元明清统治者的推崇，因而祭祀东岳大帝的仪式最为隆重，东岳庙的相关道教风俗也在不断演进。东岳庙的"掸尘会"，是明清时期北京城三月里最盛大的节日。其规模大、活动多，民众参与热情高，堪称此时期北京城的"狂欢节"。

---

[1]　长白浩歌子：《萤窗异草》二编《考勘司》，人民文学出版社，1999，第170~171页。

元代，东岳庙地处大都通往漕运门户通州城的要道，"漕运岁储，多所交易，居民殷实"，凡取道于大运河和直沽海道进京的客商，多在此居留。南北交会、市场繁荣，使东岳庙香火旺盛。相传三月二十八日为东岳大帝诞辰，此日朝廷举行盛大的祭祀活动，民众于是日进香更勤，相沿成习，最终形成东岳庙庙会。《析津志辑佚》中描述庙会的盛况：

> （三月）二十八日乃岳帝王生辰，自二月起，倾城士庶官员、诸色妇人，酬还步拜与烧香者不绝，尤莫盛于是三日。道途买卖，诸般花果、饼食、酒饭、香纸填塞街道，亦盛会也。①

> 每岁自三月起，烧香者不绝。至三月烧香酬福者，日盛一日。比及廿日以后，道途男人□□赛愿者填塞。廿八日，齐化门内外居民，咸以水流道以迎御香。香自东华门降，遣官函香迎入庙庭，道众乡老甚盛。是日，沿道有诸色妇人，服男子衣，酬步拜，多是年少艳妇。前有二妇人以手帕相牵阑道，以手捧窑炉，或捧茶、酒、渴水之类，男子占煞。都城北，数日，诸般小买卖，花朵小儿戏剧之物，比次填道。妇人女子牵挽孩童，以为赛愿之荣。道傍盲瞽老弱列坐，诸般楛丐不一。沿街又有摊地凳槃卖香纸者，不以数计。显官与怯薛官人，行香甚众，车马填街，最为盛都。②

明代，东岳庙道教民俗活动开始由官方转向民间，历经演变，最终形成以行业香会为主的"掸尘会"，即以民间香会为主要参与者的大型民俗节庆活动。《宛署杂记》载：

> 城东有古庙，祀东岳神。规制宏广，神象华丽。……三月二十八日，俗呼为降生之辰，设有国醮，费几百金。民间每年各随其地预集近邻为香会，月敛钱若干，掌之会头至。是盛设，鼓乐幡幢，头戴方寸纸，名甲马，群迎以往，妇人会亦如之。是日行者塞路，呼佛声振

---

① 熊梦祥：《析津志辑佚》，第 217 页。
② 熊梦祥：《析津志辑佚》，第 54~55 页。

地，甚有一步一拜者，曰拜香庙。①

香会组织的发达，为东岳庙留下数目繁多的香会碑，留存至今的碑刻仍然能够反映当年香会活动的盛况。

东岳庙在东岳大帝诞辰日形成了东岳大帝出巡的全城庆典仪式。巡城仪式的主事者即为"各随其地预集近邻"的香会组织，具体操办者则为各香会的"会头"。所谓出巡，就是将神像"请"出东岳庙，沿街巡游，象征着东岳大帝亲临街巷、体察民情、劝善惩恶。出巡时，东岳大帝圣像被放在八抬大轿内，由香客们抬着，前有旌旗鼓乐导引，后有凶神恶煞的判官及披枷戴锁的"罪人"跟随，再后则是参与其事的身披彩衣、边走边表演的其他香会成员。队伍所经之处，观者如堵。出巡结束，再把圣像抬回庙内大殿，并向东岳大帝进献新服饰，焚香后才算礼毕。

明代万历间《长安客话》记载："三月二十八日圣帝诞辰，民间盛陈鼓乐幡幢，群迎以往，行者塞路。"② 明陆启浤《北京岁华记》"三月杂事"记载甚为详细：

> 东岳大帝庙，在朝阳门外，二十八日诞辰，士女骈集。南人优伶竞作奇异台阁人物，哄动满城。到庙时，履屣脱落，稚子遗失者，每喧呼于路。香供毕，南游游黑松林庙，中有拳斗蹴踘等戏。③

陆启浤为浙江平湖人，"客燕二十年"，1640年离开北京。《北京岁华记》所记，大致为1620~1640年的北京习俗，与《长安客话》所记时间上大致衔接。

而《帝京景物略》所记与《北京岁华记》时间上大致相同，其云：

> 三月廿八日帝诞辰，都人陈鼓乐、旌帜、楼阁、亭彩，导仁圣帝游。帝之游所经，妇女满楼，士商满坊肆，行者满路，骈观之。帝游

---

① 沈榜：《宛署杂记》，第191页。
② 蒋一葵：《长安客话》，第79页。
③ 陆启浤：《北京岁华记》，《燕京岁时记》（外六种），第6页。

聿归，导者取醉松林，晚乃归。①

《帝京景物略》作者刘侗为湖北麻城人，崇祯初年来到北京，崇祯七年（1634）中进士，授吴县知县，该年与于奕正始撰《帝京景物略》，崇祯八年刊行。《帝京景物略》与《北京岁华记》的记载可互为补充，特别有意思的是，两书都提及松林游玩之事，即巡游完毕后，人们在庙外茂密的松柏树下开怀畅饮，享受神人同乐的欢愉，直至天黑。从这些记载可知，明代东岳庙"掸尘会"已颇具规模，几乎成为举城同乐的节庆活动。

清代，东岳庙获得朝廷更大的扶持，民间香会组织也更为发达，"掸尘会"逐渐达到鼎盛。乾隆年间的《帝京岁时纪胜》载："岁之三月朔至廿八日设庙，为帝庆诞辰。都人陈鼓乐、旌旗，结彩亭，乘舆导驾出游，观者塞路，进香赛愿者络绎不绝。"② 该书所记节俗，基本上参考《帝京景物略》的文字，但删除了松林游玩事项。此外，在活动时间上，乾隆年间"掸尘会"已经不是三月二十八日一天，而是从三月十五日至二十八日。清代"掸尘会"之规模，显然超过明代。

至晚清时期，东岳庙不仅有"掸尘会"这种有特定时间节点的东岳大帝巡游活动，还衍生出一系列祈福民俗，诸如求子、治病、祭祖师爷等。

明正统年间重修东岳庙，专门在后殿设帝妃行宫，因而后殿成为后妃的主要祭祀场所。《帝京景物略》载：

> 后设帝妃行宫，宫中侍者十百，或身乳保领儿婴以嬉，或治具，妃将膳，奉匜栉为妃装，纤纤缝裳，司妃之六服也。宫二浴盆，受水数十石，道士赞洗目，无目诸疾，入者辄洗。帝妃前悬一金钱，道士赞中者得子，入者辄投以钱，不中不止，中者喜，益不止，罄所携以出。③

---

① 刘侗、于奕正：《帝京景物略》，第98页。
② 潘荣陛：《帝京岁时纪胜》，《燕京岁时记》（外六种），第39页。
③ 刘侗、于奕正：《帝京景物略》，第98页。

"道士赞洗目，无目诸疾，入者辄洗"，相传帝妃行宫中的浴盆水，可以治疗眼疾。《长安客话》亦记载："（东岳）庙有神浴盆二，容水数百石，病目洗之愈。"[1]

东岳庙广嗣殿还供奉送子娘娘和子孙爷爷，妇女求子则在此"拴娃娃"。"拴娃娃"原是古代一种求子巫术，所谓"不孝有三，无后为大"，生子接香火是关乎家族兴旺的头等大事。"拴娃娃"也就成了道教庙会上的一项重要内容。相传东岳庙广嗣殿"拴娃娃"最灵，久婚不育的妇女多到此求子。其仪式为：通常在香客焚香礼神后，请道士用十色花线拴一个泥娃娃带回家供在祖先牌位旁。接过娃娃后要径直出庙，不能回头看。回到家中要先说："把娃娃拴来了！"家人要马上应和："拴来了！"然后为泥娃娃缝制衣裳被褥，将之当真的娃娃看待。[2]

摸铜像也是东岳庙庙会上一种常见的祈求健康平安的活动。东岳庙有一尊铜特，马头、骡身、驴尾、牛蹄，俗称"四不像"。相传铜特有灵性，能保佑人健康平安，身上哪个部位不舒服，就先摸铜特的同一部位，再摸一摸自己的这一部位，就会产生神奇功效。[3]《燕京岁时记》载："神座右有铜骡一匹，颇能愈人疾病。病耳者则摩其耳，病目者则拭其目，病足者则抚其足。"[4] 摸铜像，至今仍是东岳庙的一种祈福活动。

东岳庙的行业祖师崇拜，也是其特色。随着商品经济的发展，木工行、骡马行、绸缎行、医药行等行业在城市相继出现，由此形成了相关的行业信仰。明末清初以后，东岳庙逐渐成为北京行业祖师的总信仰场所，计有文昌殿、喜神殿、药王殿、鲁班殿、马王殿、火祖殿等。各行各业都将自己的祖师供奉于此，如建筑业的鲁班、骡马行的马王、保佑出海渔民的海神、管理粮仓的仓神等。祭祀祖师，成为东岳庙重要的仪式之一。尤其是清末民国时期，工商业日益发达，行业商会急剧增加，各商会在庙会期间各有专责，构成了另一个较为完整的东岳庙奉神、酬神系统，在民众中影响很大。1939 年，北京梨园界名流还在东岳庙内建造喜神殿，届期

---

[1] 蒋一葵：《长安客话》，第 79 页。
[2] 参见徐威《北京历史上的道教庙会》，《中国宗教》2004 年第 6 期。
[3] 参见徐威《北京历史上的道教庙会》，《中国宗教》2004 年第 6 期。
[4] 富察敦崇：《燕京岁时记》，《燕京岁时记》（外六种），第 81 页。

祭祀，成为"掸尘会"的一项新民俗活动。

明清时期，东岳庙"掸尘会"融合了宗教信仰、节庆仪式、休闲娱乐、商贸交易等多方面内容，在北京寺观庙宇节日习俗中具有典型特征，特别是"城市居民的信仰特性在东岳庙中得到生动而全面的展现"。[①]

民国初年，东岳庙"掸尘会"大体上维持了清代的规模和局面。《北平旅行指南》将此俗作为北京的一项重要活动专门介绍："（东岳庙）至今每月朔望，例有庙会。旧历三月十五日至二十八日，有白纸献花放生掸尘各会。游人拥挤，香火甚盛。"[②] 新中国成立后，东岳庙曾由学校、机关使用，东岳庙庙会就此中止。如今，重新开放后的东岳庙被辟为北京民俗博物馆，东岳庙庙会也已于1999年恢复，时间定在春节。与其他庙会比较，新的东岳庙庙会侧重"文化"二字，在策划、组织上注重展示东岳庙的历史文化和老北京的民俗事项。当年"掸尘会"的部分活动也在春节庙会上得到了展示，各种香会相继到东岳庙进香表演，民众的祈福活动也逐渐兴起。

第四节　娘娘庙朝顶进香

明清时期，泰山信仰是民间信仰的重要内容，碧霞元君信仰即其中之一。碧霞元君全称东岳泰山天仙玉女碧霞元君，是中国北方地区影响较大的女性神祇，碧霞元君庙（俗称娘娘庙）朝顶进香成为这一时期北京乃至华北地区民众最为狂热的信仰习俗之一。

一　"五顶"与"二山"

关于碧霞元君的原型，有黄帝之女、东岳帝女、玉皇之女、华山玉女、民间凡女等各种说法。《帝京景物略》对碧霞元君的身份掌故有简要叙述：

[①] 萧放：《东岳庙与城市社会信仰空间的构建——以北京东岳庙为例》，《华中师范大学学报》（人文社会科学版）2009年第1期。
[②] 马芷庠：《老北京旅行指南》，第198页。

> 元君者，汉时仁圣帝前有石琢金童玉女。至五代，殿圮，石像仆。至唐，童泐尽，女沦于池。至宋真宗封泰山还，次御帐，涤手池内，一石人浮出水面，出而涤之，玉女也。命有司建小祠安奉，号为圣帝之女，封天仙玉女碧霞元君。后祠日加广，香火自邹、鲁、齐、秦，以至晋、冀。而祠在北京者，称泰山顶上天仙圣母。①

碧霞元君信仰何时传入北京尚不得而知，但在明代中晚期，碧霞元君信仰即已盛行于北京及周边地区，其庙宇多时达近百座，并初步出现了"五顶"之说。

所谓"五顶"，即北京五座最著名的碧霞元君庙。关于"五顶"的记载，见于《酌中志》《帝京景物略》等文献，说法稍有出入。《酌中志》称万历三十六年（1608）于长春桥蓝靛厂"始建西顶娘娘庙"；《帝京景物略》将所有碧霞元君庙都归入《弘仁桥》篇，虽未出现"五顶"之名，但其实已有"西顶""中顶""东顶""北顶"之名，其中"西顶"则在"麦庄桥北"：

> 麦庄桥北，曰西顶；草桥，曰中顶；东直门外，曰东顶；安定门外，曰北顶。盛则莫弘仁桥若，岂其地气耶！②

而弘仁桥旁元君庙，大约就是明代的"南顶"。《帝京景物略》描述弘仁桥旁元君庙的地理位置、周边风光，而丝毫未涉及庙内陈设，体现了"景物略"的特点：

> 出左安门东行四十里，石桥五丈，曰弘仁桥。桥下水，从琉璃河一支西来，余百里，过桥，水东北去，不足百里，入于运河，为一支。桥东头元君庙，西向临桥，若梯阶之。桥左右水，若特意环之，避其溜中。③

---

① 刘侗、于奕正：《帝京景物略》，第193页。
② 刘侗、于奕正：《帝京景物略》，第193页。
③ 刘侗、于奕正：《帝京景物略》，第193页。

第二章 芸芸众生与寺观庙宇

至清代,"五顶"的说法发生一些变化。"南顶"有了大小之分,"小南顶"指大红门外的元君庙,明代弘仁桥旁的则是"大南顶"。而且,至迟到乾隆年间,北京碧霞元君庙在"五顶"的基础上又有所增加:

> 京师香会之胜,惟碧霞元君为最。庙祀极多,而著名者七:一在西直门外高梁桥,曰天仙庙,俗传四月八日神降,倾城妇女往乞灵祐;一在左安门外弘仁桥;一在东直门外,曰东顶;一在长春闸西,曰西顶;一在永定门外,曰南顶;一在安定门外,曰北顶;一在右安门外草桥,曰中顶。
>
> 又有涿州北关、怀柔县之丫髻山,俱为行宫祠祀。圣祖御题丫髻山天仙殿匾曰敷锡广生,玉帝殿匾曰清虚真宰。每岁之四月朔至十八日,为元君诞辰。男女奔趋,香会络绎,素称最胜。①

"五顶"中,最著名者为"南顶"与"西顶":

> 惟南顶于五月朔始开庙,至十八日。都人献戏进供,悬灯赛愿,朝拜恐后。有御题匾曰神烛碧虚,岳殿匾曰功成出震。②
>
> 西顶娘娘庙在万寿寺西八九里。每至四月,自初一日起,开庙半月,繁盛与万寿寺同。山门中四天王像,神气如生,狰狞可畏。座下八鬼怪,尤觉骇人。凡携小儿者多掩其目而过之。庙有七十二司神,皆绘画,非塑像也。每开庙时,特派大臣拈香,与丫髻山同,他处无之。③

"南顶"开庙之时,京师年少者终日竞骑夸胜,时人称:"但开南顶极喧哗,近水河棚数十家。纨袴子弟归更晚,天桥南面跑新车。"④ 清光绪年间,"南顶"开始败落,《燕京岁时记》所记"庙虽残破,而河中及土阜

---

① 潘荣陛:《帝京岁时纪胜》,《燕京岁时记》(外六种),第41页。
② 潘荣陛:《帝京岁时纪胜》,《燕京岁时记》(外六种),第41页。
③ 富察敦崇:《燕京岁时记》,《燕京岁时记》(外六种),第84页。
④ 得硕亭:《草珠一串》,路工选编《清代北京竹枝词》(十三种),第58页。

上皆有亭幛席棚，可以饮食坐落。至夕散后，多在大沙子口看赛马焉"，①描述了"南顶"败落的场景。"西顶"在明万历年间落成，曾盛极一时，刘若愚《酌中志》记载："蓝靛厂，在都城西，亦本局之外署也。万历三十六年，始建西项［顶］娘娘庙于此。其地素洼下，时都中有狂人倡为进士之说，凡男女不论贵贱，筐担车运，或囊盛马驮，络绎如织。甚而室女艳妇，借此机会以恣游观，坐二人小轿，或怀中抱土一袋，随进香纸以徼福焉。"② 沈德符《万历野获编》也有类似的记载。③ 清代朝廷又给"西顶"以特别礼遇，"每开庙时特派大臣拈香"，庙会随之繁盛。

清代以后，京畿地区碧霞元君信仰场所又增加了"二山"。"二山"即东边的丫髻山与西边的妙峰山。丫髻山与妙峰山俗称"金顶"，清代中前期丫髻山盛极一时，清代后期及民国时期则以妙峰山为重。在明清时期北京地区的碧霞元君信仰中，"五顶碧霞元君信仰始终没有达到丫髻山和妙峰山的兴旺程度"，④ 但"金顶"之名流传至今的则是妙峰山。乾隆朝《帝京岁时纪胜》所述京师碧霞元君香会之盛，其中就有丫髻山，而晚清时期妙峰山后来居上，其繁盛程度超越丫髻山。《燕京岁时记》载：

> 妙峰山碧霞元君庙在京城西北八十余里，山路四十余里，共一百三十余里，地属昌平。每届四月，自初一日开庙半月，香火极盛。凡开山以前有雨者，谓之净山雨。庙在万山中，孤峰矗立，盘旋而上，势如绕螺。……庙南向，为山门，为正殿，为后殿。后殿之前有石凸起，似是妙峰之巅石。有古柏三四株，亦似百年之物。庙东有喜神殿、观音殿、伏魔殿，庙北有回香亭。庙无碑碣，其原无可考。然自雍乾以来即有之，惜无记之者耳。⑤

晚清民国时期笔记对妙峰山的记述，多描述与进香相关事宜，以及庙

---

① 富察敦崇：《燕京岁时记》，《燕京岁时记》（外六种），第89~90页。
② 刘若愚：《酌中志》，《明代笔记小说大观》第4册，第3003~3004页。
③ 参见沈德符《万历野获编》，《明代笔记小说大观》第3册，第2675~2676页。
④ 参见吴效群《妙峰山——北京民间社会的历史变迁》，人民出版社，2006，第33~39页。
⑤ 富察敦崇：《燕京岁时记》，《燕京岁时记》（外六种），第84~85页。

会之繁盛场景，对妙峰山景观的描述极少。《燕京岁时记》对其风光与庙宇的描述，为我们留下了珍贵的史料。蔡省吾《北京岁时记》中关于妙峰山的记述，基本沿袭自《燕京岁时记》。现今妙峰山的庙宇已进行了重修，"古柏三四株"也仍然屹立，见证了妙峰山的兴衰过往。

妙峰山碧霞元君庙在明清寺观庙宇中属后起之秀，相关记载较少，正如富察敦崇所言，"庙无碑碣，其原无可考。然自雍乾以来即有之，惜无记之者"。至晚清民国时期，才出现奉宽的《妙峰山琐记》。① 奉宽，满族人，自号小莲池居士，于清光绪二十二年（1896）首次奉母命前往妙峰山进香，自此引发对妙峰山的探究兴趣，于是寻访古迹、广搜资料、严谨考证，并将探究所得汇集成《妙峰山琐记》一书。民国时期，记妙峰山的相关著述还有金勋的《妙峰山志》。② 金勋，生平事迹不详，所著《妙峰山志》仅为抄本，也非定本，无写作年代，似乎作于《妙峰山琐记》之后。

明清时期北京地区的碧霞元君崇拜，也在小说创作中有体现，如俞蛟《春明丛说》中《丫髻山神异记》篇，和邦额《夜谭随录》中《孝女》篇等。《丫髻山神异记》描写了丫髻山进香的活动："京师出东便门百四十里，有山巍然，高百余仞，两峰插天际，如丫髻，因以名山。上有碧霞元君庙，四月十八日，为神设帨之辰，焚楮帛，献牺醴者，自春入夏，合齐、鲁、赵、魏、秦、晋之乡，男妇担簦杖策，竭丹诚而叩祝者，毂相击，趾相错也。而神之灵异亦最著。"③《孝女》篇则通过一个卖花女的故事，描写了丫髻山香火之旺，折射出北京民众对碧霞元君之崇信。

二 娘娘庙朝顶进香习俗

碧霞元君位列道教神殿，也受过朝廷册封与祭祀，但碧霞元君信仰很大程度上归属于民间，世俗色彩较为浓厚。在民众心目中，她是"娘娘""泰山老奶奶"，既可以佑农耕、护商旅、牵姻缘，又可以送子护童、救

---

① 奉宽：《妙峰山琐记》，国立中山大学民俗学会，1929。
② 金勋：《妙峰山志》，手抄本，中国科学院图书馆藏。
③ 俞蛟：《春明丛说》卷上《丫髻山神异记》，《梦厂杂著》，文化艺术出版社，1988，第10页。

苦救难、惩恶扬善。讲述明末魏忠贤、客氏乱国的长篇章回小说《梼杌闲评》，开篇与结尾都出现了碧霞元君形象。在小说开篇，她自称："吾乃泰山顶天仙玉女，碧霞元君，奉玉帝敕旨来淮南收伏水怪，保护漕堤，永镇黄河下流，为民生造福。"① 为此，地方官府立庙祭祀。在小说结尾，"碧霞君说劫解沉冤"，了结魏忠贤、客氏之结局：

> 天门内又飞出一簇云霞来，老僧厉声高叫道："吾乃达观是也，蒙孟婆师相邀来作证盟，今有一位神圣来也，大众看者。"又将锡杖一掉，早不见了霞光白虹，只见祥云内鸾凤齐鸣，笙歌迭奏，龙车上坐着一位女真人。但见他：
>
> 瑞霭散缤纷，祥光护法身。九霄华汉里，现出正元神。那神圣头戴垂珠缨络，身穿素色罗袍。绿发盘云黑，香环结宝明。盈盈玉面天生喜，点点樱桃一粒红。万寻万应，千圣千灵。惟拔八难，度三灾，大悲悯世；故镇泰山，居南海，救苦寻声。这是圆通普惠天仙女，永护漕河福德神。
>
> 那真君龙车离坛数尺停住，傅如玉母子三人伏地叩头，不敢仰视。真君道："吾乃碧霞元君是也！善哉！吾因汝等精心佛果，发愿解冤三界，共钦神天点佑。吾今法驾亲临，为汝证盟功德。"②

《梼杌闲评》所述"女真人"，正是碧霞元君的文学形象。这位"女真人"，"拔八难，度三灾，大悲悯世"，"镇泰山，居南海，救苦寻声"，可媲美救苦救难的观世音菩萨。

明清时期，北京乃至北方地区民间的碧霞元君崇拜较为普遍，并形成盛大的朝顶进香仪式。

北京娘娘庙朝顶进香活动，自明代就已出现，且较其他寺观庙宇更为热闹。《帝京景物略》之《弘仁桥》篇所述明代北京民众朝顶进香场景最为详细，也颇为精彩：

---

① 佚名：《梼杌闲评》，人民文学出版社，1983，第13页。
② 佚名：《梼杌闲评》，第563~564页。

夫亿万姓所皈礼，以俗教神道焉，君相有司不禁也。岁四月十八日，元君诞辰，都士女进香。先期，香首鸣金号众，众率之，如师，如长令，如诸父兄。月一日至十八日，尘风汗气，四十里一道相属也。舆者，骑者，步者，步以拜者，张旗幢、鸣鼓金者。舆者，贵家、豪右家。骑者，游侠儿、小家妇女。步者，窭人子，酬愿祈愿也。拜者，顶元君像，负楮锭，步一拜，三日至。其衣短后，丝裩，光乍袜履，五步、十步至二十步拜者，一日至。群从游闲，数唱吹弹以乐之。旗幢鼓金者，绣旗丹旐各百十，青黄皂绣盖各百十，骑鼓吹，步伐鼓鸣金者，称是。人首金字小牌，肩令字小旗，舁木制小宫殿，曰元君驾，他金银色服用具，称是。后建二丈皂旗，点七星，前建三丈绣幢，绣元君号。又夸儇者，为台阁，铁杆数丈，曲折成势，饰楼阁崖木云烟形，层置四五儿婴，扮如剧演。其法，环铁约儿腰，平承儿尻，衣彩掩其外，杆暗从衣物错乱中传。下所见云梢烟缕处，空坐一儿，或儿跨像马，蹬空飘飘，道旁动色危叹，而儿坐实无少苦。人复长竿掇饼饵，频频啖之。路远，日风暄拂，儿则熟眠。别有面粉墨，僧尼容，乞丐相，逼伎态，憨无赖状，同少年所为喧哄嬉游也。桥旁列肆，抟面角之，曰麻胡。饧和炒米圆之，曰欢喜团。秸编盔冠幞额，曰草帽。纸泥面具，曰鬼脸、鬼鼻。串染鬃鬣，曰鬼须。香客归途，衣有一寸尘，头有草帽，面有鬼脸，有鼻，有须，袖有麻胡，有欢喜团。入郭门，轩轩自喜。道拥观者，啧啧喜。入门，翁妪妻子女，旋旋喜绕之。然或醉则喧，争道则殴，迷则失男女，翌日，烦有司审听焉。①

《帝京景物略》描绘朝顶进香过程中的诸色人物，有"舆者，骑者，步者，步以拜者，张旗幢、鸣鼓金者"，其中尤以"拜者，张旗幢、鸣鼓金者"最为详细；对进香队伍中的表演者，更是描绘得惟妙惟肖，如在眼前。"香客归途，衣有一寸尘，头有草帽，面有鬼脸，有鼻，有须，袖有麻胡，有欢喜团"，描绘得生动传神，令人捧腹。作为晚明

---

① 刘侗、于奕正：《帝京景物略》，第193~194页。

小品文，该片段实可与张岱《西湖七月半》相媲美，而此文白描处更为细致入微。

清代后期及民国时期，朝顶进香活动主要转移至妙峰山，妙峰山成为北京民众碧霞元君信仰的中心地，香火盛极一时。震钧《天咫偶闻》载："京北妙峰山，香火之盛闻天下。……岁以四月朔开山，至二十八日封山。环畿三百里间，奔走络驿，方轨叠迹，日夜不止。好事者联朋结党，沿路支棚结彩，盛供张之具，谓之茶棚，以待行人小息。食肆亦设棚待客，以侔厚利。车夫脚子竟日奔驰，得佣值倍他日。无赖子又结队扮杂剧社火，谓之赶会。不肖子弟，多轻服挟妓而往。"①

《燕京岁时记》记载了进香路线：

> 每届四月，自初一日开庙半月，香火极盛。……前可践后者之顶，后可见前者之足。自始迄终，继昼以夜，人无停趾，香无断烟。奇观哉！……进香之路，日辟日多。曰南道者，三家店也。曰中道者，大觉寺也。曰北道者，北安合也。曰老北道者，石佛殿也。近日之最称繁盛者，莫如北安合。人烟辐辏，车马喧阗，夜间灯火之繁，灿如列宿。以各路之人计之，共约有数十万。以金钱计之，亦约有数十万。香火之盛，实可甲于天下矣。②

妙峰山进香，香道主要有五条，依次为北道（从海淀聂各庄台头村上山）、中北道（从海淀北安河村上山）、中道（从海淀徐各庄大觉寺上山）、中南道（从门头沟军庄镇灰峪村上山）、南道（从门头沟妙峰山镇陈家庄上山）。奉宽的《妙峰山琐记》对进香路线与沿途景观有详细叙述，该书共分4卷，卷1叙德胜门、西直门到阳台山一路风物，卷2叙中道、中北道景观，卷3叙南道、滴水岩、北道和中南道景观，卷4叙妙峰山、灵感宫、五元君及各处茶棚社火。如今，当年的进香路线在"驴友"脚下又焕发出生机。北京经典的徒步路线"三峰"（萝卜地北尖、阳台

---

① 震钧：《天咫偶闻》，第204页。
② 富察敦崇：《燕京岁时记》，《燕京岁时记》（外六种），第84~85页。

山、妙峰山）环穿基本上就是在进香路线基础上形成的。

由于路途远，香会组织在农历二月开始祭山，三月启程，登山并在山道上找地方落宿，之后再去朝顶进香。于是，茶棚沿香道而设，香客络绎不绝，通宵达旦。让廉《京都风俗志》记载：

>四月初一至十五日，京西妙峰山娘娘庙，男女答赛拈香者，一路不断。……曲折百余里，沿途茶棚，凡十数处。其棚内供奉神像，悬挂旗幡，花红绫彩，外列牌棍旂钺。昼则施茶，夜则施粥，以备往来香客之饮。灯烛香火，日夜不休。……夜间灯笼火炬，照耀山谷。城内诸般歌舞之会，必于此月登山酬赛，谓之"朝顶进香"，如开路、秧歌、太少狮、五虎棍、杠箱等会。……游人麇集于山水林木间，实京都一巨观也。①

民国时期，妙峰山朝顶进香活动仍然盛行。《北平旅行指南》称："每届庙会之期，沿路茶棚林立，灯火相属，有如星宿。男女香客纷至沓来，莫不诚敬惟谨，甚有一步一揖、三步一叩首者，迄至山顶，不惮疲劳。娘娘之魔力，较之名贤当道，殆又过之矣。"② 当时政府将这种行为视为"陋俗"，加以扼制。原北平市政府秘书处编《旧都文物略》例言明确表示："本书内容取材务期精审，叙述务极雅驯，考证务求翔实。本此三义：（一）例如妙峰山中顶、南顶、西顶等处庙会香期，国人趋之若狂。本书以祇益陋俗，无关弘旨，故纪载从略。"③ 但是，政府的立场并未能改变民众的崇信行为，1946年妙峰山庙会，"各地前往赴会观光者在十五万人以上，尤以来自平津保等城市的香客、旅行团，以及狮子会、石锁会一类的娱乐组织最为踊跃，繁盛情形为七八年来所未见"。④

---

① 让廉：《京都风俗志》，转引自李家瑞编《北平岁时征》，北京出版社，2018，第134~135页。
② 马芷庠：《老北京旅行指南》，第163页。
③ 《旧都文物略》，例言。
④ 《平津香客络绎偕来，妙峰山庙会盛况空前》，《解放日报》1946年6月16日。

于香客而言，妙峰山是神圣之地。每逢庙期，人们自发组织进香团体去妙峰山，甚至有信徒以爬香、背鞍、滚砖、着镣、悬灯等苦行方式朝顶许愿，以示对碧霞元君的信仰与虔心。人们以朝顶进香表示其内心的虔诚与敬畏，路途的辛苦疲惫被快乐喜悦取代。顾颉刚曾描述"灵感宫"（娘娘庙的正名）当时的场景：

> 那里耀眼的是汽油灯，摩肩的是人，迷眼的是香烟，扑鼻的是烟香，塞耳的是钟磬鼓乐之声，只觉得自己迷迷糊糊的，不知到了什么世界里来了。在这一个世界里，是神秘得可爱，真挚得可爱，快乐得可爱，男女老少活泼得可爱。①

顾颉刚在"灵感宫"看到的这个"世界"，显然不同寻常。在晚清民国北京民众的岁时生活之中，四月（甚至包括三月）因妙峰山朝顶进香活动而变得不同。这种不分贵贱、无论日夜的朝顶进香生活，相对于日常的社会秩序而言，无疑是一种"反常"的生活。巴赫金曾描述人类的两种生活状态，即日常的生活与狂欢式的生活：

> 中世纪的人似乎过着两种生活：一种是常规的、十分严肃而紧蹙眉头的生活，服从于严格的等级秩序的生活，充满了恐惧、教条、崇敬、虔诚的生活；另一种是狂欢广场式的自由自在的生活，充满了两重性的笑，充满了对一切神圣物的亵渎和歪曲，充满了不敬和猥亵，充满了同一切人一切事的随意不拘的交往。②

巴赫金认为，狂欢式的生活，是脱离了常规的生活，"在狂欢节上，人们不是袖手旁观，而是就在其中生活，而且是大家一起生活，因为从观念上说，它是全民的。在狂欢节进行当中，除了狂欢节的生活，谁也没有另一

---

① 顾颉刚：《进香琐记》，孙立明编《北平的味儿》，首都经济贸易大学出版社，2016，第120页。
② 〔苏〕M. 巴赫金：《陀思妥耶夫斯基诗学问题》，白春仁、顾亚铃译，三联书店，1988，第184页。

种生活。人们无处躲避它，因为狂欢节没有空间界限。在狂欢节期间，人们只能按照狂欢节的法律生活，亦即按照狂欢节自由的法律生活"。① 北京妙峰山的朝山活动，确实有几分"狂欢节"文化的意味。这种特殊的现象，引发学界的思考与探究，吴效群的《妙峰山庙会：中华封建帝国首都的狂欢节》一文可作参阅。②

三 朝顶进香活动中的香会组织

北京娘娘庙朝顶进香活动中，最引人注目的是香会组织。本章第三节论及东岳庙"掸尘会"时，对香会组织已有所论及。其实碧霞元君信仰本身就是泰山信仰的一部分，妙峰山与东岳庙之间也有着密切的联系。清代香会的朝顶进香活动，往往起点就在东岳庙。现今，妙峰山已建有中国首家香会博物馆。因此，有必要对香会组织做简要探讨。

香会，又称"民间花会"，是一种以信仰为核心形成的社群组织。顾颉刚在《妙峰山》一书中对香会组织的起源有精辟的论述：

> 自从佛教流入，到处塑像立庙。中国人要把旧有的信仰和它对抗，就建设了道教，也是到处塑像立庙。他们把风景好的地方都占据了。游览是人生的乐事，春游更是一种适合人性的要求，这类的情形结合了宗教的信仰，就成了春天的进香，所以南方有"借佛游春"一句谚语。……
>
> 到远处的神佛面前进香既成了风俗，于是固定的"社会"就演化为流动的"社会"。流动的社会有二种：一种是从庙中异神出巡的赛会；一种是结合了许多同地同业的人齐到庙中进香的香会。③

明清时期，北京的香会组织发展迅猛，不过迄今所见最早的记录是立

---

① 〔俄〕M. 巴赫金：《〈弗朗索瓦·拉伯雷的创作与中世纪和文艺复兴时代的民间文化〉导言》，《巴赫金文论选》，佟景韩译，中国社会科学出版社，1996，第102页。
② 吴效群：《妙峰山庙会：中华封建帝国首都的狂欢节》，《民族艺术》2006年第2期。
③ 顾颉刚：《妙峰山的香会》，顾颉刚编著《妙峰山》，上海科学技术文献出版社，2014，第11～12页。

于明嘉靖三十九年的《岱岳行祠善会之记》碑。韩书瑞《北京：公共空间和城市生活（1400~1900）》一书以专章"明末圣会"论述北京的香会组织。① 这些香会组织"通常以寺观庙宇为中心，以村落、街道社区为地域单元组成，有会名、会首、会众、会旗与会规"。② 会首也称香首，是香会的主要组织者与领导者，在庙会期间负责召集会众进香与表演事宜。《帝京景物略》在记载弘仁桥碧霞元君庙会时提及会首的权威性，"先期，香首鸣金号众，众率之，如师，如长令，如诸父兄"。③

香会组织是妙峰山朝顶进香的中坚力量，鼎盛时有400个之多，其自称"为老娘娘当差"。北京的香会大致有两类，即文会与武会，其中又各有会名、会首、会旗、会规等。文会为庙会活动的服务组织，又称"善会"，主要为庙宇与香客提供义务服务，涵盖朝顶进香活动的每一个环节，贯穿庙会始终。这些善会多有行业背景，如"粥茶老会"的参加者往往为各粮店的伙计、运粮的脚夫等；"缝绽老会"则沿途设摊为香客修鞋，为皮匠们组织的善会。武会为各种技艺表演组织，主要从事表演、献艺活动，既娱神，又娱人。妙峰山会规内所承认的武会共有十三档，所谓"开路（耍叉）打先锋，五虎少林紧跟行，门前摆设侠客木（秧歌），中幡抖威风，狮子蹲门分左右。双石头门下行，石锁（挪子）把门挡，杠子把门横。花坛盛美酒，吵子（大镲）音乐响连声。杠箱来进贡，天平称一称。神胆（胯鼓）来蹲底，幡鼓齐动响太平（太平鼓）"。④ 民国初期，又增加了小车会、旱船会、踏车会三档武会。

香会作为妙峰山进香活动的重要组成部分，为妙峰山庙会的发展和繁荣发挥了重要作用。妙峰山香会组织制度严密，成员来源广泛，有虔诚信念和参与热情，是明清时期北京地区宗教民俗活动的典型现象。民国时期，民俗学兴起，妙峰山庙会及香会组织引起学者关注，妙峰山由此有"中国民俗学"发祥地之称。1925年，北京大学研究所国学门的顾颉刚、容庚等人对妙峰山庙会进行了为期3天的民俗考察，相关调查报告在

---

① 参见〔美〕韩书瑞《北京：公共空间和城市生活（1400~1900）》，第248~287页。
② 萧放等：《中国民俗史·明清卷》，人民出版社，2008，第235页。
③ 刘侗、于奕正：《帝京景物略》，第193页。
④ 隋少甫、王作楫：《京都香会话春秋》，北京燕山出版社，2004，第16页。

《京报》（副刊）以《妙峰山进香专号》刊出（共6期），开创了中国民俗学田野调查之先河。1928年，专号上的文章与其他顾颉刚收集的讨论妙峰山进香的文章汇编一起，以《妙峰山》为名，作为国立中山大学语言历史研究所的民俗学丛书之一结集出版。《妙峰山》一书共收录文章29篇，其中最有分量的当数顾颉刚的《妙峰山的香会》，堪称香会研究的典范之作。1929年农历四月初九至十一日，顾颉刚、魏建功等人第二次对妙峰山香会进行考察。其考察文章于1929年7月24日发表在中山大学语言历史研究所主办的《民俗》周刊上，以第69、70期合刊刊出《妙峰山进香调查专号》，共收录文章9篇，附录3篇，照片36幅。① 这些研究成果对碧霞元君信仰进行学术性研究。顾颉刚提及研究之缘起，回忆自身从不知道妙峰山庙会，到了解、研究的过程。② 妙峰山的掌故之中，又多了顾颉刚等人浓墨重彩的一笔。

新中国成立后，妙峰山民间香会组织被取缔，朝顶进香活动一度销声匿迹。20世纪90年代后，门头沟区政府主持重建修复妙峰山碧霞元君庙，妙峰山进香活动有所恢复，北京民间香会组织也重新活跃起来。2006年，石景山古城村秉心圣会被列入北京市第一批非物质文化遗产保护项目。2008年，妙峰山传统民俗庙会被列入《第二批国家级非物质文化遗产名录》。2023年恰逢第三十届妙峰山庙会，来自京津冀的70多支花会队伍到妙峰山朝顶进香，献档表演。

现在的妙峰山庙会又有望成为京西的一大景观，但已与清代民国时期有很大的区别。妙峰山已成为一个旅游景点，妙峰山庙会是在旅游开发的背景下恢复的，它的组织、管理和运营者是旅游部门，庙会的主体已不再是香客。出于吸引游客的需要，庙会的空间被重新塑造，民众组织的民俗活动转化为当地旅游业资源的一部分。香客、游客成为妙峰山庙会的消费群体。为发展京西旅游，门头沟区修建国道和盘山路，香客上山只需几个小时。1996年，山下涧沟村的玉皇庙迁到妙峰山主峰，吸引了一批新的香客，成为妙峰山新的信仰空间。

---

① 魏建功等：《妙峰山进香调查专号》，《民俗》第69、70期合刊，1929年7月24日。
② 参见顾颉刚《妙峰山琐记·序》，奉宽：《妙峰山琐记》。

现今，妙峰山香会组织与传统香会组织比较，在人员构成、组织形制等方面均发生了较大变化。虽然仍然有"某某圣会""某某老会"等传统会名，但大多数为"中老年健身协会""老年同乐队"等新型名称，参与者以中老年人居多。新型的民间花会多由街道、社区居民自发组织，只是效仿传统香会的形式，具有明显的社区型特征。近年来，这种新型花会逐渐增多，成为妙峰山庙会新兴的参与团体，但信仰已不是其存在的主要精神动力。它们在形式与本质上都区别于妙峰山传统香会，既满足社区文化建设的基本需要，又推动妙峰山香会组织多元化的发展趋势，体现出鲜明的群众性、基层性、公益性、自治性特征。① 此外，随着参与者个体观念的转变以及社会的整体变迁，当代妙峰山花会组织为适应新时期的审美需要，在表演中摒弃了许多传统仪式中的禁忌，更加突出花会的娱乐性、表演性，呈现出更为丰富的文化内涵。

第五节 雍和宫看"打鬼"

北京作为古都，与西安、开封、南京相较，多民族的文化色彩尤其浓厚。由于特殊的地理位置，北京成为游牧民族文化与农耕文化交融的地区。多民族的文化融合，构成北京文化的多元化特征，也使得北京的寺观庙宇宗派齐全、类型多样。

佛教在中国大体可分为三大语系，即汉传佛教、藏传佛教与南传上座部佛教。其中汉传佛教的宗派，如禅宗、净土宗、律宗、密宗、天台宗、华严宗等，藏传佛教的宗派，如萨迦派、格鲁派、噶举派等，在北京都有寺庙传教。北京的寺庙累计达上千座，密集分布在各个区域，知名者如报国寺、隆福寺、智化寺、护国寺、法源寺、五塔寺、卧佛寺、大钟寺、戒台寺、云居寺、红螺寺、八大处、雍和宫等。汉传佛教寺庙，其宗教民俗与白云观、东岳庙、碧霞元君庙虽有所区别，但总体上风格类似。就宗教节俗而言，北京汉传佛教寺庙的影响不如道教的白云观、东岳庙等。而藏

---

① 参见李海荣《北京妙峰山香会组织变迁研究》，硕士学位论文，首都师范大学，2005，第30页。

传佛教寺院则不然，围绕其形成的宗教节俗，在北京自成一派，独具特色。本节仅述及藏传佛教寺院，以雍和宫为重点。

一 北京藏传佛教寺院及藏传佛教的发展概况

由于藏传佛教在西藏、蒙古地区的特殊地位，元、明、清三代均对藏传佛教予以尊崇与扶持。藏传佛教寺院是藏传佛教僧侣诵经、居住之地和信徒进行宗教活动的场所，广建寺院成为尊崇藏传佛教及其高僧最有效的方式。北京作为元、明、清三代都城，藏传佛教寺院数量众多，影响深远。

北京的藏传佛教寺院，最初兴建于元代。忽必烈登基后，封藏传佛教萨迦派首领八思巴为国师，后又正式皈依藏传佛教，敕封八思巴为帝师。此后，蒙古后妃、诸王及皇亲贵胄纷纷皈依藏传佛教。元至元八年（1271）忽必烈正式定都大都后，北京的藏传佛教寺院陆续兴建。据统计，元代北京的藏传佛教寺院有10余座，其中最著名且目前保存最完好的是位于元大都平则门（今阜成门）内的大圣寿万安寺，即今妙应寺。妙应寺白塔则由八思巴的弟子尼泊尔人阿尼哥主持修建。

明朝出于政治需要，同样尊崇藏传佛教，但并不独尊萨迦派，对各派僧侣"广行诏谕"。永乐年间，明成祖敕封格鲁派释迦也失为"大慈法王"，并赐其驻锡"第一丛林"大慈恩寺。印度僧人班迪达在京城传法，并进贡五尊金佛和金刚座宝塔的建筑图样，明成祖封其为大国师，并建造真觉寺（今五塔寺）。明宣宗继续尊崇藏传佛教，留住京师的喇嘛越来越多。正统年间，北京专门设有番、汉藏经厂，在番经厂中存放永乐年间从西藏访求的藏文《大藏经》。此后的宪宗、孝宗、武宗都尊崇藏传佛教，敕建寺庙，封赐藏僧。明代北京藏传佛教的寺院有10余座，包括大隆善寺、大慈恩寺、大隆福寺、真觉寺、西域双林寺、兴教寺等。众多的藏传佛教寺院及其僧人，成为明代北京宗教文化的重要组成部分。

明代笔记《帝京景物略》中关于藏传佛教寺院的记载，有《崇国寺》《白塔寺》《真觉寺》《大隆福寺》《西域双林寺》等篇。沈德符《万历野获编》、刘若愚《酌中志》也有关于藏传佛教的记载。综合来看，这些记载体现出明代文人对藏传佛教的两种心态，一为新奇，一为担忧。

新奇者，在于藏传佛教是一种新的宗教派别。在当时大多数人眼中，无论是藏传佛教的寺院还是藏传佛教的仪式，都是一种新鲜事物，因此记载时难免怀有几分猎奇心理。比如《帝京景物略》对西域双林寺佛像的描述：

> （西域双林寺）寺殿所供，折法中三大士，西番变相也。相皆裸而跣，有冠，有裳，有金璎珞，狐、象、狮各出其座下。中金色，勇猛丈夫也，五佛冠。上二，交而杵铃。下二，跌而坐。左右各蓝色，三目，彩眉，耳旁二面，顶累二首，乃髻。首三项腰，各周以髑髅，而带以蛇。左喙鼻耳角，牛也。三十二臂，一十六足，中二手交，把髑髅半额，而铲取其脑。其三十手所执械：号者，旗幡鼓铃焉；御者，牌金火轮焉；缚者，绳；击者，棰杵；杀者，刀、叉、枪、剑、铁、钺、弓矢焉。其所执残身头手足肉骨，血淋淋皆新。其有陈者，髑髅也。足左踏皆若凤，右踏皆若马。各有人金冠合掌，腰腹承之，其一人两手拍捧而悲也。右，魔王鬼神像也。其耳环，一十八臂而四足，手二交而托，十四仰而托，托皆葛巴刺碗。左之碗，盛菩萨，右盛虎、狮、象、驼、犀、海马、三色焉。葛巴刺碗者，解顶颅骨而金络，瓣棱尖如莲房也。足踏人四色，前仰后伏之。殿壁所遍绘，亦十方如来，示现忿怒尊者像也。有鞯人革，其面爪趾宛然者。有倒络人首而为缨，蹬髑髅口而为镫者。有载人面首，若猎而狐兔雉累者。有尸三刃穿，有载三首贯者。有方啖人半身，而披发垂于吻者。其计令瞻而众怖，思而猛省欤？忿怒变像，乌斯藏每贡之，曰马哈剌佛。①

西域双林寺供奉的"西天梵像"，面目狰狞，形容可怖，文章读来有身临其境之感。这是明代文献之中，记载喇嘛造像最为详细的文字。

刘若愚《酌中志》"内府衙门识掌"对"番经厂"的记载，则体现出对藏传佛教仪式的好奇：

---

① 刘侗、于奕正：《帝京景物略》，第 301~302 页。

番经厂 习念西方梵呗经咒，宫中英华殿所供西番佛像，皆陈设近侍司其香火。其隆德殿、钦安殿香火，亦各有司也。凡做好事，则悬挂幡榜。惟此厂仍立监斋神于门傍。本厂内官皆戴番僧帽，穿红袍黄领黄护腰，一永日或三昼夜圆满。万历时，每遇八月中旬神庙万寿圣节，番经厂虽在英华殿，然地方狭隘，须于隆德殿大门之内跳步叱。而执经诵梵呗者十余人；妆韦驮像，合掌捧杵，向北立者一人；御马监等衙门捧活牛黑犬围侍者十余人。而学番经、跳步叱者数十人，而各戴方顶笠，穿五色大袖袍，身被缨络。一人在前吹大法螺，一人在后执大锣，余皆左持有柄圆鼓，右执弯槌，齐击之。缓急疏密，各有节奏。按五色方位，鱼贯而进，视五色伞盖下诵经者以进退若舞焉，跳三四个时辰方毕。监斋神者，傀儡体制法，真盔甲器械，高与人等，如门神焉，而黑面竖发，威灵可怖。于本殿宫门安之，做法事毕，即收于本殿库中。①

从上述记载可知，紫禁城内英华殿、隆德殿、钦安殿都供奉有西番佛像，隆德殿内在万寿圣节时有"跳步叱"（又称"跳布扎"）活动，即下文所述"打鬼"。刘若愚详细描述明代宫廷喇嘛"打鬼"的仪式，新奇之余，不免觉得"黑面竖发，威灵可怖"。

担忧者，则体现在朝臣对藏传佛教的难以接受，以及对帝王滥崇藏传佛教的惶恐。《帝京景物略》对大隆福寺的记载，夹杂着几则与寺院相关的掌故：

景泰四年，寺成，皇帝择日临幸，已凤驾除道，国子监监生杨浩疏言，不可事夷狄之鬼。礼部仪制司郎中章纶疏言，不可临非圣之地。皇帝览疏，即日罢幸，敕都民观。缁素集次。忽一西番回回蹒跚舞上殿，斧二僧，伤旁四人。执得，下法司，鞫所繇，曰："轮藏殿中，三四缠头像，眉棱鼻梁，是我国人，嗟同类苦辛，恨僧匠讥诮，

---

① 刘若愚：《酌中志》，《明代笔记小说大观》第 4 册，第 3011 页。

因仇杀之。"狱上,回回抵罪。①

隆福寺建于明景泰三年（1452），为皇家香火院。隆福寺费数十万钱，建筑极尽奢华，可以说是景宗朝佞佛的见证。上述引文中的第一则掌故，是关于臣子对景宗的劝谏，隆福寺建成后，景宗准备"择日临幸"，国子监监生杨浩劝谏景宗"不可事夷狄之鬼"，礼部仪制司郎中章纶则劝谏景宗"不可临非圣之地"。这两句谏言，有点唐代韩愈《论佛骨表》的意味。虽然"夷狄之鬼"并非仅指喇嘛佛像，但隆福寺在明代是京城唯一的"番"（喇嘛）、"禅"（和尚）同驻的寺院（清代成为完全的藏传佛教寺院），"夷狄之鬼"自然隐含了作者的宗教认识。而第二则"西番回回"伤人事件，则也表明隆福寺中"番""禅"并未达到"共处"的和谐状态。

沈德符《万历野获编》有多处关于"番僧"的记载，甚至有称"妖僧"者：

> 宪宗登极，辅臣李贤谏曰："高皇帝祖训，明著有寺院烧香降香之禁，违者并领送人处死。近传番僧入内诵经，至晚乃出，又有非奉圣旨传送银物于寺观者，乞明禁以严宫禁。"上优诏答曰："祖训敢不祗率。"武宗登极，礼卿张昇谏曰："近闻真人陈应循、西番国师那卜坚参等，各率其徒，假以祓除荐扬，数入乾清宫几筵前，肆无避忌，京师无不骇愕，请执诸人，革去名号，追其赏赐印诰，斥逐发遣。"上允其言，一一查革，并追所赐玉带诸物，令有敢夤缘出入宫禁者并罪之，其严于祖训如此。然成化之中年，已为妖僧继晓建大永昌寺，上亲临幸之；正德之中年，造万寿寺于禁苑，上身与番僧呗诵其中。②

番僧之号凡数等，最贵曰大慈法王，曰西天佛子，次曰大国师，曰国师，曰禅师，曰都纲，曰剌麻。宣宗末年，入居京师各寺者最

---

① 刘侗、于奕正：《帝京景物略》，第70页。
② 沈德符：《万历野获编》，《明代笔记小说大观》第3册，第2618页。

盛，至正统初，遣回本处者至六百九十一人。既而礼部尚书胡濙再请，汰其四百五十人以闻，上命法王佛子不动，余者去住听其自裁。盖此辈于光禄寺日给酒馔牲廪，有日支二次三次者，此外又别支廪给。当宣德年间，其冗食如故，英宗初政，亦未能尽革去。①

明代中后期，宣宗、宪宗、孝宗、武宗等都尊崇藏传佛教，武宗甚至把藏传佛教寺院建在皇宫中，并自称"大庆法王"。皇室崇信藏传佛教让大臣深感忧虑，沈德符甚至感慨："英、孝二祖，一张一弛，本朝圣主，尚不免溺此教，以贻新朝之补救，况后圣耶？"②

藏传佛教在北京大范围传播，主要在清代。清朝入主中原、定鼎北京之后，基本沿用元明两朝的治藏政策，同时也基于自身信仰需要，对藏传佛教特别是格鲁派非常尊崇，许多格鲁派领袖和高僧大德纷纷进京朝觐，进行佛事活动。有清一代，北京藏传佛教寺院规模空前，仅由理藩院管理的官署寺庙就有32座，其余寺庙20余座。③理藩院管理的官署寺庙包括弘仁寺、嵩祝寺、福佑寺、妙应寺、梵香寺、大隆善护国寺、嘛哈噶喇寺、长泰寺、慈度寺、大清古刹（察罕喇嘛庙）、西黄寺（清净化城）、汇宗梵宇（达赖喇嘛庙）、东黄寺（普净禅林）、普度寺、普胜寺、慧照寺、化成寺、隆福寺、净住寺、三宝寺、三佛寺、圣化寺、慈佑寺、永慕寺、大正觉寺、崇福寺、雍和宫、宝谛寺、正觉寺（新正觉寺）、功德寺等。1928年，在北京寺庙登记数据中，蒙藏事务管理委员会代理申报的寺庙共计37座，另外雍和宫等7座寺庙单独申报，两项共计44座。④

雍和宫是清代北京最大的藏传佛教寺院之一。雍和宫曾是雍正为王爷时的府邸，也是乾隆的出生与成长地。乾隆九年（1744），下旨将雍和宫改建为藏传佛教寺院。乾隆四十四年，为迎接六世班禅进京，又建造了班禅楼和戒台楼。至此，雍和宫的建筑规模基本确立。其殿宇宏伟，俨如皇

---

① 沈德符：《万历野获编》，《明代笔记小说大观》第3册，第2619页。
② 沈德符：《万历野获编》，《明代笔记小说大观》第3册，第2618页。
③ 学界对清代藏传佛教寺院的研究成果不少，如马佳《清代北京藏传佛教寺院研究》，硕士学位论文，西北民族大学，2006；张新宇《清代北京藏传佛寺修建史事与修缮制度杂考》，硕士学位论文，中央民族大学，2010。
④ 参见北京市档案馆民政局档案全宗J3，目录1，案卷260中。

宫，庙中佛像甚多，尤以欢喜佛及旃檀大佛著称。殿中碑联匾额，多出自乾隆御笔。

清代，藏传佛教的法事活动或节日成为北京民俗活动的组成部分。清代笔记对藏传佛教寺院的记述，可见于对寺庙宗教节俗活动的记载。

二 藏传佛教寺院"打鬼"仪式

藏传佛教寺院一般都举行法会，其高潮则是法会最后两天举行的"跳布扎"，即"金刚驱魔神舞"，俗称"打鬼"。"跳布扎"，在明代刘若愚《酌中志》中就有所记载。清代北京藏传佛教寺院内的"跳布扎"仪式据传系康熙年间由西藏传入。"跳布扎"，蒙语称"查玛"，源于藏传佛教的"羌姆"。而无论"羌姆"、"查玛"或"跳布扎"，皆藏语"跳舞"之译音，意为有步骤的舞蹈，汉语为"金刚驱魔神舞"。"打鬼"一词是北京地区对藏传佛教寺院这一仪式的俗称。

公元8世纪，印度高僧莲花生应邀到西藏弘扬印度佛教。西藏地区本来信仰苯教，因此民众普遍不接受印度佛教。莲花生将印度佛教与西藏苯教相融合，既符合藏族的信仰习惯，又实现印度佛教中国化的传播。"跳布扎"正是在此背景下孕育而生。"跳布扎"以印度佛教中的"金刚舞"为基础，吸收苯教仪式中的面具舞、藏族古鼓舞以及民间舞蹈，同时又结合藏传密教的仪轨，把表演同修行融为一体，其仪式目的是驱魔逐鬼、祈愿和平与吉祥。①

清代藏传佛教寺院基本上都会例演这种大型宗教乐舞，只是日期不同，故当时京城流传"一年三百六十天，天天在打鬼"的说法。《帝京岁时纪胜》记载正月初八弘仁寺"打鬼"情形：

（正月）初八日弘仁寺打鬼。其制：以长教喇嘛披黄锦衣，乘车持钵，诸侍从各执仪仗法器拥护；又以小番僧名班第者，衣彩胄，戴黑白头盔，手执彩棒，随意挥洒白沙；前以鼓吹导引，众番僧执曲

---

① 参见于洪《喇嘛打鬼——雍和宫金刚神舞变迁》，《文史知识》2008年第12期。

锤、柄鼓，鸣锣吹角，演念经文，绕寺周匝，迎祥驱祟。①

弘仁寺建于康熙五年（1666），因供奉旃檀佛像（释迦牟尼立像），又名旃檀寺，藏语为"大悲寺"。这尊旃檀佛像通常被认为是金人于1127年从北宋京城开封搬来的皇家珍宝，进入弘仁寺之前先后被收藏在北京六座不同的寺庙中。弘仁寺于1900年毁于义和团运动，旃檀佛像也不知所踪。

《燕京岁时记》载："打鬼日期，黄寺在十五日，黑寺在二十三日，雍和宫在三十日。"② 黑寺有前后之分，前黑寺即慈度寺，后黑寺即察罕喇嘛庙，因覆以黑瓦，故俗称"黑寺"。黄寺有东西之分，东黄寺即普净禅林，西黄寺即清净化城。格鲁派僧人着黄袍、戴黄帽，又称黄教，黄寺因此得名。黑寺、黄寺都是北京有名的藏传佛教寺院。《京华春梦录》载："每届上元节序，（黄寺）各喇嘛演习舞蹈，或戴面具，或击鼗乐，牛鬼蛇神聚在一堂，口唱番歌，似有节奏，名曰'打鬼'，能辟不祥。是日万人空巷，裙屐杂沓。"③《东华琐录》记载："黄、黑寺皆有跳布扎之举，金刚力士，天龙夜叉，奉白伞盖佛以游巡。先有黑面如进宝回之状，乃白骷髅二人，或四人，到处鞭辟，有傩之遗意焉。每岁正月，黄寺十三日，黑寺十五日，雍和宫二十一日，旃坛寺初六日。绣衣面具，皆由内制，王公大臣，朝服临之，虽近儿戏，典至重也。"④

"打鬼"仪式，尤以雍和宫规模最大，也最隆重。雍和宫每年正月二十三日至二月初一举行"大愿法会"。"打鬼"时间为农历正月二十九日、三十日和二月初一。每年正月，二十三日开始诵经，二十九日"演鬼"，三十日"打鬼"。"打鬼"仪式开始前，一般由雍和宫管理内部宗教事务的札萨克达喇嘛行文"喇嘛印务处"，再经"喇嘛印务处"通知各寺院派僧人到雍和宫练习，名曰"过排"，即第一日的"排练"。⑤ 第二日为正

---

① 潘荣陛：《帝京岁时纪胜》，《燕京岁时记》（外六种），第31~32页。
② 富察敦崇：《燕京岁时记》，《燕京岁时记》（外六种），第71页。
③ 陈莲痕：《京华春梦录》，转引自李家瑞编《北平岁时征》，第86页。
④ 沈太侔：《东华琐录》，转引自李家瑞编《北平岁时征》，第86页。
⑤ 参见于洪《喇嘛打鬼——雍和宫金刚神舞变迁》，《文史知识》2008年第12期。

式日，70余名训练有素的喇嘛披金甲，着锦衣，头戴鬼神面具，执剑摇铃，跳"金刚驱魔神舞"。第三日为"绕寺"，也叫"转寺"，意在"清乡安民"，唯恐"魔王"党羽隐匿民间。因"排练"和"绕寺"的时间太早，较少有人观看。只有"打鬼"正日，观者如潮。

关于"打鬼"仪式，《京都风俗志》《燕京岁时记》等书有记载，但都比较简略。如《燕京岁时记》载："打鬼本西域佛法，并非怪异，即古者九门观傩之遗风，亦所以禳除不祥也。每至打鬼，各喇嘛僧等扮演诸天神将，以驱逐邪魔。都人观者甚众，有万家空巷之风。朝廷重佛法，特遣一散秩大臣以临之，亦圣人朝服阼阶之命意。"[1]

乾隆时期，汪启淑《水曹清暇录》对"打鬼"仪式则描述详细：

> 喇嘛打鬼者，即古乡人傩之意耳。……打鬼，喇嘛话曰部勺，每岁打鬼有数次。是日喇嘛庙中，殿上燃灯数百盏，竖大旗于殿之四角，旗画四天王像。命戳由巴鸣金传执事者齐集，设大喇嘛座于殿之东，朝尔吉以下皆列坐。一喇嘛，名茶勃勒气，散净水于众喇嘛手上，名曰打净。几案上设胡郎八令，盖以醍醐拌面，像人兽形，以供鬼食，左右二甲士监之。甲士以帛束口，防人气触八令上，则鬼不食耳。班第装二鬼跳跃，一夜叉侧睨之，向其一呼，则潜匿诸喇嘛队，撒面以眯人眼。殿上随吹钢冻，其声甚惨。钢冻者，以人骨为之，似籥篴类。诸乐器皆奏，大钹柄鼓，声震屋宇。哈尔素十二人，戴假面装天神天将，双双跳舞，出殿庭而下。又哈楞十人，装十地菩萨，花帽锦衣，继之洋洋而出，手执天灵盖碗、髑髅棒、叉杵等物。旁立喇嘛数百人，各持鼓钹敲击，鼓钹之疾徐随跳舞之节奏。跳讫，温则忒宣开经偈，众喇嘛朗诵秘密神咒，吽声如雷，铃声如雨，喇木占巴以胡郎八令掷于地，二喇嘛装牛鹿假面，持刀斫地，作杀鬼之状。一喇嘛戎装持方天戟，吐火吞刀，云有神附于身。观者皆膜拜，奉界单于神，以问休咎。界单者，绢巾也，又名哈塔。跳舞毕，哈由巴以糖一

---

[1] 富察敦崇：《燕京岁时记》，《燕京岁时记》（外六种），第71页。

钵候于户外，抹众喇嘛之口，而打鬼佛事终焉。①

依照汪启淑所记，读者完全可以在脑中还原当时"打鬼"的详细情形。

"打鬼"逐渐成为京师新春习俗之一，与京城庙会开始融合。《京都风俗志》载："廿三日，德胜门外土城关东北慈度寺，俗呼黑寺，黄衣番僧诵经送祟，谓之'打鬼'。城中男女出郭争观，寺前教场，游人蚁聚云屯。又有买卖赶趁，香茶食果，及彩妆傀儡，纸鸢竹马，串鼓蝴蝶，琐碎戏具，以诱悦童曹者，在在成市。"②

清末，雍和宫逐渐失去清廷的财力支持，僧人生计日渐艰难，仅靠微薄的门票收入和功德钱维持基本运转，但"打鬼"活动仍然持续进行。清末《点石斋画报》刊登过一幅京城喇嘛"打鬼驱灾"图，并配有文字说明，可知此风绵延至清末仍未衰减。民国初期的"打鬼"，由蒙藏院具体承办，基本上沿袭清制，从内容上讲，与清初相比并无太多变化，而仪式却逐年从简。

新中国成立后，雍和宫组织过几次"打鬼"，主要是祈祷风调雨顺、国泰民安，同时交流各民族的舞蹈艺术。其中尤以1957年的规模最大。据一些目睹过当时雍和宫"打鬼"的老人回忆，那一年正逢北京下大雪，但仍有许多人冒着严寒赶来观看。后来，"打鬼"一度中断。至1984年，从辽宁省阜新蒙古族自治县瑞应寺聘请高僧高尼根加布为雍和宫僧人传授此舞。1987年，雍和宫举行大愿祈祷法会，同时恢复"跳布扎"，"法舞"得以在雍和宫重现。现在，雍和宫的大愿法会在每年正月二十九日至三十一日举行，其中以二十九日最热闹。清代的"跳布扎"神舞共分十三幕，按照舞者所戴面具的特点，分别为跳白鬼、跳黑鬼、跳螺神、跳蝶神、跳金刚、跳星神、跳天王、跳护法神、跳白救度母、跳绿救度母、跳弥勒、斩鬼、送祟。如今简化为八幕：绿度母、吉祥天母、永保护法、阿杂日、跳白鬼、地狱主、尸陀林、牛鹿。③ 二月初一清晨，雍和宫还举行"绕寺"活动。

---

① 汪启淑：《水曹清暇录》，北京古籍出版社，1998，第98~99页。
② 让廉：《京都风俗志》，转引自李家瑞编《北平岁时征》，第85页。
③ 参见于洪《喇嘛打鬼——雍和宫金刚神舞变迁》，《文史知识》2008年第12期。

较之白云观"会神仙"与东岳庙"掸尘会",雍和宫"打鬼"仪式较为完整地保存下来。只是如今的雍和宫节庆活动少了些喧嚣,多了一分宗教场所的肃穆与庄严。"打鬼""跳布扎"这些字眼逐渐被"金刚驱魔神舞"替代。然而,通过"打鬼"仪式,祈求平安与吉祥的初衷却贯穿始终,经久不衰。现今的雍和宫法舞,除原有的宗教意义外,还赋予"神舞"为中国人民和世界人民"祈祷和平,祈祷幸福"的新含义。

三 藏传佛教寺院的政治功能及民俗影响

清廷大力扶植藏传佛教,以达到"怀柔抚远"的政治教化目的。韩书瑞认为:"清朝对这些喇嘛和藏传佛教寺院的捐助是一件重要的国家大事,使得内亚世界在精神上和政治上把清朝作为中心。"① 藏传佛教寺院这种"怀柔抚远"的政治教化功能,在雍和宫一例上体现得尤其明显。同时,以雍和宫为代表的藏传佛教寺院,对清代政治及北京民俗文化产生了深远的影响。

雍和宫不仅是北京著名的藏传佛教寺院,也是清廷管理全国藏传佛教事务的中心,承担政治和宗教的双重功能。雍和宫不同于一般的北京寺庙,它是国家礼制建筑——"九坛八庙"中的一员,因此《旧都文物略》将其归入"坛庙"类。乾隆九年,"自雍和宫施为黄教喇嘛寺院,额定喇嘛三百余人,皆选自蒙古各旗。其掌教之堪布,则皆自西藏达赖喇嘛所遣派"。② 雍和宫一跃成为京师地区藏传佛教的活动中心。雍和宫设立有行政和宗教两级管理体制。在行政上,雍和宫设有"中正殿管理喇嘛念经处",直属理藩院。在宗教上,雍和宫设有两套机构:一套负责管理北京、东西陵、热河、五台山等各藏传佛教寺院的工作;一套专门管理雍和宫内部的宗教事务。雍和宫是全国最大的藏传佛教传播中心之一,培养了众多高僧。雍和宫的历届堪布大多受清廷委派,充当中央和地方联络的使者,为安定西藏、促进民族团结发挥了重要作用。

清朝尊崇藏传佛教,也制定了西藏地区喇嘛和贵族年例进京朝贡制

---

① 〔美〕韩书瑞:《北京:公共空间和城市生活(1400~1900)》,第390页。
② 释妙舟:《蒙藏佛教史》,广陵书社,2009,第258页。

度，雍和宫等藏传佛教寺院往往成为朝贡的喇嘛和贵族的居处。乾隆四十四年六月，六世班禅率领三大寺堪布、高僧百余人及护送僧俗官代表2000多人，从西藏日喀则扎什伦布寺启程，于次年七月二十一日到达承德避暑山庄，为乾隆庆祝七十大寿，之后抵京驻锡西黄寺。在京期间，六世班禅在雍和宫居住20多天，进行了一系列宗教活动，如亲临雍和宫大法会、为乾隆讲经等。乾隆四十五年，六世班禅于西黄寺内圆寂，乾隆亲临凭吊，并于西黄寺西侧敕建清净化城塔及清净化城塔院，以作纪念。

明清时期，藏蒙各地普遍流行"活佛转世"制度。各地"活佛"，多依附藏、蒙贵族之家。由"活佛"引发的争斗，难以平息。为消除人为选定"活佛转世"的不利影响，乾隆采取"金瓶掣签"决定活佛转世灵童的制度。乾隆下令于拉萨大昭寺和北京雍和宫各设一个"金奔巴"（"奔巴"藏语意为"瓶"），达赖、班禅及其他重要宗教领袖，其"转世灵童"名录均置于金瓶内，由拉萨大昭寺和北京雍和宫两地掣签决定，最后报中央政府批准确定。为此，乾隆特撰写《喇嘛说》，用满、汉、藏、蒙四种文字刻石立碑于雍和宫殿前。《喇嘛说》明确表示，藏传佛教是"治国定边，安众蒙藏"之法宝。"金瓶掣签"制度的实行，避免了藏、蒙贵族之间矛盾激化，有利于社会稳定，同时也是中央政府对西藏、蒙古地区进行地方管辖的一种体现。

藏传佛教寺院在发挥国家宣教功能、促进民族团结的同时，其宗教习俗也逐渐融入北京民俗文化之中，对北京民众的日常生活产生了深远的影响。明代笔记往往称喇嘛为"番僧"，对喇嘛造像甚感新奇与畏惧，对帝王崇信藏传佛教多感不安。清代笔记将藏传佛教视为一种宗教，认为其"打鬼"仪式有上古之遗风。所谓"打鬼本西域佛法，并非怪异，即古者九门观傩之遗风，亦所以禳除不祥也"。[①] 笔记中文字著述的变化，传达出藏传佛教由明入清在北京的不同传播状况。

明清时期，由藏传佛教寺院组织的佛事活动，逐渐融入北京民众的岁时生活之中。明代，最突出的是"绕塔"习俗。妙应寺白塔是北京最早的喇嘛塔，也是中国现存年代最早、规模最大的喇嘛塔。至迟在明万历年

[①] 富察敦崇：《燕京岁时记》，《燕京岁时记》（外六种），第71页。

间，妙应寺"绕塔"在北京已颇有影响。《帝京景物略》记载："岁元旦，士女绕塔，履屟相躔，至灯市盛乃歇。"① 在新年活动中，北京民众正月初一至十五，习惯到白塔寺"绕塔"祈福。此俗延续到清代，光绪《顺天府志》载："旦至三日，男女于白塔寺绕塔。"在清代，喇嘛塔又增加了"燃灯"习俗：

> 太液池之阳，有白塔，为永安寺。岁之十月廿五日，自山下燃灯至塔顶，灯光罗列，恍如星斗。诸内侍黄衣喇嘛执经梵呗，吹大法螺；余者左持有柄圆鼓，右执弯槌齐击之，缓急疏密，各有节奏，更余乃休，以祈福也。②

清代，雍和宫除"打鬼"仪式外，腊月初八的"舍粥"也是其重要的佛事活动。《燕京岁时记》载："雍和宫喇嘛于初八日夜内熬粥供佛，特派大臣监视，以昭诚敬。其粥锅之大，可容数十石米。"③ 雍和宫的腊八粥不仅用于供佛祭祖、敬献皇室，还要分赏王公大臣，施舍进香百姓。雍和宫"舍粥"超过一般意义上的佛事活动，成为北京上自皇家贵胄下至寻常百姓喜爱的年节活动之一。寺庙的"舍粥"延展至民间，形成"腊八"习俗：

> 腊月八日为王侯腊，家家煮果粥。皆于预日拣簸米豆，以百果雕作人物像生花式。三更煮粥成，祀家堂门灶陇亩，阖家聚食，馈送亲邻，为腊八粥。④

至今，老北京人还保留有腊月初八熬腊八粥分赠亲友的习俗。

此外，藏香、请"喇嘛经"，也开始进入北京的富贵之家：

---

① 刘侗、于奕正：《帝京景物略》，第272页。
② 潘荣陛：《帝京岁时纪胜》，《燕京岁时记》（外六种），第57页。
③ 富察敦崇：《燕京岁时记》，《燕京岁时记》（外六种），第114页。
④ 潘荣陛：《帝京岁时纪胜》，《燕京岁时记》（外六种），第60页。

第二章 芸芸众生与寺观庙宇

所谓藏香,乃西藏所制。其味浓厚,得沉檀芸降之全。每届岁除,府第朱门,焚之彻夜,檐牙屋角,触鼻芬芳,真香中之富贵者也。①

在北平有钱的人家办丧事,请一棚"喇嘛经"。在送"楼库"时,您瞧喇嘛所吹的这一根喇叭,足有丈把长,前边用一个人,抬着喇叭筒子,吹起来喔喔的,像大火轮的汽笛。黄袈裟、黄靴子、黄喇叭,紫红紫红的脸,好德行啦!②

藏传佛教在北京宗教史、文化史、民族史、民俗史上都留下了浓墨重彩的一笔,值得后世研究。

---

① 富察敦崇:《燕京岁时记》,《燕京岁时记》(外六种),第118页。
② 陈鸿年:《北平风物》,九州出版社,2016,第144页。

第三章　休闲娱乐与山水园林

山水园林是北京城的一道美丽风景，也是北京文化的重要组成部分。元明清时期，中国的园林艺术进入兴盛期，形成皇家园林、私家园林、寺观园林、衙署园林、会馆园林、公共风景园林等不同的园林类别。北京作为元明清的都城，曾经名园迭出，蔚为大观。虽然大量的私家园林、寺观园林等已难觅踪迹，但留存的皇家园林如圆明园、颐和园等，至今仍在北京民众的休闲文化生活中占据重要地位。明清时期，皇家御园、私家园林属于私人空间，寻常百姓无法涉足，但寺观园林、公共风景园林在一定程度上满足了民众的需求，成为难得的公共休闲娱乐空间。

明清笔记及长篇章回小说，对北京的山水园林描述详细，从中可窥见当时北京的园林胜景。本章以晚明笔记《帝京景物略》、清代乾隆年间的长篇章回小说《红楼梦》及晚清长篇章回小说《红楼梦隐》为中心，探究明清时期北京城的私家园林、公共风景园林与皇家园林之概貌，进而体察此时期的造园艺术与园林文化。

第一节　《帝京景物略》与明代北京园林

关于北京的山水园林，有诸多文献可供查阅，成书于晚明的《帝京景物略》可谓其中翘楚，书中关于明代北京山水园林的记载，是研究明清园林文化的重要史料。[1] 清代以后的相关著述，大多参考此书。《帝京景物略》著录的北京园林，包括私家园林、寺观园林、山水景观园林及个别皇家园林（南海子）。鉴于本书第二章对寺观庙宇已有专门论述，本节则着重考察私家园林与山水景观园林。

---

[1] 参见刘永安《〈帝京景物略〉的园林研究》，硕士学位论文，天津大学，2011。

一 明代北京私家园林

关于北京的私家园林，最早的记载见于辽代，其在元代已蔚然成风。① 元大都城东、南、西郊都有私家园林，以西南郊为盛。孙承泽《天府广记》载："今右安门外西南，泉源涌出，为草桥河，接连丰台，为京师养花之所。元人廉左丞之万柳园、赵参谋之鲍瓜亭、栗院使之玩芳亭、张九思之遂初堂，皆在于此。"②

明永乐帝迁都，大批官员北上，定居北京，开始经营府邸园林。"彼时开国之始，风气淳厚，上下恬熙，官于密勿者多至二三十年，少亦十余年，故或赐第长安，或自置园圃，率以家视之，不敢蘧庐一官也。"③ 同时，随着政治中心北移，商人、举子纷纷拥入北京。稍有财力者，开始在北京寻找风光怡人之处居住。至万历年间，世风日奢，北京私家造园之风大盛，故沈德符《万历野获编》称："其余贵家苑囿甚夥，……盖太平既久，但能点缀京华，即佳事也。"④ 万历年间，私家园林已遍布京城内及西郊、南郊等地，故民国学者傅芸子有"旧京园林，盛于朱明"之说。⑤

《帝京景物略》单独以"园"命名的共8篇，即定国公园、英国公新园、英国公家园、成国公园、宜园、曲水园、李皇亲新园、惠安伯园。其他虽未以"园"命名，但实为园林者，如"白石庄""钓鱼台"。还有诸多园林著录于山水景观之条，如"水关""海淀"等。该书"略例"云："园林寺院，有名称著而骈列以地，如静业寺、莲花庵之附水关，李园、米园之附海淀者。有名称隐而特标著之，如水关之太师圃、卧佛之水尽头者。"⑥ 关于园林的名称，作者在书中也有特别说明，如《钓鱼台》篇，特别提及"近都邑而一流泉，古今园亭之矣。一园亭主，易一园亭名，泉流不易也。园亭有名，里井人俗传之，传其初者。主人有名，荐绅先生雅传之，传其著者。泉流则自传。偶一日园亭主，慎善主之，名听土人，

---

① 参见贾珺《元明时期的北京私家园林》，《华中建筑》2007年第4期。
② 孙承泽：《天府广记》，第562页。
③ 孙承泽：《天府广记》，第566页。
④ 沈德符：《万历野获编》，《明代笔记小说大观》第3册，第2539页。
⑤ 傅芸子：《半亩园之宜修葺》，《故都旬刊》第1卷第2期，1946年。
⑥ 刘侗、于奕正：《帝京景物略》，"略例"，第3页。

游听游者"。① 此外，《帝京景物略》还附录大量明代文人吟咏北京园林之作，仅"玉泉山"一处就附有吟咏诗作 78 首。在诸多园林著述中，《帝京景物略》虽不如《洛阳名园记》专记园林，但在中国古典园林史研究上仍占据重要地位。如缺失《帝京景物略》的记载，"旧京园林，盛于朱明"则流于空谈，北京园林文化记忆也将失去色彩。

根据《帝京景物略》，可以勾勒出明代北京园林分布图。当时私家园林几乎遍布京城内外，"城北内外""城东内外""城南内外""西城外"，名园频出，各领风骚。水是造园的主要元素，《帝京景物略·泡子河》载："京城贵水泉而尊称之。里也，海之矣；顷也，湖之矣；亩也，河之矣。"② 无论内城还是外城，北京的私家园林皆依水景而建。水景地，聚集成园林区。

"城北内外"的园林主要在"水关"（今什刹海地区）。"水关"一带水域面积广阔，是城内除西苑三海之外面积最大的水域，又称"后三海"。此地颇似《园冶》中所说的"江湖地"，引水方便，近景远景绝佳，还可以四面借景，层次丰富，因而成为城内园林最集中的区域。英国公新园，即选址于此。"崇祯癸酉岁深冬，英国公乘冰床，渡北湖，过银锭桥之观音庵，立地一望而大惊，急买庵地之半，园之。"③ "水关"一带名园众多，盛极一时：

> 沿水而刹者、墅者、亭者，因水也，水亦因之。梵各钟磬，亭墅各声歌，而致乃在遥见遥闻，隔水相赏。立净业寺门，目存水南。坐太师圃、晾马厂、镜园、莲花庵、刘茂才园，目存水北。东望之，方园也，宜夕。西望之，漫园、湜园、杨园、王园也，望西山，宜朝。深深之太平庵、虾菜亭、莲花社，远远之金刚寺、兴德寺，或辞众眺，或谢群游矣。④

---

① 刘侗、于奕正：《帝京景物略》，第 313 页。
② 刘侗、于奕正：《帝京景物略》，第 80 页。
③ 刘侗、于奕正：《帝京景物略》，第 48 页。
④ 刘侗、于奕正：《帝京景物略》，第 27~28 页。

第三章 休闲娱乐与山水园林

此处《帝京景物略》重点描述的私家园林有定国公园（太师圃）、英国公新园、英国公家园。

"城东内外"泡子河一带亦为园林荟萃之地。《帝京景物略》载："崇文门东城角，洼然一水，泡子河也。积潦耳，盖不可河而河名。东西亦堤岸，岸亦园亭，堤亦林木，水亦芦荻，芦荻下上亦鱼鸟。南之岸，方家园、张家园、房家园。以房园最，园水多也。北之岸，张家园、傅家东西园。以东园最，园水多，园月多也。路回而石桥，横乎桥而北面焉。中吕公堂，西杨氏泌园，东玉皇阁。水曲通，林交加，夏秋之际，尘亦罕至。"① 泡子河一带园林，至晚明多已废弃，仅存其名。明《燕都游览志》列明代东城诸园："园亭之在东城者曰杨氏园，曰杨舍人泌园，曰张氏陆舟，曰恭顺侯吴国华为园，曰英国公张园，成国公适景园，后归武清李侯，曰万驸马曲水园，曰冉驸马宜园，园故仇鸾所筑，鸾败归成国公，后归于冉。"② 其中最著名者为成国公的适景园、冉驸马的宜园、万驸马的曲水园。《帝京景物略》对这三处园林专门记述，比如"冉驸马宜园，在石大人胡同，其堂三楹，阶墀朗朗，老树森立，堂后有台，而堂与树，交蔽其望。台前有池，仰泉于树杪堂溜也，积潦则水津津，晴定则土"。③

"城南内外"草桥、南海子一带，也是私家园林的主要聚集地。"右安门外南十里草桥，方十里，皆泉也。……草桥去丰台十里，中多亭馆，亭馆多于水频圃中。而元廉希宪之万柳堂，赵参谋之鲍瓜亭，栗院使之玩芳亭，要在弥望间，无址无基，莫名其处。"④ 草桥一带，泉水丰沛，湖泊罗布，是营造园林的佳处。不过在晚明时期，此处的名园就已"无址无基，莫名其处"。南海子则在"城南二十里"，"方一百六十里"，属皇家御园，乃元明时期皇室狩猎之处。"城南内外"的私家园林，《帝京景物略》仅描述"李皇亲新园"，其虽为私家园林，但"园也，渔市城村致矣"，身处园内，却能欣赏一派集市景致。

"西城外"高梁桥、海淀一带也是园林聚集之所。此处有玉泉山和万

---

① 刘侗、于奕正：《帝京景物略》，第80~81页。
② 于敏中主编《日下旧闻考》第3册，第764页。
③ 刘侗、于奕正：《帝京景物略》，第86页。
④ 刘侗、于奕正：《帝京景物略》，第175~176页。

泉河两大水系，水源充足，地域广阔，又有西山之远景，实为造园的绝佳之地。"西城外"的私家园林有白石庄、惠安伯园、李皇亲的清华园、米万钟的勺园等。

明代采取藩王分封制度，诸王成年后于封地就藩，因而北京基本上没有王府园林。在北京营造私人园林者，以外戚、国公及宦官居多，其次则是士大夫、文人、富豪等。《帝京景物略》所记园林，主要是外戚、国公园林，由所载园林名如"定国公园""英国公新园""英国公家园""成国公园""李皇亲新园""惠安伯园"等即可佐证。这也说明，明代北京王公贵胄的私家园林远远超过文人士大夫的。《稗说》记载："定国、成国两公，李、周、田三外家，王、魏、曹、李诸巨珰，皆有家园。第筑于内第，即燕中上大夫亦不得过而流览焉。"① 又云："若城内得胜门之水关，后宰门北湖，其间园圃相望，踞水为胜，率皆勋戚巨珰别墅。"②《稗说》的记述，印证了此说。

明代北京私家园林的两大类型中，前者以武清侯李氏的清华园最为知名，追求富丽恢宏的气势；后者的代表则是米万钟所筑之勺园，追求雅致幽远的意境。因此有"李园壮丽，米园曲折。米园不俗，李园不酸"之评语。有意思的是，这两大园林在《帝京景物略》的目录中难觅踪迹，因为它们都"藏"在《海淀》篇中。

清华园，即《帝京景物略》中的李皇亲园，又叫李园、李戚畹园等，在当时号称"京国第一名园"，极受时人钦羡，有"绮艳绝世"之誉。最早记载清华园的文献是明万历年间蒋一葵的《长安客话》："面阳有贵人别业在焉（都人称李皇亲庄），土木甚盛。"③ 后沈德符在《万历野获编》中载："其地名海淀，颇幽洁，傍有戚畹李武清新构亭馆，大数百亩，穿池叠山，所费已巨万，尚属经始耳。"④《帝京景物略》记载：

（李皇亲园）方十里，正中，抱海堂。堂北亭，置"清雅"二

---

① 宋起凤著，于德源校注《稗说校注》，北京燕山出版社，2020，第207页。
② 宋起凤著，于德源校注《稗说校注》，第206~207页。
③ 蒋一葵：《长安客话》，第69页。
④ 沈德符：《万历野获编》，《明代笔记小说大观》第3册，第2539页。

字，明肃太后手书也。亭一望牡丹，石间之，芍药间之，濒于水则已。飞桥而汀，桥下金鲫，长者五尺，锦片片花影中，惊则火流，饵则霞起。汀而北，一望又荷蕖，望尽而山，剑铓螺蠡，巧诡于山，假山也。维假山，则又自然真山也。山水之际，高楼斯起，楼之上斯台，平看香山，俯看玉泉，两高斯亲，峙若承睫。园中水程十数里，舟莫或不达，屿石百座，槛莫或不周。灵璧、太湖、锦川百计，乔木千计，竹万计，花亿万计，阴莫或不接。①

清华园方圆十里，是一座以水面为主体的大型私家园林。"园中水程十数里，屿石百座"，② 水面以岛、堤分隔为前湖、后湖两部分。"清华园前后重湖，一望漾渺，在都下为名园第一。若以水论，江淮以北亦当第一也。"③ 其主体建筑大体上按南北中轴线呈纵深布置，"挹海堂"为全园风景构图的重心，位于前湖、后湖之间的正中位置。"挹海堂"北侧有"清雅亭"，二者互成对景。后湖之中有一岛屿与南岸架飞桥相连，岛上有"花聚亭"。后湖的北岸堆叠有高大的假山。山水之间建有一座高楼，可于此观赏远处香山、玉泉山景致。④ 李氏是明代外戚世家，贵为皇亲，家世显赫，家资豪富，因此清华园的建造极具恢宏之气。

清康熙年间，清华园破败，于是在此基础上建造了皇家园林——畅春园。1860年，英法联军火烧圆明园时，将畅春园一并烧毁。如今仅残存恩佑寺及恩慕寺两座琉璃山门。

米万钟的勺园，则是北京文人私家园林之冠。米万钟，字仲诏，号友石，世称"友石先生"，祖籍为关中（今陕西），后居京师。米万钟博才多艺，不仅诗文翰墨驰誉天下，而且在琴棋书画以及造园艺术等方面均有较高造诣。他在北京建了三座园林，分别是漫园、湛园与勺园。三座园林皆依水而建，借远山近水，其建筑景观布局、匾额楹联等充分体现了文人

---

① 刘侗、于奕正：《帝京景物略》，第320页。
② 孙承泽：《天府广记》，第574页。
③ 于敏中主编《日下旧闻考》第4册，第1316页。
④ 参见刘永安、刘庭风《〈帝京景物略〉中官宦私家园林代表——清华园的研究》，《建筑与文化》2016年第3期。

追求自然、移情寄兴的生活趣味。勺园是米万钟亲自设计建造,取"海淀之水滥觞一勺"之意。勺园建成后,名动京城。米万钟亲笔为勺园画长卷《勺园修禊图》,呈现了昔日勺园的盛况。

明末清初,勺园日渐荒芜。康熙年间,勺园旧址改为洪雅园。嘉庆年间,改为集贤院,是六部官员往来圆明园上朝时的居所。《啸亭杂录》载:"京师西北隅近海淀,有勺园,为明米万钟所造,结构幽雅。今改集贤院,为六曹卿贰寓直之所。"[1] 英法联军入侵时勺园被毁,现北京大学西侧门以南区域即勺园遗址。

《帝京景物略》对北京私家园林的描述,并不着眼于全局,对一般建筑也不甚关注。不过,对于特色建筑,该书并不吝惜笔墨,如描写李皇亲新园的"梅花亭","入门而堂,其东梅花亭,非梅之以岭以林而中亭也,砌亭朵朵,其为瓣五,曰梅也。镂为门为窗,绘为壁,甃为地,范为器具,皆形以梅。亭三重,曰梅之重瓣也,盖米太仆之漫园有之。亭四望,其影入于北渠,渠一目皆水也。亭如鸥,台如凫,楼如船,桥如鱼龙"。[2]

《帝京景物略》描述最多的,其实是园林中的水景及山石花木。

水,是造园的基本要素。如前所述,北京的园林基本上都聚集于水域宽广之地。北京的私家园林大多为水景园,比如清华园与勺园。清华园与勺园都位于海淀地区,"水所聚曰淀。……淀南五里,丹陵沜。……沜而西,广可舟矣,武清侯李皇亲园之。……园中水程十数里,舟莫或不达,屿石百座,槛莫或不周"。[3] 勺园在造园意境上模仿江南园林,《万历野获编》称:"米仲诏进士园,事模效江南,几如桓温之于刘琨,无所不似。"[4] 勺园充分利用"水"元素,园以水胜。"园仅百亩,一望尽水,长堤大桥,幽亭曲榭,路穷则舟……一望弥际。"[5] 王思任赞美"勺园一勺五湖波,湿尽山云滴绿多"(《题米仲诏勺园》),袁中道则留有"到门惟见水,入室尽疑舟"(《七夕集米仲诏勺园》)的佳句。此外,曲水

---

[1] 昭梿:《啸亭杂录 续录》,《清代笔记小说大观》第5册,第4619页。
[2] 刘侗、于奕正:《帝京景物略》,第152页。
[3] 刘侗、于奕正:《帝京景物略》,第320页。
[4] 沈德符:《万历野获编》,《明代笔记小说大观》第3册,第2539页。
[5] 孙承泽:《天府广记》,第574页。

园,"燕不饶水与竹,而园饶之。水以汲灌,善渟焉,澄且鲜。府第东入,石墙一遭,径迢迢皆竹。竹尽而西,迢迢皆水。曲廊与水而曲,东则亭,西则台,水其中央。滨水又廊,廊一再曲,临水又台,台与室间,松化石攸在也"。① 李皇亲新园,"入其园,园遂以水胜。以舟游,周廊过亭,村暧隍修,巨浸而孤浮"。② 钓鱼台,"堤柳四垂,水四面,一渚中央,渚置一榭,水置一舟,沙汀鸟闲,曲房人邃,藤花一架,水紫一方"。③ 水,为北京园林营造出一派江南园林景致。

好的园林,自然需要花木山石点缀。《帝京景物略》在描述私家园林时,特别注重突出园林的个性特征,而花木山石则是最为突出的元素。比如,清华园"灵璧、太湖、锦川百计,乔木千计,竹万计,花亿万计"。灵璧、太湖、锦川,指安徽宿州的灵璧石、江浙的太湖石以及辽宁锦州的锦川石,此三者都是上佳的园林景石。一句"百计""千计""万计""亿万计",可以引发多少联想。《帝京景物略》在记述成国公园时,实际上通篇都在描述园内的老树:

> 园有三堂,堂皆荫,高柳老榆也。左堂盘松数十科[棵],盘者瘦以矜,干直以壮,性非盘也。右堂池三四亩,堂后一槐,四五百岁矣,身大于屋半间,顶嵯峨若山,花角荣落,迟不及寒暑之候。下叶已兔目鼠耳,上枝未萌也。绿周上,阴老下矣。其质量重远,所灌输然也。数石经横其下,枝轮脉错,若欲状槐之根。树旁有台,台东有阁,榆柳夹而营之,中可以射。踱园出者,其意苍然。④

成国公园的老榆树、松树、槐树颇有特色,而白石庄则以柳树闻名:

> 白石桥北,万驸马庄焉,曰白石庄。庄所取韵皆柳,柳色时变,闲者惊之。声亦时变也,静者省之。春,黄浅而芽,绿浅而眉,深而

---

① 刘侗、于奕正:《帝京景物略》,第96页。
② 刘侗、于奕正:《帝京景物略》,第151~152页。
③ 刘侗、于奕正:《帝京景物略》,第314页。
④ 刘侗、于奕正:《帝京景物略》,第83~84页。

眼。春老,絮而白。夏,丝迢迢以风,阴隆隆以日。秋,叶黄而落,而坠条当当,而霜柯鸣于树。柳溪之中,门临轩对,一松虬,一亭小,立柳中。亭后,台三累,竹一湾,曰爽阁,柳环之。台后,池而荷,桥荷之上,亭桥之西,柳又环之。……南登郁冈亭,俯瞰月池,又柳也。①

白石庄所在的高粱桥地区,"夹岸排植杨柳,风景如画",素以垂柳闻名。高粱桥即西直门外玉河上之石桥。玉河又称长河,至民国时期,仍是"蝉鸣柳荫,不让江南风景"。②《帝京景物略》中的白石庄之所以富有韵致,关键在于"柳","柳韵、柳色、柳形、柳声,以及观柳人因为柳的变化而引起的内心悸动,描摹得如此细腻到位而又如此简练,实属罕见"。③ 如此细致入微写"柳",在明清小品文中亦不多见。

园林中定少不了花卉。李皇亲新园,"绕亭遍梅,廊遍桃、柳、荷蕖、芙蓉"。而惠安园,实乃牡丹园:

>都城牡丹时,无不往观惠安园者。园在嘉兴观西二里,其堂室一大宅,其后牡丹数百亩,一圃也,余时荡然蕖畦耳。花之候,晖晖如,目不可极,步不胜也。客多乘竹兜,周行塍间,递而览观,日移晡乃竟。蜂蝶群亦乱相失,有迷归径,暮宿花中者。花名品杂族,有标识之,而色蕊数变。间着芍药一分,以后先之。④

假山奇石,也是园林必备元素。米万钟生性好石,收藏大量奇形怪石,其勺园、漫园和湛园,皆以石取胜。《帝京景物略》记宜园,有一座特别的"万年聚"假山,"冉驸马宜园,在石大人胡同,……入垣一方,假山一座满之,如器承餐,如巾纱中所影顶髻。山前一石,数百万碎石结成也。风所结,霞为石;卤所结,硇为石;波所结,浮为石;火所结,灰

---

① 刘侗、于奕正:《帝京景物略》,第288~289页。
② 马芷庠:《老北京旅行指南》,第178页。
③ 刘侗、于奕正:《帝京景物略》,"前言",第5页。
④ 刘侗、于奕正:《帝京景物略》,第291页。

为石；石复凝石，其劫代先后，思之杳杳。……石有名曰'万年聚'，不知何主人时所命名也"。① "万年聚"由数百万碎石凝结而成，形状独特，传闻出自名家手笔，在园林史上享有盛誉。

晚明时期，北京的私家园林步入成熟期，其"手法高超，在建筑、山水、花木、匾额楹联等方面均表现出很高的水平，并逐渐受到江南园林的影响，在风格上则体现出京城高官豪门与文人雅士不同的追求"。② 从《帝京景物略》的描述来看，北京的私家园林确实深受江南园林的影响。"周、田两家居第通水泉，荫植花木，叠石为山，极尽窈窕。两家本吴人，宾客僮仆多出其里，故构筑一依吴式，幽曲深邃，为他园所无。"③ 但受京城文化、燕赵文化的影响，其风格也呈现轩敞大气、格局严谨、色彩简洁的特点。

二 明代北京山水景观园林

北京虽地处燕赵大地，但城市水系却比较发达，天然与人工河道结合，形成了大片水域，逐渐出现一些由山水景观发展成具有公共性质的园林。北京西部、北部和东北部三面环山，东南部为平地，自然风光怡人，形成一些供人们休闲、游憩的山水名胜。城内城外的山水景观园林，为明清笔记所青睐。《帝京景物略》作为著名的"景物略"，自然将这些景物囊括其中。林林总总的几十篇文章，描绘出明代北京优美的自然风光，以及民众游玩休憩的生活图景。

依照书中记载，北京城内的山水名胜，"城北内外"有水关、满井，"城东内外"有泡子河，"城南内外"有金鱼池、草桥、南海子，"西城外"有高粱河、海淀，"西山上"有香山、石景山，"西山下"有西堤、玉泉山、百花陀，"畿辅"有九龙池、红螺山，等等。这些山水名胜风光秀美，又各具特色。比如，水关，是"水所从入城之关也"，"水一道入关，而方广即三四里，其深矣，鱼之；其浅矣，莲之，菱茨之；即不莲且

---

① 刘侗、于奕正：《帝京景物略》，第86页。
② 贾珺：《元明时期的北京私家园林》，《华中建筑》2007年第4期。
③ 宋起凤著，于德源校注《稗说校注》，第207页。

菱也，水则自蒲苇之，水之才也。北水多卤，而关以入者甘，水鸟盛集焉"。① 水关水生植物茂盛，水鸟翻飞，人们可在此欣赏江南水乡般的风光。西堤的荷花，更是《帝京景物略》浓墨重彩铺陈的美景：

> 日西堤者，城西堤也。堤，官堤，人无敢亭，无敢舫，无敢渔。荷年年盛一湖，无敢采采。凡荷藕恶石及水，芋恶泥，蒂恶流水，花叶恶水而乐日，故水太深以流，泥太深浅者，不能花也。西堤望湖，不花者，数段耳。荷花时即叶时，花香其红，叶香其绿，香皆以其粉。荷，风姿而雨韵：姿在风，羽红摇摇，扇白翻翻；韵在雨，粉历历，碧琤琤，珠溅合，合而倾。荷，朵时笔植，而花好偃仰，花头每重，柄每弱，盖每傍挤之。菱砌芡铺，簪之慈菇，鹭步鸠投，浮鹥没凫，则感荷而愁鱼矣。②

玉泉山的"裂帛湖"，更是难得的泉水奇观，不愧为燕京八景之一：

> 泉迸湖底，伏如练帛，裂而珠之，直弹湖面，涣然合于湖。盖伏趋方怒，虽得湖以散，而怒未有泄，阳动而上，泡若沫若。阴阳不相受，故油中水珠，水中亦珠，动静相摩，有光轮之。故空轮流火，水亦轮水，及乎面水则泄，是固然矣。湖方数丈，水澄以鲜，深而浮色，定而荡光，数石朱碧，屑屑历历，漾沙金色，波波萦萦，一客一影，一荇一影，客无匿发，荇无匿丝矣。水拂荇也，如风拂柳，条条皆东。湖水冷，于冰齐分，夏无敢涉，春秋无敢盥，无敢啜者。③

《帝京景物略》对山水景观园林的记述，除描绘景致外，还注重记叙该地的岁时活动、民情风俗。正如于奕正所说："闾里习俗，风气关之，语俚事琐，必备必详。盖今昔殊异，日渐淳浇，采风者深思焉。春场附以

---

① 刘侗、于奕正：《帝京景物略》，第 27 页。
② 刘侗、于奕正：《帝京景物略》，第 415 页。
③ 刘侗、于奕正：《帝京景物略》，第 428 页。

岁时，弘仁桥附以酬香，高梁桥附以熙游，胡家村附以虫嬉。"①

《帝京景物略》对岁时民俗的记载，将一座座园林植入北京城的日常生活之中，突出它们作为公共园林景观的特色。比如，安定门外，初春时节，人们聚集满井附近，"春初柳黄时，麦田以井故，鬣鬣且秀。游人泉而茗者，罍而歌者，村妆而骞者，道相属，其初春首游也"。② 清明时节，人们可以去南海子看"蚂蚁坟"，"海子西北隅，岁清明日，蚁亿万集，叠而成丘，中一丘，高丈，旁三四丘，高各数尺，竟日而散去。今土人每清明节往群观之，曰'蚂蚁坟'，传是辽将伐金，全军没此，骨不归矣，魂无主者，故化为虫沙，感于节序，其有焉"。③ 此外，"岁中元鬼节"，崇文门东城角的泡子河，"放灯亦如水关"。谷雨时节，人们可以去金鱼池买卖，"金故有鱼藻池，……池泓然也，居人界而塘之，柳垂覆之，岁种金鱼以为业。……岁谷雨后，鱼则市。大者，归他池若沼；小者，归盆若盎。若琉璃瓶，可得旦夕游活耳"。"岁盛夏，游人携罍饮此，投饼饵，唼呷有声，其大者衔饵竟去。"④ 水关，则四季游人如织，在此形成多项民俗事项：

> 岁初伏日，御马监内监，旗帜鼓吹，导御马数百，洗水次。岁盛夏，莲始华，晏赏尽园亭，虽莲香所不至，亦席，亦歌声。岁中元夜，盂兰会，寺寺僧集，放灯莲花中，谓灯花，谓花灯。酒人水嬉，缚烟火，作兔、雁、龟、鱼，水火激射，至菱花蕉叶。是夕，梵呗鼓铙，与宴歌弦管，沉沉昧旦。水，秋稍闲，然芦苇天，菱芡岁，诗社交于水亭。冬水坚冻，一人挽木小兜，驱如衢，曰冰床。雪后，集十余床，罏分尊合，月在雪，雪在冰。西湖春，秦淮夏，洞庭秋，东南人自谢未曾有也。⑤

水关四时之景不同，四时之活动也不同。冬天，人们喜欢在结冰的湖

---

① 刘侗、于奕正：《帝京景物略》，"略例"，第 3 页。
② 刘侗、于奕正：《帝京景物略》，第 71 页。
③ 刘侗、于奕正：《帝京景物略》，第 195 页。
④ 刘侗、于奕正：《帝京景物略》，第 147~148 页。
⑤ 刘侗、于奕正：《帝京景物略》，第 28 页。

面上玩冰床（冬日溜冰活动，明清北京冰嬉的一种）。这一冬景，可与西湖的春景、秦淮河的夏夜、洞庭湖的秋色相媲美。什刹海溜冰，至今仍是北京人喜欢的冬日活动之一。

《帝京景物略》记载最为详尽者，乃《高梁桥》篇：

> 岁清明，桃柳当候，岸草遍矣。都人踏青高梁桥，舆者则骞，骑者则驰，蹇驱徒步，既有挈携，至则棚席幕青，毡地藉草，骄妓勤优，和剧争巧。厥有扒竿、筋斗、唎喇、筒子、马弹解数、烟火水嬉。扒竿者，立竿三丈，裸而缘其顶，舒臂按竿，通体空立移时也。受竿以腹，而项手足张，轮转移时也。衔竿，身平横空，如地之伏，手不握，足无垂也。背竿，踝夹之，则合其掌，拜起于空者数也。盖倒身忽下，如飞鸟堕。筋斗者，拳据地，俯而翻，反据，仰翻，翻一再折，至三折也。置圈地上，可指而仆尔，翻则穿一以至乎三，身仅容而圈不动也。叠案焉，去于地七尺，无所据而空翻，从一至三，若旋风之离于地，已则手两圈而舞于空，比卓于地，项膝互挂之，以示其翻空时，身手足尚余闲也。唎喇者，掐拨数唱，谐杂以诨焉，鸣哀如诉也。筒子者，三筒在案，诸物械藏，示以空空，发藏满案，有鸽飞，有猴跃焉。已复藏于空，捷耳，非幻也。解数者，马之解二十有四，弹之解二十有四。马之解，人马并而驰，方驰，忽跃而上，立焉，倒卓焉，鼍悬，跃而左右焉，掷鞭忽下，拾而登焉，镫而腹藏焉，揪而尾赘焉，观者炭炭，愁将落而践也。弹之解，丸空二三，及其坠而随弹之，叠碎也，置丸童顶，弹之碎矣，童不知也。踵丸，反身弹之，移踵则碎，人见其碎，不见其移也。两人相弹，丸适中，遇而碎，非遇，是俱伤也。烟火者，鱼、鳖、兔、鹜形焉，燃而没且出于溪，屡出则爆，中乃其儿雏，众散，亦没且出，烟焰满溪也。是日，游人以万计，簇地三四里。浴佛、重午游也，亦如之。①

该文描写了北京民众倾城出游高梁桥的场景，堪称《清明上河图》"文字

---

① 刘侗、于奕正：《帝京景物略》，第280~281页。

版"。清明时节，不同阶层的游人"舆者则塞，骑者则驰，蹇驱徒步"，熙熙攘攘，前往高梁桥。文中的杂技百戏描写，更是笔墨传神，宛如铺开一幅风俗画卷。"扒竿"者，"以手按竿""以腹受竿""以口衔竿""以髁夹竿"，"高"处夺人眼目。"筋斗"者，于圈中做纵深翻、高空翻……令人目不暇接。"唎喇"者，插科打诨，逗人为乐。"筒子"者，三筒空空，霎时变有，顷刻变无，手法之快，令人惊叹。"解数"者，于"惊"马上表演跃立马背、倒立马背、左悬右挂、马上拾鞭、镫里藏身、空悬马尾等高难度动作，看得人惊心动魄。"弹弓"者，置丸童顶，置丸踵上，对面互弹，怎一个"险"字了得。"焰火"者，巧中生变，蔚为壮观。明代北京的高梁桥，可与唐代长安之曲江池、宋代开封之汴河相提并论。高梁桥的热闹场景，一直持续到民国时期，只不过此处转变为消夏胜地，"该地近为平民消夏胜地，垂柳成荫，稻田荷池一望无际。每当一抹夕阳时，金光万道，景致尤佳。夏季游客甚众，而种种点缀，颇具乡村风味。有提笼架鸟者，有蹲坐河畔纳凉者，有于茶社中品茗者，亦有蔽荫树下席地高卧者。并有逸隐者流，歙神屏息，手把鱼杆临风垂钓者。临时更有各种小贩，荟萃河畔，乘机牟利者"。①

明代北京园林之繁盛，实乃北京城稳定繁荣之缩影。明朝的崩塌，势必导致北京园林（特别是私家园林）的荒废。成书于崇祯八年（1635）的《帝京景物略》，留存了明代北京园林曾经的辉煌。

第二节 大观园与清代北京园林

"纸上园林"是明清时期不可忽视的一种园林现象，也是中国园林文化的重要组成部分。明清小说中，最引人注目的"纸上园林"就是《红楼梦》中的大观园，它不仅成为文学作品中人物生活的典型环境，还形象地诠释了明清时期的造园艺术。自大观园出现后，人们不断探究其原型，从南京的随园到北京的圆明园，从江宁织造署西花园到北京的恭王府后花园，议论纷纭。20世纪60年代初，更是引发了"京华何处大观园"

---

① 马芷庠：《老北京旅行指南》，第178页。

的讨论热潮，人们纷纷在北京找寻大观园的踪迹。从清代笔记中的相关记载来看，大观园与北京园林的关系主要体现在两个方面：一是大观园与"三山五园"的皇家园林的关系；二是大观园与什刹海地区园林景观的关系。

一 大观园与"三山五园"的皇家园林

清代北京的皇家园林，主要体现为三海、三山与五园。"三海"指紫禁城西苑（中海、南海、北海），在明代基本定型；"三山"指香山、玉泉山、万寿山；"五园"则指清漪园（颐和园）、静宜园、静明园、畅春园和圆明园。①"三山五园"是清代皇家园林的典型。

清顺治及康熙初期，两代帝王无暇营建新皇家园林，仅修复了紫禁城西苑与南苑（南海子）。康熙中期，三藩平定，康熙帝两次南巡，因喜江南山水之美，开始在西郊陆续兴建香山行宫和玉泉山澄心园（后更名静明园），又在武清侯李氏清华园旧址筑成畅春园。雍正帝则开始营建圆明园诸园。乾隆帝南巡后，仿江南名园，在西郊大起园囿，掀起清代皇家园林建造高潮。关于这一时期皇家园林的营建，《日下旧闻考》记载颇详。《日下旧闻》和《日下旧闻考》是著名的北京史志文献典籍。前者由清初文学大家朱彝尊编写，成书于康熙二十七年（1688）；后者是乾隆钦定窦光鼐、朱筠等根据《日下旧闻》，加以改订、增补而成，始修于乾隆三十八年（1773），成书于乾隆四十七年。《日下旧闻》分13门42卷，而《日下旧闻考》则增至19门160卷。较之康熙时期，乾隆朝的北京城已经发生较大变化，"城西玉泉、香山等处，原本俱列入郊坰门，今西郊为御园胜地，谨别立苑囿一门，用崇规制"，②《日下旧闻考》因而新增"国朝苑囿"门。"国朝苑囿"主要记录康熙中期至乾隆后期近百年间，清代在北京城外修葺营建的离宫御苑，包括南苑、畅春园、乐善园、西花

---

① 对于"三山五园"的称谓，学界多有争论。"三山"指香山、玉泉山与万寿山。乾隆时期曾专设"三山大臣"管理"三山"事务。但"五园"则存在多种说法，最普遍的一种就是"山、园对应"，即香山静宜园、玉泉山静明园、万寿山清漪园，以及圆明园与畅春园。本书所称"五园"，泛指北京西北部地区的所有皇家园林。

② 于敏中主编《日下旧闻考》第1册，"凡例"，第6页。

园、圣化寺、皇宗庙、圆明园、长春园、清漪园、静明园、静宜园，共11处皇家园林。

《红楼梦》大体上创作于乾隆八年至十九年，曹雪芹去世（乾隆二十七年除夕）后十年左右，《日下旧闻考》开始编撰修订。可以说，曹雪芹生活的时代正是清代北京皇家园林建造的高峰时期。曹雪芹生于南京，雍正初年移居北京。《日下旧闻考》中记录的皇家园林如畅春园、清漪园、静宜园、圆明园等，曹雪芹及其长辈都有机会接触。大观园虽是文学作品中的"纸上园林"，但应是当时园林艺术的集中体现。"（大观园）那样具体精细，瑰丽动人，正象一幅美丽的园林建筑图案。它充分地反映了我国十八世纪上半期的园林建筑的典型。有关我国古典园林建筑的传统手法和规律，也有一定的反映。……《红楼梦》反映园林建筑艺术部分对于过去造园起的作用，不下于《园冶》一书。"[1] 大观园的布局、建筑等深受皇家园林的影响，吴伯箫说："它（大观园）受着当时皇家园林之城内如三海（中海、南海、北海），城外西郊如畅春园、圆明园、长春园诸御苑的影响极大，我们可说就是这些皇家园林做了大观园的底本。"[2]

《红楼梦》中薛宝钗《凝晖钟瑞》诗云："芳园筑向帝城西。""芳园"即大观园，大观园建在"帝城"的西郊。如果将"芳园"比作"三山五园"，将"帝城"比作北京，那么，"芳园筑向帝城西"非常形象地描述了清代皇家园林在北京的地理布局。北京的西部山区，早在辽金时期就已出现皇家行宫，明代虽无皇家园林，但仍是颇负盛名的风景胜地。清代康雍乾时期，朝廷在西北部地区大规模兴建皇家园林。曹雪芹创作《红楼梦》的地点，据学界考证应在北京西山一带。曹雪芹在考虑大观园地理位置时，或许很自然就将其设想在城市的西部。山和水是造园的客观条件，大观园周围有山有水，"山水横拖千里外，楼台高起五云中"（惜春诗句），"借得山川秀，添来景物新"（黛玉诗句）。大观园中的蓼汀花溆、荇叶渚、紫菱洲、藕香榭、芦雪庵、凹晶馆等处，皆是水边景致。北

---

[1] 戴志昂：《〈红楼梦〉大观园的园林艺术》，原载《建筑史论文集》第1辑，1964，后收入文化部文学艺术研究院红楼梦研究室编《大观园研究资料汇编》，1979，第30页。

[2] 吴伯箫：《漫谈"大观园"——评谚斋读书笔记之一》，原载《万象》第3卷第5期，1943年11月号，后收入《大观园研究资料汇编》，第25页。

京郊外，水域面积最大的地方，就是西山与海淀一带。这一带类似《园冶》相地中的"郊野地"，逐渐形成了"三山五园"皇家园林群。

　　大观园的面积，算是红学的谜案之一。《红楼梦》第 16 回贾蓉说："从东边一带，借着东府里花园起，转至北边，一共丈量准了，三里半大，可以盖造省亲别院了。"① 这个"三里半"是周长，还是边长，一直争论不休。认定"三里半"为周长者，有的认为："因前有'转至北边'，显见这里说的是方圆三里半，即四周总长三里半，若按 1：1.41 的黄金比计算，其占地面积为 176 亩。"② 有的认为："大观园的周长既为 2016 米，长短两个边长之和则为 1008 米。按 1：1.41 黄金比，长短边应分别为 589.74 米和 418.26 米。两者乘积为 246664.6 平方米，合 370 市亩。"③ 认定"三里半"为边长者，有的认为有 56 万平方米（840 亩）以上，④ 有的认为有上千亩。依照周长算，大观园相当于一个特大型王府园林，如雍正年间果郡王允礼的自得园是北京西郊最大的王公赐园，总面积 200 余亩。依照边长算，大观园显然是皇家园林的规模。如康熙年间的畅春园，南北约 1000 米，东西约 600 米，占地约 900 亩；再如圆明园，雍正时期由 300 亩扩大至 3000 亩，乾隆时期达 5000 亩，北墙长 1500 米。如果"三里半"是边长，那么大观园的边长与圆明园北墙的长度几乎相当。

　　此外，大观园内建筑众多，有怡红院、潇湘馆、蘅芜苑、稻香村、秋爽斋、暖香坞、蓼风轩、缀锦楼、紫菱洲、栊翠庵、滴翠亭、藕香榭、凸碧山庄、凹晶馆、芦雪庵、蜂腰桥、嘉荫堂等。如此规模宏大的园林，显然超出寻常私家园林的建筑规制，"虽是贵族私园，却与封建皇家花园行宫相似"。⑤ 乾隆二年（1737），乾隆帝命郎世宁、唐岱、孙祜、沈源等绘制圆明园全图，乾隆御笔亲题"大观"二字。圆明园的总体布局采取风景点、小园、建筑群和景区相结合的集锦方式，四十景中，大部分都有庭院，自成一个独立的建筑群。大观园的建筑格局与圆明园类

---

① 曹雪芹著，无名氏续《红楼梦》，第 210~211 页。
② 杨乃济：《莫将圆明作大观》，《红楼梦学刊》1996 年第 1 辑。
③ 张秉旺：《大观园有多大》，《红楼梦学刊》1997 年第 3 辑。
④ 参见朱伟杰《大观园到底有多大？》，《铜仁学院学报》2010 年第 3 期。
⑤ 戴志昂：《谈〈红楼梦〉大观园花园》，俞平伯等《名家眼中的大观园》，文化艺术出版社，2005，第 95 页。

似，其建筑分建筑群与个体两类。建筑群如潇湘馆、蘅芜苑、怡红院、稻香村、秋爽斋、栊翠庵等，每个院落构成一个专题景区。大观园中一些庭院建筑，也融合了北京皇家园林的元素。如男女主人公居所怡红院与潇湘馆，怡红院"院中点衬几块山石，一边种着数本芭蕉；那一边乃是一颗西府海棠"，① 潇湘馆"有千百竿翠竹遮映……阶下石子漫成甬路。……得泉一派，开沟仅尺许，灌入墙内，绕阶缘屋至前院，盘旋竹下而出"。② 怡红院的芭蕉、潇湘馆的翠竹，在北京皇家园林中都能找到相似的设计，如西苑即有蕉雨轩、宾竹室。③ 此外，西苑的沁香亭与大观园的沁芳亭，静明园的嘉荫轩与大观园的嘉荫堂，在题额上也有着某种相似性。清代皇家园林的建筑及题额，显而易见为大观园所借鉴。

　　稻香村的设置，也带有皇家园林的特色。清代的皇家园林，往往设有天子观稼亲农场所。高士奇《金鳌退食笔记》载："瀛台旧为南台……南有村舍水田，于此阅稼。"④ 明代紫禁城西苑的南部水域（今之南海），有一小圆岛，四面环水，明代称之为南台，清代改称瀛台。小岛上有昭和殿，殿前有澄渊亭，亭子的南部有村舍水田，此亭是明代皇帝阅稼之地。其实，南海的东岸乐成殿的旁边，也建有屋宇安置石碓、石磨，每当秋收时节，在此碾谷磨谷。后来，此殿更名为无逸殿，秋收时节，皇帝于此观看"打稻"戏。清康熙年间，中海南岸有丰泽园，门外稻田数亩，康熙帝曾于此亲耕，以示劝农之意。圆明园亦不乏耕稼之所。《养吉斋丛录》载："御园弄田，多雍正、乾隆年间所辟治，如耕云堂、丰乐轩、多稼轩、陇香馆是也。嘉庆间，复治田一区，其屋颜曰省耕别墅，为几暇课农之所。"⑤ 稻香村的取名，与圆明园的杏花春馆意趣相通。杏花春馆是圆明园四十景之一，雍正时称之为杏花村，取自唐杜牧诗"清明时节雨纷纷，路上行人欲断魂。借问酒家何处有？牧童遥指杏花村"。稻香村的景致，与杏花春馆也有几分相似。《红楼梦》描述贾政等人眼中的稻香村，

---

① 曹雪芹著，无名氏续《红楼梦》，第230页。
② 曹雪芹著，无名氏续《红楼梦》，第221页。
③ 参见吴振棫《养吉斋丛录》，中华书局，2005，第228页。
④ 高士奇：《金鳌退食笔记》，第122~123页。
⑤ 吴振棫：《养吉斋丛录》，第231页。

"转过山怀中，隐隐露出一带黄泥筑就矮墙，墙头皆用稻茎掩护。……里面数楹茅屋。外面却是桑、榆、槿、柘，各色树稚新条，随其曲折，编就两溜青篱。篱外山坡之下，有一土井，旁有桔槔辘轳之属。下面分畦列亩，佳蔬菜花，漫然无际"。① 乾隆帝在《杏花春馆诗序》中描述杏花春馆的景致："由山亭逦迤而入，矮屋疏篱，东西参错。环植文杏，春深花发，烂然如霞。前辟小圃，杂莳蔬蓏，识野田村落景象。"②《杏花春馆诗序》写于乾隆九年（1744），正是曹雪芹开始创作《红楼梦》的时期。认为杏花春馆之类景致对曹雪芹对稻香村的构思有启发作用，有一定的文献依据，正如邓云乡所言："曹雪芹写大观园，必然要设计一座'稻香村'，这是皇家体制，非写不可。"③

寺观庙宇是皇家园林中的常见建筑。清代，皇家园林都有建置寺院的习惯。北海有白塔寺、天王殿、小西天（观音殿）、万佛楼，静明园有妙高寺，静宜园有香山寺，清漪园有大报恩延寿寺等。大观园也如此，《红楼梦》第23回中说："且说那个玉皇庙并达摩庵两处，一班的十二个小沙弥并十二个小道士，如今挪出大观园来。"④ 可见大观园内应有玉皇庙、达摩庵、栊翠庵三处庙宇，而栊翠庵更是《红楼梦》重点描写的大观园内建筑。

大观园的设计出自造园名家"山子野"。《红楼梦》第16回称："全亏一个老明公号山子野者，一一筹画起造。"⑤ "山子野"是曹雪芹编造的小说人物，但可能应有生活原型。清代有园林建筑世家"山子张"张涟、张然父子。张涟，字南垣，华亭人，以造园叠山技艺名满天下。大学士冯铨欲聘其赴京师，张涟以年老辞，"遣其仲子往"，仲子即张然。张然应召入京供奉内廷30余年，南海瀛台、畅春园、玉泉山静明园、王熙怡园、冯溥万柳堂，皆其所造。清代笔记中，王士禛《居易录》、阮葵生《茶余客话》、赵翼《檐曝杂记》等都有关于张涟父子的记载。比如赵翼

---

① 曹雪芹著，无名氏续《红楼梦》，第223页。
② 于敏中主编《日下旧闻考》第5册，第1341页。
③ 邓云乡：《红楼风俗谭》，河北教育出版社，2009，第489页。
④ 曹雪芹著，无名氏续《红楼梦》，第307页。
⑤ 曹雪芹著，无名氏续《红楼梦》，第213页。

《檐曝杂记》载：

> 古来构园林者，多垒石为嵌空险峭之势。自崇祯时有张南垣创意为假山，以营邱、北苑、大痴、黄鹤画法为之，峰壑湍濑，曲折平远，巧夺化工。南垣死，其子然号陶庵者继之，今京师瀛台、玉泉、畅春苑，皆其所布置也。①

曹雪芹也许是将"山子张"化名"山子野"，就在《红楼梦》中留下了清代园林名家的历史印记。

皇家园林在明清小说中得以体现，并非仅《红楼梦》大观园一处。晚明小说《梼杌闲评》第29回详细描绘了皇家园囿"后海子"，"后海子内原有金章宗李后的梳妆楼在内，左右有金鳌、玉蛛二坊，又新添上许多楼阁，也都十分壮丽：亭台罨画，岛屿潆洄。平桥夹镜落双虹，高阁凌霄飞五凤。月轮映水，波纹澄镜浸楼台；宝槛凌风，花瓣随风粘荇藻。山河扶绣户，日月近雕梁。画栋涸［雕］甍，结绮临春增壮丽；金铺绣幌，瑶宫琼室竞豪华"。② 此处描写的"后海子"，明确就是紫禁城西苑的"后海"，也就是现在的北海公园。而《红楼梦》中的大观园，完全是一座虚构的"纸上园林"，是曹雪芹汲取了当时北京皇家园林等建筑元素，经过分析、综合、加工、改造而创作出来的园林艺术形象。它与清代皇家园林并非一一对应的关系，但从细节中或可寻踪觅迹。

二　大观园与什刹海地区的园林景观

关于大观园与北京城内私家园林关系的讨论，主要集中于恭王府后花园与纳兰明珠府园。这两处园林，都位于什刹海地区。其实，与其探讨恭王府后花园等私家园林与大观园的关系，不如探讨什刹海地区的园林景观与大观园的关系，这样或许更具说服力。

最早提及大观园与北京的关系，其实并没有具体所指，而是定位于什

---

① 赵翼：《檐曝杂记》，《清代笔记小说大观》第4册，上海古籍出版社，2007，第3165页。
② 佚名：《梼杌闲评》，第337~338页。

刹海地区。《燕市贞明录》载："地安门外，钟鼓楼西，有绝大之池沼，曰什刹海。横断，分前海、后海，夏植莲花遍满；冬日结冰，游行其上，又别是一境。后海，清醇王府在焉；前海，垂杨夹道，错落有致，或曰是《石头记》之大观园。"① 民国时期出版的北京相关书籍，其中记录也不确指。比如，《北平旅行指南》"什刹海"条："或谓什刹海为曹雪芹红楼梦大观园旧址，因红楼一书，相传为大学士明珠之家事。而明珠府第，即在海之北岸，故有此说。"② 《旧都文物略》"什刹海"条："什刹海在地安门外，分为前海、后海。前海周约三里，荷花极盛，西北两面多为第宅。……后海较幽静，水势亦宽，树木叶杂，两岸多古寺，多骚人墨客遗迹，李东阳西涯、法梧门故居均在此。又相传《红楼梦》'大观园'遗迹亦在此，今无考。"③ 傅芸子《十刹海与大观园》："后门（地安门之俗称）外十刹海，世传为小说《红楼梦》之大观园故址。"④ 这些说法，较之具体指向恭王府后花园、明珠府园等，更有说服力。

什刹海是京城内除西苑三海之外最重要的水域。其名称由来说法不一，有的认为得名于此处的寺庙"什刹海寺"。《宸垣识略》载："元时既开通惠河，运船直至积水潭。自明改筑京城，与运河截而为二，潭之宽广，已非旧观。今指近德胜者为积水潭，稍东南为十刹海，又东南为莲花泡子，其实一水也。"⑤ 清时，明代的积水潭仍称积水潭，银锭桥以西的水面称什刹海后海（简称后海），银锭桥以东的水面称什刹海前海（简称前海）。至民国，仍然总称什刹海，并分别命名为西海、后海、前海，统称"后三海"。什刹海一带历来为北京风景名胜之地，《长安客话》载："晶淼千顷，草树菁葱，鸥凫上下，亭榭掩映，列刹相望，烟云水月，时出奇观，允都下第一胜区也。"⑥ "（什刹海）在地安门外迤西，源出玉泉，与太液池本系一脉。早年之西涯也，元称为海子，明曰净业湖，为旧

---

① 阙名：《燕市贞明录》，转引自蒋瑞藻《小说考证》，古典文学出版社，1957，第164页。
② 马芷庠：《老北京旅行指南》，第123页。
③ 《旧都文物略》，第142页。
④ 傅芸子：《十刹海与大观园》，原载《北京画报》1931年12月26日，收入傅芸子著，赵国忠编《人海闲话》，海豚出版社，2012，第136页。
⑤ 吴长元辑《宸垣识略》，第150页。
⑥ 蒋一葵：《长安客话》，第25页。

都平民消夏之胜地。"① 明代中后期，什刹海地区成为私家园林的聚集之地，英国公家园、太师圃、镜园、刘茂才园、方园、漫园、湜园、杨园、王园等著名私家园林，皆坐落于此。震钧《天咫偶闻》称："明代诸名园咸萃此地……然野水弥漫，一碧十顷。白莲红蓼，掩映秋光。"② 明代李东阳有诗描绘此处："豪客园池非旧业，梵家宫殿有高台。林花苑柳如相识，又是一度春风来。"③ 明末清初，什刹海逐渐收缩成两个湖面，被称为后海和前海，由银锭桥相连。清初袭明风，私家园林遍布内城、外城、西北郊、南郊等，但大型王公府邸园林多在西城，主要集中于什刹海地区。

元代以后，什刹海地区一直被认为是北京城内最佳的园林选址区域，府宅园林盛极一时，在北京园林史上占据特殊地位。如果将《红楼梦》故事的发生地"落实"在北京，那么，大观园很容易令人联想到什刹海。

关于大观园在京城的地理位置，最明显的还是宝钗的诗句"芳园筑向帝城西"。就北京城而言，"城西"如果指向城外，则是西山海淀一带；如果指向城内，则是内城西。《红楼梦》中又有"出北门"一说，那么综合起来看，大观园的确切位置应该在城的西北角。北京城的西北角，具备建造如此大型园林条件的地方，就是什刹海一带。在《宸垣识略》中，吴长元将北京的内城分为"内城一 东南 东中南""内城二 东中北 东北""内城三 西南 西中南""内城四 西中北 西北"，而什刹海地区恰好属于内城的西北部。如前所述，什刹海一带本来就是明清时期北京城的山水名胜之地，也是府邸园林荟萃之所。这也许是诸多前人记述及研究者猜想大观园的原型可能在什刹海一带的因由。

大观园中诸景最要紧的是水，其水源"本是从北拐角墙下引来一股活水"，有了水，才有"沁芳闸""杏叶渚""紫菱洲"等水边景致，才有这一座大型的水景园。明清北京城基本定型于元代大都城，元代建城时，将金代的白莲潭水域全部圈入城内，且一分为二。北部水域隔离在皇城之外，称"水关""积水潭""海子"；南部水域圈入皇城，称太液池

---

① 马芷庠：《老北京旅行指南》，第123页。
② 震钧：《天咫偶闻》，第90页。
③ 李东阳：《雪后经西涯》，《李东阳集》第1卷，岳麓书社，1984，第530页。

(今北海、中海），成为皇家园林。① "从大都城的整体规划来分析，控制其平面布局的决定因素还不是坝河，而是太宁宫以北那一段高梁河上的积水潭。整个大都城在平面设计上的中轴线，正是紧傍积水潭的东岸才确定下来的。中轴线的起点，即在积水潭的东北岸上，也就是全城设计的几何中心。就地筑有'中心之台'作为标志。"② 大都城的流水来自西山，水源则在西北角的"水关"。"（积水）潭在德胜门内，什刹海之北，有净业寺，故一名净业湖。水由德胜门入城，有闸，一名水关。玉泉山之水，由此入城，直通三海，联贯九城，东入通惠河。"③ 在《宸垣识略》中，吴长元绘制有18幅示意图（城池、大内皇城、内城、西山园囿等），什刹海地区的水域成为"正黄旗西北"示意图的显著标志。正是因为拥有充沛的水源，什刹海才能形成"池中萍荇蒲藻，交青布绿；野禽沙鸟，翔泳水光山色间，悠然自适。盛夏菱荷覆水，望如锦绣，吐馥流香，尤为清绝"的优美风光。④

"清代北京城市发展史，至少有两项值得称道的建设成就。一是西郊的三山五园；二是内城的几十座规模宏敞的王公府第。"⑤ 康、雍、乾三朝是北京王府建设鼎盛时期，地点以什刹海地区最为集中。康熙年间，什刹海成为没有围墙的皇家御苑，归属奉宸苑管理。奉宸苑颁发条令，明确规定，非皇帝亲赐，任何人不准引用什刹海水。禁令发布之后，湖四周的园林、寺庙、府第等逐渐没落，王公府邸代之而起。后禁令取消，什刹海地区再度成为北京内城民众游憩的公共园林空间。但王公府邸、达官显宦居所云集的现象，一直持续至清末。该地曾有成亲王府（康熙朝大学士明珠府⑥）、醇亲王新府、恭亲王府、涛贝勒府（钟郡王府）等。光绪末年，北京有19座贝勒及以上府第，其中什刹海地区有4座亲王府，1座

---

① 明代太液池继续作为皇家园林，并在太液池南端开挖新湖（今南海），总称西苑。清代将太液池分为南海、中海、北海，瀛台以南的水面为南海，金鳌玉蝀桥之南的水面为中海，桥北的水面为北海，合称西苑。"三海"的名称沿用至今。
② 侯仁之：《北京城的生命印记》，三联书店，2009，第113页。
③ 《旧都文物略》，第141页。
④ 高士奇：《金鳌退食笔记》，第118页。
⑤ 李宝臣：《北京什刹海地区的清代宗室王公府第》，《北京历史文化研究》2007年第2期。
⑥ 明珠府也被认为是大观园的原型，此说与索隐派"《红楼梦》演明珠家事说"相对应，并不具体指向园林建筑。

贝勒府，占总数的1/4以上。① 这些王公府邸往往建有私家园林，也就是后花园。什刹海地区现存的4座王府均有后花园，其中恭王府萃锦园与醇亲王府花园依然可较为完整地呈现清代园林风格。

恭王府的萃锦园，曾被认为是大观园的原型。恭王府是恭亲王奕䜣府第，由府邸和后花园（萃锦园）组成，其前身为和珅宅第，是北京现存保存最为完整且唯一对公众开放的清代王府。认为恭王府后花园为大观园原型的学者中，周汝昌先生著述甚多，影响最大。1978年，周汝昌撰写《"芳园筑向帝城西"——〈红楼梦〉环境素材的探讨》一文，把大观园与恭王府联系起来。② 1980年，周先生出版《恭王府考——红楼梦背景素材探讨》。③ 此后，周先生继续深挖恭王府与大观园之关系，最终汇成《芳园筑向帝城西——恭王府与〈红楼梦〉》一书。④ 此外，吴柳于1962年在《文汇报》发表《京华何处大观园》一文，认为恭王府后花园可能就是大观园原型。⑤

"泉水"的引入，成为萃锦园"大观园说"一大佐证。大观园"从北拐角墙下引来一股活水"，"引到西南上，共总流到这里，仍旧合在一处，从那墙下出去"。⑥ 而恭王府萃锦园内西北角也有泉水流入，沿着东墙下一直通往东南角，转向正西。震钧《天咫偶闻》载："恭忠亲王邸，在银定桥，旧为和珅第。从李公桥（李广桥）引水环之，故其邸西墙外，小溪清驶，水声雪然。其邸中山池，亦引溪水，都城诸邸，惟此独矣。"⑦

恭王府萃锦园是北京私家园林中唯一一座完整保存的王府花园。周汝昌先生认为此园明代就已存在，中间经多人之手，至乾隆年间才为和珅宅园。此说虽存争议，但乾隆年间花园已存在，确有文献依据。不过，其位

---

① 参见李宝臣《北京什刹海地区的清代宗室王公府第》，《北京历史文化研究》2007年第2期。
② 《大观园研究资料汇编》，第79~109页。
③ 周汝昌：《恭王府考——红楼梦背景素材探讨》，上海古籍出版社，1980年。
④ 周汝昌：《芳园筑向帝城西——恭王府与〈红楼梦〉》，漓江出版社，2007年。
⑤ 吴柳：《京华何处大观园》，《文汇报》1962年4月29日。
⑥ 曹雪芹著，无名氏续《红楼梦》，第231页。
⑦ 震钧：《天咫偶闻》，第89页。

置、规模、景致均无法确定。现存花园为同治年间恭亲王奕䜣重建。此园分中、东、西三路，呈对称严整的中轴线布局；东路由三个院落组成，以建筑为主；西路以水池——蝠池为主，组成一个独立的水景空间。园中还设置4座宗教建筑，分别为龙王庙、般若庵、山神庙和花神庙。花园东路轴线南侧有沁秋亭，亭东侧是体验农耕之乐的菜圃。萃锦园融南北造园艺术于一体，既有皇家园林的肃穆、宏大，又有私家园林的细腻、精美。"建筑崇弘，山池清丽，古树垂荫，于浓艳之中略显淡雅，集中反映了清代王公府园的若干典型特征，确实与《红楼梦》的描写也有一定的吻合之处。"① 不过，萃锦园的面积仅40余亩，虽然是北京除皇家园林外最大的花园之一，但与《红楼梦》中的大观园相比差距甚大。

其实，大观园只是一座"纸上园林"，即便对清代北京的园林有所借鉴，也不宜将某一园林坐实为原型。艺术源于生活，又高于生活。我们可以从这座"纸上园林"，了解清代乾隆年间的造园艺术，甚至想象北京当年皇家园林与私家园林的辉煌。

民国时期，北京清代的皇家园林与私家园林发生重大变化，有的废弃，有的获得新生。废弃者，徒留伤感；新生者，转变为市民公园。《旧都文物略·园囿略》前言，对此总结精辟：

> 前代苑囿著者，在内为三海，在郊为畅春、圆明、清漪、静宜、静明、颐和诸园。今世易时移，畅春、圆明、清漪先后鞠为茂草。静宜、静明仅存外廓，劫余楼殿，只余二三。又自帝制倾覆，废皇徙居，旧日之三海、颐和诸园，均已次第开放。而社稷坛，自民初即经政府整理，点缀风景，改为公园，为旧都士民唯一走集之所。春花秋月，佳兴与同，甚盛事也。兹述园囿，首中山公园，次中南海，次北海，次景山，次颐和园，次玉泉山、静明园，次南苑。凡昔日帝后游幸场所，今咸为市民燕乐之地。②

---

① 贾珺：《北京恭王府花园新探》，《中国园林》2009年第8期。
② 《旧都文物略》，第56页。

时移世易，昔日之园囿风光，时兴时废；而《红楼梦》中的大观园却风采依然，永不褪色。这就是文学艺术之魅力所在！

第三节　隐园与清代京西园林

《红楼梦》创作了一座大型的有皇家园林特色的"纸上园林"——大观园，而《红楼梦》续书之一《红楼梦影》，则创作了一座有私家园林旨趣的"纸上园林"——隐园。本节以隐园为视角，兼及明清笔记、小说所载，探究清代京西园林胜景。

一　作为私家园林的隐园

隐园第一次出现是在《红楼梦影》第3回。在此回中，贾赦遇赦还家，想在离城近的地方置个小园子娱老。贾琏提及一处园子，"离城有十几里，五十多间房子，有山有水"，"恐其局面不大"。① 第11回，贾府诸人在画卷中首次见到隐园：

>湘云说："这河里的水是从那里流过来的？"李纨道："真个怎么寻不着来源呢？"宝钗细看了看，笑道："这不是原来从稻田里隐着极细的一股水？"湘云说："我说呢，只见去的闸口，不见有来源。你看这山上的敞厅正对前面的柳林，实在敞亮。"王夫人道："我只爱那菜圃里的那几间草房，活像咱们那《桃源图》上的那样儿。"②

从以上文字可提取几个要素，即水、稻田与柳林，皆是自然景观。其中提到两处建筑——敞厅与草房。敞厅之所以敞亮，是因为可以欣赏正对面的柳林；草房则与菜圃相映衬。小说中，宝玉又介绍了画中一个"最有趣"的屋子，屋子的结构很特别，而且"临水的成个葫芦式，那门上嵌着块石匾，是'自然'二字"。③ 我们从画卷中难以了解隐园的具体格

---

① 云槎外史：《红楼梦影》，内蒙古人民出版社，2016，第17页。
② 云槎外史：《红楼梦影》，第63页。
③ 云槎外史：《红楼梦影》，第63页。

局，但知道隐园是一个"自然"的园子。

第12回，二月初四日搬家的日子，"隐园"的全貌才浮现出来。作者通过贾赦与邢夫人的行踪来写隐园：隐园坐落在万柳庄的西村口，门上嵌着东平郡王书写的汉白玉横匾。园内有山有水，进门两边是"土山"，西南方是"一片大水"，往东有抱厦与大厅，正北边居所有五间正房，东西厢房周围有游廊，后院有五间朱楼。三月初八日为贾赦的寿辰，可以通过王夫人、宝钗等人的视角欣赏西园。西园有画廊，有十二间临水的连房；尽西边有抱厦"爱莲精舍"、竹林、高山、敞厅"览胜轩"；西北角则是葫芦屋所在的"小香雪林"院子。通过两次描写，大致可以勾勒出隐园的规模、布局、主体建筑与风光。隐园有两处制高点，一是曾经作为公主梳妆楼的五间朱楼，一是建在西园高山上的"览胜轩"。公主梳妆楼高插云汉，气势巍峨。站在朱楼之上，不但可以尽览隐园之美景，还可以远眺西山。西园高山上的"览胜轩"，同样是览胜之所：

  众人……盘到上头……香菱猛一回头说："你们往西南看罢！"于是众人一齐观看，见正西上一望无极，云端里隐着层峦叠嶂的西山，正南上看不见别的景，倒尽是密密蒙蒙的烟柳。走上台阶，是四面出廊的五间敞厅。明柱上的对联是粉地绿字，写着：
  万物静观皆自得，四时佳兴与人同。
  宝钗道："虽是两句旧诗，在这个地方实在的恰当。"抬头看那匾时，是"览胜轩"三个狂草。①

西山、烟柳及应景的对联，都对应隐园"自然好，这是真山真水"的自然之美。

隐园有富贵气象，格局虽不大，但曾经是公主园，光是那五间"高插云汉"的朱楼就气势逼人。大门口东平郡王书写的汉白玉横匾，朝东抱厦门楣上"紫气东来"四个字，透露出一股富贵之气。但"紫气东来"横楣下方的对联却是"对面青山瓜豆篱边寻活计，绕门流水

---

① 云槎外史：《红楼梦影》，第74~75页。

芰荷香里寄生涯"。① 隐园，作为贾赦的私家园林，追寻的其实是一份隐逸田园之趣。

这种田园之趣，同样体现在园林景致上。东山后头的小东篱种满了菊花。还有三间草堂，草堂里悬挂有"五柳遗风"四个字，还有一副对联："检书凭郑婢，种树有郭驼。""东篱""菊花""五柳"都指向陶渊明，代表的是士大夫的隐逸理想。关于对联，宝钗特地解释："上句说的是汉朝的郑康成最讲学问，连他家的丫头都通文理。下句是唐朝柳子厚，他有个园丁姓郭，叫橐驼，善能栽接花果。"② 郑康成的典故代表诗书传家的家学传统，郭橐驼的典故隐含"顺木之天，以致其性"的自然品格。二者结合，或许正是士大夫理想的乡居生活方式。作者似乎还嫌对联匾额的意蕴不够显露，又特地描写贾赦独处的葫芦屋子：

> 后檐下开着几株海棠、梨、杏，往北一看，尽是稻田，篱笆围着几间草房。西北犄角上，一片雪白。贾兰指着说："那就是葫芦屋子。"……山后是片桃林，枝上开满了通红的桃花，底下都是娇黄的菜花。顺这羊肠细路出去，北边一座草亭，几块太湖石倚着几竿修竹。过了小桥，只听水响，迎面小小院落，绿竹花幛，门上镶着"小香雪林"四个楷书。院中别无杂树，种着二三十棵白丁香。三间小小的书斋，门窗之上尽是一色的蓝玻璃。房中是一明两暗，西间挂着香色软帘，门上贴着"寄盦"二字，便知是贾赦的卧室……③

葫芦屋子局促于隐园西北一隅，毫不起眼，却最有田园之趣、隐逸之乐，其实这是文人私家园林的普遍追求。比如权臣和珅，在什刹海地区的府邸园林（恭王府萃锦园）气势恢宏、布局紧凑，而在西郊的别业"十芴园"则自然雅致，充满田园野趣。

---

① 云槎外史：《红楼梦影》，第71页。
② 云槎外史：《红楼梦影》，第78页。
③ 云槎外史：《红楼梦影》，第75页。

二 隐园与京西园林

何处是《红楼梦》中大观园的原型,虽然争论颇多,但其实并无结论。《红楼梦影》中的隐园却有迹可循。大体上看,作者顾太清(云槎外史)乃参照自身熟悉的京西园林,塑造了她心中这座理想的"纸上园林"。

《红楼梦影》是一部具有鲜明北京地域特色的小说。书中描写的隐园,地点就在万柳庄。万柳庄,位于北京西部海淀地区,其实是万泉庄与六郎庄(柳浪庄)的合称。"万柳"这一地名沿用至今。

清代随着"三山五园"的营建,海淀逐渐成为紫禁城之外的又一政治中心,涌现了一大批园林景观。震均《天咫偶闻》载:"海甸,大镇也。自康熙以后,御驾岁岁幸园,而此地益富。王公大臣亦均有园,……旧日士夫居第,多在灯笼库一带。朱门碧瓦,累栋连甍,与城中无异。"[①] 王闿运在《圆明园词》中说:"初园居盛时,内廷诸臣文武侍从俱有赐居,环挂甲屯,列第相望,如乡村焉。"[②] 康熙年间,大学士佟国维在畅春园东侧建佟氏园,明珠在御园西侧建自怡园,索额图在御园北侧建索戚畹园,裕亲王福全在御园东北建萼辉园。康熙帝将勺园旧址改建成宏雅园,供翰林们居住。此外,康熙帝还先后为诸皇子营建皇家赐园,出现了西花园、好山园、熙春园、圆明园、彩霞园等。雍正年间,果亲王允礼在圆明园西南隅修建赐园自得园。乾隆年间,京西出现造园高潮,"三山五园"建设完成,同时建造了春和园、鸣鹤园等皇家赐园。西郊一带的园林建设,一直持续至民国,白文贵的《闲话西郊》对海淀一带的园林做过概述:

> 海甸附近,名园甚多,盖自元明以来,彼废此兴,有如剧幕。而有清一代,帝后驻园之日,多于城居,一切朝政,均于畅春、圆明、颐和等园处理。故王公近戚,竞建园亭,棋置星布,无虑数十。而达官别墅,一馆一庭,有关掌故者,殆不胜枚举。至清季修建颐和园

[①] 震均:《天咫偶闻》,第200~201页。
[②] 王闿运:《圆明园词》,舒牧等编《圆明园资料集》,书目文献出版社,1984,第331页。

时，府邸园亭，亦大兴土木。……而六郎庄、大有庄、一亩园、挂甲屯，到处有园，虽不尽属宏构，往往一泓流水，几椽精庐，而板桥竹坞，别具风姿，触目情生，亦能得少佳趣。①

大大小小的王公赐园星罗棋布，清宗室诗人文昭用"西直门西绣作堆"来描述这一胜景。

《红楼梦影》作者云槎外史，即清代著名女词人顾太清。顾太清是乾隆第五子荣亲王永琪之孙奕绘的侧福晋。永琪曾居住在圆明园内的兆祥所，奕绘之父荣郡王绵亿亦曾在畅春园内读书。京西地区是顾太清曾经生活的地方；作为皇族，奕绘夫妇又有机会造访京西各处名园。京西园林景致，被顾太清信手拈来，创作出"纸上园林"——隐园。因此，隐园的原型其实就是顾太清所熟悉的京西名园。有两处景观被原封不动地写入隐园：一是蔚秀园刻着"云根"二字的石头；二是承泽园曾为公主妆楼的五间朱楼。

蔚秀园始建于康熙四十六年（1707），最早是康熙皇子的赐园彩霞园。雍正年间赐予和亲王弘昼，称和王园。道光初年称肃亲王园。后成为定郡王载铨的赐园，更名含芳园。咸丰年间，赐予醇亲王奕譞，名蔚秀园。顾太清在奕绘去世后，被婆母疑忌，定郡王载铨时任宗人府府令，负责管理爱新觉罗家族内部事务。顾太清向载铨诉冤，并得到载铨的极大帮助。二人的交往长达14年，唱和的诗词达10余首。顾太清曾多次造访含芳园，对其环境非常熟悉，有词作记录此事：

满庭芳·雨中过含芳园谒筠邻主人

步入名园，豁然开眼，茂林修竹怡人。一湖春水，烟树渺芳津。恰值丝丝疏雨，板桥外、山势嶙峋。通幽径，回廊曲折，环带草如茵。

锦堂人住处，帘风砚水，几案无尘。更多少琴书，绕座相亲。咳唾成珠成玉，为善乐、恬澹精神。汪洋论，顺时知命，德也本乎仁。②

---

① 白文贵：《闲话西郊》，治安总署1943年铅印本。
② 顾太清、奕绘著，张璋编校《顾太清奕绘诗词合集》，上海古籍出版社，1998，第272页。

含芳园是典型的水景园，由万泉河引水入园，山环水抱，曲折有致。从样式雷《含芳园地盘画样全图》来看，含芳园虽然规模比隐园大，但主体建筑格局确实有几分相似。① 被顾太清写入隐园的"云根"石刻，至今犹存。

蔚秀园（含芳园）的西边，隔万泉河，是承泽园。承泽园曾是道光帝第六女寿恩固伦公主的赐园，名春颐园，俗称六公主园。承泽园最大的特色是水景，水量充沛，是典型的水景园。园内含二河（万泉河与长河），全园被二河一分为三，南北水岸相望，陆地与土山夹于两水之间，形成洲渚，小桥亭榭点缀其间，风光独特。《闲话西郊》描绘承泽园景致："挂甲屯之承泽园，乃庆邸花园，特以水胜，池沼深广，可以泛舟，陂陀参差，花木繁茂，菡萏盛开，香闻园外。"② 园内最引人注目的建筑则是公主楼，该楼为五间二层小楼，登楼可观赏整个园林景色，还可远眺西山。在《红楼梦影》中，作者介绍隐园"原是前朝驸马的园子"，很多建筑都已坍塌，但"公主的妆楼"留存了下来，站在公主妆楼上，既可以欣赏隐园全景，也可以远眺西山。这些信息，都表明了隐园与承泽园的联系。

京西其他园林景致，也在隐园中隐隐约约有所体现。比如，隐园"览胜轩"的对联"万物静观皆自得，四时佳兴与人同"，就直接取自果亲王允礼的自得园。果亲王允礼，是康熙第十七子。雍正三年（1725），"恩赐筑园于西苑旁"，取宋儒程颢的诗句"万物静观皆自得，四时佳兴与人同"之意，赐名为自得园，并赐以御书"自得园"匾额。雍正帝还为四座主要建筑春和堂、静观楼、心旷神怡、逊志时敏分别题写匾额。允礼《御赐自得园记》载："圣上驻跸圆明园，臣允礼扈从。蒙恩于园西南隅赐地一区，山环水汇，因地势之自然以为邱壑，正方定位，庀林鸠工，皆出内帑，而官监之。"③ 由此可知，允礼的自得园，为雍正赐建，造园费用皆出自内帑。允礼在《御赐自得园记》中描述自得园景致："兹园之中，高者，洼者，奥者，旷者，台榭亭厦，桥梁磴瀑，曲得其面势；竹树葩卉，随在而旁罗；温凉朝暮，风雨晦明，物象时光，无不与人相惬，对

---

① 参见张宝章《三山五园新探》下册，中国人民大学出版社，2014，第737页。
② 白文贵：《闲话西郊》，治安总署1943年铅印本。
③ 转引自张宝章《三山五园新探》下册，第646页。

之常心旷神怡。"① 自得园曾是京西最大的皇家赐园，允礼文集以"自得园"命名，诗集之一则以园内主建筑"春和堂"命名。作为爱新觉罗宗室，顾太清自然熟悉自得园。"览胜轩"的对联虽为宋人旧句，但因自得园园名蕴意而移入隐园的可能性更大一些。此外，瓮山到香山一带出产红黄色砂岩，京西园林就地取材，大量使用这种建筑材料。用其砌筑的墙壁，颜色斑驳，宛若虎皮，故得名"虎皮石墙"。自得园全园就由虎皮石墙环绕。隐园由"一带粉墙"环绕，具体是何材料，作者并未详写。但隐园大门外，铺设着"一条虎皮石砌的车道"，这也是京西特有的景象。

"三山五园"建成后，历代皇帝常驻跸西郊，王公大臣为候召方便，即在海淀一带修建别墅或租房居住。奕绘先后在将军庙和双桥寺租有寓所，顾太清与他常居于此。隐园中的某些景致，其实也有顾太清夫妇海淀寓所的影子。奕绘双桥寺寓所在畅春园宫门西，有"藤阴茶舍"与"葫芦庵"等景点，奕绘在《明善堂文集》中多有题咏。顾太清夫妇喜欢葫芦，双桥寺庭室的阶前屋后种满了葫芦，居室几案上也摆放葫芦制成的香盒和茶盘，他们甚至给居室命名为"葫芦庵"。顾太清直接将葫芦屋子引入隐园，且将房子的形状想象成葫芦式，安排成贾赦的"寄盦"。

三　隐园与京西风物

隐园崇尚"真山真水"，追求田园之趣。水、烟柳、稻田、西山是作者着意描绘的景致，它们其实是京西海淀最寻常的风物，也是京西园林的独特风光。

京西一带处于西山山脉与平原的交接处，地下水源充足，水量丰沛，四季不竭。"海淀"原本是一片湖泊的名字，故址在今海淀镇西北的低地上。元代时曾有一个典雅的名字，叫作"丹棱沜"。到明代崇祯年间，《帝京景物略》记载：

> 水所聚曰淀。高梁桥西北十里，平地出泉焉，滮滮四去，淏淏草木泽之，洞洞磬折以参伍，为十余漾潴。北曰北海淀，南曰南海淀。

---

① 转引自张宝章《三山五园新探》下册，第650页。

或曰：巴沟水也。水田龟坼，沟塍册册，远树绿以青青，远风无闻而有色。巴沟自青龙桥，东南入于淀。①

曹雪芹祖父曹寅，曾租青龙桥功德寺空房为寓所，以方便候召办差。《帝京景物略》描述青龙桥功德寺一带风光："山好下影于湖，静相好也。湖好上光于水田，旷相好也。道西堤，行湖光中，至青龙桥，湖则穷已。行左右水田，至玉泉山，山则出已。际湖山而刹者，功德寺。"② 吴长元《宸垣识略》也描述了清代西郊一带景象："流泉满道，或注荒池，或伏草迳，或散漫尘沙间。春夏之交，晴云碧树，花香鸟声，秋则乱叶飘丹，冬则积雪凝素。"③ 万泉庄、巴沟一带，泉水"喷出于稻汀柳岸"（乾隆语），④ 呈现一派水乡景致，因而此处园林大多为波光潋滟的水景园。隐园无疑是一座水景园，其西南方有"一片大水"，史湘云一看到隐园的画卷，就去寻找园子里的水源。

北京人自古有"三月看柳"的习俗。清代以后，西直门外长河两岸种满了柳树。初春时节，长河两岸垂柳密如帘幕，柳条与水光相映照，更显生意盎然。"长河看柳"是京城一大胜景。顾太清为香山健锐营镶蓝旗人，自小在香山长大，对香山海淀一带的山野风光甚为熟悉。她在诗词中描绘这种典型的海淀风光，如"雪满远山云里现，烟开御柳画中看"，⑤ "迎面西山晓气融，飞鸦群舞垅头风。长堤杨柳因谁绿，破庙桃花也自红"。⑥ 在《红楼梦影》中，二月初四日，隐园外是"无边无沿的淡黄新柳"；三月初八日，站在"览胜轩"观望，"正南上看不见别的景，倒尽是密密蒙蒙的烟柳"，正应老北京"三月看柳"的习俗。

京西还有北方少见的景色——成片的稻田。历史上，由于西山水脉的

---

① 刘侗、于奕正：《帝京景物略》，第 320 页。
② 刘侗、于奕正：《帝京景物略》，第 420~421 页。
③ 吴长元辑《宸垣识略》，第 299 页。
④ 于敏中主编《日下旧闻考》第 4 册，第 1314 页。
⑤ 顾太清《雪后往海甸书所见》，顾太清、奕绘著，张璋编校《顾太清奕绘诗词合集》，第 150 页。
⑥ 顾太清《清明雨后往香山书所见》，顾太清、奕绘著，张璋编校《顾太清奕绘诗词合集》，第 160 页。

滋养，京西成为著名的水稻产区。晚明时期，青龙桥功德寺一带"傍地余水田，僧无寺，业农事。每日西睨，山东阴，肩锸者，锸挂畚者，仰笠者，野歌而归。蛙语部传，田水浩浩"。① 瓮山一带，"度山前小桥而南，人家傍山，临西湖，水田棋布，人人农，家家具农器，年年农务，一如东南，而衣食朴丰，因利湖也。使畿辅他水次，可田也，皆田之，其他陆壤，可陂塘也，田而水之，其他洼下，可堤苑也，水而田之，一一如东南，本富则尊，土著其重"。② 清时，皇室也参与京西稻田的种植，玉泉山、长河两岸等地都有成片官种稻田。乾隆年间，玉带桥西北的稻田水景尚且保留着原始的村野风光。③ 乾隆帝描绘万泉河两岸的风光："两岸溪田一水通，维舟不断稻花风。课耕农父蓑台笠，只此忧欣尔我同。"④ 这种风光，在清代其他王公贵族、文人雅士的诗作中也时时可见。双桥寺寓所附近，稻畦十里，河湖相连，岸柳成行，碧荷千顷，简直是"北国江南"。奕绘在诗词中描绘了这一美景："明日双桥新寓处，湖山如画柳丝垂。"(《清明前一日雨次太清韵二首》其一)⑤ 隐园也有类似风光，其西北方"尽是稻田"，其水源来自"稻田里隐着极细的一股水"。或许是顾太清对京西生活印象太过深刻，在创作《红楼梦影》时，将京西著名的莲花白酒也写入书中，这使得该书与京西地区的联系更为紧密。

北京西北郊一带，香山、玉泉山等山脉层峦叠嶂，蔚为壮观。"西山晴雪"更是"燕京八景"之一。海淀一带欣赏西山美景，可谓得天独厚。海淀园林中那些制高点，更是最佳观景台。明代《燕都游览志》记述李氏清华园："西北水中起高楼五楹，楼上复起一台，俯瞰玉泉诸山。"⑥ 果亲王允礼诗句"面面层峦向我楼，含青碧沼映空幽。……月夕静观澄镜影，晴朝历数秀峰头"(《静观楼成咏》)，⑦ 描绘站在自得园静观楼上眺

---

① 刘侗、于奕正：《帝京景物略》，第421页。
② 刘侗、于奕正：《帝京景物略》，第446~447页。
③ 参见高大伟《三山五园》第四章"园居生活"第一节"豳风图画 北国江南"，北京出版社，2015，第154~160页。
④ 于敏中主编《日下旧闻考》第4册，第1304页。
⑤ 顾太清、奕绘著，张璋编校《顾太清奕绘诗词合集》，第528页。
⑥ 于敏中主编《日下旧闻考》第4册，第1316页。
⑦ 转引自张宝章《三山五园新探》下册，第647页。

望西山诸峰的场景。隐园中的公主梳妆楼与"览胜轩",都是欣赏西山美景的好去处。隐园中值得赞颂的"真山",主要指的是西山。

  隐园不是与世隔绝的"桃花源",而是与周围村舍声息相通。这并非虚构,而是京西园林的真实写照。京西一带的园林,不管是御园赐园,还是寻常别墅或寓所,都与周边的村落自然串联。米万钟的勺园,北界没有围墙,是一大片稻田。《燕都游览志》载:"又北为水榭,最后一堂,北窗一拓,则稻畦千顷,不复有缭垣焉。"① 康熙、雍正与乾隆都非常重视农桑,皇家御园也体现这种重农的思想。乾隆朝营建的清漪园建有"耕织图",将人文景观与稻田完美地结合起来。后为收纳稻田景观进皇家御苑,清漪园东、南、西面甚至不设围墙,使园内园外连成一片。京西最大的赐园——自得园,同样坐落在稻田村舍之中。自得园东部是连绵的稻田,南墙西墙外都有农田,北墙外西部则是大有庄(村)。自得园主人允礼闲暇无事,喜欢走出园门,到附近村庄体验乡村生活,留有"太平人住太平村,面面青山正对门。篱落犬声知客至,呼僮命酒具鸡豚"(《大有村即事》)的诗句。② 含芳园主人载铨也非常熟悉海淀一带的风俗民情,其《夏日园居二十二韵》有诗句"农稼良田茂,官途古柳苞。参差稷稻黍,高下验肥硗"。③ 他还曾仿范成大韵作《四时田园杂兴》48首,表达对乡居生活的喜爱之情。而奕绘夫妇在双桥寺的寓所,本身就处在田园之中。奕绘有诗作描述双桥寺寓所生活:"小寺双桥接,红墙绿水湾。买鲜湖岸侧,系马柳林间。客寓新移榻,禅扉远见山。清明春雨足,闸口听潺潺。"(《清明双桥新寓二首》其一)④ 顾太清也在诗作中描写海淀农家生活:"墙头村妇窥游骑,树底耕牛卧草栏。十里香尘吹紫陌,悠悠冠盖退朝官。"(《雪后往海甸书所见》)⑤ 这些描写真实地展现了京西园林周边的田园风光。

  顾太清历经嘉庆、道光、咸丰、同治、光绪五朝。这期间,京西园林

---

① 于敏中主编《日下旧闻考》第4册,第1320页。
② 转引自张宝章《三山五园新探》下册,第651页。
③ 转引自张宝章《三山五园新探》下册,第738页。
④ 顾太清、奕绘著,张璋编校《顾太清奕绘诗词合集》,第528页。
⑤ 顾太清、奕绘著,张璋编校《顾太清奕绘诗词合集》,第150页。

的命运也发生了较大变化,特别是咸丰年间,更是遭受灭顶之灾。咸丰八年(1858),含芳园成为醇亲王奕譞的赐园,咸丰帝御赐匾额"蔚秀园"。咸丰九年,承泽园(春颐园)主人寿恩固伦公主病逝。咸丰十年,英法联军烧毁"万园之园"的圆明园,蔚秀园、承泽园也同时被焚毁。奕譞真正在蔚秀园居住时间只有一年,在此后漫长的岁月中,他先后写了20多首关于蔚秀园的诗。他在《蔚秀园小憩感旧四首》中写道:"犹记当年景物新,亭前花鸟趁芳春。繁华销尽红羊劫,却望青松是故人。""欲觅巢痕已惘然,残山剩水剧堪怜。伤心岂为园林感,一带苍生尽倒悬。"①确实,园林之焚毁,与苍生之倒悬休戚与共。宋代李格非在《书洛阳名园记后》中感慨园圃兴废与洛阳盛衰、天下治乱之间的关系:

洛阳处天下之中,挟殽、渑之阻,当秦、陇之襟喉,而赵、魏之走集,盖四方必争之地也。天下常无事则已,有事,则洛阳必先受兵。予故尝曰:洛阳之盛衰,天下治乱之候也。

方唐贞观、开元之间,公卿贵戚开馆列第于东都者,号千有余邸。及其乱离,继以五季之酷,其池塘竹树,兵车蹂践,废而为丘墟。高亭大榭,烟火焚燎,化而为灰烬,与唐共灭而俱亡,无余处矣。予故尝曰:园圃之废兴,洛阳盛衰之候也。

且天下之治乱,候于洛阳之盛衰而知;洛阳之盛衰,候于园圃之废兴而得,则《名园记》之作,予岂徒然哉?②

若将上述文字中的洛阳换作北京,将洛阳之园圃换作北京西郊之园林,其实叙述也非常契合。北京西郊园林之命运,实与明清时期北京城之盛衰、天下之治乱息息相关。

---

① 转引自张宝章《三山五园新探》下册,第743页。
② 刘盼遂、郭预衡主编《中国历代散文选》下册,北京出版社,1980,第281页。

第四章　宣南"士乡"与士林文化

士大夫是中国历史上的一个特殊群体，具有"官僚""文人"双重身份，在政治和文化领域占有重要地位。"士人文化"是中国传统文化中的独特景观。

北京作为都城，历来是士大夫云集之地。中央机构设置和科举取士制度，使北京会集众多优秀学者文人。清定都北京后，实行"满汉分居""旗民分治"政策，逐渐形成汉族士大夫聚居于"宣南"的特殊人文景观。作为全国俊才雅士聚集的"士乡"，宣南成为清代北京的文化中心，在城市文化建设与文化传播中发挥了极其重要的作用。

第一节　名人居所与士林雅集

清代北京实施"满汉分居""旗民分治"制度，遂有"满城"（内城，或曰北城）和"汉城"（外城，或曰南城）之分，并逐渐形成汉族士大夫聚居于"宣南"的现象。"宣南"源于明代的"宣南坊"。明季以后，"京师虽设顺天府，大兴、宛平两县，而地方分属五城，每城有坊"。[①]"宣南"则是外城（南城）所属的一个坊，其范围大致在今北京骡马市大街至右安门一带。清代，宣南坊的辖区有所扩大，跨内外城，但人们仍然习惯上以此称呼旧有"宣南坊"，且逐渐由"宣南坊"扩展至大半个南城，将正西坊、正南坊（大部分）、宣北坊、宣南坊、白纸坊泛称"宣南"。[②]

---

① 吴长元辑《宸垣识略》，第20页。
② 吴建雍等对宣南"士乡"所包括的范围进行了划分：（1）琉璃厂附近街区，西起宣武门外大街，东至琉璃厂、梁家园，北起护城河河沿，南至骡马市大街；（2）宣外西部，北起上斜街，南抵广宁门大街，西起下斜街，东达宣外大街；（3）以半截胡同为中心的小区，北起广宁门大街东段、骡马市大街西段，南至横街，西起轿子胡同，东至下洼子。参见吴建雍等《北京城市生活史》，开明出版社，1997，第246~252页。

清代特殊的居住政策，使宣南地区成为汉族高官显宦聚居之所。此外，全国各地的举子经卢沟桥，由广安门进京赶考，选择宣南落脚较为方便。桑梓之情、师生之谊及仕途上的提携、学业上的传承，使得士人纷纷会聚宣南。士大夫文人与宣南，就此结下不解之缘。

一 乾嘉学人与诗社名士

明代，宣南就已是官员与外地士子居住较集中的地区。"卿、寺、台、省诸郎曹"都在宣武门，① 中原及南方诸省之人进京，多经卢沟桥入广安门落脚宣南。清代旗民分治之后，汉官除特殊情况之外只能居住于外城，因此多在宣武门外买宅或择地建房。康熙年间，越来越多的汉族士人入京做官或应试，宣南的文人日渐增多。据史料所记，在宣南居住、活动并有著述者有700余人，顺、康、雍、乾四朝尤甚。大批文人会聚宣南，形成庞大的士人群体，其中包括乾嘉学人、诗社名士、维新先驱等。② 本书主要论及乾嘉学人与诗社名士，以见其概略。

科举制度是中国最重要的文官选拔制度。北京作为清代都城，不仅要举行顺天府乡试，更是春闱与殿试的考试地。据统计，清代在北京举行乡试113次，会试、殿试各112次。③ 应试举子来到京师，大部分聚居于宣南。康熙朝，朝廷大力提倡程朱理学，视儒家经学为治国之本，四方鸿儒硕士咸集京师。康熙十七年（1678），朝廷诏征"博学鸿儒"科，散居全国各地的文人应诏来京。戴璐《藤阴杂记》载：

康熙己未保举鸿博，朱竹垞谓皆擅著作才，撰鹤征录未成。其时应考者一百三十三人，未取名士如法若真，丙戌进士，布政使；赵进美，前庚辰进士，河北道；田雯，甲辰进士，郎中；叶封己亥进士；高层云丙辰进士，常博；谭吉璁，例监，同知；许孙荃庚戌进士，刑部郎中；戴王纶乙未榜眼，江西粮道；陆陇其庚戌进士，革职知县；

---

① 史玄：《旧京遗事》，北京出版社，2018，第147页。
② 参见魏泉《士林交游与风气变迁——19世纪宣南的文人群体研究》，北京大学出版社，2008，第一章。
③ 参见法式善等《清秘述闻三种》，中华书局，1982。

监生阎若璩、李良年，进士汪懋麟以丁忧未试。保举奏疏于吏科库见之。①

朝廷还以修书为名，吸纳各地文人入京。如康熙十七年编修《明史》，康熙四十三年修撰《佩文韵府》，康熙四十九年修纂《渊鉴类函》，康熙五十五年编撰《康熙字典》《古今图书集成》《骈字类编》等，这些大型文化典籍的修纂，耗时长、用人多，使得大批文人聚集宣南，带动了清初学术的繁荣，也使宣南成为全国学术中心。在这股学术风潮中，龚鼎孳、王士禛、朱彝尊、施闰章、徐乾学、冯溥、王熙等在宣南名噪一时。

徐乾学组建了清代第一个学人幕府。徐乾学（1631~1694），江苏昆山人，字原一，号健庵，与弟徐元文、徐秉义并称"昆山三徐"。徐乾学是学者型官僚，系康熙九年探花，曾主持编修《明史》《大清一统志》《读礼通考》等典籍，担任日讲起居注官、《明史》总裁官等。他还是藏书家，家有著名的藏书楼——传是楼。《清儒学案》称："健庵博识，多通史学舆地礼制掌故，延纳众长，规模闳大，乾、嘉学派之先声于此肇焉。"②徐乾学在宣南的碧山堂是学人聚集的重要场所，其弟子韩菼记述了当时的情景：

> 公故负海内望，而勤于造进，笃于人物，一时庶几之流，奔走辐辏如不及。山林遗逸之老，亦不惜几两，屐远千里乐从公。公迎致馆餐而厚资之，俾至如归，访问故实，商榷僻书，以广见闻。后生之才隽者，延誉荐引无虚日，即片言细行之善，亦叹赏不去口。荜门寒畯，或穷困来投，愀然同其忧，辄竭所有资助，不足更继之，即质贷亦不倦。以故京师邸第，客至恒满不能容，多僦别院以居之，登公之门者甚众。③

---

① 戴璐：《藤阴杂记》，第17页。《藤阴杂记》对宣南地区的文人、居所、交游、诗歌创作等记载详细，是清代关涉宣南文化最有分量的史料。此书卷5~12分别记载清北京外五城（中、东、南、西、北）以及郊坰的里巷琐闻、名人逸事、名胜古迹、园林寺观等。因作者久为京官，居于宣南，故熟悉宣南的地理、掌故。
② 徐世昌等编纂《清儒学案·健庵学案》，中华书局，2008，第1195页。
③ 韩菼：《资政大夫经筵讲官刑部尚书徐公行状》，《有怀堂文稿》卷18，康熙四十二年刻本。

第四章 宣南"士乡"与士林文化

当时徐乾学幕府的重要学者有：胡渭、万斯同、阎若璩、顾祖禹、王源、黄仪、黄百家、黄虞稷、徐善、刘献庭、冯宗仪等。李塨《王子传》载："三藩平后，竞尚笔墨文学，馆阁徐乾学等，招致天下名士，排缵辞章，一时如刘继庄，以及万斯同、胡渭生、阎若璩辈皆集阙下，而王子（王源）亦与焉。"① 徐乾学幕府文人群，促进了清初学术发展，亦为宣南文化的繁荣奠定了基础。

围绕"一代诗宗"王士禛，在宣南形成了诗人群体。王士禛，号阮亭，为清顺治十五年（1658）进士，康熙四十三年（1704）官至刑部尚书。王士禛一生著述宏富，对清初诗坛影响深远。赵翼论康熙朝诗人，云："其名位声望为一时山斗者，莫如王阮亭。"② 王士禛热衷于奖掖后学，与宋琬、施闰章、曹尔堪、沈荃、程可则等齐聚京师，经常诗酒唱和，时称"海内八家"。后又与"都门十子"（或称"辇下十子"）往来。陈康祺《郎潜纪闻四笔》记述有"康熙间辇下十子"：

> 辇下十子者，颜修来郎中居其首，其九人则德州田雯山薑、商邱宋荦牧仲、郏阳王又旦幼华、江阴曹禾颂嘉、安邱曹贞吉升六、德州谢重辉方山、仁和丁澎药园、黄冈叶封井叔、江都汪懋麟蛟门也。……十子者，皆摄科名，隶仕籍，且有任连帅六卿者。盖其时圣祖崇尚儒雅，二三大老宏奖风流，故士之负才翘异者，皆获有所表见，不终老于槃阿歌啸间也。③

该书详细罗列了十人的生平履历。颜光敏官至考功郎；田雯累迁贵州巡抚，移抚江南，终户部、刑侍郎；宋荦累迁至江苏巡抚、吏部尚书；王又旦任户科掌印，典试广东；曹禾官至国子祭酒；曹贞吉官礼部员外；谢重辉官刑部郎中；丁澎官礼部郎中；叶封任工部主事；汪懋麟官中书。其中，田雯、王又旦、曹禾、丁澎、叶封、汪懋麟都是进士出身。田雯在

---

① 李塨：《王子传》，《恕谷后集》卷 6，清雍正四年刻本。
② 赵翼著，守江义、李成玉校注《瓯北诗话校注》卷 10，人民文学出版社，2013，第 407 页。
③ 陈康祺：《郎潜纪闻四笔》，中华书局，1990，第 100~101 页。

《古欢堂诗话》中提及其诗作与王士禛的掌故："己未，予领冬曹节慎库，自横街移居粉坊巷，先至其处，督奴子搬家具，闷坐久，作诗题壁，有'墙角残立山姜花'之句。俄而渔洋至，见而和之，遍传都下，和者百人。"①

戴璐《藤阴杂记》还记载了邵长蘅与王士禛等人的交游情况：

> 邵青门长蘅与阮亭尚书书：奉别将十年，回忆寓保安寺街，踏月敲门，诸君箕坐桐阴下，清谈竟夕，恍然如隔世事。清景常有，而良会难再，念至增惆怅也。又自序：忆己未客都门，寓保安寺街，与阮亭先生衡宇相对，愚山先生相距数十武，陆冰修仅隔一墙，偶一相思，率尔造访，都不作宾主礼。其年寓稍远，隔日辄相见，常月夜偕诸君扣阮亭门，坐梧树下，茗椀清谈达曙。愚山赠行诗有云：蹋月夜敲门，贻诗朝满扇。盖纪实也。②

邵长蘅（1637~1704），字子湘，号青门山人，武进（今江苏常州）人。客游京师期间，与王士禛、施闰章、汪琬、陈维崧、朱彝尊等过从甚密。文中"阮亭尚书"即王士禛。当时王士禛居住在保安寺街，院中有梧桐树，来往文人常坐梧桐树下，"清谈竟夕"。文中还提到"愚山先生"与陆冰修。"愚山先生"即施闰章（1618~1683），字尚白，号愚山，江南宣城（今属安徽）人，寓京期间，与宋琬、严沆、丁澎、张谯明、赵锦帆、周茂元以诗相和，时称"燕台七子"。邵长蘅与施闰章等友人都居住在宣南，距离王士禛住所较近，经常造访其寓所。此事震钧《天咫偶闻》卷7亦有记载，只不过增加了王士禛居住于琉璃厂夹道之事。

乾隆三十七年（1772），为编修《四库全书》，鸿儒硕学，荟萃京师。《四库全书》以纪昀、陆锡熊、孙士毅为总纂官，陆费墀为总校官，下设纂修官、分校官及监造官等400余人，抄写员3800人，耗时13年完成。编修《四库全书》的4200多人，大多居住在宣南。总纂官纪昀住在珠市

---

① 戴璐：《藤阴杂记》，第92页。
② 戴璐：《藤阴杂记》，第86页。

口西大街的阅微草堂,在此写下《四库全书总目提要》《阅微草堂笔记》等著述。《四库全书》编修工程,为宣南"士乡"增添了新的活力。乾隆时期,满汉分城而居的政策不如清初严格,特许居于内城的汉族官员增多,但直至晚清,宣南地区仍是汉族士大夫文人的主要居住地。

作为"士乡"的宣南,在康乾时期最为辉煌。其士林传奇,人物风流,令后世仰慕。晚清陈康祺来到北京,曾去拈花禅寺(曾为万柳堂)访古,见到寺内"孱僧扪虱,古佛卧阶,万树垂杨,无复一丝青翠",不禁唏叹:"康、乾二朝士大夫,真神仙中人。"①

二 名人寓所与僧舍园亭

宣南地域狭小,却聚集大批文人士大夫。官僚、名士、清客、学子等形形色色的读书人,寄居于宣南的胡同。他们中的大部分人,或租赁院落,或暂居僧舍,居住条件称不上优越,有的甚至还很僻陋。然"斯是陋室,惟吾德馨",其间"谈笑有鸿儒,往来无白丁",给宣南留下诸多士林佳话,也给北京留存了丰厚的名人故居类文化遗产。

宣南的文人居所,首推朱彝尊的府邸——古藤书屋。朱彝尊曾居住于宣武门外海波寺街,所居院内有青藤两株,故名"古藤书屋"。朱彝尊编纂有《日下旧闻》,为此采辑图书1600多种,特盖"曝书亭"以晒书,晚年刊刻全集以《曝书亭集》为名。古藤书屋享有盛誉,原因大致有三:一因主人朱彝尊的士林地位而扬名一时;二因多位文人寄居于此,历史悠久;三因"古藤"意象而惹人追忆。

朱彝尊为清代"浙西词派"创始人,与陈维崧并称"朱陈",与王士禛并称南北两大诗宗("南朱北王")。康熙十八年,朱彝尊参试博学鸿词科,授翰林院检讨。康熙二十二年,入南书房,参与编修《明史》。朱彝尊不仅诗词俱佳,且熟稔经史,精于金石,名重一时。他与顾炎武、钱谦益、王士禛、龚鼎孳、汪琬、纳兰性德、钱澄之、陈祚明、严绳孙、曹贞吉、姜宸英、梁佩兰、查慎行、顾贞观、孙致弥、周篔、毛奇龄、冯溥、陈廷敬、徐元文、张鹏、高士奇等都有交往,其居所自然成为文人诗酒唱

---

① 陈康祺:《郎潜纪闻初笔二笔三笔》,第181页。

和之地。古藤书屋拥有如此豪华的"朋友圈",其在宣南文人圈中享有盛誉,亦属自然。

其实,朱彝尊在古藤书屋居住时间并不长。在此之前,作为南书房供奉,康熙赐居禁垣(景山之北,黄瓦门东南)。康熙二十三年一月,他因私人禁中抄书,被贬官。同年三月,移居宣武门外海波寺街古藤书屋。康熙二十八年二月,迁居槐市斜街。朱彝尊居住于古藤书屋,只有五年时间,戴璐《藤阴杂记》有详细记载:

> 海波寺街为金文通之俊第,有古藤书屋。康熙初年,御史何蕤音元英寓此,名丹台书屋,……康熙丙辰,朱竹垞有饮何少卿藤花下诗;甲子,检讨自禁垣移居,有藤二本,有寓斋小集六言;又小集送人诗:我携家具海波寺,九月未槁青藤苗。夕阳倒影射桥柳,此时孤坐不自聊。……至己巳,移槐市斜街诗云:不道衰翁无倚著,藤花又让别人看。①

古藤书屋大致建于顺治十一年(1654),为清初重臣金之俊(1593~1670)住宅,其后历经龚鼎孳、何元英、朱彝尊、于汉翔几任主人。有意思的是,赵吉士(1628~1706)与书屋前五位主人均有交往,亦均受邀到书屋饮酒:

> 甲戌元夕,赵恒夫吉士饮于中翰章云汉翔古藤书屋诗:一曲新翻出酒楼,春来六日趁人留。豸台共指红灯拥,蚕陌群酣白粥流。坐啸三休丛桂老,居停五易古藤留。自嗤旧物坚牢甚,欢讌吟传四十秋。自注:寓为金文通甲午旧邸,递传龚芝麓宗伯、何蕤音侍御、朱竹垞太史,以及于中翰,五易主矣。予俱叨饮其中,为之志感。②

朱彝尊,仅是古藤书屋一过客,古藤还是那棵古藤,而主人却已

---

① 戴璐:《藤阴杂记》,第82~83页。
② 戴璐:《藤阴杂记》,第84页。

"居停五易"。"五易"之后，古藤书屋又相继迎来新主人蒋景祁①、孙致弥、王时鸿等。乾隆末期，施朝干、佘国观、赵怀玉亦曾居住于此，当时的景象已是"石藤靠壁，铁干苍坚，古色斑驳，洵百余年物。特屋未宏敞，大第已析为三四宅"。② 书屋已沦为大杂院。但著名书画家宋葆淳为佘国观作《古藤书屋图》，诸多诗友题诗于上，古藤书屋再次享誉宣南文人圈。至嘉庆十九年（1814），古藤书屋被辟为顺德会馆。书屋的历史虽然结束，却以会馆的形式继续成为京师文人流连觞咏之所。

古藤书屋的名气不在屋宇建筑，而在书屋里居住的文人。不论屋宇破败与否，古藤书屋都充盈着一股"文人气"。《藤阴杂记》中记载了古藤书屋的多次诗酒雅集：

> 渔洋戊辰来京，竹垞邀饭古藤书屋，食鲍鱼半翅甚美，观米海岳研山图作歌。蒋京少景祁有集竹垞太史古藤书屋分赋惜黄花词：露明秋树，烟寒蔬圃，御堤边，正萧萧柳梢堪数。散发玉堂仙，遁迹金门侣。招好友四围芳俎。帘衣风舞，蛩声夜语，落苹花，又疏疏六街凉雨。此别会何时，美景谁留取。最恼煞丽谯催去。同赋者黄庭、姜遴、陈枋、蒋运昌。查他山诗：整娭牙签万卷余，谁言家具少于车。傥居会向春明宅，好借君家善本书。又同竹垞、西崖、他山、药亭四人联句诗；又闰夏共饮，限藤、柽二字诗：曲巷居相近，回栏到每凭。爽开寻丈地，阴合两边藤。幽事披襟惬，新诗计卷增。醉探杯底绿，凉影落层层。碧草柔牵蔓，红花细著柽。客稀成雅集，屋老称佳名。淰淰云催暮，疏疏雨放晴。家园风景似，只是少啼莺。③

> 曝书亭集：……丙寅秋，梁汾携炉及卷过予海波寺寓，适姜西溟、周青士、孙恺似三子亦至，坐青藤下，烧炉试武彝茶，联句成四十韵。④

---

① 一说，蒋景祁是在朱彝尊之后、于汉翔之前居住于古藤书屋，时间在康熙三十年前后。参见何建木《清代京师宣南的古藤书屋》，《寻根》2016年第2期。
② 戴璐：《藤阴杂记》，第84页。
③ 戴璐：《藤阴杂记》，第83页。
④ 戴璐：《藤阴杂记》，第83~84页。

宜兴蒋京少景祁居时，孔东塘尚任诗云：太傅吟诗旧草堂，新开蒋径自锄荒。藤花不是梧桐树，却得年年引凤凰。……管青村棆诗：王猷与共孙登啸，宋玉堂为庾信居。时为康熙庚辰，以后寓公侯考。①

正是因为这些文人的交游、吟咏，古藤书屋逐渐成为一个象征符号，承载着宣南的文化底蕴与士人的才情风尚。

古藤是清代北京四合院的常见植物。戴璐《藤阴杂记》中，可以散见不同院落的藤花：吏部藤花，传为明代名臣长洲吴文定手植，宋荦、周渔璜等多有吟咏；②"工部藤花未及吏部著名，而植根亦久"；③"杨梅竹斜街梁文庄公第，清勤堂前藤花，汪文端公有诗"；④"宣武门街右为陈少宗伯邦彦第，堂曰春晖屋，有藤花"。⑤戴璐赁居的槐市斜街居所，也种植了紫藤，"寓移槐市斜街，固昔贤寄迹著书地，院有新藤四本，渐次成阴，恒与客婆娑其下"。⑥《藤阴杂记》因而以"藤阴"为名。纪晓岚阅微草堂里的古藤至今犹存。藤花历来为文人喜咏之物，书屋有藤花，多了一抹淡雅的色彩。如此，"古藤书屋"较之曾用名"丹台书屋"更为文人所青睐。

宣南地区的文人居所，还有李渔的芥子园、查慎行的枣东书屋、赵吉士的寄园、纪晓岚的阅微草堂等，它们都在宣南乃至北京文化史上占有一席之地。

宣南地区的寺庙，也是文人寓居之所。寺庙因文人的入住与交游吟咏，而濡染一抹"文人气"，如顾炎武、王士禛等都暂居过报国寺。报国寺始建于辽，明成化年间重建，乾隆十九年（1754）重修，改名慈仁寺，但仍俗称报国寺。报国寺环境清幽，寺内设有客房，因而吸引众多骚人墨客留宿寺内。顺治十五年（1658），王士禛第一次赴京，即寓居报国寺。

---

① 戴璐：《藤阴杂记》，第84页。
② 参见戴璐《藤阴杂记》，第13~14页。
③ 戴璐：《藤阴杂记》，第24页。
④ 戴璐：《藤阴杂记》，第46页。
⑤ 戴璐：《藤阴杂记》，第82页。
⑥ 戴璐：《藤阴杂记》，"叙"。

寺内有双松，为金时旧物，枝柯盘屈，荫可数亩，王士禛曾作《报国寺双松歌》。孔尚任、王敬之、翁方纲、高珩、姜宸英等，也都留有吟咏报国寺的诗词。报国寺东边的长椿寺，也是文人宴集觞咏之地，王士禛、徐乾学等都曾于此诗酒唱和。崇效寺里不仅有牡丹，还藏有拙庵和尚所绘《红杏青松图》，图上有康熙庚午年（1690）王士禛、朱彝尊、王昊庐、陈香泉、孙松坪、查慎行、翁方纲、法时帆、吴兰雪等人题诗。从一幅画的题诗，可以想见来往崇效寺的文人不在少数。此外，松筠庵、圣安寺、法源寺等都留有诸多文坛掌故。

山水园林亦是文人雅集吟咏之所。"城南刺梅园，士大夫休沐余暇，往往携壶榼，班坐古松树下，觞咏间作。"① "黑龙潭，康熙中为谯游之地。徐憺园、王横云集俱有诗。"② 最著者则是陶然亭，"百余年来，遂为城南觞咏之地，名家集中多有登览之作"。③ 陶然亭为康熙三十四年（1695）工部郎中江藻所建，故又名"江亭"。"陶然"二字为江所题，取白居易诗"更待菊黄家酝熟，共君一醉一陶然"之意。④ 陶然亭周围环境清幽，风景怡人，为京师名胜之一。每至春秋佳日，文人于此登临游览，诗兴大发。《藤阴杂记》所载甚夥，兹列举几例：

　　己卯重阳前一日，董文恪公邀蔡殿撰以台、陈光禄孝泳、先大夫游陶然亭，即事有作，……

　　癸未九月十三日，吴白华、曹习菴、程鱼门、阮吾山、赵璞函文哲、陆耳山、吴稷堂省兰，集陶然亭，作展重阳会，送董东亭潮假归海盐，联句五十韵，缠绵悱恻，不减竹垞刺梅园送谭舟石诗。……

　　各省公车至京，场后同乡宴集，吾乡向在陶然亭设宴，饮酒论文。孙宫允人龙、严都谏源焘、吴比部岩在座，尤轰饮尽致，不醉无归。此举四十余年不废。自庚寅以后，余倡议应京兆试，亦循此例。

---

① 戴璐：《藤阴杂记》，第96页。
② 戴璐：《藤阴杂记》，第97页。
③ 戴璐：《藤阴杂记》，第98页。
④ 《白居易集》，凤凰出版社，2006，第301页。

……

　　辛亥八月秋，法时帆式善会己亥同年于陶然亭，即席赋诗。①

　　《藤阴杂记》作者戴璐为乾隆年间人，上述文字所提及的己卯、癸未、庚寅、辛亥，分别是乾隆二十四年、二十八年、三十五年、五十六年。陶然亭为"城南觞咏之地"，因优美景致而吸引文人，又因文人诗文而扬名后世。园亭与士人，书写了宣南又一段士林佳话。

　　寓所、寺庙、园亭等地，构成宣南士人最为重要的交游空间。

三　诗酒唱和与雅集结社

　　诗酒唱和作为文人的交游方式，是士大夫文化的重要组成部分。生活在宣南的文人在寓所、寺庙、园亭等处一起品茗、赏画、看花、夜谈、饮酒、赋诗，或一二好友，或五六知己，或参加诗社活动，或以文会友，其间的良辰美景、赏心乐事，均载入宣南文化地图之中。

　　琴棋书画，素为文人所爱。围绕它们形成的雅集，为后世津津乐道。康熙年间，北京出现一幅在中国绘画史与文学史上均占有一席之地的画作——《芝仙书屋图》。此图由30位画家绘制而成，题诗者则多达60人。60人题诗是在一次文人雅集上完成，还是在不同时间陆续完成，已无法考订。较早记载此图的是查为仁的《莲坡诗话》："徐芬若倩肇下名家三十余人合作《芝仙书屋图》，一时诗家分题吟咏者，又六十人。观之争人目眩。"②《郎潜纪闻三笔》则详细记载了30位画家与60位诗人的名字：

　　　　康熙戊寅之夏，辇下诸名人合写《芝仙书屋图》，画者三十人：王原祁、宋骏业、禹之鼎、顾士奇、张振岳、杨晋、顾昉、沈坚、黄鼎、刘石龄、郑淮、马是行、孔衍栻、杨豹、方孝维、马昂、于炎、周兹、许容、姚匡、冯缭、顾芷、王永、李坚、邓煐、黄卫、钱石

---

①　戴璐：《藤阴杂记》，第99—101页。
②　查为仁：《莲坡诗话》，上海商务印书馆，1939，第29页。

含、翁嵩年、唐岱，而始写树石未［末］复补远山一角者，石谷子王翚也。诗者六十人，皆余思祖为之书，姚奎、袁启旭、费厚藩、黄元治、胡介祉、汪灏、宫鸿历、李时龙、胡虞昌、钱维夏、江宏文、王奕清、刘允升、朱襄、汪若、顾嗣协、翁必选、钱汝翼、钱元昉、孙致弥、蒋仁锡、冯历、王源、王泽宏、周彝、朱时凤、许志进、蔡玺、朱镐、顾彩、吴麐、顾瑶光、庞垲、姜宸英、王盛益、蒋畴锡、金璧、王时鸿、周清原、马几先、孙铉、叶藩、陈于王、沈用济、吴世标、孔尚任、曹日瑛、金肇昌、张霆、金德纯、吴涟、宏焯阿、金文昭、博尔都雪斋、占拙斋、珠兼、山端、释等承、慈眿也。题识者孔毓圻，而陈奕禧为之书。①

画主人徐兰，字芬若，一字芝仙，江苏常熟人。寓京期间，曾任安郡王府幕僚，与查为仁、王翚、孔尚任等过从甚密。一幅画作，聚集如此多的画坛、文坛名家，规模之大前所未有。其中主要为汉族文人，虽有居内城者，但更多的是居宣南者。居于宣南的汉族文人中，孔尚任在此"朋友圈"中发挥着至关重要的作用。②《芝仙书屋图》现收藏于广东省博物馆，它以画作的形式，将宣南及京师文人雅集盛事镌刻在历史的画卷上。

四时节序，京师风物各有不同。文人春日赏花，夏日解暑，秋日登高，冬日消寒，诗酒唱和，吟咏不辍。乾隆年间柴桑在《京师偶记》中记述自己的京师生活："余寓都冬月，亦结同志十余人，饮酒赋诗，继以射，继以书画。至十余人，事亦韵矣。主人备纸数十帧，预日约至某所。至期，各携笔砚，或山水，或花卉，或翎毛，或草虫，随意所适。其画即署主人款，写毕，张于四壁，群饮以赏之。如腊月砚冻不能画，留春暖再举。时为东道者，多邀集陶然亭，游人环座观之，至有先藏纸以求者。"③柴桑回忆的文人聚会，成员有十余人，冬日在某寓所，春日则在陶然亭，

---

① 陈康祺：《郎潜纪闻三笔》，《郎潜纪闻初笔二笔三笔》，第 674~675 页。据考，该版本点校有误，"宏焯阿、金文昭、博尔都雪斋、占拙斋、珠兼、山端"，应该是"宏焯、阿金、文昭、博尔都、雪斋占、拙斋珠、兼山端"。参见成洪燕《〈芝仙书屋图〉述考》，《中国国家博物馆馆刊》2016 年第 5 期。
② 参见成洪燕《〈芝仙书屋图〉述考》，《中国国家博物馆馆刊》2016 年第 5 期。
③ 柴桑：《京师偶记》，《北京历史风土丛书》第 1 册，广业书社，1925，第 11 页。

活动内容十分丰富。

宣南文人除依四时节序安排雅集外，还举办一些特殊的盛会，如顾祠祭祀、寿苏诗会、饯春修禊等。顾祠祭祀是文人祭祀顾炎武的活动，也是京师引人注目的士人集会。"道光二十三年十月，何子贞绍基、张石洲穆创建顾先生祠于广宁门慈仁寺之西南隅。"① 此后，每年三月、五月、九月，宣南都在顾祠举行春祭、秋祭、生辰祭，京师内外文人纷纷慕名而来。寿苏诗会是京师文人纪念文豪苏轼的活动。腊月十九日苏东坡生辰当天，喜爱他的文人雅士聚集一处，重温东坡诗文，并纷纷仿效创作。寿苏诗会既是纪念会，又是创作会。春日修禊是历代文人喜爱的雅事，王羲之的"兰亭修禊"更是千古美谈。历代文人仿效"兰亭修禊"，往往在园林水景之处举行修禊流觞活动。《郎潜纪闻初笔》"拈花禅寺"条载："乾隆壬申，辽东李鹰青山人豸，招诗人修禊寺中，宁邸秋明主人闻之，携酒肴歌吹来会，凡二十有二人，咸有赋咏。燕郊春事，朱邸谦光，诗虎酒龙，分张旗鼓，洵升平之嘉话，骚雅之清游也。"② 道光年间，宣南还出现了"江亭雅集"，雅集多在陶然亭、花之寺等名胜佳处。道光十六年（1836）四月初四举行的"江亭展禊"，参加者多达48人。

士大夫文人之间呼朋结社、抱团成党，是士大夫文化的常见现象。明人方九叙在《西湖八社诗帖序》中言："夫士必有所聚。穷则聚于学，达则聚于朝，及其退也，又聚于社，以托其幽闲之迹，而忘乎阒寂之怀。是盖士之无事而乐焉者也。古之为社者，必合道艺之志，择山水之胜，感景光之迈，寄琴爵之乐，爰寓诸篇，而诗作焉。"③ 客居宣南的士人，志同道合者"抱团取暖"，实属常态。清江苏长洲文士顾嗣立（1665~1722），字侠君，号闾丘，出身书香门第，喜藏书，笃于诗，擅风雅，豪于酒。其于康熙三十五年（1696）参加会试，寓居于宣武门外西上斜街，为怀念家乡的居室"秀野草堂"，将寓所命名为"小秀野草堂"。一时之间，文人雅士，"往来邸舍"，"小秀野之名，亦遂传于都下"。康熙四十四年，

---

① 朱琦：《顾亭林先生祠记》，吴昌绶编《顾祠小志》，刻本，1922，第8页。
② 陈康祺：《郎潜纪闻初笔二笔三笔》，第181页。
③ 方九叙：《西湖八社诗帖序》，转引自孙立群《中国古代的士人生活》，商务印书馆，2014，第249页。

顾嗣立应召入四朝诗馆。此后，他与馆中诸公"每逢花晨月夕，各出杖头，宴集怡园。赋诗饮酒，率以为常"，其慨叹京师岁月："文酒之会，友朋之聚，未有盛于此时者也。"①

京师官僚也会参加各种团体的诗酒雅集。"同年"之间的集会，在宣南较为常见。封建科考时代，士人特别注重师门和出身，"同年"是他们一生最重要的朋友和人际关系之一。戴璐在《藤阴杂记》卷3中记载"同年"集会：

> 考选御史，与乡会试例认同年。余于己亥与选，同记名者十九人，每岁春朝，会于阮吾山司寇葵生瓶花书屋。时萧玉亭际韶、郎耕莘若伊已逝，若冯星实应榴、史卓峰梦琦、陈琬同其熿、杨培山寿楠、秦荻江清、王卜崖钟健、王瑶峰尔烈、李晓南炤、郑秋浦澂、朱篠庭依鲁、潘容斋曾起、沈大云孙琏、陈鈫卿兰森、程澂江世淳、冯半梅堉，皆同选也，恐久而遗忘，故志之。②

戴璐19位"同年"，每年春天相聚于瓶花书屋。戴璐座师王文庄公，居韩家潭时，"七月二十五生辰，每于中秋前后，张乐邸第，燕乙丑同年及门生"。③

宣南地区因文人雅集，涌现出一批诗社，知名者有"沈荃结社""荔香吟社""雪鸿吟社""宣南诗社"等。④规模最大、持续时间最长的是"宣南诗社"，其前身是嘉庆初年的"消寒诗社"。嘉庆九年（1804）冬，名臣陶澍与其"同年"朱珔、吴椿、顾莼、夏修恕、洪介亭等7人举办消寒雅集。嘉庆十九年，陶澍与董国华等人再次举办消寒雅集，此后正式形成"宣南诗社"。诗社地点在宣武坊南，参加者皆是"成进士，点翰林"的在京仕宦。诗社成员"或春秋佳日，或长夏无事，亦相与命俦啸

---

① 顾嗣立：《闾邱先生自订年谱》，《北京图书馆藏珍本年谱丛刊》第89册，北京图书馆出版社，1999，第45页。
② 戴璐：《藤阴杂记》，第28页。
③ 戴璐：《藤阴杂记》，第95页。
④ 参见李雯雯《清代京师文人结社研究》，硕士学位论文，上海师范大学，2019。

侣，陶咏终夕，不独消寒也；尊酒流连，谈剧间作，时复商榷古今，上下其议论，足以袪疑蔽而泯异同，并不独诗也"。① 诗社主题由休闲活动的"消寒"逐渐转为志同道合的"宣南"。"宣南诗社"持续时间近 30 年，举办活动 40 余次，有成员 30 余人，包括陶澍、林则徐、贺长龄、朱为弼、潘锡恩、魏源、龚自珍等。"宣南诗社"这批出身翰林的汉族官员，兼有"康济之学"与"风雅之才"。他们的结社，使得文人士大夫的诗酒雅集多了一抹政治色彩，开启了宣南士林新风尚。②

清代的北京宣南群贤毕至，少长咸集，以同乡、同年、座师、门生等关系为纽带，形成庞大的士人群体。他们以名人宅第、僧舍园亭为中心，品茗夜谈，赏画观书，雅集结社，诗酒自娱，给"宣南"留下了丰厚的文化积淀。宣南"士乡"，是清代北京独有的一张城市文化名片。

第二节　会馆林立与地域文化交汇

会馆，如同寓所、寺庙、园亭一样，是文人士大夫吟咏宴集的重要社交空间。宣南的士绅会馆，既是士人文化的重要载体，也是北京城独特的文化景观，在地域文化交汇上发挥着重要作用。

一　宣南会馆概览

会馆是"同籍贯或同行业的人在京城及各大城市所设立的机构，建有馆所，供同乡同行集会、寄寓之用"。③ 会馆服务对象不同，类型也不同。《北京的会馆》一书将会馆分为四类，即文人试馆、工商会馆、行业会馆、殡葬仪馆。④ 王日根的《中国会馆史》一书将会馆分为官绅试子会馆、工商会馆和移民会馆。⑤ 其中，文人试馆（官绅试子会馆），即士绅会馆，在北京最为典型。

---

① 胡承珙：《消寒诗社图序》，《求是堂文集》卷 4，清道光十七年刊本。
② 关于"宣南诗社"的具体情况，可参见魏泉《"宣南诗社"与嘉道之际的士风》，陈平原、王德威编《北京：都市想像与文化记忆》，北京大学出版社，2005，第 49~73 页。
③ 北京市档案馆编《北京会馆档案史料》，北京出版社，1997，"前言"第 2 页。
④ 参见胡春焕、白鹤群《北京的会馆》，中国经济出版社，1994，第 8~13 页。
⑤ 参见王日根《中国会馆史》，东方出版中心，2018，第一章。

第四章 宣南"士乡"与士林文化

关于北京会馆的由来,程树德《闽中会馆志序》载:"京师之有会馆,肇自有明,其始专为便于公车而设,为士子会试之用,故称会馆。"① 依照此说,北京出现最早的会馆,就是士绅会馆。北京的会馆虽出现于明代,但在明以前,类似的驻京机构就已出现。"汉时郡国守相置邸长安,唐有进奏院,宋有朝集院,国朝无之,惟私立会馆。然止供乡绅之用,其迁除应朝者,皆不堪居也。"② 汉代的留邸、唐代的进奏院、宋代的朝集院,都具备京城会馆功能。据《帝京景物略》记载,北京的会馆始于明嘉靖、隆庆年间,该书《嵇山会馆唐大士像》篇载:"尝考会馆之设于都中,古未有也,始嘉、隆间。"③ 嵇山会馆后世称浙绍会馆,在虎坊桥东,会馆内的"唐大士像"即唐贞观十四年(640)尉迟敬德所造观音像。《帝京景物略》刊刻于崇祯八年(1635),可是依照"尉迟敬德造观音像,自唐贞观,一千一十二年至今"的表述,可知此条记载应写于清顺治九年(1652)。此处是作者计算有误,还是清初翻刻时修改,仍不可知。④ 不过,此处时间上的谬误,并不影响作者对明代会馆的记述。其实,《帝京景物略》的记载并不确切。从现存史料看,北京的会馆并非始于嘉靖、隆庆间,早在永乐年间就已出现。北京有据可查的永乐间会馆有4所:安徽芜湖会馆、江西浮梁会馆、江西南昌会馆、粤东老馆。民国《芜湖县志》记载:"京都芜湖会馆,在前门外长巷上三条胡同。明永乐间,邑人俞谟捐资购屋数椽并基地一块创建。"⑤ 芜湖会馆是目前已知北京最早的会馆,建于明永乐十三年(1415),地点在宣南。正是在明永乐十三年,明朝第一次将"春闱"考试地点由南京迁往北京。沈德符亦记载了万历年间北京的会馆情况:"京师五方所聚,其乡各有会馆,为初至居停,相沿甚便,唯吾郡无之。先人在史局时,首议兴创,会假归未成,予再入

---

① 李景铭:《闽中会馆志》,民国32年(1943)铅印本。
② 朱国祯:《涌幢小品》,《明代笔记小说大观》第4册,第3209页。
③ 刘侗、于奕正:《帝京景物略》,第267页。
④ 上海古籍出版社版《帝京景物略》,以湖北图书馆藏明崇祯八年金陵弘道堂初刊本为底本,"遇有问题,参校他本"。但湖北图书馆藏本并非明代印本,该条记载应修改自清顺治九年。
⑤ 鲍寔:《芜湖县志》,《中国地方志集成·安徽府县志辑》第38册,江苏古籍出版社,1998,第46页。

都，则巍然华构矣。"① 据统计，明代北京所建会馆共 44 所，主要在崇文门与宣武门一带。② 其中，四明会馆、海昌会馆、成都会馆、富平西馆、九江会馆、浦城会馆、莆阳会馆、福清会馆、和含会馆等都在宣南。

清代实行"旗民分治"政策，使得汉人集中居住的外城，街巷密集，院落增多，屋舍日益紧张。特别是"春闱"期间，各地举子进京，旅店人满为患。这为北京的会馆提供了发展机遇。乾隆、嘉庆年间，会馆如雨后春笋般涌现，数百家林立于宣南，其中以士绅会馆居多。《休宁县会馆碑文》载：

> 京师为万方辐辏之地，风雨和会，车书禽至，飘缨纡组之士于〈于〉焉云集景从，遇乡会试期，则鼓箧桥门，计偕南省，恒数千计，而投牒选部需次待除者，月乘岁积，于是寄庑僦舍，迁徙靡常，炊珠薪桂之叹，盖伊昔已然矣。时则有置室宇，以招徕其乡人者，大或合省，小或郡邑，区之曰会馆。③

《休宁县会馆碑文》刻于乾隆十年（1745），该碑记述当时士绅会馆出现的缘由及功能。进京应试的举子、等待选任的官员，是士绅会馆主要的服务对象。

吴长元《宸垣识略》刊刻于乾隆五十三年，该书列述当时北京"东城""西城"的主要会馆：

> 东城会馆之著者，东河沿曰奉新、浮梁、句容，打磨厂曰粤东、临汾、宁浦，鲜鱼口曰南康，孝顺胡同曰长沙，长巷头条胡同曰武林、南昌、汀州、江右，长巷二条胡同曰广丰、浦城、泾县，长巷三条胡同曰金溪、元宁、临江、南城，长巷四条胡同曰岳阳、贵池、上新、德兴、新城、南雄、乐平、休宁，高庙胡同曰芜湖，……东猪市

---

① 沈德符：《万历野获编》，《明代笔记小说大观》第 3 册，第 2538 页。
② 参见马慧娟《北京会馆的文化空间重构研究》，硕士学位论文，首都师范大学，2014，第 53~54 页。
③ 《北京会馆档案史料》，第 1327 页。

大街曰南康，三里河大街曰淮安，薛家湾曰鄞县，阎王庙前街曰宜黄、云梦，石虎胡同曰严陵，半壁街曰金华，东小市曰慈溪，崇文大街曰山东，广渠门内炉圣庵曰潞安。①

西城会馆之著者，西河沿排子胡同曰江夏，三眼井曰婺源，延寿寺街曰潮州、长元，吴柴儿胡同曰鄱阳，杨梅竹斜街曰含和，廊房三条胡同曰浮梁，施家胡同曰青阳，煤市街曰漳郡，干井胡同曰赣宁，百顺胡同曰晋太平，王广福街曰汾阳、新建，留守卫曰高安，石头胡同曰黄岩，西猪市曰潞安、赣宁、奉天、九江、平定、仁钱、翼城、浙绍，……保安寺街曰丰城、河间、奉新，羊肉胡同曰奉新，贾家胡同曰江震，潘家河沿曰齐鲁，横街曰全浙、淮安，南下洼子曰鄞县，粉坊街曰延平、廉州、天津，下洼子曰福州、福清，东砖儿胡同曰浦城，牛血胡同曰巴陵，鹞儿胡同曰平介。②

引文所谓"东城""西城"，指外城的东、西城，基本都属宣南。《宸垣识略》所列会馆包括工商会馆，但绝大多数为士绅会馆。从其表述"之著者"看，这并不是当时北京会馆的全部。如此多会馆聚集于外城，星罗棋布，带动了外城的"房产热"。因此汪启淑在《水曹清暇录》中记载："数十年来各省争建会馆，甚至大县亦建一馆，以致外城房屋基地价值腾贵。"③

士绅会馆由士人建立，以服务于在京官员及科考举子为宗旨。北京最早的山西会馆——三晋会馆，历经明清，地址几经变动，但组织者均为京官。三晋会馆始建于明万历年间，戴璐《藤阴杂记》载："陈泽州三晋会馆记：尚书贾公治第崇文门外东偏，作客舍以馆曲沃之人，曰乔山书院。又割宅南，为三晋会馆。且先于都第有燕劳之馆，慈仁寺有钱别之亭，公两以节钺镇抚四方，为善于乡如此。今北城有三晋会馆，规模甚狭，东城贾第及馆，几不可问。"④ 明万历年间的三晋会馆，地址在崇文门外，发起人为"尚书贾公"，即兵部左侍郎贾仁元。贾仁元，字西池，山西万泉

---

① 吴长元辑《宸垣识略》，第180~181页。
② 吴长元辑《宸垣识略》，第213~214页。
③ 汪启淑：《水曹清暇录》，第156页。
④ 戴璐：《藤阴杂记》，第58页。

人，后举家迁入山西曲沃。贾仁元先辟宅为"乔山书院"，服务家乡曲沃之人；后"割宅南为三晋会馆"，服务"三晋"人士。戴璐所载"北城有三晋会馆"，当指乾隆年间的三晋会馆。此馆应建于康熙年间，地点在虎坊桥西。道光年间，山西籍京官又倡导修建三晋东馆。①《三晋东馆记》载："国家大化翔洽，人文蔚起，吾晋士大夫应试谒选，于于而来者日接踵于国门，虽合省各郡县创建分馆星罗棋布数十区，其势涣而不萃。太仆灵石梁公与亭给谏郭公心斋、侍御常公芸阁、何公春芳、观察张公绍文、刑部正郎康公竹吾，虑旧馆之不足供栖止也，共议营新馆益之。"② 三晋东馆发起人有梁与亭、郭心斋、常芸阁、何春芳、张绍文、康竹吾，应属山西籍在京官员中的核心人物。《三晋东馆记》碑文则由时任兵部侍郎、都察院右都御史、福建巡抚韩克均撰写，由时任兵部左侍郎、南书房翰林祁寯藻书写。从三晋会馆发展史可以看出在京官员在士绅会馆中的重要作用。

除了发起人，一般官员也乐于参与会馆建设事务。《京都广信会馆记》载："乾隆乙酉春，吾郡公车十三人会饮于正阳门外左长巷广丰会馆，袁州教授邱君详举爵曰：直省府州县各置馆于京师以待计偕，吾郡自丰邑外皆促屋以居……于是十三人中虽极贫如都匀守俞公日灯及世钺者，无不解囊以应也。"③ 广信会馆建造过程中，即使"极贫"者，也踊跃捐款。

各地京官的多寡贫富，决定会馆的数量与规模。《清稗类钞》记载："各省人士侨寓京都，设馆舍以为联络乡谊之地，谓之会馆。或省设一所，或府设一所，或县设一所，大都视各地京官之多寡贫富而建设之，大小凡四百余所。"④ 明清两朝，北京的江西会馆在各省中最多，共107所。⑤ "明时江西仕宦称盛，故江西会馆多于天下，省馆四，郡馆十，县馆亦数十。"⑥ 据《北平旅行指南》的统计，至1935年，江西会馆仍然达

---

① 另有三晋西馆，建于光绪年间，位于宣南下斜街。因三晋东馆在崇文门外，东西对应，故此馆称西馆。
② 《三晋东馆记》，道光十六年，山西省政协《晋商史料全览》编辑委员会编《晋商史料全览·会馆卷》，山西人民出版社，2007，第96页。
③ 《广信府志》卷11，清同治十二年刻本。
④ 徐珂编撰《清稗类钞》第1册，第185页。
⑤ 参见齐静《会馆演剧研究》，博士学位论文，南京大学，2011，第113页。
⑥ 李绂：《京城抚州、临川二会馆记》，《穆堂别稿》卷12，清乾隆丁卯年刻本。

58所之多，为各省之冠。① 湖广会馆与安徽会馆也是很好的例证。这两所会馆以规模宏大、名人掌故众多而闻名，而这与晚清重臣李鸿章、曾国藩的影响力，以及安徽籍、湖南湖北籍官员的整体实力提升息息相关。

安徽会馆位于后孙公园胡同北侧，曾是明末清初著名学者孙承泽寓所"孙公园"的一部分。同治七年（1868），李鸿章晋升为协办大学士，入京觐见。当时，北京安徽籍官员中以军功得富贵者甚众，但在京城并没有设立大型的安徽省馆，各县在京的会馆也都较小，吏部右侍郎胡肇智等人便向李鸿章倡议集资兴建安徽会馆。安徽会馆于同治十年竣工，李鸿章撰写《新建安徽会馆记》。光绪十五年（1889），安徽会馆被焚烧殆尽，李鸿章又组织集资重建。可以说，没有李鸿章，就没有宣南的安徽会馆。

湖广会馆的前身，是乾隆年间官员张惟寅、王杰及嘉庆年间刘权之的府邸，后刘权之将其捐为会馆。道光十年（1830），湖广会馆改建。道光二十九年，武英殿大学士曾国藩等倡议重修，又增建了风雨怀人馆、花园假山等。湖广会馆正是凭借曾国藩在朝廷的影响而享誉京师。

北京的会馆建设，一直持续到晚清。据统计，清代共建会馆502所，大部分为士绅会馆，主要分布于宣南。② 民国时期，北京的会馆数量仍非常可观，《北平旅行指南》20世纪30年代对北京的"省郡县馆"进行统计，当时尚存的会馆共354所，其中宣南260余所。③ 从明至清，宣南曾经存在多少会馆，因统计人不同，所依据史料不同，数据有所差异。但宣南为北京会馆聚集区，且其中主要为士绅会馆，则确切无疑。

宣南地区现存的会馆建筑主要集中在宣武门以南的上斜街、储库营胡同、校场头条，南新华街以西的前孙公园胡同、后孙公园胡同、南柳巷，以及菜市口以南的烂缦胡同和南半截胡同。④ 从留存的建筑仍然能够想象昔日宣南会馆的繁盛。

---

① 参见《老北京旅行指南》，第358~359页。
② 参见马慧娟《北京会馆的文化空间重构研究》，硕士学位论文，首都师范大学，2014，第55~74页。
③ 参见《老北京旅行指南》，第357~363页。
④ 参见杜娟《北京宣南地区会馆建筑研究》，硕士学位论文，北京建筑大学，2014，第33页。

清代，进京赶考的学子、在京的官员、寓京的诗人名士、编纂《四库全书》等典籍的工作人员等，从全国各地会聚宣南，客居宣南会馆，开启京师生活新篇章。考察清代历史文化名人，发现很多人的京师生活都始于宣南会馆，如清顺治六年（1649）状元刘子壮与黄冈会馆，考据学大师阎若璩与太原会馆，乾嘉学派代表人物戴震与歙县会馆，著名诗人施闰章与宣城会馆，民族英雄林则徐与莆阳会馆，维新人士康有为与南海会馆等。士绅会馆，是宣南"士乡"的重要组成部分。

二 士绅会馆的建制与功能

宣南的士绅会馆，分几省联合馆、省馆、府馆、县馆，且全国各地士人政治、经济实力差别较大，对会馆的期许也不尽相同。级别不同，实力不同，其建筑规制、功能也不同。小会馆，只有一到两进院落，为一般民居的形制，如位于骡马市大街南贾家胡同的莆阳会馆，就是一座坐西向东的一进四合院，主要满足进京科考的莆田举子读书、住宿之用。大会馆，有多路四合院，院落严格依照中轴线排列，布局严整，建筑级别高，由官员的宅第改建或新建而成。如位于下斜街的全浙会馆，曾是康熙年间学者赵吉士的寄园，"子占浙籍中式，被某劾之，谪官助教，久住京师，以寄园捐作全浙会馆"。[①] 大型会馆能满足士绅日常居住、宴会、团拜、觞咏、娱乐、祭祀等要求，湖广会馆、安徽会馆即为其中代表。

会馆设置初衷是解决外地来京人员的住宿问题。《三晋公寓记》明确三晋公寓[②]建设初衷，是解决山西士人引见入都、庶常肄业以及大考、进士举人选拔、朝考复试，皆无就屋之烦的问题。[③]《重修湖广会馆碑记》载："嘉庆丁卯年，刘云房相国、李小松少宰创议公建湖广会馆，所以联乡谊，安行旅也。"[④] 安徽会馆整个西路院落，都是居住空间，以满足在

---

① 戴璐：《藤阴杂记》，第 66~67 页。
② 三晋公寓又名"云山别墅"，建于道光二十七年，位于海淀区挂甲屯。
③ 参见《三晋公寓记》，转引自刘长海《北京清代的三晋会馆考述》，《文物世界》2008 年第 2 期。
④ 《重修湖广会馆碑记》，北京市对外文化交流协会等编《北京湖广会馆志稿》，北京燕山出版社，1994，第 19 页。

京安徽籍官员的住宿需求。从城市治理的角度，也方便京城对外地来京人员的管理。《帝京景物略》中《嵇山会馆唐大士像》篇记载：

> 盖都中流寓十土著，游闲展士绅，爰隶城坊而五之。台五差，卫五缉，兵马五司，所听治详焉。惟是四方日至，不可以户编而数凡之也。用建会馆，士绅是主，凡入出都门者，藉有稽，游有业，困有归也。不至作奸，作奸未形，责让先及，不至抵罪，抵于罪，则藉得之耳，无迟于捕。会馆且遍，古法寝失，半据于胥史游闲，三奸萃焉。继自今，内城馆者，绅是主，外城馆者，公车岁贡士是寓。其各申饬乡籍，以密五城之治，斯亦古者友宗主敍，两系邦国意欤？①

流动人口过多，在任何时期都是管理难题。京城本身就是五方杂处之地，流动人口多，管理难度大。国人乡土情结颇重，出门在外老乡之间"抱团取暖"为普遍现象，会馆即为寓京同乡"抱团"居住提供条件。会馆组织人既能在同乡官僚群中享有良好的声誉，也能够辅助北京行政和治安管理机构管控特定地域非京籍人口。以会馆作为来京人员的寄居之所，可以说是多方共赢。

士绅会馆还解决了举子与待选官员等的住宿问题。清代大部分士绅会馆，首要解决举子的居住问题，"应试举子始终处于被优先考虑的地位"。② 浙江《山阴会稽两邑会馆记》云："古者征举至都国中，有馆舍以处之，厥后名存实更，诸馆皆系于学，其入馆也有常数。明时乡贡士及庠士之优者，皆令居太学学舍，不能尽容，多馆于其乡在朝者之邸第，未闻立馆以萃试士者。自举人不隶太学，而乡贡额加广，于是朝官各辟一馆，以止居其乡人，始有省馆。既而扩以郡分，以邑筑室几遍都市，是不徒夸科目之盛，竟闾里之荣，特虑就试之士，离群废学，有以聚而振之也。"③ 会馆为举子提供集体住宿，为他们营造良好的学习环境，从而不会"离群废学"。很多会馆管理规定中均有"试子优先"条款。福建龙岩

---

① 刘侗、于奕正：《帝京景物略》，第267页。
② 孙小语：《明清士绅会馆产生的原因》，硕士学位论文，东北师范大学，2008，第10~11页。
③ 《北京会馆档案史料》，第1322页。

会馆明确规定:"住馆之例,京官让候补、候选,候补候选者,让乡试、会试、廷试,不得占住,以妨后人,其余杂事人等,不许住宿。"① 这比明代的会馆显然更为合理。沈德符《万历野获编》提及万历年间北京的会馆"往往为同乡贵游所据,薄宦及士人辈不得一庑宇下,大失初意"。② 有的会馆还会将会馆收入、同乡士绅官商的捐款部分资助参加科考的举子,作为公车之费。获得会馆资助的举子高中为官之后,也会予以回报,捐资修建或扩大会馆规模。夏仁虎《旧京琐记》云:"北京市面以为维持发展之道者有二:一曰引见官员,一曰考试举子。然官员引见有凭引期限,其居留之日短。举子应考,则场前之筹备,场后之候榜,中式之应官谒师,落第之留京过夏,远省士子以省行李之劳,往往住京多年,至于释褐。故其时各省会馆以及寺庙客店莫不坑谷皆满。"③ 士绅会馆与举子的关系可见一斑。

国人有浓厚的乡土情结,将"他乡遇故知"视为人生一大乐事。会馆在提供住宿的同时,也为同乡之间交游宴集、联络感情、相互扶持提供了特定空间,成为同乡人的社交场所。《异辞录》云:"京师为各方人民聚集之所,派别既多,桑梓亦视为重,于是设立会馆以为公共之处。始而省会,继而府县,各处林立。此等天然之党籍,较之树一义以为标识者,未知利害奚若。"④ "聚乡成党"是历代官场普遍现象,而会馆则为这一群体的形成与活动提供便利,相应地,会馆自身功能也变得复杂,各建筑空间被赋予不同的功能。

聚会议事空间是会馆的重要功能空间。士绅会馆中,同籍官员间拜会交往,科考举子间学习交流,文人学者间吟咏雅集,此类活动都在聚会议事空间进行。歙县会馆的观光堂、江西会馆的举子楼、安徽会馆的文聚堂、湖广会馆的宝善堂等,均为聚会议事空间。

士绅会馆经常举办活动,如逢年过节团拜、乡人高中"三鼎甲"祝贺、给有名望的人祝寿等。《清稗类钞》记"乾、嘉间,吴林塘广文在

---

① 《北京会馆档案史料》,第337页。
② 沈德符:《万历野获编》,《明代笔记小说大观》第3册,第2538页。
③ 夏仁虎:《旧京琐记》,第217页。
④ 刘体智:《异辞录》,中华书局,1988,第145页。

京，其同年为设五旬寿宴。吴居太平会馆，贺客盈门，至暮，设筵，几三百座"。① 安徽会馆的思敬堂、湖广会馆的楚畹堂等，都是宣南知名的宴饮之所。同治九年（1870），翁同龢在安徽会馆为其母祝寿："廿六日，晨微雨数点，旋晴。是日借安徽会馆演剧，为慈亲称祝，宾客来者二百余人，自午初至子正演剧凡二十余出。"② 湖广会馆规模宏敞，素有宣南"巨宅"之称，清末民初北京名流宴集、喜庆丧吊，大都在此举行。

各种宴饮场合，往往穿插娱乐活动，其中最为普遍的娱乐方式是看戏。明代，北京的会馆已经有戏曲演出活动。袁中道记载苏州会馆正月演出《八义记》：

> 万历三十八年庚戌，正月初一日，寓石驸马街中郎兄寓。中郎早入朝，午始归。予过东寓，偶于姑苏会馆前逢韩求仲、贺函伯，曰："此中有少宴集，幸同入。"是日多生客，不暇问姓名。听吴优演《八义》。③

崇祯年间的日记也有与同乡在会馆聚会看戏的记载："（崇祯六年正月二十二日）赴稽山会馆，邀骆太如、马擎臣则先至矣，再邀潘朗叔、张三峨、吴于生、孙湛然、朱集庵、周无执饮，观《西楼记》。"④

清代以后，会馆演戏活动更为频繁。曾国藩多次在日记中提及在会馆观剧的经历，如"（道光二十一年正月）十九日……至湖广馆团拜。夜请父亲携九弟来馆看灯戏，二更尽散"；⑤"（同治七年十二月）廿一日……至湖广馆赴同乡之宴，听戏、饮酒至酉刻"。⑥ 林则徐也有嘉庆二十一年（1816）在北京的会馆观剧记录：

> （正月）二十二日，壬寅。晴。郑心田招往浙绍乡祠观剧，

---

① 徐珂编撰《清稗类钞》第11册，第5081页。
② 《翁同龢日记》第2册，陈义杰整理，中华书局，1992，第763页。
③ 袁中道：《游居柿录》卷4，青岛出版社，2005，第71页。
④ 祁彪佳：《楼北冗言》，《祁忠敏公日记》，1937年铅印本，第145页。
⑤ 《曾国藩日记》上册，宗教文化出版社，1999，第62页。
⑥ 《曾国藩日记》下册，第257页。

赴之。

　　二月初二日壬子，晴。……上午往思豫堂祝涵斋寿，观剧，酉刻回。①

　　清代，团拜之风盛行。光绪年间的《点石斋画报》有一幅《新年团拜》图，其文字说明为："团拜始于京官，凡在同乡，由会馆中之执事备帖分请，约期行礼，嗣是而行之外官矣，嗣是而大家望族房分过多者，亦相将学步。事简而礼赅，诚良法也。"② 会馆还为高中的本乡试子举办榜后团拜，《南宫旧事》载："凡得鼎甲省份，是日同乡京官，开会馆，设谦演戏，遍请以前各科鼎甲，迎新状元，其榜眼探花亦如之，鼎甲传胪，用大红长条贴门，与得试差同。"③ 道光二十五年（1845），湖南籍举子有十人考中进士，其中三人分别在乡试、会试、殿试中取得第一名，京师长沙会馆举行庆祝活动，曾国藩为会馆与戏台题写对联，全城瞩目。"同年"之间为了沟通关系、加深情谊，也举办"团拜"，免去互相拜会。《光宣小记》记载湖广会馆"同年"团拜场景：

　　同年至京，互相访见，定期行团拜故事。团拜者，众环立而互拜也。是岁，约集湖广会馆，并宴座师、房师，醵饮、演剧，为衣冠盛会。章一山（梫）、冯令之（巽占）、景子中（润）、陈诒重（毅）、刘厚之（敦谨）、关颖人（赓麟）、何鬯威（震）、朱聘三（汝珍）、商藻亭（衍鎏）诸同年皆于此订交，谭组庵（延闿）、黄远生（为基）、陆亮臣（光熙）诸同年亦谈论颇洽。④

　　清代会馆逢团拜必演戏，"京师公私会集，恒有戏，谓之堂会"。⑤ 会馆一般都有戏台，大型会馆甚至设有独立的观演空间，即戏楼。"京师众

---

① 中山大学历史系中国近代现代教研组、研究室编《林则徐集·日记》，中华书局，1962，第35、36页。
② 吴友如等画《点石斋画报》第1集下册，上海文艺出版社，1998，第120页。
③ 李家瑞编《北平风俗类征》下册，第498页。
④ 金梁：《光宣小记》，上海书店出版社，1998，第7页。
⑤ 徐珂编撰《清稗类钞》第11册，第5043页。

多会馆因为服务于科举，因为有经常的送往迎来，宴饮、娱乐是其基本功能之一，故会馆在建筑设计上有趋宏之势。戏台几乎成了会馆的必备构件，有的会馆甚至是在娱乐场所的基础上建成。"① 北京的平阳会馆戏楼建于晚明，是目前所知最早的会馆戏楼。清代，会馆戏台数大幅增加，如三晋会馆、广东会馆、安徽会馆、湖广会馆、山西会馆、福建会馆、全浙会馆、湖南会馆、粤东会馆、休宁会馆、中山会馆、四川会馆、浙慈会馆、长沙会馆、阳平会馆等，都配有戏楼建筑。其中正乙祠、安徽会馆、湖广会馆、阳平会馆的戏楼被称为"四大戏楼"，蜚声京城。前三处都在宣南地区，不过正乙祠属于行业会馆。

会馆还经常举办各种祭祀祈福仪式，士绅会馆祭祀对象一般为乡贤、文昌帝、关帝等。乡贤祠是祭拜本籍先贤的地方，太原会馆、安徽会馆、湖广会馆等都有相关建筑。会馆不同，祭祀的乡贤也不同。如湖广会馆供奉的是"全楚先贤神位"；江西所属的怀忠会馆、谢枋得祠、吉安二忠祠，祭祀对象分别为文天祥、谢枋得、李邦华，此三位为江西会馆普遍祭祀的乡贤。

文昌帝和关帝"文德武功允相配"，成为清代中后期会馆的普遍祭祀对象。士绅会馆虽也祭祀关帝，但更重文昌帝君。文昌阁、魁星楼是供奉文昌帝君、魁星等神祇的建筑。文昌神为主管文教之神，"司人禄籍"，故"缙绅大夫士多信礼之"；魁星是主文运、文章的神灵，明清时期，魁星信仰盛行。举子常在科考前入文昌阁、魁星楼祭拜，祈求金榜题名。湖广会馆、安徽会馆、湖南会馆、河间会馆等都设有相关建筑。

总体来看，大型的士绅会馆一般拥有住宿区、聚会议事区、宴饮娱乐区与祭祀区四大功能空间，以满足士绅京师生活需求。

三 士绅会馆与地域文化交汇

对寓居他乡的士绅而言，会馆就是京城的一缕乡愁。② 本章第一节所述居所、寺庙与园亭，虽也是士绅交游空间，但与会馆不同。居所具有私

---

① 王日根：《中国会馆史》，第65页。
② 参见张健《士人会馆——北京旧城会馆建筑文化内涵三题》，《北京工业大学学报》2005年增刊。

密性，且出入居所的人，可以是主人同乡，也可以是同僚与朋友。因此，居所与地域色彩，并无必然的联系。而寺庙、园亭作为公共空间，可能因某次同乡士绅雅集而被赋予地域色彩，但寺庙、园亭空间并不能长期留存这一标签。会馆则不然。对于同乡士绅而言，会馆代表了他们共同的"故乡"，是他们的公共交往空间。他们可以在这里尽情表达思乡之情，彰显本乡文化。一个个有着鲜明地域标签的会馆，星罗棋布，分散于宣南，交织出一张地域文化传播之网。宣南成为北京名副其实的地域文化交汇中心。

会馆在建筑形制上，与北京民居具有同构性。早期的会馆，特别是中小型会馆，多由捐宅舍馆而来，属典型的北京四合院建筑。后期营建的会馆，基本上也遵循四合院建筑形制，有华北民居的典型特征。大型的会馆如湖广会馆、安徽会馆等，以中轴线为主干，几路院落井然有序排列，呈现出北京王府建筑轩敞大气的特征。但会馆建筑在具体细节上仍然体现出地域文化的特色，比如湖广会馆虽有鲜明的中轴线，但其主线上最核心、最雄伟的建筑不是厅堂，而是戏楼。主体宏大、楼阁高敞、偏院曲折、戏楼为主、厅堂隐蔽，是两湖建筑的典型特征。曾国藩参与设计风雨怀人馆时，在亭榭假山的安置和斜廊的处理上，遵循南派堪舆文化的理念。李鸿章主持修建的安徽会馆充分体现徽派建筑讲求形神兼备、聚气藏风、左平右安、避煞通幽的特色。会馆楹联，更具有鲜明的地域色彩。江西江安会馆楹联："俱是宦游人，从大江南北来，追忆昔贤，犹传鹿洞学规，蠡滨政迹；曾为持节使，登匡庐左右望，瞻言故里，如见白门烟树，黄海云涛。"上下联均指向江西。曾国藩为长沙会馆题写对联，"湖山积久发奇光，借此地鼓舞轩鼙，聊寄酬洞庭衡岳；科目何尝无国士，愿诸君淋漓感激，安排作孝子忠臣"，具有典型的湖湘文化特色。此外，会馆内的集会空间展示地方科举名人，在激励后进的同时，也成为展示地域文化的窗口。

会馆又是具有鲜明"地点"功能指向的城市民间社会组织。[①] 会馆组

---

① 参见白杰《北京会馆成因及其功能解构》，《北京联合大学学报》（人文社会科学版）2014年第3期。

织的成员,来自同一片乡土。会馆开展的活动,往往具有浓郁的地方特色。诗歌雅集是士绅间最寻常的交往方式,但不同地域,文学样式也略有差别。诗钟是清代中后期一种新兴的文学形式,又称织锦体、折枝体等,是集比才、欣赏与游戏于一体的特殊文学创作活动。诗钟最早兴起于福建地区,"清之中叶,闽中有改诗之戏。改诗者,取古人成句,加减而点窜之谓也。顾其法简易,不为时人所称。于是嵌字分咏之诗钟,代之而兴"。① 道光四年(1824),福建籍文人曾元海、杨庆琛等来京,将诗钟结社之风尚带至京师,并创立荔香吟社,地点在福州会馆。后又组建折枝会,社员均为福建籍在京人员,地点为福清会馆。诗钟借由福建籍文人的会馆结社吟诗活动,传播至京城文人圈。在京文人纷纷诗钟结社,一时诗钟大为盛行。何刚德《春明梦录》记载:

> 余自庚辰后,始联社作折枝,不两年便改为击钵吟(《十一集》即余选刻)。晚间破闷,则约同乡三四人,到寓小集。如有大聚会,则在榕荫堂。榕荫堂即福州新馆之客厅也,窗明几净,觞咏洵足怡情。②

"击钵吟"和"折枝"都是诗钟社的主要形式。何刚德为光绪三年(1877)进士,引文所记"庚辰"年即光绪六年事,距福州会馆荔香吟社初创,已过去50余年。而此时,北京的诗钟热还没有消退。"诗钟热"还扩散至京师满族文人圈,光绪十一年,八旗子弟盛昱、成昌、毓康、志锐、志钧、志润、庆珍等人,仿照荔香吟社开榆社,并将作品刊刻成集。

北京士绅会馆的演剧活动,除演出经典昆曲剧目外,其他多为家乡戏。熟悉的乡音,最能在同乡中激发桑梓之情。会馆为各地方戏进京演出创造了条件,即地方戏班来京演出多从同乡会馆开始。由会馆的老乡判断是否叫座,叫座的才正式在北京的戏园子演出。山西梆子腔来京,最初在山陕会馆演出。山西梆子正是依靠同乡会馆打开了北京市场,山陕会馆促

---

① 连横:《雅堂文集》卷4,沈云龙主编《近代中国史料丛刊续编》第10辑,台北:文海出版社,1973,第265页。
② 何刚德:《春明梦录 客座偶谈》,第106页。

进了秦腔的广为传播。① 晋剧的板式还影响了京剧名家谭鑫培,"清光绪年间,晋剧名演员'铜骡子'、'铁马'等,到北京平介会馆演出,受到晋人的欢迎,也受到当时京剧表演艺术家谭鑫培等人的赞赏。他们演出的《西游记》故事,剧名《盗魂铃》,武功深厚,动作优美,唱段干脆,字正腔圆。谭老看上他俩技艺,登门拜访。'铜骡子'和'铁马'毫无保留地传授给他。后来谭老串演京剧《盗魂铃》,就是用晋剧板式唱的"。② 明代北京的江西会馆,为弋阳腔在北京的传播和盛行发挥了重要作用。③ 其他如汉剧、豫剧、蒲剧、粤剧、黄梅戏等剧种在北京的传播,会馆都发挥了极其重要的作用。

会馆还是各地饮食和方言的集中展示地,有助于川、鲁、粤、淮等地方菜系走向成熟,各地方言也部分为北京话所吸收。总之,"会馆不仅是一个建筑的实体,也不仅是一种侨居乡人的组织形式,它还是一条精神的纽带,将侨居人士的精神世界与原生地的文化连接起来……构成一个色彩纷呈的新文化场,构成整个京师文化的巨大板块"。④

宣南会馆兴起于明代,兴盛于清代,衰落于民国。会馆给北京宣南地区留下了丰厚的文化遗产。

第三节　琉璃厂书肆与文化传播

琉璃厂是宣南"士乡"文化高地,也是清代北京城文化中心。孙殿起在《琉璃厂小志》开篇高度评价琉璃厂在文化传播中的作用:"旧时图书馆之制未行,文人有所需,无不求之厂肆;外省士子,入都应试,亦皆趋之若鹜。盖所谓琉璃厂者,已隐然为文化之中心,其地不特著闻于首都,亦且驰誉于全国也。"⑤ 其实,琉璃厂作为此时北京的文化中心,不仅"著闻于首都""驰誉于全国",且声名远播海外。

---

① 参见宋俊华《山陕会馆与秦腔传播》,《文艺研究》2006年第2期。
② 宫步生:《谭鑫培移晋剧板腔于京剧》,山西省文史研究馆编《汾晋遗珠》,上海书店出版社,1994,第174页。
③ 参见齐静《会馆演剧研究》,博士学位论文,南京大学,2011,第116页。
④ 侯仁之主编《北京城市历史地理》,北京燕山出版社,2000,第500页。
⑤ 孙殿起辑《琉璃厂小志》,北京出版社,2018,第1页。

一 琉璃厂与北京士绅文化生活

一个城市的文化中心，首先得为城市居民提供公共文化服务。清代北京虽没有建立现代意义上的公共文化服务体系，但并不缺乏公共文化服务场所。公共园林、寺庙、书肆，都具备公共文化服务功能。琉璃厂的公共文化服务，主要以春节庙会①与日常书肆两种形式展开，服务对象主要是士绅阶层。

"琉璃厂"②起初为烧制琉璃瓦的窑厂，始建于元代。《琉璃厂沿革考》载："元代建都北京，名大都城，设窑四座，琉璃厂窑为其中之一。分厂在三家店，派工到西山来采取制琉璃瓦器之原料，由水路运至海王村之琉璃窑，以备烧制。缘元代由此地至西山，水道畅通，可以用船只启运也。至明代，琉璃窑规模更为扩充，向由宫内太监掌管窑厂。清代仍如明旧，有时兼派工部郎中分掌各职。"③直至康熙年间，琉璃厂窑由官办改为民办，官府设窑厂监督。至此，琉璃厂成为居民密度较大的城市街区。康熙时期，琉璃厂主要以灯市闻名，是北京春节期间的民俗文化汇集地。康熙朝修撰的《宛平县志》记当时的灯节活动："进春八日至十六日，商贾于市集灯花、百货、珠石、罗绮、古今异物，贵贱杂沓贸易，曰灯市。旧在东华门外灯市街，今散置正阳门外及花儿市、菜市、琉璃厂店诸处，惟猪市口南为盛。元宵前后，金吾禁弛，赏灯夜饮，火树银花，星桥铁锁，殆古之遗风云。"④灯市从内城灯市街移至外城的背后，是整个汉族士绅阶层京师生活区域的南移。在没有公共图书馆的明清时期，书肆是文人士大夫重要的文化生活空间。明代北京的书肆主要集中在内城，即正阳门内、东城的灯市口、西城的城隍庙街等处。清代实行特殊的居住政策，使内城的书肆都移到外城，原来城隍庙的书肆即移至宣南慈仁寺。慈仁寺即报国寺，始建于辽代，明成化二年（1466）在原寺旧址重建，名"慈

---

① 琉璃厂的庙会，俗称"厂甸"庙会。虽然庙会上也售卖其他商品，但"厂甸"的标志性物品仍然是文化产品。北京的庙会是民俗文化的重要载体，本书第七章"四时节序与节日习俗"也涉及"厂甸"庙会，本节侧重论述琉璃厂服务于士绅阶层的书肆特征。
② 在清人著述中，琉璃厂还有"厂甸""厂肆""海王村"等别称。
③ 张涵锐：《琉璃厂沿革考》，孙殿起辑《琉璃厂小志》，第1~2页。
④ 《宛平县志》卷1《地理之风俗》，清康熙刻本。

仁寺"。康熙年间，慈仁寺书市是当时京师最大的书市，"考康熙朝诸公，皆称慈仁寺买书，且长年有书摊"。① 王士禛更是慈仁寺的常客，他在《居易录谈》《居易续谈》《香祖笔记》中多次提及在慈仁寺买书事宜：

> （辛未年）予于慈仁寺，市得徐一夔始丰稿文十四卷，无诗。
>
> 甲戌闰五月廿五日，慈仁寺市上得女史琼如擘窠大书"李白登华山落雁峰"云云，凡三十三字。笔势飞动，不类巾帼粉黛中人。末题"琼如"二字，小印朱篆文二字同，不知何许人也。
>
> 六月十五日，于慈仁寺见文俶写生花鸟十二幅，极妍尽态中，落花游鱼尤萧洒。俶字端容，衡山征明之孙女，赵寒山宧光子妇也。②
>
> 每月朔望及下浣五日，百货集慈仁寺，书摊止五六。往间有秘本，二十年来绝无之。余庚申冬过之，有《两汉纪》初印本，最精，又《三礼经传通解》，亦旧刻。议价未就，旬日市期早过之，二书已为人购去，懊恨累日，至废寝食。壬午夏，见旧版《雍录》，雕刻极工，重过之，已为人购去矣。癸未夏，得《陈子昂文集》十卷，犹是故物，然如优钵罗花，偶一见耳。③

王士禛在笔记中提及的慈仁寺买书所历时间跨越20多年。其与慈仁寺书市之缘分，可谓深矣。乾隆年间，慈仁寺书市逐渐没落。戴璐《藤阴杂记》成书于嘉庆元年，他眼中的慈仁寺已不复康熙年间的胜景，"慈仁庙市久废，前岁复兴，未几仍止，盖百货全资城中大户，寺距城远，鲜有至者。国初诸大第宅皆在城西，往游甚便，自地震后，六十年来荒凉已极"。④

康熙年间，琉璃厂因灯市的关系，已出现书市，但书市"间有之，而不多见"。至乾隆年间，琉璃厂书市开始繁荣，并逐渐形成固定的书

---

① 陈康祺：《郎潜纪闻初笔》，《郎潜纪闻初笔二笔三笔》，第162页。
② 王士正（禛）：《居易录谈 附居易续谈》，第13、23、24页。
③ 王士禛：《香祖笔记》，上海古籍出版社，1982年，第55页。
④ 戴璐：《藤阴杂记》，第63页。

肆。《帝京岁时纪胜》载："琉璃厂在正阳门外之西。……厂内官署、作房、神祠之外，地基宏敞，树林茂密，浓阴万态，烟水一泓。度石梁而西，有土阜，高数十仞，可以登临眺远。门外隙地，博戏聚焉。每于新正元旦至十六日，百货云集。灯屏琉璃，万盏棚悬；玉轴牙签，千门联络；图书充栋，宝玩填街。更有秦楼楚馆遍笙歌，宝马香车游士女。"① 从书中记载来看，春节期间的琉璃厂庙会，已经"图书充栋，宝玩填街"。可见，琉璃厂书市当时已形成相当规模。《帝京岁时纪胜》是"岁时"笔记，关注节日民俗，因此仅述及正月庙会时的琉璃厂书市，其他时段则未提及。不过李文藻的《琉璃厂书肆记》记载了乾隆三十四年琉璃厂的光景，具体情况下文将论及。结合《帝京岁时纪胜》《琉璃厂书肆记》的记述，可知琉璃厂书肆在《四库全书》编纂之前，已经为数不少。

乾隆三十八年，朝廷启动《四库全书》编纂工作。《四库全书》的编纂，促使琉璃厂进入鼎盛时期。"时四库馆开，文士云集，四方书籍，聚于辇下，为国朝极盛之时。"②《四库全书》预修订历时 10 年，调整修改用时 7 年，耗时凡 17 年。参与《四库全书》编纂者，多寓居宣南，而琉璃厂地点适中，故为文人学士所常至，书市迅速发展起来。内阁大学士、文学家、书法家翁方纲在《复初斋诗注》中记载官员编撰情况："乾隆癸巳开四库馆，……午后归寓，各以所校阅某书应考某典，详列书目，至琉璃厂书肆访之。是时，浙江书贾，奔辏辇下；书坊以五柳堂、文粹堂为最。"③ 琉璃厂的书籍，为《四库全书》的编纂提供诸多便利。同时，《四库全书》的编纂也促进了琉璃厂书肆繁荣，各地书商纷纷携带大量古籍到此售卖，车马喧嚣，盛极一时。琉璃厂书肆的发展，也极大地促进琉璃厂其他文化经营类别的发展。当时的琉璃厂书肆，"凡古董、书籍、字画、碑帖、南纸各肆，皆群集于是，几无他物焉"。方朔《金台游学草·厂肆》篇描述道光前后琉璃厂的情形："都门当岁首，街衢多寂静。惟有琉璃厂外二里长，终朝车马时驰骋。厂东门，秦碑汉帖如云屯。厂西门，

---

① 潘荣陛：《帝京岁时纪胜》，《燕京岁时记》（外六种），第 32 页。
② 缪荃孙：《琉璃厂书肆后记》，孙殿起辑《琉璃厂小志》，第 103 页。
③ 翁方纲：《复初斋诗注》，孙殿起辑《琉璃厂小志》，第 32 页。

书籍笺素家家新。"①

琉璃厂书市带动的行当，基本上都属文化产业。琉璃厂其实是清代北京的文化产品聚集地，服务对象主要为宣南的士绅阶层。如前文所述，宣南为著名"士乡"，聚集了大批文人士大夫。琉璃厂较之慈仁寺，地理位置更为优越，从各部衙署归家的官员溜达着就可至琉璃厂。一些著名学者还居住于琉璃厂附近。如明末清初孙承泽，其住宅和花园一起并称为"孙公园"，现琉璃厂南侧仍保留有前、后孙公园胡同；王士禛居于琉璃厂火神庙夹道；孙星衍居于琉璃厂南夹道；罗聘则寓居琉璃厂之观音阁。宣南的面积本不大，居于其他地方的士绅来往琉璃厂也非常便捷。

琉璃厂是文人士大夫购书的主要场所。《琉璃厂沿革考》载："清代藏书家，旅居北京，无不往游琉璃厂，盖搜集善本，罔不求之厂肆也。"②道光年间，张文虎记述自己于琉璃厂购书的经历：

> 道光癸卯十一月……十日，大风，偕雪枝至琉璃厂书肆，购得钟祥李云门尚书潢九章算术细草图说……二十八日，往琉璃厂书肆，购得郝兰皋比部懿行注山海经……二十九日，偕雪枝、福堂至琉璃厂书肆，购得孙子十家注……十二月……二日，……往琉璃厂书肆，购得武进刘申受礼部逢禄遗集……五日，往琉璃厂书肆购得陈伯玉集，蜀杨中丞国桢补辑者。十二日，往琉璃厂，购得江都陈逢衡逸周书补注……③

震钧《读李南涧琉璃厂书肆记》载："至光绪初，承平已久，士夫以风雅相尚，书乃大贵。于时南皮张孝达学使，有书目答问之作，学者按图索骏，贾人饰椟卖珠，于是纸贵洛阳，声蜚日下，士夫踪迹半在海王村矣。"④鲁迅于1912年到京，在京14年，其日记载到琉璃厂访书购物达480多次，采买图书、碑帖3800多册。琉璃厂书肆里的珍本、善本、孤本、秘本之类，奇货可居。买不起珍贵版本的士绅，亦可于此大饱眼

---

① 张涵锐：《琉璃厂沿革考》，孙殿起辑《琉璃厂小志》，第8页。
② 张涵锐：《琉璃厂沿革考》，孙殿起辑《琉璃厂小志》，第12页。
③ 张文虎：《琉璃厂访书》，孙殿起辑《琉璃厂小志》，第367~368页。
④ 震钧：《读李南涧琉璃厂书肆记》，孙殿起辑《琉璃厂小志》，第107页。

福，增长见识。梁启超在《清代学术概论》中评价琉璃厂："琉璃厂书贾，渐染风气，大可人意，每过一肆，可以永日，不啻为京朝士夫作一公共图书馆。"① 由此，琉璃厂又有"清代国家公共图书馆"之誉，成为彼时北京重要的学术交流场所，在养成北京学术风气上有其历史贡献。琉璃厂还是文人士大夫的交流聚会场所，其售卖文化产品，各店铺主人与伙计都颇具文化修养，"以书会友""以珍奇揽人"成为各店铺的风尚和经营传统。文人士大夫将逛琉璃厂视为一种高雅的文化活动，清代孙承泽、王士禛、孙星衍、朱彝尊、李渔、纪晓岚等都是琉璃厂的常客，近代翁同龢、潘祖荫、李文田等常以琉璃厂为聚会场所。

琉璃厂的繁荣一直持续到晚清民国时期。近代著名学者伦哲如（伦明）记述："壬寅（按即1902年）初至京师，值庚子乱后，王府贵家，储书大出，余日游海王村隆福寺间，目不暇给，每暮必载书满车回寓。"② 琉璃厂至今仍然保留文化街特色，当然其影响已不可与往日相较。

二 琉璃厂与国内文化传播

北京是全国的"首善之区"，北京文化首先是都城（京师）文化。"历朝之纲纪，以京师为主脑，如身使臂，如臂使指，而行于各城郭乡村；历代之风物，赖'四方会及'、'八荒辐辏'之京都而隆盛一时，蔓及九州，乃至宣播于域外。"③ 这种京师文化在全国的辐射作用，在琉璃厂体现得非常突出。琉璃厂凭借图书及其他文化产品，对京师文化的辐射发挥了重要的作用，促进了国内的文化传播。

在明清时期，图书是文化传播的重要媒介。琉璃厂不仅是北京图书流通中心，还是全国图书流通中心。王钟翰在《北京书肆记》中总结道："九城之肆收九城之书，厂肆收九城之肆之书，更东达齐鲁，西至秦晋，南极江浙闽粤楚蜀，于是举国之书尽归京市。"④ 北京本地图书不断流入

---

① 梁启超：《清代学术概论》，中华书局，2011，第98页。
② 张涵锐：《琉璃厂沿革考》，孙殿起辑《琉璃厂小志》，第13页。
③ 郑师渠：《"首善"之区与北京文化建设》，《北京师范大学学报》（社会科学版）2004年第5期。
④ 王钟翰：《北京书肆记》，张静庐辑注《中国现代出版史料》甲编，中华书局，1954，第381页。

琉璃厂。乾隆三十四年（1769），宝名堂周氏"购得果亲王府书二千余套，列架而陈之。其书装潢精丽，俱钤图记"。① 延庆堂刘氏"夏间从内城买书数十部，每部有楝亭曹印，其上又有长白敷槎氏、董斋、昌龄图书记，盖本曹氏而归于昌龄者，昌龄官至学士，楝亭之甥也"。② 晚清时期，松筠阁店主刘际唐收购北京蒙古车王府抄本1400余种5000余册。因北京本地难以满足市场需求，全国各地图书不断汇集琉璃厂。江浙历来为中国图书出版中心，当时江浙书商纷纷携珍本到琉璃厂开店设摊，出现"南书北运"现象。同时琉璃厂各书肆纷纷派人到全国各地购书。五柳居与文粹堂"皆每年购书于苏州，载船而来"。③ 朝鲜使臣李德懋在《入燕记》中记载了五柳居的书船：

> 陶氏所藏，尤为大家，揭额曰"五柳居"。自言书船从江南来，泊于通州张家湾，再明日当输来，凡四千余卷云。因借其书目而来，不惟吾之一生所求者尽在此，凡天下奇异之籍甚多，始知江浙为书籍之渊薮。④

山西各县是小说戏曲类书籍出品地，琉璃厂书商多到山西贩书。1921年前后，琉璃厂文友堂店主张修德，在山西介休购得明万历四十五年（1617）刻本《金瓶梅词话》，词话本《金瓶梅》得以首次露面。富晋书社于1931年以4万元价格购入扬州吴氏藏书，共计8000余种。崇文斋在河北旧书摊廉价买到宋刊本《童蒙训》。从通都大邑，到穷乡僻壤，都留有琉璃厂书商的足迹。

乾隆时期，琉璃厂书肆经营者来源较杂，但江西金溪人数量不少。李文藻《琉璃厂书肆记》载："书肆中之晓事者，惟五柳之陶，文粹之谢，及韦也。韦，湖州人，陶、谢皆苏州人，其余不著何许人者，

---

① 李文藻：《琉璃厂书肆记》，孙殿起辑《琉璃厂小志》，第101页。
② 李文藻：《琉璃厂书肆记》，孙殿起辑《琉璃厂小志》，第101~102页。
③ 李文藻：《琉璃厂书肆记》，孙殿起辑《琉璃厂小志》，第101页。
④ 李德懋：《入燕记》，《燕行录全集》卷57，韩国东国大学校出版部，2001，第293页。

皆江西金溪人也。"① 咸丰同治年间，以江西人为主。孙殿起《贩书传薪记》载：

> 按前清咸同年间，琉璃厂书肆，经营者江西省人居多数；向在琉璃厂东门内路北，建有文昌馆，每逢二月初三日文昌诞辰，前往拈香。彼时交通不便，其故乡子弟，因路远，来者甚少，故所收学徒，北直冀县属人为多。②

光绪以降，河北省冀县、衡水、束鹿等地人日益增多，河北书贾开始在琉璃厂古旧书业占据重要地位。当时琉璃厂的著名书肆如通学斋、富晋书社、松筠阁、邃雅斋、来薰阁、文禄堂等几乎都由河北书商经营。③河北书商承继前辈传统，热衷于全国各地搜罗图书，"于此道最所擅长，千方百计，四处联络，凡通都大邑，穷乡僻壤，有古书可收罗者，不远千里而往，甚或派员常川驻守，期在捷足先得，不令错失时机。而名著善本之为前人所著录者，现存何处，为何人所收藏，胥能详其源流，深悉底蕴，射鹄中的，矢无虚发。其用心之专，任事之勇，有非常人所可推测者，可谓不惮其烦，不惜其力"。④通学斋店主孙殿起，即为其中典型。孙殿起不仅常到北京各书肆、书摊收集古籍、碑帖、拓片，还曾赴天津、济南、南京、镇江、扬州、上海、苏州、宁波、广州等地访书。文禄堂书肆店主王晋卿，"嗜古成癖，积三十年之力，勤苦搜访，所获实多。常与当代宿儒互相探讨，精研益深"，⑤"三十年不易肆，访求书籍，穷极区宇。履綦所逮，北至并，东至鲁、豫，南至江淮、吴越。故家世族精刊秘笈，经其目睹而手购者，无虑数万种，蜚声当世"。⑥正是在这些书商的竭力搜罗

---

① 李文藻：《琉璃厂书肆记》，孙殿起辑《琉璃厂小志》，第102页。
② 孙殿起：《贩书传薪记》，孙殿起辑《琉璃厂小志》，第196页。
③ 参见杨昊、刘洪升《冀商对中国传统文化的贡献——以北京琉璃厂旧书业为例》，《河北大学学报》（哲学社会科学版）2018年第3期。
④ 张次溪：《北京书市谈往》，转引自徐雁《中国旧书业百年》，科学出版社，2005，第19页。
⑤ 王文进：《文禄堂访书记》，柳向春标点，上海古籍出版社，2007，徐乃昌"序二"，第1页。
⑥ 王文进：《文禄堂访书记》，董康"序一"，第1页。

之下，琉璃厂成为天下图书汇聚之地。

北京宣南为著名"士乡"，文人士大夫数量居全国之首。图书是文人士大夫最重要的文化消费品，而逛琉璃厂则是他们最喜欢的文化休闲活动。琉璃厂的图书通过士绅的行迹，流传至全国各地。乾隆三十四年（1769），李文藻因"谒选至京师"，闲暇则到琉璃厂观书，后追忆此番经历，著《琉璃厂书肆记》：

> 乾隆己丑五月二十三日，予以谒选至京师，寓百顺胡同。九月二十五日，签选广东之恩平县，十月初三日引见，二十三日领凭，十一月初七日出京。此次居京师五月余，无甚应酬，又性不喜观剧，茶园酒馆，足迹未尝至，惟日借书钞之，暇则步入琉璃厂观书，虽所买不多，而书肆之不到者寡矣。出京后，逆旅长夜不能寐，乃追忆各肆之名号及所市书之大略记之。①

李文藻描述乾隆中叶琉璃厂的风貌：琉璃厂街长二里许，东街有20多家书肆，以及卖眼镜、烟筒、日用杂物的店铺；西街有7家市肆，另有卖古董、裱字画、雕印章等的店铺。李文藻详记各书肆名号、店主及其售书之来源，还记述自己所购书目及所见珍稀图书的作者、藏者、版本等情况。

李文藻（1730~1778），字素伯，号南涧，山东益都（今青州）人，乾隆二十六年进士。李文藻是著名藏书家、刻书家，善诗文，嗜金石，达方志，精于考证、目录、校勘之学，钱大昕称其为"天下才"。李文藻于乾隆三十四年来京，旋即谒选广东恩平县令，后改任新安县令、潮阳县令、桂林府同知。其一生行迹，历山东、北京、广东、河南、广西等地。李文藻在琉璃厂购买的图书既有抄本，也有刻本。抄本包括《元史略》《读史方舆纪要》《皇宋通鉴长篇纪事本末》《芦浦笔记》《滏水集》《吕敬夫诗集》《建炎复辟记》《礼学汇编》等；刻本包括《长安志》《鸡肋集》《胡云峰集》《黄稼翁集》《唐眉山集》《毛诗要义》等。"适有《广

---

① 李文藻：《琉璃厂书肆记》，孙殿起辑《琉璃厂小志》，第100页。

东新语》，或选恩平之兆也"，他嗜书如命，所购图书亦当伴随他前往恩平任上。李文藻任广东潮阳县令时，潮阳县原有一所东山书院，年久失修，无人讲学，他延请进士郑安道于此讲学，并且购买经史子集数十种，以教学者，以振士风与文风。像李文藻这样的士大夫还有很多，当时北京的文人大多系外地人，北京只不过是其人生中的一个驿站而已。其中的官僚往来于故土、北京、任所之间，行囊中的书籍跟随他们的足迹流转，将文化传播至全国各地。

清代至民国，琉璃厂刻书业也日益兴盛。在清代北京200多家可考的书坊中，琉璃厂有130多家。琉璃厂刻书通过图书贩运、人员往来携带影响全国。琉璃厂也以书业中心的地位吸引各地刻书商来此发展，由此成为全国的刻书业中心，其刊刻的书籍售往全国乃至海外。《红楼梦》就是从琉璃厂走向全国的。《红楼梦》最初以抄本形式在曹雪芹亲友间流传，他去世后，书稿逐渐流入社会，但仅有前80回，"好事者每传抄一部，置庙市中，昂其值得数十金，可谓不胫而走者矣"。[1] 最初售卖手抄本的"庙市"，即春节期间琉璃厂火神庙等处的书摊。[2] 而且，《红楼梦》三种较为重要的抄本，己卯本、庚辰本、梦稿（杨藏）本都曾在琉璃厂收售或转手。[3] 乾隆年间，琉璃厂书商程伟元"竭力搜罗"《红楼梦》散佚稿，"自藏书家甚至故纸堆中无不留心，数年以来，仅积有廿余卷。一日偶于鼓担上得十余卷，遂重价购之"。[4] 乾隆五十六年，程伟元、高鹗将于"故纸堆"与"鼓担"中所得与流传的手抄本整理"修辑"，由萃文书屋用木活字付梓，题《新镌全部绣像红楼梦》，此为程甲本。乾隆五十七年，程、高二人再次刻印《红楼梦》，为程乙本。在此后《红楼梦》版本流传过程中，"宣南地区依然是《红楼梦》一书整理和刊刻的主要地

---

[1] 程伟元：《红楼梦序》程甲本卷首，转引自丁锡根编著《中国历代小说序跋集》，人民文学出版社，1996，第1160页。
[2] 《郎潜纪闻初笔》卷8载："京师书摊，今设琉璃厂火神庙，谓之庙市。"见《郎潜纪闻初笔二笔三笔》，第162页。
[3] 参见曹立波、张俊《琉璃厂与〈红楼梦〉版本的流传略述》，《红楼梦学刊》2002年第4辑。
[4] 程伟元：《红楼梦序》程甲本卷首，转引自丁锡根编著《中国历代小说序跋集》，第1160页。

域"，"（琉璃厂）一直是各种《红楼梦》版本的主要传播处所"。① 琉璃厂与《红楼梦》的传播流布关系密切，在《红楼梦》传播史上具有重要地位。

清末民国时期，琉璃厂还出现了一批从事书报印刷的书局。1895年，康有为发动公车上书，创办《万国公报》（后改名《中外纪闻》），其馆址在琉璃厂南边的后孙公园。强学会所出的《中外纪闻》，馆址在后孙公园安徽会馆旁。辛亥革命后，北京成为全国报刊发行中心之一，而宣南的琉璃厂则是北京报刊发行的核心地点。1935年，《北平旅行指南》列出当时北平的42种报纸，其中宣南有23家，内城19家，而内城的19家大多靠近宣南。② 宣南的核心地带则是琉璃厂及周边。宣南还是外埠报刊的发行地，如《时务报》是最早在京发行的外埠报纸之一，发行所即设在宣南，其中一处就在琉璃厂土地祠内。《燕都丛考》载："琉璃厂西门外，南北分名为南北柳巷，中有永兴寺，……先时一般书局及裱工作多僦居于此，现已改为发行新闻纸之市场。"③ 从清末到民国年间，南柳巷、永兴寺、魏染胡同等地形成报刊发行集散地，"这一分布特征的形成是受到清代形成的宣南士人文化的影响，是宣南文化的余波"。④

三 琉璃厂与日本、朝鲜文化交流

书籍是文化的载体。文献典籍的交流，是清代中外文化交流的重要内容。琉璃厂书肆的图书远播日本、朝鲜等国，在清代中外文化交流上发挥了重要作用。

关于琉璃厂与日本的书籍交流，所存资料不多，但仍有迹可循。《红楼梦》程甲本问世后第三年（乾隆五十八年，1793），琉璃厂刊刻的《红楼梦》就传到日本，开启《红楼梦》在日本的传播之旅。这年12月9日，南京王开泰的"寅贰号"商船自平湖的乍浦起航，抵达日本长崎港。

---

① 马建农：《北京宣南文化的社会文化氛围与〈红楼梦〉的传播》，《红楼梦学刊》2002年第4辑。
② 参见马芷庠《老北京旅行指南》，第345~346页。
③ 陈宗蕃编著《燕都丛考》，北京古籍出版社，1991，第503页。
④ 岳升阳、林玉军：《宣南文化与北京清末民初的报刊》，《北京社会科学》2004年第1期。

商船所载货物包括76种图书，其中就有"《红楼梦》九部十八函"。关于此次带往日本的《红楼梦》版本，一说是萃文书屋的程甲本，一说是乾隆五十七年冬苏州书商据程甲本翻刻的《绣像红楼梦全传》。不论是哪一种，传播的源头都在琉璃厂。在当年的交通条件下，琉璃厂新出的图书仅两年时间就传到日本长崎，实在是令人惊叹。

光绪末年来华的宇野哲人在其游记中记载游琉璃厂的印象："此处书肆、古玩铺接轩联甍，其中圣经贤传及古书画骨董，使人垂涎不能惜者甚多。城内隆福寺亦有七八家书肆，然终不能与此处琉璃厂匹敌。书肆之室内四壁作成书架，满载书籍，书籍上垂下记有书名之附笺。客人进入书肆后，应酬两三句，便被邀至椅上用茶，询问欲购之书物。其态度之殷勤，真难让人回绝。"① 20世纪30~40年代，日本人频繁出入琉璃厂书肆，"当时的通学斋、来薰阁、文奎堂、松筠阁、文友堂都有许多日本客户"。② 孙殿起与多位日本汉学家关系密切，经常为其荐书或代购，《诗经》研究专家藤松林称赞他为"真圣人也"。孙殿起在其辑录的《琉璃厂小志》中，专门写有《日本书商来京搜书情形》篇，记载东京文求堂田中庆太郎在琉璃厂搜购古籍事。文求堂经营中国古书字画，在日本汉学界影响甚大。文求堂店主田中庆太郎是中国古籍版本学专家，与傅增湘、郭沫若等人过从甚密。

1900年，田中庆太郎从东京外国语大学中国语学科毕业后，随即到中国游历。1901年，他来到北京，第一次见识了琉璃厂的繁盛。1908年至1911年，他常住北京，一面勤学汉文化，研修书籍版本知识，一面极力购进古籍珍本。在此期间，他购买了包括甲骨片、敦煌经卷、《四库全书》散本等在内的众多中国珍贵古籍。他在琉璃厂广搜古籍珍本，甚至购得北宋刊本《史记集解》。1928年至1929年，田中庆太郎的文求堂曾发行《文求堂善本书目》，汇集当时搜集的约120种中国古籍善本的图版及简要说明，成为当时日本鉴别中国古籍的参考标准。

---

① 〔日〕宇野哲人：《中国文明记》，张学锋译，光明日报出版社，1999，第42页。
② 郁默：《琉璃厂书业烟云录》，《中国典籍与文化》1992年第3期。

琉璃厂与朝鲜的图书交流，较之日本更为频繁，相关著述也颇多。①朝鲜一直以中华文化为正统，明亡后以"小中华"自居。朝鲜曾是清朝的藩属国，每年都会派遣使团前来朝贡。琉璃厂在朝鲜使臣心目中留下了深刻印象，包括《热河日记》在内的六种《燕行录》中，出现大量关于琉璃厂的记载，且有不少以"琉璃厂"为题，如洪大容《湛轩燕记》卷3《琉璃厂》，朴思浩《心田稿》的《琉璃厂记》等。

在朝鲜使臣笔下，"琉璃厂为皇城第一繁华富丽场"，②令他们感慨"诚天下之大都会，一代之极繁华也"。③

乾隆四十三年，朝鲜使臣李德懋抵达北京。他在《入燕记》中记载对琉璃厂的印象："译官金在协将传抚宁县徐绍芬书于其弟绍薪，时绍薪寓琉璃厂北佛庵，余与在先随往，……归路历观琉璃厂市，书籍、画帧、鼎彝、古玉、锦缎之属应接不暇，颈为之披，四通五达，人肩触磨。"④李德懋抵京之时，正是编纂《四库全书》时期，也是琉璃厂发展的高峰期。乾隆五十六年至五十七年，朝鲜使臣金士龙（正中）出使北京，他对琉璃厂的观察更为仔细，在其日记中生动描写当时琉璃厂的街市风光、书肆的规模和书肆中书籍放置情况：

逶迤转向，步步游赏，折而复西，一街头廛房极其侈丽，从奴云：此是琉璃厂初入之路。余住脚远望，步步金牌，饰以龙头，纱窗绣阁，琼户粉壁，左右玲珑，来往之人，如在水中画中。历人参铺、古玩斋、百队旗亭，无非茶坊酒肆。且当岁时，卖灯之店，笔铺墨馆，罗列东西。书店之雄，令人心醉目眩。珍签宝轴，插架而连屋；青缃锦帙，叠兀而堆床。入而见之，不知何书之在何方，似难搜得，而卷面糊小片白纸，各书某书、某帙也。⑤

---

① 关于琉璃厂与朝鲜的文化交流，参见王振忠《朝鲜燕行使者与18世纪北京的琉璃厂》，《安徽史学》2011年第5期；杨雨蕾《北京琉璃厂与清代中韩文化交流》，《"东亚汉文化圈与中国关系"国际学术会议暨中国中外关系史学会2004年年会论文集》，2004。
② 佚名：《燕行录》，《燕行录全集》卷70，第55页。
③ 吴晗辑《朝鲜李朝实录中的中国史料》第11册，中华书局，1980，第4702页。
④ 李德懋：《入燕记》，《燕行录全集》卷57，第276~277页。
⑤ 金正中：《燕行日记》，《燕行录全集》卷74，第426~428页。

还有一种佚名《燕行录》,也对琉璃厂做了生动的描述:

> 琉璃厂在正阳门外,第一芬华富丽大市廛也,连亘十里,沿街列肆,招牌森罗,帘旗掩映,丹楼粉壁,夕阳初旭,恍惚夺目,真成琉璃世界。出正阳门耳根殷富,车辙相磨,马蹄相沓。过琉璃厂,眼角迷花,金银抵斗,锦绣连云,牙签缃帙,宋刻唐板,积与屋齐,载可轴折,红纸标儿,鳞鳞相次,真李王溪之獭祭鱼,此即书籍铺也。玉轴锦漳,顾书吴画,或张挂壁上,或卷在床间,金字牌儿面成行,真米南宫之虹贯月,此即书画铺也。其他各样图章,各样书镇,无非文石美玉,余外笔山砚滴,墨壶诗笺,总是雕琢奇巧,安排齐整。列肆经纪之人,面如傅粉,指如削葱,青幔之下,各踞床凳椅机,前面摆列茶碗、笔砚等物,见客则起而揖迎,道个好呀!①

琉璃厂街市成为展示清朝的文化名片。"这无疑是一个文化街市,它在展现出大都会的繁华的同时,还展现了中国传统的雕彩画绘、重楼飞檐等古代建筑特征以及高雅的文化品位。"②

中国典籍传至朝鲜,一般通过朝廷赠书、使臣购买以及私下赠予等方式。清代,朝鲜使臣在中国的购书活动是中国典籍流入朝鲜的最主要渠道。求购中国的史学和经学著作,是朝鲜使团的例行任务。这一现象自明代就已存在。明朝文人姜绍书言:"朝鲜国人最好书。凡使臣入贡,限五六十人,或旧典,或新书,或稗官小说,在彼所缺者,日出市中,各写书目,逢人遍问,不惜重直购回,故彼国反有异书藏本也。"③ 清代前期,由于政治原因,朝鲜使臣在北京活动受限,朝廷对地方志或有关舆地图说类图书管理甚严。康熙三十年(1691),朝鲜使臣因购买《大清一统志》而被处罚。乾隆年间,朝廷对朝鲜使臣的管理开始松动,使臣的购书活动变得频繁。朝鲜使臣经常到琉璃厂采购图书,琉璃厂成为中朝文化交流的

---

① 佚名:《燕行录》,《燕行录全集》卷70,第55~56页。
② 刘凤云:《北京与江户——17~18世纪的城市空间》,中国人民大学出版社,2012,第91页。
③ 姜绍书:《韵石斋笔谈》,《文渊阁四库全书》第872册,第95页。

重要场所。

朝鲜使臣的《燕行录》多处记载使臣到琉璃厂书肆访书、求书的情景。乾隆四十一年（1776），朝鲜使臣徐浩修在琉璃厂购买铜活字版《钦定古今图书集成》10000卷5200册，同行的沈念祖购入《通志堂经解》1775卷500余册。[①] 李德懋在京期间（1778），曾访琉璃厂书肆嵩秀堂、文粹堂、圣经堂、文盛堂、名盛堂、五柳居等13处书肆，对朝鲜稀有或绝无的书籍进行调查，并整理抄录书目132种（均为明清时期出版的前人或明清人之集部精华），购得朱彝尊《经解》数十卷、马骕《绎史》、《顾亭林集》等。[②] 乾隆五十五年，朝鲜使臣徐浩修、柳得恭和朴齐家出使北京。三人到琉璃厂求购《满洲源流考》《皇清开国方略》等书，然"秘讳严密，无可奈何"，后朴齐家在书肆得见《皇清开国方略》，并将有关内容誊写。琉璃厂的图书通过使臣传入朝鲜，对朝鲜文化产生了重要影响。

琉璃厂也成为朝鲜使臣结交中国文人的重要场所。朝鲜哲学家洪大容于乾隆三十年到北京，是最早访问并记录琉璃厂的朝鲜使臣。洪大容在京期间，曾六访琉璃厂，于此听琴、观赏、笔谈、求书。他不仅拜琉璃厂刘生学习中国音乐，还与江南文人严诚彼此钦慕，结下"性命之交"。俞蛟的《春明丛说》有《朝鲜使臣记》篇，即记载洪大容琉璃厂逸事。朝鲜史学家柳得恭，于乾隆四十三年、乾隆五十五年、嘉庆六年（1801）三次来华，回国后著有《滦阳录》和《燕台再游录》。柳得恭亦是琉璃厂的常客，此处成为他与中国文人交往的重要场所，其《燕台再游录》所列交游姓名中，仅"燕中缙绅举人孝廉布衣"就达41人，纪昀、阮元、孙星衍、黄丕烈、罗聘等均列其中。

琉璃厂不仅将中国图书传播至日本、朝鲜，也将日本、朝鲜的书籍引入中国。日本书商曾将日本汉学研究著作委托琉璃厂书肆销售。朝鲜的《东医宝鉴》成书于万历三十八年（1610），乾隆三十一年顺德人左翰文

[①] 参见廉松心《十八世纪中朝文化交流研究》，博士学位论文，中央民族大学，2004，第32页。
[②] 参见杨雨蕾《朝鲜燕行录所记的北京琉璃厂》，《中国典籍与文化》2004年第4期。

将此重刻,当时在琉璃厂标价五两纹银。① 乾隆四十五年,朴趾源作为随员燕行入京恭贺乾隆七十大寿,其《热河日记》记载了此次情况,其中有言:"我东书籍之入梓于中国者甚罕,独《东医宝鉴》二十五卷盛行,板本精妙。"② 嘉庆三年,徐有闻的《戊午燕行录》指出,琉璃厂的书店,每家都有《东医宝鉴》三四帙。③ 此外,朝鲜学者的著作通过琉璃厂刊行,流传至今。1790 年,著名藏书家、校勘学家陈鱣在琉璃厂与朴齐家、柳得恭结为忘年之交。陈鱣曾为朴齐家诗文集《贞蕤稿略》作序,称"读之洋洋洒洒,如登高山,临沧海,骤然莫测其崇深",并为其校刻。此书收入清代吴省兰所编丛书《艺海珠尘》,在中国流传。④

琉璃厂,是清代宣南的一个大型"书肆",它联结北京的书商大贾、文人雅士、显宦名流,成为清代北京文化的孵化器。这个"书肆"以北京为轴心,吸纳各地文化精华,并辐射全国。这个"书肆"是中国的文化使者,以书籍为纽带,将中华文化远播域外。琉璃厂也成为彼时北京最靓丽的文化名片。

---

① 参见王振忠《朝鲜燕行使者与 18 世纪北京的琉璃厂》,《安徽史学》2011 年第 5 期。
② 朴趾源:《热河日记》卷 4,上海书店出版社,1997,第 293 页。
③ 参见徐有闻《戊午燕行录》,《燕行录全集》卷 62,第 254 页。
④ 参见廉松心《十八世纪中朝文化交流研究》,博士学位论文,中央民族大学,2004,第 35 页。

第五章　八旗世家与教育科举

清代是由满族建立的王朝，存续时间达270余年。不论是其统治观念，还是治理方式，都与元代有很大不同。元代推行的是"四等人制"，但大都城却是各民族混居。清代虽然没有在制度上划分等级，却实行"旗民分治"政策。"旗民分治"制度，形成了以内城为中心的旗人社会。旗人包括满洲旗人、蒙古旗人、汉军旗人等，满洲旗人地位最优。因此，清初的旗人文化，其核心是满洲文化。后来，随着满汉进一步融合，旗人文化中的汉文化成分越来越多，体现在教育与科举上，则是旗人既保留了其民族特性，又发扬汉族尊师重教的传统，积极学习汉文化。

北京作为都城，聚集了包括皇室宗亲、贵胄世家在内的旗人，形成了内城成熟的旗人社会与浓郁的旗人文化。北京八旗世家大族的教育理念、教育制度与旗人子弟的人品、个性等，是旗人文化的重要组成部分，也是清代北京城独特的文化记忆。震钧《天咫偶闻》、昭梿《啸亭杂录》、福格《听雨丛谈》等笔记，为我们了解清代北京旗人社会、教育与文化提供了鲜活的史料。

第一节　八旗世家与子弟教育

八旗制度是清代最重要的政治制度之一，八旗的建制规定了北京内城的居住格局。内城居住的皇室宗亲、八旗世家秉持的教育理念、教育方式，为清代培养了大批优秀人才，也为北京营造了独特的满汉兼容的京师文化氛围。

一　八旗建制与贵族世家

八旗初始于满洲（女真）人的狩猎组织，是旗人的社会生活军事组织形式，也是清代的根本制度。八旗，有八旗满洲、八旗蒙古与八旗汉军，共二十四旗。昭梿《啸亭杂录》载：

> 我国家以神武开基，龙兴之初，建旗辨色，用饬戎行。始建两翼，其后归附日众，乃析为八。以本部所属者为满洲，蒙古部落而迁入者为蒙古，明人为汉军，合为二十四旗，制度备焉。每旗制，都统一人，副都统二人，参领五人，佐领以百丁为率，无定官，而每以骁骑校一人隶之。①

八旗满洲，分正黄、镶黄、正白、镶白、正红、镶红、正蓝、镶蓝，有上三旗与下五旗之分。上三旗指正黄旗、镶黄旗、正白旗，归皇帝亲领，地位高贵，为八旗核心。其余为下五旗，它们成为诸王、贝勒等宗亲的分封之地，由各旗主各司其职。宗室王公皆分隶下五旗，皇子分府也全部拨入此五旗。上三旗守卫皇城，培养侍卫，为皇帝外出扈从。下五旗除守卫京城外，大批被派出各地驻防。上三旗与下五旗分治后，各旗所属包衣分为两个系统：上三旗包衣称"内务府属"，为皇家私属；下五旗包衣称"王公府属"，为各王公私属。

清初，为了以八旗军队有效控制全国广大地区，清廷采取"居重驭轻"重点配置的政策。北京作为都城，是八旗驻扎的重点。北京实施旗民分城居住制度，内城成为清朝皇室宗亲、八旗世家、普通旗人聚居地区。几十万旗人居住于内城，形成"旗城"，与外城（汉城）并存。

内城中央是皇帝居住的紫禁城（宫城）。紫禁城外，则居住皇室宗亲，"内务府三旗，则列在皇城以内"。② 皇城外，则是由"禁旅八旗"（又称"京旗"）驻扎的内城，从四面拱卫皇城。《钦定八旗通志》记载了八旗拱卫京师制度："太祖高皇帝创设八旗分为两翼，左翼则镶黄、正白、镶白、正蓝，右翼则正黄、正红、镶红、镶蓝。其次序皆自北而南，以五行相胜为用。两黄旗位正北，取土胜水；两白旗位正东，取金胜木；两红旗位正西，取火胜金；两蓝旗位正南，取水胜火。……开国

---

① 昭梿：《啸亭杂录 续录》，《清代笔记小说大观》第5册，第4652页。
② 福格：《听雨丛谈》，中华书局，1984，第5页。

之规制良有以也。"① 北京城驻防之制始于顺治朝，依据此制度，北京内城被分为八个区域，两黄旗守北城，两白旗守东城，两红旗守西城，两蓝旗守南城。具体为：正黄旗在德胜门内，镶黄旗在安定门内，正白旗在东直门内，镶白旗在朝阳门内，正红旗在西直门内，镶红旗在阜成门内，正蓝旗在崇文门内，镶蓝旗在宣武门内。② 又以皇城中轴线为中心，分左右两翼，东部四旗为左翼，西部四旗为右翼。在各旗驻地，又按满洲、蒙古、汉军分别居住。昭梿《啸亭杂录》详细记载了北京八旗的建制与职责：

> 镶黄、正黄居都北址，次两白，次两红，次两蓝，皆四周星拱以环禁城。凡城池、衙署、仓库，皆以骁骑马兵守之，各于禁门外置公厅，都统、副都统更番值夜，以备不虞。火灾则各往救之，出境者不预焉。禁城灾则并往视，怠者绌之。③

这种居住格局，在清代之前北京从未有过。本书第一章曾简单论及中国城市的特点。中国古代城市的首要功能是政治军事功能，国都尤为如此。国都的核心是君王所居的宫城，围绕宫城配备三省六部等府衙，外围的核心则居住诸王公贵胄。依照这一皇权辐射圈，国都往往也会形成贵族居住区与平民居住区等不同区域。比如明代北京的居住格局，据《旧京遗事》记载："勋戚邸第在东安门外，中官在西安门外，其余卿、寺、台、省诸郎曹在宣武门。"④ 国都往往是各民族聚居之地，北京历金、元、明、清朝，其民族聚居特色尤为鲜明。历代国都往往会形成或大或小的民族聚居区，如北宋开封的犹太人社区、元代大都的牛街回民聚居区等。但从未有过哪座都城，由王朝制度规定内外城各聚族而居，内城再细化为不同的军事政治组织分别居住。清代北京特殊的居住政策，是此时北京文化形成的决定因素。

---

① 《钦定八旗通志》卷30，《文渊阁四库全书》。
② 具体分布参见金启孮《京旗的满族》，《满族研究》1988年第3期。
③ 昭梿：《啸亭杂录 续录》，《清代笔记小说大观》第5册，第4652页。
④ 史玄：《旧京遗事》，第147页。

第五章 八旗世家与教育科举

北京内城八旗文化的核心体现在皇室宗亲与八旗世家。居于紫禁城的皇帝，以及居于皇城以"八大铁帽子王"为代表的皇室宗亲，是北京最为尊贵的群体。"八大铁帽子王"是指清代有赫赫功勋的八位亲王、郡王，他们不仅是皇室嫡系子孙，还对清朝开基创业或统一全国立有大功。其中，礼亲王家族最为显赫。清太祖努尔哈赤第二子代善被首封为礼亲王，居铁帽子王之首，其子岳托被首封为克勤郡王，其孙勒克德浑被首封为顺承郡王，祖孙三代世袭罔替。清代王府中，最大者为礼亲王府和豫亲王府，老北京有"礼王的房，豫王的墙"之谚。礼亲王府原为明代外戚周奎的私宅，位于西城区西安门黄城根南街路西，其故址现由国家机关事务管理局使用。《啸亭杂录》作者昭梿为第三位礼亲王，礼亲王代善六世孙。昭梿，父名永恩（谥号为"恭"）。昭梿在《啸亭杂录》中回忆其父德行：

>先恭王袭爵垂五十年，其勤俭如一日，不好侈华，所食淡泊，出处有恒，虽盛夏不去冠冕。尝曰："吾心如权，凡事至，皆量其轻重，然后理之。"又曰："凡执权者，宜开人生路，不可博公直之名，致裁抑仕途，使进取之士壅滞怨望。"时和相当朝，每苛责诸士子，先人每不以为然。尝诫梿曰："朝廷减一官职，则里巷多一苦人，汝等应志之。"[1]

旗人重身份，贵门第。皇室宗亲之下，门第最高者为八旗世家。"清代的八旗世家贵族大多属于清初军事贵族转化而来，他们是在清王朝创建的历史过程中崛起的，与后金的征战和明清鼎革密切相关，而八旗贵族世家家族地位大多是由家族成员的军功铸就的。"[2] 八旗世家，依照八旗建制，自然分满洲世家、蒙古世家与汉军世家。蒙古世家主要由归附的蒙古各部的首领构成，汉军世家由清初功臣家族发展而来，大多为归附的明朝官军或地方精英家族。满洲世家，则为八旗世家之核心，其中以八大姓为

---
[1] 昭梿：《啸亭杂录 续录》，《清代笔记小说大观》第5册，第4401页。
[2] 雷炳炎：《清代社会八旗贵族世家势力研究》，中国社会科学出版社，2016，第23页。

最贵。"满洲八大姓",亦称"满洲八大家",指清代地位显赫的满洲八大家族。清代文献所指对象,不尽相同。《郎潜纪闻初笔》载:

> 满洲氏族,以八大家为最贵。一曰瓜尔佳氏,直义公费英东之后。一曰钮祜禄氏,宏毅公额亦都之后。一曰舒穆禄氏,武勋王扬古利之后。一曰纳喇氏,叶赫贝勒锦台什之后。一曰栋鄂氏,温顺公何和哩之后。一曰马佳氏,文襄公图海之后。一曰伊尔根觉罗氏,敏壮公安费古之后。一曰辉发氏,文清公阿兰泰之后。凡尚主选婚,以及赏赐功臣奴仆,皆以八族为最云。①

昭梿《啸亭杂录》卷10所载与此大体相同,但多出一家"乌喇氏卜占泰之后","为九大家云"。② 两则笔记中排列第一的都是瓜尔佳氏。瓜尔佳氏是八旗满洲之中人口众多、地位十分显赫的姓氏。《天咫偶闻》的作者震钧(1857~1920),即瓜尔佳氏,属满洲镶黄旗。《天咫偶闻》记载,震钧祖上在天命二年(1617)归后金(清),以"二等侍卫事太祖、太宗"开始,传至十二世,且由武入文,世代簪缨。震钧家族先居住于西单牌楼马尾斜街,乾隆年间迁居"总捕胡同元真观之左"。③ 震钧出生于总布胡同宅邸,此处后相继成为大学士恩承及李鸿章的宅第。

崇彝《道咸以来朝野杂记》所载"八大姓"又不同:"满洲八大姓,为钮祜禄氏、瓜尔佳氏、舒穆鲁氏、那拉氏、完颜氏、富察氏、费莫氏、马佳氏、章佳氏,实为九姓。然费莫、马佳二姓乃一族也。"④ 值得注意的是,此八大姓包括富察氏与完颜氏。"满洲八大姓",多为清初形成的勋贵世家,而富察氏与完颜氏,一般认为是盛清时期显赫官宦世家。此类世家虽崛起于开国之际,但其显赫地位则来自后世子孙在政坛长盛不衰的地位与影响。此类世家除富察氏、完颜氏外,还有佟佳氏、费莫氏、那木都鲁氏、郭络罗氏、西林觉罗氏等。《儿女英雄传》作者文康,即费莫

---

① 陈康祺:《郎潜纪闻初笔》,《郎潜纪闻初笔二笔三笔》,第229~230页。
② 参见昭梿《啸亭杂录 续录》,《清代笔记小说大观》第5册,第4635页。
③ 参见震钧《天咫偶闻》,第54页。
④ 崇彝:《道咸以来朝野杂记》,第47页。

氏。八旗世家中，还有内务府世家。内务府包衣虽属奴仆，但他们本身是皇室"家奴"，与皇室关系密切，其中一些家族逐渐跃居为上三旗包衣世家。内务府世家包括军功型、保姆型、婚姻型、科举型几种类型。① 完颜氏即属于内务府世家，江南织造曹寅家族、李煦家族也属内务府世家。以下仅以富察氏为例，简要概述满洲世家在清代政坛的地位与影响。

富察氏，清代官书及笔记相关记载颇多。《八旗满洲氏族通谱》记载："富察，本系地名，因以为姓。其氏族甚繁，散处于沙济、叶赫、额宜湖、扎库塔、蜚悠城、讷殷、额赫库伦、讷殷江、吉林乌喇、长白山及各地方。"② 《钦定八旗通志》记载的富察氏，共63派，沙济富察氏为其中一支。沙济富察氏隶属镶黄旗，最显赫者为哈什屯家族。哈什屯历康、雍、乾、嘉四朝，人才辈出，显赫一时。米思翰、马思喀、马齐、马武、保祝、李荣保、傅清、傅恒、明瑞、奎林、明亮、福灵安、福隆安、福康安、丰绅济伦、博启图、景寿等朝廷重臣皆出自哈什屯家族，体现了富察氏在政坛的巨大影响力。按规定，镶黄旗居住于北城安定门内，如镶黄旗汉军世家范文程，居住于交道口胡同。"交道口头条胡同有地名范家大院。考其地为范文肃公文程故居。开国元勋，功在社稷，子孙簪缨接武，今零替矣。"③ "洪文襄承畴第，在南锣鼓巷路西。"④ 但富察氏中的乾隆朝一等忠勇公傅恒，其府第却位于皇城景山东街。《道咸以来朝野杂记》载，傅恒府第"面积之广，建筑之壮丽，当年为北京第宅之冠"。⑤ 一等忠勇公府的位置与建制，体现了傅恒在乾隆朝的显赫地位。府门前的旗杆底座和阿斯门边的上马石，目前基本保存完好。为表彰傅恒平定边疆战乱功绩而建的乾隆敕建傅恒宗祠碑，1986年移至五塔寺北京石刻艺术博物馆。在博物馆众多碑刻中，傅恒宗祠碑无疑最具气势。

二 官学、私学与子弟教育

清入关前，就设立学校教授八旗子弟，但效果不显。入关后，清廷吸

---

① 参见刘小萌《清代北京旗人社会》，中国社会科学出版社，2008，第506~573页。
② 辽宁省图书馆古籍部整理《八旗满洲氏族通谱》卷25，辽沈书社，1989，第325页。
③ 震钧：《天咫偶闻》，第84~85页。
④ 震钧：《天咫偶闻》，第85页。
⑤ 崇彝：《道咸以来朝野杂记》，第51页。

纳中国传统教育制度之精华，创建八旗教育体系。八旗教育分官学和私学两大系统，互为补充。

八旗官学包括宗学、觉罗学、咸安宫官学、景山官学、八旗官学等。"凡我显祖宣皇帝位下之嫡派子孙，谓之宗室；伯叔兄弟之裔，谓之觉罗。"① 清代八旗官学中，最早出现的是宗学。顺治十年（1653），设立宗学教授宗室子弟。凡未封宗室子弟 10 岁以上，俱入学习清书（满文）。雍正年间，又设左、右两翼宗学，宗室子弟 18 岁以下入学分习清、汉书，兼骑射。觉罗学设立于雍正七年（1729），教授觉罗子弟。宗学和觉罗学是满洲皇室官学，隶属宗人府。《清稗类钞》"世宗设宗学"载：

> 雍正中，特设宗学左、右翼各学于京师，简派王公专管，岁时，钦派大臣考其殿最，以为王公奖罚。左翼在金鱼胡同，右翼在帘子胡同，皆设宗室总管、副管各一人，以司月饷、公费等事。三岁考绩，授七品笔帖式。觉罗、八旗各设学一，其总管、副管，如宗学之制。满教习用候补笔帖式，汉教习用举人考取，皆月有帑糈，四时特赐衣缣。②

《红楼梦》作者曹雪芹可能曾在右翼宗学任职，并结识宗室子弟敦诚、敦敏兄弟。宗学、觉罗学学习内容以习读儒家经书、满语、骑射为主，二者成为清代八旗宗室、觉罗子弟进身仕途的桥梁。

景山官学与咸安宫官学则为内务府培养书写、骑射人才。景山官学设于康熙二十四年（1685），咸安宫官学设于雍正七年（1729），二者隶属内务府。八旗官学专为平民子弟设立，设于顺治元年（1644），隶属国子监。《清稗类钞》"世宗设八旗官学"载：

> 雍正中，设八旗官学三于京师。咸安宫官学在京师西华门内，择八旗子弟聪慧者充弟子，月有帑糈，不计岁月，入仕后始除其籍，特

---

① 福格：《听雨丛谈》，第 4 页。
② 徐珂编撰《清稗类钞》第 2 册，第 555 页。

派大臣综其事，教习用进士、举人。景山官学在景山内，皆内务府子弟充补，其制与咸安宫同，为内务府总管所辖。八旗官学，每旗各设学一，择本旗满洲、蒙古、汉军子弟充补，十年为期，已满期未中式者，除名另补，为国子监祭酒所司，亦附于太学之意。①

八旗官学下设满洲馆、蒙古馆、汉馆。乾隆三年（1738）规定："八旗子弟选取入学，三年之内令其专诵经书，朝夕讲课。三年后，监臣考验择其才质聪颖、有志力学者归汉文班分隶教习，令其专心讲诵。其年齿已长，愿学翻译者，归满文班分隶助教，令专心翻译。"② 八旗学生均须学习骑射，各馆学生13岁以上者学射步箭，16岁以上者学射马箭。③ 八旗官学以培养可堪各部院衙门任用的职员为目的，"具有明显的文化教育与职业教育相结合的特征"。④ 受过官学教育的八旗子弟，一般都能熟练掌握汉文、满文和骑射。各部院衙门笔帖式、中书、翻译等职位，皆可录用八旗官学培养的人才，其中笔帖式为八旗独有，名额较多。考试合格的学生，可以获得相应职务，优秀者还被选送至国子监，接受精英教育。八旗官学卓有成效，为清廷输送了大量人才，为维系王朝的统治发挥了重要作用。清末，官学废弛，虽因朝廷整顿一度有所起色，但官学不振已成既定事实。《天咫偶闻》分析这一现象：

先是八旗各有官学，建自雍正中。然年久废弛，徒存其名而已。八旗子弟亦无入官学者，学舍皆圮。光绪十年，因谏臣之请整顿官学。……于是兴工修复，规模一新。教习之勤惰有赏罚，学生之优劣有进退。岁颁巨款以为俸薪、束修、奖赏、膏火、纸墨、书籍、饮食之费，于是官学遂为人才林薮。八旗子弟无虑皆入学矣。至近数科，每一榜出，官学人才居半。然费如许心力所造就者，举业耳。于学之

---

① 徐珂编撰《清稗类钞》第2册，第555页。
② 《钦定八旗通志》卷95，《文渊阁四库全书》。
③ 参见《钦定国子监则例》卷37，台北：文海出版社，1989年影印本，第870~878页。
④ 章广：《清代八旗教育的发展特征、得失与启示》，《教育史研究》2017年第2期。

实，固无当也。①

随着八旗读书人数增多，私学逐渐兴起。"清代私学的发展，不仅成就了八旗世家子弟的仕进之路，而且培育了八旗社会的重教好学之风。"②八旗私学，尤其是家塾，主要是为子弟参加科举考试而设立，其规制与课程设置、教学内容等，除满语、骑射之外，基本与汉族家塾相差无几。③八旗世家往往延师设馆，以课子弟，"先生"成为世家之必备配置。康熙朝大学士明珠，设馆"招延名儒以训其子"，其三子性德、揆叙、揆方皆一时俊才，"并为国器"（《揆叙墓志铭》）。乾隆朝重臣阿文成（阿桂），6岁入私塾，塾师为清代著名经学家苏彤。阿桂先考入顺天府学，成为国子监拔贡生，后中举入官场，历任大学士、军机大臣等要职。

私学的教学内容与官学类似，包括儒家典籍、满语与骑射等。这三者，因各世家家学不同、所处时代不同而有所侧重，但儒家文化在八旗教育中占据重要地位。《听雨丛谈》载：

> 谨按国初八旗考试之例，时举时停，世禄之家，原不系科名为轻重。其时人材辈出，实有英贤，而官学生、笔帖式、荫生皆可转补编修、学士。凡我八旗子弟，固不必寻章摘句，摹拟帖括，思与寒畯争径，然亦必须熟读史汉经籍以为根柢，诸子百家以为应变，再加以阅历，习以掌故，然后始可出为干济之用。总之不求科举可也，不读诗书不可也。④

震钧在《天咫偶闻》中回忆其家庭教育时说：

> 前辈讲理学者甚多，每以《近思录》、《朱子全书》、《伊洛渊源录》、《呻吟语》、《嵩阳讲义》等书为指归。训子弟，以小学为入门，

---

① 震钧：《天咫偶闻》，第82页。
② 雷炳炎：《清代社会八旗贵族世家势力研究》，第161页。
③ 参见王佐贤《满族家塾》，《紫禁城》1990年第2期。
④ 福格：《听雨丛谈》，第249~250页。

第五章　八旗世家与教育科举

大抵比户如是，而读书尤慎。先伯祖恭慎公训子弟，语及《四书》，辄曰：某篇、某章、某句。检寻之无少误，经书皆能举其注语。先高祖赠光禄公训子弟，倍讽书手不持本，有误必斥，先辈皆然，殊不以为异也。①

鄂尔泰之父鄂拜，不仅"好读书""通经史"，且非常重视家庭教育。鄂尔泰入家塾读书，前三年随塾师背读经书，10岁开笔作文，20岁中顺天乡试第十名举人，任内廷侍卫后，仍"时出怀中所携古文、时文各一册，手不释卷，竟夜忘寝"。② 震钧评价鄂尔泰曰："文端相业，在本朝要为巨擘。后来惟阿文成、曾文正差堪继武。"③ 从鄂尔泰阅读的书籍及读书方法，可以了解八旗世家子弟习经史情况：

读书之法，经为主，史副之。四书本经、孝经，此童而习之者。外此则先之以五经，其次如《左传》之淹博，《公》、《穀》之精微，《仪礼》之谨严，《周礼》之广大，《尔雅》之辨析毫芒，大至无外而细入无间。此十三经者，阙其一即如手足之不备，而不可以成人者也。至于史，则先《史记》，次《前汉书》，次《后汉书》，此三史者，亦阙一不可。读《本纪》可以知一代兴亡盛衰之由；读《年表》、《世家》可以知大臣创业立功之所自；读《列传》可以知人臣邪正公私，即以关系国家得失利害之分。……此读史之大要也。……乐、章、歌、词之属，乐府、诗歌之祖也。屈原、贾谊、司马相如、扬雄等传所载骚赋之属，词赋之祖也。故熟于三史，则文人、诗人、骚人一齐俯首矣。况不止三史乎？必待读经即毕而后读史，则史学太迟。惟读《左传》而以《史记》副之，读《公羊》、《穀梁》、《仪礼》、《周官》、《尔雅》而以前、后两汉书副之。……读经以淑性，读史以陶情。朝经暮史，参错互读，则有体有用，内外兼该。相济而

---

① 震钧：《天咫偶闻》，第209页。
② 参见鄂容安《襄勤伯鄂文端公年谱》，《北京图书馆藏珍本年谱丛刊》第91册，第453~459页。
③ 震钧：《天咫偶闻》，第123页。

不相妨，相资而不相紊。然后反求其本，而约之于至一之地，则本之身，错之世，无所往而不当。出之言，为经术之言；行之事，为经济之事；建之功业，为经天纬地之功业。①

"国语骑射"，是八旗教育的重要内容。《天咫偶闻》载八旗世家射箭习俗：

> 国家创业，以弧矢威天下，故八旗以骑射为本务，而士夫家居亦以射为娱。家有射圃，良朋三五，约期为会。其射之法不一。曰射鹄子，高悬栖皮，送以响箭。鹄之层亦不一名，最小者名羊眼。昔果益亭将军专工射鹄，有"果羊眼"之称。然工者仍不事此，或一箭诸圈皆开而不落，如花篮式，此为至难。曰射月子，满语名艾杭，即画布为正也。曰射绸，悬方寸之绸于空而射之，此则较难。又有于暮夜悬香火于空而射之，则更难。然皆巧也，非力也。闻之开国之初，其射也，弓用八力，箭长三尺，镞长五寸，名透甲锥，所中必洞，或连贯二人而有余力，是以南京太和门箭遂没羽焉，此国初所以能威天下也。②

学习儒学经典等汉文化与习"国语骑射"，在清初还能保持平衡。但至乾隆年间，"国语骑射"已开始弱化。至清末，很多旗人已不能说满语，骑射也日益生疏。

八旗世家非常重视品行教育，对子弟要求甚严。旗人讲究礼法，这是旗人文化的典型特征，也是教育的成果。"八旗旧家，礼法最重。余少时见长上之所以待子弟，与子弟之所以事长上，无不各尽其诚。朝夕问安诸长上之室，皆侍立。命之坐，不敢坐。所命耸听，不敢怠。不命之退，不敢退。路遇长上，拱立于旁，俟过而后行。宾至，执役者，皆子弟也。其敬师也亦然。子弟未冠以前，不令出门。不得已而出，命老仆随之，故子

---

① 震钧：《天咫偶闻》，第124~125页。
② 震钧：《天咫偶闻》，第12页。

弟为非者甚鲜。"① 此条被《清稗类钞》"教育类"转录，且直接点名"八旗之家庭教育，于礼法最严"。世家重门风，读书人重品行，官宦子弟重家国责任，这都是八旗教育的突出效应。震钧称："满洲旧俗，读书人不肯涉标榜之习，皆以致用为本。故立德、立功者极众。"② "余家世代仕宦，皆以清德著称。"③ 富察氏、西林氏、嵩申家族等世家的显赫地位，主要来自其子弟的人品才华与功勋，而这些都离不开良好的家庭教育。汉族文人何刚德寓居京师19年，其在《春明梦录》卷下总结满人的人品风貌："满人在京，可分为三等：一则一二品大员，年高位尊，各自持重，礼节周旋，一味和蔼。虽有闹意见者，间或以冷语侵人，而绝无乖戾之态。平心而论，较汉人尚多平易近情。一则卿寺堂官，及出色司员，稍有才干，便不免意气自矜；然一涉文墨，未有不甘心退让者。至寻常交际，酒肉征逐，若遇有汉人在座，转不免稍涉拘谨。一则平常司官、笔帖式，个个乡愿，无争无忤而已。"④

八旗教育具有鲜明的民族特性与时代特征，既在一定程度上保留满族文化特色，又积极吸收汉族文化，满汉文化兼收并蓄。这种特殊的教育理念，为国家培养了大批人才，巩固了皇权，也维护了民族团结和社会稳定。满汉并重是八旗教育的基本原则，但八旗子弟的"国语骑射"能力逐渐下降，甚至荒疏不解。震钧作为一名旗人，对此现象表达深深的忧虑："昔我太宗创业之初，谆谆以旧俗为重，及高宗复重申之。然自我生之初，所见旧俗，闻之庭训，已谓其去古渐远。及今而日习日忘，虽大端尚在，而八旗之习，去汉人无几矣。国语骑射，自郐无讥。服饰饮食，亦非故俗。所习于汉人者，多得其流弊而非其精华。所存旧俗，又多失其精华而存其流弊，此殆交失也。"⑤

三 世家子弟与文采风流

八旗教育有着较为完备的体系，培养了大批优秀人才。侍卫与笔帖式

---

① 震钧：《天咫偶闻》，第209页。
② 震钧：《天咫偶闻》，第209页。
③ 震钧：《天咫偶闻》，第54页。
④ 何刚德：《春明梦录 客座偶谈》，第59页。
⑤ 震钧：《天咫偶闻》，第208页。

是八旗子弟特别是满洲旗人入仕的主要途径。福格《听雨丛谈》载："国初，以八旗将士平定海内，镶黄、正黄、正白三旗皆天子自将之军，爰选其子弟，命曰侍卫，用备宿卫侍从，视古羽林、虎贲、旅贲之职"，"笔帖式为文臣储材之地，是以将相大僚，多由此途历阶"。①

随着天下安定、偃武修文，旗人读书风气日浓。一些家族开始将科举功名视为子弟入仕的主要途径。震钧自述家世云："余家自乾隆以来，科第不绝。"②"科第不绝"家族，人才辈出，世代簪缨，声名显赫，逐渐发展为科举世家。其中最具代表性的是完颜氏、索绰罗氏、蒙乌吉氏等，尤为突出者为完颜氏嵩申家族。嵩申，字伯屏，满洲镶黄旗人，金宗室之苗裔，光绪朝刑部尚书。嵩申先祖以军功起家，但其家族的显赫地位主要来自"制举经义"之学。该家族从八世祖阿什坦起，一连九代，除七世祖和素外，皆由科举入仕。《清代朱卷集成》嵩申会卷履历详细记载其家族成员的科宦情况：自达齐哈至嵩申十代成员中，卷中列名的男性人数为60人，有功名者20人，其中进士8人，贡生4人，举人2人，生员6人，出任各种官员者达50多人。③ 知名者有：阿什坦（嵩申八世祖），顺治壬辰进士，官刑科给事中、充实录馆纂修等；和素（嵩申七世祖），御试八旗清文（满文）第一，充皇子师傅、内阁侍读学士等；留保（嵩申七世叔伯祖），康熙辛丑进士，钦赐翰林院编修、吏户礼工四部侍郎、玉牒明史馆总裁等；乌尔登额（嵩申五世叔伯祖），乾隆丙辰进士，官翰林院侍读学士；麟庆（嵩申祖父），嘉庆己巳进士，历任内阁中书、河南河道总督、实录馆纂修总纂等；崇实（嵩申父亲），道光庚戌进士，官刑部尚书、盛京将军等；嵩申，同治戊辰进士，历任实录馆纂修、内阁学士、刑部尚书等。嵩申家族的科考成就，令人艳羡。震钧赞叹道："满洲旧族，簪笏相承，无如完颜氏之盛且远者。"④

嵩申家族的科举之路，始于阿什坦。阿什坦通晓经义，擅长满汉翻

---

① 福格：《听雨丛谈》，第25、22页。
② 震钧：《天咫偶闻》，第49页。
③ 参见《清代朱卷集成》嵩申会卷第31册，台北：成文出版社，1995。嵩申家族的具体情况，可参见徐宏《论清代八旗科举世家——嵩申家族》，《鞍山师范学院学报》2002年第4期。
④ 震钧：《天咫偶闻》，第64页。

译，是清初著名翻译家，被康熙赞为"我朝大儒"。《天咫偶闻》载：

> 按国初满洲理学，有阿什坦，字海龙，完颜氏，正黄旗人（按：应为镶黄旗）。顺治九年进士，官给事中。通经学，笃于践履。康熙初，翻译《大学》、《中庸》、《孝经》、《论语》诸书刊行之，以教旗人。九年，官给事中，时稗官小说盛行，满人翻译者众。海龙上言：学者立志宜以圣贤为期，以经史为导，此外杂书无益之言，悉当屏绝。请敕旗下人自经史外，杂书不许翻译。又请：严旗人男女之别，定部院九品之制，俱报可。康熙初，退闲家居。鳌拜专政，闻其贤，欲令一见，终不往。久之，以荐起，纂修《世祖实录》。圣祖尝召入便殿问节用、爱人。对曰：节用莫要于寡欲，爱人莫先于用贤。上顾左右曰：此我朝大儒也。十八年，乞休家居，喜任恤。临终谓其子曰：尔等处世，莫占便宜。便宜即是不义，慎之。①

不论是谏言"学者立志宜以圣贤为期，以经史为导"，"严旗人男女之别"，还是"节用莫要于寡欲，爱人莫先于用贤"，都有着浓厚的儒家文化色彩。阿什坦积极汲取汉文化精髓，推动满汉文化的融合，也为家族发展奠定了坚实的文化基础。嵩申之祖麟庆，更是其家学的集大成者。其半亩园藏书多达85000余卷，自诩萃集家族六七世之收藏。麟庆之父廷鏴淡泊名利，喜好交游，吟诗赋词，"皆清婉可诵"；其母恽珠，出身汉族艺术世家，系江南阳湖才女、画家恽格后裔，著有《红香馆诗草》《国朝闺秀正始集》。麟庆6岁开蒙，8岁入家塾就读，19岁中进士，诗、文、画皆有较高造诣，著有《黄运河口古今图说》《河工器具图说》《鸿雪因缘图记》《凝香室集》《皇朝纪盛录》等。其《河工器具图说》被龚自珍赞为"古今之奇作，天下有用之书"；《鸿雪因缘图记》集诗、图、文于一体，是研究北京历史文化的重要史料。麟庆身上有鲜明的汉文化烙印，是道光时期满汉融合下满族文人的代表。嵩申家族子弟的文化成就，既是清代八旗世家尚文好学风尚的体现，也是清代八旗教育的成果。

---

① 震钧：《天咫偶闻》，第43页。

八旗子弟佼佼者，有以"文学名世者"。震钧云："虽八旗多以勋业见长，不事乎此，然亦有少掇巍科，一生不试，而以文学名世者。"① 如纳兰性德（1655~1685），号楞伽山人，满洲正黄旗人，大学士明珠长子，其母为英亲王阿济格第五女。纳兰性德自幼饱读诗书，文武兼修，17岁入国子监，18岁中举人，康熙十五年（1676）中进士。纳兰性德曾拜徐乾学为师，与顾贞观、严绳孙、朱彝尊、陈维崧、姜宸英、查慎行等汉族文人交游甚密，汉学修养深厚，尤以词学扬名后世，被誉为"国初第一词手"。《天咫偶闻》将其列为八旗"以文学名世者"第一人，对其赞誉有加：

> 纳兰性德容若，大学士明珠子。康熙癸丑进士，官侍卫。少聪敏，过目成诵。十九成进士，二十二授侍卫。拥书数万卷，萧然若寒素。弹琴歌曲，评书画以自娱。书学褚河南，间出入黄庭内景经。幼善骑射，自入环卫，益便习，发无不中。以意制器，多巧倕所不能到。……尤工倚声，所作有《饮水诗词集》、《通志堂文集》、《周易集义》、《粹言》、《礼记集说》、《补正》，所居名珊瑚阁。②

《天咫偶闻》所列，还有昌董斋、图时泉、法时帆、博晰斋等，"皆卓然有声"。③《啸亭杂录》亦记述有"宗室诗人"："国家厚待天潢，岁费数百万，凡宗室婚丧，皆有营恤，故涵养得宜。自王公至闲散宗室，文人代出，红兰主人、博问亭将军、塞晓亭侍郎等，皆见于王渔洋、沈确士诸著作。其后继起者，紫幢居士文昭为饶余亲王曾孙，著有《紫幢诗钞》。宗室敦成〔诚〕为英亲王五世孙，与弟敦敏齐名一时，诗宗晚唐，颇多逸趣。臒仙将军永忠为恂恪郡王嫡孙，诗体秀逸，书法遒劲，颇有晋人风味。常不衫不履，散步市衢，遇奇书异籍，必买之归，虽典衣绝食所不顾也。樗仙将军书诚，郑献王六世孙，性慷慨，不欲婴世俗情，年四十即托疾去官，自比钱若水之流。……先叔嵩山将军讳永蕙，诗宗盛唐，字

---

① 震钧：《天咫偶闻》，第90页。
② 震钧：《天咫偶闻》，第90~91页。
③ 参见震钧《天咫偶闻》，第90页。

摹荣禄。晚年独居一室，人迹罕至，诗篇不复检阅，故多遗佚。"① 昭梿还挖掘了宗室诗人兴盛的原因："近日科目复盛，凡温饱之家，莫不延师接友，则文学固宜其骎骎然盛也。"② 关于有清一代的八旗诗人及其诗歌创作，亦可参看李杨《八旗诗歌史》。③

清代八旗子弟中，"以文学名世者"，还有一位重量级人物——曹雪芹。曹雪芹祖上本为汉人，其先祖在明末被后金军俘获，归入满洲籍，属正白旗满洲包衣。曹雪芹曾祖父曹玺曾任顺治侍卫，其妻孙氏做过康熙保姆；祖父曹寅曾任康熙侍卫，深得康熙宠信。曹家祖孙三代四人先后担任江宁织造一职达60余年，曹家一跃成为内务府世家。康熙六次南巡，有四次下榻曹寅任时的江宁织造府。曹雪芹兼具满汉双重身份，其家族文化已满汉一体，兼容并蓄。福格在《听雨丛谈》中说："八旗汉军祭祀，从满洲礼者十居一二，从汉人礼者十居七八。内务府汉姓人，多出辽金旧族，如满洲礼者十居六七，如汉军者礼十居三四耳。"④ 周汝昌先生认为："清朝开国后百年的曹雪芹，除了血液里还有'汉'外，已是百分之百的满洲旗人。"⑤ 曹家败落后，曹雪芹从南京迁回北京，居住于旗人生活圈。"清代北京满族文化的一个重要特征，是'有闲性'。"⑥ 八旗世家子弟生活优渥，往往有广泛的嗜好与兴趣，在传统汉族文人雅好的琴棋书画以外，还喜欢收藏古玩、养鸟栽花等"杂学"。比如曹寅，为人风雅，喜交名士，好藏书，喜戏曲，通诗词，晓书法，曾主持刊刻《全唐诗》《佩文韵府》等，有《楝亭诗钞》《楝亭词钞》等传世。曹雪芹本人的生平资料较少，但一部《红楼梦》已淋漓尽致地展现其才华。《红楼梦》被誉为"中国封建社会的百科全书"，内容丰富驳杂，涉及宗教、礼仪、教育、节俗、诗词、建筑、园林、服饰、医药、饮食等，可谓包罗万象，将旗人"杂学"文化发挥到极致。《红楼梦》最初在北京旗人圈流布，不论是记载曹雪芹事迹的敦敏、敦诚、张宜泉等，还是评批《红楼梦》的明义、

---

① 昭梿：《啸亭杂录　续录》，《清代笔记小说大观》第5册，第4395~4396页。
② 昭梿：《啸亭杂录　续录》，《清代笔记小说大观》第5册，第4396页。
③ 参见李杨《八旗诗歌史》，博士学位论文，浙江大学，2014。
④ 福格：《听雨丛谈》，第137页。
⑤ 周汝昌：《红楼梦新证》（增订本），中华书局，2012，第99页。
⑥ 扎拉嘎：《满汉文化交融的伟大结晶——〈红楼梦〉》，《红楼梦学刊》2003年第2辑。

永忠、弘旿、淳颖等，都是旗人。敦敏、敦诚是努尔哈赤第十二子英亲王阿济格五世孙，明义为满洲镶黄旗人，乾隆孝贤皇后之侄，永忠为雍正同母弟允禵嫡孙，弘旿与淳颖为宗室，皆为八旗世家子弟。他们的著录，体现了鲜明的"八旗意识"。①《红楼梦》后40回整理补续者高鹗，也是内务府包衣，隶满洲镶黄旗。《红楼梦》有鲜明的旗人文化特征，无疑是清代旗人文学的经典之作。

清代旗人世家子弟留存著述颇多，诗文词赋成就尤为突出。《熙朝雅颂集》《八旗文经》《八旗艺文编目》收录数百位旗人的诗文著述。《钦定八旗通志》对八旗诗文经史亦有记载。《天咫偶闻》按照经史子集分别列举旗人著述：

> 余思辑刻八旗人著述，曾记书目一纸，以无力而辍。后见《八旗通志书目》与此互有详略。今录之如左，《通志》所载，亦不复补入，所以存盖阙之义。②

《天咫偶闻》卷5还录有"旗人能书画者""八旗妇女能诗者"，为后人了解八旗文人的文采风流提供了重要史料。

晚清时期凋敝丛生，八旗教育呈强弩之末，震钧感慨："八旗人才，国初最盛。乾嘉而后，已少逊矣，今尤寥寥。"③

总之，有清一代，旗人好学重教之风盛行，成果卓著，不仅推动了康雍乾盛世的繁荣，也为北京留下了丰厚的旗人文化遗产。

第二节 旗人"秋闱"与科考流程

科举制度是中国古代最重要的官吏选拔制度，自隋朝创立，发展至明清，已非常成熟。清初，旗人科考时举时停，至康熙年间，方正式确立。

---

① 参见詹颂《族群身份与作品解读：论清代八旗人士的〈红楼梦〉评论》，《曹雪芹研究》2016年第1期。
② 震钧：《天咫偶闻》，第113页。
③ 震钧：《天咫偶闻》，第113页。

后经雍、乾、嘉三朝发展，八旗科举制度日趋完备，逐渐成为八旗士人入仕的重要途径。清代旗人小说《儿女英雄传》非常形象地描述了旗人科考的整个流程，成为了解北京旗人举业的重要资料。关于《儿女英雄传》与清代科举的关系，学界已有相关研究成果。① 乡试（"秋闱"）是科举考试的重要一环，是会试、御试的必要阶梯。本节即聚焦旗人乡试，以《儿女英雄传》为中心，辅以昭梿《啸亭杂录》、震钧《天咫偶闻》、福格《听雨丛谈》等清代笔记，勾勒旗人"秋闱"的科考流程，以此展现旗人科考文化。

一 考试资格与考前准备

明清科举主要分院试、乡试、会试、殿试。院试在府、州举行，录取者为"生员"，通称"秀才"，成绩优者可参加乡试。乡试又称大比、秋闱，每三年一次，考中者为举人，具备做官资格。会试在京师礼部举行，又称春闱、礼闱，考中者为贡士。殿试是最后一级考试，考中者为进士，一甲前三名为状元、榜眼、探花。清代科举制度沿袭明代，但在旗人科考上，又体现了鲜明的民族特色。乡试是清代科举最重要也最艰巨的一关，旗人考试资格的获得，较之汉人要求更多，他们不仅有文试，还得参加武试。

（一）按旗科考

清代规定，汉人按籍贯参加科举考试，旗人则按旗籍参加考试。北京的八旗子弟，须在自己的旗籍内进行童子试。文康在《儿女英雄传》中写道，主人公安骥"十三岁上就把《四书》《五经》念完，开笔作文章作诗，都粗粗的通顺。安老爷自是欢喜。过了两年，正逢科考，就给他送了名字。接着院考，竟中了个本旗批首。安老爷、安太太的喜欢自不必说，连日忙着叫他去拜老师，会同案，夸官拜客。诸事已毕，就埋头作起举业的工夫来"。② 安骥是正黄旗汉军，参加院考取得第一名，为"本旗批首"。乡试与会试、院试相同，也须"分旗"考试，按所属旗籍分别册录。如果旗民同榜录取，旗人中式者标明旗籍，民人则标明省份。如《儿女英雄传》

---

① 参见王玉超《明清科举与小说》，博士学位论文，扬州大学，2010。
② 文康：《儿女英雄传》上册，人民文学出版社，2014，第11页。

中所写:"(至公堂上)那官儿用尺许长、寸许宽的纸,笔酣墨饱的写了他的姓名旗籍;又有承值宣名的书吏,双手高擎,站在中堂,高声朗诵的唱道:'第六名安骥,正黄旗汉军旗籍庠生。'"①

(二) 文试

清初虽承袭明朝科举制度,但为了维系"国语骑射",禁止旗人参加科举。顺治八年(1651),开始允许旗人参加科举,但时举时停,考试内容也与汉人不同。《清史稿》载:"初,八旗乡试,仅试清文或蒙古文一篇,会试倍之。汉军试书艺二篇、经艺一篇,不通经者,增书艺一篇。二、三闱试论、策各一。逐科递加。"② 康熙二十六年(1687),旗人参加科举则须使用汉文,同汉人一体应试。《池北偶谈》卷4载:"八旗乡会试开科,始于顺治辛卯、壬辰,至丁酉停止。康熙己酉、庚戌复举行,至丙辰停止。丁卯夏五月,以亢旱肆赦,再复开科之例。按开科之例,前后稍有不同。……庚戌、癸丑,满洲、蒙古概用汉文,即附汉人通为一榜。辛未、甲戌复开科,例仍之。"③《儿女英雄传》的故事发生在康熙末、雍正初,此时旗人与汉人同榜录取。安骥为正黄旗汉军旗人,为参加科举文试而学习的典籍与汉人相同。

自八旗科举制度确立后,康熙朝参加科举的八旗子弟人数日益增多。《清稗类钞》"考试类""康熙朝旗童应院试之多"条载:"蔡修撰视学顺天,八旗子弟应院试者五百人,入泮者六十余,旗人过其半。修撰语给谏查培继曰:'初谓旗下无文章,不意成章者二百余卷,取之不尽,尚有三十卷,皆遗珠也。第二名蔡某,乃漕督士英孙,侍郎毓荣子,真神童也。年十二,通《五经》,日可成十余篇,莫谓旗下无才也。毓荣课子甚严,经史日有程,偶误,则榎楚立施。旗人课子如此,吾辈有子不教,可耻也。'"④ 旗童应院试人数之多,既说明八旗科举繁盛,也体现八旗好学重教之风日浓及旗人汉文化水平的提高。安骥正是诸多旗童中的一员,且中了"本旗批首",实力不俗。不过,《天咫偶闻》中的记载则与《清稗

---

① 文康:《儿女英雄传》下册,第716页。
② 《清史稿》卷180《选举志》,第3160页。
③ 王士禛:《池北偶谈》,第82页。
④ 徐珂编撰《清稗类钞》第2册,第608页。

类钞》不同，《天咫偶闻》载："八旗应秀才试者人最少，或不及额。盖八旗官生、笔帖式皆可入闱，又免岁考之烦。故应小试者多寒家，其学业谫陋，或反出监生下。"① 所谓多少，皆相对而言，徐珂与震钧得出的结论，可能参照对象不同。不过，八旗秀才水平在监生之下，应是真实情况。八旗世家子弟，经过官学教育，进入国子监或成为笔帖式，再参加乡试，其水平普遍较院试选拔的秀才更高一些。

（三）"马步箭"试

康熙二十八年，清廷规定旗人参加科举，须兼试骑射。"乡会场先试马步箭，骑射合格，乃应制举，庶文事不妨武备，遂为永制。"② 清军入关之前，弓马娴熟，重武轻文；入关后，为保留自身特长，在科考中增加骑射之试。《啸亭杂录》"不忘本"条载：

> 本朝初入关时，一时王公诸大臣无不弯强善射，国语纯熟。居之既久，渐染汉习，多以骄逸自安，罔有学勷弓马者。纯皇习知其弊，力为矫革，凡有射不中法者，立加斥责，或命为羽林诸贱役以辱之。凡乡、会试，必须先试弓马，合格，然后许入场屋，故一时勋旧子弟，莫不熟习弓马。③

《儿女英雄传》提及安骥参加马步箭（射）考试："安公子从去冬埋首用功，光阴荏苒，早又今秋，岁考也考过了，马步箭也看过了，看看的场期将近。"④ 为参加马步箭考试，八旗子弟自小练习骑射。在《红楼梦》中，贾宝玉与贾兰都参加了乡试，且都中了举人。第26回即记述贾兰射鹿的情节："宝玉……出至院外，顺着沁芳溪看了一回金鱼。只见那边山坡上两只小鹿箭也似的跑来，宝玉不解其意。正自纳闷，只见贾兰在后面拿着一张小弓追了下来，一见宝玉在前面，便站住了，笑道：'二叔叔在家里呢，我只当出门去了。'宝玉道：'你又淘气了。好好的射他作什

---

① 震钧：《天咫偶闻》，第65页。
② 《清史稿》卷180《选举志》，第3160页。
③ 昭梿：《啸亭杂录　续录》，《清代笔记小说大观》第5册，第4381页。
④ 文康：《儿女英雄传》下册，第673页。

么?'贾兰笑道:'这会子不念书,闲着作什么?所以演习演习骑射。'"① 因自小"演习",安骥的骑术应该不错。在听闻父亲出事时,安骥要奔赴南方,程师爷说:

> 师老爷不知道,我们这位小爷只管像个女孩儿似的,马上可巴图鲁,从小儿就爱马,老爷也常教他骑,就是劣蹶些儿的马也骑得住。真要去,那长行牲口倒不必愁。②

马步射的考场,在东安门内南箭亭。《天咫偶闻》记载马步射考试的热闹场景:"八旗春秋试,例于试前兵部请钦派王大臣校试。马步射向在东安门内南箭亭。盖明之南内,今为正黄旗侍卫校场。其期:春闱二月下弦以后,秋闱七月下弦以后。于时衣冠竞会,旌麾并举,骏马骄风,雕弓替月,饿鸱互叫,灵鼍时振。翼翼济济,犹想见辟雍校士之盛典焉。"③

这种文武兼具的八旗科考模式,与清代文武兼备的人才培养模式相关。旗人福格纵览古代人才选拔方式之后,对八旗科考大加赞赏:"三代而还,至于汉晋,人材辈出,彬彬桓桓,无所谓之考试,无所谓之正途,无所谓之文武,无所谓之科目,故上马杀贼,下马草檄,不乏其材也。后世诈伪百出,始有考试;才局一隅,始分文武。工于文者自诡清高,勇于力者自甘鄙俗。每见历代开创,多重武功,故文臣有不侯之制;及天下晏安,又修文偃武,致有挽两石弓不如识一丁字之叹,皆两失也。我朝事法三代,国初八旗科目之制,或举或停,不甚专重,笔帖式、中书可转编修,部郎可升翰林学士。……凡此致身者,不胜枚举。……又康熙之世,纳腊性德以进士编修擢侍卫,其弟揆叙以侍卫擢翰林学士,文武易途而进,出于一门,益见不次用人之盛。"④ 清代人才之盛,确实也与这种文武兼备的人才培养与选拔方式有关。

---

① 曹雪芹著,无名氏续《红楼梦》,第354页。
② 文康:《儿女英雄传》上册,第44页。
③ 震钧:《天咫偶闻》,第12页。
④ 福格:《听雨丛谈》,第27~28页。

（四）考前准备

在乡试之前，安老爷在家对安骥进行一番训练，甚至还有模拟考试，具体则是"三文一诗"：

> 公子领下题目来，拆开一看，见头题是"孝者，所以事君也"一句，二题是"达巷党人曰"一章，三题是"中也者，天下之大本也；和也者，天下之达道也"四句；诗题是"赋得'讲《易》见天心'"，下面旁写着"得'心'字五言六韵"。①

科考所作之诗，名"试帖诗"。试帖诗源于唐代律诗，清乾隆年间始用于考试。安老爷出的试帖诗，为"五言六韵"。而乾隆二十二年（1757）规定乡试、会试均作"五言八韵"试帖诗一首，童试用"五言六韵"。《儿女英雄传》还以说书先生的口吻特别加以解释："这诗文一道，说书的是不曾梦到，但是也曾见那刻本儿上都刻得是五言八韵，怎的安老爷只限了六韵呢？便疑到这个字是个笔误，提起笔来就给他改了个'八'字，也防着说这回书的时节，免得被个通品听见，笑话我是个外行。不想这日果然来了个通品听我的书，他听到这里，说道：'说书的，你这书说错了。这《儿女英雄传》既是康熙、雍正年间的事，那时候不但不曾奉试帖增到八韵的特旨，也不曾奉文章只限七百字的功令，就连二场还是专习一经，三场还有论判呢。怎的那安水心在几十年前就叫他公子作起八韵诗来了？'"② 通俗小说以这种生动的方式普及了科举知识。安老爷还教导儿子在考前调整作息与心态："场前的工夫，第一要慎起居，节饮食；再则清早起来，把摹本流览一番，敛一敛神；晚上再静坐一刻，养一养气。白日里倒是走走散散，找人谈谈；否则闲中望望行云，听听流水，都可活泼天机。到场屋里，提起笔来，才得气沛词充，文思不滞。"③

---

① 文康：《儿女英雄传》下册，第 674 页。
② 文康：《儿女英雄传》下册，第 674~675 页。
③ 文康：《儿女英雄传》下册，第 679 页。

举子参加乡试前，物质上的准备也不少。清代乡试每场三天，规定举子可以自备用具。"士子所携考具、衣物俱有定制"，"北京乡、会试，顺治时，定士子穿拆缝衣服，单层鞋袜，雍正、乾隆时，复禁携带木柜木盒、双层板凳、厚褥装棉、卷袋装里，砚台不许过厚，笔管镂空，水注用瓷，蜡台单盘空心通底；糕饼饽饽，各要切开；毡毯无里，皮衣无面，入场携格眼竹柳考篮，只准带笔、墨、食具、油帘之属"。①《儿女英雄传》详细描述了安家那有着三十年历史的"荆条考篮"：

> （太太）揭开那个篮盖儿，把里头装的东西一件一件拿出来，交付公子。金、玉姊妹两个也过来帮着检点。只见里头放着的号顶、号围、号帘，合装米面饽饽的口袋，都洗得干净；卷袋、笔袋以至包菜包蜡的油纸，都收拾得妥贴；底下放着的便是饭碗、茶盅，又是一分匙箸筒儿，合铜锅、铫子、蜡签儿、蜡剪儿、风炉儿、板凳儿、钉子锤子之类。②

这只考篮装有纸笔墨砚、洗漱用品、饽饽、菜、米、茶叶、蜡、香、药等，真是赶考的"百宝箱"。

二 进场与考试

八旗乡试在秋八月举行，地点则在贡院。考试共分三场（八月初九日、十二日、十五日），每场考三日。初九日为首场，十二日为第二场，十五日为第三场，举子须于前一天进场。

（一）进场"搜检"

清代乡试的考前进场，是考试的重要环节。《钦定大清会典》对乡试进场规定："是日，应试者由贡院东西门鱼贯序进，听唱名、搜检、入大门、给卷，各归号舍。试日，五鼓内帘出题纸。"③《儿女英雄传》的记

---

① 商衍鎏：《清代科举考试述录》，故宫出版社，2014，第74、70~71页。
② 文康：《儿女英雄传》下册，第680页。
③ 《钦定大清会典·殿试》卷31，《文渊阁四库全书》第619册，第248页。

述较之正史所记更为具体与详尽，其中的细节描写更是令读者有身临其境之感。

进场首先得过"搜检"关。第一次是在点名、领签之后的"砖门"处。"砖门"是举场的外围线，位于东门外。《天咫偶闻》载："接送考者，以外砖门为限。内者得出，外不得入。有逾限者，鞭杖交下。不服则荷以大校，于是场规肃然。士子出闱，二兵执鞭前导，代其开路。力不能负考具，则有兵代负。"① 在《儿女英雄传》中，安骥"次日五鼓"，"径奔举场东门而来"，不过"砖门"处的搜检并不严格，搜检官吏基本上是应付了事。但贡院门口的第二层搜检却极为严格：

> （安骥）不曾到得贡院门跟前，便见门罩子底下那班伺候搜检的提督衙门番役，顺天府五城青衣，都揎拳掳袖的在那里搜检。被搜检的那些士子也有解开衣裳敞胸露怀的，也有被那班下役伸手到满身上混掏的；及至搜完的，又不容人收拾妥当，他就提着那条卖估衣般的嗓子，高喊一声"搜过"，便催快走。那班士子一个个掩着衣襟，挽着搭包，背上行李，挎上考篮，那只手还得攥上那根照入签，再加上烟荷包、烟袋，这才迈着那大高的门槛儿进去，看着实在受累之至。②

搜检官吏"揎拳掳袖"、高声呵斥，全不顾及读书人的体面，令应试举子倍感屈辱。举子"掩着衣襟，挽着搭包"，苦不堪言，令人心怯。安骥因为碰到了熟人乌克斋，才免去一番刁难。《儿女英雄传》的故事发生在康熙末年、雍正初年，这一时期科场搜检甚严，同治以后则日渐宽松。《天咫偶闻》对清代科举的搜检制度总结道："闻之先辈言：道咸以前，科场搜检之法至严，甚至解衣脱履。故非腹笥渊深，辄畏难而止。乡试岁止四五千人，会试两千人。同治以后，禁网渐宽，搜检者不复深究。又有石印书以济之，士子有恃不恐，熙攘而来，搜者益不能给。至壬午科入闱

---

① 震钧：《天咫偶闻》，第48页。
② 文康：《儿女英雄传》下册，第689页。

者，至万六千人，遂不得不议及添号矣。余初次入闱，至贡院门，番役尚唱云：搜过。及壬辰会试，则并此声亦废。"①

（二）领试卷与找号舍

一般的科举文献资料，很少涉及举子考试中的各种细节，比如领试卷、找号舍等，而小说则通过人物的亲身感受，将之细致入微地描述出来。如《儿女英雄传》中记述：

> 公子进了贡院门，见对面便是领卷子的所在。……只见一班八旗子弟这个要先领，那个又要替领，吵成一片。上面坐的那位须发苍然的都老爷，却只带着个眼镜儿，拿着枝红笔，接着那册子，点一名，叫一人，放一本。任你吵得地暗天昏，他只我行我法。
>
> ……
>
> 一时他几个也领了卷，彼此看了看，竟没有一个同号的，各各的收在卷袋里，拿上考具，进了二层贡院门，交了签。②

小说仔细描述了顺天府贡院的景致、号舍的情形以及旗人举子入号舍后的表现。顺天府贡院是"龙门绰楔，棘院深沉"，"号舍万瓦毗连"，"中央的危楼千寻高耸"，正面的至公堂"气象森严无偏无倚"。而在秋风初动之时，"耳轮中但听得明远楼上四角高挑的那四面朱红月蓝旗儿，被风吹得旗角招摇，向半天拍喇喇作响，青天白日便像有鬼神呵护一般"（第34回）。作者用生动的语言，综合视觉、听觉的感官描写，呈现出贡院的立体画面，使读者犹如身临其境。而那初看"万瓦毗连"的号舍，身处其中又是另一番情形：

> 安公子正在走过无数的号舍，只见一所号舍门外山墙白石灰上大书"成字号"三个大字。……公子也只得低头毛腰的钻进号筒子去。看了看，南是墙面，北作栖身，那个院落南北相去，多也不过三尺，

---

① 震钧：《天咫偶闻》，第47~48页。
② 文康：《儿女英雄传》下册，第690~691页。

东西下里排列得蜂房一般，倒有百十间号舍。那号舍，立起来直不得腰，卧下去伸不开腿；吃喝拉撒睡，纸笔墨砚灯，都在这块地方。假如不是这块地方出产举人、进士这两桩宝货，大约天下读书人，那个也不肯无端的万水千山跑来尝恁般滋味！①

顺天府贡院在北京内城东南角（今建国门内中国社会科学院一带）。《天咫偶闻》载："贡院，在城东南隅，明因元礼部基为之。……北闱满号，谓之辰字闱，向以至公堂左右八号为满号舍，后增至十二号。后以挨号声息相通，易滋流弊，乃改为隔二汉号，一满号。以北闱满、汉号向不相联属也，然亦视乎其人。忆戊子秋闱，余相识满、汉号人最众。"② 震钧记载的号舍，已是光绪年间的情形，满汉分开设号。康、雍年间，满号单独排号，小说中称之为"旗号"。在领试卷时，小说描绘了一名嚣张的八旗子弟——绷僧额。入号舍后，作者描绘了八旗子弟扎堆的混乱场景：

这个当儿，这号进来的人就多了。也有抢号板的，也有乱坐次的，还有诸事不作找人去的、人找来的，甚至有聚在一处乱吃的、酣饮的，便是那极安静的，也脱不了旗人的习气，喊两句高腔，不就对面墙上贴几个灯虎儿等人来打。……

看看午后，堂上的监临大人见近堂这几路旗号的爷们出来进去，登明远楼，跑小西天，闹的实在不像了，早同查号的御史查号，封了号口栅栏。这一封号，虽是几根柳木片儿的门户，一张木红纸的封条，法令所在，也同画地为牢，再没人敢任意行动。③

（三）答题

官方科考文献往往重在各级考试的制度性规定，而对举子在考场如何考试则较少涉及。在《儿女英雄传》中，安老爷对安骥考前辅导时说：

---

① 文康：《儿女英雄传》下册，第692~693页。
② 震钧：《天咫偶闻》，第47~49页。
③ 文康：《儿女英雄传》下册，第693页。

"场里虽说有三天的限,其实除了进场出场,再除去吃睡,不过一天半的工夫。这其间三篇文章一首诗,再加上补录草稿,斟酌一番,笔下慢些,便不得从容。"① 安骥应乡试具体情况如下:第二日丑正时分,稍加洗漱,收拾完毕,接题纸,考试正式进行。"才得辰刻",第一篇文章以及应制诗完成,于是催号军煮饭,用餐。饭后,便开始写第二、三篇,约傍晚时分写完。改抹一遍后,吃过晚饭,便在卷子上正式誊写。"添注涂改、点句勾股"后,便将卷子收好,首场考试答题完毕。次日天明,交卷领签,赶头排出了考场。② 小说中的描写虽不多,但如此细致描摹举子考试情状,是官方科举文献所没有的。

关于安骥参加的第二、三场考试,小说一笔带过,但提及第三场恰逢中秋节。第三场的气氛已与首场完全不同,场规渐渐宽松,中秋夜竟然开了号门放士子出号赏月,意气相投的少年高谈阔论起来。这种号舍科考结下的情谊,震钧在《天咫偶闻》中也有记载:"忆戊子秋闱,余相识满、汉号人最众。风檐之下,煮茗清谈,玉笋金兰,实为自来未有。"③

三 录取与报喜

(一) 贡院录取

乡试阅卷要求严格,一般科举文献多重在记录阅卷的程序及相关规定,通俗小说则以主人公现身"说法"的方式,详述了从房考、副主考到主考官的回避制度、阅卷流程和录取原则,对"备卷"的作用也进行了解释。

在《儿女英雄传》中,三位主考官"自八月初六日在午门听宣见,钦点入闱,便一面盼咐家中照例封门回避,自己立刻从午门进了贡院"。"十八房同考官以至内帘各官,也随着进去,关防起来。"④ 接着顺天府尹接收试题,主考官与房官一起商议录取原则。安骥的试卷落入房考娄公手

---

① 文康:《儿女英雄传》下册,第 673 页。
② 参见文康《儿女英雄传》下册,第 694~695 页。
③ 震钧:《天咫偶闻》,第 49 页。
④ 文康:《儿女英雄传》下册,第 706 页。

里。看到"成字六号"，娄公便知是本旗的卷子。安骥的三篇文章虽不合他的路数，但写得确实不错，于是便粘了个批语，想印上荐条，加上圈子，荐上堂去。然而又担心此举于自身清操有损，便把那批语条子揭下来。后做一梦，醒来后又重新把安骥的卷子荐上堂去。主考官一见是汉军旗卷，便回答说汉军卷子满额了。娄公再三力争，最终大主考官决定将其定为"备卷"，提起笔在卷面上写了"备中"两字。关于"备卷"，小说中有较为详细的说明：

> 列公，你道这"备卷"是怎的一个意思？我说书的在先原也不懂，后来听得一班发过科甲的讲究，他道：凡遇科场考试，定要在取中定额之外多取几本备中的卷子，一本预备那取中的卷子里，临发榜之前忽然看出个不合规式、不便取中的去处，便在那备卷中选择一本补中；二则，叫这些读书人看了，晓得榜有定数，网无遗才，也是鼓励人才之意；其三，也为给众房官多种几株门外的"虚花桃李"。①

小说还形象地将"备卷"比喻为"半产"，并指出"备卷"落第者的尴尬与辛酸。② 最终，安骥迎来意外之喜。小说描写贡院录取的场景：

> 九月初九这日，才得辰刻，便封了贡院头门，内外帘撤了关防。预先在至公堂正中设了三位主考的公案，左右设了二位监临的公案，东西对面排列着内外监试合十八房的坐次，又另设了一张桌儿，预备拆弥封后标写中签，照签填榜。当地设着一张丈许的填榜长案，大堂两旁堆着无数的墨卷箱。承值书吏各司其事，还有一应委员、房吏、差役以至跟役人等，拥挤了一堂。连那堂下丹墀里也站着无数的人，等着看这场热闹。那贡院门外早屯着无数的报喜的报子，这班人都是老早花了重价买转里面的书办，到填榜时候，拆出一名来，就透出一

---

① 文康：《儿女英雄传》下册，第712页。
② 参见文康《儿女英雄传》下册，第712~713页。

个信去。他接着便如飞去报,图的是本家先一天得信,他多得几贯赏钱。①

预备齐当后,内帘监试与内帘承值官吏把取中的朱卷送到公案上,先放"五魁"的魁卷,再放第六名以下的中卷,最后把备中的卷子放在另一处。② 在主考官正式填写"五魁"的过程中,发现第六名考生作的诗"不曾押着官韵",只能在备卷中补中。于是,安骥的试卷被选中,他就幸运地成了第六名。"当下那班拆封的书吏,便送到承书中签的外帘官跟前,标写中签。……唱了名,又从正主考座前起,一直绕到十八位房官座前,转着请看了一遍。然后才交到监试填榜的外帘官手里,就有承值填榜的书吏,用碗口来大的字照签眷写在那张榜上。"③ 在整个录取过程中,"闹五魁"最有特色,《儿女英雄传》对此有详细解说:

原来填榜的规矩,从第六名填起,前五名叫作"五魁",直等把榜填完,就是半夜的光景了,然后倒填五魁。到了填五魁的时候,那场里办场的委员,以至书吏、衙役、厨子、火夫,都许买几斤蜡烛,用钉子钉的大木盘插着,托在手里轮流围绕,照耀如同白昼,叫作"闹五魁"。④

"闹五魁"其实是在乡试、会试放榜之前的一种庆贺仪式,主考官、阅卷官与此次录取相关的工作人员等一起庆贺前五名的诞生,为的是图个吉利。小说对这种清代科举习俗的描述,呈现了鲜活的科考史料,弥补了官方文献记录的不足。

(二)报喜

《儿女英雄传》第1回,安老爷就给大家解释放榜与报喜的时间问题。在出榜前一天,场里就已经拆弥封,填榜。"规矩是拆一名,唱一

---

① 文康:《儿女英雄传》下册,第713页。
② 参见文康《儿女英雄传》下册,第713~714页。
③ 文康:《儿女英雄传》下册,第716页。
④ 文康:《儿女英雄传》上册,第17页。

第五章 八旗世家与教育科举

名，填一名。就有那班会想钱的人，从门缝儿里传出信来，外头报喜的接着分头去报。"① 安骥参加完乡试，小说再次描述报喜的场景：

> 却说场外那一起报喜的，一个个搓拳抹掌的都在那里盼里头的信，早听得他们买下的那班线索隔着门在里面打了个暗号，便从门缝中递出一个报条来，打开看了看，是"第六名安骥"五个字。内中有个报子，正是当日安老爷中进士的时候去报过喜的，他得了这个名条，连忙把公子的姓名写在报单上，一路上一个接一个的传着飞跑。那消个把时辰，早出了西直门，过了蓝靛厂，奔西山双凤村而来。②

安家欢天喜地接了喜报。对于八旗举子来说，后续事情还有很多，比如安骥得忙着会同年、会同门、公请老师、赴老师请、序齿录、送朱卷、赴鹿鸣宴等。

关于会试，小说中也有详细描写。安骥在会试中，中在十八魁以内。紧接着朝考入了选，便参加殿试。安骥殿试策题考的是经学、史学、漕政、捕政四道，结果进入前十本。升殿传胪的头一天，御笔钦定鼎甲三名的状元、榜眼、探花，二甲第一名的传胪，以至后六名的甲乙。安骥知道旗人格于成例，向来没个点鼎甲的，因此内心安闲自在，不敢奢望，结果却点了探花郎。"这实在要算本朝破天荒的第一人了！"③《儿女英雄传》作者文康生活在道光至光绪年间，此时已是满汉同榜录取。清代曾实施满汉分榜与满汉一体同榜两种取士制度。满汉一体同榜，一甲中式者几乎都是汉人，仅有的特例是蒙古人崇绮同治四年（1865）状元及第、满族宗室寿耆光绪九年（1883）榜眼及第。清代科举一甲不取旗人有内在原因，《儿女英雄传》中安老爷解释说：

> 那一甲三名的状元、榜眼、探花，咱们旗人是没分的。也不是旗

---

① 文康：《儿女英雄传》上册，第17页。
② 文康：《儿女英雄传》下册，第716页。
③ 文康：《儿女英雄传》下册，第737页。

人必不配点那状元、榜眼、探花。本朝的定例,觉得旗人可以吃钱粮,可以考翻译,可以挑侍卫,宦途比汉人宽些,所以把这一甲三名留给天下的读书人,大家巴结去。这是本朝珍重名器,培植人材的意思。①

八旗子弟的出路很多,侍卫与笔帖式是其主要入仕途径,特别是在清中前期,参加科举的子弟相对较少,水平较之汉人自然低一些。出身满洲镶黄旗的文康,将小说的主人公安骥设为探花郎,或许有想为旗人扬眉吐气之意。

旗人科举之途为儒家文化在八旗的传播创造了极为有利的条件,加快了满、汉、蒙各民族文化融合。通俗小说中留存的旗人科举资料,较之官方文献更形象、鲜活,理应视为科举史料的一部分。

第三节　才女文化与八旗闺秀

中国古代教育发展至明清时期,最突出的一个成果是才女大量涌现。明清才女不仅出现于钟灵毓秀的江南,还出现在京师;不仅有汉族女子,亦有八旗闺秀。受民族、文化、地域等因素的影响,八旗才女的成长环境、性情才学、文学成就等具有其独特性。

一　明清才女文化

在传统礼制文化中,女子拘于内宅,相夫教子是其主要职责。才女虽代有人出,但明清之前数量不多,且多为倡优,如李清照这般名门闺秀,更是凤毛麟角。然明清时期却出现了众多才女,形成令人瞩目的"才女文化"。研究女性史的美国学者曼素恩将这些才女视为文教昌明的象征。②

明末清初,传统的"红颜祸水论"受到世人的质疑与抨击。对女性的尊重,对女性才情的肯定,慢慢形成一股时代潮流。李贽在《答以女

---

① 文康:《儿女英雄传》上册,第18~19页。
② 参见〔美〕曼素恩《缀珍录》,定宜庄等译,江苏人民出版社,2005,第48~49页。

人学道为见短书》中旗帜鲜明地回击"妇人见短,不堪学道"之论:

> 谓人有男女则可,谓见有男女岂可乎?谓见有长短则可,谓男子之见尽长,女子之见尽短,又岂可乎?设使女子其身而男子其见,乐闻正论而知俗语之不足听,乐学出世而知浮世之不足恋,则恐当世男子视之,皆当羞愧流汗,不敢出声矣。①

李贽认为女子的"短见"缘于其生活环境的限制,"妇人不出阃域,而男子则桑弧蓬矢以射四方"。② 假使她们有男子一样受教育的机会,或可使男子"羞愧流汗,不敢出声"。

明清时期,还掀起关于女性才德观的争论。女性才德之辩,历来有之,总体而言,重德轻才。宋人对李清照和朱淑真的评价,即为明证。晚明时期,有识之士开始重新审视"女子无才便是德"的说法,将女子的"才"提到与"德"同等的地位。曾编撰《名媛诗纬》的才女王端淑工诗文、善书画,对于史学尤为精通。"父季翁(王思任)常抚而怜爱之曰:'身有八男,不易一女'",冒褒注曰:"按山阴王家郎俱有凤毛,季翁情钟贤女,遂损誉儿之癖。"③

有贤达之士不仅主动教育女儿诗文,甚至延请塾师悉心培养,王端淑即做过名门望族的闺塾师。袁枚不仅公开招收女弟子,还公然批驳"女子不宜为诗"论。其曰:"俗称女子不宜为诗,陋哉言乎!圣人以《关雎》《葛覃》《卷耳》,冠三百篇之首,皆女子之诗。第恐针黹之余,不暇弄笔墨,而又无人唱和而表章之,则淹没而不宣者多矣。"④ 钱谦益、钟惺专门编选女子之诗,并认为才女可居性灵文学之首。在《红楼梦》中,贾宝玉说:"女儿是水作的骨肉,男人是泥作的骨肉。我见了女儿,我便清爽;见了男子,便觉浊臭逼人。"⑤ 甄宝玉也说:"这女儿两个

---

① 张建业主编《李贽文集·焚书》,社会科学文献出版社,2000,第54页。
② 张建业主编《李贽文集·焚书》,第54页。
③ 陈维崧:《妇人集》,商务印书馆,1936,第19页。
④ 袁枚:《随园诗话》补遗卷1,浙江古籍出版社,2016,第312页。
⑤ 曹雪芹著,无名氏续《红楼梦》,第28页。

字,极尊贵、极清净的,比那阿弥陀佛、元始天尊的这两个宝号还更尊荣无对的呢!"① 这是曹雪芹"凡山川日月之精秀,只钟于女儿"的惊世骇俗之论,他"念及当日所有之女子,一一细考较去,觉其行止见识,皆出于我之上。……我之罪固不免,然闺阁中本自历历有人,万不可因我之不肖,自护己短,一并使其泯灭也"。② 于是,借小说为"闺阁"立传,塑造了林黛玉、薛宝钗、贾探春、史湘云等众多才女形象。

女子教育古已有之,以"女德"教育为主。明清时期,闺阁教育中的文学艺术教育占据重要地位。汤显祖的《牡丹亭》中,太守杜宝延请陈最良在私塾教授女儿杜丽娘,杜宝对闺训内容的要求是:

> 男、女《四书》,他都成诵了。则看些经旨罢。《易经》以道阴阳,义理深奥;《书》以道政事,与妇女没相干;《春秋》、《礼记》,又是孤经;则《诗经》开首便是后妃之德,四个字儿顺口,且是学生家传,习《诗》罢。其余书史尽有,则可惜他是个女儿。③

杜宝是封建礼教的维护者,认为"政事"与女性无关,却认为《诗经》必须学。虽然他眼中的《诗经》与"后妃之德"相关,但其意识到"古今贤淑,多晓诗书。他日嫁一书生,不枉了谈吐相称"。"晓诗书"与女子择婿相连,这是明清时期的新风气。因此有学者认为"反映在最实际的婚姻市场上,文艺修养已成为中上层女性婚前教育的重要条件,实际上等于嫁妆的一部份"。④

江南地区地理条件优越,经济富庶,文化繁盛。明清才女最早涌现于江南,且多出自文化世家。晚明时期,以吴江沈氏、叶氏家族最负盛名,出现以沈宜修、叶纨纨、叶小纨、叶小鸾为代表的才女群。沈宜修出自吴江沈氏,沈氏为江南文化世家,名声最著者数曲学名家沈璟(沈宜修叔

---

① 曹雪芹著,无名氏续《红楼梦》,第31页。
② 曹雪芹著,无名氏续《红楼梦》,第1页。
③ 汤显祖:《牡丹亭》,人民文学出版社,1963,第19页。
④ 参见胡晓真《清代文学与女性》,蒋寅主编《中国古代文学通论·清代卷》中编,辽宁人民出版社,2005,第375~395页。

父)。沈宜修嫁给吴江叶氏叶绍袁为妻,开启两大文化世家联姻史,也缔造了叶氏才女家族的辉煌。叶、沈两家均重视家庭教育,世以风雅相传。沈氏家族涌现了沈宜修、沈智瑶、沈静专、沈倩君、沈宪英、沈蕙端等才女,其中沈宜修诗词皆工,有《鹂吹集》传世,是明代作品最多的才女。沈宜修与叶绍袁夫妇非常重视子女的教育,"儿女一二岁时,即口授《毛诗》、《离骚》、《长恨歌》、《琵琶行》"。其季女叶小鸾夙性颖慧,从小受到良好的文艺熏陶:

> 四岁,能诵《离骚》,……十二岁,……随父金陵,览长干、桃叶,教之学咏,遂从此能诗。……十四岁,能弈。十六岁,有族姑善琴,略为指教,即通数调,清泠可听,秘康所云"英声发越,采采粲粲"也。家有画卷,即能摹写。今夏君牧弟以画扇寄余,儿仿之甚似。又见藤笺上作落花飞蝶,甚有风雅之致。①

在浓厚的文化氛围中成长,叶氏"门内人人集,闺中个个诗"。② 其女叶纨纨、叶小纨、叶小鸾诗词俱佳,具有才名。母女之间、姐妹之间,甚或与沈氏家族其他才女之间,更相唱和,一门风雅。钱谦益赞叹道:"宛君与三女相与题花赋草,镂月裁云。中庭之咏,不逊谢家;娇女之篇,有逾左氏。于是诸姑伯姊,后先娣姒,靡不屏刀尺而事篇章,弃组纴而工子墨。松陵之上,汾湖之滨,闺房之秀代兴,彤管之诒交作矣。"③

沈氏、叶氏才女群的出现,与其家族男性的支持密不可分。沈宜修的丈夫叶绍袁反对"女子无才便是德"之论,为其妻女的才学感到骄傲和自豪。他编撰的《午梦堂集》,收录其子女的诗文作品。在《午梦堂集》序言中,他提出"丈夫有三不朽,立德、立功、立言,而妇人亦有三焉,德也,才与色也,几昭昭乎鼎千古矣"。④ 叶绍袁将德、才、色视为女子的"三不

---

① 叶绍袁编《午梦堂集》,中华书局,2015,第246~247页。
② 叶绍袁编《午梦堂集》,第1162页。
③ 钱谦益:《列朝诗集小传》下册,上海古籍出版社,1983,第753页。
④ 叶绍袁编《午梦堂集》,第1页。

朽",与男子的"立德、立功、立言""三不朽"相提并论,可见其思想之开明。

明清时期的才女家族,还有桐城方氏、太仓毕氏、武进张氏、闽南郑氏等。这些女性以家庭为中心,诗词唱和,挥洒才情,为中国文学史注入了新鲜血液。

才女文化发展到清代,风气日畅,闺中诗才辈出,可谓一时之盛。章学诚在《文史通义·诗话》中说:

> 古今妇女之诗,比于男子诗篇,不过千百中之十一。……今乃累轴连编,所称闺阁之诗,几与男子相埒。甚至比连母女姑妇,缀和娣姒姊妹,殆于家称王、谢,户尽崔、卢。岂壶内文风,自古以来,于今为烈耶?①

章学诚对"妇女之诗"很不以为意,但承认闺阁之诗"于今为烈"的客观事实。在明清之际文人结社风气影响下,女性走出闺阁,结诗酒文社。知名的女子诗社有康熙间杭州的蕉园诗社、乾隆间吴江的清溪吟社、道光间京城的秋红吟社,以及成都曾氏姊妹的浣花诗社、江西会昌沈珂的湘吟社、海宁陈菊贞姊妹的惜阴社等。这些诗社的出现,标志着才女文化的成熟。

清代才女中还涌现了一个特殊的群体——八旗才女。八旗才女的出现,既是明清才女文化发展的必然产物,也是八旗世家特殊的女子教育方式的成果。

二 女子教育与八旗闺秀

历代女子教育,往往重视德性培养。明万历年间于镇儹所撰的《于氏家训》,对女子教育进行了规定:

> 大凡男女五六岁时,知觉渐开,聪明日启,便当养育良知良能。

---

① 章学诚著,叶瑛校注《文史通义校注》,中华书局,2014,第657页。

男则令其就塾，教以……女则令其不出闺门，亦教以《小学》、《列女传》、《内则》诸篇古人孝姑、敬夫、教子、贞烈、纺绩等事。务要使其朝夕讲诵，薰陶渐染，以成其德性，敦复古道，感动奋发，而见义勇为。①

历代女子教科书以识字与伦理教育为宗旨，内容集中于礼教规范。明清时期，女子教材已渐成系统。清廷多次下令编撰、刊刻女子教科书。顺治时大学士傅以渐奉诏编撰《内则衍义》，共16卷，以强化女子的道德教化。光绪年间，陈彝根据李新庵的《训学良规》，"删汰繁复，又附以己意"，新编《重订训学良规》，其中关于女子教育的规定如下：

有女弟子从学者，识字读《弟子规》，与男子同。更读《小学》一部，《女四书》一部，看吕氏《闺范》一部，勤与讲说，使明大义。只须文理略通，字迹清楚，能作家书足矣。诗文均不必学，词赋尤不可学。②

在《红楼梦》中，李纨的父亲在教育她时，"便不十分令其读书，只不过将些《女四书》《列女传》《贤媛集》等三四种书，使他认得几个字，记得前朝这几个贤女便罢了，却只以纺绩井臼为要"。③《红楼梦》中还描述了巧姐读《女孝经》和《列女传》的情形。明清时期出现的众多贞妇、烈女，便是这种女德教育的结果。

此种女德教育，在八旗世家的才女身上亦有所体现。震钧在《天咫偶闻》中列举了数位"八旗妇女能诗者"，且重点介绍这些女子的德性。如钮祜禄烈妇希光，"夫病割股以疗，不验，矢以死从。因女弱无依，恐诒舅姑累，苦守十年。女嫁之次日，赋七言古诗见志，自缢死"。诚嘉毅勇公明瑞之夫人常氏，"及明阵殁，夫人遂雉经以殉"。莽鹄立女巴颜珠，

---

① 于树滋纂修《于氏十修家谱》卷2，清光绪十四年刻本，第23叶b。
② 李新庵著，陈彝重订《重订训学良规》，徐梓、王雪梅编《蒙学要义》，山西教育出版社，1991，第125页。
③ 曹雪芹著，无名氏续《红楼梦》，第55~56页。

"因性耽禅悦，守贞不字，长斋绣佛以终"。汉军汪氏，"总督满保母，年二十二而寡。家贫甚，抚前室子三，亲课经史"。汉军镇平将军徐治都夫人许氏，"康熙十五年，镇将杨来嘉叛应谭洪，夫人脱簪珥犒以大义，沿江剿杀，屡却之。八月猝犯镇署，夫人中炮殁"。① 才女，兼贞烈，最为震钧所称道。震钧出自"满洲八大家"的瓜尔佳氏，属满洲镶黄旗，世代簪缨。震钧称"余家世代仕宦，皆以清德著称"，他对八旗才女品行的看重，显然与其"清德著称"的家风不无关联。

清代才女的大量出现，得益于女子所受的文化教育，特别是文学教育。"在明清女子的启蒙教育中，文学教育占有重要的一席之地。"② 真正能够享受良好文学教育的女子，绝大多数出身簪缨世家、书香门第。因此，良好的家世，是成为才女的必备要素。此家世，既包括女子自家，也含夫家。冼玉清在《广东女子艺文考》后序中论及才女成名的条件："其一名父之女，少秉庭训，有父兄之提倡，则成就自易。其二才士之妻，闺房倡和，有夫婿为之点缀，则声气易通。其三令子之母，侪辈所尊，有后嗣为之表扬，则流誉自广。"③

沈善宝在《名媛诗话·自序》中也有类似的观点：

> 窃思闺秀之学，与文士不同；而闺秀之传，又较文士不易。盖文士自幼即肆习经史旁及诗赋，有父兄教诲，师友讨论；闺秀则既无文士之师承，又不能专习诗文，故非聪慧绝伦者，万不能诗。生于名门巨族，遇父兄师友知诗者，传扬尚易；倘生于蓬荜，嫁于村俗，则湮没无闻者，不知凡几。余有深感焉，故不辞摭拾搜辑，而为是编。④

沈善宝，字湘佩，号西湖散人，清代著名女诗人，有"吟坛宗主"

---

① 震钧：《天咫偶闻》，第97~99页。
② 郭英德：《明清女子文学启蒙教育述论》，《北京师范大学学报》（社会科学版）2007年第4期。
③ 胡文楷编著，张宏生等增订《历代妇女著作考》（增订本），上海古籍出版社，2008，第951~952页。
④ 转引自胡文楷编著，张宏生等增订《历代妇女著作考》（增订本），第367页。

之美誉。沈善宝编撰的《名媛诗话》辑录了诸多清代女诗人的生平逸事及作品，足可替才女发声。

清代八旗才女往往出自汉文化修养较高的八旗世家。清代八旗教育分官学和私学两大系统，二者互为补充。在官学、私学两大体系中，儒家典籍都是重要的教学内容。汉文化修养较高的八旗世家，儒家典籍在其子弟教育中更是占据重要地位。正如福格《听雨丛谈》所言："凡我八旗子弟，……亦必须熟读史汉经籍以为根柢，诸子百家以为应变。"①

康熙朝大学士明珠设馆"招延名儒以训其子"，其子性德、揆叙、揆方皆俊才，其女纳兰氏在这种良好的家庭氛围中成长为著名的八旗才女，著有《绣余诗稿》。永寿在诗稿序中称："先姑（纳兰氏）赋性幽闲，持躬端淑。未离襁褓便识字，甫及龀髫，即娴吟咏。"②

八旗才女，如同纳兰氏，往往都有显赫的家世。八旗蒙古才女那逊兰保（著有《芸香馆遗诗》），出身蒙古黄金家族博尔济吉特氏，"自幼受诗于外祖母英太夫人"。英太夫人为八旗才女完颜金墀（著有《绿芸轩诗集》），为满洲旗人侍卫费莫英志之妻。那逊兰保"七岁入家塾，十二能诗，十五通五经"，又拜正黄旗汉军陈廷芳之女、内阁中书巴尼浑之妻为师。陈氏，号归真道人，博学多才，著有《冰雪堂诗稿》。那逊兰保之后嫁给宗室恒恩，恒恩家族系受汉文化影响较深的宗室之家。恒恩祖父永锡，袭爵肃亲王，乃清太宗皇太极五世孙。那逊兰保夫妻二人关系融洽，志趣相投，因此她得以家务之暇，不废吟咏。③ 自家与夫家，为那逊兰保的才女之路创造了良好条件。此外，乌云珠为吏部尚书伊桑阿之妻，蔡琬为户部尚书高其倬继妻，觉罗学诚为礼部尚书苏库之女，寿淑为宗室宝廷之女，毓灵为都统托云之女，莹川为尚书铁保之妻，顾太清为宗室奕绘侧福晋，等等。八旗才女的显赫家世，为其提供了优质的教育资源。旗人家庭又有"重小姑"的传统，未出嫁的女儿在家中地位较高，兄弟都要礼

---

① 福格：《听雨丛谈》，第249~250页。
② 纳兰氏：《绣余诗稿》序，谦牧堂清刻本。
③ 参见杜家骥《清代蒙古族女诗人那逊兰保及其相关问题考证》，《民族研究》2006年第3期。

让姊妹。① 这种传统更是为八旗女子教育创造了良好的条件。良好的家庭和教育背景，使八旗闺秀能娴熟掌握汉语，熟读经史，进而培养较高的文学修养。

女子的启蒙教育，首先来自父母亲、祖父母等长辈。多数才女都有幼承庭训的经历。张淑莲以诗记录其家庭教育："我昔居闺中，我父喜吟诗。时方宦蜀地，境好句益奇……少陵有遗集，一一亲和之。怜我颇聪慧，教女如教儿。兄弟及姊妹，唱和相娱嬉。吟成请甲乙，往往为颔颐……"② 在《红楼梦》中，薛宝钗"父亲在日，酷爱此女，令其读书识字，较之乃兄竟高过十倍"。③

八旗世家往往延师设馆，以课子弟。京谚云："天棚鱼缸石榴树，先生肥狗胖丫头。""先生"成为八旗世家之必备，其中就不乏闺塾师。八旗世家往往设置闺塾，延聘塾师专门教女。佟佳氏在13岁时，向习幽女史学习，又跟随雪楼女史学习音韵，开始作诗。后来，佟佳氏为教导女儿，延请岭南女史梅轩，与她朝夕唱和。闺塾师中，不乏满腹经纶的男子。在《红楼梦》中，林黛玉的父亲林如海祖上"曾袭过列侯"，他自己"便从科第出身。虽系钟鼎之家，却亦是书香之族"，④ 因此为独女请来贾雨村为闺塾师。贾雨村为进士出身，在诗才上称得上"才干优长""担风袖月"。林黛玉的诗才离不开贾雨村的教诲。林黛玉初次进贾府，贾母吩咐请迎春、探春、惜春姐妹来陪黛玉，并说"今日远客才来，可以不必上学去了"。⑤ 由此可知，贾府三姐妹也聘有塾师。世家大族中还出现了男女幼童共读的私塾。10岁以下女童，有的跟随自家兄弟入塾就读。才女彭孙倩幼时与其弟彭孙通"同就塾，颖异过人，时称双璧"。⑥ 钱湘"幼入家塾随诸兄读五经四子书"。⑦《国朝闺秀正始集》的编撰者恽珠回

---

① 参见周虹《满族妇女生活与民俗文化研究》，中国社会科学出版社，2005，第231页。
② 恽珠编《国朝闺秀正始集》，清道光十一年红香馆刻本。
③ 曹雪芹著，无名氏续《红楼梦》，第63页。
④ 曹雪芹著，无名氏续《红楼梦》，第23页。
⑤ 曹雪芹著，无名氏续《红楼梦》，第38页。
⑥ 施淑仪：《清代闺阁诗人征略》，《清代传记丛刊》，台北明文书店1982年影印本，第109页。
⑦ 施淑仪：《清代闺阁诗人征略》，《清代传记丛刊》，第393页。

顾其所受家庭教育时称："余年在龆龀，先大人以为当读书明理，遂命与二兄同学家塾，受'四子'、《孝经》、《毛诗》、《尔雅》诸书。少长，先大人亲授古今体诗，谆谆以正始为教，余始稍学吟咏。"①

清中晚期，八旗世家好学重教之风日浓，八旗闺阁诗人大量出现。陈东原在《中国妇女生活史》中称："清代学术之盛，为前此所未有，妇女也得沾余泽，文学之盛，为前此所未有。"② 八旗世家中还出现了才女家族。完颜氏嵩申家族不仅是科第世家，亦才女辈出。阿什坦之妹完颜兑是清初著名才女，能诗善画，著有《花埒闲吟》。完颜廷鏴之妻恽珠也是著名才女，著有《红香馆诗草》，辑有《兰闺宝录》《国朝闺秀正始集》。在恽珠的影响下，完颜氏女眷几乎个个能诗，儿媳程孟梅及孙女妙莲保、佛芸保皆有诗集传世，洵属可贵。

三 八旗才女与文学创作

清代才女辈出，百花并艳。《历代妇女著作考》收入"自汉魏以迄近代，凡得四千余家"，其中"清代妇人之集，超轶前代，数逾三千"。③面对如此盛况，法式善赞曰："本朝闺秀之盛，前代不及。"④

据相关统计，八旗女作家有 100 余人，有别集者 60 余人。⑤ 从数据来看，八旗女性所占比例并不高，但从整个才女文化史来看，仍不失为突出的文化现象。

八旗闺秀，从清初至清末代有才出。顺康朝，有乌云珠、蔡琬、高景芳、桓若、巴颜朱、纳兰氏等。乌云珠，字蕊仙，满洲正黄旗人，保和殿大学士索额图之女，大学士伊桑阿之妻，著有《绚春堂吟草》。《天咫偶闻》载：

> 慎郡王《花间堂载笔》云：长白淡如女史，工诗。每誉蕊仙，

---

① 恽珠编《国朝闺秀正始集》，弁言。
② 陈东原：《中国妇女生活史》，商务印书馆，2015，第 200 页。
③ 胡文楷编著，张宏生等增订《历代妇女著作考》（增订本），"自序"，第 5~6 页。
④ 法式善著，张寅彭、强迪艺编校《梧门诗话合校》，凤凰出版社，2005，第 461 页。
⑤ 参见贺晶晶《八旗女性汉文别集研究》，硕士学位论文，内蒙古师范大学，2020；高岩《清代旗人女性文学中的空间性研究》，硕士学位论文，长春师范大学，2022。

天资颖异。流览经史，寓目不忘。著有《绚春堂吟草》，不以示人。……按蕊仙名乌云珠，大学士伊桑阿室。①

乾嘉朝，文化繁荣，涌现大批八旗才女。留存诗集者，有学诚、养易斋女史、兰轩女史、思柏、兆佳氏、佟佳氏、希光、巩年、完颜兑、瑞芸、梦月、冰月、莹川、文篁、多敏、浣云、寿淑、毓灵等。《天咫偶闻》记载多位才女，如"莹川字如亭，满洲宁古塔氏，尚书铁保夫人。好读经史，工大草，善写兰竹，兼精骑射，识大体。冶亭扬历中外，多所赞襄。常登济宁太白楼，凭栏赋诗，胸怀洒落，非寻常闺阁所及。又有嘉庆元年正月五日，交泰殿朝贺礼成，恭纪四绝句。富丽堂皇，古所未有"。② 莹川，内阁侍读学士巴克棠阿之次女，尚书铁保之妻，著有《如亭诗稿》。铁保，字冶亭，号梅庵，满洲正黄旗人，累官吏部侍郎、山东巡抚、两江总督等，主编有《白山诗介》《熙朝雅颂集》等，著有《惟清斋全集》。莹川夫妇琴瑟和谐、生活顺达，莹川诗有清瀹洒落之气。

清代后期八旗才女有顾太清、西林旭、书青、妙莲保、佛芸保、那逊兰保、百保友兰等。其中顾太清与那逊兰保得到诗坛的认可和赞誉。

顾太清有"男中成容若，女中太清春"之称。顾太清（1799～1877），满洲镶蓝旗人，本为西林觉罗氏，后改名顾春，道号太清，晚号云槎外史，尝以太清春、太清西林春、云槎外史自署，著有诗词集《天游阁集》、词集《东海渔歌》、小说《红楼梦影》。西林觉罗氏乃满洲仕宦望族，"自从龙入关，重侯累相，武达文通"。③ 顾太清是清初著名大学士文端公（鄂尔泰）侄女、甘肃巡抚鄂昌孙女。西林觉罗氏家族有能文善诗传统，顾太清、西林旭姊妹皆有才名。顾太清后嫁给宗室奕绘为侧福晋，进入北京宗室社交圈。奕绘为乾隆帝第五子荣纯亲王永琪之孙，荣格郡王绵亿之子。荣王府文化氛围浓厚，素以才学闻名，祖孙三代皆为宗室著名才子。绵亿兼通满、蒙、汉语，擅长书画、诗文、算学。奕绘善诗

---

① 震钧：《天咫偶闻》，第99页。
② 震钧：《天咫偶闻》，第99~100页。
③ 陈康祺：《郎潜纪闻初笔二笔三笔》，第157页。

词，工书画，喜文物，习武备，于易、乐、佛、道、数理算法、工程建筑，甚至梵文、拉丁语均有所通，实乃文武兼备之才。顾太清与奕绘婚姻美满，诗词唱和，为其文学创作提供了良好条件。

顾太清的交游圈活跃着一班女性诗友，她们作诗题画，结社吟咏，反映当时北京八旗世家闺秀的生活与创作状况。顾太清诗友中，有大学士阮元儿媳许云姜。许云姜著有《鱼听轩诗钞》，其母古春轩老人梁德绳著有《古春轩诗钞》《古春轩词钞》，并曾续作弹词《再生缘》。借许云姜的娘家及夫家社交网络，顾太清结识了一批侨居京师的江南闺秀，如石珊枝、李纫兰、陈素安、陆琇卿、汪佩之等。顾太清之后还结识著名女诗人沈善宝。二人一在京师，一在江南，素未谋面，却因诗词而惺惺相惜。沈善宝进京后，遂与顾太清结秋红吟社，留下一段才女佳话。沈善宝在《名媛诗话》中记载，"予入都，晤于云林处，蒙其刮目倾心，遂订交焉"，并夸赞太清"才气横溢，援笔立成，待人诚信，无骄矜习气"。[①] 关于秋红吟社诗人的历史记录，现存资料有二：一是沈善宝《名媛诗话》的相关记载；二是顾太清《雨窗感旧》诗序。沈善宝在《名媛诗话》中记载："己亥秋日，余与太清、屏山、云林、伯芳结秋红吟社。"[②] 顾太清《天游阁集》卷7有《雨窗感旧》诗，诗前小序云：

> 同治元年长夏，红雨轩乱书中捡得《咏盆中海棠》诸作。旧游胜事，竟成天际浮云；暮景羸躯，有若花间晓露。海棠堆案，红雨轩争咏盆花；柳絮翻阶，天游阁分题佳句。今许云姜随任湖北，钱伯芳随任西川，栋阿少如就养甘肃，富察蕊仙、栋阿武庄、许云林、沈湘佩已作泉下人，社中姊妹惟项屏山与春二人矣。二十年来星流云散，得不伤心耶！[③]

上述提及秋红吟社成员，有三位八旗满洲才女——栋阿少如（珍庄）、栋阿武庄和富察蕊仙，其中栋阿少如与武庄系姊妹。顾太清身为宗

---

① 沈善宝：《名媛诗话》，《沈善宝集》，浙江古籍出版社，2021，第540页。
② 沈善宝：《名媛诗话》，《沈善宝集》，第556页。
③ 顾太清、奕绘著，张璋编校《顾太清奕绘诗词合集》，第170页。

室一员，有机会结识诸位八旗才女，并积极主动地将她们引入其交游圈。关于顾太清与她们三人的交游，其诗集中留存有《伏日雨后访富察蕊仙夫人华萼留饮归来夜已中矣赋此致谢》二首，《次栋鄂少如亲母韵》《上巳访栋鄂武庄辅国公祥竹轩夫人留予小酌遍游邸中园亭且约初十过予天游阁看海棠归来赋此》《雨后同少如武庄素安三姊妹及儿女辈泛舟潞河舟中次少如韵》等诗。富察蕊仙和栋阿少如均为顾太清亲家，栋阿武庄为辅国公竹轩夫人，她们都是秋红吟社的重要成员。秋红吟社中还有一位旗人女子，即太清妹妹西林旭（霞仙），著有《延青草阁集》。

顾太清历嘉庆、道光、咸丰、同治、光绪朝，其创作高峰在道光、同治年间，正是清代才女最活跃时期。顾太清身处京师，却将京师八旗闺秀与江南汉族才女凝聚成一个独特的女性交游圈，成为沟通满汉文化的桥梁。她创立的秋红吟社不仅突破了家族女性诗社的范畴，还突破了血缘、地域、民族之界限，成为清代才女文化的绚烂奇葩。

八旗才女身上大多体现出鲜明的八旗文化特征。"国语骑射"是八旗教育的重要内容，也是满族特色的集中体现。骑射不仅为八旗世家子弟所擅长，八旗闺秀也有精于此道者。《天咫偶闻》载："汉军镇平将军一等男徐治都之夫人许氏……亦汉军人，精韬钤，善骑射。偕夫出兵，每自结一队，相为犄角，以故战功居最。""莹川字如亭，……好读经史，工大草，善写兰竹，兼精骑射。""竹友（女史）甫髫龀，及门数载，有凤慧，喜吟咏。博览群书，好谈忠孝节义及聂隐娘、红线诸故事，眉飞色舞，跃跃欲试。自恨身不为男儿，笞兵万里，取封侯印。盖闺秀而具有豪侠根器者也。"[1]

八旗才女的文学创作打破了闺情诗词的局限，内容更为宽泛，山水之美、羁旅之愁、怀古之思等皆可入笔。驻防旗人承担保卫疆域的职责，以京师为中心向全国各地流动，女子随丈夫或父兄同行。这种跨地域的流动使八旗闺秀得以走出闺阁，直面世界，从而拥有了不同于闺阁女子的视野与眼界。蔡琬，汉军正白旗人，平"三藩之乱"名臣蔡毓荣之女，高其倬继室，其父与夫都曾任云贵总督。父亲的经历，以及自身随宦云贵地区

---

[1] 震钧：《天咫偶闻》，第99~101页。

的见闻，使得她对云贵川等地的地理风物有独特的认知与感受，其别集《蕴真轩诗钞》留存有9首与此相关的诗歌。莹川亦随夫宦游多地，《国朝闺秀正始集》称其"尝过济州，登太白楼，凭栏赋诗，胸怀洒落，非寻常闺阁所及"。①

八旗才女的文学创作在风格上则体现出豪爽雄健的特点。如纳兰氏《鹰》："劲风凛凛纵秋鹰，玉爪金眸正横行。原草初凋眼更急，飞来一击鸟皆惊。"② 诗句刚健有力，生动描绘出雄鹰矫健敏锐的英姿，反映了清初满族人强烈的自信和饱满的精神风貌。高景芳虽属八旗汉军，其诗歌亦"笔力雄健，巾帼中巨擘也"。③ 那逊兰保的诗歌则洋溢着蒙古儿女豪迈奔放之气，如她送兄长出使诗："四岁来京师，卅载辞故乡。故乡在何所，塞北云茫茫。成吉有遗谱，库伦余故疆。弯弧十万众，天骄自古强。夕宿便毡幕，朝餐甘湩浆。……自笑闺阁质，早易时世妆。无梦到鞍马，有意工文章。……华夷隔风气，故国为殊方。……勿为儿女泣，相对徒悲伤。"④ 诗中洋溢着身为成吉思汗子孙的骄傲和自豪，充满勉励兄长保家卫国、捍卫边疆的豪情壮志，展现出女性的民族气节和爱国热忱。因此有学者评价："她们虽然接受的是汉文化教育，运用汉文传统格律作诗填词，但其艺术风格，却依然不减北方民族英武、开朗的特性，绝少闺阁纤弱柔靡之迹。"⑤

综上，明清时期才女文化的兴起，为清代八旗才女的出现奠定了基础；八旗世家优渥的家庭背景及优质的教育资源，为八旗才女的成长创造了条件；八旗闺秀从清初至清末代有才出，其文学创作打破闺阁诗词的限制，体现出豪爽雄健的风格。清代八旗才女，构成中国才女文化史上一道独特的风景，也是北京文化史上一个值得研究的群体。

---

① 恽珠编《国朝闺秀正始集》卷14。
② 纳兰氏：《绣余诗稿》，谦牧堂清刻本。
③ 沈善宝：《名媛诗话》，《沈善宝集》，第412页。
④ 那逊兰保：《送瀛俊二兄奉使库伦》，《芸香馆遗诗》卷下，清同治十三年刻本。
⑤ 祝注先：《清代满族、蒙古族的妇女诗歌》，《中南民族学院学报》（哲学社会科学版）1997年第4期。

第六章 京旗文化与人生礼俗

清代北京城的最大变化，即旗人社会的形成。旗人社会颇具特色的习俗和文化促使"京味儿"文化形成。时至今日，老北京文化已成为北京历史文化的标签，而这种"京味儿"文化当然离不开旗人文化。

"旗人"与"满族"，本是两个概念。"旗人"，指在旗之人，包括八旗满洲、八旗蒙古与八旗汉军，以八旗满洲为主体。"满族"这一词语出现较晚，是随着"五族共和"的原则确立，在民国时期才较为广泛地使用。①"满族"所指特定群体，此前通常称为"满人"、"满洲"或"满洲人"。乾隆年间，八旗制度改革，大量汉军旗人出旗为民。"精简后的八旗逐渐从军事组织转变为一个特殊的利益集团，旗民分界日益森严，旗人与满人的重合度提高，留在旗内的蒙古八旗和少数汉军八旗与作为核心的满洲八旗的关系也更加紧密，在此基础上开始形成新的共同体。这个共同体即后来的'满族'，它和'旗人'在内涵上基本上是一致的。清代中期以后有'不问满汉，但问旗民'的说法，实际上旗民的分界已经成为区别满汉的标准。"② 基于以上认知，本书第五章的"旗人"，指的是包括满洲、蒙古、汉军的八旗。而本章的"旗人"，则在内涵上是与满族基本一致的概念。因此，本章所论旗人礼俗，主要指的是满族的礼俗。

震钧曾言："八旗旧家，礼法最重。"礼俗文化是旗人文化的重要组成部分。中国礼俗文化主要围绕人的一生中几个最重要时刻而展开，其中出生、婚配与丧礼可谓重中之重。清代小说中，《红楼梦》《儿女英雄传》《红楼梦影》都具有鲜明的旗人文化色彩，又以《儿女英雄传》为最。这三部作品对旗人生活描绘生动具体，为了解清代旗人社会提供了鲜活资料。本章即以这三部小说为中心，结合昭梿《啸亭杂录》、震钧《天咫偶

---

① 参见阎崇年《北京满族的百年沧桑》，《北京社会科学》2002年第1期。
② 季剑青：《重写旧京：民国北京书写中的历史与记忆》，第236页。

闻》、福格《听雨丛谈》等笔记，对旗人的生育、婚嫁、丧葬习俗做较为全面的考察。

第一节　生育习俗

子嗣延续是人类社会发展的必备链条，也是家族绵延的基础。孩子的出生，于家庭而言，是最重要的大事，于个体而言，则是人生的起点。因此，各民族都有自己的生育习俗。满族的出生礼，就极具民族特色。

一　"落草"

满族生育习俗中，第一大特色即"落草"。"落草"指婴儿落生。婴儿出生时，身垫谷草迎新人，这种接生方式就叫"落草"。《红楼梦》第8回述贾宝玉装束时说："另外有一块落草时衔下来的宝玉。"① "落草"带有早期狩猎生活方式古朴、粗犷的遗风。满族孕妇随男性骑马射猎，居无定所，临盆时只能垫野草"落地"。后人沿袭成俗，妇女在家临产前，卷起炕席，垫谷草于土炕之上，产妇在谷草上分娩。《红楼梦》还有两处"落草"描写，"落草时是从他口里掏出来的"（第3回），"小儿落草时虽带了一块宝玉下来"（第25回）。贾宝玉的出生方式显然带有满族文化特色。老舍先生在其自传体小说《正红旗下》中也有类似的说法："在我降生前后，母亲当然不能照常伺候大姑了，这就难怪在我还没落草儿，姑母便对我不大满意了。"② 时至今日，在一些偏僻的满族村屯，妇女生孩子时仍要卷起炕席，铺上谷草，以示不忘先人之俗。婴儿"落草"后，如生男孩，称为"大喜"，在家门左边挂上弓箭，箭头指向门外，俗称"公子箭"，意在孩子长大成人后能"弓马纯熟"，成为"巴图鲁"；若生女孩，则称"小喜"，要在家门右边挂一红布条，象征吉祥。③

新生儿出生，还得给祖宗与岳丈家报喜，给亲友送喜果。《红楼梦影》中，王夫人对宝玉说："你回来，我告诉你，明日早起，祠堂、各长

---

① 曹雪芹著，无名氏续《红楼梦》，第119页。
② 老舍：《正红旗下》，作家出版社，2018，第2页。
③ 参见逸华《"洗三"：满族新生儿独特的祈福仪式》，《中国民族报》2016年11月18日。

辈都要磕头的。"宝玉笑道:"这是什么规矩?"王夫人道:"头生儿还得到你丈母娘家去呢。"① 崇彝《道咸以来朝野杂记》的记载则更为明确,"凡人家生子女,必与戚家送喜果,如荔枝、龙眼、落花生之类,加以红色鸡蛋,生男以单数,生女以双数"。②

二 "洗三"

婴儿出生还需举行诞生礼,最重要的仪式是"洗三"。"洗三"即新生儿出生后第三天,亲朋好友欢聚一堂,为新生儿举行沐浴仪式。这种仪式,既是给新生儿洗涤污秽,也是祈祥求福的一种方式,表达对新生命健康成长的期待和祝福。我国很多民族有"洗三"习俗,汉族在唐宋时期就已形成此俗。满族"洗三"仪式特色鲜明,《道咸以来朝野杂记》载:"第三日洗儿,谓之洗三。女客必往贺,谓之添盆,先送粥果等礼物,即食品也。男客则不往贺。"③

在《红楼梦影》中,贾府为准备"洗三","这里传给茶房,染喜果送亲友;又传给厨房,后日预备汤饼面",还安排到亲戚处报喜。宝钗娘家送来礼物,"又见薛家的老婆子进来,后头有二门上的小厮挑着八个红盒子,又抱进个红布大包袱来"。探春也回娘家探望,准备"瞧着侄儿上摇车再回去"。到"洗三"那天,贾府请来接生婆或者是"全福"老太太进行洗礼。"邢夫人、尤氏、贾蓉妻胡氏,亲戚里是李婶娘、邢岫烟、宝琴、李绮,还有探春的婆婆周太太,宝琴的婆婆梅太太,李绮的婆婆甄太太都来看洗儿添盆,未免大家又推让一回。"④ 有关"洗三"的具体仪式,《红楼梦影》没有明写,但《正红旗下》描述得非常详尽:

> 白姥姥在炕上盘腿坐好,宽沿的大铜盆(二哥带来的)里倒上了槐枝艾叶熬成的苦水,冒着热气。参加典礼的老太太们、媳妇们,都先"添盆",把一些铜钱放入盆中,并说着吉祥话儿。几个花生,

---

① 参见云槎外史《红楼梦影》,第19页。
② 崇彝:《道咸以来朝野杂记》,第84页。
③ 崇彝:《道咸以来朝野杂记》,第84页。
④ 参见云槎外史《红楼梦影》,第19~21页。

几个红、白鸡蛋,也随着"连生贵子"等祝词放入水中。这些钱与东西,在最后,都归"姥姥"拿走。……

边洗边说,白姥姥把说过不知多少遍的祝词又一句不减地说出来:"先洗头,做王侯;后洗腰,一辈倒比一辈高;洗洗蛋,做知县;洗洗沟,做知州!"……

洗完,白姥姥又用姜片艾团灸了我的脑门和身上的各重要关节。因此,我一直到年过花甲都没闹过关节炎。她还用一块新青布,沾了些清茶,用力擦我的牙床。我就在这时节哭了起来;误投误撞,这一哭原是大吉之兆!在老妈妈们的词典中,这叫作"响盆"。有无始终坚持不哭、放弃吉利的孩子,我就不知道了。最后,白姥姥拾起一根大葱打了我三下,口中念念有词:"一打聪明,二打伶俐!"这到后来也应验了,我有时候的确和大葱一样聪明。

这棵葱应当由父亲扔到房上去。……①

老舍属满洲正红旗人,他详细地记录了晚清民国时期北京旗人的"洗三"习俗。陈鸿年世居北京,出身望族,20世纪40年代迁居台湾,后写作了大量回忆老北京的文章,结集为《北平风物》。在该书中,他回忆民国时期北京的收生婆,也记载了"洗三"习俗:"'收生婆'的土称,北平人喊作'姥姥'。……快到月儿大肚子的产妇,要请姥姥了。……小孩落巢儿三天,第一次洗澡,近的亲戚有的还得买一蒲包儿'缸炉儿',或小米鸡蛋等物送来。孩子三天第一次洗澡,是由收生婆来主持的。这一盆黄不叽漉的水,大概是'槐枝'儿等物熬的,里头还有煮熟的整个鸡蛋,收生婆把孩子打开,一手一托,一手开始洗了。一边嘴里还说着吉祥话儿呢!"②陈鸿年记录的应该是北京普通家庭的"洗三",可与旗人"洗三"礼相参看。

《红楼梦影》中,新生儿出生的第十二天,"薛家送来一只肥羊、一个摇车儿,自然应用的东西一件不少"。③这是典型的满族习俗,即如果

---

① 老舍:《正红旗下》,第44~45页。
② 陈鸿年:《北平风物》,第357~358页。
③ 云槎外史:《红楼梦影》,第22页。

第一胎是男孩，娘家要送一台摇车。摇车由外祖父或舅父亲自送来，且要随带压车钱，给双不给单。在送摇车时，他们口中还念念有词地叨咕着："一车金，一车银，一车胖小子到家门。"满族的婴儿是在摇车里长大的。摇车是满族育儿中最具特色的物件，"其制以筛板圈做两头，每头两孔，以长皮条穿孔内，外用彩画并悬响铃之类，内垫薄板，悬于梁上，离地三四尺，用带缚定小儿，使不能动"。[1] 睡摇车的习俗与满族狩猎的生活方式有关，父母外出狩猎采集，将婴儿吊放在树上更安全，久而久之就演变成睡摇车的习俗。长辈还喜欢在摇车上悬挂猪牙、刺猬皮、熊爪等饰物，为孩子驱邪除恶，希望孩子体格强壮，勇敢无畏。这也体现出满族生育文化中的动物崇拜习俗。

三 满月与"抓周"

新生儿满月时，父母要办"满月酒"，也叫"弥月酒"。亲朋携带金银饰品、小算盘、小如意等礼物前来庆贺，礼品上刻有祝福的吉祥话，比如"长命百岁""金玉满堂"等。外婆家还要给孩子蒸"河咧"（长形的面驹驹），用面条款待客人。《清稗类钞》"弥月"条载："宗族戚友亦皆有所馈赠，以将贺意，必设宴以享之。或馈人以生面及炒熟之面，面条长，取其绵绵不断长寿之意也。"[2] 女客将两个馒头合在一起，让产妇咬一口，谓之"满口"。在《红楼梦影》中，李纨与探春聊天时，提及薛家在孩子满月时还要送戏，即满月礼演戏，这也是清代常见习俗。崇彝《道咸以来朝野杂记》载：

> 至弥月之期，与小儿衣料鞋帽，富家加以金银铃锁之类，亦女往贺，男不往，虽至亲亦如此。如生子家张筵演剧，大办满月，先期柬约者，则男女可并往。[3]

---

[1] 吴振臣：《宁古塔纪略》，姜维公、刘立强主编《东北边疆卷八》（外三种），黑龙江教育出版社，2014，第148页。
[2] 徐珂编撰《清稗类钞》第5册"风俗类"，第2190页。
[3] 崇彝：《道咸以来朝野杂记》，第84~85页。

孩子周岁时，举行"抓周"仪式。《红楼梦》第2回，贾宝玉"周岁时，政老爹便要试他将来的志向，便将那世上所有之物摆了无数，与他抓取。谁知他一概不取，伸手只把些脂粉钗环抓来。政老爹便大怒了，说：'将来酒色之徒耳！'因此便大不喜悦"。① "抓周"习俗源自汉族。婴儿满月时，大人将砚墨、算盘、书籍、玩具、刀剪、针线、弓箭等摆放在婴儿面前，任其抓取，以猜测其未来的志向。旗人吸收这一习俗，但在物品准备上有自己民族特色。在《儿女英雄传》中，安老爷回忆何玉凤"抓周"场景：

> 那日你家父母在炕上摆了许多的针线刀尺、脂粉钗环、笔墨书籍、戥子算盘，以至金银钱物之类，又在庙上买了许多耍货，邀我进去一同看你抓周儿。不想你爬在炕上，凡是挨近的针黹花粉，一概不取，只抓了那庙上买的刀儿、枪儿、弓儿、箭儿这些耍货，握在手底下，乐个不住。②

何玉凤出身八旗汉军，虽为女子，父母准备的物件中也有刀枪弓箭。何玉凤抓了"刀儿、枪儿、弓儿、箭儿"，后"喜弓马，竟学得全身武艺"，长大后成为侠女十三妹。在八旗世家，弓箭与笔墨是男孩"抓周"的必备物件，孩子抓到这两样物件，长辈会特别高兴。这显然与八旗世家尚武崇文的传统息息相关。

清代宫廷也举行"抓周"仪式。据档案记载，乾隆四十一年（1776），正月初三公主抓周，正月十五日十一阿哥的三子抓周，七月十八日十一阿哥的三女抓周，七月十九日六阿哥的四子抓周，十一月二十五日十一阿哥的四女抓周，十二月十二日八阿哥的次子抓周，一年之间，宫廷举行六次"抓周"仪式。③ 光绪年间，《宫中现行则例》卷2"典故"记载，每逢皇子"抓周"，按惯例需准备：玉陈设二事、玉扇坠二枚、金匙一件、银盒一圆、犀钟一捧、犀棒一只、弧一张、矢一枝、文房一份、

---

① 曹雪芹著，无名氏续《红楼梦》，第28页。
② 文康：《儿女英雄传》上册，第344页。
③ 参见刘桂林《清宫皇子抓周》，《紫禁城》1987年第1期。

晬盘一具、果品桌一张。公主、皇孙女不用弧矢。同治帝抓周,先抓书,其次抓了弧矢,最后抓了笔。宫廷频繁的"抓周"仪式,说明"抓周"已成旗人习俗,而宫廷准备的物件,也体现了皇家的"富贵气"与旗人的民族风尚。

四 取名

满族新生儿在月子里常常连小名也不起,满月后才取名。"取名既是一种民族习俗,同时也是一种文化现象。从人名中反映出一个民族的社会习尚、文明程度、伦理观念、宗法制度、宗教信仰以及语言文字等多方面的内容。"[1] 清入关后,受汉文化影响,在取名上发生较大变化。比如,皇室宗亲与八旗世家取名开始喜欢选择文、翰、弘、晖、昭、明、灿、璋、亮、英、章、俊、焕等字,或在取名时寄托美好理想和愿望,讲求福寿吉祥。

《儿女英雄传》中,安老爷来到涿州邓家庄,遇上邓九公的双胞胎儿子满月宴。安老爷夸赞道:"好两个孩子!宜富当贵,既寿且昌,将来一定大有造化!"邓九公高兴地请安老爷给孩子取名:

(邓九公)说:"借二叔的吉言,托二叔的福。这俩孩子还没个名字呢,老弟,索性借你这管文笔儿合这点福缘儿,给他俩起俩名字,替我压一压,好养活。"安老爷说:"这倒用不着文法。"因想了想,道:"九哥,你这山东至高的莫如泰山,至大的莫如东海,就本地风光上给他取两乳名,就叫他'山儿'、'海儿'。那大名字竟排着我家玉格那个'马'字旁的'骥'字,一个叫他邓世骏,一个叫他邓世驯。骏,马之健者也;驯,马之顺者也。你道好不好?"[2]

安老爷给两个孩子取的大小名,兼具满汉文化的特征。《红楼梦影》中,"洗三"当日,祖父贾政给孩子"取名叫作贾芝,芝兰双秀的意思"。

---

[1] 杜家骥:《从取名看满族入关后之习俗与文化》,《清史研究》1993年第2期。
[2] 文康:《儿女英雄传》下册,第832~833页。

其中，既寓意与贾珠的儿子贾兰兄弟并列，也寄托了美好愿望。这种取名方式，体现出鲜明的受汉文化影响的倾向。

当然，旗人在取名时，仍保留本民族的一些特色。比如，以出生时祖父年龄命名，福格《听雨丛谈》提及："八旗幼童，喜以数目字命名，如七十二、八十三等名，多出于祖父母之纪年，因以为寿也。"[1] 顺治九年（1652）编撰的《清太宗实录》中，兔、儿、奴、厄等这样的人名特别多。这在《儿女英雄传》中也有所体现。第33回，舅太太讲笑话，其中提了一句"二鞑子吃螺蛳——绕这么大弯儿"，结果却惹得安太太笑得喘不过气来。大家都纳闷，安老爷只得解释道："我上头还有你一位大大爷，他从小儿就死了，我行二，我小时候的小名儿就叫作二鞑子。"[2] 安老爷大名为安学海，字水心，小名儿叫二鞑子。在《康熙起居注》中，康熙二十年以前，名字中仍可见儿、兔等字，之后逐渐消失。

五 挂锁

在满族习俗中，长辈还习惯在良辰吉日给婴儿戴"索线"。"索线"也叫"锁线""长命线""子孙绳"等，取自西屋西墙祖宗龛北侧的黄布袋子。黄布袋子是佛多妈妈的神位，也称"子孙袋"、"子孙口袋"或"妈妈口袋"，内装数十米结着帛条的五彩线。[3] 佛多妈妈是满族萨满教的始祖母女神，每年春秋两季，满族家庭有祭祀佛多妈妈的习俗。把"索线"从袋子里拽到院内的柳枝上，妇人与孩子跪在案前叩拜，然后从"索线"上取下五彩线套在孩子的脖子上。几天后，重新将五彩线放回袋子里。这个仪式叫"挂锁"或者"换锁"，目的是求得佛多妈妈保佑孩子平安无事，茁壮成长。[4] 富贵家庭不好养活的孩子还在五彩线上串上锁头型的银片，錾上"长命百岁""长命富贵"等吉祥字样，挂在脖子上。

清代满族人家普遍有挂锁的风俗。挂锁仪式包括戴索、换索和摘索等

---

[1] 福格：《听雨丛谈》，第220页。
[2] 文康：《儿女英雄传》下册，第665页。
[3] 参见吴松林《〈红楼梦〉的满族习俗研究》，博士学位论文，中央民族大学，2010，第67页。
[4] 参见陈伯霖《〈红楼梦〉与满族生育习俗》，《黑龙江民族丛刊》1996年第4期。

程序，持续到孩子男婚女嫁。震钧在《天咫偶闻》中详细记载北京八旗世家的"换索礼"：

> 是日卯刻，设石东阶下，竖柳枝，展索绳，系其端于西神板下之右，下系于柳干，将所作新索并净纸，依次挂于柳枝。设矮桌于柳前，桌上设香碟一，系净麻于神箭，立于柳之左。和面作大小饽饽，煮熟大饽饽，摆九九垛。按换索之子女，每分供碗四：一盛饭；一盛小鲫鱼，每碗一尾；一盛小饽饽，九数；一盛豆泥，供齐，点香。主妇领换索之子女，序跪于柳前。主妇行三叩首礼，换索者随行三叩首礼。主妇兴，请神箭，展麻绕子女之颈；请净纸，拭面身，随即焚化，带索行一叩首礼，兴。其次应换索者俱如之。若有应开索者（凡婚嫁者，先须开索），即将索结为之开释，遂行一叩首礼，不带索，兴。换毕，将第一碗鱼头，夹于第一个大饽饽内，夹于柳枝丫内。俟午后，令世仆将柳枝请出，即将饽饽与鱼头领食。升柳枝于屋上，撤香案，归神箭、索袱于神板上，换索礼毕，此余家礼也。余家或小有不同，而大致无异。①

震钧还特别强调对此"换索礼"，"余家或小有不同，而大致无异"，说明在北京的旗人家庭，普遍举行这种"换索礼"。同为旗人的穆儒丐，在《北京梦华录》"风俗礼节"章转录了震钧的记载，② 穆儒丐还对此进行补充，"每逢大祭，所有子女，必须换索，步乃一定规矩。但在平日，好有子女，应行婚嫁，而必开索者，则由家长备办饽饽、净纸，设矮几，点香碟，向祖宗神板磕头，谓之磕饽饽头。于是，此有期婚嫁之子女，遂为成人，而开索矣。若系女子，例由婆家虔奉白银一两，俗谓开索银。其收藏旧索之黄布口袋，俗谓'妈妈口袋'。每岁除夕，除向神板行三跪九叩礼，亦向妈妈口袋，行三叩首礼"。③

在《红楼梦》中，贾宝玉"仍旧带着项圈、宝玉、寄名锁、护身符

---

① 震钧：《天咫偶闻》，第25页。
② 参见穆儒丐《北京梦华录》，北京出版社，2016，第187~189页。
③ 穆儒丐：《北京梦华录》，第191~192页。

等物"（第3回），"本命星官值年太岁周年换的锁儿"（第62回）；薛宝钗则戴了金锁，"一面有四个篆字"（第8回）。由此可见，挂锁是常见习俗。《红楼梦》中的"挂锁"，表现的正是满族的挂索习俗，其与汉族的戴项圈有相似之处。

20世纪40年代，燕京大学学生王纯厚，以满汉家庭为主要研究对象，对北京的生育习俗进行考察。在论文中，她详细描述当时相对守旧家庭从求子到生产，从婴儿降生到周岁，取名和保育等诸多礼仪，如望子、求子、怀孕、分娩、洗三、十二朝、满月、挪骚窝、百日、周岁、认干父母、过继、许与神佛——跳墙和尚、烧替身与收魂、佩戴避邪饰物等。[①] 如今北京的生育习俗已发生较大的变化，满族人原来的生育礼俗很多也已成为北京的历史记忆。

第二节　婚嫁仪式

婚姻是男女组成家庭的方式，人们通过婚姻使两性结合得到社会认可。婚礼是古代"嘉礼"的重要组成部分。中国古代社会婚姻仪式遵循周礼传统，有"六礼"之说，即纳采、问名、纳吉、纳征、请期、亲迎。明清时期，人们大体上仍沿用这一婚俗仪式，"明清社会主要奉行朱子的《家礼》，朱子《家礼》对传统婚姻'六礼'进行了简化合并，保留纳采、纳币、亲迎三目，也就是婚姻三大仪式，纳采为议婚仪式，纳币为定婚仪式，亲迎为完婚仪式"。[②]

满族传统婚礼较为简单，聘礼多为弓箭鞍马、甲胄之类，反映其游猎、尚武的特点。清入关后，受汉文化影响，到清中叶，旗人的婚俗融合了汉族婚俗和仪式。其婚俗主要包括议婚、放定、过嫁妆、亲迎、倒红毡、射三箭、合卺礼、拜见礼、开箱礼、回门等程序。昭梿在《啸亭杂录》卷9"满洲婚娶礼仪"条，详细记载了旗人婚姻礼仪的全过程，其在诸多细节上体现了满族婚俗特点。本节即重点探究清代旗人婚姻习俗的独特之处。

---

① 参见王纯厚《北平儿童生活礼俗》，学士学位论文，燕京大学，1940。
② 萧放等：《中国民俗史·明清卷》，第261页。

一 "议婚"

在《儿女英雄传》中，何玉凤最初推脱安家的提亲，曾有"五不可行"之说：

> （安老爷）连忙问道："姑娘，你到是那五不可行？"姑娘道："第一，无父母之命，不可行；第二，无媒妁之言，不可行；三无庚帖；四无红定，更不可行；到了第五，我伶仃一身，寄人篱下，没有寸丝片纸的陪送，尤其不可行。"①

何玉凤此说，其实包含了议婚、备嫁妆等婚配程序。清代八旗世家子弟的婚姻，往往不是"父母之命，媒妁之言"，而是来自皇室之指婚。"近支王贝勒贝子公及外戚之子女既及岁者，开具姓氏年龄进呈，即由太后指配与满洲、蒙古、汉军之贵族联姻。指定后，明发懿旨，以某女婚某王，或某某，名曰指婚，满语又谓之拴婚。"② 八旗世家子弟的婚姻，多由太后、皇后指定。

清太宗皇太极曾规定，八旗官员的婚姻由所管贝勒决定，一般平民的婚姻由牛录章京决定。当然，这并不是清代八旗男女议婚的主要形式，父母做主为子女议婚者也不在少数。清代曾有旗民不结亲的禁令，旗人与非旗人之间不能通婚。虽然事实上旗民通婚从未中断，但毕竟这是一条约束。直到光绪二十七年（1901），慈禧太后才废除旗民不结亲的禁令。八旗子弟中，旗内关系密切的家庭联姻较多。在《儿女英雄传》中，安老爷为正黄旗汉军世家旧族，安太太佟氏也是汉军世家闺秀。安公子17岁时，本旗的卜德成来提亲，说的是隆府上的姑娘，安老爷却认为："无端的去合这等阔人家儿去作亲家，已经不必。"③ 虽然小说并没有写隆府是什么人家，但同样是汉军世家的可能性非常大。安家此时世职袭次已经完结，家道大不如前，"勉强安稳度日"，而隆府显然是"阔人家儿"。为何

---

① 文康：《儿女英雄传》下册，第468页。
② 徐珂编撰《清稗类钞》第5册"婚姻类·指婚"，第1990页。
③ 文康：《儿女英雄传》上册，第25页。

卜德成仍然来提亲？"满洲旧俗，凡所婚娶，必视其氏族之高下，初不计其一时之贫富。"① 安骥后来娶何玉凤为妻，何家同样出身八旗汉军，何玉凤祖父是安老爷的老师，两家有通家之好。

议婚即纳采问名，是男方请媒人问女方姓名及出生年月日准备合婚的仪式。清代旗人家庭，在门第家世等基本条件互相认可的前提下，双方过户帖，又称过门帖，在大红纸上书写男女双方的旗籍，祖父三代的职官、功名等。随之过男女双方的庚帖，上书生辰八字。一般男方的先送给女家，女家经过合算如无疑义，则送女方庚帖给男家。男家合算合适，则议婚成功；如果不合，则互退庚帖。由皇室指婚的男女，以指婚代替议婚，但须补上纳采仪式。《红楼梦》第97回，薛姨妈对薛蝌说："办泥金庚帖，填上八字，即叫人送到琏二爷那边去。"② 次日贾琏过来，捧上通书给薛姨妈。之所以叫"泥金庚帖"，是因为庚帖用泥金笺写就，"通书"则指男方通知女家迎娶日期的帖子。

二 "下定"

议婚成功，则开始订婚。订婚就是确立男女双方的关系，主要有"下定"仪式，包括"小定"与"大定"。《啸亭杂录》记载："满洲氏族，罕有指腹定婚者，皆年及冠笄，男女家始相聘问。男家主妇至女家问名，相女年貌，意既洽，赠如意或钗钏诸物以为定礼，名曰小定。"③ "小定"即传统"六礼"中的"纳采"。旗人婚俗本无"小定""大定"之分，这是受到汉俗的影响。"放小定"物件中，旗人家必有"荷包"和"如意"。荷包内放如意，带有典型的满族特色。

"放大定"又称"过礼"，即男家下聘礼。《啸亭杂录》载："改月择吉，男家下聘，用酒筵、衣服、绸缎、羊鹅诸物，名曰过礼。女家款待如仪。男家赠银于妇家，令其跳神以志喜焉。"④ 旗人"过礼"，以饽饽和肉类为主，这仍是满洲旧俗。《红楼梦》第91回，贾政与王夫人商议宝

---

① 昭梿：《啸亭杂录 续录》，《清代笔记小说大观》第5册，第4667页。
② 曹雪芹著，无名氏续《红楼梦》，第1335页。
③ 昭梿：《啸亭杂录 续录》，《清代笔记小说大观》第5册，第4607~4608页。
④ 昭梿：《啸亭杂录 续录》，《清代笔记小说大观》第5册，第4608页。

玉与宝钗的婚事，贾政说："今冬且放了定，明春再过礼，过了老太太的生日，就定日子娶。"① 这里的"放了定"指的是"大定"。"放大定"还有"放插戴"之称。福格《听雨丛谈》云："八旗婚姻之礼，于订婚后，迎娶先，诹吉行插戴礼。至日，预扶新人端坐于榻，夫家尊属若姑嬟、诸母、诸嫂辈往之女家，以首饰、珠玉亲手簪之。簪毕，夫家父兄、姻娅、亲友，引新郎入内，拜其外舅、外姑，并依次拜见妻党亲属，谓之放大定，又谓之放插戴。"②《清代北京竹枝词》中也有旗人"下定"的描述："金钿定喜向人夸，来往从今拜亲家。卧室不嫌排闼人，寻呼内嫂亦虚花。"诗下有注释云："姑以钗插妇鬓，曰'定喜'，妇未过门，两亲家往还直入内室，内嫂外姊多不避。"③ "下定"时，两亲家见面，嫂子与姊娌忙碌着，充满了欢乐气氛。旗人女子受礼教约束少，在"下定"中，女眷无须回避，具有典型的旗人文化色彩。

在《儿女英雄传》中，张金凤说服何玉凤时，曾提及"红定"习俗。"在姐姐想着，自然也该照着外省那怯礼儿，说定了亲，婆婆家先给送匹红绸子挂红，那叫'红定在先'，我也知道是那么着。及至我跟了婆婆来，听婆婆说起，敢则咱们旗人家不是那么桩事。说也有用如意的，也有用个玉玩手串儿的，甚至随身带的一件活计都使得。讲究的是一丝片纸，百年为定。"④ 从张金凤的言语中，可知旗人的"小定"物件与汉人不同。何玉凤听说安家已经给她"下定"，就是神龛旁边的两个红匣子，当场就急了，心想："莫非那长些的匣子里装的是尺头，短些的匣子里放的是钗钏？说明之后，他们竟硬放起插戴来？"⑤ 此番话明确将"插戴"与"下定"联系起来。结果何玉凤打开一看，长匣子里面装的是她自己的弹弓，短匣子里面装的是安骥的砚台。这两个物件其实就是安骥与何玉凤的定情信物。

穆儒丐在《北京梦华录》中对旗人的"小定""大定"总结道："婚

---

① 曹雪芹著，无名氏续《红楼梦》，第1267页。
② 福格：《听雨丛谈》，第241~242页。
③ 佚名：《燕台口号一百首》，路工选编《清代北京竹枝词》（十三种），第33页。
④ 文康：《儿女英雄传》下册，第487页。
⑤ 文康：《儿女英雄传》下册，第488页。

礼之第一步，在两姓议定之后，男家依其地位家资，向女家赠送隆重礼物，俗曰定礼。而定礼又有小定大定之分。小定为议婚之初，由男方对于女家所呈之信物，无非如意首饰等类，由媒人偕同男方一二人，前往致聘。此即仪礼之纳采纳吉也。婚既有期，则纳大定，如羊豕鹅酒服饰彩帛等类，具吉帖，由男方亲族人等，亦治具恭候，此即仪礼之纳征请期也，俗曰放大定，亦曰认亲。"① 旗人重如意，无论"小定"还是"大定"，都送如意。

三 完婚程序

"下定"后，两家择定结婚吉期，此后便进入完婚程序。旗人的完婚仪式，有多处细节具有鲜明的民族特征。

女方出嫁前，要准备嫁妆。"北京为人文荟萃之区，嫁娶之事，日日有之。是以售卖奁具之店，列肆而居，榜曰嫁妆铺，自桌椅瓷器，以及应用什具，莫不具备。"② 女方家只需依据财力，开出嫁妆单子，到铺子里接洽即可。依照穆儒丐的说法，旗人与汉人的嫁妆区别不大，但汉礼中无木器，"而有襥被之属"，"满洲妇女，冬则冠以皮冠，故皮帽亦为嫁妆中之不可少者"。③ 亲属要赠送出嫁女日用品等作为礼品，称为"添箱"。婚礼前一天，女家要"过嫁妆"。嫁妆分门别类捆在长方形油漆桌上，以"抬"计算，从12抬到120抬，"抬"越多越体面，即《清稗类钞》所说"送奁具至男家，置于桌抬之，以多为荣"。在《儿女英雄传》中，何玉凤的聘礼共16抬。第一抬是一匣如意，一匣通书，内写迎娶吉期吉时和应趋避之事；第二抬是两件定礼；第三至八抬以下都是女用钿子珠花，珠串首饰，袍褂衣料、衣服、铺盖等。后八抬是邓九公准备，就算娘家办的妆奁，光是"绣缂呢羽、绸缎绫罗，以至实漏纱葛夏布都有，一共四百件子"。④ 震钧《天咫偶闻》卷1载有光绪皇帝大婚时，皇后的妆奁单子："（光绪）是年大婚，先进妆奁二日。今敬载奁目，以备掌故。光绪十五

---

① 穆儒丐：《北京梦华录》，第198~199页。
② 穆儒丐：《北京梦华录》，第204页。
③ 穆儒丐：《北京梦华录》，第206页。
④ 文康：《儿女英雄传》下册，第509页。

年正月二十四进上赏金如意成柄；进上金如意二柄；帽围一九一匣；领围一九一匣；……金喜字羹匙成对；金喜字叉子成对；黄地福寿瓷膳碗成对；金漱口盂成对；金氽斗成对；金洗手盆成对；银痰盂成对；银沤子罐成对。"① 足足列了一页多纸，其中所列上赏如意，即订婚时由皇帝所赐之定礼。虽曰"上赏"，其实与民间"下定"之礼无二。

夜间迎娶是满族婚娶仪式的显著特点。《道咸以来朝野杂记》载："大家嫁娶，率以夜间，或清晨，以午前后者甚少。新人所乘之舆，以大红素官轿为上。绣花轿皆民间所用，故轿前无他项执事。惟以明角灯多少，定礼仪繁简。"② 明角灯又称"牛角灯"，所有旗人皆可使用，只是有品级的官员不得超过六对，无品级的不得超过四对。晚清时期，贵胄豪富之家竞逐奢华，牛角灯的数量增至十六对或三十来对。

《红楼梦》描述了两个婚礼场面，一是贾琏偷娶尤二姐，二是宝玉和宝钗大婚。这两场婚礼都在夜间举行。贾琏和尤二姐成婚于夜间，《红楼梦》有明确描述：

> 次日五更天，一乘素轿，将二姐抬来。各色香烛纸马，并铺盖以及酒饭，早已备得十分妥当。一时，贾琏素服坐了小轿而来，拜了天地，焚了纸马。那尤老见二姐身上头上焕然一新，不似在家模样，十分得意。搀入洞房。③

宝玉与宝钗大婚也是在夜里，《红楼梦》第97回至第98回有多处确切交代。比如，墨雨告诉紫鹃，"上头吩咐了，连你们都不叫知道呢。就是今日夜里娶，那里是在这里，老爷派琏二爷另收拾了房子了"。④

《儿女英雄传》中，安骥与何玉凤也是夜间成亲，"那时正是十月天气，夜长昼短"。两人行礼时，"酉末戌初，正是上灯的时候"。⑤ 迎亲

---

① 震钧：《天咫偶闻》，第6~7页。
② 崇彝：《道咸以来朝野杂记》，第84页。
③ 曹雪芹著，无名氏续《红楼梦》，第904页。
④ 曹雪芹著，无名氏续《红楼梦》，第1339页。
⑤ 文康：《儿女英雄传》下册，第526页。

时,"一声锣响,喇叭号筒鼓乐齐奏的响起房来。……屏门开处,先有两个十字披红的家仆,一个手里捧着一彩坛酒,一个手里抱着一只鹅,用红绒扎着腿,捆得他噶噶的山叫。那后面便是新郎,蟒袍补服,缓步安详进来。上了台阶,亲自接过那鹅、酒,安在供桌的左右厢,退下去,端恭肃敬地朝上行了两跪六叩礼"。① 这"两跪六叩礼"行的是满族大礼。② 安公子拿的鹅和酒是安家下的聘礼,旗人放定一般用猪、羊、酒等物。送鹅则是效仿汉俗,即古礼中的"奠雁"。

旗人迎亲仪式中,还有"娶亲太太"与"送亲太太"。徐珂《清稗类钞》记载:

> 八旗婚嫁之制,纳采、问名诸事悉同汉人,……及迎亲,则男家择年长全福之妇至女宅,代新妇上妆,曰娶亲太太。其送亲也,亦择年长全福之妇至男宅,扶持新妇,曰送亲太太。皆乘花舆,故花舆必备三乘。③

《儿女英雄传》中,"听得安太太车声隆隆从后门而来",因为玉凤就在安家,所以舅太太笑道:"多远儿呀?亲家太太还坐了车来了!"安太太道:"甚么话呢?这是个大礼吗!回来我可就从角门儿溜回去了,好把车让给你们送亲太太坐。"④ 玉凤坐"大红猩猩毡轿",这也符合新娘坐大红喀喇呢"官轿"的旗俗。

关于新娘穿戴,《清稗类钞》记载:"新妇登舆,不衣礼服,而其衣以布;不梳两把头而聚发成髻,盖以红巾。其内衣,虽夏日亦装棉,若在三伏期内,亦夹而不单,然肩膝等处亦必略置棉花。"⑤

女方被迎入夫家,旗人婚俗中还有"倒红毡""射三箭""坐帐""合卺"等仪式,民族特色鲜明。

---

① 文康:《儿女英雄传》下册,第518~519页。
② 参见李婷《〈儿女英雄传〉的满文化研究》,博士学位论文,中央民族大学,2003,第60页。
③ 徐珂编撰《清稗类钞》,第1990页。
④ 文康:《儿女英雄传》下册,第520页。
⑤ 徐珂编撰《清稗类钞》,第1990页。

"倒红毡"是从新娘下轿到入洞房之间的仪式。新娘由娶亲、送亲女眷分别从两侧搀扶踏红毡入洞房。红毡从屋外往里铺,在地面上将喜轿与新房连接起来。《听雨丛谈》载:"京师娶新妇,落轿后,以红毡藉地,弗令新人履尘。富家尽可用毡铺至闺阃,而必用数毡转布,殊不可解。"① 福格认为唐人已有此俗,元人谓之传席。《儿女英雄传》中也有倒红毡的描写:"只听得鼓乐喧天,花轿已到门首。搭进院子来,抽去老杆,众家人手捧进来,安得面向东南。只听戴嬷嬷合随缘儿媳妇一条一条的往屋里要红毡子,地下两三层的铺得平稳。"② 何玉凤左手捏着一个小金如意,右手捏一个小银锭儿,取"左金右银,必定如意"之意。

娶亲轿子进门后,拜天地之前,先要射三箭。"只听得一声弓弦响,唬的就是一箭,从轿子左边儿射过去;接着便是第二箭,又从轿子右边儿射过去;说时迟那时快,又是第三箭,却正正的射在轿框上,瞪的一声,把枝箭碰回去了。"③ 德龄公主在《瀛台泣血记》中描写光绪帝大婚,也有"射三箭"的场景,"由新郎发射三支桃木箭,一支从轿顶上面射过去,两支射在花轿的左右两边,也算是一种祛邪退灾的方法。……光绪虽然身为皇帝,却也未能免俗,当时少不得照例先射了"。④ "射三箭"是满族古老婚俗的延续,满族人认为在结婚日,有许多魔鬼藏在花轿里,因此用能够避邪的桃木箭射。这种做法也可能源于古老的抢婚习俗。

旗人婚俗,男方在院中搭席棚或布棚,举行各种仪式,称为"坐帐"。此俗源于满族先人野外搭建窝棚婚配的生活,后来演化成习。《红楼梦》第97回宝玉大婚,"傧相赞礼,拜了天地。请出贾母受了四拜,后请贾政夫妇登堂,行礼毕,送入洞房。还有坐床撒帐等事,俱是按金陵旧例"。⑤ "坐床撒帐"即"坐帐"。"坐帐"时,新郎手持秤杆,"称心如意"地挑下盖头。《清稗类钞》记载:"行坐帐礼……新妇易衣,其饰,富贵者有钿子(以珠翠扎成发饰)、喜花(红绒制喜字或福字),常人之

---

① 福格:《听雨丛谈》,第144页。
② 文康:《儿女英雄传》下册,第521页。
③ 文康:《儿女英雄传》下册,第524页。
④ 德龄公主:《瀛台泣血记》,秦瘦鸥译,东方出版社,2008,第170页。
⑤ 曹雪芹著,无名氏续《红楼梦》,第1343页。

家即梳髻，着常服。妆成，新妇坐于炕，不言不笑不动，否则为不吉。及夕，新郎代新妇取花插之窗，必在窗之低棖，愈低，则得子愈早。"① 先成亲后上头，女性便完成了从少女到少妇的身份转换。

凡婚礼，新妇入门需行合卺礼。《啸亭杂录》记载："五鼓，鼓乐娶妇至男家，竟夜笙歌不绝，谓之响房。新妇既至，新婿用弓矢对舆射之。新妇怀抱宝瓶入，坐向吉方。及吉时，用宗老吉服致祭庭中，奠羊、酒诸物。宗老以刀割肉，致吉词焉。礼毕，新婿、新妇登床行合卺礼，男女争坐被上，以为吉兆。"②《儿女英雄传》中记述安骥与何玉凤"行交杯合卺礼。接着扣铜盆，吃子孙饽饽，放捧盒，挑长寿面。吃完了，便搭衣襟，倒宝瓶，对坐成双，金钱撒帐"。③《瀛台泣血记》记载光绪新婚夜，"……再待人家送一样东西进来吃。这是一种制作得很精致的包子，里面的馅是用的莲心、松子、桂圆等各种东西，名字叫做'子孙饽饽'。外皮染着淡红色，模样很好看，滋味也不差，……于是光绪和静芬在这一天也照样给人家硬生生地喂了一个子孙饽饽下去"。④ 吃子孙饽饽是满族婚俗，祈愿新婚夫妇人丁兴旺。

四 婚后诸仪

婚后第一天，新妇需行"开箱"、"抱柴"与"拜见"诸礼。

开箱礼即新妇给男方家人赠送礼物。旗人很重视开箱礼。在《儿女英雄传》中，安老爷替儿媳妇预备的开箱礼完全依照《礼记》古礼，不用金银绸缎而用果子等物：

> （姑娘）才到上房，便有两个女人捧着两副新红捧盒在廊下伺候。姑娘进门见过翁姑，那两个人便端进盒子来，张姑娘帮他打开。姑娘一看，只见一个盒子里面放着五个碟子：一碟火腿，一碟黄闷肉，一碟榛子，一碟枣儿，一碟栗子；那一个里面是香喷喷热腾腾的

---

① 徐珂编撰《清稗类钞》第5册，第1990页。
② 昭梿：《啸亭杂录　续录》，《清代笔记小说大观》第5册，第4608页。
③ 文康：《儿女英雄传》下册，第528页。
④ 德龄公主：《瀛台泣血记》，第173页。

两碗热汤儿面。姑娘纳闷道:"大清早起,这可怎么吃得到一块儿呢?"原来这又是安水心先生的制度,就把这点儿吃食作了姑娘的"开箱礼"。①

安水心先生即安老爷,他崇尚古礼。《礼记》云:"古者,妇人之贽,惟榛脯脩枣栗。"所以他命人装了三碟干果子、两碟肉腥,算是何玉凤的开箱礼。不过,舅太太还是代表娘家准备了开箱礼,"一顶帽头儿,一匣家作活计,一双男靴,一双靸脚儿鞋,两双袜子。一个里头放着两个小匣子:一匣是一枝仿着圣手摘篮的金簪子,那手里却掐的是一个小小金九连环;一匣是一双汗浸子玉蒲镯。其余也是一匣家作活计,一双女靴,一双鞋,两双袜子"。②

旗人之家,还有"抱柴"仪式,即新妇在次日早晨拜灶君,添火、添汤,以示婚后勤劳之意。《儿女英雄传》中写道:"只见伺候的仆妇在灶前点烛上香,地下铺好了红毡子,便请拜灶君。二位新人行礼起来,那个胖女人就拿过一把柴火来,说:'请奶奶添火。'又舀过半瓢净水来,说:'请奶奶添汤。'随有众仆妇给他拉着衣服,搂着袖子,一一的添好了。"③《儿女英雄传》所写,就是"抱柴"习俗。

新妇还需行拜见礼。《啸亭杂录》载:"次早五鼓兴,始拜天地、神像、宗祠,翁姑坐而受礼如仪。其宗族尊卑以次拜谒。"④ 新妇对长辈叩首行礼,平辈互相请安。长辈一般回赠新妇礼物。《儿女英雄传》中,安太太送的是"一枝雁钗,一双金镯子",老爷送的是"一条堂布手巾,一条粗布手巾,一把大锥子,一把小锥子,一分火石火链片儿,一把子取灯儿,一块磨刀石;又有一个小红布口袋,里头……却是一个针扎儿装着针,一个线板儿绕着线"。⑤何玉凤看了直纳闷,安老爷解释这同样出自古礼:

---

① 文康:《儿女英雄传》下册,第 541~542 页。
② 文康:《儿女英雄传》下册,第 543 页。
③ 文康:《儿女英雄传》下册,第 541 页。
④ 昭梿:《啸亭杂录 续录》,《清代笔记小说大观》第 5 册,第 4608 页。
⑤ 文康:《儿女英雄传》下册,第 543~544 页。

大约你不解这几件东西的用意。那《礼记》上《内则》有云："妇事舅姑，如事父母。鸡初鸣，咸盥漱，栉縰笄总，衣绅，左佩纷帨、刀砺、小觹、金燧，右佩箴管、线纩、施縏袠、大觹、木燧，衿缨綦屦，以适父母舅姑之所。"这方粗布便叫作"帨"，湿了用洗家伙的。这块堂布叫作"纷"，干着用擦家伙的。……一共九件东西。这是作媳妇的事奉翁姑必需之物。[1]

见了公婆，再见亲族。邓九公送的是一个家传的"青玉莲花宝月瓶"，舅太太送的是"现作的几件家常衣服"，张老夫妻送的是"四半个尺头"，褚大娘送的是"绎绣领面儿、挽袖褪袖儿膝裤之类"。[2]

婚后新妇还有"回门"等仪式，此处不赘述。

旗人婚俗虽大体依照汉族婚俗程序，但保留了较多民族特色。其中体现得更多的是游牧文化的印记，比如夜间迎亲、"射三箭""坐帐"等习俗。但旗人认为这出自古礼。《儿女英雄传》中，安老爷明确表示安骥与何玉凤的婚礼是"参议旗汉，斟酌古今"，在一些细节上体现了对周礼的尊崇。而旗人学者在记述旗人婚俗时，也喜欢用古礼来解释本民族婚俗的出处，昭梿、震钧、福格、穆儒丐等都有此倾向。震钧《满洲婚祭礼合仪礼考》一文认为：

满洲六礼，惟婚、祭二礼，不与世同。余尝疑为古礼之遗，乃以《仪礼》考之，始知即婚礼及特牲、馈食二礼。……若婚礼，则媒氏执男女二家之年庚、三代互易之，《仪礼》之问名也。既主妇至女家视女，《仪礼》之纳采也。既定，则男家以如意纳之女家，《仪礼》之纳吉也。婚前二月，具羊豕鹅酒服饰采帛以书将之纳于女，并告婚期，《仪礼》之纳征兼请期也。婚期以夜，日入三商为婚也。盍具既入门，婿往女家拜于堂，亲迎也。而今讹为谢盍也。其娶也，舆前导以角镫数十，《仪礼》之执烛前马也。妇至，布席于室中地下，不设

---

[1] 文康：《儿女英雄传》下册，第544~545页。
[2] 参见文康《儿女英雄传》下册，第546页。

几，陈羊豕黍稷，夫妇相向坐，《仪礼》之对席也。御者以二盏互饮其夫妇，凡三，《仪礼》之醮也。质明，以质见舅姑，《仪礼》之厥明见于舅姑也。并拜于家庙，《仪礼》之庙见也。按《汉书·地理志》云："殷道衰，箕子去之朝鲜，教其民以礼义。"而《仪礼》古人传为殷礼，然则满洲礼固殷礼也。虽行之久，未必无讹，然大端具在。惜乎国朝有此古礼，乃日用而不知，傥修明其礼，颁而行之，不胜于汉唐沿讹之礼远也乎。①

在震钧看来，满洲婚俗完全符合《仪礼》的规定。比如，"换庚帖"即问名，"下定"即纳吉，花桥前的牛角灯即"《仪礼》之执烛前马"。震钧特别强调，"满洲礼固殷礼也"。这种认知既有对民族文化的自信，也有对满汉一家的高度认同。

婚姻不仅是人生之大事，也是家国之大事。"昏礼者，将合二姓之好，上以事宗庙，而下以继后世也。故君子重之。是以昏礼纳采、问名、纳吉、纳征、请期，皆主人筵几于庙，而拜迎于门外，入揖让而升，听命于庙，所以敬慎、重正昏礼也。"② 在中国古代，婚礼作为"嘉礼"之一，有非常重要的礼仪教化功能。"敬慎重正而后亲之，礼制大体而所以成男女之别，而立夫妇之义。男女有别，而后夫妇之义；夫妇有义，而后父子有亲；父子有亲，而后君臣有正。"③ 古人认为在男女关系中，妇顺则家和，家和足以兴邦，婚礼的根本意义是要强调"妇顺"之道。正是基于此种认知，婚礼被视为"礼之本"，从周延续至清，始终为世人所重视。旗人本重礼法，旗人婚嫁仪式之繁缛，也是其重礼法的体现。但这也容易形成奢靡之风，之后的姻亲往来应酬，也可能给家庭造成沉重负担。夏仁虎在《旧京琐记》中感慨："满人家与府第结亲，往往破家，盖房族多，仪文烦，不堪酬应也。刑部同官善君，为福元修相国孙，世为贵族姻眷，家已中落。某日到署迟，曰：'今日又了却一酬应。'盖赴某府相骂也。询其故，曰：'旧姻多，酬应不了，俗必骂而始断，不必有隙也。'

---

① 震钧：《满洲婚祭礼合仪礼考》，《天咫偶闻》，第 21~23 页。
② 胡平生、张萌译注《礼记》下册，第 1182 页。
③ 胡平生、张萌译注《礼记》下册，第 1184~1185 页。

其可笑如此。然善君三女嫁伯王、恭王、洵贝勒，卒以是破其家。国变后，至堕落为某部书记，困穷以卒。"①

婚姻是家庭的基础，婚礼赋予了男女双方责任，也寄托着对美好生活的祝福。穆儒丐感慨道："婚嫁大事，万难苟合，苟不如礼，纠纷随之。故一婚一嫁，言必由衷，出之以诚敬，佐之以媒证，要之以信物，期之以终身，而最要之事曰备礼。"② 婚礼的"如礼"，为未来的婚姻生活提供一定的保障，然晚清民国时期，"如礼"的婚礼越来越少，"惟近年以来，人心不古，往日对等婚姻，已在少数，古义全废，礼俗更新，或携手而同居，或货殖而为妾。婚姻制度，紊乱已极；人伦大防，破坏殆尽，求如光宣以前之雍容大雅，尽礼合节，已不可得矣。顾礼义者，自天子以至于庶人，所不可废者也。夫妇之道，尤宜以礼合，婚姻不庄，礼制不讲，乱亡之征也"。③ 穆儒丐将婚俗的变迁与国家的兴亡联系起来，认为"婚姻不庄，礼制不讲，乱亡之征也"。这种言论虽有危言耸听之嫌，但婚俗变迁与礼制文化兴替紧密相关亦是事实。

第三节 丧葬风俗

人生礼仪，以丧礼、祭礼最为重要。《仪礼·昏义》云："夫礼始于冠，本于昏，重于丧、祭，尊于朝、聘，和于乡、射，此礼之大体也。"④人生礼仪中最后一道仪式为丧葬之礼，所谓"生，事之以孝；死，葬之以礼"。在传统观念中，人的死亡是新一轮人生的开始。送亡灵，是将其送往"往生"之路。丧葬习俗基于这一死亡观念而形成，蕴含了丰富的传统文化内涵。

各民族习俗不同，丧葬礼俗也不尽相同。清入关后，在丧礼仪式方面既深受汉文化影响，也保留了本民族的特性。清代的通俗小说与文人笔记对此有较为详细的描述。《红楼梦》中关于秦可卿的丧葬之礼，从第13

---

① 夏仁虎：《旧京琐记》，第214页。
② 穆儒丐：《北京梦华录》，第192页。
③ 穆儒丐：《北京梦华录》，第199页。
④ 胡平生、张萌译注《礼记》下册，第1185页。

回"秦可卿死封龙禁尉"到第15回"王凤姐弄权铁槛寺",详细描写一个贵族家庭举办丧礼的全过程。书中从秦可卿托梦王熙凤,"二门上传事云板连叩四下,将凤姐惊醒"开始,对报丧、停灵、守孝、吊唁、择寿木、捐龙禁尉、诵经、出殡、路祭等进行细致描写。虽然《红楼梦》作者声称朝代邦国均不可考,但此丧礼大致反映清代习俗是肯定的,再结合贾敬和贾母的丧礼,可以较为清晰地考察出旗人的丧葬习俗。文人笔记中,昭梿《啸亭杂录》、震钧《天咫偶闻》、福格《听雨丛谈》、夏仁虎《旧京琐记》等,都有关于旗人丧葬习俗的记载。这些作品成为研究旗人丧礼的重要资料。旗人丧礼与汉俗有诸多相同之处,本节重点探讨其具有民族特色的习俗。

一　初终与报丧

初终,又称初丧、始死。逝者咽气时,旗人与汉人一样,亲眷在场送终,为其洁身穿衣。洁身就是给死者"擦洗",或者叫"擦脸"。《红楼梦》第98回描写林黛玉咽气的时候,"探春过来,摸了摸黛玉的手已经凉了,连目光也都散了。探春紫鹃正哭着叫人端水来给黛玉擦洗"。① "穿衣"也称穿寿衣,寿衣件数取七或九。黛玉咽气时,"紫鹃等急忙扶住,那汗愈出,身子便渐渐的冷了。探春李纨叫人乱着拢头穿衣,只见黛玉两眼一翻,呜呼!香魂一缕随风散,愁绪三更入梦遥!"②

人咽气以后,被抬到安放遗体的床上,这个环节称作"停床"。徐珂《清稗类钞》"八旗丧葬"载:"八旗人死,停尸于正屋之木架,曰太平床,不在炕。所衣必棉,其数或七或九,盖凶事尚单,故皆用单数也。"③《红楼梦》第110回写贾母去世:"地下婆子们已将床安设停当,铺了被褥,听见贾母喉间略一响动,脸变笑容,竟是去了,享年八十三岁。众婆子疾忙停床。于是贾政等在外一边跪着,邢夫人等在内一边跪着,一齐举起哀来。"④ "停床"一般在屋子中间,床的高度和死者的年龄成正比,

---

① 曹雪芹著,无名氏续《红楼梦》,第1351页。
② 曹雪芹著,无名氏续《红楼梦》,第1351页。
③ 徐珂编撰《清稗类钞》第8册,第3549页。
④ 曹雪芹著,无名氏续《红楼梦》,第1476页。

不超过炕的高度。灵床垫上褥子，头前摆放一碗头饭，死者口中含珍珠、玉或米等，称"衔口"；脚下点上一盏灯，身盖停尸布，尸褥下放钱，叫"垫背"。《红楼梦》第72回，贾琏向王熙凤借钱，得到的回应是"我又不等着衔口垫背，忙了什么"，① 说的就是这种习俗。

家中有丧事，丧主举家着白衣，去除或遮蔽家中鲜艳色彩，用白色布置灵堂、灵棚等。"灵棚"是丧事中的重要物件。在《红楼梦》第63回，贾敬丧事，贾蓉"先骑马飞来至家，忙命前厅收桌椅，下槅扇，挂孝幔子，门前起鼓手棚牌楼等事"。② 第64回又有相关叙述："小管家俞禄来回贾珍道：'前者所用棚杠孝布并请杠人青衣，共使银一千一百十两，除给银五百两外，仍欠六百零十两。'"③ "灵棚"包括和尚念经的"经棚"，吹鼓手奏乐的"鼓乐棚"等。"搭棚"曾是京城的"绝技"，清代北京办丧事，为招待客人方便，以及摆设各种仪仗、鼓乐等，都要搭棚。乾隆时期得硕亭《草珠一串》"风俗"门中有一首竹枝词写道：

丧事时兴作细棚（京师棚匠之巧，当为天下第一。以芦席做成玲珑窗槅舍宇牌坊，无不逼真，可称妙手），灵前无物不求精。与其易也宁哀戚，说尽千年以后情。④

《道光都门纪略》描述更详细："京师搭盖丧棚，工细绝伦，点缀有花木鸟兽之形，起脊大棚，有瓦陇、柁头、稳兽、螭头之别，以及照壁、辕门、钟鼓楼、高插云霄。"⑤ 震钧在《天咫偶闻》中赞曰："京师有三种手艺为外方所无：搭棚匠也，裱褙匠也，扎彩匠也。扎彩之工，已详一卷。搭棚之工，虽高至十丈，宽至十丈，无不平地立起。而且中间绝无一柱，令入者只见洞然一宇，无只木寸椽之见，而尤奇于大工之脚手架。……若明器之属，则世间之物无不克肖，真绝技也。"⑥ 关于北京办

---

① 曹雪芹著，无名氏续《红楼梦》，第998页。
② 曹雪芹著，无名氏续《红楼梦》，第882页。
③ 曹雪芹著，无名氏续《红楼梦》，第895页。
④ 得硕亭：《草珠一串》，路工选编《清代北京竹枝词》（十三种），第53页。
⑤ 转引自《红楼风俗名物谭——邓云乡论红楼梦》，第212页。
⑥ 震钧：《天咫偶闻》，第215~216页。

丧事期间所搭之棚，民俗学家邓云乡有详细的阐释。①

《红楼梦》第110回，贾母咽气以后，"只听里头信儿一传出来，从荣府大门起至内宅门扇扇大开，一色净白纸糊了，孝棚高起，大门前的牌楼立时竖起，上下人等登时成服"。②"成服"是指死者亲属着丧服。丧服因质地、做工、形制不同分斩衰、齐衰、大功、小功和缌麻五种，合称"五服"。亲属根据与死者血缘关系的亲疏穿戴这五种不同种类的丧服。汉族传统丧礼形成于周代，周人尚白，丧服规定以白色，相沿至今。满族素以白色为吉祥色，丧事也用白色。在《儿女英雄传》中，何玉凤为父母举丧，周身素白。作者解释道："原来汉军人家的服制甚重，多与汉礼相同，除了衣裙，甚至鞋脚都用一色白的。"③旗人丧服虽然也用白色，但服丧习俗与汉族仍然有些许差别：

> 满俗丧礼，轻于汉人。斩衰止百日，期服六十日，大功三十五日，小功一月，缌麻廿一日，较之古礼似不及远矣。然其居丧也，衰服不去，身不听乐，不与宴，居室皆用素器，木几素席，以终三年。期功各以其等降，相率行之，无敢逾。若戚友家丧，有服者如其服，无服者男去缨，女去珥。丧主人奉男腰绖，奉女首绖，拜而进，受者亦拜。④

满族服丧时间虽短，但服丧期间的礼制严格。夏仁虎在《旧京琐记》中说："北方丧服较南为重。满族居丧虽仅守孝百日，其期似短，然此百日中家人皆白衣冠。汉人则伯叔父母之孝服同于所生，期服青灰布衣，帽履亦然。"⑤

根据萨满教遗俗，幡是引导死者灵魂的用具。旗人在治丧期间，在院外挂幡以传递悼亡信息。幡用红布做成，长及丈许，又名"丹旐"。福格

---

① 参见《红楼风俗名物谭——邓云乡论红楼梦》，第208~213页。
② 曹雪芹著，无名氏续《红楼梦》，第1476页。
③ 文康：《儿女英雄传》上册，第350页。
④ 震钧：《天咫偶闻》，第210页。
⑤ 夏仁虎：《旧京琐记》，第214页。

《听雨丛谈》载：

> 八旗有丧之家，于门外建设丹旐，长及寻丈，贵者用织金朱锦为之，下者亦用朱缯朱帛为之，饰以缥锦。（男丧设于左，女丧设于右）此礼甚古，《檀弓》孔子之丧，"绸练设旐"。疏曰："绸盛旌旗之竿，以素锦于杠首设长寻之旐，此夏礼也。"又曰："以采色为大牙，其状隆然，谓之崇牙。"……
>
> 按锦旐之色，惟列圣大事用黄锦，其余品官皆用朱锦。①

《晚清宫廷生活见闻》对旗人挂红幡的习俗解释道："烧倒头车、轿的时候，还要在府门前右侧竖起一个三丈多高的红幡。据说这是从满洲带来的习俗。过去满族是个游牧民族，游牧于人烟稀少的草原之上，死了人在帐棚前竖起这样的红幡；附近的牧民见了，就知道这里死人了，就会前来吊唁或帮助办理丧事。"②《红楼梦》第13回秦可卿出殡，贾府门外立着的两面朱红销金大字牌，即为幡的变身。发送的时候，孝子执幡前行。

家里有丧事，死者的晚辈还得穿孝服出户，到邻居、亲友处报丧。《红楼梦》中"报丧"字样出现两次，即第12回，"当下，代儒料理丧事，各处去报丧"；③ 第110回，"家人们各处报丧。众亲友虽知贾家势败，今见圣恩隆重，都来探丧"。④

二 大殓

入殓是丧礼中的重要环节，即将死者从灵床转入棺材，时间一般是亡故后的第三日。

旗人的棺材称"旗材"。最初的"旗材"是把大树纵向锯成上下两部分，一部分挖槽放死者，一部分为盖板。死者入棺，两部分上下扣合，用

---

① 福格：《听雨丛谈》，第233页。
② 中国人民政治协商会议全国委员会文史资料研究委员会编《晚清宫廷生活见闻》，文史资料出版社，1982，第150页。
③ 曹雪芹著，无名氏续《红楼梦》，第167页。
④ 曹雪芹著，无名氏续《红楼梦》，第1476页。

树皮勒紧。清入关后，"旗材"逐渐效仿汉族式样，但其上层是起脊的，呈梯形，上窄下宽，口大底小，棺内设板床。其棺首彩绘天宫祥云、玉女金童，棺尾绘制莲花，棺左彩绘"海马朝云"，棺右绘有"犀牛望月"。①这些都寄托着亲友对死者"往生"的祝福。在《红楼梦》中，秦可卿用的棺材是"万年不坏"的楠木棺。死者入棺后，抬至"芦屋"。在《听雨丛谈》中，福格将"芦屋"称为"坐罩"：

  八旗之俗，棺停于堂，有围幕覆之，其制如屋，谓之坐罩，即《记》云帷幕也。殡于涂，亦有罩覆之，即《记》云輤也，传曰"素锦以为屋而行"是也。疏曰：輤，载柩之车，上覆饰象宫室也；裧，四旁所垂下者也。今谓之幰。②

灵堂还需设逝者灵位，灵牌上书写名讳，灵位前摆放供品。灵牌的称呼与供品的规格，因逝者的身份而有所不同。贾珍为了让秦可卿风光大葬，为贾蓉捐了五品官职。于是秦可卿的丧礼上了规格，"灵前供用执事等物俱按五品职例"，灵牌疏上皆写"天朝诰授贾门秦氏恭人之灵位"。大殓时，亲友毕集，仪式庄重。大殓后，棺木停在正厅，接受亲友吊唁。八旗入殓仪式，还有"回煞"之说。徐珂《清稗类钞》云："八旗人死，……既殓之三日，喇嘛诵经，曰接三，以死后之第三日必回煞也。"③

旗人吊唁，有"助哭"的习俗，沿袭女真人"送血泪"之俗。《红楼梦》第14回写凤姐在会芳园登仙阁哭灵的情景："凤姐吩咐得一声'供茶烧纸。'只听一棒锣鸣，诸乐齐奏，早有人端过一张大圈椅来，放在灵前，凤姐坐了，放声大哭。于是里外男女上下，见凤姐出声，都忙忙接声嚎哭。"④《儿女英雄传》中则写了"助哭"的效果：

---

① 参见吴松林《〈红楼梦〉的满族习俗研究》，博士学位论文，中央民族大学，2010，第80页。
② 福格：《听雨丛谈》，第234~235页。
③ 徐珂编撰《清稗类钞》第8册，第3549页。
④ 曹雪芹著，无名氏续《红楼梦》，第184页。

（何玉凤）只听外面一片哭声，男的也有，女的也有，老的也有，少的也有，摇天振地价从门外哭了进来。姑娘从来不晓得甚么叫作"害怕"的人，此时倒吓了一跳，心里战敠道："我这里除了邓、褚两家之外，再没个痛痒相关的人，他两家都在眼前，这来的又是班甚么人？却哭的这般痛切？好生作怪！"①

福格在《听雨丛谈》中对"助哭"记载颇详，且认为此为古礼，对此十分推崇：

哀哭之事，中外礼仪不同。至尊亲临大臣之丧，或望衡即哭，或见灵而哭，各视其臣之眷也。哭毕，祭酒三盏，既灌复哭。每哭必有中官助声，虽列圣大事，亦有助哭之宦寺等辈。一人出于哀切，众人出于扬声，闻之自有别也。八旗丧礼，属纩、成殓、举殡，则男妇擗踊咸哭。朝晡夕三祭，亦男女咸哭。男客至，客哭则孝子亦哭，不哭则否。女客至，妇人如之。……按《丧大记》君、大夫、士皆有代哭者。《周官·挈壶氏》悬壶以代哭者，礼未大殓代哭悬壶，明更迭时均也。《肆师》云，大丧外内命妇代哭。凡此皆今时朝廷所行之礼也。……

今京师吊丧者，直以哭为吊礼，并不计涕之有无，人多笑之。然《说文》云，哭，哀声，有其声而已矣。礼云，公父文伯之丧，朋友诸臣未有出涕者。此固非美谈，亦可为行吊必哭之证。哭为哀礼之文，哀者固哭，不哀者亦当袭其文也。孔子哭颜子，从者曰："子恸矣。"哭馆人，脱骖赙之，曰："恶夫涕之无从也。"观此可知圣人之哭，不必尽皆哀恸，故门弟子惊其恸悼，有以劝解也。②

夏仁虎则认为吊唁必"哭"乃"过情之举"，他在《旧京琐记》中说："满族吊仪，必奠必哭必慰，此皆合于古礼。然亦有过情之举，某友有妻丧，一旗友往吊，入门而号咷焉。然此特同寮之浮泛者，妻又少

---

① 文康：《儿女英雄传》上册，第355页。
② 福格：《听雨丛谈》，第161~163页。

卒，同人皆讶焉。或私询之，则曰：'临丧不哀，圣人有戒，宁必有所恸邪？'尝见酬应多者，往往号毕而不知没者为何人，谓之文过于情可矣。"①

北京旗人办丧事特供有一种物品——"饽饽桌子"，就是在一张方桌上摆列满族的饽饽，一盘盛十五个，摆成塔形，顶上放一个面制的桃。《草珠一串》有诗云："满洲糕点样原繁，踵事增华不可言。惟有桌张遗旧制，几同告朔饩羊存。"② 此诗写的就是"饽饽桌子"。爱新觉罗瀛生在《老北京与满族》中记载道："走进一家办丧事的人家，向灵堂一望，只要在灵前供着饽饽桌子，毫无疑问地即可断定这是满族人家。这种饽饽是用白面混白糖在烧炉上烤成的，色白，质硬，……这是纯满洲式的饽饽。"③

人亡故后的第三天傍晚，丧家需"烧褡裢"，即意为死者送钱财，以免死者在阴间受苦。在《红楼梦》中，尤二姐死后，贾琏悲痛万分，把她生前的衣服包成包袱拿出去烧掉，这就是"烧褡裢"，也叫"烧包袱"。"烧褡裢"源于女真人"烧饭"之俗。按女真旧俗，人死后，得将其生前衣物、弓矢等全部焚烧，还要杀其马，剥皮用木撑起做成马形，称为"杀马榾皮焚祭"。后来，就演变为烧纸车、纸牛、纸马等纸扎。在《红楼梦》中，还有瑞珠殉秦可卿、鸳鸯殉贾母的记述，这应和女真旧俗"人殉"有关。纸扎中有纸人，实寓"人殉"之遗风。《旧京琐记》还载有满洲"剪发"之俗，"满制：凡有君后父母、主父母之丧，皆剪辫发寸许，其意或以为殉也。清末则国丧唯内府旗人用剪发制。孝钦、德宗两丧并出，内府人民发皆再剪云"。④

富贵人家还会请乐师奏乐，请和尚念经，请道士超度。《红楼梦》中秦可卿丧礼，"择准停灵七七四十九日，三日后开丧送讣闻。这四十九日，单请一百单八众禅僧在大厅上拜大悲忏，超度前亡后化诸魂，以免亡者之罪；另设一坛于天香楼上，是九十九位全真道士，打四十九日解冤洗

---

① 夏仁虎：《旧京琐记》，第 215 页。
② 得硕亭：《草珠一串》"饮食"，路工选编《清代北京竹枝词》（十三种），第 54 页。
③ 爱新觉罗瀛生：《老北京与满族》，学苑出版社，2008，第 73 页。
④ 夏仁虎：《旧京琐记》，第 213 页。

业醮。然后停灵于会芳园中，灵前另外五十众高僧，五十众高道，对坛按七作好事"。①

三 出殡

旗人丧俗，在出殡前，有"坐夜"之俗，即丧家在出殡的前一夜全家整宿守灵不睡。"京师有丧之家，殡期前一夕举家不寐，谓之伴宿，俗称坐夜，即古人终夜燎之礼也。"② 《红楼梦》第14回，秦可卿出殡前，贾府"这日伴宿之夕，里面两班小戏并耍百戏的与亲朋堂客伴宿，……一夜中灯明火彩，客送官迎，那百般热闹，自不用说的"。③ 旗人的这一习俗形成于关外。《清稗类钞》记"宁古塔人之丧"："宁古塔人家有丧事，将敛，其夕戚友咸集，曰守夜，终夜不睡，主人待以盛馔，殓后方散。"④

出殡时，旗人亦有长子"摔盆"的习俗。在《红楼梦》中，秦可卿出殡，宝珠按未嫁女担"摔丧驾灵之任"。"摔盆"后，送葬队伍"浩浩荡荡、压地银山"一般而出，《红楼梦》对此有详细的描写。《沈阳百咏》亦有《出殡》诗："幡抬压路后随锣，铙鼓钟鱼当挽歌。待数红牌认金字，官衔还属马家多。"原诗中作者按："城居多旗人，丧事家殡期先抬压路幡，以次刍灵、鼓吹，僧尼道士操乐器相随。灵前多用官衔红牌，金书族中及先辈历仕官阶、科第。惟马佳氏为盛，他族不能及也。"⑤ 其写的就是旗人出殡习俗。

京师出殡，讲究颇多。比如，抬棺木的"舁夫"数目以及礼让规矩等。《听雨丛谈》载：

> 按京师丧舆，或舁夫八十人，六十四人，四十八人，三十二人，十六人，各视其位及称家之有无也。人夫之多者曰大杠，少者曰小杠。两杠相遇于涂，大杠停住，让小杠先行，不敢争路。若两杠之舁

---

① 曹雪芹著，无名氏续《红楼梦》，第172页。
② 福格：《听雨丛谈》，第234页。
③ 曹雪芹著，无名氏续《红楼梦》，第188页。
④ 徐珂编撰《清稗类钞》第8册，第3545页。
⑤ 曲哲、艾珺编著《民俗风尚》，沈阳出版社，2008，第190页。

夫相同，则相避相让，然后并行，此虽礼之过情，而不以富贵加于乡党中，未始非美也。①

京师出殡，纸扎"烧活"也颇有特色。明清通俗小说对此物件描绘详细，《歧路灯》第63回"谭明经灵柩入土"写道：

> 扛夫一声喊，黑黝黝棺木离地。……纸糊的八洞仙，这个背宝剑，那个敲渔鼓，竟有些仙风道骨。帛捏的小美人，这个执茶注，那个捧酒盏，的确是桃面柳眉。马上衙役，执宝刀、挎雕弓，乍见时，并不知镶嵌是纸。杠上头夫，抬金箱、抬银柜，细审后，方晓得髭髯非真。……一攒阴宅，楼阁厅房画定的四户八窗。鹿马羊鹤，色色都像。车马肩舆，件件俱新。香案食桌，陈设俱遵《家礼》，方弼方相，戈盾皆准《周官》。②

仙人、美人、衙役、金箱、银柜、阴宅、鹿马等，都是清代丧礼上典型的"烧活"。夏仁虎在《旧京琐记》中说："宗室之殡，柩前有一木如葫芦状以为别，八旗殡前，各树其所隶旗。殡仪有驼马、帐房及黄鹰、细犬之类，皆示不忘射猎游牧之本。"③ 其中的驼马、帐房及黄鹰、细犬等皆为"烧活"。"烧活"曾是北京"绝技"，民俗学家邓云乡在回忆1987年版电视剧《红楼梦》拍摄情况时写道：

> 秦可卿之丧，"出殡"（又叫"发引"）时大批的纸扎（北京旧时叫"烧活"），都是在现场制作的。几十名工人在"荣国府"后院群房中，制作了好几个月。有好几位老艺人，都是旧时北京"冥衣铺"学徒出身的，手里都有几样绝活儿。"冥衣铺"在旧时，是北京的特殊行业，它主要业务是两种：一是给办白事的人家糊"纸人"、"纸马"、"金山"、"银山"、"阴宅"等纸扎，因为这些是出殡后都要烧

---

① 福格：《听雨丛谈》，第234页。
② 李绿园：《歧路灯》，中州古籍出版社，1998，第463~464页。
③ 夏仁虎：《旧京琐记》，第215页。

掉的，所以借名"烧活儿"。二是擦糊房屋，这是绝技，在此不多说。①

京师送殡，还享有"专道"的特权。《听雨丛谈》"专道"条云："京师最重丧礼，庶人丧輀，皆得专道而行，涂遇王公贵官之舆马弗避。贵官或停舆候过，或避于甬路之下旁驱。按《礼经》云：'士丧有与天子同者三：其终夜燎，及乘人，专道而行。'固知古风之存者，京师之丧礼也。"②

出殡后，旗人还有"分祭幛"之俗：

> 八旗旧俗，父母既殡，将所遗衣饰玩物，分贶其生前所爱之人，中表至交皆及之，谓分遗念。其丧日所受之祭幛、钉饳、糕筵，亦散于助丧成服之戚族。今则只散饽饽于戚族，而不及于祭幛矣。③

《红楼梦》中，尤二姐死后，贾琏将一条裙子递与平儿，说："这是他家常穿的，你好生替我收着，作个念心儿。"④ 这就是满族"分祭幛"丧俗。《儿女英雄传》也有描述，何玉凤对褚大娘子说："这里头还剩我母亲合我的几件衣裳，母亲的我也不忍穿，……放着白糟踢了，你都拿去。你留下几件，其余的送你们姨奶奶，剩下破的烂的都分散给你家那些妈妈子们。"⑤

四 "入城治丧"

汉族以农耕为主，土地乃衣食所关，生于斯，长于斯，死后也要"入土为安"，因此历来实行土葬。满族早期主要以狩猎为生，火是他们烹食、驱寒的最重要依赖，满族把火神比作慈祥的母亲，对火的膜拜和礼

---

① 邓云乡：《红楼梦忆》，巴蜀书社，1988，第211~212页。
② 福格：《听雨丛谈》，第234页。
③ 福格：《听雨丛谈》，第233页。
④ 曹雪芹著，无名氏续《红楼梦》，第963页。
⑤ 文康：《儿女英雄传》上册，第289页。

赞贯穿人的一生，因此人死后选择火葬。如果战死疆场，则由同伴把尸体焚烧后将骨灰携回。《红楼梦》第 78 回，晴雯死后，"王夫人闻知，便命赏了十两烧埋银子。又命：'即刻送到外头焚化了罢。女儿痨死的，断不可留！'他哥嫂听了这话，一面得银，一面就雇了人来入殓，抬往城外化人场上去了"。① 化人场即火葬场，晴雯死后被火化。入关以后，清廷颁布丧葬条例，公开允许官员火葬。顺治帝及皇后也都实行火葬。由于战争频仍，八旗官兵战死疆场者不少。各地驻防的旗人，死后不准在当地安葬，必须将棺椁运回京师，即所谓"归旗"，因此大多选择火葬。雍正年间，有官员奏请停止旗人归旗安葬，但最终未能实施。乾隆帝认为火化有违儒家伦理，便下诏禁止火化。从此，汉人慎终追远的伦理观念开始在旗人中获得认同。

中国历来有灵柩回乡、归家治丧传统。清代对于官员卒于任所，归家治丧途经的城池有特别的规定。北京是八旗子弟旗籍所在地，大量八旗官员被派驻各地，老死、阵亡者在所难免。对他们"归旗"治丧，朝廷亦有严格规定。福格在《听雨丛谈》中记载：

> 向来职官卒于任所者，灵柩回籍，路经州县城池，均准穿行，到籍日，亦准入城治丧，非没于任所者弗预也。若省会城垣，非勋绩大吏、阵亡官员，向不能入，与外州县稍有区别，皆谓之遵例入城者也。帝城尊严，凡遇赐谥大臣、阵亡将帅，须奉有旨，方准入城治丧。礼臣议恤者，亦所不及，故一时视入城治丧之典，荣于得谥。窃考《八旗孝义传》，康熙三十一年，内务府慎刑司郎中鄂素，没于通州抽分监督任所，特降谕旨著护柩入城，归第治丧。时其年仅四十有一，殆储材未竟大用，是以圣恩浩荡，不循常格，亦二百年来小臣非常荣遇，后此未闻继之者也。②

鄂素，系嵩申家族成员，阿什坦次子，与兄长和素为一时名宦。鄂素

---

① 曹雪芹著，无名氏续《红楼梦》，第 1098 页。
② 福格：《听雨丛谈》，第 237~238 页。

被破例"入城治丧",被福格称为"二百年来小臣非常荣遇"。对"入城治丧"的规定,《红楼梦》中亦有记述。贾敬好炼丹修道,去世于城外玄真观。尤氏知道"横竖也不能进城的,忙装裹好了,用软轿抬至铁槛寺来停放",礼部因"当今隆敦孝弟,不敢自专,具本请旨"。① 结果,贾敬得"额外恩旨":

> 原来天子极是仁孝过天的,且更隆重功臣之裔,一见此本,便诏问贾敬何职。礼部代奏:"系进士出身,祖职已荫其子贾珍。贾敬因年迈多疾,常养静于都城之外玄真观。今因疾殁于寺中,其子珍,其孙蓉,现因国丧随驾在此,故乞假归殓。"天子听了,忙下额外恩旨曰:"贾敬虽白衣无功于国,念彼祖父之功,追赐五品之职。令其子孙扶柩由北下之门进都,入彼私第殡殓。任子孙尽丧礼毕扶柩回籍外,着光禄寺按上例赐祭。朝中由王公以下准其祭吊。钦此。"②

贾敬因祖宗功业,得以"入城治丧"。贾府连夜分派各项执事人役,并预备幡杠等物,请灵柩进城,归府治丧。《红楼梦》中的描写,就是清代北京"入城治丧"制度的体现。

丧礼,是生与死的分界线。血脉相连的亲人突然阴阳相隔,情感上一时难以接受。《礼记·三年问》云:"凡生天地之间者,有血气之属必有知,有知之属莫不知爱其类。今是大鸟兽,则失丧其群匹,越月逾时焉,则必反巡,过其故乡,翔回焉,鸣号焉,蹢躅焉,踟蹰焉,然后乃能去之。小者至于燕雀,犹有啁噍之顷焉,然后乃能去之。故有血气之属者莫知于人,故人于其亲也,至死不穷。"③ 此段文字虽然解释的是三年服丧之制,其实也可以解释丧礼之意义。在丧礼上,生者与死者最后聚在一起,生者尽情表达对死者的悼念,寄托对死者"往生"的美好祝福。然而,太过悲恸则会伤及生者身心,需要制定礼仪来加以节制。因此,《礼

---

① 曹雪芹著,无名氏续《红楼梦》,第880、881页。
② 曹雪芹著,无名氏续《红楼梦》,第881页。
③ 胡平生、张萌译注《礼记》下册,第1130页。

记·檀弓下》云:"丧礼,哀戚之至也。节哀,顺变也,君子念始之者也。复,尽爱之道也,有祷祠之心焉。"① 发展到后世,丧葬习俗有时会偏离丧礼最初的意义,特别是过于烦琐的仪式和礼节,不仅劳民伤财,给生者带来负担,也不利于社会经济发展。明清时期,民间治丧崇尚奢华,《金瓶梅》中"李瓶儿之死",《红楼梦》中"秦可卿之死",均反映了明清时期丧葬的奢靡之风。清代北京出殡,非常讲究排场,"出殡先牵坐马来,魂幡一个百人抬。家家爱闹虚胡叹,芦席牌楼搭过街"。② 《红楼梦》中秦可卿死时,正是贾府繁盛之时,昂贵的寿材,1200两银子捐的五品龙禁尉,王爷的路祭,奢华的出殡仪式等,淋漓尽致地展现了贾府"烈火烹油、鲜花着锦"之盛,也体现了丧葬习俗中的奢靡之风。

---

① 胡平生、张萌译注《礼记》上册,第187页。
② 杨米人:《都门竹枝词》,路工选编《清代北京竹枝词》(十三种),第21页。

第七章　四时节序与节日习俗

节日是一种重要的社会文化现象。一个民族的节日不但清楚地反映本民族的历史，而且充分地体现本民族的精神风貌、文化积淀和价值观念。中国的传统节日文化极其丰富，逐渐形成基于"四时"的传统岁时节令。元旦、人日、元宵、上巳、寒食、清明、浴佛、端午、七夕、中元、中秋、重阳、冬至、腊八、除夕等组成了一个完整而和谐的节日体系，错落有致地分布于一年四季。这些岁时节令，既与农耕社会春种、夏锄、秋收、冬藏的生产性节律相呼应，又与春祈、夏伏、秋报、冬腊的岁时性生活相恰适，成为中华优秀传统文化的重要组成部分。

岁时节日是城市生活的重要节点，呈现出一座城市最为鲜活、最有生活气息的图景。北京有悠久的建城史、建都史，不同地域、不同民族的文化在这里交流与交融，由此形成自身的岁时节日体系与节日习俗。北京的岁时文献非常丰富，明代的《北京岁华记》，清代的《大兴岁时志稿》《宛平岁时志稿》《帝京岁时纪胜》《燕京岁时记》《春明岁时琐记》，近代的《北京岁时记》等，对北京岁时节俗记载详细。其他历史文献，如元代的《析津志》，明代的《宛署杂记》《帝京景物略》，清代的《日下旧闻考》《天咫偶闻》、康熙《大兴县志》、康熙《宛平县志》等，也记载颇丰。本章以上述明清笔记及文献为基础，考察北京的春节、元宵节、清明节、端午节、中秋节的独特习俗。

第一节　春节

中国的传统岁时节日，首要的便是春节。春节即农历新年，俗称"过年"。一元复始，万象更新。人们通过举办一系列民俗活动，迎接新的一年到来。

春节持续时间最长，从腊月初八一直持续到第二年正月十五。这期间,有腊八、小年、除夕、元日、破五、人日、元宵等各个节点。自腊月初八开始,节日氛围一天天浓郁。北京流传的一则民谣形象地描述了过年的节奏:"老婆老婆你别馋,过了腊八就是年;腊八粥,喝几天,哩哩啦啦二十三;二十三,糖瓜粘;二十四,扫房子;二十五,炸豆腐;二十六,炖羊肉;二十七,杀公鸡;二十八,把面发;二十九,蒸馒头;三十晚上熬一宿,大年初一扭一扭。"这首广为流传的民谣,概括了从腊八到大年初一北京人忙忙碌碌过年的情景。北京春节期间最重要的节俗有腊八熬粥、小年祭灶、除夕辞岁、元日迎新、元宵灯会。元宵节民俗事项颇多,节日文化内涵丰富,可视为一个单独的节日,本章第二节将专门阐述。

一 腊八熬粥

腊八是春节的开端。腊月初八这一天,北京家家户户熬腊八粥。腊八节是佛教中国化的产物。"腊祭"本是原始先民庆贺农业丰收的祭祀礼。应劭《风俗通义》云:"《礼传》:腊者,猎也,言田猎取禽兽,以祭祀其祖。或曰:腊者,接也,新故交接,故大祭以报功也。"① 因在十二月举行,故称该月为腊月,称腊祭日为腊日。据传,佛教创始人释迦牟尼于十二月初八日悟道成佛,佛教因而有"佛成道节"。佛教传入中国后,"佛成道节"与传统"腊日"融合,形成"腊八节"。

元代北京已有腊八节,最早应源于佛寺熬粥供佛。《析津志辑佚·岁纪》载:"是月八日,禅家谓之腊八节,煮红糟粥,以供佛饭僧。都中官员、士庶作朱砂粥。传闻,禁中一如故事。"② 明代陆启浤《北京岁华记》载:"八日,寺僧竞造粥糜,杂各果侑之。"③ 后民间效仿寺庙,开始在自家熬粥"供而朝食"。崇祯年间的《帝京景物略》清楚记载:"是日,家效庵寺,豆果杂米为粥,供而朝食,曰腊八粥。"④ 清代雍和宫的腊八粥最为出名。宫廷中供佛和御用的粥每年照例由雍和宫预备。光绪

---

① 应劭撰,王利器校注《风俗通义校注》下册,中华书局,2010,第379页。
② 熊梦祥:《析津志辑佚》,第224页。
③ 陆启浤:《北京岁华记》,《燕京岁时记》(外六种),第12页。
④ 刘侗、于奕正:《帝京景物略》,第106页。

《顺天府志》记载："每岁腊月八日，雍和宫熬粥，定制，派大臣监视，盖供上膳焉。"① 宫廷亦有腊八喝粥习俗，并给百官赐粥。

腊八粥自元迄清，有"红糟粥""朱砂粥""八宝粥"等别称。熬粥之食材，亦有所变化。《析津志辑佚》记载颇简，不知腊八粥食材为何物，"红色"是其显著特征。明代《燕都游览志》云："……腊八粥，以米果杂成之，品多者为胜。"② 具体放多少种米果，没有明确记载。《帝京景物略》则表述为"豆果杂米为粥"，可见开始增加豆类。至清代康熙年间，仍然是"豆果杂米"，但开始"和糖而熬"（康熙《大兴县志》）。乾隆年间，腊八粥的食材变得丰富，制作精良，民间出现以粥馈送亲友之风。《帝京岁时纪胜》载："腊月八日为王侯腊，家家煮果粥。皆于预日拣簸米豆，以百果雕作人物像生花式。三更煮粥成，祀家堂门灶陇亩，阖家聚食，馈送亲邻，为腊八粥。"③ 晚清的文献记载更为详细，"十二月八日，人家煮杂米豆和胡桃、榛松、枣栗之类作粥，盛碗中，上铺干果、色糖，谓之腊八粥，以献神佛。富室竞侈，其果糖皆极美，饰盛以哥、汝瓷瓯，配以诸般糕点，馈送亲友，仅供一啜而已"。④ 从《京都风俗志》的记载可知，腊八粥中干果的种类增加，馈送亲友时盛粥的器皿也非常讲究。震钧《天咫偶闻》的记载可作补充："其果实如榛、栗、菱、芡之类，矜奇斗胜，有多至数十种，皆渍染朱碧色，糖霜亦如之。钉饾盘内，闺中人或以枣泥堆作寿星、八仙之类，交相馈遗。"⑤ 关于腊八粥的食材，《燕京岁时记》的记载最为详尽：

  腊八粥者，用黄米、白米、江米、小米、菱角米、栗子、红江豆、去皮枣泥等，合水煮熟，外用染红桃仁、杏仁、瓜子、花生、榛穰、松子，及白糖、红糖、琐琐葡萄，以作点染。切不可用莲子、扁豆、薏米、桂元，用则伤味。每至腊七日，则剥果涤器，终夜经营，

---

① 李家瑞编《北平岁时征》，第274页。
② 李家瑞编《北平岁时征》，第273页。
③ 潘荣陛：《帝京岁时纪胜》，《燕京岁时记》（外六种），第60页。
④ 让廉：《京都风俗志》，北京古籍出版社，2001年，第8页。
⑤ 震钧：《天咫偶闻》，第214页。

至天明时则粥熟矣。除祀先、供佛外，分馈亲友，不得过午。并用红枣、桃仁等制成狮子、小儿等类，以见巧思。①

蔡省吾在《北京岁时记》中对"用红枣、桃仁等制成狮子"进行了说明："果狮，以焦枣象身，胡桃半整仁象首，松仁象足，杏仁象尾；以糖粘成狮形，待碗中粥凝，置其上以供。"②

一份简单的腊八粥，体现北京作为京师的奢侈与富贵。

二 小年祭灶

"小年"是"大年"的前奏或序曲。小年的日期，全国各地略有不同，或是腊月二十三日，或腊月二十四日，或腊月二十五日。如今，北方大部分地区的小年在腊月二十三日。其实，北方地区的小年本在腊月二十四日，清朝中后期，帝王家于腊月二十三日举行祭天大典，为"节省开支"，于同日顺便祭灶王爷。北方地区百姓随之效仿，也提前至腊月二十三日过小年。

小年为"祭灶"日，家家户户举行祭灶仪式。祭灶，源于古人拜火的习俗。《释名》："灶：造也，造创食物也。"③ 灶神的职责本来只管灶火与饮食，后来扩大到关系人间善恶祸福。祭灶习俗由来已久。晋代周处所作《风土记》载："腊月二十四日夜祀灶，谓灶神翌日上天，白一岁时事，故先一日祀之。"④ 宋代范成大有《祭灶词》："古传腊月二十四，灶君朝天欲言事。云车风马小留连，家有杯盘丰典祀。"⑤ 从这些记载来看，祭灶日在腊月二十四日。

在清中叶以前，北京祭灶日也是腊月二十四日。元代王恽《秋涧集》云："京师旧俗，岁终二十四日谓诸神上界，其夜家人设祭，遣奠致词，

---

① 富察敦崇：《燕京岁时记》，《燕京岁时记》（外六种），第113页。
② 蔡省吾：《北京岁时记》，《燕京岁时记》（外六种），第239页。
③ 刘熙：《释名》，中华书局，1985，第90页。
④ 周处：《风土记》，转引自沈利华《"祭灶"民俗文化心理论析》，《学海》2005年第5期。
⑤ 范成大：《祭灶词》，转引自廖海波《世俗与神圣的对话——民间灶神信仰与传说研究》，博士学位论文，华东师范大学，2003，第130页。

且有遏恶扬善之属。"① 明代《月令广义》载："燕俗，图灶神锓于木，以纸印之，曰'灶马'，士民竞鬻，以腊月二十四日焚之，为送灶上天。"②《帝京景物略》的记载更为详细：

> 廿四日，以糖剂饼、黍糕、枣栗、胡桃、炒豆祀灶君，以糟草秣灶君马，谓灶君翌日朝天去，白家间一岁事。祝曰：好多说，不好少说。记称灶，老妇之祭，今男子祭，禁不令妇女见之。祀余糖果，禁幼女不令得啖，曰啖灶余，则食肥腻时，口圈黑也。③

乾隆时期，北京祭灶日期变为腊月二十三日。《日下旧闻考》载："京师居民祀灶犹仍旧俗，禁妇女主祭。家无男子，或迎邻里代焉。其祀期用二十三日，惟南省客户则用二十四日，如刘侗所称也。"④

关于祭灶所用食品，《燕京岁时记》云："古用黄羊，近闻内廷尚用之，民间不见用也。民间祭灶，惟用南糖、关东糖、糖饼及清水草豆而已。糖者所以祀神也，清水草豆者所以祀神马也。"⑤ 糖是祭灶的必备食品，所谓"二十三，糖瓜粘"。用糖，是为了"粘灶神口，则不于玉皇前言人罪恶"。⑥

古语云："男不拜月，女不祭灶。"祭灶仪式"禁妇女"，由男子主持。关于此仪式，让廉《京都风俗志》记载最为详尽，该书云：

> 二十三日，人家、市肆祀灶，谓之"祭灶"。……是日晚间，于供桌设灶神纸像，或有二像者，谓之张灶、李灶，其一又曰烧灶。祭灶时，男子先拜，妇女次之。谚云"男不拜月，女不祭灶"，盖灶神为一家之主，故以家长先拜，亦礼之宜也。祭毕，焚像于燎炉。或以所供之豆投于炉中，次晨觅豆食之，或云可祛牙痛。⑦

---

① 李家瑞编《北平岁时征》，第284页。
② 李家瑞编《北平岁时征》，第284页。
③ 刘侗、于奕正：《帝京景物略》，第106页。
④ 于敏中主编《日下旧闻考》第8册，第2367页。
⑤ 富察敦崇：《燕京岁时记》，《燕京岁时记》（外六种），第116页。
⑥ 李家瑞编《北平风俗类征》上册，第173页。
⑦ 让廉：《京都风俗志》，第8页。

清代北京，每逢腊月上旬，大街小巷的各种店铺与摊位都代卖"灶王爷"神像。不仅有灶王爷，还有灶王奶奶。小年前，人们都要"请"回一幅新灶王像，供奉在灶屋（厨房）锅台附近的墙壁上。晚餐前，家长先在灶门前烤化糖瓜，然后抹在灶王爷、灶王奶奶嘴唇上。至更尽时分，家家院内立杆，悬挂天灯，燃放鞭炮，举家男子祭拜，祝以抑恶扬善之词，送灶王爷上天。妇女则于内室扫除炉灶，燃灯默拜。

三 除夕辞岁

除夕是春节的重要节点，相关民俗事项颇多。首先是"辞岁"习俗。明清时期，北京的"辞岁"习俗有"别岁""守岁""馈岁""踩岁"之别称，仪式也略有不同。"别岁"在除夕前一日。《北京岁华记》载："先除夕一日，曰小除。人家置酒宴，往来交谒，曰别岁。焚香于户外，曰天香，凡三日止。帖宜春字，小儿女写好字。"① 《帝京景物略》中，分别出现"馈岁""辞岁""守岁"字眼：

> 三十日，五更又焚香楮送迎，送玉皇上界矣，迎新灶君下界矣。插芝麻秸于门檐窗台，曰藏鬼秸中，不令出也。门窗贴红纸葫芦，曰收瘟鬼。夜以松柏枝杂柴燎院中，曰烧松盆，馈岁也。悬先亡影像，祀以狮仙斗糖、麻花馓枝，染五色苇架竹罩陈之；家长幼毕拜，已，各自拜，曰辞岁。已，聚坐食饮，曰守岁。②

"辞岁"还有不同意思，"凡除夕，蟒袍补褂走谒亲友者，谓之辞岁。家人叩谒尊长，亦曰辞岁。新婚者必至岳家辞岁，否则为不恭"。③ "踩岁"则见诸《燕京岁时记》与《春明采风志》。《燕京岁时记》云："除夕，自户庭以至大门，凡行走之处，遍以芝麻秸撒之，谓之踩岁。"④ 除

---

① 于敏中主编《日下旧闻考》第 8 册，第 2366 页。此条《日下旧闻考》标明征引《北京岁华记》，但现存《北京岁华记》手抄本未载。
② 刘侗、于奕正：《帝京景物略》，第 106 页。
③ 富察敦崇：《燕京岁时记》，《燕京岁时记》（外六种），第 119 页。
④ 富察敦崇：《燕京岁时记》，《燕京岁时记》（外六种），第 117 页。

夕有"压岁钱"之俗，但清代北京的"压岁钱"与当代所指略有区别。《春明采风志》云："压岁钱：以红绳穿钱作龙形，置于床脚。又凡尊长赐小儿者，亦谓之压岁钱。各钱铺年终特开红纸零票，以备此用也。"[①]

除夕祭祖，是北京常见仪式，"人家或有祀先，或焚冥钱"，[②]"世胄之家，致祭宗祠，悬挂影像"。[③] 北京为多民族聚居之地，满汉家庭祭祖仪式也有所不同。按照汉族习俗，除夕祭祖仪式中男子主祭，女子不得进入祠堂。而满族习俗则以年长女子主祭，除夕大祭时，上好供品，留下主妇，其余族人到门外静候，主妇在祠堂内行九跪九叩首礼。《红楼梦》第53回"宁国府除夕祭宗祠"则是满汉祭祖习俗融合。除夕临近，贾府开始筹备祭祖仪式，开宗祠、收拾供器、请神主……"荣宁二府内外上下"，"皆是忙忙碌碌"。三十日，贾母等有诰封者，进宫朝贺。回府后，众人依次进入宗祠，举行祭宗祠仪式：

> 只见贾府人分昭穆排班立定：贾敬主祭，贾赦陪祭，贾珍献爵，贾琏贾琮献帛，宝玉捧香，贾菖贾菱展拜毯，守焚池。青衣乐奏，三献爵，拜兴毕，焚帛奠酒，礼毕，乐止，退出。
>
> 众人围随着贾母至正堂上，影前锦幔高挂，彩屏张护，香烛辉煌。上面正居中悬着宁荣二祖遗像，皆是披蟒腰玉；两边还有几轴列祖遗像。贾荇贾芷等从内仪门挨次列站，直到正堂廊下。槛外方是贾敬贾赦，槛内是各女眷。众家人小厮皆在仪门之外。
>
> 每一道菜至，传至仪门，贾荇贾芷等便接了，按次传至阶上贾敬手中。贾蓉系长房长孙，独他随女眷在槛内。每贾敬捧菜至，传于贾蓉，贾蓉便传于他妻子，又传于凤姐尤氏诸人，直传至供桌前，方传于王夫人。王夫人传于贾母，贾母方捧放在桌上。邢夫人在供桌之西，东向立，同贾母供放。直至将菜饭汤点酒茶传完，贾蓉方退出下阶，归入贾芹阶位之首。
>
> 凡从文旁之名者，贾敬为首；下则从玉者，贾珍为首；再下从草

---

① 李家瑞编《北平岁时征》，第290页。
② 让廉：《京都风俗志》，第8页。
③ 富察敦崇：《燕京岁时记》，《燕京岁时记》（外六种），第117页。

头者，贾蓉为首；左昭右穆，男东女西。俟贾母拈香下拜，众人方一齐跪下，将五间大厅，三间抱厦，内外廊檐，阶上阶下两丹墀内，花团锦簇，塞的无一隙空地。鸦雀无闻，只听铿锵叮当，金铃玉佩微微摇曳之声，并起跪靴履飒沓之响。一时礼毕，贾敬贾赦等便忙退出，至荣府专候与贾母行礼。①

中国传统岁时节日几乎都以家（家庭、家族、宗族）为中心，强调秩序与仪式感，宗族观念、孝亲思想几乎在所有重大节日中都得到强化。贾府除夕祭宗祠仪式就是这种节日文化的集中体现。

北京除夕还有供"天地桌"以迎神的习俗，《燕京岁时记》《天咫偶闻》《春明采风志》等书都有所记载。《燕京岁时记》载："每届除夕，列长案于中庭，供以百分。百分者，乃诸天神圣之全图也。百分之前，陈设蜜供一层，苹果、干果、馒头、素菜、年糕各一层，谓之全供。供上签以通草八仙及石榴、元宝等，谓之供佛花。及接神时，将百分焚化，接递烧香，至灯节而止，谓之天地桌。"② 天地桌"或五日而撤，或半月始撤，内城家家如是"。③ 除夕，照例有吃"年饭"的传统，"人家盛新饭于盆锅中以储之，谓之年饭。上签柏枝、柿饼、龙眼、荔枝、枣栗，谓之年饭果，配金箔、元宝以饰之。家庭举燕，少长欢喜，儿女终夜博戏玩耍。妇女治酒食，其刀坫之声远近相闻"。④

四 元旦拜年

从正月初一至十五日，北京的传统节俗活动依次展开。元旦拜年即大年初一拜年。⑤ 当天，焚香接神，放鞭炮，食水饺、年糕，拜年。初二，祭财神。初五"破五"，不得以生米为炊。初六，新嫁女子归宁。初七"人日"，吃"春饼"。初八"顺星日"，祭星神。十三日至十五日，燃灯

---

① 曹雪芹著，无名氏续《红楼梦》，第724~725页。
② 富察敦崇：《燕京岁时记》，《燕京岁时记》（外六种），第119页。
③ 震钧：《天咫偶闻》，第212页。
④ 让廉：《京都风俗志》，第9页。
⑤ 在文献中，大年初一被称为"元旦""元日""正旦"等，为行文方便，本书正文叙述中统称为"元旦"。

赏灯。此部分重点阐述"拜年"习俗。

北京作为都城，其拜年习俗与其他城市有所不同。一般城市拜年多在亲友间进行，北京则还需拜祖宗、入朝朝贺，拜上司同僚。《舆地记》载："正月元旦，民皆盛服焚香，礼天地，拜祖考、尊长、姻友，投刺互拜，曰'拜年'。"①《燕京岁时记》记载更为详细：

  京师谓元旦为大年初一。每届初一，于子初后焚香接神，燃爆竹以致敬，连宵达巷，络绎不休。接神之后，自王公以及百官，均应入朝朝贺。朝贺已毕，走谒亲友，谓之道新喜。亲者登堂，疏者投刺而已。貂裘蟒服，道路纷驰，真有车如流水马如游龙之盛，诚太平之景象也。②

朝官之间的拜年最具特色。京城官多，是为循例。官员之间拜年，是人际交往方式之一。从文献记载来看，大年初一拜年，彼此并不亲往，而是投刺。翟灏《通俗编》载："京中士大夫贺正，皆于初一元旦，例不亲往，以空车任载一代身，遣仆用梅笺裁为小帖，约二三寸，写单款，小注寓邸款下，各门遍投之，谓之'片子'。吏部郎韩开云，余同年友也，善谑戏，作《京月令》，其正月元旦云：'是日也，片子飞，空车四出。'闻者绝倒。"③《燕京杂记》对投刺记载更详，"正月初旬，拜年者踵门，疾呼接帖。投一名刺，匆匆驰去，多不面晤主人。司阍者记其姓名于册，多有不识者。倘无司阍者，客到嫌于启门，贴一纸囊于门外，外写'请留尊柬'四字，拜者投刺于中即出"。④

对这种投刺拜年之风，明清文人多有批评。明代陆容在《菽园杂记》中质疑道：

  京师元日后，上自朝官，下至庶人，往来交错道路者连日，谓之

---

① 李家瑞编《北平岁时征》，第21页。
② 富察敦崇：《燕京岁时记》，《燕京岁时记》（外六种），第67页。
③ 李家瑞编《北平岁时征》，第22页。
④ 阙名：《燕京杂记》，北京出版社，2018，第253页。

拜年。然士庶人各拜其亲友，多出实心。朝官往来，则多泛爱不专。如东西长安街，朝官居住最多。至此者不问识与不识，望门投刺，有不下马，或不至其门令人送名帖者。遇黠仆应门，则皆却而不纳。亦有闭门不纳者。在京仕者，有每旦朝退即结伴而往，至入更酣醉而还。三四日后，始暇。拜其父母，不知是何风俗，亦不知始于何年。闻天顺间，尚未如此之滥也。①

为避免频繁的拜年，有人甚至贴出"概不贺节"以示婉拒，但效果不显。戴璐《藤阴杂记》载："京师元旦贺岁，奔忙可笑，然礼设已久，台垣虽门贴概不贺节公约，而不能止也。阮裴园学浩戏作云：争门投刺乱如烟，辘轳冲风亦可怜。触眼但逢骑马客，纵怀须待听莺天。久知肩户饶清福，颇爱烧香作静缘。砚席尘封炉火冷，谁教疲绝短檠边。"② 或许是对拜年之风不胜其烦，京师兴起团拜。清人艺兰生在《侧帽余谭》中写道："京师于岁首例行团拜，以联年谊，以敦乡情，诚善举也。每岁由值年书红订客，饮食宴会，作竟日欢。"③ 团拜之俗，沿袭至今。

元旦所食食物，亦有讲究。关于明代宫廷习俗，刘若愚《酌中志》记载："正月初一日正旦节。……饮椒柏酒，吃水点心，即扁食也。或暗包银钱一二于内，得之者以卜一年之吉。是日亦互相拜祝，名曰贺新年也。所食之物，如曰百事大吉盒儿者，柿饼、荔枝、圆眼、栗子、熟枣共装盛之。又驴头肉，亦以小盒盛之，名曰嚼鬼，以俗称驴为鬼也。"④ 清代，受满族风俗影响，则吃"饽饽"，"无论贫富贵贱，皆以白面作角而食之，谓之煮饽饽，举国皆然，无不同也。富贵之家，暗以金银小锞及宝石等藏之饽饽中，以卜顺利。家人食得者，则终岁大吉"。⑤

五 新年庙会

逛庙会是北京过年的重要习俗。庙会一般以某个寺庙为依托，具有定

---

① 陆容：《菽园杂记》，《明代笔记小说大观》第 1 册，上海古籍出版社，2005，第 409 页。
② 戴璐：《藤阴杂记》，第 52 页。
③ 转引自李家瑞编《北平岁时征》，第 19 页。
④ 刘若愚：《酌中志》，《明代笔记小说大观》第 4 册，第 3061~3062 页。
⑤ 富察敦崇：《燕京岁时记》，《燕京岁时记》（外六种），第 67 页。

时而办的规律。北京地区的庙会习俗，可追溯至辽金元，发展到明清时期，各庙会异彩纷呈。春节期间，大小庙宇均向香客、游人开放。除本书第二章所列白云观、东岳庙、雍和宫外，其他寺庙也以各种特色吸引游人。比如，"大钟寺……每至正月，自初一起，开庙十日"；①"曹公观在西直门外路北。每至正月，自初一日起，开庙半月，游人亦多"；②"土地庙在宣武门外土地庙斜街路西。自正月起，凡初三、十三、二十三日有庙市"；③"广宁门外财神庙，报赛最盛。正月二日、九月十七日，倾城往祀，商贾及勾阑尤夥，庙貌巍焕，甲于京师"；④ "初八日弘仁寺打鬼"；等等。正月北京市民娱乐活动之丰富，令北京掌故家张次溪感慨不已，他在《北平岁时志》中云："自元旦暨灯节，尽此一旬有半，古语喧腾万方，亦不仅北平一隅也，然有万方所无，而在北平独著者焉，看象舞，听韶乐，曹公观演教势，白塔寺打秋千，兔儿山，刘元塑，元都圣境，玉蛛金鳌，南则万善殿，北则五龙亭，昭景门东，承光殿下，楼台隐约，宫阙巍峨，即元月之空闲，饱上林之眼福。"⑤

北京新年最吸引人的活动，无疑是逛厂甸庙会。厂甸庙会是北京历史上八大庙会之一，只在春节举行，是北京规模最大、京味最浓、影响范围最广的庙会。北京各庙会大多以庙宇命名，厂甸庙会的庙宇则有三座（火神庙、吕祖祠和土地祠），三者距离很近，庙会活动时连成一片，合称厂甸庙会。

厂甸庙会离内城最近，成为北京男女老幼争相光顾的场所。清代笔记《水曹清眼录》《郎潜纪闻》《京都风俗志》《帝京岁时纪胜》《燕京岁时记》《天咫偶闻》《清稗类钞》《京华春梦录》等，都有关于厂甸庙会的记载。比如，《天咫偶闻》载：

自国初罢灯市，而岁朝之游眅集于厂甸。其地在琉璃厂之中，窑

---

① 富察敦崇：《燕京岁时记》，《燕京岁时记》（外六种），第72页。
② 富察敦崇：《燕京岁时记》，《燕京岁时记》（外六种），第74页。
③ 富察敦崇：《燕京岁时记》，《燕京岁时记》（外六种），第76页。
④ 震钧：《天咫偶闻》，第194页。
⑤ 张次溪编著《北平岁时志》，北京出版社，2018，第4页。

厂大门外，百货竞陈，香车栉比。自初二日至十六日，凡半月。午前游人已集，而勾阑中人辄于此炫客，必竟日始归。荡子辈络驿车前，至夹毂问君家，亦所弗禁。门东有吕祖祠，烧香者尤众。晚归必于车畔插相生纸蝶，以及串鼓，或连至二三十枚。或以山查穿为糖壶卢，亦数十，以为游帜。明日往，又如之。①

因为邻近书肆密集的琉璃厂，厂甸庙会以售卖书籍、古玩、字画、文具为主要特色，文化气息浓郁。相关论述，详见本书第四章第三节，此处不复赘述。

厂甸庙会始于明嘉靖年间，兴于清康熙朝，盛于乾隆朝，衰于民国。民国时期，较之其他庙会，厂甸庙会仍有较大的影响力。1918年，厂甸成为唯一官设春节庙会集市。1945年，厂甸庙会仍有游人20万人次。2001年厂甸庙会恢复，后被列入《第一批国家级非物质文化遗产名录》。

现今，北京的春节习俗发生了诸多变化。年夜饭前的祭祖仪式已淡化或取消，很多家庭的年夜饭改到饭店或宾馆，出门拜年的习俗多为电话、微信等替代。当然，庙会仍旧是北京春节活动的一大特色。在春节期间，北京各区县都会在公园、博物馆、社区中心等城市文化休闲空间举办各种春节文化活动。这些活动既有传统庙会，也有"国际风情节"或"洋庙会"。政府、商家、民间组织都在其中发挥重要作用。然而，随着大批"新北京人"回老家过年，春节期间反而是北京一年中最安静的时候。这恐怕是北京春节习俗中最大的变化。

第二节　元宵节

农历正月十五日是中国传统的元宵节。正月乃一年之开始，称元月，古人把"夜"称为"宵"，正月十五日晚上则称"元宵"。作为传统的岁时大节，元宵节举办有非常丰富的民俗活动，尤以灯会最为普遍、影响最大。

---

① 震钧：《天咫偶闻》，第170页。

一　元宵灯会的历史沿革

元宵节又名上元节、"灯节"。按道教的说法，一年中有上元（正月十五日）、中元（七月十五日）、下元（十月十五日），将每年第一个月圆之夜称为"上元"。"上元"是道教中天官下凡、赐福人间的吉日，民俗信仰中天官赐福之日，一定要夜晚掌灯，好让天官看见灯彩，赐福给家人，故这一日家家夜晚亮灯。

赏灯，是元宵节标志性娱乐活动。传说元宵节点灯始于汉朝。自隋以来，张灯成为上元节定例。唐时，上元日灯节场面颇为宏大。宋时，随着城市的发展，上元灯节呈现一派"花市灯如昼""火树银花触目红"的热闹景象。欧阳修《生查子·元夕》云："去年元夜时，花市灯如昼。月上柳梢头，人约黄昏后。"辛弃疾《青玉案·元夕》云："东风夜放花千树，更吹落，星如雨。宝马雕车香满路。凤箫声动，玉壶光转，一夜鱼龙舞。"① 这两首词形象地描绘了当时的盛况。唐朝，元宵节有各种舞蹈、杂技表演，所谓"灯烛华丽，百戏陈设"。宋朝，街面已出现规模庞大的舞队游行，艺人装扮成戏剧中各种诙谐人物，将"闹元宵"气氛推向高潮。对于这种市井"闹元宵"场景，《水浒传》的描写最为生动。《水浒传》分别描写了清风镇、大名府、东京汴梁城的元宵节，从三个不同层级城镇入手，描述北宋元宵节的热闹场景。在元宵节期间，官民一律休假，朝廷与民同乐。《帝京景物略》梳理了唐宋时期灯节假日流变："张灯之始也，汉祀太乙，自昏至明。……张灯之始上元，初唐也，睿宗景云二年正月望日，胡人婆陀请燃千灯，帝御安福门纵观。上元三夜灯之始，盛唐也，玄宗正月十五前后二夜，金吾弛禁，开市燃灯，永为式。上元五夜灯之始，北宋也，乾德五年，太祖诏曰：'朝廷无事，年谷屡登，上元可增十七、十八两夜。'上元六夜灯之始，南宋也，理宗淳祐三年，请预放元宵，自十三日起，巷陌桥道，皆编竹张灯。而上元十夜灯，则始我朝。"② 放几夜灯，则放几日假，在此期间，大家同乐。元宵节由此成为中国古代名副其实的"狂欢节"。

---

① 胡云翼选注《宋词选》，上海古籍出版社，1978，第14、142~143页。
② 刘侗、于奕正：《帝京景物略》，第87~88页。

中国历代都城既是全国的政治、文化中心，也是人力、物力、财力的聚集之地，故都城自然成为举办元宵灯节的中心城市。北京城灯节规模宏大，场面壮观，为全国之冠。其灯品种类众多，制作最为精良，多设有大型灯组，最著名的当数鳌山灯，几成元宵节代名词。北京城灯节举办时间长，文人雅士云集，文化品位相对较高。历代描写元宵节的诗词精品，多出自北京文人仕宦之手，且多描写灯节。元宵节也基本成为天下太平、都城繁盛的象征。

北京元宵灯节"灯景之富丽，烟火之精巧，此则北平特长，外省或尽不及"。[①] 元代北京元宵灯节非常热闹，《析津志辑佚·岁纪》中描述了元末人们过元宵节的场景：

> 丁酉年正月一日……车马纷纭于街衢、茶坊、酒肆，杂沓交易至十三日，人家以黄米为糍糕，馈遗亲戚，岁如常。市利经纪之人，每于诸市角头，以芦苇编夹成屋，铺挂山水、翎毛等画，发卖糖糕、黄米枣糕之类及辣汤、小米团。又于草屋外悬挂琉璃蒲萄灯、奇巧纸灯、谐谑灯与烟火爆仗之属。自朝起鼓方静，如是者至十五、十六日方止。宫中有世皇所穿珍珠垂结灯，殿上有七宝漏灯。三宫灯夕，自有常制，非中外可详。世皇建都之时，问于刘太保秉忠定大内方向。秉忠以今丽正门外第三桥南一树为向以对，上制可，遂封为独树将军，赐以金牌。每元会圣节及元宵三夕，于树身悬挂诸色花灯于上，高低照耀，远望若火龙下降。树旁诸市人数，发卖诸般米甜食、饼饵、枣面糕之属，酒肉茶汤无不精备，游人至此忘返。此景莫盛于武宗、仁宗之朝。[②]

明清时期，北京的元宵节，无论是灯会的时长、灯品的种类，还是灯市的规模、热闹之程度，都远超元代。

二 明代北京元宵灯会

朱元璋在金陵即位后，为使京城繁华热闹，规定正月初八日上灯，十

[①] 张次溪编著《北平岁时志》，第6页。
[②] 熊梦祥：《析津志辑佚》，第212~213页。

七日落灯,连张十夜,家家户户悬挂五色灯彩。朱棣迁都北京后,赐百官十日假,张灯十夜。"永乐七年正月十一日,钦奉太宗文皇帝圣旨:'……今年上元节,正月十一日至二十日,这几日官人每都与节假,着他闲暇休息,不奏事,有要紧的事,明白写了封进来。民间放灯,从他饮酒作乐快活,兵马司都不禁,夜巡着不要搅扰生事,永为定例。'"[1] 自此,这一规定沿用至明末。

朝廷对岁时节日的重视程度,往往影响节日的热闹程度,而宫廷则是整个时代节俗的风向标。元宵节有帝王与民同乐的文化内涵,宫中元宵节俗尤显重要。明代,每至上元,午门城楼张灯结彩,在午门外安设鳌山灯,君臣同赏,君王有所赏赐,以示普天同庆。鳌山灯是把千百盏彩灯堆成山,高可达十三层,形如鳌,故得名。自永乐至万历年间,"四海承平日久,辇下繁富百倍,外方灯市之盛,日新月异"。[2] 明中叶以后北京的元宵灯会已与明初不可同日而语。沈德符感慨:"初至京师者骇异瞠眙","真太平佳话也"。[3] 刘若愚《酌中志》载:"上元之前,或于乾清宫丹陛上安七层牌坊灯,或寿皇殿安方圆鳌山灯,有高至十三层者。派近侍上灯,钟鼓司作乐赞灯,内府供用库备蜡烛,内官监备奇花、火炮、巧线盒子、烟火、火人、火马之类。"刘若愚不禁感慨:"火烛担惊,糜费甚巨,思及民瘼,实可惜焉。"[4] 通俗小说《梼杌闲评》详细描述了明万历年间北京的元宵佳节盛况,"是时神宗皇帝在位已久,仁恩洽于天下,四海熙恬,年丰岁稔。是年闰正月,又从新大张灯火,与民同乐"。[5] "殿前搭起五座鳌山,各宫院都是珍珠穿就、白玉碾成的各色奇巧灯。至于料丝、羊皮、夹纱,俱不必说。群臣俱许入内看灯,各赐酒饭。嫔妃、彩女成群作队的游玩。内相阁中俱摆着盛宴,作乐饮酒。正是:金吾不禁,玉漏莫催。"[6] 市井里更是"箫鼓喧,人影参差,满路飘香麝。闾阖齐开放夜,望千门如昼,嬉笑游冶。钿车罗帕,相逢处,自有暗尘随马。灯光灿也,

---

[1] 沈德符:《万历野获编》,《明代笔记小说大观》第3册,第2845页。
[2] 沈德符:《万历野获编》,《明代笔记小说大观》第3册,第2846页。
[3] 沈德符:《万历野获编》,《明代笔记小说大观》第3册,第2846页。
[4] 刘若愚:《酌中志》,《明代笔记小说大观》第4册,第3000页。
[5] 佚名:《梼杌闲评》,第250页。
[6] 佚名:《梼杌闲评》,第251页。

见双凤六鳌齐驾。宫漏移，飞盖归来，尚歌舞休罢"。①

《梼杌闲评》不厌其详地描述市井各式灯品，以展现这"闹元宵的好景"：

  三五重逢夜，元宵景更和。花灯悬闹市，齐唱太平歌。……观不尽铁锁星桥，看不了银花火树。梅花灯、雪花灯，春冰剪碎；绣屏灯、画屏灯，五彩攒成。蟠桃灯、荷花灯，灯楼高挂；青狮灯、白象灯，灯楼高擎。虾子灯、鱼儿灯，棚前游戏；羊儿灯、兔儿灯，山下狰狞。雁儿灯、凤儿灯，相连相并；犬儿灯、马儿灯，同走同行。仙鹤灯、白鹿灯，寿星骑坐；金鱼灯、长鲸灯，李白高乘。鳌山灯神仙聚会，走马灯武将交锋。千万家灯火楼台，十数里烟云世界。……看玉箫楼上，倚着阑、隔着帘、并着肩、携着手，双双美女交欢；金水楼边，闹吵吵、锦簇簇、醉醺醺、笑呵呵，队队游人戏耍。满城中箫鼓喧哗，彻夜里笙歌不断。②

明代市井元宵节热闹场景，主要集中于灯市，"灯市者，朝逮夕，市；而夕逮朝，灯也。市在东华门，东亘二里。市之日，省直之商旅，夷蛮闽貊之珍异，三代八朝之骨董，五等四民之服用物，皆集。衢三行，市四列，所称九市开场，货随队分，人不得顾，车不能旋，阗城溢郭，旁流百廛也"。③明代北京灯市在东华门外灯市口。每逢灯节，灯市口悬挂的各式花灯琳琅满目，其他货物一应俱全，游人如织，热闹非凡。《宛署杂记》载有万历年间灯市场景："每年正月初十日起至十六日止，结灯者，各持所有，货于东安门外迤北大街，名曰灯市。灯之名不一，价有至千金者，是时四方商贾辐辏，技艺毕陈，珠石奇巧，罗绮毕具，一切夷夏古今异物毕至。观者冠盖相属，男妇交错。近市楼屋赁价一时腾踊，非有力者率不可得。十四日曰试灯，十五曰正灯，十六曰罢灯。"④《帝京景物略》

---

① 佚名：《梼杌闲评》，第 250 页。
② 佚名：《梼杌闲评》，第 250~251。
③ 刘侗、于奕正：《帝京景物略》，第 88 页。
④ 沈榜：《宛署杂记》，第 190 页。

记载尤为细致：

> 八日至十八日，集东华门外，曰灯市。贵贱相遝，贫富相易贸，人物齐矣。妇女着白绫衫，队而宵行，谓无腰腿诸疾，曰走桥。至城各门，手暗触钉，谓男子祥，曰摸钉儿。击太平鼓无昏晓，跳百索无稚壮，戴面具耍大头和尚，聚观无男女。有以诗隐物，幌于寺观壁者，曰商灯。立想而漫射之，无灵蠢。十一日至十六日，乡村人缚秫秸作棚，周悬杂灯，地广二亩，门径曲黠，藏三四里，入者误不得径，即久迷不出，曰黄河九曲灯也。十三日，家以小盏一百八枚，夜灯之，遍散井灶门户砧石，曰散灯也。其聚如萤，散如星，富者灯四夕，贫者灯一夕止，又甚贫者无灯。①

《宛署杂记》所记灯市，日期为"初十日起至十六日止"，《帝京景物略》所记则为"八日至十八日"。《帝京景物略》所记重在灯市的"人"，他们除赏灯，还"走桥""摸钉儿""击太平鼓""跳百索""耍大头和尚""以诗隐物""立想而漫射"等。"击太平鼓""跳百索""耍大头和尚"是杂耍表演；"以诗隐物""立想而漫射"是猜灯谜活动；"走桥""摸钉儿"则是女子的祈福活动。"走桥"为"走百病"的一种。"走百病"又称"烤百病""散百病"，是女子在元宵夜相约出游，通过"走"以祛病除灾的一种习俗。陆启浤《北京岁华记》载："正月十六日夜，妇女俱出门走桥，不过桥者云不得长寿。"② 明代周用《走百病》诗云：

> 都城灯市由来盛，大家小家同节令。诸姨新妇及小姑，相约梳妆走百病。俗言此夜鬼穴空，百病尽归尘土中。不然今年且多病，臂枯眼暗兼头风。踏穿街头双绣履，胜饮医方二钟水。谁家老妇不出门？折足蹒跚曲房里。今年走健如去年，更乞明年天有缘。蕲州艾叶一寸火，只向他人肉上然。去年同伴今希有，几人可卜明年走？长安主人

---

① 刘侗、于奕正：《帝京景物略》，第101页。
② 陆启浤：《北京岁华记》，《燕京岁时记》（外六种），第4页。

肯居停，寂寂关门笑后生。但愿中秋不见月，博得元宵雨打灯。①

"摸钉儿"是女子求子的祈福活动。"钉"与"丁"同音。每至元宵节，妇女到京城各门，摸一摸门上的铜门钉，祈求新的一年人丁兴旺。《长安客话》载："京都元夕，游人火树沿路竞发，而妇女多集玄武门抹金铺。俚俗以为抹则却病产子。"②《陈检讨集》亦云："燕京风俗，元夜妇女竞往前门，摸钉为戏，相传讖宜男也。"③

"走桥""摸钉儿"习俗，一直沿袭至清代。汪启淑《水曹清暇录》云："元夕，妇女联臂出游，曰'走百病'。过桥，谓之度厄。又向正阳门上摸索铜钉，云宜男也，相习成风，不知何据？"④ 至今，天津仍保留有"走百病"习俗。在古代，女子禁锢于内院，夜晚更无在街上休闲娱乐的自由。然而，在元宵节的夜晚，女子可以走出家门，参与到城市的娱乐生活之中。北京元宵节"走桥""摸钉儿"活动，在中国传统岁时节俗中有着特别的意义。而"元夕妇女群游，庚子以后，其风竟绝"。⑤

三　清代北京元宵灯会

清廷入主中原后，北京元宵节沿袭明代习俗，持续兴盛。

清代元宵灯市张灯时间缩短，一般为五夜，正月十五日为正灯。康熙帝喜爱鸣虫，因此宫中灯节，观灯、赏花、鸣虫等活动必不可少。高士奇《金鳌退食笔记》载：

> 南花园在西苑门迤南，东向，明时曰"灰池"。……暖室烘出芍药、牡丹诸花，每岁元夕赐宴之时，安放乾清宫，陈列筵前，以为胜于剪彩。秋时收养蟋蟀，至灯夜则置之鳌山灯内，奏乐既罢，忽闻蛩声自鳌山中出。⑥

---

① 李家瑞编《北平岁时征》，第73页。
② 蒋一葵：《长安客话》，第32页。
③ 李家瑞编《北平岁时征》，第67页。
④ 汪启淑：《水曹清暇录》，转引自李家瑞编《北平岁时征》，第75页。
⑤ 张次溪编著《北平岁时志》，第7页。
⑥ 高士奇：《金鳌退食笔记》，第150页。

第七章　四时节序与节日习俗

汪启淑《水曹清暇录》亦载："上元乾清宫大宴，设鳌山灯，预于上年秋时，收养蟋蟀，明灯时置其中，宴毕乐止，唧唧虫声自灯中出。"①

世家大族的元宵节庆，亦能反映当时家庭的节日习俗，以及高超的制灯技艺。《红楼梦》是了解清代世家大族元宵节俗的重要材料。贾府的第一大盛事，就是元妃省亲，时间在元宵节。在贾府筹备省亲事宜的过程中，可以清楚地看到元宵节家庭燃灯的习俗。第17~18回"荣国府归省庆元宵"，正月初八日，贾赦等监督匠人扎"花灯烟火"之类，至十四日停妥。十五日，"园内各处，帐舞蟠龙，帘飞绣凤，金银焕彩，珠宝生辉"。②元妃来临前，贾府"一担一担的挑进蜡烛来，各处点灯"。③元妃落轿的院落，"院内各色花灯烂灼，皆系纱绫扎成，精致非常。上面有一匾灯，写着'体仁沐德'四字"。④元春进园，"只见园中香烟缭绕，花彩缤纷，处处灯光相映，时时细乐声喧，说不尽这太平气象，富贵风流"。⑤元春登舟，"只见清流一带，势如游龙，两边石栏上，皆系水晶玻璃各色风灯，点的如银花雪浪；上面柳杏诸树虽无花叶，然皆用通草绸绫纸绢依势作成，粘于枝上的，每一株悬灯数盏；更兼池中荷荇凫鹭之属，亦皆系螺蚌羽毛之类作就的。诸灯上下争辉，真系玻璃世界，珠宝乾坤。船上亦系各种精致盆景诸灯，珠帘绣幕，桂楫兰桡，自不必说。已而入一石港，港上一面匾灯，明现着'蓼汀花溆'四字"。⑥园子之豪华，令元妃默默叹息奢华过费。

大观园"金门玉户神仙府，桂殿兰宫妃子家"的气度靠灯景营造。元妃的元宵省亲，既是与亲人的一次团聚，也是一次赏灯之旅。这场奢华的元宵灯会，为元妃省亲而办，是为特例。而贾府日常的元宵赏灯，在第53回"荣国府元宵开夜宴"中呈现：

　　早又元宵将近，宁荣二府皆张灯结彩。……

---

① 汪启淑：《水曹清暇录》，转引自李家瑞编《北平岁时征》，第57页。
② 曹雪芹著，无名氏续《红楼梦》，第236页。
③ 曹雪芹著，无名氏续《红楼梦》，第236页。
④ 曹雪芹著，无名氏续《红楼梦》，第237页。
⑤ 曹雪芹著，无名氏续《红楼梦》，第237页。
⑥ 曹雪芹著，无名氏续《红楼梦》，第237页。

> 至十五日之夕，贾母便在大花厅上命摆几席酒，定一班小戏，满挂各色佳灯，带领荣宁二府各子侄孙男孙媳等家宴。……
>
> ……两边大梁上，挂着一对联三聚五玻璃芙蓉彩穗灯。每一席前竖一柄漆干倒垂荷叶，叶上有烛信插着彩烛。这荷叶乃是錾珐琅的，活信可以扭转，如今皆将荷叶扭转向外，将灯影逼住全向外照，看戏分外真切。窗格门户一齐摘下，全挂彩穗各种宫灯。廊檐内外及两边游廊罩棚，将各色羊角、玻璃、戳纱、料丝或绣、或画、或堆、或抠、或绢、或纸诸灯挂满。①

贾府元宵节所挂灯品，反映了乾隆时期制灯技艺水平之高。有了灯，自然少不了灯谜。猜灯谜，是元宵节最为常见的游戏活动，且传承至今。从宋朝开始，人们将写有谜语的纸签贴在花灯上，供人竞猜。灯谜的谜面包罗万象，出自经传诗文、诸子百家、传奇小说及戏曲谚语等，猜中者获赠笔、墨、纸、砚、果品等奖品。《红楼梦》第 22 回描写贾府上下猜灯谜、制灯谜的景象，体现了浓厚的家庭节日氛围。

清代为加强皇城防务，灯市由东华门迁到内城，多在东四牌楼、西四牌楼等地，后又移至前门、琉璃厂附近，灯与市逐渐分离。《大兴岁时志稿》、《宛平岁时志稿》、康熙《大兴县志》、康熙《宛平县志》记载有康熙年间北京灯市情况。灯市的时间为正月初八日至十六日，地点"散置正阳门外及花儿市、菜市、琉璃厂店诸处。惟猪市口南为盛"。② 关于灯市中的灯品，康熙《宛平县志》所引杨允长《都门元夕张灯记》载："灯之类，流珠、料丝、画纱、五色明角、麦秸、通草、百花、鸟兽、虫鱼、水墨，及走马鳌山等，巧变殆尽。"③ 乾隆时期，北京元宵灯市的娱乐节目与明代已有所不同。《帝京岁时纪胜》载：

> 城市张灯，……至百戏之雅驯者，莫如南十番。其余装演大头和尚，扮稻秋歌，九曲黄花灯，打十不闲，盘杠子，跑竹马，击太平神

---

① 曹雪芹著、无名氏续《红楼梦》，第 727~729 页。
② 王养廉、李开泰编《宛平岁时志稿》，《燕京岁时记》（外六种），第 21 页。
③ 转引自李家瑞编《北平岁时征》，第 57 页。

鼓，车中弦管，木架诙谐，细米结作鳌山，烟炮攒成殿阁，冰水浇灯，簇火烧判者，又不可胜计也。①

《帝京岁时纪胜》刊于乾隆二十三年（1758），其所记节俗，当为乾隆前期的状貌。此时灯市出现"南十番""扮稻秧歌""打十不闲""盘杠子""跑竹马"等游玩项目。

晚清时期，灯市向内城转移，且几乎遍布全城。《燕京岁时记》载："自十三以至十七，均谓之灯节，惟十五日谓正灯耳。每至灯节，内廷筵宴，放烟火，市肆张灯。而六街之灯以东西牌楼及地安门为最盛，工部次之，兵部又次之，他处皆不及也。若东安门、新街口、西四牌楼，亦稍有可观。"② 在关于灯市的记载中，晚清时期的笔记对灯品兴趣浓厚，转录两条如下：

> 花炮棚子制造各色烟火，竞巧争奇，有盒子、花盆、烟火杆子、线穿牡丹、水浇莲、金盘落月、葡萄架、旗火、二踢脚、飞天十响、五鬼闹判儿、八角子、炮打襄阳城、匣炮、天地灯等名目。③
>
> 其灯有大小、高矮、长短、方圆等式，有纱纸、琉璃、羊角、西洋之别。其绘人物则《列国》、《三国》、《西游》、《封神》、《水浒》、《志异》等图，花卉则兰、菊、梅、桂、萱、竹、牡丹，禽兽则鸾凤、龙虎，以至马牛、猫犬与鱼虾、虫蚁等图，无不颜色鲜美，妙态传真。品目殊多，颇难枚举。而最奇巧者为冰灯，以冰琢成人物、花鸟、虫兽等像，冰以药固之，日久不消。雕刻玲珑，观者嘉赏。而豪家富室演放花盒。先是，市中搬芦棚于道侧，卖各色花盒爆竹，堆挂如山。形式名目，指不胜屈。其盒于晚间月下火燃机发，则盒中人物、花鸟坠落如挂，历历分明，移时始没，谓之一层大盒。有至数层者，其花则万朵零落，千灯四散，新奇妙制，殊难意会。近日亦有洋

---

① 潘荣陛：《帝京岁时纪胜》，《燕京岁时记》（外六种），第33页。
② 富察敦崇：《燕京岁时记》，《燕京岁时记》（外六种），第69~70页。
③ 富察敦崇：《燕京岁时记》，《燕京岁时记》（外六种），第70页。

式制造者，尤幻变百出，穷极精巧，不可名状。①

明代，"灯贾大小以几千计，灯本多寡以几万计"，但笔记中对灯品的记载并不详细。而清代笔记特别是晚清笔记，则体现出不同旨趣。清代最具特色的灯品是冰灯。冰灯由满人自关外带来，"华而不侈，朴而不俗"，极具观赏性。

清代北京灯市的繁荣景象胜于明代。《燕京岁时记》描述当时的场景："银花火树，光彩照人，车马喧阗，笙歌聒耳。自白昼以迄二鼓，烟尘渐稀，而人影在地，明月当天，士女儿童，始相率喧笑而散。"② 震钧亦在《天咫偶闻》中记载："每初月乍升，街尘不起，士女云集，童稚欢呼。店肆铙鼓之声，如雷如霆。好事者然水浇莲、一丈菊各火花于路，观者如云，九轨之衢，竟夕不能举步。香车宝马，参错其间。愈无出路，而愈进不已。"震钧感慨："盖举国若狂者数日，亦不亚明代灯市也。"③ 明清时期的元宵节，为北京城营造出一场盛宴。

民国时期，元宵节仍称灯节。陈鸿年在《北平风物》中回忆："在北平，过了年以后，第一个大节日，就是'灯节儿'。照着老例子说，灯节是三天。正月十五日是正日子，十四是'亮灯'，十六是末天。再往后，灯就收起来了！可是差不多的买卖地儿，从初六开张，准备在灯节把所有的灯作一展览的，都陆续地安置了，……灯节灯的种类很多，……最普通的是宫灯，红硬木的架儿，精精致致的样子，……还有一种冰灯，……至于小孩子玩的灯，种类更多了，它的样子，有羊，有兔儿，有大象，……还有纸糊的走马灯……"④ 可见民国时期的灯节，仍然给人留下了深刻的印象。

如今北京已恢复元宵张灯的习俗，各区县的灯会不仅延续传统的节俗记忆，还融入新元素。在这些灯会中，前门上元灯会游人可以"摸门钉"，观赏五福添财、舞龙舞狮、魔术、杂技等表演。崇文门外大街花市

---

① 让廉：《京都风俗志》，第2~3页。
② 富察敦崇：《燕京岁时记》，《燕京岁时记》（外六种），第70页。
③ 震钧：《天咫偶闻》，第57~58页。
④ 陈鸿年：《北平风物》，第250~251页。

元宵灯会则以灯笼展示为重点，灯会开幕式上的文艺表演如中幡、小车会、杠箱等，全部由民间花会表演。龙庆峡冰灯艺术节则将清代的冰灯发扬光大，彩灯区、雪雕区、冰灯展区等冰灯造型呈现出别样的风采。世界花卉大观园灯会以花卉为主题，游人不但可以欣赏花卉主题灯，还可以进入温室欣赏数千种花卉。三里屯国际时尚街区灯会则重点展示北京传统的"兔爷"灯笼。蓝色港湾灯光节则展示以海洋生物、海底景观为素材的灯光作品。各灯会的组织方，积极营造北京元宵节灯会的热闹场景。

明清时期的元宵节，人们纷纷走出家门，赏灯、逛街、"走百病"、摸门钉、看杂耍，连深闺女子也参与其中，是一年中唯一的"狂欢节"。在这一节日活动中，人们打破日常秩序的约束，充分实现感官的愉悦，由此造就了古代这一节庆活动的辉煌。历史发展到现在，该以怎样的方式吸引人们在北京天气寒冷的元宵夜流连忘返于灯会？在城市文化生活日益丰富的今天，如何利用灯会这一文化资源，使得传统元宵节焕发出新的不一样的生机，需要进一步探索。

第三节 清明节

清明是唯一集节气与节日于一体的节日。清明节又叫祭祖节、踏青节、三月节等。清明节由上巳、寒食、清明三节融合而成，是一个多来源的节日。在上古时代，上巳已成为大规模的民俗节日，人们聚集于水边，举行清除不祥的祓除仪式。上巳节日期本在三月上旬的巳日，魏晋以后改为"三月三"。寒食节前后绵延两千余年，曾被称为中国民间第一大祭日，是汉族传统节日中唯一以饮食习俗命名的节日。寒食节禁火、吃冷食，扫墓祭祖习俗由来已久。清明是二十四节气之一，始于战国，最初是时令的标志，时间在春分后15日。清明成为民俗节日是在唐宋之后，清明节虽晚出，但其历史源头与祖先祭祀有关。上古时期，春季祭祀宗庙的大礼叫春祠之礼。上巳节、寒食节、清明节三个节日时间相近，节俗内容交叉，因此互相影响。唐代，寒食节与清明节并称，但清明节地位逊于寒食节。宋代，清明节已基本上取代寒食节的地位，除禁火冷食仍为寒食节特有，其他节俗基本上被清明节所承继。宋代以后，上巳节与寒食节逐渐融入清明节。明清时期，寒食节已基本消亡。

明清时期，北京清明节既有扫墓祭祖习俗，也有插柳射柳、放风筝、荡秋千、城隍出巡等民俗活动。

一 扫墓祭祖

唐代以后，清明逐渐融合上巳节、寒食节习俗，成为以扫墓、踏青为主的节日。

扫墓祭祖是清明节重要的民俗活动，人们去墓地祭奠祖先和亲人，表达孝思亲情。《帝京景物略》载：

> 三月清明日，男女扫墓，担提尊榼，轿马后挂楮锭，粲粲然满道也。拜者、酹者、哭者、为墓除草添土者，焚楮锭次，以纸钱置坟头。望中无纸钱，则孤坟矣。哭罢，不归也，趋芳树，择园圃，列坐尽醉，有歌者。哭笑无端，哀往而乐回也。是日簪柳，游高梁桥，曰踏青。多四方客未归者，祭扫日感念出游。①

上述记载，包含多项民俗事项，其中最重要的是墓地祭扫。在中国三大"鬼节"中，清明为首，其次为中元节与寒衣节。但后世一般不称清明为"鬼节"，而对中元节、寒衣节则普遍以"鬼节"称之。其细微区别在于，清明重在对先人祭扫，表达孝思；其他两节重在悼亡，对孤魂野鬼也一体关照，希望通过祭祀安抚灵魂，防止游魂作祟。

在祭扫仪式上，清代与明代并无多大区别。《宛平岁时志稿》载："清明日，男女簪柳出扫墓，担樽榼、挂纸钱，拜者、酹者、哭者、为墓除草添土者，以纸钱置坟巅；既而趋芳树，择园圃，列坐馂余而后归。"②扫墓时，除坟前陈列酒食叩头祭扫外，还需培新土、烧纸钱，并在坟头上压一叠纸钱。清代，"世族之祭扫者，于祭品之外，以五色纸钱制成幡盖，陈于墓左。祭毕，子孙亲执于墓门之外而焚之，谓之佛多"③。佛多

---

① 刘侗、于奕正：《帝京景物略》，第102页。
② 王养廉、李开泰编《宛平岁时志稿》，《燕京岁时记》（外六种），第22页。
③ 富察敦崇：《燕京岁时记》，《燕京岁时记》（外六种），第79页。

用柳枝或苞米骨贴五色纸制成，代表满族的女神佛多妈妈。按习惯，北京人清明扫墓，但祭扫仪式则在临近清明的单日进行，据说只有僧人才在清明当天祭扫坟茔。① 墓地祭扫关涉家家户户，祭扫日，北京城门内外一片繁忙景象。沈榜《宛署杂记》云："每年是日，各门男女拥集，车马喧阗。"② 让廉《京都风俗志》亦载："是日，倾城上冢。九门城外，自晨至暮处处飞灰，其野店荒村酒食一罄。"③

清明祭扫体现中国人敬祖尊宗观念，祖先的墓地不仅是生命之根，也是情感之结。人们一方面感念祖先的恩惠，另一方面以培土、挂幡等形式显示子孙后代的兴旺。在此仪式中，祖先的居所关系后世子孙的繁荣；后世子孙的兴旺，又与祖先的安宁与香火的延续相关。清明日，在祖宗墓地，死与生、先辈与后代得以勾连。

二 踏青游玩

清明时节，天地清明。《岁时百问》云："万物生长此时，皆清净明洁，故谓之清明。"④ 清明节既有祭扫、寒食等仪式，又有踏青、游玩等亲近自然的民俗活动，因而清明节也是亲近田野、感物惜春的节日。清明时节在早春三月，春光明媚，万物复苏，气候宜人，正是人们进行户外活动、郊野嬉游的好时光。踏青游玩在清明节俗中占有重要位置，与扫墓祭祖平分秋色。因此，清明节又称"踏青节"。

清明节源头之一——上巳节本有郊游宴饮的节日风俗。上古时期，上巳节的一个重要内容就是祓禊。祓禊是一种洗濯去垢、消除不祥的巫术仪式，但也有水边沐浴、采兰、嬉游、饮酒等春游活动。《诗经·郑风·溱洧》描写三月上巳节郑国青年男女在溱水和洧水岸边游春的场景。《论语·先进》亦载："莫春者，春服既成，冠者五六人，童子六七人，浴乎沂，风乎舞雩，咏而归。"⑤ 魏晋有崇尚自然、纵情山水的风尚，上巳节

---

① 参见李宝臣《北京风俗史》，人民出版社，2008，第24页。
② 沈榜：《宛署杂记》，第191页。
③ 让廉：《京都风俗志》，第4页。
④ 转引自富察敦崇《燕京岁时记》，《燕京岁时记》（外六种），第79页。
⑤ 陈晓芬、胡平生译注《论语》，中华书局，2018，第130页。

袯除的意义减弱，而迎春赏游之意越发浓郁。是日，文人雅士曲水流觞，诗酒宴饮。唐代，上巳已成为隆重的节日，民俗内容除修禊外，主要是春游踏青、临水宴饮。是日，长安城内民众于曲江畔宴饮、郊游，是为盛事。杜甫《丽人行》描绘此盛况："三月三日天气新，长安水边多丽人。"宋以后，上巳节逐渐融入清明节中。但明清时期，北京仍然部分保留上巳节的习俗。《大兴岁时志稿》载："三月三日，风和景丽，载酒出野，临流醉歌，有修禊流风焉。"① 震钧《天咫偶闻》亦载：

  太平宫，在东便门内，庙极小。岁上巳三日，庙市最盛。盖合修禊、踏青为一事也。地近河堧，了无市廛。春波泻绿，堧土铺红。百戏竞陈，大堤出曲。衣香人影，摇飏春风，凡三里余。余与续耻庵游此，辄叹曰："一幅活《清明上河图》也。"按，查昌业诗有云："正是兰亭修禊节，好看曲水丽人行。金梁风景真如画，不枉元宫号太平。"国初已然矣。②

  寒食节的重要习俗是禁火、冷食、祭扫，但至迟在唐代已有游乐活动。唐初，民众在寒食节出门扫墓的同时进行郊游活动已经形成风气。唐高宗龙朔二年（662），朝廷明令禁止此种行为，但此习俗并未因朝廷禁令而消亡，反而越来越兴盛。唐宋时期，寒食节是全国性的法定节日，最长有七天假期。如此长的假期，又逢春日，踏青游玩之风自然形成。由此，清明节有踏青游玩之俗，实为自然。

  上文所引《帝京景物略》，记载了明代北京扫墓与踏青并行不悖的情形。所谓"哭罢，不归也，趋芳树，择园圃，列坐尽醉，有歌者"；"是日簪柳，游高梁桥，曰踏青"。明清时期，北京市民一般去西直门外高梁河畔、陶然亭以及东直门外踏青。高梁桥风光秀丽，为踏青佳处。③ 北京有"天坛游松，长河游柳"之谚，明代诗人葛一龙亦作《清明日高梁桥看柳》，其诗云："暄暄出尘路，春向郭西寻。千树舞千态，一丝牵一心。

---

① 张茂节、李开泰编《大兴岁时志稿》，《燕京岁时记》（外六种），第16页。
② 震钧：《天咫偶闻》，第153页。
③ 本书第三章第一节已将《帝京景物略》所载清明游高梁桥的场景详细征引，可参看。

带黄初照日，虽绿未成阴。小酌聊相命，风光醉客深。"① 有条件的富家子弟、文人墨客也可选择去远郊的八大处、香山、戒台寺、潭柘寺等地游玩，因此亦有"潭柘听泉，戒台观松"之谚。

三 戴柳与射柳

北京清明日还有戴柳、射柳习俗。柳树是春季应时佳木，得春气之先。在古人眼中，柳树具有旺盛的生命力，且能驱邪避鬼。戴柳的意图为避邪除灾，保平安健康，亦有珍惜青春之意，故有"清明不戴柳，红颜成皓首"之说。

人们往往摘采新柳，制成柳圈，戴在头上。《大兴岁时志稿》载："清明日，男女簪柳出扫墓。"② 又《帝京岁时纪胜》记载："清明日……又以柳条穿祭余蒸点，至立夏日油煎与小儿食之，谓不齼夏。"③ 也就是用柳条将祭祀剩下的蒸饼点心串起来，到立夏日油煎给小儿吃，其夏天就不会得时疾。让廉《春明岁时琐记》描述更为详细："清明日妇女儿童有戴柳条者。斯时，柳芽将舒，苞如桑葚，谓之柳苟。谚曰'清明不带柳，来生变黄狗。'其意殊不晓。或曰'清明不戴柳，死在黄巢手。'盖黄巢造反时，以清明日为期、带柳为号，故有是谚也。"④ 其实，清明戴柳风俗很早就有。富察敦崇《燕京岁时记》就指出："至清明戴柳者，乃唐高宗三月三日被禊于渭阳，赐群臣柳圈各一，谓戴之可免蛊毒。今盖师其遗意也。"⑤

射柳也是北京清明习俗。明周宾所《识小编》载："永乐中，禁中有剪柳之戏，即射柳也。元人以鹁鸽贮葫芦中，悬之柳上，弯弓射之，矢中葫芦，鸽飞出，以飞之高下为胜负，往往会于清明、端阳。"⑥ 善射者可在百步之外射中装有鹁鸽的葫芦。

---

① 葛一龙：《清明日高梁桥看柳》，转引自刘侗、于奕正《帝京景物略》，第285页。
② 张茂节、李开泰编《大兴岁时志稿》，《燕京岁时记》（外六种），第16页。
③ 潘荣陛：《帝京岁时纪胜》，《燕京岁时记》（外六种），第38页。
④ 让廉：《春明岁时琐记》，《燕京岁时记》（外六种），第201页。
⑤ 富察敦崇：《燕京岁时记》，《燕京岁时记》（外六种），第79页。
⑥ 周宾所：《识小编》，李家瑞编《北平岁时征》，第107~108页。

四　放风筝与荡秋千

阳春三月，"生气方盛，阳气发泄"，万物萌生。人们顺应时气，从事户外活动以强身健体。宋代张择端《清明上河图》细致地展现东京汴梁清明节的盛况，从中可见，宋时清明节除扫墓踏青，还有放风筝、荡秋千、蹴鞠、相扑、斗鸡、拔河、射柳等民俗活动。其中，放风筝、荡秋千虽不是清明节独有游艺项目，却也是日常游艺活动项目，一直沿袭至明清时期。

风筝起源于春秋时期，作为军事上传递信息的工具。至隋唐时期，放风筝开始成为民间游艺活动。宋代以后，其成为人们喜爱的户外活动。明清时期，北京的风筝制作颇为精巧，清代有"曹氏风筝""风筝金""风筝哈""风筝马"等流派。《废艺斋集稿》中有《南鹞北鸢考工志》，记载了多种制作风筝的技艺。清明时节，人们在野外或四合院内外广阔之地放风筝。潘荣陛《帝京岁时纪胜》云："清明扫墓，倾城男女，纷出四郊，担酌挈盒，轮毂相望。各携纸鸢线轴，祭扫毕，即于坟前施放较胜。京制纸鸢极尽工巧，有价值数金者，琉璃厂为市易之。"①

放风筝可以强身健体，民间对此又有放走"晦气""病根"之说。高空中剪断线的风筝飘摇而去，就可带走身上的病痛、晦气、灾祸等。《红楼梦》第70回描绘大观园里众人放风筝的场景：

> 小丫头们听见放风筝，巴不得一声儿，七手八脚都忙着拿出个美人风筝来。……
>
> 宝玉……说："把昨儿赖大娘送我的那个大鱼取来。"小丫头子去了半天，空手回来，笑道："晴姑娘昨儿放走了。"宝玉道："我还没放一遭儿呢。"探春笑道："横竖是给你放晦气罢了。"宝玉道："也罢。再把那个大螃蟹拿来罢。"丫头去了，同了几个人扛了一个美人并籰子来，说道："袭姑娘说，昨儿把螃蟹给了三爷了。这一个是林大娘才送来的，放这一个罢。"宝玉细看了一回，只见这美人做

---

① 潘荣陛：《帝京岁时纪胜》，《燕京岁时记》（外六种），第38页。

的十分精致。心中欢喜，便叫放起来。①

大观园里的风筝有大蝴蝶的、美人儿的、软翅子大凤凰的、大鱼的、螃蟹的、红蝙蝠的、七个大雁的，等等。风筝的式样可谓异彩纷呈，令人眼花缭乱。

荡秋千起源于北方，是少数民族在狩猎、采集等生产劳动中创造出的一种游艺活动，后传入中原。汉武帝时宫廷里已流行荡秋千，南北朝时流传到民间。唐宋时期，荡秋千已成为寒食节、清明节的重要活动。宋代有"上元结灯楼，寒食设秋千"的惯例。②荡秋千常与蹴鞠一同出现，蹴鞠是男子游戏，荡秋千则是女子专属，男女相伴，意趣横生。

北京清明节荡秋千之俗多见于宫廷。《析津志辑佚》载："清明寒食，宫庭于是节最为富丽。起立彩索秋千架，自有戏蹴秋千之服。金绣衣襦，香囊结带，双双对蹴。绮筵杂进，珍馔甲于常筵。"③刘若愚《酌中志》直接将清明节称为"秋千节"，其曰："清明，则秋千节也，带杨枝于鬓。坤宁宫后及各宫，皆安秋千一架。……圣驾幸回龙观等处，赏海棠。窖中花树尽出，园圃、台榭、药栏等项，咸此月修饰。"④明代清明节时宫廷中以赏玩为主，荡秋千是其中的一项重要活动。

此外，清代北京清明节还有拜城隍的习俗。明清时期，北京有七八座城隍庙，里面供奉的"城隍爷"，都是曾为守护都城做过贡献的英雄人物，如于谦、杨继盛、袁崇焕等，市民把他们尊为城市的"保护神"。每年清明，人们抬着藤制的城隍像游街，称"城隍出游"，各种香会相随，表演秧歌、高跷、五虎棍等，观者如潮。人们还纷纷前往城隍庙烧香、叩拜、求签、还愿、问卜，有杂咏曰："神庙还分内外城，春来赛会盼清明。更兼秋始冬初候，男女烧香问死生。"⑤说的就是清明节这一习俗。"城隍爷"出巡仪式一直持续到民国初年。

---

① 曹雪芹著，无名氏续《红楼梦》，第973~974页。
② 参见《宋史》，中华书局，1985，第2624页。
③ 熊梦祥：《析津志辑佚》，第203页。
④ 刘若愚：《酌中志》，《明代笔记小说大观》第4册，第3063页。
⑤ 李家瑞编《北平风俗类征》上册，第78页。

清明节集中体现了中国人的生死观念，反映了中国人面对生死的情感与态度。一方面，人们真诚地悼念亡者，感恩先人；另一方面，人们尽情享受春光，讴歌生命的美好。一阴一阳，一死一生，二者密切关联。

1915年，北京政府定清明节为植树节，重在继承清明节插柳植树的传统，排拒祭扫、踏青等活动，意在打造一个现代节日。但是，清明祭扫的习俗一直存在于民间。1935年，国民政府为"提高民族意识，尊崇祖贤起见"，将清明设为民族扫墓节，国民政府出面祭扫轩辕黄帝陵、周陵、茂陵、昭陵等，后又加上致祭明太祖陵。相沿成习，如今清明节形成了祭扫英烈的传统。

清明节在当代仍然是重要节日，扫墓与踏青是主要活动。在清明期间，北京的各大公园推出诸多踏青赏花游园活动，以缅怀追思、踏青赏花、民俗展演等主题，重新诠释清明的节日文化内涵。清明踏青习俗越来越获得都市年轻人的青睐。但是随着传统宗族观念的淡化，清明扫墓祭祖的习俗在都市年轻一代的传承遇到挑战。清明是小历史与大历史、现实与历史勾连的重要时间节点。个体、家庭乃至家族的历史是小历史，国家与人类文明的历史是大历史。小历史大多以个体、家庭、家族传承，而清明节恰恰是维系个体、家庭、家族的精神纽带。有了一个个鲜活的小历史，大历史才具体、丰富与充满人情味。"慎终追远"是中国传统伦理道德，"慎终"所以重视逝者的丧葬之事，"追远"则以逝者的良好德行为榜样。"慎终追远"的实质是希望后人在丧葬与祭祀仪式中追忆、缅怀先人，以先人之德行涵养自身，增强家庭与家族的凝聚力，走好人生之路。[①] 可以说，缅怀先人、祭祀先祖，是中华民族敬畏历史与尊重生命的一种独特方式。葛兆光说："一个传统的中国人看见自己的祖先、自己、自己的子孙的血脉在流动，就有生命之流永恒不息之感。他一想到自己就是这生命之流中的一环，他就不再是孤独的，而是有家的，他会觉得自己的生命在扩展，生命的意义在扩展，扩展成为整个宇宙。而墓葬、宗庙、祠堂、祭祀，就是肯定并强化这种生命意义的庄严场合，这使得中国人把生物复制

[①] 参见郑晓江《略论中国祭祀礼仪中的宗教精神》，《江南大学学报》（人文社会科学版）2009年第3期。

式的延续和文化传承式的延续合二为一。"① 清明祭扫凝聚着对逝者的终极关怀,是应被传承的传统礼俗。

第四节 端午节

农历五月初五日是中国传统的端午节,又称"重午""端阳""龙舟节""粽子节""天中节""女儿节""五月节"等。关于端午节的由来,说法甚多,有纪念屈原说、纪念伍子胥说、纪念曹娥(东汉孝女)说、三代夏至节说、恶月恶日驱避说、古越人图腾祭说等。以上各说,各本其源,但大多源于南方地区。端午节在发展演进过程中,不同时期、不同地域呈现出不同的节日习俗。北京并不是端午文化的发源地与兴盛地,但在不同地域文化与各民族文化的交汇中,形成了独具特色的端午文化习俗。

一 祛病驱疫与五毒饼

在古人观念中,五月是一个"阴阳争,生死分"的特殊月份。此月,阳气最盛,阴气亦开始萌动,极为不吉。至晚在战国时期,五月初五日为"恶月恶日"说已经形成,因此,各种祛病驱疫方式与禁忌开始出现。《大戴礼记》云:"五月……蓄兰。为沐浴也。"② 《风俗通义》云:"俗云:五月到官,至免不迁","五月盖屋,令人头秃"。③ 不但此"恶月"万事不吉,甚至连五月初五日所生之子也被视为不祥。王充《论衡·四讳》记载当时风俗:"讳举正月、五月子。以为正月、五月子杀父与母,不得举也。已举之,父母祸[偶]死,则信而谓之真矣。"④ 人们进入五月就开始一系列驱邪除疫活动。端午节成为祛病驱疫、辟邪驱毒的卫生节。

"恶月恶日"观念促进了蓄药、采药、沐浴和"静处"等端午节俗的

---

① 葛兆光:《中国思想史》第1卷,复旦大学出版社,1998,第95页。
② 方向东译注《大戴礼记》,江苏人民出版社,2019,第60~61页。
③ 应劭撰,王利器校注《风俗通义校注》下册,第564页。
④ 黄晖:《论衡校释》下册,中华书局,2018,第853页。

形成与传播。以药物和沐浴祛除"恶气"的方式在《夏小正》中有明确记述。《吕氏春秋》则强调"静处"的方式:"是月也,日长至,阴阳争,死生分。君子斋戒,处必掩,身欲静,止声色,无或进,薄滋味,无致和,退嗜欲,定心气,百官静,事无径,以定晏阴之所成。"①采菖蒲、系五色丝等就是蓄药、采药习俗的延续,这种习俗至今尚存于广东、湖南、广西等地。魏晋以后,长江流域的龙舟竞渡、北方的射柳逐渐成为端午的主要活动。

北京处燕赵大地,在此生活的少数民族以游牧为主,习于骑射,在与汉文化融合中,逐渐形成自身的端午风俗。当然,祛病驱疫仍然是端午节第一要义。《辽史》卷53记载:"五月重五日,午时,采艾叶和绵着衣,七事以奉天子,北南臣僚各赐三事,君臣宴乐,渤海膳夫进艾糕。以五彩丝为索缠臂,谓之'合欢结'。又以彩丝宛转为人形簪之,谓之'长命缕'。"②《析津志辑佚·岁纪》也记载元代北京的端午节俗:

> 五月天都庆端午,艾叶天师符带虎,玉扇刻丝金线缕。怀荆楚,珠钿彩索呈宫御。进上凉糕并角黍,宫娥彩索缠鹦鹉,玉屑蒲香浮绿醑。葵榴吐,銮舆岁岁先清暑。……是节上自三公宰辅、省院台,俱有画扇、彩索、拂子、凉糕之礼;中贵官同,故其费厚也。都中于节前二三日,小经纪者于是中角头阛阓处,芦苇架棚挂画,发卖诸般凉糕等项。③

元代宫廷于端午节吃粽子、缚彩索、戴虎符、画扇面等,节日活动非常丰富。

明清时期,五月仍被视为"恶月"。《燕京岁时记》明确记载:"京师谚曰:善正月,恶五月。"④ 五月初五日生子"不举"谚俗,在明清仍有余风。陆启浤《北京岁华记》载:"民间是日生子,束一木或荆条,祭于

---

① 陆玖译注《吕氏春秋》上册,中华书局,2011,第128页。
② 《辽史》卷53,中华书局,1974,第878页。
③ 熊梦祥:《析津志辑佚》,第218~219页。
④ 富察敦崇:《燕京岁时记》,《燕京岁时记》(外六种),第91页。

堂，斩其木五六尺许，祝曰：'如是止，勿长抵户。'"① "勿长抵户"自然联想到战国四公子之一孟尝君的典故。孟尝君生于五月初五日，其父视为不吉，命其母将其丢弃。后孟尝君被母亲偷偷养大，遂质问其父："君所以不举五月子者，何故？"其父回答："五月子者，长与户齐，将不利其父母。"② 明代，五月初五日所生子虽能"举"，但仍需举行特别仪式，以避不祥。

明清以后，北京的端午节以祛病驱疫为核心，形成吃角黍（粽子）、戴五色丝、插艾叶菖蒲、画天师符、饮雄黄酒、吃"五毒饼"等民俗传统。刘若愚《酌中志》"饮食好尚纪略"记载明代宫中的端午节俗，首先体现在穿戴、门楣装饰上，"（五月）初一日起至十三日止，宫眷内臣穿五毒艾虎补子蟒衣，门两旁安菖蒲、艾盆，门上悬挂吊屏，上画天师或仙子仙女执剑降五毒故事，如年节之门神焉。悬一月方撤也"。其次，是吃食上的讲究及举行相关娱乐活动，"初五日午时，饮朱砂、雄黄、菖蒲酒，吃粽子，吃加蒜过水面。赏石榴花，佩艾叶，合诸药，画治病符。圣驾幸西苑，斗龙舟划船，或幸万岁山前插柳，看御马监勇士跑马走解"。③ 太医院还得去南海子捉蛤蟆，"太医院官，旗物鼓吹，赴南海子，捉虾蟆，取蟾酥也。其法，针枣叶，刺蟾之眉间，浆射叶上，以蔽人目，不令伤也"。④

民间端午节习俗也同样丰富，"渍酒以菖蒲，插门以艾，涂耳鼻以雄黄，曰避虫毒。家各悬五雷符。簪佩各小纸符，簪或五毒，五瑞花草。项各彩系，垂金锡，若钱者，若锁者，曰端午索"。⑤《帝京岁时纪胜》记载："五月朔，家家悬朱符，插蒲龙、艾虎，窗牖贴红纸吉祥葫芦。幼女剪彩叠福，用软帛缉逢老健人、角黍、蒜头、五毒、老虎等式，抽作大红朱雄葫芦，小儿佩之，宜夏避恶。家堂奉祀，蔬供米粽之外，果品则红樱桃、黑桑椹、文官果、八达杏。午前细切蒲根，伴以雄黄，曝而浸酒。饮

---

① 陆启浤：《北京岁华记》，《燕京岁时记》（外六种），第7页。
② 《史记》卷75，中华书局，2011，第2074页。
③ 刘若愚：《酌中志》，《明代笔记小说大观》第4册，第3064页。
④ 刘侗、于奕正：《帝京景物略》，第103页。
⑤ 刘侗、于奕正：《帝京景物略》，第103页。

余则涂抹儿童面颊耳鼻，并挥洒床帐间，以避虫毒。"① 北京端午节习俗还有画天师符，《燕京岁时记》载："每至端阳，市肆间用尺幅黄纸，盖以朱印，或绘画天师、钟馗之像，或绘画五毒、符咒之形，悬而售之。都人士争相购买，粘之中门，以避祟恶。"②

　　清代，北京端午节的特色习俗是吃"五毒饼"，此饼是端午节才有的节令食品。"五毒"指蝎子、蛤蟆、蜘蛛、蜈蚣、蛇。初夏时节正是毒物滋生活跃时，人们通过食用"五毒饼"祈愿消病强身。《春明岁时琐记》载："富家买糕饼，上有蝎、蛇、虾蟆、蜈蚣、蝎虎之像，谓之五毒饽饽；馈送亲友，称为上品。"③ "五毒饼"其实就是玫瑰饼，只不过用刻有"五毒"形象的印子盖在玫瑰饼上罢了。明清时期，北京糕点铺在端午节期间都会特制刻有这种"五毒"图案的甜馅儿点心。如果说插艾草、菖蒲，在耳鼻涂雄黄酒是为"避毒"，吃"五毒饼"则是把"五毒"吃掉，以毒攻毒。这种习俗透露着北京人的诙谐和风趣。

　　明清时期，"恶五月"观念在北京根深蒂固，因而还有诸多禁忌。比如，"五月朔日、端阳日，具不汲泉水，于预日争汲，遍满缸釜，谓避井毒也。"④ "京俗五月不迁居，不糊窗槅，名之曰'恶五月'。以艾叶贴窗牖，谓之解厄。五月多不剃头，恐妨舅氏。"⑤ "又端阳日用彩纸剪成各样葫卢，倒粘于门阑之上，以泄毒气。至初五午后，则取而弃之。"⑥ "是日，小儿额上以雄黄画'王'字。……此日食黑色桑椹，或云夏月无食蝇之患。"⑦ "五日之午前，群入天坛，曰避毒也。"⑧ 诸如此等，不一而足。张次溪不禁感慨："艾虎蒲龙，何地蔑有，彩丝方胜，边围无殊。乃至钟馗辟邪，天师觋咒，绫罗巧样，户户同风。粽可以益智也，缕可以续命也，避兵避毒，顾忌滋繁，五月之恶，抑何若此其极耶？"⑨

---

① 潘荣陛：《帝京岁时纪胜》，《燕京岁时记》（外六种），第 43 页。
② 富察敦崇：《燕京岁时记》，《燕京岁时记》（外六种），第 87 页。
③ 让廉：《春明岁时琐记》，《燕京岁时记》（外六种），第 204 页。
④ 潘荣陛：《帝京岁时纪胜》，《燕京岁时记》（外六种），第 43 页。
⑤ 潘荣陛：《帝京岁时纪胜》，《燕京岁时记》（外六种），第 45 页。
⑥ 富察敦崇：《燕京岁时记》，《燕京岁时记》（外六种），第 88 页。
⑦ 让廉：《春明岁时琐记》，《燕京岁时记》（外六种），第 204 页。
⑧ 刘侗、于奕正：《帝京景物略》，第 103 页。
⑨ 张次溪编著《北平岁时志》，第 114 页。

二 龙舟竞渡与击球射柳

赛龙舟是端午节的重要民俗活动。龙舟竞渡主要集中于南方，北方由于地理条件限制，龙舟竞渡活动并不普遍，但明清笔记仍有记载。

北京虽系北方城市，但水域面积较大，这为端午赛龙舟提供了条件。北京水域最集中的是皇家御园，因此龙舟竞渡主要为宫廷活动。竞渡曾是明代宫廷端午的节俗之一，"朝廷每端午节赐朝官吃糕粽于午门外，酒数行而出。文职大臣仍从驾幸后苑，观武臣射柳，事毕皆出。上迎母后幸内沼，看划龙船，炮声不绝。盖宣德以来故事也"。[1] 清代皇帝在端午节期间，亦去西苑观斗龙舟、划船，与诸大臣宴乐。顺治、乾隆乃至道光初年，宫廷均有龙舟竞渡活动，地点在西苑、圆明园的福海等。昭梿《啸亭续录》载："乾隆初，上于端午日命内侍习竞渡于福海中，皆画船箫鼓，飞龙鹢首，络绎于鲸波怒浪之间。兰桡鼓动，旌旗荡漾，颇有江乡竞渡之意。"[2]

除宫廷外，民间亦有竞渡习俗。《帝京岁时纪胜》载："里二泗近张湾，有祐民观。中建玉皇阁醮坛，塑河神像。……前临运河，五月朔至端阳日，于河内斗龙舟，夺锦标，香会纷纭，游人络绎。"[3] 民国时期，北海公园亦曾举办过从北岸五龙亭至南岸琼岛漪澜堂划船竞赛，为当年北京一大盛事。

辽金以后，北京端午形成一种新的民俗活动——射柳击球，这是典型的北方端午风俗，可以和南方端午竞渡相媲美。《辽史》《金史》对射柳击球的具体内容、评定胜负的标准有详尽记载。《金史》卷35载：

> 金因辽旧俗……凡重五日拜天礼毕，插柳球场为两行，当射者以尊卑序，各以帕识其枝，去地约数寸，削其皮而白之。先以一人驰马前导，后驰马以无羽横簇箭射之，既断柳，又以手接而驰去者，为上。断而不能接去者，次之。或断其青处，及中而不能断，与不能中

---

[1] 陆容：《菽园杂记》，《明代笔记小说大观》第1册，第366页。
[2] 昭梿：《啸亭杂录 续录》，《清代笔记小说大观》第5册，第4687~4688页。
[3] 潘荣陛：《帝京岁时纪胜》，《燕京岁时记》（外六种），第45页。

者，为负。每射，必伐鼓以助其气。已而击球，各乘所常习马，持鞠杖。杖长数尺，其端如偃月。分其众为两队，共争击一球。先于球场南立双桓，置板，下开一孔为门，而加网为囊，能夺得鞠击入网囊者为胜，或曰"两端对立二门，互相排击，各以出门为胜。"球状小如拳，以轻韧木枵其中而朱之。皆所以习跷捷也。既毕赐宴，岁以为常。①

金代始固定于重五重九拜天礼毕当日，"行射柳击球之戏"。蒙古攻占金中都后，很快便熏染其风。直到元末，在大都、上都等地，统治者射柳击球仍蔚然成风。《日下旧闻考》载："击球者，今之故典。五月五日、九月九日，太子、诸王于西华门内召集各衙万户、千户能击球者，咸用上等骏马，系以雉尾、缨络，萦缀镜铃，装饰如画。一马前驰，掷大皮缝软球子于地，群马争骤，各以长藤柄球杖争接之。而球子忽绰在球棒上，随马走如电，终不坠地。力捷而熟闲者，以球子挑剔跳掷于虚空中而终不离于球杖，然后打入球门，中者为胜。"②

射柳习俗亦为明代宫廷所承继。《明史·礼志》载，永乐十一年（1413）五月初五日，车驾幸东苑，观击球射柳，听文武群臣、四夷朝使及在京耆老聚观。③万历年间吴楚材编辑《疆识略》还记载宫廷"走解"的习俗，"五月五日，赐文武官走骠骑于后苑。其制，一人骑马执旗引于前，一人驰骑出呈艺于马上，或上或下，或左右腾掷趫捷，人马相得，如此者数百骑，后乃衣蕃服，臂鹰走犬，围猎状终场，俗名曰走解。观毕，赐宴而回"。④

射柳之风亦传至军中，宫中太监亦至天坛骑射。沈德符《万历野获编》载：

京师及边镇最重午节。至今各边，是日俱射柳较胜，士卒命中

---

① 《金史》卷35，中华书局，1975，第826~827页。
② 于敏中主编《日下旧闻考》第8册，第2356~2357页。
③ 参见《明史》卷47，第2147页。
④ 于敏中主编《日下旧闻考》第8册，第2357页。

者，将帅次第赏赍。京师唯天坛游人最盛，连钱障泥，联镳飞鞚，豪门大估之外，则中官辈竞以骑射为娱，盖皆赐沐请假而出者。内廷自龙舟之外，则修射柳故事，其名曰走骠骑，盖沿金元之俗，命御马监勇士驰马走解，不过御前一逞迅捷而已。①

清代，八旗子弟弓马娴熟，民间端午射柳之风日盛。《帝京岁时纪胜》载："帝京午节，极胜游览。或南顶城隍庙游回，或午后家宴毕，仍修射柳故事，于天坛长垣之下，骋骑走繣。更入坛内神乐所前，摸壁赌墅，陈蔬肴，酌余酒，喧呼于夕阳芳树之下，竟日忘归。"② 射柳，自辽金持续至清代，成为北京端午特有的习俗。因此，张次溪说："至彼辽金国俗，虽曰久多变迁，独此端午一节，尚是大同小异，盖犹有相沿未泯者，射柳之举，亦其一尔。"③

三 女儿节

在北京，端午节又称"女儿节"。女儿节本不是一个独立的节日，它是对某些节日的另一种称呼，"在旧时汉族的岁时节日里，称为女儿节的日子至少有三个，即五月五日的端午节，七月七日的双星节，九月九日的重阳节"。④

在明代北京，端午节就已作为"女儿节"存在，清代此风更浓。《北京岁华记》载："（五月）朔日至旬杪，女儿艳服，带花满头。"⑤ 端午节当天，女孩精心打扮，头上所戴之花，首选石榴花。《帝京景物略》载："五月一日至五日，家家妍饰小闺女，簪以榴花，曰女儿节。"⑥ 石榴是北京常见树种，寻常人家都喜欢在四合院中种植，"京师五月，榴花正开，鲜明照眼。凡居人等，往往与夹竹桃罗列中庭，以为清玩"。⑦ 如此明艳

---

① 沈德符：《万历野获编》，《明代笔记小说大观》第3册，第1966页。
② 潘荣陛：《帝京岁时纪胜》，《燕京岁时记》（外六种），第44页。
③ 张次溪编著《北平岁时志》，第117页。
④ 李万鹏：《重阳又为女儿节》，《民俗研究》1986年第1期。
⑤ 陆启浤：《北京岁华记》，《燕京岁时记》（外六种），第7页。
⑥ 刘侗、于奕正：《帝京景物略》，第103页。
⑦ 富察敦崇：《燕京岁时记》，《燕京岁时记》（外六种），第91页。

的应景鲜花，用来作为女孩妆饰，是为上选。有《燕京五月歌》描述京师女子簪石榴花的情形："石榴花发街欲焚，蟠枝屈朵皆崩云。千门万户买不尽，胜将儿女染红裙。"① 石榴多子，在中国传统文化中是子嗣繁盛的象征，庭院中种石榴，也寄托主人对子孙兴旺的美好愿望。端午节女儿簪石榴花，一取其明艳漂亮，一取其吉祥寓意，后者亦是乞子的含蓄表达。女孩头上或身上还戴着各种绫罗制作的樱桃、桑葚、粽子、葫芦等，以示吉祥。《宛署杂记》《大兴岁时志稿》《帝京岁时纪胜》《燕京岁时记》等都有相关记载。在端午节，已嫁女子回娘家（归宁）。《宛署杂记》云："宛俗自五月初一至初五日，饰小闺女，尽态极妍。出嫁女亦各归宁，因呼为女儿节。"② 已嫁女归宁之俗早已有，但日期各有不同。明清时期，北京端午节有归宁之俗，至于原因，说法不一，有说为"躲端午"，有说为礼仪。

清代中叶之前，北京民众在端午节（女儿节）期间有外出游赏习俗，所谓"女儿节，女儿节，耍青去，送青回"。按照传统观念，女子不得有以娱乐为目的的外出社交活动，元宵节灯会是一例外，端午节是另一例外。《宛署杂记》曰："端午日，士人相约携酒果游赏天坛松林、高梁桥柳林、德胜门内水关、安定门外满井，名踏青。妇女如之，比之南京雨花台更盛。"③ 清代彭蕴章曾作《幽州土风吟·女儿节》："球场纷纷插杨柳，去看击鞠牵裾走；红杏单衫花满头，彩扇香囊不离手。谁家采艾装絮衣，女儿娇痴知不知？"④ 该诗形象地描述了端午节京师女子梳妆打扮，出门游玩的情景。

除此之外，女子还可参加各种类型的宗教活动。"在明清时期，妇女可以借口参加具有宗教色彩的种种活动，以满足她们外出参加娱乐性活动的愿望"，"以娱神为借口，以娱人为目的"。⑤《红楼梦》创作于乾隆年间，虽然"朝代年纪，地舆邦国""失落无考"，但大体是明清北京与南京

---

① 蒋一葵：《长安客话》卷1《皇都杂记》，第10页。
② 沈榜：《宛署杂记》，第191页。
③ 沈榜：《宛署杂记》，第191页。
④ 《幽州土风吟·女儿节》，转引自李家瑞编《北平岁时征》，第169页。
⑤ 赵世瑜：《明清以来妇女的宗教活动、闲暇生活与女性亚文化》，郑振满、陈春声主编《民间信仰与社会空间》，福建人民出版社，2003，第148、172页。

两大城市风俗的再现。《红楼梦》中描写的端午节，恰恰体现了明清北京端午节俗的显著特征。《红楼梦》不但描写端午节期间贾府的种种避疫措施，还在第29回浓墨重彩地描述贾府女眷端午节去参加"打醮"活动。在端午节来临前，身在宫中的元春并没有如寻常女子一样回娘家，但她为家人准备了端午节礼物，还给银子让家中女眷去清虚观打醮。"打平安醮"是道教祈福消灾仪式，但《红楼梦》并没有具体描写醮仪，而重点表现贾府女眷出门游玩的兴致。元春赏银子"打醮"，虽是为自己与家人祈福，但未尝不含有让家中女子端午节外出游赏的心意。凤姐正是以清虚观打醮之名，约请宝钗、宝玉、黛玉去看戏，宝钗推辞，而凤姐说："他们那里凉快，两边又有楼。……我已经回了太太了。你们不去我去，这些日子也闷的很了。家里唱动戏，我又不得舒舒服服的看。"① 王夫人还打发人去大观园告诉众人，"有要逛的，只管初一跟了老太太逛去"。《红楼梦》写道：

　　这个话一传开了，别人都还可已，只是那些丫头们天天不得出门槛子，听了这话，谁不要去。便是各人的主子懒怠去，他也百般撺掇了去，因此李宫裁等都说去。贾母越发心中喜欢，早已吩咐人去打扫安置。②

于是，初一这天，贾府门前"车辆纷纷，人马簇簇"，那些丫头兴奋地"咭咭呱呱，说笑不绝"，周瑞家的劝止了"两遍"，"方觉好了"。③ 在此处描写中，可以感受到贾母、王熙凤等女眷以及丫头们出门玩赏的喜悦。贾府打醮活动体现了北京端午节作为"女儿节"的习俗特色，富有浓厚的生活情趣与民俗风味。

民国时期，北京端午节依然延续"女儿节"习俗，如大姑娘、小媳妇在鬓边簪"福儿"，再配上一朵盛开的石榴花，显得十分耀眼。

北京的端午节俗在历史演进中也在不断发生变化。"辽金元时期，端午节俗以国家拜天仪式为中心，同时又具有演武性质的射柳、击球竞技，

---

① 曹雪芹著，无名氏续《红楼梦》，第391页。
② 曹雪芹著，无名氏续《红楼梦》，第392页。
③ 曹雪芹著，无名氏续《红楼梦》，第392~393页。

是一种国家主导的节俗形态。明清以后北京的端午节强调的是家庭形态，家庭性节日民俗占居主导地位，节日日益世俗化，成为城市社会居民生活的节点。"[1] 近年来，北京市各级政府以及各类公共文化机构在弘扬端午节传统文化方面拓展思路，比如举办端午民俗展览、端午诗词朗诵、端午知识讲座、包粽子比赛等。这些活动在一定程度上将端午节与其他节日区别开来，能够唤起民众传统的端午记忆。其实在传统节日中，端午节大部分习俗来自人们除疫祛病的需要，它是我国传统的"卫生节"，这一节日文化内涵与当代人的观念并行不悖。相关部门和机构可以在尊重传统的基础上，重新诠释端午节的文化内涵，实现传统节日在当代的传承与发展。

第五节 中秋节

农历八月十五日，恰逢三秋之半，故称中秋节。北京中秋节围绕祭月仪式，形成了一系列民俗活动，在清乾隆年间达到高潮（缘于乾隆属兔，又是八月十三日生日）。

一 祭月

中秋节有追月节、玩月节、拜月节之别称，北京中秋节首要的习俗是祭月。

中国很早就有祭祀日月的仪俗。祭月仪式曾是皇家祀典，隋唐时期世俗气息逐渐浓厚。宋代之后，祭月仪式走向民间，形成民俗。明清时期，祭月成为中国大部分地区盛行的中秋节习俗。

明清时期，北京称月亮为月神、月姑、月宫娘娘等，中秋节有特定的祭月仪式，供有专门的月光码。明陆启浤《北京岁华记》载："中秋，人家各置月宫符像，陈供瓜果于庭，男女肃拜烧香，旦而焚之。符上兔如人立。"[2] 月光码上所绘图像有菩萨、月轮、桂树、广寒宫、玉兔等，其中月光菩萨、嫦娥图像最为普遍。无论月光码中的"主神"是谁，配属执

---

[1] 萧放：《北京端午礼俗与城市节日特性》，《华中师范大学学报》（人文社会科学版）2012年第1期。
[2] 陆启浤：《北京岁华记》，《燕京岁时记》（外六种），第9页。

第七章 四时节序与节日习俗

杵捣药的玉兔形象则相对固定，此俗一直沿袭至清代。《燕京杂记》载："中秋，人家贺月宫，图中绘兔人立，男女陈瓜果拜兔爷。"① 清代笔记还记载月光码的制作方法。《燕京岁时记》云："月光马者，以纸为之，上绘太阴星君，如菩萨像，下绘月宫及捣药之玉兔，人立而执杵。藻彩精致，金碧辉煌，市肆间多卖之者。"② 此说月光码"以纸为之"，而《旧京风俗志》稿本还提到"秫秸"：

> 月光码儿者，乃用秫秸插成一长方之牌形架子。最大者宽约二尺，长四五尺，最小者，宽约四五寸，长一尺余，中糊一板印设色之纸画。大者分成三部，小者亦两部，上为大诸总圣，系玉皇大帝与风云雷雨诸神，亦有为一佛二菩萨者，亦有为观音者，亦有为达摩渡江者，亦有为财神者。中为关壮缪像或财神土地神像。下部则广寒宫殿阁之形，娑林树下立一兔作捣药形。纸地多系黄红两色，绘画涂色，以金纸贴脸，架之两端，各插以红黄纸裁成之斜旗。此月光码在京纸店或油盐店，均有售卖。③

中秋节当晚，家家在庭院中摆放供桌，将花、果、饼等放置供桌两侧，请出"月光码"立于供桌，向月叩拜。《大兴岁时志稿》载："八月十五祭月。其祭用果饼，剖瓜瓣如莲花，设月光纸，向月而拜，焚纸撤供，散家人。"④《燕京岁时记》亦载："每届中秋，府第朱门皆以月饼、果品相馈赠。至十五月圆时，陈瓜果于庭以供月，并祀以毛豆、鸡冠花。是时也，皓魄当空，彩云初散，传杯洗盏，儿女喧哗，真所谓佳节也。"⑤ 北京往往遵循"男不拜月，女不祭灶"的习俗，祭月一般由家中女长辈主祭，先向神位（月亮）上香，三叩首，然后全家女成员按辈分，再行三叩首礼。《红楼梦》中描写了这一传统的祭月习俗。荣国府

---

① 阙名：《燕京杂记》，第 254 页。
② 富察敦崇：《燕京岁时记》，《燕京岁时记》（外六种），第 98 页。
③ 转引自张次溪编著《北平岁时志》，第 210~211 页。
④ 张茂节、李开泰编《大兴岁时志稿》，《燕京岁时记》（外六种），第 17 页。
⑤ 富察敦崇：《燕京岁时记》，《燕京岁时记》（外六种），第 98 页。

祭月在大观园内进行，月上柳梢，家宴之前，贾母率领众女眷举行祭月仪式：

> 当下园之正门俱已大开，吊着羊角大灯。嘉荫堂前月台上焚着斗香，秉着风烛，陈献着瓜饼及各色果品。邢夫人等一干女客皆在里面久候。真是月明灯彩，人气香烟，晶艳氤氲，不可形状。地下铺着拜毯锦褥。贾母盥手上香拜毕，于是大家皆拜过。①

文康《儿女英雄传》也记述安家祭月事宜："待月上时，安太太便高高兴兴领着两个媳妇圆了月，把西瓜、月饼等类分赏大家，又随意给老爷备了些果酒。"②

在中秋节，北京还有自制月饼并互相馈送的习俗。《宛署杂记》载："士庶家俱以是月造面饼相遗，大小不等，呼为月饼。市肆至以果为馅，巧名异状，有一饼值数百钱者。"③ 祭月的月饼还有团圆饼之称。《帝京岁时纪胜》云："十五日祭月，香灯品供之外，则团圆月饼也。"④《酌中志》亦载："十五日，家家供月饼……如有剩月饼，仍整收于干燥风凉之处，至岁暮合家分用之，曰团圆饼也。"⑤ 团圆饼又称"自来红"，以香油和面，白面为皮，白糖、冰糖渣、桂花、桃仁、青红丝为馅，饼面上印有广寒宫桂树下玉兔捣药的图案。大者直径一尺以上，厚约二寸；小者直径五六寸，厚一寸。"自来红"既可祭月，也可平日敬神。"自来白"则是专门供中秋节吃的月饼，由猪油和精白面烤制而成，内有山楂、桂花、青梅、橙沙、枣泥等馅料，上面印有梅花、月牙儿、山形等图案，以作馅料标记。

祭月供品中，水果必不可少。北京祭月供品讲究"五供"，所谓"福禄寿喜财"。月饼与苹果是为"福"，香炉、蜡扦、蜡烛等是为"禄"，大

---

① 曹雪芹著，无名氏续《红楼梦》，第1051页。
② 文康：《儿女英雄传》下册，第697页。
③ 沈榜：《宛署杂记》，第192页。
④ 潘荣陛：《帝京岁时纪胜》，《燕京岁时记》（外六种），第51页。
⑤ 刘若愚：《酌中志》，《明代笔记小说大观》第4册，第3064~3065页。

桃和石榴是为"寿",花瓣型西瓜和九节藕是为"喜",鲜栗子、枣、柿子是为"财"。各有各的讲究,各有各的寓意。

二 "兔儿爷"

在北京,中秋节又称"兔儿爷"节,祭月仪式上最具代表性物件是"兔儿爷"。"兔儿爷"是老北京中秋节的标志,也是老北京的文化特产。张次溪在《北平岁时志》中说:"若所谓兔爷,则诚北平名产。高下形色,靡不尽态,他处或无,有亦或不足逮也。"① 老舍《四世同堂》里写道,这一年的中秋节"兔儿爷几乎绝了迹",祁老爷子想到他的子孙"将要住在一个没有兔儿爷的北平,随着兔儿爷的消灭,许多许多可爱的、北平特有的东西,也必定绝了根!"② 在祁老爷子心目中,"兔儿爷"是北平的象征。

目前所知关于"兔儿爷"的最早记载见于明人纪坤的《花王阁剩稿》,该书称:"京师中秋节多以泥抟兔形,衣冠踞坐如人状,儿女祀而拜之。"③ 纪坤生于隆庆四年(1570),卒于崇祯十五年(1642)。他的记载显示,至晚在明末,"兔儿爷"已经独立成形,供人祭拜。但在同期或稍后的文献中却未见相关记载,可见当时并不普遍。崇祯年间的《帝京景物略》记载中秋节祭月:"八月十五日祭月,其祭果饼必圆;分瓜必牙错瓣刻之,如莲华。纸肆市月光纸,缋满月像,趺坐莲华者,月光遍照菩萨也。华下月轮桂殿,有兔杵而人立,捣药臼中。……家设月光位,于月所出方,向月供而拜,则焚月光纸,彻所供,散家之人必遍。"④ 在上述记载中,玉兔仍然是月光纸主神的配属。"兔儿爷"的称谓应该出现于清代,"旗人男称爷,女称奶,乃极尊贵之名称","兔儿爷""明显受满族文化影响"。⑤

到清代,中秋节祭拜"兔儿爷"已蔚然成俗,"八月中秋夜,踏月买

---

① 张次溪编著《北平岁时志》,第203页。
② 老舍:《四世同堂》上册,人民文学出版社,2012,第121~122页。
③ 纪坤:《花王阁剩稿》,商务印书馆,1936,第18页。
④ 刘侗、于奕正:《帝京景物略》,第104页。
⑤ 参见关昕《北京兔儿爷文化探源》,《河南教育学院学报》(哲学社会科学版)2011年第5期。

兔儿王"。① 乾隆年间杨米人的《都门竹枝词》写道："团圆果共枕头瓜，香蜡庭前敬月华。月饼高堆尖宝塔，家家都供兔儿爷。"② 徐珂在《清稗类钞》"时令类"中描述供"兔儿爷"的场景："中秋日，京师以泥塑兔神，兔面人身，面贴金泥，身施彩绘，巨者高三四尺，值近万钱。贵家巨室多购归，以香花饼果供养之，禁中亦然。"③ 清代民间年画中也出现了儿童屈膝跪拜兔儿爷的场景。《天咫偶闻》亦载："十五日晚，祀月儿。童祀泥兔王爷，沿街市者极多。"④ "兔儿爷"是一年一弃，所以有歇后语"隔年的兔儿爷——老陈人儿"。人们购置"兔儿爷"祭月，用毕供儿童玩耍。如此，"兔儿爷"既是中秋祭月神物，亦是儿童玩具，兼具神圣性和世俗性，集祭祀和娱乐功能于一体。

"兔儿爷"多为黄泥制成，清代笔记中多处记载"兔儿爷"的制作方法。《帝京岁时纪胜》记载"彩兔"制作方法："京师以黄沙土作白玉兔，饰以五彩妆颜，千奇百状，集聚天街月下，市而易之。"⑤ 《旧京风俗志》稿本记载更详："兔儿爷乃泥制，以极细润之黄泥，用砖模刻塑，亦有由手工捏塑者。普通为武将形，头戴盔，带狐尾，或半披战袍，惟兔嘴交叉，两耳竖立，背后高插纸旗或纸伞，或坐假山，或坐麒麟吼虎豹，身量有大小，图画有精粗。更有制成兔首人身之商贩，如剃头者、缝鞋者、卖馄饨者、卖茶汤者。制造人多居沙锅门外，在四五月间，即着手制造，至七月中旬，即在前门外大蒋家胡同之耍货市发售。"⑥ "兔儿爷"还有布扎者、纸绘者等。

后来，祭月仪式中"兔儿爷"不再是必备物件，逐渐成为儿童中秋节的玩具。此时"兔儿爷"已失去神秘色彩，更有利于民间艺术的发挥，其形象越来越丰富。每年临近中秋，大街小巷的店铺摊贩都摆设各式泥塑"兔儿爷"。《燕京岁时记》中《兔儿爷摊子》一文记载："每届中秋，市人之巧者，用黄土抟成蟾兔之像以出售，谓之兔儿爷。有衣冠而张盖者，

---

① 陈康祺：《郎潜纪闻初笔二笔三笔》，第253页。
② 杨米人：《都门竹枝词》，路工选编《清代北京竹枝词》（十三种），第19页。
③ 徐珂编撰《清稗类钞》第1册，第32~33页。
④ 震钧：《天咫偶闻》，第215页。
⑤ 潘荣陛：《帝京岁时纪胜》，《燕京岁时记》（外六种），第52页。
⑥ 转引自张次溪编著《北平岁时志》，第210页。

有甲胄而带纛旗者，有骑虎者，有默坐者。大者三尺，小者尺余。其余匠艺工人，无美不备，盖亦谑而虐矣。"① 逢节必有应节戏，这是北京的老规矩。中秋前，各戏园演戏多以月亮和"兔儿爷"为题材，如《嫦娥奔月》《唐王游月宫》等。从上述可见，"兔儿爷"是北京中秋节的象征。

民国时期，北京中秋节仍沿袭传统祭"兔儿爷"习俗，甚至流传到天津、河北等地。当时中秋放假三天，果摊必售"兔儿爷"。1933年10月5日天津《益世报》报道称，当年中秋节"兔儿爷""购者踊跃，莫不宣告倾销"。②

新中国成立后，"兔儿爷"直到20世纪80年代才重新出现。如今，"兔儿爷"已经成为最具代表性的北京非物质文化遗产之一，在每年的春节庙会上，都能看到它的身影。不过，新一代北京人很多已不知"兔儿爷"为何物，如何将这一传统物件设计为符合当代人审美需求的文化创意产品，还需文化与艺术工作者继续努力。

三 果子节

中秋节又有八月节、果子节、丰收节之别称。北京可谓水果之乡，秋八月是果子大量上市时节。《析津志辑佚·岁纪》记载元代北京中秋节售卖的果子，"八月两京秋恰半，……市中设瓜果、香水梨、银丝枣、大小枣、栗、御黄子、频婆、柰子、红果子、松子、榛子诸般时果发卖。宣徽院起解西瓜等果时蔬北上，迎接大驾还宫"。③

明清时期，果子是中秋祭月仪式必备物品。《帝京岁时纪胜》记载：

> 十五日祭月，香灯品供之外，则团圆月饼也。雕西瓜为莲瓣，摘萝卜叶作婆罗。香果苹婆，花红脆枣，中山御李，豫省岗榴，紫葡萄，绿毛豆，黄梨丹柿，白藕青莲。④

---

① 富察敦崇：《燕京岁时记》，《燕京岁时记》（外六种），第99页。
② 参见郭凤岐主编《〈益世报〉天津资料点校汇编》，天津社会科学院出版社，1999，第1560页。
③ 熊梦祥：《析津志辑佚》，第221页。
④ 潘荣陛：《帝京岁时纪胜》，《燕京岁时记》（外六种），第51页。

上文已提及，北京祭月供品讲究"五供三不摆"。按此说，水果则供苹果、大桃、石榴、西瓜等，每一种都有美好的寓意。这种说法与《帝京岁时纪胜》稍有出入，但大体相同。西瓜是祭月仪式首选水果，且祭祀用的西瓜，还需雕成莲花瓣状。北京出产西瓜，永定门外大红门一带有不少好瓜地。至今，大兴西瓜仍远近闻名。此外，九节藕亦为供品，取其吉祥意。民间则以藕、西瓜与月饼馈送亲友，文康《儿女英雄传》还给出一个非常幽默的解释：

> 舅太太……便道："我不听那些了。我只问姑老爷一件事：咱们这供月儿，那月光马儿旁边儿，怎么供一对鸡冠子花儿，又供两枝子藕哇？"安老爷竟不曾考据到此，一时答不出来。舅太太道："姑老爷敢则也有不知道的！听我告诉你：那对鸡冠花儿，算是月亮里的娑罗树；那两枝子白花藕，是兔儿爷的剔牙杖儿。"①

栗子系北京特产，街头糖炒栗子乃北京一大特色，多种笔记中都记载有这一京师景观。《燕京杂记》载："栗称渔阳，自古已然，其产于畿内者在处皆美，尤以固安为上。八月后即聚鬻于京师，卖栗者炒之甚得法，和以沙屑，沃以饴水，调其生熟之节，恰可至当。每日落上灯时，市上炒栗火光相接，然必营灶门外，致碍车马，殊不可解也。"②

葡萄亦是祭月常用供品。北京的葡萄种类繁多，味道鲜美。《帝京岁时纪胜》载："鲜果品类甚繁，而最美者莫过葡萄。圆大而紫色者为玛瑙，长而白者为马乳，大小相兼者为公领孙。又有朱砂红、棣棠黄、乌玉珠等类，味俱甘美。其小而甜者为琐琐葡萄，性极热，能生发花痘。至于街市小儿叫卖小而黑者，为酸葡萄，品斯下矣。"③

北京果品之多，超乎想象。《水曹清暇录》《燕京杂记》《天咫偶闻》等笔记，不厌其详地对北京的果品予以记述，仅引《天咫偶闻》为证：

---

① 文康：《儿女英雄传》下册，第699页。
② 阙名：《燕京杂记》，第280页。
③ 潘荣陛：《帝京岁时纪胜》，《燕京岁时记》（外六种），第52页。

京师之果味以爽胜，故俗有南花北果之谚。如一梨也，有鸭儿梨、金星波梨、红绡梨、白梨、秋梨、鸭广梨、酸梨、杜梨。一苹婆也，有林禽、虎拉宾、酸宾子、沙果、秋果。一葡萄也，有公领孙、兔儿粪、马奶白葡萄、梭子葡萄。一枣也，有夏夏枣、缨络枣、坛子枣、老虎眼酸枣、白枣、黑枣、壶卢枣。一杏也，有巴达杏、白杏、红杏。一桃也，有十里香、大叶白、董寺墓、莺嘴桃、扁缸桃、毛桃、桃奴、深州蜜桃。一李也，有朱李、绿李、御黄李。一樱也，有朱樱、蜡樱。一椹也，有白椹、紫椹、赤椹。一瓜也，有竹叶青、羊角蜜、倭瓜棱、黄香瓜、青皮脆。至于萝菔，亦有数种，大者盈尺。有青、红二种，甘美如梨。又有象牙白，亦可生啖，别有入蔬之萝菔。①

中秋期间，果子铺与"兔儿爷"摊成为北京一道特别的风景。老舍《四世同堂》中，祁老爷子的记忆里，在北平的中秋节，"兔儿爷"总是和水果摊立在一处，这种场景使人们心中"立刻勾出一幅美丽的、和平的、欢喜的拜月图来"。而日本人占领北平后的中秋节，"两个兔儿爷的摊子是孤立的，两旁并没有那色香俱美的果子，使祁老人心中觉得异样，甚至于有些害怕"。② 民国笔记对果子铺有详细记载，如《旧京风俗志》载："中秋日为团圆节，此日家人父子，共相庆祝。照例必食苹果，谓之团圆果，故苹果之价，此时最贵。此外如鸭梨、白梨、酸梨、莎果、青柿、石榴、葡萄、枣、虎拉槟、槟子，均自西北两山运来，一届八月，街市即列摊售卖。内城如东西四牌楼，东西单牌楼，后门外东西安门外之各热闹衢市，外城如前门大街直达天桥，东自崇文门外花市，西自宣武门外菜市口，均列果摊，接连不断。最大者，临时搭棚支帐，灯烛辉煌，陈列果品，由十一日起，即渐繁闹，至十四五两日而最盛。购买者，都倾筐盈篑而去，亦有来观热闹者，俗称逛果摊。"③ 菜市口附近的果子摊，给北京掌故家张次溪留下深刻印象，他回忆说："屈指十五已先，市衢无间大

---

① 震钧：《天咫偶闻》，第217页。
② 老舍：《四世同堂》上册，第119页。
③ 转引自张次溪编著《北平岁时志》，第209~210页。

小，即并摊贩胪布。兔爷果实，目不暇给，而十二三日，允为极盛。南城宣武门外之菜市口，其所聚也。自丞相胡同北口，以迄烂缦胡同北口，陈列更无罅隙，吾久居烂缦胡同东莞会馆，自少逮长，未或迁播，虽固阅之稔矣。"①

老舍在《四世同堂》中写到北平的中秋节时，不禁动情地夸赞街边的水果。在老舍笔下，"北平之秋就是人间的天堂，也许比天堂更繁荣一点呢！"果子，则使人们"听着看着嗅着北平之秋的美丽"。② 果子在北京岁时著述中占据较大篇幅，是北京中秋节又一标志性物品。张次溪在编撰《北平岁时志》时总结道："梨藕之属，北平则胜，各书所称，信非虚誉。葡萄之在北平，于八月独盛，然或骈自遐陬，或采诸邻境。语其佳美，北平土产恒逊，语其医疾，亦属他乡所同，无足矜奇诩异也。八月剥枣之俗，三代已行，品质美者，非产一地，北平特泡制较精，亦未为绝制，外此群瓜百果，毕月纷陈，即朔方而品南品，甚至海外名产，亦以是月而萃莅焉，则终以北平为全胜耳。"③

传统中秋节有特定的日期、特定的食品、特定的物件，也有特定的仪式，有丰富的民俗文化内涵。北京的岁时节日在明清笔记中留下了绚烂丰富的景象，是北京城最美最值得回味的记忆。"传统节日承载着中华民族的文化血脉，生动地传递着中华文化的价值观，它是维系与促进中华民族文化认同的重要方式。"④ 明清笔记中的传统节日史料，值得我们深入挖掘。

---

① 张次溪编著《北平岁时志》，第202页。
② 参见老舍《四世同堂》上册，第116~117页。
③ 张次溪编著《北平岁时志》，第204页。
④ 萧放：《传统节日与非物质文化遗产》，学苑出版社，2011，第1页。

第八章　衣食住行与日常生活

居民的衣食住行是城市文化最为鲜活的表现形态。一衣一帽，一饮一食，以其具体的样式和风格，生动地展现一个时代的社会风貌、价值观念，体现出一座城市的独特形象与气质。

朱彝尊在《天府广记序》中称："正史之外有别史，别史之外有野史。正史书大事，别史记隐微；至于野史，乃一家之私言，往往以爱憎为是非，以抑扬寓褒贬，是以名实未洽，毁誉失中，为君子之所不录。若夫志乘，虽不伦于别史，然以补其未逮，匡其讹谬，取信征实，殆与正史互相表里者也。"① 在朱彝尊看来，《天府广记》这类"志乘"虽不是"别史"，但有"别史""记隐微"之功效，可以"补其未逮，匡其讹谬，取信征实"，"殆与正史互相表里"。《天府广记》即属"笔记"之范畴。明清时期与北京相关的笔记，在记载北京"隐微"之事上，确实可"与正史互相表里"。衣食住行较之家国大事，自然属"隐微"之事。从这个意义上说，笔记成为探究明清时期北京民众衣食住行的重要文献。小说也是一种特别的"别史"，它们在描述衣食住行方面，较之笔记更为细致与形象。笔记、小说二者互为补充，真实而生动地展现了明清时期北京民众衣食住行之变迁。

第一节　服饰

衣食住行，"衣"居第一，可见服饰在日常生活中的重要性。服饰是一种特定的文化符号，既是物质文明的体现，又是精神文明的具化，兼具实用性与审美性。中国自古称"华夏"，其意一说源自"中国有礼仪之大，故称夏；有服章之美，谓之华"，② 即服饰华美、礼仪完备。中华服

---

① 朱彝尊：《天府广记序》，孙承泽《天府广记》，"序"，第1页。
② 阮元校刻《春秋左传正义》卷56"定公十年"，中华书局，2009，第4665页。

饰源远流长，风格多样，异彩纷呈。不同民族、不同时期、不同地域都有其独特的服饰文化。明清时期的北京作为都城，其服饰文化亦独具特色，兼具规制性、民族性、多元性、实用性、时尚性等特点。

一 等级服制与礼制文化

中国历来被称为"衣冠上国"，"衣冠"是政治伦理观念的承载符号和社会等级秩序的象征。在传统礼法社会，服饰的政治伦理功能要远远超过其实用功能与审美功能。民俗学家钟敬文说："随着家族制度、社会制度的变化和社会等级的变化，身份的尊卑、地位的高低，都在服饰上有所显示，'锦衣'与'布衣'成了等级的标志，'丝绸'与'葛麻'成了贫富的标志，黄色衣服是皇家的标志，紫色衣服是达官贵人的标志，灰色、蓝色成了平民百姓的标志，长袍马褂是文人学士和有身份的人的标志，短衣麻褐是苦力的标志。"[①] 北京作为王朝的都城，其城市功能首先服务于政治，因此礼制文化最为发达。其服饰文化的首要特征就是规制性，具体则体现为辨夷夏、明贵贱、别等威的等级服制。

等级服制是传统礼制的重要组成部分，国家政治借助服饰以区别不同阶层人士的角色身份。历代王朝都会创建其专属的衣冠服饰制度，以规范不同阶层的服饰款式、质地、色泽、穿着方式等。从这个意义上说，服饰不仅是生活用品，更是身份地位的象征。叶梦珠《阅世编》云："一代之兴，必有一代冠服之制，其间随时变更，不无小有异同，要不过与世迁流，以新一时耳目，其大端大体，终莫敢易也。"[②] 明代开国之初，即制定了服饰制度。朱元璋言："古昔帝王之治天下，必定礼制，以定贵贱、明等威。是以汉高初兴，即有衣锦绣绮縠、操兵乘马之禁，历代皆然。近世风俗相承，流于僭侈，闾里之民，服食居处与公卿无异；有奴仆贱隶，往往肆侈于乡曲。贵贱无等，僭礼败度，此元之失政也。"[③] 朱元璋将民服食居上升到了"定贵贱、明等威"的重要地位，并把民服食居的"礼崩乐坏"归结为元灭亡的根源。正是基于这种认识，朱元璋高度重视服

[①] 钟敬文主编《民俗学概论》，高等教育出版社，2010，第67页。
[②] 叶梦珠：《阅世编》，中华书局，2007，第196页。
[③] 徐学聚编撰《国朝典汇》卷111，书目文献出版社，1996，第1412页。

饰制度建设。其在位30余年，颁布有关服饰的规定竟有上百项之多，涉及各阶层人士。① 明代的服饰制度在晚明时期受到很大冲击，但是刘若愚在《酌中志》中仍然对之赞誉有加："祖宗设立内官，其巾帽服佩自有一定制度，其名色多非外廷所晓。而旧制醇雅，每寓等威节省之谊。自逆贤擅政，创古今未有之制，服之不衷，身之灾也。以今验昔，良然！"② 清代服制除满族服饰元素外，更多"承明制"。因此，此处以明代北京服饰为主展开讨论。

明代服饰制度在承继历朝形制元素基础上，主要从款式、衣料、长短和颜色等方面，规定了各阶层人士的服饰。北京作为都城，生活着至尊如皇帝、至卑如倡优等各阶层人士，因此，服饰等级体现得尤其鲜明。

等级服制的规定对象首先是生活在紫禁城的特殊群体，如皇帝、皇后、妃嫔、皇子等。就地位最高的皇帝而言，其服饰包括礼服、常服两种。礼服有冕服、皮弁服、武弁服等。礼服的穿着场合有严格规定。如冕服用于祭祀天地、宗庙、社稷及登基、正旦、冬至等重大礼仪场合；皮弁服是朝服，用于朔望视朝、降诏、降香进表、四夷朝贡、外官朝觐等场合。常服使用范围最广，如常朝视事、日讲、省牲、谒陵、献俘等场合均穿常服。常服在款式、衣料、颜色等方面皆有严格的规定。如洪武元年规定皇帝常服用乌纱折角向上巾，盘领（即圆领）窄袖袍，束带间用金、玉、琥珀、透犀；永乐三年又规定为乌纱折角向上冠（翼善冠），黄色盘领窄袖袍，前后及两肩各金织一盘龙，束带用玉。明代典章制度中关于皇帝的服饰记载颇详。明代笔记中的相关记载则较为零星，但是从中亦可看出对服饰的关注。比如，朱国祯《涌幢小品》记载陆俨山的《经筵词》有："斋辰服次圣躬劳，浅澹垂衣宝座高。昨日御批传帖下，龙纹重整赭黄袍。"下有注解："上好学弥笃，每当忌服辍朝之日，即以变服御经筵，诸执事官俱乌纱澹服以从。惟带或用角，或照品，临期取旨。今闰月廿又一日，悼灵皇后发引，传帖经筵官，照旧服大红，其余青绿锦绣皆如制。是日始睹上赭黄袍矣。"③ "忌服"表明在孝期，"上"（指嘉靖帝）仍然

---

① 参见巫仁恕《品味奢华——晚明的消费社会与士大夫》，中华书局，2008，第117页。
② 刘若愚：《酌中志》，《明代笔记小说大观》第4册，第3050页。
③ 朱国祯：《涌幢小品》，《明代笔记小说大观》第4册，第3153页。

"好学弥笃",坚持参加经筵活动。为示郑重,皇帝并未穿孝服,而是着"变服"来参加。此次经筵活动正逢"悼灵皇后发引",但服饰照旧。于是,嘉靖帝着黄袍,经筵主讲人服大红袍,其余官员服青绿锦绣袍。记载者的目的虽然是歌颂"上好学弥笃",却将明代宫廷经筵活动的着装描述得一目了然。

北京紫禁城里还生活着一个特殊群体——宦官(内臣)。明刘若愚《酌中志·内臣服佩纪略》中对内臣服饰有详细记载,如内臣所穿的"贴里":

> 其制如外廷之裰褶。司礼监掌印、秉笔、随堂、乾清宫管事牌子、各执事近侍,都许穿红帖里缀本等补,以便侍从御前。凡二十四衙门、山陵等处官、长随、内使、小火者,俱穿青贴里。①

贴里,又名"帖里",是一种系带的袍,通常穿在圆领、裰护之下,贴里的褶子能使袍身宽大的下摆略向外张,显得端庄稳重。贴里有"红""青"色,又以"补"来区别等级。明代内臣服饰还包括圆领衬摆、平巾、朝服、朝冠、带履、披肩、直身、道袍、大褶、顺褶、罩甲、靴等,各有其形制与要求。

外朝官员是北京内外城常住人口中的特殊群体。官僚集团是皇权统治的基石,中央集权制下的服制中,官服可谓重中之重。明代官服制度体系之复杂、形制之完备,是历代之最。明代官服既承袭唐宋官服传统,又有创新。具体而言,明代官服主要分祭服、朝服、公服与常服。祭服只能用于祭祀等场合,与前代相比变更不大;朝服为举行重要朝会如大祀、庆成、正旦、冬至、圣节及颁诏开读、进表、传制时穿的服饰,一至九品官服以冠上的梁数为主要标志相区别,佩绶花纹、革带镑饰和笏板原料亦有所不同;公服是官员早晚朝奏事、侍班、谢恩、见辞时穿着的制服,其等级差异主要体现在服色、花纹和腰带上;常服是官员上朝视事及在本衙署内处理公务时穿的服饰,比朝服和公服简便,其规制是头戴乌纱帽,身穿团领衫,腰间束带,脚穿皂靴。清代叶梦珠《阅世编》中有详细记载:

---

① 刘若愚:《酌中志》,《明代笔记小说大观》第4册,第3050页。

如前朝职官公服，则乌纱帽，圆领袍，腰带，皂靴。纱帽前低后高，两傍各插一翅，通体皆圆，其内施网巾以束发，则无分贵贱，公私之服皆然。圆领则背有锦绣，方补品级，式样与今之命服同，但里必有方领衬摆，不单着耳。腰带用革为质，外裹青绫，上缀犀玉、花青、金银不等，正面方片一两，傍有小辅二条，左右又各列三圆片，此带之前面也。向后各有插尾，见于袖后，后面连缀七方片以足之，带宽而圆，束不着腰，圆领两胁，各有细钮贯带于巾而悬之，取其严重整饬而已。一、二品金镶犀角，三品花金，四品素金，五品花银，六、七品素银，八品以下用明角。乌角玉带惟帝后及太子、亲王、郡王用之，其余大臣必赐而后敢服，则与今制异也。①

明代官服最富特色的创意就是用"补子"来表示品级。补子是用一尺半左右见方的绣片，缝缀在官服的前后心上。《明史·舆服志》记载，洪武二十四年（1391）规定，官吏所着常服胸前、背后各缀一块方形补子，文官绣禽，以示文明，武官绣兽，以示威武。一至九品所用禽兽尊卑不一，借以辨别官品。文官：一品仙鹤，二品锦鸡，三品孔雀，四品云雁，五品白鹇，六品鹭鸶，七品㶉𫛶，八品黄鹂，九品鹌鹑。杂职练鹊。风宪官獬豸。武官：一、二品狮子，三、四品虎、豹，五品熊罴，六、七品彪，八品犀牛，九品海马。② 谢肇淛《五杂组》云："国朝服色以补为别，皆用鸟兽，盖取古人以鸟纪官之意。文官惟法官服豸，其余皆鸟，武官皆兽。"③

清代官服补子沿袭明代而有所变化。叶梦珠《阅世编》记载："其命服则即满袍加以前后绣补，一如前代之式，文臣一、二品仙鹤、锦鸡，三、四品孔雀、云雁，五品白鹇，六、七品鹭鸶、㶉𫛶，八、九品以逮杂职，则鹌鹑、练鹊、黄鹂而已。武臣公、侯、伯则麒麟、白泽，一、二品狮，三、四品虎、豹，五品熊，六、七品彪，八、九品以下海马、犀牛。其衔加宫保者，则如文臣一品之服。凡龙凤锦绣织文，一概禁止，如有僭

---

① 叶梦珠：《阅世编》，第196页。
② 参见《明史》卷67，第1638页。
③ 谢肇淛：《五杂组》，《明代笔记小说大观》第2册，上海古籍出版社，2005，第1760页。

干者，罪及制造之家。于是命服始有定式，莫敢僭越。"① 叶梦珠的记载与正史稍有出入，这恰是笔记文体的正常现象。刘廷玑则对"补子"这一词语产生了兴趣：

> 朝衣、公服俱用补子，绣仙鹤、锦鸡之类，分品级大小，即以鸟纪官之义。常见福清叶相国向高集内有"钦赐大红纻丝斗牛背胸一袭"。背胸或即补子也，如妇人之首饰曰头面，半臂窄衣曰背心。不然，则"补子"二字何所取义？②

清代官服的等级标志，除了补子，还有顶子、顶戴花翎与朝珠。清代笔记《阅世编》《在园杂志》《啸亭杂录》《听雨丛谈》等多有记载。如《听雨丛谈》中关于花翎的记载：

> 本朝最重花翎，如古之珥貂也。其例应随秩戴翎者，宗室中贝勒、贝子三眼花翎，镇国公双眼花翎，辅国公、镇国将军、辅国将军单眼花翎。亲郡王爵秩虽崇，非蒙特赐，转不能戴。虽已赐有花翎，遇朝冠仍不戴用。凡皇子分封之亲郡王，皆不赐翎也。③

士庶阶层的穿戴细则也是等级服制的重要内容。洪武三年（1370），朝廷规定士庶均佩戴四带巾，后来改为"四方平定巾"，配杂色盘领衣，但不准用黄色。士、农、工、商，士为"四民"之首。北京是全国的政治文化中心，也是士人的圆梦之地，顺天府乡试、礼部的春闱，使得大量士人聚居于北京，加之依附官员生活的士人群体，可以说，士人阶层是北京城最为活跃的群体。洪武二十四年，朱元璋命制生员巾服——"襕衫"。叶梦珠在《阅世编》中概述明代的士人服饰："其举人、贡、监、生员则俱服黑镶蓝袍，其后举、贡服黑花缎袍，监生服黑邓绢袍，皆不镶，惟生员照旧式。然进士殿试后，犹服镶蓝袍，入谢毕，始易冠带，则

---

① 叶梦珠：《阅世编》，第199页。
② 刘廷玑：《在园杂志》，《清代笔记小说大观》第3册，上海古籍出版社，2007，第2130页。
③ 福格：《听雨丛谈》，第9页。

知花素缎袍乃后人假借，未必皆命服矣。闻举人前辈俱带圆帽，如笠而小，亦以乌纱添里为之。予所见举人与贡、监、生员同带儒巾，儒巾与纱帽俱以黑绉纱为表，漆藤丝或麻布为里，质坚而轻，取其端重也。举、贡而下，腰束俱蓝丝绵条。皂靴与职官同。"① "若寒士则惟以白布袍为常服，加以乌巾朱履，较之盛服而冠庶人之帽者自贵，缙绅接见，亦自起敬，列于峨冠博带之中，容相安也。"② 关于"儒巾"，叶梦珠特别说明："其非绅士而巾服或拟于绅士者，必缙绅子弟也。不然，则医生、星士、相士也。其后能文而未入泮雍者，不屑与庶人伍，故亦间为假借，士流亦优容之，然必诗礼之家，父兄已列衣冠者，方不为世俗所指摘，不然将群起而哗之，便无颜立于人世矣。"③ 叶梦珠将这种服饰特点概括为"贵贱之别，望而知之"，真是一语中的。

明代等级服制对庶民的服饰亦有严格规定，比如庶民能使用䌷、绢、素纱面料，而商人只能用绢和布，不能用䌷、纱面料。官员、耆民生员等衣服离地一寸，庶民则离地五寸。明代等级服制的繁复与细致，真是令人叹为观止。

整个明代社会，前后期存在巨大反差，前期制度越严苛，后期则反弹越厉害，服制亦然。明代中后期，服饰僭越违制现象日益严重，北京尤为突出。沈德符对这种现象深恶痛绝，认为"真天地间大灾孽"。他在《万历野获编》"服色之僭"中说：

> 天下服饰僭拟无等者有三种：其一则勋戚，如公侯伯支子，勋卫为散骑舍人，其官正八品耳，乃家居或废罢者皆衣麟服，系金带，顶褐盖，自称勋府，其他戚臣如驸马之庶子，例为齐民。……其一为内官，在京内臣稍家温者，辄服似蟒似斗牛之衣，名为草兽，金碧晃目，扬鞭长安道上，无人敢问。……其一为妇人，在外士人妻女，相沿袭用袍带，固天下通弊。若京师则异极矣，至贱如长班，至秽如教坊，其妇人出，莫不首戴珠箍，身被文绣，一切白泽麒麟飞鱼坐蟒，

---

① 叶梦珠：《阅世编》，第196~197页。
② 叶梦珠：《阅世编》，第198页。
③ 叶梦珠：《阅世编》，第197页。

靡不有之，且乘坐肩舆，揭帘露面，与阁部公卿交错于康逵，前驱既不呵止，大老亦不诘责，真天地间大灾孽。①

服饰的僭越，其实始于最上层的违制。比如，独立于官服制度之外的蟒服、飞鱼服、斗牛服，本是皇帝用来赏赐的服饰，是一种荣耀的象征，但是因为皇帝的滥赏，成为违制僭越的突破口。谢肇淛《五杂组》载："国朝服色之最滥者，内臣与武臣也。内官衣蟒腰玉者，禁中殆万人，而武臣万户以上即腰金，计亦不下万人。至于边帅缇骑冒功邀赏腰玉者，又不知其几也。"② 僭越之风对等级服制造成了极大冲击。这既是王朝统治松弛的表征，也是骄奢世风的体现，或许还是追求服饰之美心态的流露。清代的福格对此曾发表看法，他说："禁止服色，辨其等威可耳，若使富人悉服布素，必致令有不行。令既不行，又难治以峻法，枉事更张，毫无利益。如其果行，则商贾不通，衣冠褴褛，更失中华文物之盛，徒使悭吝富儿遂其鄙陋之欲矣。"③

二 满汉服饰与民族融合

北京作为多民族聚居之地，其服饰体现了鲜明的民族特色。明代初年，朱元璋下旨革除元服，恢复大明衣冠。但是北京作为曾经的大都城，元代遗风影响深远。史玄在《旧京遗事》中记载：

> 高皇帝驱逐故元，首禁元服、元语。今帝京，元时辇毂所都，斯风未珍，军中所带火帽既袭元旧。而小儿悉绾发如姑姑帽，嬉戏如吴儿，近服妖矣。然帝京妇人往悉高髻居顶……④

《旧京遗事》成书于崇祯年间，距离明代开国已200多年，这个时期的北京，士兵、孩童、妇人服饰仍然带有元代服饰元素，可见北京服饰有

---

① 沈德符：《万历野获编》，《明代笔记小说大观》第3册，第2078~2079页。
② 谢肇淛：《五杂组》，《明代笔记小说大观》第2册，第1760页。
③ 福格：《听雨丛谈》，第172页。
④ 史玄：《旧京遗事》，第165页。

游牧民族的特征。

自恢复"大明衣冠"以后,北京服饰的主流则是汉族"衣冠"。明代士大夫文人喜穿青布直身的宽大长衣(直裰),显得端庄大气。直裰是一种汉族服饰,起源于唐朝,最初多用作僧人和道士之服。《梼杌闲评》第7回写到一人"头戴密绒京帽,身穿玄色潞绸直身",① 此"直身"即直裰。女子服饰则以衫裙为主,上穿衫袄,下着裙裤。衫袄的式样较宽大,长度在膝盖以下,裙子穿在衫袄里面。《皇都积胜图》是明代嘉靖末至万历前期佚名画家创作的绢本设色画,现藏于中国国家博物馆。此画全长2182.6厘米,所画内容从北京郊野过卢沟桥,穿广宁门(今广安门)进入北京外城,再由正阳门进入北京内城,纵览紫禁城、万岁山,及至西北的居庸关,展现了明代中后期北京城的繁盛景况。此画还非常直观地展现了北京城的服饰特色,图中正阳门北侧棋盘街一带,男子几乎都身穿直裰,可见直裰在北京的流行程度。

清初"剃发易服"令的颁布与实施,使得男子服饰发生了巨变,满族"衣冠"成为北京的主流服饰。按照"男从女不从"的原则,汉族男子依据满族习俗改变原有发式与服饰。"辫子"成为男子的统一发式。《儿女英雄传》中安公子"带一顶片金边儿沿鬼子栏杆的宝蓝满平金的帽头儿,脑袋后头搭拉着大长的红穗子"。② 公子的师老爷也是"半截真搀假的小辫儿搭在肩头,好一似风里垂杨飘细细"。③

清入关前,男子穿袍褂。袍子是旗人特有的一种服饰,其款式"衣皆连裳",区别于汉族的"上衣下裳"。其样式特点为窄袖(箭袖),左衽,无领,四面或两面开禊,有扣绊,束带。④ 旗人无论男女老少、贫富贵贱都穿袍子,有皮、棉、纱、单、夹等各种样式。郑天挺说:"满洲章服与明朝衣冠的显著差别,一个是缨帽箭衣,一个方巾大袖;一个窄瘦,一个宽博。"⑤ 箭袖是袍子的典型特征,与汉族的"大袖"形成鲜明对

---

① 佚名:《梼杌闲评》,第79页。
② 文康:《儿女英雄传》下册,第575页。
③ 文康:《儿女英雄传》下册,第762页。
④ 参见李婷《〈儿女英雄传〉的满文化研究》,博士学位论文,中央民族大学,2003,第42页。
⑤ 郑天挺:《清史探微》,北京大学出版社,1999,第51页。

比。箭袖是在窄袖上外接一个半圆形的袖头，因形似马蹄，又称"马蹄袖"。《红楼梦》中的服饰，历来颇有争议，它既有明代服饰的元素，又有清代服饰的痕迹，甚至有戏装的影子。但是作者在写宝玉的服饰时，多次提到了"箭袖"。宝黛初见时，宝玉穿的是"一件二色金百蝶穿花大红箭袖"（第3回）；宝玉初见北静王时，穿的是"百蟒箭袖"（第15回）；宝玉为王子腾祝寿，穿的是"荔色哆罗呢的天马箭袖"（第52回）。这是典型的清代男子服饰。

袍子之外，则有马褂。马褂因经常在马上穿而得名，极具满族特色。马褂中最尊贵者，则是"黄马褂"。昭梿《啸亭续录》载：

> 凡领侍卫内大臣、御前大臣、侍卫、乾清门侍卫、外班侍卫、班领、护军统领，前引十大臣皆服黄马褂。凡巡幸，扈从銮舆以为观瞻。其他文武诸臣，或以大射中侯，或以宣劳中外，上特赐之，以示宠异云。①

马褂有长袖、去袖、半袖之别。卧龙袋（额隆袋）就是一种长袖马褂。《儿女英雄传》中的安老爷、邓九公都穿过卧龙袋。安家闹贼时，邓九公急得"只穿着件套衣裳的大夹袄，披着件皮卧龙袋，敞着怀"跑了出来。② 安老爷去山东拜会邓九公，"穿一件旧月白短夹袄儿，敞着腰儿，套着件羽缎夹卧龙袋，从脖钮儿起一直到大襟，没一个扣着的"。③ 马褂齐肩去袖，长度裁到腰际，则变成坎肩，也叫马甲、背心。巴图鲁坎肩就是其中一种。巴图鲁为满语，义为"勇士"。此款坎肩形如背心，对襟，无领，无袖，套在长袍外面，为京师八旗子弟之常服。后来，巴图鲁坎肩演变为"半袖闷葫芦儿"，成为八旗子弟的"新宠"。《儿女英雄传》中，安公子"换上一件倭缎镶沿塌二十四股儿金线绦子的绛色绉绸鹌鹑爪儿皮袄，套一件鹰脖色摹本缎子面儿的

---

① 昭梿：《啸亭杂录 续录》，《清代笔记小说大观》第5册，第4690页。
② 文康：《儿女英雄传》下册，第610页。
③ 文康：《儿女英雄传》下册，第825页。

珍珠毛儿半袖闷葫芦儿"。①

雍正以后，马褂具有了礼服性质，男士在长袍外套一件马褂，以显庄重。在《红楼梦》中，元妃省亲次日，宝玉去宁国府穿的是"大红金蟒狐腋箭袖，外罩石青貂裘排穗褂"。②袍子、马褂都有流行的款式，与此相配套的，还有鞋、帽以及各种佩饰。夏仁虎在《旧京琐记》中记载：

> 衣着之宜，旧家必衷礼法，谓之款式，亦曰得样。大抵色取其深，以尘土重，浅色不耐浣也。……士夫长袍多用乐亭所织之细布，亦曰对儿布。坚致细密，一袭可衣数岁。外褂则多为江绸，间用库缎。文锦记者，良绸皆团花，初用暗龙，后乃改用拱璧、汉瓦、富贵不断、江山万代之类。……仕宦平居多着靴，嫌其底重，乃以通草制之，亦曰篆底，后乃改为薄底，曰军机跑。便帽曰秋帽，以皮为沿者曰困秋，中浅而缺者曰兔窝，软胎可折叠入怀者曰军机六折。大抵满官研究衣着，每解衣则零星佩饰摊满一案，汉官则否。③

在《儿女英雄传》中，邓九公"脚下登着双包绦子实纳转底三冲的尖靴老俏皮，衬一件米汤娇色的春绸夹袄，穿一件黑头儿绦色库绸羔儿皮缺衿袍子，套一件草上霜吊混臁的里外发烧马褂儿，胸前还挂着一盘金线菩提的念珠儿，又一个汉玉圈儿，拴着个三寸来长的玳瑁胡梳儿，殁种羊帽，四两重的红缨子，上头带着他那武秀才的金顶儿"。④邓九公的全身装扮，就是清代北京旗人的真实写照。

在清代的北京街头，男子清一色的满族服饰装扮，女子则是满汉分明，望而知之。满族女子服饰与汉族女子有明显区别，"两把头""旗袍""高底鞋"是其标志。

"两把头"是满族女子特有的发式，俗称"叉子头"或"大拉翅"。"两把头"须首先将额前至耳后的长发束起来，在头顶正中扎起一个

---

① 文康：《儿女英雄传》下册，第575页。
② 曹雪芹著，无名氏续《红楼梦》，第257页。
③ 夏仁虎：《旧京琐记》，第181页。
④ 文康：《儿女英雄传》下册，第448页。

"头座",然后把头座的长发分成左右两结,编成小辫,结成左右两个小发髻,将脑后的头发结成一个燕尾式的长扁髻,压在后脖领上。① 髻左右横出,如一字,所以又叫"一字头"。叶梦珠《阅世编》记载:"顺治初,见满装妇女,辫发于额前中分向后,缠头如汉装包头之制,而加饰于上,京师效之,外省则未也。"② 在《春阿氏》中,盖九城范氏与春阿氏都梳着两把旗头。《儿女英雄传》中的安太太"头上梳着短短的两把头儿,扎着大壮的猩红头把儿,别着一枝大如意头的扁方儿,一对三道线儿的玉簪棒儿,一枝一丈青的小耳挖子,却不插在头顶上,倒掖在头把儿的后边,左边翠花上关着一路三根大宝石抱针钉儿,还戴着一枝方天戟,拴着八棵大东珠的大腰节坠角儿的小挑,右边一排三枝刮绫刷蜡的蠹枝儿兰枝花儿"。③ 这种发式,就是当时满族官宦妇女的典型装扮。

在"男从女不从"的规矩下,汉族女子服饰保留明代风格,以上衣下裳或上衣下裤为主。满族女子则与男子一样穿长袍(旗袍),旗袍样式大体与男子长袍相同,腰身为筒式,圆领右衽,有单、夹、襟、棉,四季可穿。旗袍初时宽大,后来窄长,领子有高、低二式,领、袖、衣襟、下摆等处镶有各色缘边或花边。震钧说:"满俗,妇人衣皆连裳,不分上下,此古制也。古人男子有裳,妇人无裳,盖正如是。"④《儿女英雄传》中描写安太太的服饰:"只见那太太穿一件鱼白百蝶的衬衣儿,套一件绛色二则五蝠捧寿织就地景儿的氅衣儿,窄生生的袖儿,细条条的身子。周身绝不是那大宽的织边绣边,又是甚么猪牙绦子、狗牙绦子的胡镶混作,都用三分宽的石青片金窄边儿,塌一道十三股里外挂金线的绦子,正卷着二折袖儿。"⑤ 这一套穿戴,应该是八旗世家妇人的典型装束。"氅衣"是一种褂,"窄生生的袖儿"就是"箭袖"。民国时期,旗袍经过改良深受女性喜欢。现在,旗袍已经成为中华民族的标志性服饰。

---

① 参见李婷《〈儿女英雄传〉的满文化研究》,博士学位论文,中央民族大学,2003,第41页。
② 叶梦珠:《阅世编》,第202页。
③ 文康:《儿女英雄传》上册,第353页。
④ 震钧:《天咫偶闻》,第211页。
⑤ 文康:《儿女英雄传》上册,第353页。

有别于汉族女子的缠足，满族女子多为天足。《听雨丛谈》云："妇人缠足，不知伊始。……今举中夏之大，莫不趋之若狂，惟八旗女子，例不缠足。京师内城民女，不裹足者十居五六，乡间不裹足者十居三四。"①满族女子着旗装必穿高底鞋。高底鞋的木底子高三五寸不等，形似花盆，俗称"花盆底"。"八旗妇人履底厚三四寸，圆其前，外衣通长掩足，轻裾大摆，亦与古装无异。"②满族女子脚穿高底鞋，走起路来格外不同。《儿女英雄传》中，作者详细描写了随缘儿媳妇走路的姿态：

原来那随缘儿媳妇……却是个旗装。旗装打扮的妇女走道儿，……走起来大半是扬着个脸儿、拔着个胸脯儿、挺着个腰板儿走。况且他那时候正怀着三个来月的胎，渐渐儿的显了怀了。更兼他身子轻俏，手脚灵便，听得婆婆说了，答应一声，便兴兴头头把个肚子腆得高高儿的，两只三寸半的木头底儿咭噔咯噔走了个飞快。③

北方女子整体着装气质较之南方女子有所不同，如明代史玄《旧京遗事》记载：

南方女子纤轻腻秀，风来欲吹而弓足难摇，举体便嫌厚重。北方端丽旖旎，故有内家之容，而玉软钩香，上势嫌迟下体迟，有掌中可舞之态。若如粗浊妇人，举足直着翰鞋，则亦与男子无异。④

北方女子"端丽旖旎，故有内家之容"，与"纤轻腻秀"的南方女子形成鲜明对比。清代，北京城的汉族女子服饰相较满族女子服饰少了些特色，如和邦额《夜谭随录》提及"人言京师妇女装束丑怪，既无旗人大方之度，又无南方袅娜之风"，⑤ 这应该是时人的一种认识。

---

① 福格：《听雨丛谈》，第156页。
② 福格：《听雨丛谈》，第160页。
③ 文康：《儿女英雄传》下册，第596页。
④ 史玄：《旧京遗事》，第166页。
⑤ 和邦额：《夜谭随录》，第226页。

三 流行服饰与世风变迁

世风之变迁，必定与都城有着千丝万缕的联系。一隅之好尚，只能称之为一地之风俗。都城之风尚，则可以借助"首善之区"的传播链传至全国。世风的变迁在服饰上体现得尤其鲜明，因此，历代都城都应是服饰的时尚中心。北京的服饰除规制性、民族性外，还具有时尚性的特征。

一代有一代之时尚。北京在不同历史时期，在首服、体服、鞋靴等服饰，甚至面料、色彩等方面，都曾刮起流行风。以下择其要者简述之。

巾与帽是男子常见首服。明代前期，京师士人流行头戴各种形制的帽子。正德年间，京师士人则开始"以巾易帽"。这股头巾风，从北京开始，刮至全国。顾起元曾记载万历中期南京戴头巾之风"殊形诡制，日异月新"，出现了"汉巾、晋巾、唐巾、诸葛巾、纯阳巾、东坡巾、阳明巾、九华巾、玉台巾、逍遥巾、纱帽巾、华阳巾、四开巾、勇巾"等各种形制。他不禁感慨："首服之侈汰，至今日极矣。"[1]

清代，帽子成为新宠。满族有戴帽习惯，男子不论年龄，一年四季都要戴帽。帽子成为清代笔记记录世风的重要内容。岁时节令类笔记以此记录季节之更替。如《燕京岁时记》载："每至三月，换戴凉帽，八月换戴暖帽，届时由礼部奏请。大约在二十日前后者居多。换戴凉帽时，妇女皆换玉簪；换戴暖帽时，妇女皆换金簪。"[2] 凉帽、暖帽的形制、材质也随着时代发展而变化。叶梦珠在《阅世编》中详细记载了凉帽、暖帽的变迁。凉帽在形状、帽胎、帽顶上，不同历史时期各有所尚。比如，"凉帽初尚扁而大，后尚高而小，既又尚高而大，旋复尚扁而大，今则又尚高而小矣"。[3] 而暖帽的流行风尚则主要围绕材质展开：

> 煖帽之初，即贵貂鼠，次则海獭，再次则狐，其下者滥恶，无皮不用。然当日所谓海獭，即今之染黑狸皮，但初用时皆精选，故价至每顶纹银二两，戴者甚少。其后日渐滥恶，乃以黄狼皮染黑名曰骚

---

[1] 参见顾起元《客座赘语》，《明代笔记小说大观》第 2 册，第 1211 页。
[2] 富察敦崇：《燕京岁时记》，《燕京岁时记》（外六种），第 83 页。
[3] 叶梦珠：《阅世编》，第 200 页。

鼠，毛细而润，老者类貂，一时争用，骚鼠贵而海獭贱，无人非海獭帽。今骚鼠之阔口者，每顶亦值银二两，然无人非骚鼠冠，而海獭非乡愚极贫之人不冠矣。……康熙二十三年，京师始尚海龙皮，毫短而劲，色黝而明，初价每顶四五金，年来减半，意即真海獭皮所染也。……康熙二十四、五年间，……煖帽复尚海鹿皮，毫健而齐，黑而光，疑即昔年所尚之海獭皮，今易其名耳。①

昭梿还记录了一种便帽，不同时期也有不同的流行款式：

余少时，见士大夫燕居皆冠便帽。其制如暖帽而窄其檐，其上用红片锦或石青色，缘以卧云如葵花式，顶用红绒结顶，后垂红缦尺余，无老少贵贱皆冠之。惟老翁夏日畏早凉，用青缎缝纫衬凉帽下，如今帽头状，初不以为燕服也。至于毡帽，尚沿明式，皆农夫市贩之服，人皆贱之，近十余年盛行。帽头蟠金线组绣，其上至有用明珠宝石嵌者，如古弁制，惟顶用红绒结顶，稍异古耳，士大夫皆冠之。至春秋间徜徉市衢，欲求一红缨缀冠者，未易见也。至毡帽则以细毯为之，檐用紫黑色，或有缀金线蟠龙以为饰者，非复往日粗野之制，为士大夫冬日之燕服。往日便帽之制，不复睹矣。②

小小一顶帽子，有清一代竟然经历了如此复杂的发展变化，帽子在北京之流行可见一斑。

体服，是服饰的主体部分。明代的直裰、清代的袍褂，都是一代流行之体服。但是明代男子的体服，并不仅仅是直裰。在成化至弘治年间，北京流行"马尾裙"。马尾裙又叫发裙，是男子穿着的一种衬裙。王锜《寓圃笔记》记载："发裙之制，以马尾织成，系于衬衣之内。体肥者一裙，瘦削者或二三，使外衣之张俨若一伞，以相夸耀。"③ 马尾裙其实是一种舶来品，自朝鲜传入北京。陆容《菽园杂记》载："马尾裙始于朝鲜国，

---

① 叶梦珠：《阅世编》，第 200~201 页。
② 昭梿：《啸亭杂录 续录》，《清代笔记小说大观》第 5 册，第 4726~4727 页。
③ 王锜：《寓圃笔记》，《明代笔记小说大观》第 1 册，第 325 页。

流入京师，京师人买服之，未有能织者。初服者，惟富商贵公子歌妓而已。以后武臣多服之，京师始有织卖者。于是无贵无贱，服者日盛。至成化末年，朝臣多服之者矣。大抵服者下体虚奢，取观美耳。阁老万公安冬夏不脱，宗伯周公洪谟重服二腰。年幼侯伯驸马，至有以弓弦贯其齐者。大臣不服者，惟黎吏侍淳一人而已。此服妖也，弘治初始有禁例。"① 从上述记载来看，马尾裙初只在富商、贵族公子与歌妓等群体中流行，后来从武官到文官，从贵族到平民，"服者日盛"。马尾裙的流行，或许是炫富夸耀心态使然，但无疑是男子追求服饰时尚的一种体现。但是在当时的文化语境中，朝鲜服饰在北京盛行，这无疑是对等级服制"辨华夷"的"挑衅"。士大夫不免对其口诛笔伐，沈德符在《万历野获编》中感慨：

> 马尾裙者，……其始阁臣万安服之，既而六卿张悦辈俱效之，独礼部尚书周洪谟至重服二腰，尤为怪事。万眉州亦何足责，如洪谟素以理学自命，哆口谈天下大事，服之不衷，下僚且不可，况司风化重寄，何以示四方？虽遭弹射，直至弘治初元始去位，亦靦颜甚矣。似此服妖，与雉头裘、集翠裘何异？②

在沈德符看来，朝廷重臣着马尾裙，是"怪事"，是"服妖"，无疑有伤风化。其实，北京士大夫"服妖"的"怪事"，并不仅仅限于马尾裙，曳撒也是如此。曳撒本是胡服，为朱元璋所禁。成化年间，北方边疆战事日紧，尚武风气盛行，从皇帝到臣子都开始穿曳撒，被称为"时王之制"。至弘治初，京城士大夫每逢赴宴必穿曳撒，曳撒俨然是当时的流行服饰。马尾裙与曳撒的流行，看似不合情理，但其实与北京城的文化特质有关。北京不仅是明朝的都城，也是一个多民族聚居且历经多个政权更迭的都城，它对多元文化元素的包容性显然更强。

北京地处燕赵之地，属于北方文化圈，其慷慨之气与江南的雅致形成鲜明对比。江南文化发达、经济繁荣，历来引领服饰之时尚。明代都城由

---

① 陆容：《菽园杂记》，《明代笔记小说大观》第 1 册，第 471 页。
② 沈德符：《万历野获编》，《明代笔记小说大观》第 3 册，第 2860 页。

南京迁至北京，也将江南之风带入紫禁城。北京服饰也不时刮起一股江南风。史玄在《旧京遗事》中记载有宫中以平底尖鞋为时尚的吴风：

> 然帝京妇人往悉高髻居顶，自一、二年中，鸣蝉坠马，雅以南装自好。宫中尖鞋平底，行无履声，虽圣母亦概有吴风，以袁娘娘之骑马善射，皇上罢看之后，袅袅行步惟工矣。①

于慎行也记载了明代北京自宫廷至民间的"吴下之风"：

> 宫禁，朝廷之容，自当以壮丽示威，不必慕雅素之名，削去文采，以亵临下之体。宣和、艮岳苑囿，皆仿江南白屋，不施文采，又多为村居野店，宛若山林，识者以为不祥。吾观近日都城，亦有此弊，衣服器用不尚桊添，多仿吴下之风，以雅素相高。此在山林之士，正自不俗，至于贵官达人，衣冠舆服，上备国容，下明官守，所谓昭其声名文物以为轨仪，而下从田野之风，曲附林皋之致，非盛时景象矣。②

于慎行认为都城"衣冠舆服"应该"昭其声名文物以为轨仪"，一味偏好"吴下之风"，是为不祥，"非盛时景象"。

服饰之时尚，不唯款式，面料亦然。有清一代，北京最有代表性的面料应该是裘皮。裘皮的盛行，既与满族的民族性相关，也与北京的地域性有关。满族先世长期生活于白山黑水之间，北地苦寒，裘皮成为满族服饰的重要组成部分。清入关以后，北京虽然没有东北寒冷，但仍然是苦寒之地，穿裘皮的习惯得以保留，且裘皮属高档面料，是身份地位的象征。《听雨丛谈》详细记载了官员穿裘皮的规制："亲王郡王而外，不准服用黑狐。文职一二三品，许服毳外貂镶朝衣，武职三品弗及也。文四品、武三品，准服貂鼠、猞猁狲。五品至七品笔帖式、护军校，准用貂皮领袖帽

---

① 史玄：《旧京遗事》，第165页。
② 于慎行：《穀山笔麈》，中华书局，1984，第29页。

沿。八九品官不许穿貂鼠、猞猁狲、白豹、天马、银鼠。若侍卫、翰詹科道、军机章京，无论品级，均照三品服色。"① 上述规制不仅将裘皮与身份等级紧密联系，也确定了裘皮在服饰面料中的尊贵地位。

　　裘皮的盛行，在清代小说中得到很好的印证。《红楼梦》中出现了各种裘皮服饰，有大红洋绉银鼠皮裙、貂裘、野鸭头上的毛皮拼制的凫靥裘、用白狐狸里做的鹤氅、貂鼠脑袋面子大毛黑灰鼠里子里外发烧大褂子、天马皮褂子、猞猁狲大裘等。而锦衣卫查抄贾府的清单，更是裘皮的大集结：

　　　　黑狐皮十八张，青狐六张，貂皮三十六张，黄狐三十张，猞猁狲皮十二张，麻叶皮三张，洋灰皮六十张，灰狐腿皮四十张，酱色羊皮二十张，猢狸皮二张，黄狐腿二把，小白狐皮二十块，洋呢三十度，毕叽二十三度，姑绒十二度，香鼠筒子十件，豆鼠皮四方，天鹅绒一卷，梅鹿皮一方，云狐筒子二件，貉崽皮一卷，鸭皮七把，灰鼠一百六十张，貛子皮八张，虎皮六张，海豹三张，海龙十六张，灰色羊四十把，黑色羊皮六十三张，元狐帽沿十副，倭刀帽沿十二副，貂帽沿二副，小狐皮十六张，江貉皮二张，獭子皮二张，猫皮三十五张……②

　　贾府作为国公府，虽然"内囊却也尽上来了"，不复当年的盛景，但府内依然积累了如此多的裘皮，真是"百足之虫，死而不僵"。裘皮作为一种贵重服饰面料，成为重要的家庭财产。在普通官宦之家，裘皮也是男子服饰的常用面料。在《品花宝鉴》中，梅子玉在冬日出门，颜夫人便取出一件"葡萄犹的猞猁裘"给他穿。在《儿女英雄传》中，安公子也曾穿着一件"倭缎镶沿塌二十四股儿金线绦子的绛色绸鹌鹑爪儿皮袄"。裘皮的盛行，给张爱玲留下了深刻印象，在《更衣记》中，她说起"小毛""中毛""大毛"，如数家珍。③

---

① 福格：《听雨丛谈》，第46页。
② 曹雪芹著，无名氏续《红楼梦》，第1424~1425页。
③ 参见张爱玲《更衣记》，《流言》，北京十月文艺出版社，2009，第15页。

色彩亦是流行的服饰元素。夏仁虎《旧京琐记》记载了北京女子服饰的流行色调:"妇女衣裙,颜色以年岁为准。金绣浅色之衣,唯新嫁娘或闺秀服之,一过妙龄,即以青、蓝、紫、酱为正宗矣。"① 而《啸亭续录》对清代北京袍、褂的流行色记载更为详尽:

> 国初尚沿明制,套褂有用红绿组绣者,先良亲王有月白绣花褂,先恭王少时犹及见之。今吉服用绀,素服用青,无他色矣。……又燕居无着行衣者,自傅文忠征金川归,喜其便捷,名"得胜褂",今无论男女燕服皆着之矣。色料初尚天蓝,乾隆中尚玫瑰紫,末年福文襄王好着深绛色,人争效之,谓之"福色"。近年尚泥金色,又尚浅灰色。夏日纱服皆尚棕色,无贵贱皆服之。袤服初尚白色,近日尚玉色。又有油绿色,国初皆衣之,尚沿前代绿袍之义。纯皇帝恶其黯然近青色,禁之,近世无知者矣。近日优伶辈皆用青色倭缎、漳绒等缘衣边间,如古深衣然,以为美饰。奴隶辈皆以红白鹿革为背子,士大夫尚无服者,皆一时所尚之不同也。②

从上述文字可知,不同历史时期,袍褂各有其流行色;不同材质的袍褂,亦各有其流行色;不同阶层的人士,色彩喜好亦不同。北京服饰的流行色,不可谓不丰富。

服饰被誉为人体的"第二层皮肤"。张爱玲在《更衣记》中说,衣服是人们"贴身的环境","我们各人住在各人的衣服里"。③ 明清时期的北京,"各人的衣服"不是取决于"各人",而是取决于王朝的服饰规制,在规制之内,有赖于其都城特色以及多民族聚居的优势,从而彰显其特有的服饰文化特征。窥一斑而知全豹,处一隅而观全局,北京服饰是明清服饰的一个缩影。

---

① 夏仁虎:《旧京琐记》,第 181 页。
② 昭梿:《啸亭杂录 续录》,《清代笔记小说大观》第 5 册,第 4750~4751 页。
③ 参见张爱玲《更衣记》,《流言》,第 18~19 页。

第二节 饮食

俗话说，"民以食为天"，饮食在日常生活中占有十分重要的地位。徐珂在《清稗类钞》中将"饮食"的重要性提到了关乎"民生国计"的位置，他说：

> 饮食为人生之必要，东方人常食五谷，西方人常食肉类。食五谷者，其身体必逊于食肉类之人。食荤者，必强于茹素之人。美洲某医士云，饮食丰美之国民，可执世界之牛耳。不然，其国衰败，或至灭亡。盖饮食丰美者，体必强壮，精神因之以健，出而任事，无论为国家，为社会，莫不能达完美之目的。故饮食一事，实有关于民生国计也。①

梁启超也曾说，"匹夫匹妇"的"日用饮食之活动"，对于"一社会一时代之共同心理、共同习惯"的形成极具重要意义。② 北京饮食历经岁月积淀，经过辽金元时期的发展，到明清时期形成了独特的饮食习尚和京师风格。受都城森严的礼制文化之影响，北京的宫廷御宴、士庶宴请等活动都有严肃规范的饮食礼仪；凭借多民族、多地域人群聚居之特色，北京饮食形成了兼容并包之风格；有赖于本地"应时之物"之出产，加上传统养生观念以及祭祀祈福等因素，北京饮食又形成了顺应四时之习尚。

一 严肃规范的饮食礼仪

都城礼制文化森严。北京有870多年的建都史，其饮食文化首先体现为严肃规范的饮食礼仪。人们以食敬天、以食祭祖、以食孝亲、以食待客，饮食的方方面面都渗透着礼仪文化。宫廷以及士庶交往中的宴请活动，最能反映这一饮食文化特征。

---

① 徐珂编撰《清稗类钞》第13册，第6233页。
② 参见梁启超《中国历史研究法》，上海古籍出版社，1998，第2页。

(一) 宫廷宴请活动中的礼仪规范

食礼是周礼的核心内容之一。据文献记载，周代饮食礼仪制度已经相当完善。周公通过"制礼作乐"对皇家和诸侯的礼宴做出若干规定。孔子身体力行，曾以《周官》及《礼仪》教授学生。明清时期，随着封建专制的加强，礼制文化得到空前发展，宫廷饮食礼仪也越发考究。

宫廷饮食礼仪既体现于宫中日常膳食，也体现在宫廷举办的各种宴请活动之中。宫廷日常膳食的记载，主要来自宫廷档案，笔记虽有明宦官刘若愚的《酌中志》，但毕竟宫禁森严，民间相关著录甚少。而宫廷宴请活动，参加者有宗室、朝臣，参加者众，明清笔记中的相关记载亦多。

明代的宫廷宴请活动有大宴、中宴、常宴、小宴四种形式。大宴最为隆重，属于嘉礼之一，主要有万寿宴、千秋宴、皇子公主婚宴、宗室宴、外藩宴、凯旋宴等，一般在正旦、上元、冬至等国家重大节日庆典时举行。大宴由礼部主办，光禄寺筹备。清代宫廷宴请活动沿袭了明代制度，著名的大宴有定鼎宴、元日宴、冬至宴、宗室宴、廷臣宴、千叟宴等。这种宫廷宴请活动，主要是为了体现皇室至高无上的权威，彰显皇恩浩荡、四海平定、歌舞升平的盛世景象，此外还传达出皇帝与百官同乐的意味。就明清两代的宫廷宴请活动而言，清代笔记中的记载显然更为丰富。因此，笔者重点以清代宫廷宴请活动为考察对象，以此呈现明清宫廷饮食礼仪。

饮食礼仪在宫廷宴请活动中主要体现在四个方面：一是宴请活动举办的特殊时间与地点；二是参加者严格的等级规定与限制；三是严格繁复的仪式规范；四是特定的主题及政治目的。明清笔记在记载这些宫廷宴请活动时，重在记述宴会时间、地点、参加者、仪式特点及宴会目的等，这些恰恰是礼仪文化的核心内容。

吴振棫的《养吉斋丛录》较为全面地记载了清代的宫廷宴请活动，如：

> 正月十四日，宗亲宴，皆近支亲藩。道光间，在奉三无私。定例，皇子位次，在亲王、郡王上，惟家宴则近支诸王与皇子以长幼为序。十五日，蒙古亲藩宴在正大光明殿。是日掌仪司进玩艺，派蒙古

王公递酒。旧时惟满洲一、二品大臣许入座。嘉庆七年，并许一、二品汉大臣与宴。后以为常。讲官与宴者，席于殿之西北隅。十六日，廷臣宴在正大光明殿。满、汉大学士尚书皆与。侍郎亦有命入座者。督、抚、将军入觐在京，或得与宴。如乾隆时之萨载、万福、常青是也。宴次有喜起舞，清语谓之嘛克新。人数襄亦无定，其礼节与除夕保和殿筵宴同。①

吴振棫记载的"宗亲宴"、"蒙古亲藩宴"与"廷臣宴"，都是典型的宫廷大宴。这是上元节前后的三次宴会，地点分别在圆明园的奉三无私殿、正大光明殿，参加者因宴会的性质而有所不同。比如，"宗亲宴"的参加者"皆近支亲藩"，且在座次排序上"近支诸王与皇子以长幼为序"。"蒙古亲藩宴"的参加者则是蒙古王公及满洲一、二品大臣，后发展至一、二品汉大臣。"廷臣宴"则是大学士、尚书、侍郎等有机会参加。这三种不同的宴请活动，具有特定的政治目的。吴振棫的记载颇为简洁，基本要素就是宴会的时间、地点以及参加者。

昭梿《啸亭续录》的记载则更为详尽。昭梿系乾隆、道光年间人，作为礼亲王，他有机会见识清代宫廷的各种宴请活动，为了解清代宫廷饮食礼仪提供了鲜活的材料。"宗亲宴"亦称"宗室宴"，是皇室的家宴，宴会中"行家人礼"，②"以示行苇燕毛之意"。③"行苇"出自《诗经·大雅·行苇》，此诗反映了周代贵族家宴的盛况。"燕毛"出自《礼记·中庸》："燕毛，所以序齿也。"古代祭祀后宴饮时，以须发的颜色别长幼的座次。"燕毛"泛指宴饮时年长者居上位的礼节。"行苇燕毛"在此处指的是家宴，也就是宗室宴。"蒙古亲藩宴"则是为了和睦民族关系，使

---

① 吴振棫：《养吉斋丛录》，第203页。
② 《啸亭续录》"曲宴宗室"："每岁元旦及上元日，钦点皇子皇孙等及近支王、贝勒、公，曲宴于乾清宫及奉三无私殿。皆用高椅盛馔，每二人一席，赋诗饮酒，行家人礼焉。"参见昭梿《啸亭杂录 续录》，《清代笔记小说大观》第5册，第4684页。
③ 《啸亭续录》"宗室宴"："乾隆甲子，上宴王公及近支宗室百余人于丰泽园，更其殿名惇叙殿，以示行苇燕毛之意。"参见昭梿《啸亭杂录 续录》，《清代笔记小说大观》第5册，第4694页。

"国家威德远被"。① 与此类似的还有大蒙古包宴。《啸亭续录》记载:

> 乾隆中,廓定新疆,回部、哈萨克、布鲁特诸部长争先入贡,上宴于山高水长殿前及避暑山庄之万树园中,设大黄幄殿,可容千余人。其入座典礼,咸如保和殿之宴,宗室王公皆与焉。上亲赐卮酒,以及新降诸王、贝勒、伯克等,示无外也,俗谓之大蒙古包宴。嘉庆八年,今上以三省教匪告藏,亦循例举行焉。②

与外藩或者蒙古王公相关的宴会,举行的地点往往在圆明园或者承德避暑山庄。"大蒙古包宴"在圆明园的山高水长殿前或者避暑山庄万树园中举行,这两处地点都在室外,视野开阔,具有浓郁的游牧民族风情。此种宴会需搭建穹庐式的毡帐建筑,俗称"大蒙古包"或"大幄",形成一种独特的仪典性空间。"大蒙古包宴"多在正月十五日上元节前后举行,晚间还会有烟火表演。除上元节的固定宴会外,乾隆帝有时候还会在大幄中赐宴出征将士或来访的藩属贡使。外藩宴有严格的座次陈设,具有高度程式化的特点,突出君王的至尊地位以及尊卑等级关系。作为统一的多民族国家,清代通过这种宴请活动加强与各民族的关系,是一种有效的政治教化手段。

王士禛《池北偶谈》则记载了康熙朝的两次"廷臣宴",其一云:

> 康熙二十一年壬戌正月上元,赐群臣宴于乾清宫,异数也。凡赐御酒者二,大学士、尚书、侍郎、学士、都御史,皆上手赐;通政使、大理卿以下则十人为一班,分左右列,命近侍赐酒,且谕:醉者令宫监扶掖。独光禄卿马世济以文(镇)[毅]公雄镇子,右通政陈汝器以赠兵侍前福建巡海道副使启泰子,特召至御座侧赐酒,上之褒

---

① 《啸亭续录》"除夕上元筵宴外藩":"国家威德远被,大漠南北诸藩部无不尽隶版图。每年终,诸藩王、贝勒更番入朝,以尽执瑞之礼。上于除夕日宴于保和殿,一二品武臣咸侍宴。新岁后三日,宴于紫光阁,上元日宴于正大光明殿,一品文武大臣皆入座,典甚巨也。"参见昭梿《啸亭杂录 续录》,《清代笔记小说大观》第5册,第4685页。
② 昭梿:《啸亭杂录 续录》,《清代笔记小说大观》第5册,第4685~4686页。

忠优厚如此。①

"廷臣宴"是一种典型的政治宴请活动，皇帝借此施恩来笼络朝臣，亦有褒扬有功者之意。王士禛重点记载了康熙"赐酒"的环节，其中有康熙"手赐"，有"命近侍赐"，还有"特召至御座侧赐"。不同的赐酒方式，代表皇帝对朝臣的不同恩宠。这既和睦了君臣关系，也是对朝臣的一种激励。

宫廷宴请活动有一套繁复严密的程序与规则，《明会典》《大清会典》中有详细的记载。"廷臣宴"中不仅有"歌"，还有"舞"，清代就有《喜起》《庆隆》二舞：

> 国家肇兴东土，旧俗所沿，有《喜起》、《庆隆》二舞。凡大燕享，选侍卫之猋捷者十人，咸一品朝服，舞于庭除，歌者豹皮褂、貂帽，用国语奏歌，皆敷陈国家忧勤开创之事。乐工吹箫击鼓以和，舞者应节合拍，颇有古人起舞之意，谓之《喜起舞》。又于庭外丹陛间，作虎豹异兽形，扮八大人骑禺马作逐射状，颇沿古人傩礼之意，谓之《庆隆舞》。列圣追慕祖德，至今除夕、上元筵宴，皆沿用之，以见当时草昧缔构之艰难也。②

《喜起》《庆隆》二舞源于满族传统舞蹈《莽势舞》，在宴请活动中又被赋予了强烈的政治教化意味。

清代除了"宗亲宴""蒙古亲藩宴""廷臣宴"，还有"茶宴""千叟宴"等，其中"千叟宴"尤为特别。"千叟宴"因赴宴者均为老人而得名，始于康熙朝，盛于乾隆朝，是清廷的大宴之一。"百余年间，圣祖神孙三举盛典，使黄发鲐背者欢饮殿庭，视古虞庠东序养老之典，有过之无不及者，实熙朝之盛事也。"③"千叟宴"举办的目的是推行孝道，倡导敬老爱老之风。

---

① 王士禛：《池北偶谈》，第67页。
② 昭梿：《啸亭杂录 续录》，《清代笔记小说大观》第5册，第4699页。
③ 昭梿：《啸亭杂录 续录》，《清代笔记小说大观》第5册，第4694页。

对于臣子而言，宫廷宴请活动无疑是身份地位、恩宠多寡的象征。参加者视为殊荣，未参加者则颇为失意。昭梿贵为礼亲王，在此文化语境中，亦是失意者。他袭爵十余年，却从未参加朝廷的"大燕会及内廷听戏等嘉礼"，嘉庆帝的五十大寿，他亦未能参加，故不禁"曷胜垂涎，感叹其命之蹇，应与文瓘同也"。①

（二）士庶宴请活动中的座席之礼

明清时期，北京民间社会宴请活动中的礼仪表现在请帖、餐品搭配、座席之礼、进食规矩、席间的娱乐与游戏等方面，其中座席之礼在明清小说、笔记中记载颇多，亦有代表性。

座席之礼，简单来说，就是宴席上主客之间的座次安排。明清时期，北京士庶家庭，无论是家庭宴席，还是在外宴请宾客，都秉持以客为先、以长为先、以尊为先的原则。

座席之礼，与席位的摆放位置有很大关系。以北京传统的四合院建筑为例，席位主位指的是坐北朝南正中间的位置，即以南向正中者为首座，以此为中心，遵循以左为尊的座次礼仪。如果是东西向摆设筵席，则以北为上座。《红楼梦》创作于清乾隆年间，虽然作者没有明确故事发生的时代，但显然是明清社会生活的反映。世家大族荣国府的家宴座席之礼体现出严格的礼制文化特征。第3回荣国府接待林黛玉的宴席，座次安排是："贾母正面榻上独坐，两边四张空椅，熙凤忙拉了黛玉在左边第一张椅上坐了，黛玉十分推让。贾母笑道：'你舅母你嫂子们不在这里吃饭。你是客，原应如此坐的。'黛玉方告了座，坐了。贾母命王夫人坐了。迎春姊妹三个告了座方上来。迎春便坐右手第一，探春左第二，惜春右第二。"②贾母是荣国府的老祖宗，又是林黛玉的外祖母，地位最高，年纪最长，故"正面榻上独坐"，这是以尊为先、以长为先。次尊席为左手（东边）第一座，安排给初到贾府的林黛玉，这是以客为先。迎春三姊妹按照排位次第入席，同样是以长为先。

贾府宴请黛玉属于小型宴请活动，《红楼梦》中还描述了中大型宴请

---

① 参见昭梿《啸亭杂录 续录》，《清代笔记小说大观》第5册，第4729页。
② 曹雪芹著，无名氏续《红楼梦》，第46页。

活动。中大型宴请活动往往开多席，"若有多席，则以在左之席为首席，以次递推"。①《红楼梦》第 40 回，贾母等人在大观园缀锦阁开宴席，其座次安排为："上面二榻四几，是贾母薛姨妈；下面一椅两几，是王夫人的，余者都是一椅一几。东边是刘姥姥，刘姥姥之下便是王夫人。西边便是史湘云，第二便是宝钗，第三便是黛玉，第四迎春、探春、惜春挨次下去，宝玉在末。李纨凤姐二人之几设于三层槛内，二层纱厨之外。"② 在主客之中，除贾母之外，薛姨妈是客，且代表薛家，地位亦高，因此与贾母一样安排在上房。而刘姥姥虽然是村妪，但也是荣国府的客人，因此安排在东边第一席，同样是遵循以客为先的原则。贾府元宵夜宴，花厅之上共摆了十来席，"上面两席是李婶、薛姨妈二位"。贾母八十大寿宴席，"上面两席是南、北王妃，下面依序，便是众公侯诰命。左边下手一席，陪客是锦乡侯诰命与临昌伯诰命；右边下手一席，方是贾母主位"。③ 上述两个例子，不仅遵循以客为先的原则，且为客人安排了专席。专席更是体现了以客为先的座席之礼。

清代中叶流行圆桌，取"团圆、圆满"之意。圆桌的座位较之方桌有所增加，其斜向角亦可添加座位（如东南、西北等）。这种圆桌的座席方式，同样参考了传统的方位和序列。《红楼梦》中贾府的中秋夜宴，使用的就是大圆桌。此次宴会座次安排为："上面居中贾母坐下，左垂首贾赦、贾珍、贾琏、贾蓉，右垂首贾政、宝玉、贾环、贾兰，团团围坐。"④ 虽然是圆桌，但座席之礼仍然沿袭传统。

《红楼梦》中描写了贾府这样的世家大族的座席之礼，而《品花宝鉴》则描写了士人宴请中的座席之礼。第 2 回王文辉请客，其座次为：

> 不多一刻，客已全到，便安起席来。这些客都是文辉同年，论年纪孙亮功最长，因系姻亲，便让兵部员外杨方猷坐了首席。对面是光禄寺少卿周锡爵，监察御史陆宗沅坐了第三席，孙亮功坐了第四席，

---

① 徐珂编撰《清稗类钞》第 13 册，第 6263 页。
② 曹雪芹著，无名氏续《红楼梦》，第 541 页。
③ 曹雪芹著，无名氏续《红楼梦》，第 978 页。
④ 曹雪芹著，无名氏续《红楼梦》，第 1052 页。

文辉坐了主席。桂保斟了一巡酒，杨方猷命他入席，对着王文辉坐了。①

此次宴请，主人王文辉系三品官，宾客中孙亮功系工部员外郎，杨方猷系兵部员外，陆宗沅系监察御史，此三人都是从五品，周锡爵为光禄寺少卿，则是正五品。从官职来看，王文辉最尊，但他是主人，因此他坐的是主席，遵循以客为先的原则，客人该坐首席。此次宴会系同年之间的宴请活动，因此遵循的是以长为先的原则。本来孙亮功年纪最长，但系王文辉姻亲，就亲疏而论，他是"自己人"，因此坐了客座中的"第四席"。其他三人中，有从五品，有正五品，但此次应该论的是年纪，因此从五品的杨方猷"坐了首席"。桂保是陪酒的伶人，"杨方猷命他入席"，他才"对着王文辉坐了"。虽然是小型宴会，但座席之礼仍然讲究。

清代座席之礼还保留有旗人的礼俗，如"妇姑不同席"。《红楼梦》第3回荣国府接待林黛玉的宴席，荣国府媳妇"贾珠之妻李氏捧饭，熙凤安箸，王夫人进羹"。众人就餐时，"李、凤二人立于案旁布让"。贾母还特地对黛玉说："你舅母你嫂子们不在这里吃饭。"依照"妇姑不同席"的习俗，王夫人不得与贾母同席进餐，李纨、凤姐亦不得与王夫人、邢夫人同席进餐。但此次"贾母命王夫人坐了"，是因为王夫人既是媳妇又是婆婆，贾母特地"命"她坐下，是一种特别的优待。此次家宴中王熙凤的待遇，与初见黛玉时"神妃仙子"的光鲜形成了鲜明的对比。不管作为管家奶奶的王熙凤地位如何超然，仍不能与贾母、王夫人同桌而食。第38回，史湘云办螃蟹宴："上面一桌，贾母、薛姨妈、宝钗、黛玉、宝玉；东边一桌，史湘云、王夫人、迎、探、惜；西边靠门一小桌，李纨和凤姐的，虚设坐位，二人皆不敢坐，只在贾母王夫人两桌上伺候。"② 在此次宴会中，王夫人能与贾母同时进餐，但仍然是"妇姑不同席"，二人分两席就座，而李纨、凤姐仍是伺候在旁。这就是典型的旗人家庭座席之礼。

---

① 陈森：《品花宝鉴》，上海古籍出版社，1990，第27~28页。
② 曹雪芹著，无名氏续《红楼梦》，第504~505页。

旗人家庭还有"重小姑"的家庭观念，这在座席之礼中亦有所体现。在旗人家庭，未出嫁的姑娘地位仅次于父母，兄嫂都要尊称其为姑奶奶。徐珂《清稗类钞》对这一习俗进行了说明："旗俗，家庭之间，礼节最繁重，而未字之小姑，其尊亚于姑，宴居会食，翁姑上坐，小姑侧坐，媳妇则侍立于旁，进盘匜、奉巾栉惟谨，如仆媪焉。"①《红楼梦》中凤姐生日宴的座次排列为："只薛姨妈和贾母对坐，邢夫人王夫人只坐在房门前两张椅子上，宝钗姊妹等五六个人坐在炕上，宝玉坐在贾母怀前，地下满满的站了一地。……尤氏凤姐儿等只管地下站着……"② 在此次宴会上，作为寿星的凤姐也只能与尤氏一样站着，而宝钗姊妹却坐在炕上。贾府中秋夜家宴，贾母及老少爷们儿坐上圆桌之后，因为"只坐了半壁，下面还有半壁余空"，贾母将迎春、探春、惜春三个请上席，"贾琏、宝玉等一齐出坐，先尽他姊妹坐了，然后在下方依次坐定"。③

二　兼容并包的饮食风格

京师历来为各地域、各民族的人会聚之中心，由此形成了兼容并包的饮食文化。

（一）饮食习俗求同存异

北京历来是游牧民族与汉民族的交融之地。辽金以后，北京城内居住着汉、女真、契丹、奚、回鹘等人口。元代，蒙古族人主中原，随蒙古大军前来的还有大批色目人。明代，北京号称八方辐辏之地，形成了"寄之为寓，客之为籍"的居住形态。于慎行说："都城之中，京兆之民十得一二，营卫之兵十得四五，四方之民十得六七；就四方之中，会稽之民十得四五。"④ 清军入关后，内城成为旗人的居住地，外城则聚集来自不同地域的民人。在民族融合的过程中，各民族既保留了本民族饮食习俗的特色，又相互吸收，形成了满、汉、蒙等民族口味多样的饮食风格。清代著名的"满汉全席"就是多民族口味融合的盛宴。"满汉全席"菜品一般至

---

① 徐珂编撰《清稗类钞》第 5 册，第 2212 页。
② 曹雪芹著，无名氏续《红楼梦》，第 575 页。
③ 曹雪芹著，无名氏续《红楼梦》，第 1052 页。
④ 于慎行：《穀山笔麈》，第 129~130 页。

少 108 种（南菜 54 道，北菜 54 道），清末民初，又汇入了蒙古族、回族、藏族风味的菜品，使之获得了"五族共和宴"和"联盟宴"的称号。北京这种多民族杂居而形成的饮食文化在明清小说、笔记中得到了鲜明的体现。

就肉食而言，契丹、蒙古、满族等游牧民族偏爱羊、鹿、兔、狼、牛等肉食，这种饮食偏好逐渐为北京人所接受，甚至烹饪之法影响至南方地区。袁枚的《随园食单》"杂牲单"专门提及牛、羊、鹿等肉食清单，他说："牛、羊、鹿三牲，非南人家常时有之之物。然制法不可不知。"① 在此单中，他单独记载了"鹿尾"："尹文端公品味，以鹿尾为第一。然南方人不能常得。从北京来者，又苦不鲜新。余尝得极大者，用菜叶包而蒸之，味果不同。其最佳处，在尾上一道浆耳。"② 尹文端公即尹继善，直隶省顺天府大兴县人，满洲镶黄旗，雍、乾时期重臣，与袁枚过从甚密。尹继善喜吃鹿尾，任职东南期间，难以尝到新鲜的鹿尾，此事应该给袁枚留下了深刻的印象。

《红楼梦》中的贾府饮食，兼具满汉饮食文化特征。第 53 回乌庄头进献给贾珍的单子，肉类就颇为丰富，不仅有鸡、鸭、鹅、鱼等寻常肉食，还有大鹿、獐子、狍子、暹猪、野羊、野鸡、兔子等野味，以及熊掌、鹿筋、鹿舌、牛舌等稀罕物，这大体上含括了贾府日常饮食中的肉食种类，从中亦可了解清代乾隆年间世家大族饮食中的肉食结构。

成书于清道光年间的《品花宝鉴》对京师地区的日常饮食描述颇为细致，第 34 回中李元茂的一餐菜点为："一碟是薰鸡，一碟是鸡蛋，一碟是肉丝，一碟像是面筋，……四儿又拿进两样菜，一锡罐饭来，一样是羊肉，一样是炒肝；后来厨子又送了一个小火锅，一齐摆上。"③ 李元茂是从江南来京的汉族读书人，在这一餐中，肉类有鸡、肉丝（猪）、羊肉、炒肝，还有一个小火锅，这应该是道光年间北京士人的日常饮食菜点。其中羊肉应该是一个区别南北饮食较有代表性的品类。即使在物流高

---

① 袁枚：《随园食单》，中华书局，2010，第 100 页。
② 袁枚：《随园食单》，第 109 页。
③ 陈森：《品花宝鉴》，第 474~475 页。

度发展的今天，在南方人的日常饮食结构中，羊肉仍然不是重要肉类，然而在北京却是。福格在《听雨丛谈》中专门考证"今京朝官喜吃羊肉，要亦由来久矣"，他甚至称羊肉为"八比文字"。① 烤羊肉、涮羊肉，在当今北京仍然很受大众欢迎。

北京的烹饪方式也融合了多民族的习惯。《红楼梦》中贾府日常烹调方法，有煮、炖、炒、蒸多种，比如煮粥、煮汤、火腿炖肘子、糟鹅掌鸭信、腌果子狸、炒枸杞芽儿、牛乳蒸羊羔、烤鹿肉、炸鹌鹑等。其中最有游牧民族特色的无疑是烤鹿肉。第 49 回，宝玉等人在贾母处用餐，贾母这些上年纪的人吃牛乳蒸羊羔，湘云与宝玉则商议着拿新鲜鹿肉到大观园里烧着吃。从具体描述可以看出，湘云、宝玉二人其实是在大观园开了露天的烧烤宴。烧烤是蒙古族、满族等游牧民族最常见的烹饪方式。"烤全羊"是蒙古族的特色菜之一，元代宫廷就有"整羊宴"。明代宫廷亦有在雪日烤羊肉的习俗。刘若愚《酌中志》记载："凡遇雪，则暖室赏梅，吃炙羊肉、羊肉包、浑酒、牛乳。"② 清代宫廷"满汉全席"，《清稗类钞》中称之为"烧烤席"，可见烧烤是重要的烹饪方式：

> 烧烤席，俗称满汉大席，筵席中之无上上品也。烤，以火干之也。于燕窝、鱼翅诸珍错外，必用烧猪、烧方，皆以全体烧之。酒三巡，则进烧猪，膳夫、仆人皆衣礼服而入。膳夫奉以待，仆人解所佩之小刀脔割之，盛于器，屈一膝，献首座之专客。专客起箸，筵座者始从而尝之，典至隆也。次者用烧方。方者，豚肉一方，非全体，然较之仅有烧鸭者，犹贵重也。③

清代贵族家庭在宴席上也预备有烧烤席。成书于清嘉庆年间的《续红楼梦新编》第 3 回描述宝钗孩子的洗三宴，"上过海菜四个，吃了点心，两边家人即抬上烧割，摆在阶下"。④

---

① 参见福格《听雨丛谈》，第 180 页。
② 刘若愚：《酌中志》，《明代笔记小说大观》第 4 册，第 3062 页。
③ 徐珂编撰《清稗类钞》第 13 册，第 6266~6267 页。
④ 海圃主人：《续红楼梦新编》，内蒙古人民出版社，2016，第 21 页。

民国时期夏仁虎则记载了北京民众对烤羊肉的热爱：

> 饮食以羊为主，豕佐之，鱼又次焉。八、九月间，正阳楼之烤羊肉，都人恒重视之。炽炭于盆，以铁丝罩覆之，切肉至薄，蘸醯酱而炙于火，其馨四溢。食肉亦有姿式，一足立地，一足踞小木几，持箸燎肉，傍列酒尊，且炙且啖且饮。常见一人食肉至三十余样，样各肉四两，饮白酒至二十余瓶，瓶亦四两，其量可惊也。①

满族还有水煮白肉的烹饪特色。吃白煮肉与满洲祭神大典有着密切的关系。昭梿《啸亭续录》"派吃跳神肉及听戏王大臣"条对此有详细记载。② 水煮白肉时不加任何调料，故称"白煮"。《儿女英雄传》中多次提到白煮肉，邓九公招待安老爷用"整桌鸡鱼菜蔬，合煮的白鸭子白煮肉"（第16回）。安家祭何老爷是"大盘的馒头，整方的红白肉"（第21回）。

关于满洲菜与汉菜，袁枚在《随园食单》"本分须知"中有所感慨：

> 满洲菜多烧煮，汉人菜多羹汤，童而习之，故擅长也。汉请满人，满请汉人，各用所长之菜，转觉入口新鲜，不失邯郸故步。今人忘其本分，而要格外讨好。汉请满人用满菜，满请汉人用汉菜，反致依样葫芦，有名无实，画虎不成反类犬矣。③

"汉请满人用满菜，满请汉人用汉菜"的现象在一定程度上反映了满汉饮食文化的交流与交融。

（二）东西南北食品"咸萃于此"

北京饮食属于北方饮食文化圈，风格粗犷大气，但又融入了南方饮食细腻、精致的特点，兼具南北饮食文化的特色，这主要得益于来自全国各地的丰富食材。明清宫廷食材之丰富，从明代宫廷上元节的食单可见

---

① 夏仁虎：《旧京琐记》，第180页。
② 参见昭梿《啸亭杂录 续录》，《清代笔记小说大观》第5册，第4686~4687页。
③ 袁枚：《随园食单》，第26~27页。

一斑：

> 斯时所尚珍味，则冬笋、银鱼、鸽蛋、麻辣活兔，塞外之黄鼠、半翅鹖鸡，江南之密罗柑、凤尾橘、漳州橘、橄榄、小金橘、风菱、脆藕，西山之苹果、软子石榴之属，水下活虾之类，不可胜计。本地则烧鹅、鸡、鸭、猪肉，冷片羊尾、爆炒羊肚、猪灌肠、大小套肠、带油腰子、羊双肠、猪臀肉、黄颡管儿、脆团子、烧笋鹅、醺腌鹅、鸡鸭、炸鱼、柳蒸煎燔鱼、炸铁脚雀、卤煮鹌鹑、鸡醢汤、米烂汤、八宝攒汤、羊肉猪肉包、枣泥卷、糊油蒸饼、乳饼、奶皮、烩羊头、糟腌猪蹄尾耳舌、鸡肫掌。素蔬则滇南之鸡㙡，五台之天花羊肚菜、鸡腿银盘等蘑菇，东海之石花海白菜、龙须、海带、鹿角、紫菜，江南乌笋、糟笋、香蕈，辽东之松子，蓟北之黄花、金针，都中之土药、土豆，南都之苔菜、糟笋，武当之鹰嘴笋、黄精、黑精，北山之榛、栗、梨、枣、核桃、黄连、芽木兰、芽蕨菜、蔓菁，不可胜数也。茶则六安松萝、天池、绍兴芥茶、径山茶、虎丘茶也。①

明代宫廷上元节之食材来自大江南北，真是"天下繁华，咸萃于此"。成书于明崇祯年间的小说《梼杌闲评》第22回也描写了宫廷吃食，餐桌上的食品"味尽东西"，"产穷南北"，② 与刘若愚《酌中志》的记载互为印证。

清代宫廷饮食较之明代亦毫不逊色，"到清代中期，宫廷饮食不仅满汉融合日久，而且南北风味渗透更深。特别是乾隆帝多次去曲阜，下江南，大兴豪饮奢华之风，品尝美味，眼界大开。除每日以南味食品为食外，还将江南名厨高手召进宫廷，为皇家饮食变换花样。……清代皇帝不仅要'食天下'花样翻新，还要占有烹饪技术，才能满足他膨胀的胃口。所以，清代宫廷饮食形成了荟萃南北、融汇东西的特色"。③

明清时期，北京的市井饮食同样荟萃各地食材。

---

① 刘若愚：《酌中志》，《明代笔记小说大观》第4册，第3062页。
② 参见佚名《梼杌闲评》，第22回。
③ 苑洪琪：《中国的宫廷饮食》，商务印书馆国际有限公司，1997，第18~19页。

"南人饭米，北人饭面，常也。"① 北京人的主食虽然以面食为主，但大米亦不缺。一方面北京周边本来就种植御田胭脂米，另一方面南方的大米通过运河运至北京。"饭以面为主体而米佐之，本京人多喜食仓米，亦谓之老米。盖南漕入仓则一经蒸变即成红色，如苏州之冬籼然，煮之无稠质，病者为宜。"②

北京的肉食也颇为丰富。"京师饮食丰美，南边海错无物不有，亦无时不具。冬月则山珍如山，兔、麇、獐、鹿、山狸、野雉之属，在处皆然，惜无活者。冬月之鱼亦鲜活者，鲈、鳜、鲟、鳇，市如积薪。又有关东鱼，种类不一，以其至自关东故名，经数月其味犹鲜。"③

蔬菜亦南北荟萃。"京师蔬菜甚贱，惟来自南方者贵耳。生姜、荸荠、冬笋之属，非燕地所产，故价逾珍错。至如菠菜、白菜，数钱即可满筐。煮白菜者仅取其心而弃甲于外，每逢冬季，狼藉道上，乞丐犹不拾。"④ 关于南方的冬笋，《人海记》亦有记载："北方无笋，惟冬笋用茅竹筒封贮，从江南马上贩鲜，十余日到京，每斤价直四五百钱。"⑤ 冬笋能"十余日到京"，可以想见当时南北物流的通达。

北京市面上的酒品，亦有南酒、京酒、药酒之别。《清稗类钞》"京师之酒"云：

> 京师酒肆有三种，酒品亦最繁。一种为南酒店，所售者女贞、花雕、绍兴及竹叶青，肴核则火腿、糟鱼、蟹、松花蛋、蜜糕之属。一种为京酒店，则山左人所设，所售之酒为雪酒、冬酒、涞酒、木瓜、干榨，而又各分清浊。……别有一种药酒店，则为烧酒以花蒸成，其名极繁，如玫瑰露、茵陈露、苹果露、山查露、葡萄露、五茄皮、莲花白之属。凡以花果所酿者，皆可名露。⑥

---

① 李渔：《闲情偶寄》，上海古籍出版社，2000，第273页。
② 夏仁虎：《旧京琐记》，第180页。
③ 阙名：《燕京杂记》，第278页。
④ 阙名：《燕京杂记》，第279页。
⑤ 查慎行：《人海记》，北京古籍出版社，1989，第3页。
⑥ 徐珂编撰《清稗类钞》第13册，第6321页。

南酒在北京大受欢迎，其热度甚至超过了京酒，"京师馈遗，必开南酒为贵重"。①

刊行于乾隆年间的《帝京岁时纪胜》序言："惟是皇都品汇万方，泽流九有，而岁时令节，风土景物，典仪之盛，远迈前古，岂可茫无记述?! 因自不揣鄙陋，敬以耳目之余，汇集为编，颜曰《帝京岁时纪胜》。"② 该书设"皇都品汇"专章以记帝都物品之盛，其中有记"饮食佳品"，以来自不同地域、不同品类的老字号，记述了乾隆年间北京市井饮食之盛况，真是"五味神尽在都门"。③

北京饮食融合多元文化的特征，在点心上体现得尤其鲜明。清代北京标志性的点心是饽饽——一种满族传统食品。凡是以手和面，压成某种形状，用蒸、烤、油炸、煮等方式做成的食品，都可称为饽饽。饽饽通常包括几大类：一是祭食，有豆面糕、凉糕、苏子叶饽饽、椴叶饽饽等；二是点心，有月饼、糕点之类；三是泛指一切面食，有饺子、馄饨等。《红楼梦》中的点心有枣泥馅山药糕、鸡油卷儿、糖蒸酥酪、菱粉糕、藕粉桂花糖糕、花样小面果子、螃蟹馅炸饺子、如意糕、元宵、奶油松瓤卷酥、面果子等，囊括了上述三类"饽饽"。《儿女英雄传》中也多次提到饽饽，种类亦不少。

出身旗人家庭的穆儒丐，在《北京梦华录》中回忆晚清民国时期北京的社会生活，特设专章记录北京的点心。他说："直到如今，我也不知道什么是北京固有的点心，因为北京虽然有六百年的历史，这历史是明清两代分担造成的，那个应当归入明代，那个应当归入清代，这真是一件难事。就拿点心铺而论吧，他们都写着满汉糕点的牌匾，但是那一类是满点，那一类是汉点，不但买主不知道，恐怕连卖主也都不知道。……文化是没有界限的东西，人类只管自己捣乱，显分畛域，那文化是满不在乎的，不知什么时候，就混在一起。点心也是人类文化的一个结晶品，它不能永远固陋，可也不能永远的好，忽而好忽而坏，忽而又坏又好，这就是

---

① 刘廷玑：《在园杂志》，《清代笔记小说大观》第 3 册，第 2226 页。
② 潘荣陛：《帝京岁时纪胜》，《燕京岁时记》（外六种），第 29~30 页。
③ 参见潘荣陛《帝京岁时纪胜》，《燕京岁时记》（外六种），第 63 页。

第八章　衣食住行与日常生活

文明的步伐,点心也是如此。北京的点心,是一种混合文化。"① 点心这种"混合文化",不仅是满族、汉族、回族等民族文化融合的产物,还包括南北文化的交汇,体现了北京饮食兼容并包的风格。

三　顺应四时的饮食习尚

北京饮食十分注重时令,无论是宫廷还是民间,均遵循四时有序的饮食习俗。关于宫廷四时饮食,记载最详细的即刘若愚的《酌中志》。而关于民间节令饮食,记载者颇多,几乎所有的岁时文献都有所涉及,如《燕京岁时记》《帝京岁时纪胜》等,其中以《燕京岁时记》最为详尽。

《酌中志》"饮食好尚纪略"以四时节令为线索记载北京的饮食习尚。正月初七日,吃春饼和菜。二月初二日,各家用黍面枣糕,以油煎之,或白面和稀,摊为煎饼,名曰薰虫。三月二十八日,东岳庙进香,吃烧笋鹅,吃凉饼(糍粑)。四月,吃不落夹、樱桃、包儿饭。五月初五日午时,饮朱砂、雄黄、菖蒲酒,吃粽子,吃加蒜过水面。夏至伏日,吃长命菜(马齿苋)。六月初六日,吃过水面,嚼银苗菜(藕之新嫩秧)。立秋日,吃莲蓬、藕。七月,吃鲥鱼。八月,吃西瓜、藕、月饼、螃蟹,饮苏叶汤。九月,吃花糕,重阳节饮菊花酒。十月,吃羊肉、爆炒羊肚、麻辣兔、虎眼、牛乳、乳饼等。十一月,吃糟腌猪蹄尾、鹅脆掌、羊肉包、扁食馄饨、冬笋。十二月,吃灌肠、油渣卤煮猪头、烩羊头、爆炒羊肚、炸铁脚小雀加鸡子、清蒸牛白、酒糟蚶、糟蟹、炸银鱼等。② 刘若愚笔下的明代宫廷四时饮食井然有序,极有仪式感。北京岁时文献中的市井饮食,也同样有着鲜明的四时之序。《燕京岁时记》载,京师"四月中芦笋与樱桃同食,最为甘美。……四月麦初熟时,将面炒熟,合糖拌而食之,谓之凉炒面"。五月吃"五月先儿"(玉米笋)、甜瓜。六月吃西瓜。七月吃菱角、鸡头、枣儿、葡萄。十月吃冬笋、银鱼。③ 其中某些记载,与宫廷习俗一般无二。比如,"咬春"习俗,《酌中志》载:"至次日立春之时,无

---

① 穆儒丐:《北京梦华录》,第 22~23 页。
② 参见刘若愚《酌中志》,《明代笔记小说大观》第 4 册,第 3061~3067 页。
③ 参见富察敦崇《燕京岁时记》,《燕京岁时记》(外六种),第 67~113 页。

贵贱皆嚼萝卜，曰咬春。"①《燕京杂记》亦载："立春日，都人多买萝卜生食之，谓之咬春。"② 这种宫廷与民间共通的饮食习俗，既源于北京的地域特色，也植根于深厚的中国饮食文化传统。

（一）因时取材与应时而食

北京宫廷与市井饮食都依赖食材。《燕京岁时记》载："京师三月有黄花鱼，即石首鱼。初次到京时，由崇文门监督照例呈进，否则为私货。虽有挟带而来者，不敢卖也。四月有大头鱼，即海鲫鱼，其味稍逊，例不呈进。"③ 外地进京的稀罕物，首先供应宫廷，其次才是民间。但是就当时的运输及储存条件而言，外地进京的食材主要为当季出产，这样才能保证食材的鲜美。"鲜"是味美的首要条件，李渔在《闲情偶寄》中提及"笋"时云："论蔬食之美者，曰清，曰洁，曰芳馥，曰松脆而已矣。不知其至美所在，能居肉食之上者，只在一字之鲜。"④ 尝"鲜"，就得应时而食。

明清宫廷荟萃天下美食，北京市井亦汇聚各地食材，但是日常饮食，特别是市井小民的一日三餐，终究得依赖北京本地食材。因此，北京四时所出，形成了北京人鲜明的四时饮食之序。徐珂《清稗类钞》云："京师春蔬之妙，甲于全国，乡人晨以小车辇入城市，种类甚多，价与鱼肉埒。"⑤《帝京岁时纪胜》"二月"条云："菠薐于风帐下过冬，经春则为鲜赤根菜；老而碧叶尖细，则为火焰赤根菜。同金钩虾米以面包合，烙而食之，乃仲春之时品也。"⑥ 菠薐就是菠菜，为北京人二、三月份的时令蔬菜，三月的时令蔬菜还有蓟菜、龙须菜、榆钱等。岁时文献的作者对这些"时品""应时之食品"津津乐道，记载颇多，不一一胪列。《帝京岁时纪胜》在每月末都记有当月之"时品"，查阅这十二个月的"时品"，可了解北京一年四季蔬菜瓜果之出产。《燕京岁时记》则在每月将"应时

---

① 刘若愚：《酌中志》，《明代笔记小说大观》第4册，第3062页。
② 阙名：《燕京杂记》，第253页。
③ 富察敦崇：《燕京岁时记》，《燕京岁时记》（外六种），第83页。
④ 李渔：《闲情偶寄》，第263页。
⑤ 徐珂编撰《清稗类钞》第13册，第6245页。
⑥ 潘荣陛：《帝京岁时纪胜》，《燕京岁时记》（外六种），第38页。

之食品"单独列成条目，如在十月列有栗子、白薯、中果、南糖、萨奇玛、芙蓉糕、"冰糖壶卢"、"温朴"：

> 京师食品亦有关于时令。十月以后，则有栗子、白薯等物。
> 栗子来时，用黑砂炒熟，甘美异常。青灯诵读之余，剥而食之，颇有味外之味。
> ……
> 冰糖壶卢乃用竹签，贯以葡萄、山药豆、海棠果、山里红等物，蘸以冰糖，甜脆而凉。冬夜食之，颇能去煤炭之气。
> 温朴形如樱桃而坚实，以蜜渍之，既酸且甜，颇能下酒。皆京师应时之食品也。①

上述记载的是北京冬日的"应时之食品"，糖炒栗子、烤白薯、冰糖葫芦至今仍是北京人冬日钟爱的食品，具有鲜明的北京特色。北京四季分明，自春天开始，食材逐渐增多，春天蔬菜繁多，夏秋瓜果丰收，至十一、十二月则基本依赖外地运京的食材。因此，岁时文献中关于北京"应时之食品"的记载，主要集中于三月至十月，具有鲜明的季节性特征。

（二）四时养生与祈愿习俗

北京宫廷与市井四时有序的饮食习尚，与传统养生观念息息相关。《黄帝内经》记载，人的五脏应四时，各有收受，春天养生，夏天养长，秋天养收，冬天养藏。传统中医认为，人的居家生活与四时变化关系密切，因而根据四季冷暖、节气变化来指导人们养生。明清时期，养生观念日益普及。李渔在《闲情偶寄》中专门设有"颐养部"，以此表达以养生为要的饮食观。② 清代大才子袁枚亦系同道中人，他认为："学问之道，先知而后行，饮食亦然。"因此，他在《随园食单》中撰《须知单》，且单列"时节须知"：

---

① 富察敦崇：《燕京岁时记》，《燕京岁时记》（外六种），第108~109页。
② 参见李渔《闲情偶寄》，第339~388页。

夏日长而热，宰杀太早，则肉败矣。冬日短而寒，烹饪稍迟，则物生矣。冬宜食牛羊，移之于夏，非其时也。夏宜食干腊，移之于冬，非其时也。辅佐之物，夏宜用芥末，冬宜用胡椒。当三伏天而得冬腌菜，贱物也，而竟成至宾矣。当秋凉时而得行鞭笋，亦贱物也，而视若珍馐矣。有先时而见好者，三月食鲥鱼是也。有后时而见好者，四月食芋艿是也。其他亦可类推。有过时而不可吃者，萝卜过时则心空，山笋过时则味苦，刀鲚过时则骨硬。所谓四时之序，成功者退，精华已竭，褰裳去之也。①

袁枚认为，人之饮食，应依据不同季节进食时鲜食物。故饮食以养生者，需遵循四时交替之规律，依时而食，方能强身健体。

这种养生观念，不时出现于明清笔记之中。如"二月……食河豚，饮芦芽汤，以解其热。各家煮过夏之酒"；②"六月初旬，西瓜已登，有三白、黑皮、黄沙瓤、红沙瓤各种。沿街切卖者，如莲瓣，如驼峰；冒暑而行，随地可食。既能清暑，又可解酲，故予尝呼为清凉饮"；③"十一月……天已寒，每日清晨吃辣汤，吃生焰肉、浑酒，以御寒"。④ 芦芽汤"解其热"，西瓜为"清凉饮"，辣汤"御寒"，都有着鲜明的季节养生特点。徐珂在《清稗类钞》"饮食类"撰"饮食以气候为标准"条，对此进行了总结：

> 人类所用之食物，实视气候之寒暖为标准。如气候寒冷时，宜多食富于脂肪质之动物类，饮料则宜用热咖啡茶及椰子酒。欲为剧烈之筋肉运动，如畏寒，则饮酒一杯，或饮沸水均可。至炎热时，宜多食易于消化之植物类，取其新鲜者，腌肉等则不可多食，饮料须多，以沸而冷者为宜，不宜饮酒。……总之，气候变化，食物亦宜更易，断

---

① 袁枚：《随园食单》，第18页。
② 刘若愚：《酌中志》，《明代笔记小说大观》第4册，第3063页。
③ 富察敦崇：《燕京岁时记》，《燕京岁时记》（外六种），第95页。
④ 刘若愚：《酌中志》，《明代笔记小说大观》第4册，第3066页。

不能一成而不变也。①

北京四时有序的饮食习尚既为了养生，也包含人们美好的期望。北京饮食中的节令饮食，如二月初一日的太阳糕、九月初九日的重阳糕，或祭祀，或祈福，大多有着明确的目的。对这类节令饮食的记载，明清笔记中俯拾皆是。如《酌中志》载：

> 正月初一五更起，……饮椒柏酒、吃水点心、即扁食也。或暗包银钱一二于内，得之者以卜一年之吉。是日亦互相拜祝，名曰贺新年也。所食之物，如曰百事大吉盒儿者，柿饼、荔枝、圆眼、栗子、熟枣共装盛之。又驴头肉，亦以小盒盛之，名曰嚼鬼，以俗称驴为鬼也。②

明代宫廷大年初一饮椒柏酒，吃水点心、柿饼、荔枝、圆眼、栗子、熟枣、驴头肉等，都大有讲究。其中的"嚼鬼"则更有意思，本是吃驴头肉，却以驴为鬼，如此将鬼嚼而食之，则一年大吉。此外，"得之者以卜一年之吉""百事大吉盒儿"，都含有吉祥之意。

当然，宫廷较之民间，更注重岁时饮食的示范性，隐含教化意义。《万历野获编》载："太祖时，百官朝退必赐食于廷，盖用法虽严而驭臣有礼，……立春则吃春饼，正月元夕吃元宵圆子，四月初八吃不落荚，五月端午吃粽子，九月重阳吃糕，腊月八日吃腊面，俱光禄寺先期上闻，凡朝参官例得餍饫恩，亦太平宴衎景象也。"③ 这种依照四时赐百官食的行为，是"驭臣有礼"，有着和睦君臣关系的政治寓意。

北京的饮食文化影响了北京人的性格。正如有学者称："老北京人，由于过了几百年'皇城子民'的特殊日子，养成了有别于其他地方人士的特殊品性。在北京人身上，既可以感受到北方民族的粗犷，又能体会出宫廷文化的细腻；既蕴含了宅门儿里的闲散，又渗透着官府式的规矩。而

---

① 徐珂编撰《清稗类钞》第13册，第6236页。
② 刘若愚：《酌中志》，《明代笔记小说大观》第4册，第3061~3062页。
③ 沈德符：《万历野获编》，《明代笔记小说大观》第3册，第1900页。

这些,无不生动地体现在每天都离不开的'吃'上。"① 这一个"吃"字,还有诸多值得探究之处。比如与饮食相关的语言:

> 北人骂人之辞,辄有蛋字,曰浑蛋,曰吵蛋,曰倒蛋,曰黄巴蛋,故于肴馔之蛋字,辄避之。鸡蛋曰鸡子儿,皮蛋曰松花,炒蛋曰摊黄菜,溜蛋曰溜黄菜,煮整蛋使熟曰沃果儿,蛋花汤曰木樨汤。木樨,桂花也,蛋花之色黄如桂花也。蛋糕曰槽糕,言其制糕时入槽也。而独于茶叶所煮之鸡蛋,则不之讳,曰茶鸡蛋。②

还有胡同深处的叫卖声,"京城五月,辐凑佳蔬名果,随声唱卖,听唱一声而辨其何物品者、何人担市也。唱卖麨,旧有四句,比叫成诗,巡城者加之以杖。于今惟卖麨者一声,而他物重叠,其词不止一句,盖此以曼声为招,彼以感耳而引。岂市之变端亦随俗为迁徙耶?"③ 以上这些,都有待进一步挖掘。

第三节 居所

"住"是衣食住行的重要组成部分。"住"并非单纯指住宅,还包括住地、住所等。《红楼梦》开篇描述甄士隐的住处时,就出现了东南、姑苏、阊门、十里街、仁清巷、葫芦庙等地理名词。④ 这些词其实指向与"住"相关的不同层级的地理空间。许嘉璐在《中国古代衣食住行》一书中阐述"住"这一要素时,即涉及城市布局、庭院、堂室、室内陈设等诸多内容。⑤ 有学者在分析辽南京的"居住"情况时,也选择从燕京城的空间布局、坊巷、房屋陈设等方面进行阐述。⑥ 可见,就城市居民而言,大到城市空间布局,中到坊巷胡同,小至庭院居室,都与"住"相关联。

---

① 崔岱远:《京味儿》,三联书店,2009,"代序",第6页。
② 徐珂编撰《清稗类钞》第13册,第6246页。
③ 史玄:《旧京遗事》,第165页。
④ 参见曹雪芹著,无名氏续《红楼梦》,第7页。
⑤ 参见许嘉璐《中国古代衣食住行》(插图珍藏本),中华书局,2013,第105~146页。
⑥ 参见张艳丽主编《北京城市生活史》,人民出版社,2016,第64~71页。

它们都承载着"住"的功能，是层级不同的居住空间。

北京作为金、元、明、清的都城，有着特殊的城市空间布局，皇城环绕着宫城，"皇居"与民居并存，为不同阶层的人们提供了具有独特体验的居住空间。明清时期的文人笔记从不同层面呈现了北京的此种居住空间，小说则生动形象地描述了其细微之处，通过它们，可探究明清时人的日常生活以及北京城的文化特质。

一 城市空间与居住秩序

无论古今中外，城市都是一方地域最具标识性的地理空间。城市居民最大的居住空间就是其所处的城市空间。这种城市空间又在政治、经济、文化、民族等因素的影响下，形成特有的居住秩序，体现出城市鲜明的文化特征。

中国古代城池、宫室、官署、宗庙、住宅等建筑，都具有典型的礼制文化属性。都城作为一种特殊的城池，其建制即遵循《周礼·考工记》中的礼制规定。朱一新《京师坊巷志稿》云："周官之制，度地居民，九经九纬，经涂九轨，颛若画一，所以建皇极而隆上仪也。"[1] 北京作为都城，其建制当遵循都城规制，有着严格的圈层，由内而外依次延展。明嘉靖以前，北京城在空间结构上分为三重：以紫禁城为中心，由内而外，依次是宫城、皇城与都城（大城）。嘉靖时期，北京修筑外城，但仅修筑了南边，因此形成了北京城"凸"字形的结构。相应地，环绕皇城的大城成为内城，南边的新城则成为外城。北京城变为四重空间：宫城、皇城、内城与外城。这种空间结构成为明清笔记记载北京城的重要体例。《春明梦余录》《日下旧闻考》《宸垣识略》《天咫偶闻》《藤阴杂记》等都详细记载了北京城的建置、形胜、城池、城坊等。以《日下旧闻考》为例，其体例包含国朝宫室、宫室、京城总记、皇城、城市等重要门类。由此可见明清笔记的作者对北京城空间布局十分重视。

从这些笔记中，可以清晰地了解各个空间之间的层级关系。明代史玄《旧京遗事》载：

---

[1] 朱一新：《京师坊巷志稿》，北京出版社，2018，第23页。

京师大城一重，周四十五里，城九门，周正如印。南头正阳、崇文、宣武三门，东头朝阳、东直二门，西头阜成、西直二门，北头德胜、安定二门。大城内为皇城，皇城六门：大明南向直正阳门，东安直朝阳门，西安直阜成门，北安当德胜门，大明东转长安左门，西转长安右门。于京师正中。皇城内树色菁葱，梁恩金雀，人骑马上可望也。城外红铺七十二，禁军守之。皇城内为宫城，八门：正南第一门曰承天之门，二重门曰端门，三重门曰午门，午门魏阙分焉，曰左掖门，曰右掖门，正南有五门也；东曰东华，西曰西华，北曰玄武。周回红铺三十六，亦禁军守之，城河绕焉。①

史玄由外而内，依次记载了"大城"、"皇城"与"宫城"。关于"皇城"，《长安客话》亦有记载："皇城居京师中央，宫殿楼阙并永乐间营建。大明门与正阳门相峙。既成，成祖命学士解缙题门联。缙书古诗以进曰：'日月光天德，山河壮帝居。'"② 关于"皇城"与"宫城"，刘若愚的《酌中志》"大内规制纪略"记载最为详细。③ 皇城环绕紫禁城，包括西苑（三海）、景山、太庙、社稷坛、宦官机构以及皇室成员、宫女宦官等的居所。宫城又称紫禁城，是皇帝及皇室成员的居所，明清时期格局大体相同。清查慎行《人海记》载：

本朝禁中宫殿门名，大概仍明之旧，与《酌中志》所载略同。乾清门内为乾清宫。……乾清宫正北曰交泰殿。交泰殿正北曰坤宁宫，宫有东西二暖殿。坤宁宫直北曰钦安殿，又北为御花园、神武门。自昭仁、宏德而北，两翼相比者，东曰延禧宫、承乾宫、景阳宫、景仁宫、长春宫、钟粹宫，西曰翊坤宫、永和宫、咸福宫、永寿宫、启祥宫、储秀宫。……天穹殿在景阳宫之东。以上皆宫门之内。乾清门之东曰内左门，西曰内右门。北下，东向者曰日精门、昭华门、基化门、景和门、近光左门。西向者曰月华门、端则门、隆福门、近

---

① 史玄：《旧京遗事》，第 145 页。
② 蒋一葵：《长安客话》，第 11 页。
③ 参见刘若愚《酌中志》，《明代笔记小说大观》第 4 册，第 3025~3042 页。

光右门。月华门之外曰隆宗门，门之西曰养心殿，南曰慈宁宫。太皇太后所居。景和门之东为毓庆宫。皇太子宫也。又东为宁寿宫。皇太后所居。此外尚有兆祥所、遇喜所。所内永安亭……药房、露房等名，不在宫殿之数。①

内城的居住空间则有王府、文武官员住宅、民居等。《梼杌闲评》写魏忠贤母子第一次见到这座"内城"，"果然是玉京天府，铁瓮金城，比别府大不相同"。②《警世通言》第24卷《玉堂春落难逢夫》中的王景隆、《贪欣误》第4回中的彭素芳，都曾被这座城池所震撼。

北京城的四重空间——宫城、皇城、内城和外城，在《宸垣识略》的体例上得以完整呈现。《宸垣识略》卷1为北京城概述，其后依次为大内（宫城）（卷2）、皇城（卷3、卷4）、内城（卷5至卷8）、外城（卷9、卷10）、城外（卷11至卷15）。《宸垣识略》还配有城池全图、大内图、皇城图、内城图、外城图。翻阅目录与插图，北京城的空间布局与圈层一目了然。内外城再细分，则又分五城，分别是中城、东城、西城、南城、北城。根据明代张爵《京师五城坊巷胡同集》的分法，其实就是将内城细分为中城、东城、西城、北城，外城单独列为南城。③《帝京景物略》《藤阴杂记》《天咫偶闻》诸书的卷次排列基本上参考了这五城的分法。

"把城市社会按照其空间关系进行分析，对地理学家来说，更重要的是理解这些社会因素的空间形式和空间过程，而对社会学家来说，则是换一个角度理解空间的社会意义，或者如何从空间的维度更好地把握社会。"④ 明代北京城的四重空间，特别能够凸显京师文化的特色。核心区的宫城（紫禁城）是皇权的象征，居住着皇帝一家；居中的皇城则是皇帝直系亲属的宅邸；外圈的内城多居住达官贵人；距离宫城最远的外城乃至城外，则多居住平民。可以说，居所距离紫禁城越近，社会地位相应

---

① 查慎行：《人海记》，第108页。
② 佚名：《梼杌闲评》，第74页。
③ 参见张爵《京师五城坊巷胡同集》，北京出版社，2018，第5~20页。
④ 赵世瑜、周尚意：《明清北京城市社会空间结构概说》，《史学月刊》2001年第2期。

越高。皇权至上在北京城的空间布局上体现得淋漓尽致。

至清代，北京的内外城居住空间发生重大变化，具有鲜明的民族色彩。此时实行旗民分城居住制度，统治者以法令的方式，将居住在北京内城的居民一律迁至外城。之后，内城成了旗人的聚居地，号称"满城"，外城则居住民人，号称"汉城"。即使如此，北京城以等级高低自内向外居住的特点依然存在。居住在内城的八旗仍然按照等级划分居住地。八旗分为上三旗和下五旗。正黄旗、镶黄旗、正白旗为上三旗，为皇帝直接统领；镶白旗、正红旗、镶红旗、正蓝旗、镶蓝旗为下五旗，为宗室王公统领。上三旗和下五旗政治地位尊卑有别，居址亦不同。《日下旧闻考》记载："八旗方位，左翼自北而东，自东而南：镶黄旗在安定门内，正白旗在东直门内，镶白旗在朝阳门内，正蓝旗在崇文门内。右翼自北而西，自西而南：正黄旗在德胜门内，正红旗在西直门内，镶红旗在阜成门内，镶蓝旗在宣武门内。皆四周星共，以环卫宸居。"① 这种八旗居址的分布，遵照尊卑有序的原则，或者说是依照远近亲疏的原则，"环卫宸居"紫禁城。《宸垣识略》所配内城图，题名为"内城图分八旗"，图内空间直接以旗籍划分，又分别绘制了八幅小图，分别是：正蓝旗东南、镶白旗东中南、正白旗东中北、镶黄旗东北、镶蓝旗西南、镶红旗西中南、正红旗西中北、正黄旗西北。在正文中，吴长元又非常详细地记载了各旗驻地的边界。关于以旗籍来划分内城空间，吴长元对此说明："原书城市一门，依明代五城编列坊巷次序，不甚参错。旧闻考据本朝定制，合内外城通分五城，固典制攸关，而于游览之例，方位不能整齐矣。今考内城所编八旗居址，界限甚清，且环拱星罗，法制綦重，因据以编次，先录各旗界址于前，而以宫署寺观实之，并绘图于卷首，庶观者了如指掌。"② 从上可知，清代时期的内城，较之五城的划分，八旗居址显然更为明晰，八旗间的界限也更能区别内城的不同空间。八旗分八旗满洲、八旗蒙古与八旗汉军，各旗下居址同样有尊卑之别。满、蒙、汉军依次由内向外居住，满军在内，蒙、汉军在外，同样遵循以内驭外、以外拱内的原则。

---

① 于敏中主编《日下旧闻考》第 4 册，第 1207~1208 页。
② 吴长元辑《宸垣识略》，第 78 页。

第八章 衣食住行与日常生活

清代，北京外城的分区，一说与内城合在一起分五城，一说外城单独分为五城。单独分五城，即自东向西依次为东城、南城、中城、北城、西城。朱彝尊《日下旧闻》持第一种说法，于敏中等人编纂的《日下旧闻考》与朱一新《京师坊巷志稿》则持第二种说法，而《京师坊巷志稿》更是明确记载了外城五城的分界。外城素有"东富西贵南贫北贱"之说，居住空间也有此特点。东部多为汉人与商贾，西部多为在京官员以及赶考的士子，南部多为小商贩与工匠，北部多为贱籍的乐户与伶人。从《藤阴杂记》等笔记可知，外城宣武门一带居住着大量的官员以及士子，崇文门一带则居住着一批商贾富室。这两类人属于外城中地位最高者。当然，外城还居住着大批平民以及贱籍伶人。"京师崇文门外花院市，居民数千家，皆制蒟草像生花为业"；① 正阳门外的八大胡同，居住着大量娼妓伶人；天桥一带则生活着大批撂地摊卖艺的"天桥把式"。因此，就居民的社会阶层而言，虽然内城旗人社会亦不乏贫民，但总体来说，内城居民的社会地位高于外城。不同社会阶层的居住空间在屋宇特征上也不尽相同。震钧《天咫偶闻·琐记》记载内外城房屋的样式特征：

> 内城房式异于外城。外城式近南方，庭宇湫隘。内城则院落宽阔，屋宇高宏。门或三间，或一间，巍峨华焕。二门以内，必有听事。……或有从二门以内，即回廊相接，直至上房，其式全仿府邸为之。内城诸宅，多明代勋戚之旧。而本朝世家大族，又互相仿效，所以屋宇日华。②

不管是明代"勋戚"旧宅，还是清代"世家大族"府邸，都说明内城在居住空间上的优越性。

概言之，"明清京师，通过一条城建中心线，把外城、内城、皇城、宫城纳为一体，在四重城市空间结构与文化意义上，充分表达了皇权意志与都城社会文化特征的正统权威性"。③ 民国时期出版的《旧都文物略》

---

① 和邦额：《夜谭随录》，第230页。
② 震钧：《天咫偶闻》，第212~213页。
③ 李宝臣：《礼不远人——走近明清京师礼制文化》，中华书局，2008，"序"，第4页。

在"城垣略"中简述了"内城""旧皇城""旧禁城""外城"的形制与特征。[1] 历史发展到今天，北京城不仅完整保存了宫城、皇城、内城与外城的格局，还不断增加新的圈层，二环、三环、四环、五环、六环依次延展。当然，这种圈层不再是等级与权力的象征，更多的是一种个人的居住选择。

二 里坊胡同与居住街区

在明清北京城，内城、外城的下一重居住空间则是"坊"，相当于现在的社区。坊也称"里"，二者并称"里坊"，主要指居民聚居之所。从空间形态来看，坊是一个方形的地域空间。坊的四周有坊墙，开有坊门，形成若干封闭空间，以便于管理。从汉至唐，里坊制发展并逐渐成熟。宋代以后，坊墙拆除，居民面街而居成为常态，里坊制向街坊制转变。但是，"坊"作为一种城市居住单元，一直持续到明清时期。

元大都延续了宋人的街坊制。《析津志辑佚》称大都有50坊，《日下旧闻考》引《元一统志》只列49坊，或有遗漏。各坊之间皆以街道为界线，有坊门，无坊墙，坊门仅起标识作用。方形的坊与线状的胡同，将城市分割成若干空间，形成了棋盘式的北京城。现在的北京南锣鼓巷历史文化街区，仍然保留了元大都时期的街坊制格局。南锣鼓巷是两坊间的分界巷，东面是"昭回坊"，西边是"靖恭坊"，两个坊被四条街巷合成一个长方形地块。这一区域真实地保存了元大都时期的棋盘式坊巷居住形态。

明清北京城沿袭了元大都的街坊制。"由坊、街、巷组合而成的地域空间序列，构成了明清城市平面形态的主要元素。"[2] 北京内城下辖五城，城下设坊，坊下设铺。张爵《京师五城坊巷胡同集》与沈榜《宛署杂记》较为详细地记载了明代嘉靖至万历年间北京"城""坊""铺"的分布状况，朱一新的《京师坊巷志稿》更是详细记载了明清时期北京城坊巷的

---

[1] 参见《旧都文物略》，第5~12页。
[2] 刘凤云：《明清城市的坊巷与社区——兼论传统文化在城市空间的折射》，《中国人民大学学报》2001年第2期。

整体风貌。《京师五城坊巷胡同集》的书名即标明了该书的体例，即将北京城分"五城"，"城"下分"坊"，"坊"下列胡同名。比如，"中城"之下列九坊，其中"仁寿坊 八铺"下列：

  四牌楼西北 隆福寺街 钱堂胡同 马定大人胡同 红庙街 中兵马司 卫胡同金吾左卫 薰皮厂 仰山寺前后街 山青太监胡同 汪纸马胡同 小街 喇嘛杨家胡同 嘎嘎胡同 四眼井 铁狮子胡同①

  清代，"京师坊巷，大氐袭元明之旧，琐闻佚事，往往而在。若其规制之沿革，习俗之隆窳，民生之息耗，则又考古镜今者之渊海矣"。② 此时，坊的数量减少至10个，其中跨内外城5个——中西坊、中东坊、崇南坊、正东坊、宣南坊，外城及关厢5个——朝阳坊、关外坊、灵中坊、东南坊、日南坊。清代坊的数量与名称虽然发生了变化，但是明代的许多坊名仍然作为一个地区的记忆符号被保存下来。乾隆年间官修的《日下旧闻考》，仍然沿用明代坊名排列街巷，记载掌故。

  明清小说中亦有关于北京坊巷的记述。和邦额《夜谭随录》"额都司"篇中，参领德公"初居灵椿坊，后徙城南之泡子河"。③《夜谭随录》成书于清乾隆五十六年（1791），虽为志怪小说集，却较为真实地反映了乾隆年间北京的市井民情，其中的街巷多能按图索骥。"灵椿坊""泡子河"确系北京实有。灵椿坊系明代坊名，属北城，在安定门内，清代仍然习惯用此坊名称呼这一地区。泡子河属于南城，在崇文门内。此处风景优美，自明代以后一直为园林聚集之地，较之坊名更为出名。陈森《品花宝鉴》中，梅子玉家祖籍金陵，乃阀阅世家，祖上曾出过吏部尚书，其父为翰林院侍读学士，"寓居城南鸣珂里"，也就是鸣珂坊。④ 梅家的居所符合清代汉官普遍寓居外城的情况。但是北京并无鸣珂坊，却有鸣玉

---

① 张爵：《京师五城坊巷胡同集》，第6页。
② 朱一新：《京师坊巷志稿》，第23页。
③ 和邦额：《夜谭随录》，第228页。
④ 陈森：《品花宝鉴》，第2页。

坊，属西城，包括阜成门街北至西直门街南的大片地区。① 显然，作者只是仿用了鸣玉坊的名称。梅家在外城，魏聘才从梅家走路去听戏，"不多路就到了戏园地方"，而且"这条街共有五个园子"。从这段描写来看，梅家距离正阳门外戏园子聚集地不远，可能是在正西坊琉璃厂附近。

在城市社区中，比坊更小的单元是街巷，北京习惯称之为胡同。北京的胡同始于元代，源出蒙古语 gudum。北京城居民用水主要依靠水井，因此水井成为聚居区的标志，从而发展为街巷的代称。此说受到质疑，但或许被朱一新所接受。《京师坊巷志稿》在记载某条胡同时，首先介绍的就是此胡同有水井几口。元杂剧《单刀会》中有"杀出一条血胡同来"之语。《沙门岛张生煮海》中亦有"砖塔儿胡同"之名。砖塔胡同在西四南大街，地名一直未变，称得上是北京最古老的胡同之一。北京到底有多少条胡同？《析津志辑佚》记载大都有"三百八十四火巷，二十九胡同"。明《京师五城坊巷胡同集》记载北京有街巷 711 条，胡同 459 条，共 1170 条。清《京师坊巷志稿》记载北京有街巷胡同 2077 条，其中直接称为胡同的有 978 条。元、明、清三代，北京的胡同数量逐代递增。现在，虽然大量的胡同已被拆除，但胡同仍然是北京城的重要标签。

胡同不仅构成北京城的城市肌理，也是市民安居之所。明清时期北京的居住街区，最容易被提及的空间，不是坊，而是胡同。胡同历经明清两朝，变化较少，但其中居住的人则换了一拨又一拨，如此，胡同不免让人有物是人非、时移世易之感。胡同里的花木、屋宇、寺观等，颇能引人感怀。康熙年间查慎行回忆槐树斜街的古槐："槐树斜街即土地庙斜街，旧时古槐夹路，今每月逢三日为市集，槐亦仅有存者。"② 晚清时期震钧回味地安门外大街的市井烟火："地安门外大街最为骈阗。北至鼓楼，凡二里余，每日中为市，攘往熙来，无物不有。余居板场胡同时，暇尝游此。其地西邻海子，行所必经。门外有酒家，二三知己，小酌清言，直不知身在人海。曾联有'四座了无尘事在，八窗都为酒人开'之句。饮罢，小步湖漘，荷香柳影，致足撩人。"③ 震钧还在羊馆胡同，"闲尝小步其间，

---

① 参见张爵《京师五城坊巷胡同集》，第 11~12 页。
② 查慎行：《人海记》，第 23 页。
③ 震钧：《天咫偶闻》，第 83~84 页。

景物全非，烟水自妙，留连久之"，不觉有物是人非之感，于是填写《八声甘州》词。①

北京的胡同不少以居住其中的市井细民的营生命名，如内城明时坊有马丝绵胡同、麻绳胡同、灯草王家胡同，外城正东坊有打磨厂、鲜鱼巷、猪市口，正西坊有羊肉胡同、柴胡同、取灯胡同。北京贵人、名人多，以贵人、名人命名的胡同亦多。比如，佟府夹道，"顺治时孝康章皇后之兄、安北将军佟国纲，康熙时孝懿仁皇后之父、内大臣佟国维，皆封一等承恩公。后并袭，其赐第在此，故名"。②

在明清笔记中，胡同更多地与名人居所相关联，体现了胡同在北京居住空间中的重要地位。《宸垣识略》"例言"体现出对街巷胡同中名人宅邸的重视，其云："内城王侯甲第，前考未载。兹录亲王以至贝子，皆从始封之爵。""八旗公侯赐第，承袭更换，不能遍考，先就所知书之。""京宦赐庐邸寓，更易无常，概从其略。间有地已易主，而当年宸翰犹悬，屋已倾废，而前人题咏可考，录之以识一时鸿雪。"③ 正文内容也印证了这一点，卷5至卷8不仅记述了诸多王侯显宦宅邸，在每卷末也都有补充。如卷6补充"一等信勇公第在东四牌楼北六条胡同。……二等承恩公第在安定门街红庙前"，④ 可见作者一直在增订此类信息。《藤阴杂记》的作者戴璐"巡视东城，六街踏遍"，考察了诸多胡同与名人居所。诸如，"汪文端公第，在东城十三条胡同（今名汪家）。有黼黻宣勤、六曲持衡赐额"；"宣武门街右为陈少宗伯邦彦第，堂曰春晖屋，有藤花，文简公丙午自粤还朝，见花盛放，赋诗。今屋归全浙会馆，藤花尚盛"。⑤林林总总，不一而足。《天咫偶闻》中的记载亦不少，比如：

交道口西有巷曰肃宁府，明魏良卿封肃宁伯居此。至今巷口大石狮一岿然尚在，第则不可问矣。⑥

---

① 参见震钧《天咫偶闻》，第78页。
② 朱一新：《京师坊巷志稿》，第111页。
③ 吴长元辑《宸垣识略》，"例言"，第5~6页。
④ 吴长元辑《宸垣识略》，第121页。
⑤ 戴璐：《藤阴杂记》，第40、82页。
⑥ 震钧：《天咫偶闻》，第82页。

法梧门祭酒小西涯故居,在松树街东头,李公桥西壖下第一家。今已无人居,老树数株,茆屋半敧,灌园人栖止。①

明清小说中亦有关于北京胡同的叙述。如陈森的《品花宝鉴》,非常细致地描述了清代嘉庆、道光以后的北京梨园生活,对于市井的日常生活描写尤为细致。按照小说的叙述,徐家的怡园在南横街,从梅子玉赏灯的灯市走大约二里路。② 北京确实有南横街。崇彝《道咸以来朝野杂记》载:"《品花宝鉴》一书,为陈少逸所著。……虽为章回说部,影射当年时局甚悉。凡书中人物皆暗有所指,如华公子者,譬之成亲王,徐度香指尹文端子庆某,怡园者,即王文靖花园,在南横街。"③ 崇彝认为小说中的怡园就是外城南横街上的王文靖花园。《京师坊巷志稿》记载:

南横街 井一。迤西隶西城。井四。旧有礼部所属会同馆,今废。有千佛庵、圆通观,俱详寺观。又有华严庵。有祥符、嘉兴、全浙、淮安、孟县、泾县、粤东诸会馆。南小胡同曰椅子圈、荷叶厂。沈铭彝孟庐札记:宛平王文贞公崇简旧第在南横街,有宝翰堂,藏两朝所赐书画数百轴。又有忆园、青箱堂,今七间楼遗址尚存,祠亦在焉。④

《京师坊巷志稿》引用了《宸垣识略》《藤阴杂记》《履园丛话》《曾文正公年谱》《查礼铜鼓堂集》等文献,列举了南横街的多所名人宅邸。其中最有名的当数"宛平王文贞公崇简旧第",就是南横街的怡园。《藤阴杂记》载:"怡园跨西、北二城,为宛平王文靖公第。宾朋觞咏之盛,诸名家诗几充栋。"乾隆戊午年,"怡园毁废数年","此后房屋拆卖殆尽,尚存奇石老树,其席宠堂曲江风度赐匾,委之荒榛中,今空地悉盖官

---

① 震钧:《天咫偶闻》,第87页。
② 参见陈森《品花宝鉴》,第126页。
③ 崇彝:《道咸以来朝野杂记》,第75页。
④ 朱一新:《京师坊巷志稿》,第270页。

房"。①《品花宝鉴》在小说中构筑了一个"纸上园林",将其命名为"怡园",或许正是对南横街怡园的追忆。

如今,北京城里的坊名与所辖区域基本上均已发生变化,但是胡同却成为老北京的象征。虽然胡同的数量锐减,胡同人家的生活也发生了较大的变化,但是老城区33片历史文化街区里的那些胡同,明清时期的肌理仍在,那里依然生活着大量居民。游客走进胡同,既能够感受胡同人家的生活,也能够通过胡同口的铭牌,了解胡同的历史以及生活在其中的名人。

三 合院格局与起居空间

就居住空间而言,胡同的下一重空间则是屋宇。李渔言:"人之不能无屋,犹体之不能无衣。"② 屋宇是基本的人居单位。北京最常见的屋宇则是四合院。四合院为合院建筑之一种。元代以后,无论是帝后妃嫔、王公大臣,还是文士商贾、市井细民,其宅院形制基本上都是四合院。

北京的胡同里错落有致地分布着大大小小的四合院。小到单进,大到纵深五进,左右三路,甚至紫禁城都是一个个四合院叠加而成。关于北京城、坊与胡同的记载,明清笔记较之小说更为细致具体,甚至可以依照笔记的记载绘制一幅北京城坊图、胡同图。但就四合院而言,小说显然更有优势。明清笔记中关于宅院的记载比较笼统与零星,而小说中四合院是人物饮食起居的重要场所,对它的描写不仅立体与细致,而且更为形象与灵动。

最小的四合院为一进四合院,也称独院,呈"口"字形。《续红楼梦新编》第7回写道:"荣府请定了先生,贾政就叫贾琏令人将院门外西边一所独院,四间正房、两间厢房,向日作账房的挪出,从新裱糊干净。内一间作先生卧榻,外间明的三间,就作学房,西厢房作下人起坐处,预备茶水。"③ 这座独院因为是与大院相连,所以只有正房与西厢房,如果加上东厢房与倒座房(南房),就是规范的一进四合院。其次是二进四合

---

① 戴璐:《藤阴杂记》,第87~88页。
② 李渔:《闲情偶寄》,第180页。
③ 海圃主人:《续红楼梦新编》,第56~57页。

院，呈"日"字形。二进四合院分为前院和后院，后院又叫内宅。前院由门厅、倒座房组成，后院有正房、东西厢房，有的还有游廊，由垂花门或月亮门连接前后院。《品花宝鉴》描写吉祥胡同苏蕙芳的住处："春航只得整一整衣裳，随了跟班的进了大门，便是一个院落，两边扎着两重细巧篱笆。此时二月下旬，正值百花齐放，满院的嫣红姹紫，秾艳芬芳。上面小小三间客厅，也有钟鼎琴书，十分精雅。……蕙芳即让春航进内，走出了客厅，从西边篱笆内进去，一个小院子，是一并五间：东边隔一间是客房，预备着不速之客的卧处；中间空着两间作小书厅，西边两间套房，是蕙芳的卧榻。"① 苏蕙芳住的就是二进四合院，只是小说并没有完整描写院落的布局。

　　三进院是最为完整的四合院，就是在二进之后还有一重院落，呈"目"字形。一般而言，三进院才是真正的四合院。四、五进院以上的四合院则属于深宅大院，特别是五进院以上一般只有皇亲国戚才能居住，数量较少。而王府大院一般都是分左、中、右三路，由数重院落组合而成，规模更为宏大。四、五进院落通常为"前堂后寝"式。第一进院与第三进院相同，第二进院是对外使用的厅房和东西厢房，之后再设一道垂花门，在厅房和垂花门之间形成第三进院，垂花门之后是第四进院（主院），有正房和厢房，如果后面有后罩房，则构成第五进院。《品花宝鉴》（第5回）中富三爷的宅院，就是四进或五进的四合院。魏聘才去拜访富三爷，小说清晰地描写了其院落结构。魏聘才"同着管门的进去"的，是一进院落；进了二门后有穿堂的，是二进院落；有正厅与厢房的，是三进院落；而"内屋"所在的院子，显然是四进院落。至于是否有后罩房，则不得而知。《品花宝鉴》中华公子的住宅，则是一个多进院落的四合院建筑群：

　　　　聘才在车内一望这门面，就觉威严得了不得，就是南京总督衙门，也无此高大。门前一座大照墙，用水磨砖砌成，上下镂花，并有花檐滴水，上盖琉璃瓦，约有三丈多高，七丈多宽。左右一对大石狮

---

① 陈森：《品花宝鉴》，第 181~182 页。

子，有八尺多高。望进头门里，约有一箭多远，见围墙内两边尽是参天大树，衬着中间一条甬道，直望到二门，就模模糊糊，不甚清楚。……走进二门，又是甬道，足有一百多步，才到了大厅。回事的引着，转过了大厅，四面回廊，阑干曲折，中间见方，有一个院子，有花竹灵石，层层叠叠。又进了垂花门，便是穿堂。再进了穿堂，便觉身入画图：长廊叠阁，画栋雕梁，碧瓦琉璃，映天耀日。聘才是有生以来，没有见过这等高大华丽，绚烂庄严，心上有些畏惧。①

通过这段描写可知，魏聘才走的中路，就已经有五进院落。而在第11回中，徐夫人去拜访华夫人，则是"香车到了穿堂，用软肩舆一直抬进了内堂院子里"，徐夫人等人用膳时，丫鬟们则去后院吃饭。女眷活动的这两处，就是内院与后院。而且魏聘才等人又去了西路的西花厅、东路的东花园，"走了半天，心中也记不清过了多少庭院"，显然，华公子住宅是一个由三路、多进院落组成的四合院建筑群。《红楼梦》中的贾府，也是典型的四合院建筑群，此处不复赘述。

四合院是由多个单体建筑组合而成，包括大门、影壁、垂花门、穿堂、抄手游廊、正房、厢房、耳房等。明清小说对此都有细致的描写。比如，《红楼梦》中，宁国府门前蹲着两个大石狮子，配以"三间兽头大门"（第3回）。大门是院内与外界沟通的通道，形制不同，级别亦不同。王府大门规格最高，设于主宅院的中轴线上，而普通四合院的大门则开在东南角。石狮子与"三间兽头大门"正是国公府的标配。《品花宝鉴》中，华公子宅院"门前一座大照墙，用水磨砖砌成，上下镂花，并有花檐滴水，上盖琉璃瓦，约有三丈多高，七丈多宽"。这座"大照墙"就是影壁，是四合院大门内外的重要装饰壁面，主要起遮挡、挡风、美化等作用。魏聘才第一次到梅家，在垂花门外等候引见。垂花门是区别内外院的第一道门，也是宅院的二门，俗称内门。魏聘才与富三爷在华公子家，"转过了大厅，四面回廊，阑干曲折"，去东花园"向外弯弯转转，尽走

---

① 陈森：《品花宝鉴》，第231~232页。

的回廊"。"回廊"就是抄手游廊，在较为讲究的四合院里，正房、厢房与垂花门之间，一般都有抄手游廊连接。

梁思成在《中国建筑史》中提到，在建筑的种类中，住宅与人生关系最为密切。① 四合院典型地体现了中国传统的人际关系与伦理观念。四周封闭的高墙与宅门形成宅院的第一层空间，以区别家里与家外。前院与垂花门形成第二层空间，以界定主客。花厅、书房等形成第三层空间，区别"前堂后寝"，以界定私密。内院形成第四层空间，以界定性别。有后罩房的后院为第五层空间，以界定主仆。在四合院的居住空间中，男女主人住北房，儿孙住东西厢房，男仆住倒座房，女仆住后罩房，未婚女子则住在最里面的院子。内外有别、上下有别、男女有别、嫡庶有别、长幼有序等传统伦理观念都在这种庭院式居住形态中得以体现。

四合院居室陈设也非常具有北京特色，最典型的就是火炕与牖窗。《燕京杂记》云："燕地苦寒，寝者俱以火炕，炕必有墙，墙有窗户。"② 火炕是北方民居的特有陈设，从紫禁城到胡同，不可或缺。《人海记》载："每年十一月初一日，始烧暖炕、设围炉，旧谓之'开炉节'。"③《红楼梦》中，王夫人"居坐宴息"的东房，"临窗大炕上铺着猩红洋罽，正面设着大红金钱蟒靠背，石青金钱蟒引枕，秋香色金钱蟒大条褥。两边设一对梅花式洋漆小几"。"老嬷嬷们让黛玉炕上坐，炕沿上却有两个锦褥对设，黛玉度其位次，便不上炕，只向东边椅子上坐了。"④《儿女英雄传》中，安家给何玉凤准备的屋子，"南北两间，都是靠窗大炕，北间隔成一个里间，南间顺炕安着一个矮排插儿，里外间炕上摆着坐褥、炕桌儿"。⑤ 这两处描写都显示出火炕设置在窗下，且是招待客人的重要起居设施。《燕京杂记》载："燕齐之室，瓦上无窗以透光者，如室南向，则于南北墙俱作牖，牖去地仅二尺余，卧室土炕即作于牖下，牖与炕相去无咫尺，论语谓'自牖执其手'。"⑥ 这种于居室内设南北炕的建筑形制，

---

① 参见梁思成《中国建筑史》，三联书店，2011，第298页。
② 阙名：《燕京杂记》，第275页。
③ 查慎行：《人海记》，第120页。
④ 曹雪芹著，无名氏续《红楼梦》，第44页。
⑤ 文康：《儿女英雄传》上册，第445页。
⑥ 阙名：《燕京杂记》，第255页。

在北方约定俗成。直至今时,东北、华北部分地区仍然保持着"屋内对修土炕"的习俗。

相比楼房,四合院最令人神往的当是"接地气"的院子。北方的院子与南方的天井都是"中国建筑的'通风口'、'采光器'与家庭血族之公共活动场所,也是建筑群体的'呼吸器官'。它在文化心理上,是人与自然进行感情交流、交融的一种建筑文化方式,别具东方情调"。① 北京四合院的院子阳光充足,空间敞亮,非常适合栽植绿色植物,称得上"诗意地栖息"之地。在明清笔记、小说中,院内的梧桐、梨树、丁香、古藤、海棠等,为四合院增添了浪漫而温馨的意境。宣武门外海波寺街的一座寻常四合院,因院中的古藤为朱彝尊等文人青睐,成为著名的古藤书屋。戴璐的《藤阴杂记》则直接以四合院中的"藤阴"命名。在《品花宝鉴》中,梅子玉的院子"芍药盛开,庭外又有丁香、海棠等,红香粉腻,素面冰心","鸟声聒碎,花影横披"。② 樱桃巷琴言的小院子,"只见绿窗深闭,小院无人,庭前一棵梅树,结满了一树黄梅,红绽半边,地下也落了几个"。③ 这些文字,将四合院独具特色的"东方情调"渲染得淋漓尽致。

四合院是北京人最为适宜的起居空间。夏仁虎在《旧京琐记》中不吝赞美之词:"京师屋制之美备甲于四方,以研究数百年,因地因时,皆有格局也。户必南向,廊必深,院必广,正屋必有后窗,故深严而轩朗。大家入门即不露行,以廊多于屋也。夏日,窗以绿色冷布糊之,内施以卷窗,昼卷而夜垂,以通空气。院广以便搭棚,人家有喜庆事,宾客皆集于棚下。正房必有附室,曰套间,亦曰耳房,以为休息及储藏之所。夏凉冬燠,四时皆宜者是矣。"④ 即使是大杂院,虽不免有"口角奸盗之事","然亦有相安者,则必有一人焉或最先居入,或识文字,或擅口才,若领袖然。至于共处既久,疾病相扶,患难相救,虽家人不啻也"。⑤ 邓云乡

---

① 王振复:《建筑美学笔记》,百花文艺出版社,2005,第 129~130 页。
② 陈森:《品花宝鉴》,第 235 页。
③ 陈森:《品花宝鉴》,第 297 页。
④ 夏仁虎:《旧京琐记》,第 182 页。
⑤ 夏仁虎:《旧京琐记》,第 182~183 页。

曾满怀深情地回忆北京的四合院："四合院之好，在于它有房子、有院子、有大门、有房门。关上大门，自成一统；走出房门，顶天立地；四顾环绕，中间舒展；廊栏曲折，有露有藏。"[1] 北京胡同里的四合院，见证了北京城的世事变迁和风土人情，成为展示北京历史与文化的独特空间。

第四节 出行

出行方式反映了人类社会的发展水平与人们的生活方式。在古代社会，出行方式往往还是权力、身份、财富等级的象征。明清时期，北京城的出行方式主要依托肩舆、车马等陆上交通工具，肩舆缓缓与车马喧阗，构成了北京街头出行的风俗画卷。它不仅体现了传统礼制文化的等级秩序，还体现出北京城的包容性与地域性特征。

一 社会等级与出行礼仪

舆服制是国家礼制的重要内容。"舆"指车舆。周人以车马为载体建立了一套等级礼仪制度，以彰显贵族的特殊地位。《周礼》中就有"王之五路"的规定，五路指玉路、金路、象路、革路、木路。[2] "路"即王车的专称，后世又称"辂"。《周礼》所记"王之五路"成为帝王卤簿规格划分的标准之一，直到明清时期仍在沿用。除天子所乘之"路"外，还有"服车五乘：孤乘夏篆，卿乘夏缦，大夫乘墨车，士乘栈车，庶人乘役车"。[3] "服车"即官车，官员所乘之车分为五等，从高等级的夏篆、夏缦、墨车，到低等级的既载人又载货的栈车、役车，以此彰显不同的身份等级。周代以后，历代车马制度都以"谨出入之防，严尊卑之分"为宗旨，以达到"明等级，分尊卑"之目的。

明清时期，帝后妃嫔、王公大臣等的出行仪仗、工具，亦有严格的礼仪规定。北京作为都城，礼制更为森严，出行礼仪也更为引人注目。明清笔记、小说对此的记载与描述也颇为丰富。

---

[1] 邓云乡：《老北京的四合院》，《旧京散记》，江苏文艺出版社，2006，第19页。
[2] 参见徐正英、常佩雨译注《周礼》，第564页。
[3] 徐正英、常佩雨译注《周礼》，第571页。

第八章 衣食住行与日常生活

车舆制度，首先体现为帝王的出行规制。帝王上朝、出宫祭祀、巡幸、狩猎等，都有相应的卤簿制度。卤簿即皇帝出行时扈从的仪仗队，帝王出行目的不同，卤簿规格亦不同。沈德符《万历野获编》记载了明代皇帝出行的"御辂"：

> 大驾卤簿为大朝会丹陛所设者，大凉步辇一、步辇一、大马辇一、小马辇一、玉辂一、大辂一、板轿一，至于上郊祀及巡幸近地，但乘步辇，其他用备观美而已。按古有五辂，曰金、曰革、曰象、曰玉、曰木，今玉辇大辂以象负之，而革木之名不显，意者木辂即板舆，唯革辂则征伐用之。武宗以正德十四年亲征宸濠，曾乘革辂，最合古礼。玉辂则耕籍田用之，其他辂不知先朝亦曾御否。予儿时值乙酉之五月，今上以卑躬祷南郊，自宫中即徒步入天坛，亲见穆若之容，衣青苎布袍，系黑角带，天行矫健，群臣莫及，四阁臣俱侍从。时山阴王家屏为末相，中暍于途，扶曳以归，潞王亦扈从上左右，直至午后，上始乘马回宫，并步辇却勿御也。至主上禁中游幸，唯用棕轿，其制轻捷又减步辇数倍。①

明代皇帝出行，有大驾卤簿、丹陛驾、武陈驾等规格，其中大驾卤簿规格最高。大驾卤簿规制最初定于洪武二十六年（1393），后虽有改易，但变化不大。洪武开国，崇尚以节俭治国，"明初诏礼官，卤簿弥文，务从省节，以示尚质去奢之意"。② 从沈德符的记载来看，明代皇帝出行不那么讲究场面："郊祀及巡幸近地"，"乘步辇"；南郊祈雨，甚至"徒步入天坛"；在"禁中游幸"，则乘坐"棕轿"。清初，皇帝出行卤簿与明万历年间相似，乾隆朝之后则趋于完备。乾隆十三年（1748），清廷"钦定辇舆之制"，将卤簿仪制分为大驾卤簿、法驾卤簿、銮驾卤簿、骑驾卤簿四个等级，皇帝"辇舆"分为玉辇、金辇、礼舆、步舆、轻步舆，具体使用规定为："大祀南郊乘玉辇，北郊、太庙、社稷坛乘金辇，其余朝

---

① 沈德符：《万历野获编》，《明代笔记小说大观》第3册，第1925~1926页。
② 《明史》卷64，第1587页。

日、夕月、耕耤以下等祀，均乘礼舆。遇朝会，则并设于太和门外。驾出入，御步舆。行幸，御轻步舆。"①《清稗类钞》详细记载了各种"辇舆"的规格、形制、图案、颜色等，比如规格最高的"玉辇"：

> 玉辇，木质髹朱，圆盖方座，饰以青衔玉版四。冠金圆顶，镂金垂云承之。曲梁四垂，端为金云叶。青缎重幨，周为襞积，绣金龙，系黄绒纨四，属于座隅。柱绘云龙。冬垂青毡门帏，夏易以朱帘，黑缎缘，四面各三。座缀版二层，上绘彩云，下绘金云，环以朱阑，饰间金彩。阑内周布花毯，中设金云龙宝座，左列铜鼎，右植服剑。内列四辕，两端衔金龙首尾，外用纳陛五级，左右阑皆髹朱，亦饰金彩，舁以三十六人。大驾用之。②

乾隆帝去天坛祭天所使用的大驾卤簿，除了"玉辇"，还配备有大象、乐队及仪卫、随驾官员等扈从。声势煊赫的大驾卤簿，成为清代北京特有的出行景观。

太后、皇后、贵妃等宫廷女眷出行，亦有相应的车舆制度。《红楼梦》中对元妃省亲场景的描述，则形象地展现了妃嫔出行的情形：

> 忽见一对红衣太监骑马缓缓的走来，至西街门下了马，将马赶出围幕之外，便垂手面西站住。半日又是一对，亦是如此。少时便来了十来对，方闻得隐隐细乐之声。一对对龙旌凤翣，雉羽夔头，又有销金提炉焚着御香；然后一把曲柄七凤黄金伞过来，便是冠袍带履。又有值事太监捧着香珠、绣帕、漱盂、拂尘等类。一队队过完，后面方是八个太监抬着一顶金顶金黄绣凤版舆，缓缓行来。贾母等连忙路旁跪下。早飞跑过几个太监来，扶起贾母、邢夫人、王夫人来。那版舆抬进大门，入仪门往东去，到一所院落门前，有执拂太监跪请下舆更衣。于是抬舆入门，太监等散去，只有昭容、彩嫔等引领元春下舆。③

---

① 徐珂编撰《清稗类钞》第13册，第6096页。
② 徐珂编撰《清稗类钞》第13册，第6096页。
③ 曹雪芹著，无名氏续《红楼梦》，第236~237页。

元妃省亲的仪仗中，最显眼的就是一把"曲柄七凤黄金伞"与八位太监抬着的一顶"金顶金黄绣凤版舆"。其中"曲柄七凤黄金伞"在红学界引发了争论，成为《红楼梦》成书于乾隆年间的重要证据。乾隆以前，清代皇贵妃、贵妃出行仪仗使用红缎七凤曲柄伞。乾隆十三年，清廷"钦定辇舆之制"，皇贵妃使用"明黄七凤曲柄盖"，贵妃使用"金黄七凤曲柄盖"。①《红楼梦》中元春仪仗使用"曲柄七凤黄金伞"，反映了乾隆年间贵妃出行的礼仪。为便于皇室女性成员出行，明廷还配有专门的女轿夫，《宛署杂记》《人海记》《清稗类钞》对此都有记载。如《人海记》载：

> 明朝有女轿夫林凤妻王氏等一百九十三户。查原籍福建闽侯怀三县人，于洪武中拨送南京应当女户，永乐间随驾北都，专供大驾婚礼选妃及亲王各公主婚配应用。给与优免下帖，令其男子在外供给，免其杂差。天顺间，各户消乏，告扯五城及宛平县，会同签补。嘉靖三十一年止存八户。题签楚相妻王氏一百余名补足。末年，楚相等陆续改拨锦衣校尉。万历中复行签补，不许夤缘改拨。②

女轿夫作为明代的一种特殊"女户"，"专供大驾婚礼选妃及亲王各公主婚配应用"，这也是明代车舆制度的产物。

车舆制度对百官的出行也进行了严格规定。官员在皇城行走，往往只能步行，有殊荣者才能骑马或使用肩舆。《万历野获编》卷8"禁苑用舆"、卷9"貂帽腰舆"都提及明代官吏在西苑使用肩舆的规定。肩舆即"肩行之车"，因用人之肩膀抬行而得名，"古称肩舆、腰舆、板舆、笋舆、兜子"，③俗称轿子。按照《万历野获编》的记载，嘉靖年间，宰臣年老者，奉旨得内府乘马，严分宜"以衰老得赐腰舆，至八十再赐肩舆，为古今旷绝之典"，如私自使用腰舆等出行工具，是为大不敬，易招致

---

① 参见张书才《〈刘心武揭秘红楼梦〉刍议》，《红楼梦学刊》2006年第1辑。
② 查慎行：《人海记》，第93页。
③ 陆容：《菽园杂记》，《明代笔记小说大观》第1册，第479页。

灾祸。①

　　车舆制度对官员在北京的日常出行工具亦有规定。明初规定公卿百官乃至庶民可以使用马车、牛车等，但肩舆不得随意使用，骑马也有所谓"鞍辔之制"。明代中后期世风尚奢靡，出行逾制现象时有出现，肩舆之风开始盛行。"洪武、永乐间，大臣无乘轿者，观两京诸司仪门外，各有上马台可知矣。或云：乘轿始于宣德间，成化间始有禁例。"② 沈德符《万历野获编》还记载了京官滥用肩舆的现象：

　　　　故事，在京三品大臣始得坐轿，以故光禄太仆卿之升金都御史，虽甚雄剧，然以从三转正四，故有"抬轿谢恩骑马到任"之语。万历初元，承世庙末年朝仪久旷之后，四品卿寺皆乘围轿，其下则两人小舆，相沿已久。……比年上深居不视朝，辇下肩舆纷纭载道，恐当复如初元时也。③

　　万历"怠政"之后，肩舆泛滥现象严重，"辇下肩舆纷纭载道"，明初以来的车舆制度显然受到较大冲击。

　　清代车舆制度，承明制又有所改易。明代朝臣禁止在紫禁城内骑马或乘坐肩舆，但清乾隆时期朝臣有赐马的荣宠，嘉庆后亦有赐肩舆的"旷典"。昭梿《啸亭续录》记载：

　　　　明制，诸朝臣皆左右长安门步行至午门，从无赐禁门骑马者。故阁臣沈鲤扶病入掖垣，屡至颠仆，为时人所怜云。国朝定制，王、贝勒、贝子皆乘马入禁门，至景运门下骑，诸大臣一仍明制。乾隆中，上念诸臣待漏入直，每遇风雪，徒步数里，甚为颠蹶，因特许诸阁臣乘马入内，以示荣宠。嘉庆己巳，上特旨诸大臣年逾七十者，赐肩舆入直，尤为旷典云。④

---

① 参见沈德符《万历野获编》，《明代笔记小说大观》第3册，第2113页。
② 陆容：《菽园杂记》，《明代笔记小说大观》第1册，第479页。
③ 沈德符：《万历野获编》，《明代笔记小说大观》第3册，第2446~2447页。
④ 昭梿：《啸亭杂录　续录》，《清代笔记小说大观》第5册，第4690页。

清代官员车舆制度自顺治至晚清时期虽然略有不同，但都突出了满汉、文武大臣、京内京外之区别。同样是乘坐肩舆，不同类别的官员有所不同。《听雨丛谈》"肩舆"条记载：

> 本朝初年，汉人官京朝者，亦多乘马。其后准乘肩舆，三品以上用四人，四品以下用二人。今京官一二品汉大员，均乘肩舆，舁以四人。三品以下不乘肩舆，亦无二人肩舆之制。满洲与汉人稍有区别，亲王、郡王准乘八人肩舆，平日亦用四人，取其便捷之意。贝勒、贝子、镇国公、辅国公虽有暖轿之制，近日只乘朱轮车。蒙古王非特恩无乘轿之制，咸丰五年，科尔沁亲王僧格林沁，因军功赐乘肩舆。一品文职大臣、军机大臣均乘四人肩舆，二品大员年逾六旬始乘肩舆，恐习于燕安而废骑射之意也。外官武臣均乘马，文臣督抚、使臣，舆夫八人，布政使而下至知县，皆肩舆四人，佐贰杂职只准乘马，今亦乘二人肩舆，非制也。外官入京皆乘车，不准用肩舆，惟直隶总督许用，盖大宛两县亦其兼属也。①

乾隆以前，京官喜好乘肩舆上朝。"王文简公士祯有赠南海程驾部可则诗，有'行到前门门未启，轿中安坐吃槟榔'句。时京师正阳门五更启钥，专许轿入，盖京官向乘肩舆也。"② 清代的肩舆以抬轿的人数区分，主要可分为八轿与四轿，规格与形制不同。其中"京官无坐八轿者。外官为督抚、学政，可于大典时乘坐，将军、提督亦偶有乘之者。……轿之四周，帏以绿呢。命妇之得其夫、其子之封典者亦乘之"。"以舆夫四人所昇之轿，俗呼之曰四轿，前后各二。京官之得用舆者，及外官自藩、臬以下，及命妇之得有夫若子之封典者，皆得乘。四周饰以蓝呢。"③ 还有一种"显轿"，就是"上下前后左右皆无障"，这种轿子明代已有，主要供"各省乡试入闱时之主考、监临、监试、提调，郡邑迎春时之知府、

---

① 福格：《听雨丛谈》，第56~57页。
② 徐珂编撰《清稗类钞》第13册，第6116页。
③ 参见徐珂编撰《清稗类钞》第13册，第6117~6118页。

同知、通判、知县、教官、县丞、典史"使用。①

清代乾、嘉年间，京官"易轿为车"。道光初年，京官流行坐轿。光、宣年间，京官坐马车。晚清时期，随着人力车、汽车、电车等的出现，出行方式有了更多选择，交通方式的礼制色彩逐渐消退，但其作为身份、地位、财富象征的标识并没有完全消失。

二 肩舆车马与出行方式

明清时期的主要出行工具，陆行则车马，水行则舟船。北京是大运河沿线的重要城市，从北京往返南方，主要依托舟船。但北京城的出行方式则主要依托肩舆、车马等陆上交通工具。

肩舆是最为舒适的出行工具，也是特权与财富的象征。皇室王公乘坐"舆轿"，达官贵人乘"官轿"，都严格按照车舆制度出行。北京作为都城，达官显宦众多，同行一条街，难免存在避让的问题。按照礼仪制度，自然是品级低者避让品级高者。明清笔记似乎对官员出行中的避让逸事情有独钟。沈德符《万历野获编》"京官避大轿"条记载："阁臣礼绝百僚，大小臣工无不引避，唯太宰与抗礼，然亦有不尽然者；至太宰之出，唯大九卿尊官及词林则让道住马以俟其过，他五部则庶僚皆引避，虽科道雄剧，亦不敢抗。至少宰之出，其体同五部正卿，他亚卿则不然矣。"而庶吉士的情况则比较特殊，"至庶吉士向来止避阁师及太宰，余卿贰俱竟于道上遥拱"。② 庶吉士为翰林院短期职位，由进士中有潜质者担任，为皇帝近臣，负责起草诏书，为皇帝讲解经籍等，是明内阁辅臣的重要来源之一。庶吉士品级虽不高，却有发展前途，因此在避让官轿时，仅避让阁师及太宰。沈德符又说，"北京台省诸公，遇六卿必避"，而"南京则不然"。看来，在出行避让方面，北京形成了特有的文化现象。

清代，宗室多居住在北京，宗室与朝臣难免"狭路相逢"，相关避让逸事也颇引人关注。崇彝《道咸以来朝野杂记》记载："荣寿公主，恭亲王长女也。……凡出入，行人皆回避，车马停止让路，予屡遇于途，皆策

---

① 参见徐珂编撰《清稗类钞》第13册，第6117页。
② 沈德符：《万历野获编》，《明代笔记小说大观》第3册，第2210页。

第八章　衣食住行与日常生活

马入巷避之。光绪初，锡席卿尚书珍，官副都御史，遇诸市，其顶马偶犯卤簿，为公主驱从所捉，并其车夫皆押于协尉官厅中。锡无法前行，亦羁于官厅。后经协尉声明，叩求于轿前，始放行。"① 锡席卿，即锡珍（1847~1889），额尔德特氏，官至内阁学士，吏部、刑部尚书。锡珍作为"副都御史"，也不免受辱于公主轿前，宗室出行之嚣张气焰可见一斑。徐珂《清稗类钞》亦记载有道光年间工部尚书王广荫"舆被阻"之事：

> 通州工部尚书王广荫官京师时，尝乘肩舆入朝，行至正阳门，见前有某世爵之旧呢后档车，疲骡驾之，从者亦寥寥，按辔徐行，阻王舆，不得进。前驱者以鞭挥之曰："某马疾，且欲入朝，君等权时落后，何如？"从者大怒曰："尔倚官势，敢打世家仆耶？"言未已，忽车中一戴珊瑚顶八团补服者搴帘，露半面，徐睨，手挥从者退，曰："工部王大人，红人也，尔等不可犯，避路让之。"便揽辔路左不行。王知某世爵贫而狡，急降舆谢罪，某亦拉手相问讯，无怒容，乃分道去。过午归，有青衣持帖送一仆至云："适在路获罪，送府领责。惟此奴体羸，为尊纪所捶伤，咯血数矣，祈药之，可无恙也。"王知其诈，顾无如何，赠白金二十笏，命从者致辞曰："敬呈药资，小价已痛惩矣。"事乃已。②

作为从一品的工部尚书，王广荫的品级不可谓不高，其"舆被阻"，甚至还被"碰瓷"。"碰瓷"者为"贫而狡"的世家子，王广荫只得吃亏认栽。朝廷官员遇上宗室，不论是受宠的公主，还是"贫而狡"的世家子，都须小心处理。

官员出行，亦有"喝道"的惯例。"喝道"声起，行人回避。长安街、棋盘街上的"喝道"声更是声名远播。明史玄《旧京遗事》载："长安街冠盖塞途，惟相公传呼之最远，行者皆引马避道。夜归，火光照路，行者候其光远乃敢策马而前。台、省诸曹，候问必以夜，盖相公暮归也。

---

① 崇彝：《道咸以来朝野杂记》，第45~46页。
② 徐珂编撰《清稗类钞》第13册，第6120页。

长安街委巷有傅家园,是尚书傅公永淳别业,宴客之辰,未尝演曲唱戏,亦恐相公闻声以成其尊贵之体尔。"① 清代"喝道"惯例有所改变。《香祖笔记》记载:"京朝官三品已上在京乘四人肩舆,舆前藤棍双引喝道;四品自佥都御史已下止乘二人肩舆,单引,不喝道。……今则至棋盘街左右即止,凡八座皆然,行人亦无回避者矣。"②

北京出行坐轿的群体中还有女性。《红楼梦》中,林黛玉进贾府,坐的就是小轿。黛玉坐着轿子,穿过街市,来到宁荣街,然后轿子一路抬进荣国府。轿夫退出去后,另换了三四个衣帽周全的十七八岁的小厮上来,复抬起轿子,直到垂花门前落下。众小厮退出后,众婆子上来打起轿帘,黛玉被扶下轿。这一路上,轿子就是一个封闭的空间,将黛玉与外面的世界隔离开来。明清时期女性出行的礼仪,在此处得到了细致的呈现。这种女性出行场景,在《品花宝鉴》中也有呈现。《品花宝鉴》第11回,徐夫人到华夫人家做客,徐夫人一路坐车到了华夫人家的穿堂,然后用软肩舆一直抬进了内堂院子,再被丫鬟扶着下轿。回去时亦如此,先坐轿子到穿堂,再在穿堂坐车回家。女子不论坐轿还是坐车,都处于密闭空间,外人很难见面。男女有别,在此体现得尤其鲜明。

在北京街面上,还有一种驮轿。驮轿,亦称骡轿、驼轿。《红楼梦》第59回写道:"临日,贾母带着蓉妻坐一乘驮轿,王夫人在后亦坐一乘驮轿。"③ 驮轿也就是驮在骡子、骆驼等背上的轿子,一般由两匹骡子或骆驼拉抬中间轿子。《清稗类钞》载:"骡轿,形如箱,长四尺弱,阔一尺强,高三尺弱,以二长杠架于前后二骡之背。杠上置轿,颇宽大,可坐卧其中,并略载行李。"④ 驮轿空间大,轿中人可随意躺卧,适合长途旅行。

明清两朝,肩舆的使用有诸多限制,因此,它并不是北京街头主流的出行工具。相比较而言,车马能够满足不同阶层人士出行所需,成为最常见的出行工具。此处的车马,既指马车、驴车、骡车等畜力车,也指马、

---

① 史玄:《旧京遗事》,第155页。
② 王士禛:《香祖笔记》,第220页。
③ 曹雪芹著,无名氏续《红楼梦》,第809页。
④ 徐珂编撰《清稗类钞》第13册,第6121页。

驴、骡等牲畜。北京街头既有声势浩大的车队，又有慢慢悠悠的驴子、骡子，不同的出行工具相融共生，组成了一幅别样的都城出行图。

车马的规制同样受车舆制度的制约，车辆形制，装饰物的质地、颜色、引马的数量、装饰物等，因乘坐者的职位高低而有所不同。《道咸以来朝野杂记》对清道光、咸丰以后的车马形制记载颇详，依其记载，清代"车有方车，有四尺长辕车，有三尺八大鞍车，有三尺六小鞍车"之别。车的装饰及特点：方车围用绿呢，上顶有璎珞网，乃妇女遇大典时所乘；四尺长辕车围用蓝色红障泥，乘坐者多为各部长官，级别最高者，"前有引马，后有跟马。御车之夫不得跨沿，皆牵骡而行，谓之拉小拴。尚有一参加车夫，谓之双飞燕"；三尺八大鞍车，男女皆可乘坐，"惟五品以下官员则用绿油障泥"；三尺六小鞍车"上者驾快骡，表里无不华美，官员所乘，前有引马，在车之右，则非若大鞍之式。其马与骡只差一头，谓之旁顶马，行走如风，足显轻肥风度也"。①《品花宝鉴》第5回描述的华公子的出行车队，可与上述相关记载相参照：

> 一日天气晴和，雪也化了，聘才想起富三爷来，要进城去看他，便叫四儿去雇了一辆车坐了，望东城来。对面遇着一群车马，泼风似的冲将过来，先是一个顶马，又一对引马，接着一辆缘围车，旁边开着门。聘才探出身子一看，只觉电光似的，一闪就过去了。……看他穿着绣蟒貂裘，华冠朝履，后面二三十匹跟班马，马上的人，都是簇新一样颜色的衣服。接着又有十几辆泥围的热车……后面又有四五辆大车，车上装些箱子、衣包，还有些茶炉、酒盒、行厨等物。那些赶车的，都是短袄绸裤，绫袜缎鞋，雄纠纠的好不威风。②

华公子祖上是世袭一等公，本人任二品闲散大臣，家里养着一百几十匹马，七八十头大骡子。此次出行，有一匹顶马，一对引马，一辆缘围车，二三十匹跟班马，还有十几辆泥围的热车、四五辆大车跟随，声势浩

---

① 参见崇彝《道咸以来朝野杂记》，第34页。
② 陈森：《品花宝鉴》，第71~72页。

大,威风凛凛,足以彰显其身份。崇彝在《道咸以来朝野杂记》中言:"《品花宝鉴》一书……虽为章回说部,影射当年时局甚悉。凡书中人物皆暗有所指,如华公子者,譬之成亲王。"① 成亲王永瑆为乾隆帝第十一子,嘉庆帝异母兄,小说中华公子的出行或许有夸饰的成分,但在一定程度上反映出京师鲜衣怒马的公子哥儿出行的情形。

除方车、四尺长辕车、三尺八大鞍车、三尺六小鞍车之外,清代还有下级官员以及胥吏仆从使用的普通马车。相比于肩舆,普通马车的成本显然更低。因此,京官出于经济考虑,有时会弃肩舆而选马车。何刚德《春明梦录》记载:

> 王公大臣许坐四人肩舆,或蓝呢,或绿呢,无甚区别,非如外官,必三品始坐绿呢轿也。然亦有不坐轿而坐车者,车则必用红套围,非堂官却不许僭也。要其坐轿坐车,则以贫富论,不以阶级分也。缘坐轿,则轿夫四人必备两班三班替换,尚有大板车跟随于后,且前有引马,后有跟骡,计一年所费,至省非八百金不办。若坐车,则一车之外,前一马,后或两三马足矣,计一年所费,至奢不过四百金,相差一倍。京官量入为出,不能不斤斤计较也。②

何刚德所述为晚清时的情况。清代京官清贫,正如《都门竹枝词·京官》云:"轿破帘帏马破鞍,熬来白发亦诚难。粪车当道从旁过,便是当朝一品官。"③ 清中叶后,在京一、二品官员加上养廉银等,年收入一般不会超过万两。坐轿出行,轿夫则预备两三班替换,出行时还得前后引马,后有跟骡,一年开销最少得八百金,对于高级官员仍然是一笔较大的开销。而坐车最多四百金,更为经济实惠。因此何刚德感慨:"坐轿坐车,则以贫富论,不以阶级分也。"

雍、乾年间,北京街头已出现驴车与骡车。《竹叶亭杂记》载:

---

① 崇彝:《道咸以来朝野杂记》,第75页。
② 何刚德:《春明梦录 客座偶谈》,第60页。
③ 佚名:《都门竹枝词·京官》,路工选编《清代北京竹枝词》(十三种),第41页。

额约斋司农云:"乾隆初只有驴车。其先德农中丞起初在部当差时,犹只驴车。惟刘文正有一白马车,人见白马车即知刘中堂来矣。"自川运例开,骡车始出,其时名骡车为"川运车"。适读吾乡刘海峰征君《赠姚道冲归里》诗,有"骡车日日穿胡同"句。道冲为余叔高祖,名孔锌,以雍正戊申保举人才来京。然则骡车雍正时已有之矣。①

驴车、骡车成本低,成为穷京官的首选。《水窗春呓》载:"乾、嘉间翰林至清苦,吾乡黄霁青先生,己巳传胪,至庚辰始授广信府。十余年冷署,皆步行,否则赁骡车,从无有自豢车马者,同辈皆然,不独一人也。京师有谚语,上街有三厌物,步其后有急事无不误者,一妇人,一骆驼,一翰林也。其时无不着方靴,故广坐及肆中,见方靴必知为翰林矣。"② 按规制,翰林可以乘坐马车,但一般的翰林养不起,只能雇骡车,甚至步行。不光是翰林,其他的普通京官也多选择骡车。何刚德回忆道:"余初到京,皆雇车而坐。数年后,始以二十四金买一骡,雇一仆月需六金。后因公事较忙,添买一跟骡,月亦只费十金而已,然在同官汉员中,已算特色。盖当日京官之俭,实由于俸给之薄也。"③ 何刚德初到北京雇的大概率也是骡车。北京出租的骡车,又名"站口儿车""海车",《清稗类钞》解释道:"京师长街通衢,骡车林列,以待过客之赁坐者,曰站口儿车,盖在胡同之口也。一曰海车,言其跑海也。海,喻其广漠无边,不能有定所也。"④

骑马、驴、骡等出行,广泛适用于社会各阶层。马、驴、骡统称"头口",是北方最为普遍的出行工具,北京城亦如此。明初,三品以上官员才能坐轿,因此多数京官骑马、骑驴或步行上朝。谢肇淛《五杂组》记载:"国初进士皆步行,后稍骑驴,至弘正间有二三人共雇一马者,其后遂皆乘马。余以万历壬辰登第,其时郎署及诸进士皆骑也,遇大风雨

---

① 姚元之:《竹叶亭杂记》,《清代笔记小说大观》第5册,第4890~4891页。
② 欧阳兆熊、金安清:《水窗春呓》,中华书局,1984,第57页。
③ 何刚德:《春明梦录 客座偶谈》,第60~61页。
④ 徐珂编撰《清稗类钞》第13册,第6100页。

时，间有乘舆者。迄今仅二十年，而乘马者遂绝迹矣。"① 骑马不仅得养马，还得养善控马者，因此骑马者渐少。骑驴的成本显然更低，也成为百姓的首选。时至民国，骑驴逛白云观仍然是北京正月的一大景观。林海音的《骑毛驴儿逛白云观》中写道："北方的乡下人，无论男女都会骑驴，因为它是主要的交通工具。……到了正月，北平的宣武门脸儿，就聚集了许多赶小毛驴儿的乡下人。毛驴儿这时也过新年，它的主人把它打扮得脖子上挂一串铃子，两只驴耳朵上套着彩色的装饰，驴背上铺着厚厚的垫子，挂着脚镫子。……到了白云观，付了驴夫钱，便随着逛庙的人潮往里走。"② 骡子也是寻常脚力。和邦额《夜谭随录》中有内务府领催某甲骑骡之事：

> 内务府领催某甲，家在阜城门外某庄，去城七八里。逐日公事毕，辄乘一健骡归去，往往至夜。路旁故有井，骡过饮水而后行，率以为常。去井数十武，有歧径，较官道近里许，然极荒僻，骡行惯，至此必嘶奔而就之，虽极力鞭勒，终舍大路而弗由也。③

骆驼也是北京街面上一景。骆驼善负重，遂成为京师运煤的首选工具。《燕京杂记》载："京师不尚薪而尚煤，煤出于西山，驮以骆驼，络绎不绝，行道者苦之。"④ 卖煤人骑骆驼行走街面，应是常态。《啸亭续录》记载有"煤驼御史"之事："宪皇帝时，求谏甚切，凡满、汉科道皆令轮班奏事，如旷职者，立加罢斥。有满、汉（疑为'洲'——引者注）御史某，奏禁卖煤人毋许横骑驼背，以防颠越，上斥其官。时传以为笑柄，谓之'煤驼御史'云。"⑤

随着时代的变迁，北京的出行方式也在不断发生变化。《儿女英雄传》中的安老爷抱怨："国初官员乘马的多，坐轿的少，那班世家子弟都

---

① 谢肇淛：《五杂组》，《明代笔记小说大观》第 2 册，第 1798 页。
② 林海音：《骑毛驴儿逛白云观》，《北平漫笔：林海音散文精选》，当代世界出版社，2018，第 111~113 页。
③ 和邦额：《夜谭随录》，第 265 页。
④ 阙名：《燕京杂记》，第 274 页。
⑤ 昭梿：《啸亭杂录 续录》，《清代笔记小说大观》第 5 册，第 4756 页。

是骑马，还有骑着骆驼上衙门的呢。渐渐的忘了根本，便讲究坐轿车；渐渐的走入下流，便讲究跑快车；渐渐的弄到不能养车，便讲究雇驴车；渐渐的连雇驴车也不能了，没法，虽从大夫之后，也只得徒行起来了哇！"①安老爷之言虽是抱怨世风日下，却体现了北京出行方式的变迁。

三　街面风尘与出行体验

京师繁华，出行应属惬意之事。《长安客话》载："大明门前棋盘天街，乃向离之象也。府部对列街之左右。天下士民工贾各以牒至，云集于斯，肩摩毂击，竟日喧嚣，此亦见国门丰豫之景。"②《梼杌闲评》中，魏忠贤母子"到了前门，见棋盘街上衣冠齐楚，人物喧闹，诸般货物摆得十分闹热，比别处气象大不相同"。③其实，明清时期整个北京城，仅棋盘街石砌而成，其他都是土路。《燕京杂记》载："京师街道除正阳门外绝不砌石，故天晴时则沙深埋足，尘细扑面，阴雨则污泥满道，臭气蒸天，如游没底之堑，如行积秽之沟，偶一翻车，即三熏三沐，莫蠲其臭。"④关于明清士人对北京街面的印象，已有学者进行了相关研究。⑤本节仅以明清笔记、小说为例，描述明清时期北京街面情况及出行体验。

在北京出行，第一苦楚来自风沙。北京最恶劣的天气之一无疑是沙尘暴，且明清时期更为严重。相关研究表明，在明代276年当中，北京共有95个年份出现春夏时节沙尘蔽日的极端天气。刮风沙最为频繁的时期为成化、正德、嘉靖、万历、天启至崇祯年间。比如，成化四年（1468）三月，刮风沙累日，天坛、地坛的外墙"风沙堆积，几与墙等"；嘉靖二年（1523）二月至四月，"风霾大作，黄沙蔽天，行人多被压埋"，"黄沙着人衣俱成泥渍"；万历十三年（1585）三月，"大风自西北来，有声，黄埃蔽天"；等等。⑥北京的风沙在明清笔记中有较多记载。《五杂组》

---

① 文康：《儿女英雄传》下册，第745页。
② 蒋一葵：《长安客话》，第11页。
③ 佚名：《梼杌闲评》，第75页。
④ 阙名：《燕京杂记》，第256页。
⑤ 参见邱仲麟《风尘、街壤与气味——明清北京的生活环境与士人的帝都印象》，刘永华主编《中国社会文化史读本》，北京大学出版社，2011，第431~464页。
⑥ 参见尹钧科等《北京历史自然灾害研究》，中国环境科学出版社，1997，第153~157页。

载:"燕、齐之地,无日不风,尘埃涨天,不辨咫尺,江南人初至者甚以为苦,土人殊不屑意也。"①《燕京杂记》载:"渡河以北,渐有风沙,京中尤甚。每当风起,尘氛埃影,冲天蔽日,觌面不相识,俗谓之刮黄沙。月必数次或十数次,或竟月皆然。……风沙之起,触处皆是,重帘叠幕,罩牖笼窗。然钻隙潜来,莫如其处,故几席间拂之旋积。古人谓京师輭红尘土,不其然乎?"②昭梿的《啸亭续录》记载了一次浴佛节出行经历:

> 戊寅春,雨泽稀少,狂风日起。浴佛日,余结伴游万寿寺,时天气晴和,热甚,着单衣犹觉挥汗。午后黑云由东南来,风沙霾暗,余即驱车归。甫入室,犹未解衣,天顿昏黑,室中燃烛始能辨物。至逾时顷,火云四起,天渐明朗而暴风愈甚,竟夕乃已,亦一异也。闻市廛车马沸喧,路人皆不敢行。有老妪佝偻为风吹毙者,又有遗失幼孩者,一时传为谈柄云。③

戊寅年即嘉庆二十三年(1818),浴佛日即四月初八日,此时值春夏之交,已非北京风沙最为肆虐的季节,但竟然导致"老妪佝偻为风吹毙",可见风沙之大。

为了防风沙,北京人时常戴面纱出行。这种以纱覆面的出行习惯,一直延续到当代。20世纪80、90年代,北京女子春日出行,仍然喜欢以纱巾覆面。

沙尘暴带来的直接后果,就是街面沙尘严重,大风刮起,又是沙尘飞扬。为此,清代设有泼水卒,专责泼洒街道。但泼水卒肯定只是设置在主要街道,其他小街及胡同等则只能任沙尘飞扬。

雨天出行,街面泥泞,行人苦不堪言。《梼杌闲评》第7回写侯一娘冬日去沿街卖唱,"走了几日觅不到三五十文钱,连房钱也不彀。一则脚小难行,二则京中灰大,一脚下去连鞋帮都陷下去了,提起来时,鞋又掉

---

① 谢肇淛:《五杂组》,《明代笔记小说大观》第 2 册,第 1482 页。
② 阙名:《燕京杂记》,第 256 页。
③ 昭梿:《啸亭杂录 续录》,《清代笔记小说大观》第 5 册,第 4757~4758 页。

了"，① 街面泥泞之深，导致连鞋帮都陷下去了。《品花宝鉴》第 12 回则详细描写了春日田春航的出行：

> 此时仲春，……天又蒙蒙的下起细雨来，春航也无心再看，付了戏钱，出得门来，地下已滑得似油一样。不多几步，只见全福班的翠宝坐着车，劈面过来，见了他，扭转了头，竟过去了。春航心里颇为不乐，只得低着头，慢慢找那干的地方。谁料这街道窄小，车马又多，那里还有干土？前面又有一个大骡车，下了帘子，车沿上坐着个人，与一个赶车的如飞的冲过来。道路又窄，已到春航面前，那骡子把头一昂，已碰着春航的肩，春航一闪踏了个滑，站立不牢，栽了一交。这一交倒也栽得凑巧，就沾了一身烂泥，脸上却没有沾着。②

上述文字非常形象地描绘了雨日的北京街面，行人在泥泞中行走的狼狈情形。街道泥泞的一个重要原因是城里积水严重。明清北京城的下水道系统基本上沿用元代，并随外城进行扩建。街道的沟渠有明沟与暗沟。明沟为干渠，暗沟大多用砖石砌成，上盖石板。沟渠年久淤塞，积水严重，不仅造成街面的污染，甚至常有行人失足跌入。明清时期这一现象长期存在，雍正、乾隆都曾在谕旨中对沟渠清淤问题做出批示，但始终未能从根本上解决。震钧《天咫偶闻》记载六部情形："刑部地最洼下，长夏淫霖，大门以内，水入车箱，各司皆以木床为甬路，而后可入。大理寺、都察院亦然，相传谓之'水淹三法司'。"③ 三法司院内尚如此，街面情形可见一斑。为此，北京还出现了专门背人过街的职业，叫"人背人"。

街面污染的另一个原因就是随地便溺。明清时期，北京的街道胡同通常没有公共厕所，随地大小便现象非常普遍。寻常人家也不设茅房，妇女使用净桶（马桶），排泄物直接倾倒街面。《燕京杂记》载：

> 京师溷藩，入者必酬以一钱，故当道中人率便溺，妇女辈复倾溺

---

① 佚名：《梼杌闲评》，第 78 页。
② 陈森：《品花宝鉴》，第 174~175 页。
③ 震钧：《天咫偶闻》，第 30 页。

器于当衢,加之牛溲马勃,有增无减,以故重污叠秽,触处皆闻。余初入都,颇觉气味参商,苦出门者,累月后亦安之,殊不觉矣。①

如此不雅之举,积习日久,成为社会上的一大陋习。从犄角旮旯的胡同,到商业繁华的大栅栏,人们都习以为常,"大栅栏之同仁堂生意最盛,然其门前为街人聚而便溺之所,主人不为忤,但清晨命人泛扫而已。盖惑于堪舆家言,谓其地为百鸟朝凤,最发旺云"。② 在都城北京出现如此场景,实在是不可思议。除人粪外,街上还有牲畜粪便,骆驼、驴、骡、牛、马的排泄物,气味随风扬起,臭不可闻。在这样的环境下,出行体验实在是糟糕至极。闭门不出,或许是最好的选择。谢肇淛在《五杂组》中感慨:"京师住宅既逼窄无余地,市上又多粪秽,五方之人,繁嚣杂处,又多蝇蚋,每至炎暑,几不聊生。稍霖雨即有浸灌之患,故疟痢瘟疫,相仍不绝。摄生者惟静坐简出,足以当之。"③

为了解决街面污染问题,明清两朝都曾采取过一些措施,定期淘沟清淤就是其中之一。每年二月,北京城都要淘沟,此时出行苦不堪言。《燕京杂记》载:"京城二月淘沟,道路不通车马,臭气四达,人多佩大黄、苍术以避之。正阳门外鲜鱼口,其臭尤不可向迩,触之至有病亡者。此处为屠宰市,经年积秽,郁深沟中,一朝泄发,故不可当也。"④ 淘沟时,出行之人只好以大黄、苍术来缓解臭味,正阳门外鲜鱼口处臭气浓到致人病亡,实在令人咋舌。二月恰逢大比之时,北京有"臭沟开,举子来"的民谚。《觉花寮杂记》载:"燕台为帝王之都,而数百年来,街道失修,河渠湮塞,每年二月,各街开沟,臭秽触鼻,夏初始竣,故俗有'臭沟开,举子来;臭沟塞,状元出'之谚。街中泥沙积尺许,没踝胶轮。春间少雨多风,每风起时,黄埃蔽日。"⑤

除了淘沟清淤,朝廷还以其他手段进行街道整治。如《万历野获编》

---

① 阙名:《燕京杂记》,第256~257页。
② 夏仁虎:《旧京琐记》,第236页。
③ 谢肇淛:《五杂组》,《明代笔记小说大观》第2册,第1501页。
④ 阙名:《燕京杂记》,第257页。
⑤ 李家瑞编《北平岁时征》,第93页。

载，为整治街面，官府甚至拆毁侵占街道的房屋，手段粗暴。① 这也说明，北京街面出行的问题确实难以解决。

总体而言，明清笔记中描述的街面风尘与出行感受，与北京作为都城的京师气象形成较大反差。

北京作为都城，首先要树立的是皇权思想与正统观念。同时，都城往往集天下之大成、荟四方之精华，形成其包容性的城市特征。明清时期北京街头的肩舆与车马，集中体现了北京城正统性与包容性并存的特点。此时，北京街头既有缓缓而行的宗室王公、达官显宦的肩舆，也有喧阗而来的马车、驴车、骡车，甚至还有马、驴、骡、骆驼等代步工具。各式出行工具行进于尘土飞扬或泥泞不堪的大街小巷，等级分明却又相融共生，彰显出彼时北京城独特的城市风貌。

---

① 参见沈德符《万历野获编》，《明代笔记小说大观》第3册，第2411~2412页。

第九章　剧坛风云与梨园习尚

中国戏曲至元代形成了固有形式。在戏曲发展史上，北京厥功至伟，元大都即为全国戏曲中心。著名戏曲家关汉卿、王实甫、纪君祥等都聚集于此，《窦娥冤》《西厢记》《梧桐雨》《赵氏孤儿》等在城市中心地带上演。明代，戏曲中心南移，昆山腔、弋阳腔等传奇声腔盛行于南方地区。但在北京宫廷戏曲演出及贵族家庭演剧活动日益频繁，北京仍然在戏曲史上占据重要地位。至清代，北京再次成为全国戏曲中心，戏曲艺术成为北京文化的重要组成部分。民哀《南北梨园略史》云："清自乾嘉之世，海内狃于无事，士大夫日酣嬉于笙歌间而宫中尤尚戏曲，歌舞升平，上行下效，流风所被，京师遂为戏剧独盛之区。"[1] 柴小梵《梵天庐丛录·清季戏剧》亦载："上自王公卿相，下至厮养舆儓，均惟戏曲是好。京中士大夫废书不读，除习馆阁小楷外，仅知听戏而已……盖清季戏剧之盛，实昉于宫禁。亲贵转相效法，遂浸成为时尚。"[2] 陈森在《品花宝鉴》开篇即感慨："京师演戏之盛，甲于天下。地当尺五天边，处处歌台舞榭；人在大千队里，时时醉月评花。真乃说不尽的繁华，描不尽的情态。"[3] 林林总总的笔记与小说，详细叙录清代京师梨园的繁华与习尚。

第一节　花雅之争

在中国戏曲史上，杂剧变为传奇是一大变革，雅部转为花部又是一大变革。杂剧变为传奇，发生于明代；雅部转为花部，则发生于清代。雅部即昆腔，花部即乱弹。安乐山樵（吴长元）《燕兰小谱·例言》云："元时院本，凡旦色之涂抹、科诨、取妍者为'花'，不傅粉而工歌唱者为

---

[1] 周剑云编《鞠部丛刊》，《民国丛书》第2编，上海书店，1989，第1页。
[2] 柴小梵：《梵天庐丛录》，山西古籍出版社，1999，第613页。
[3] 陈森：《品花宝鉴》，第2页。

'正'，即唐'雅乐部'之意也。今以弋腔、梆子等曰'花部'，昆腔曰'雅部'，使彼此擅长，各不相掩。"① 清代北京剧坛，花雅之争是一大事。花部和雅部争胜，其实就是花部诸声腔向占据统治地位的雅部昆曲②发起的挑战。小铁笛道人《日下看花记》自序云："有明肇始昆腔，洋洋盈耳。而弋阳、梆子、琴、柳各腔，南北繁会，笙磬同音，歌咏升平，伶工荟萃，莫盛于京华。往者，六大班旗鼓相当，名优云集，一时称盛。嗣自川派擅场，蹁跹竞胜，坠髻争妍，如火如荼，目不暇给，风气一新。迩来徽部迭兴，踵事增华，人浮于剧，联络五方之音，合为一致，舞衣歌扇，风调又非卅年前矣。"③ 清代笔记及通俗小说（《红楼梦》《品花宝鉴》等）呈现了北京剧坛轰烈的"花雅之争"。

一　昆山腔的盛行

明代，起源于南方温州地区的南戏发展迅速，逐渐形成昆山腔、弋阳腔、海盐腔、余姚腔四大声腔。至明末清初，昆山腔、弋阳腔脱颖而出，响彻南北。

昆山腔流丽悠远，出乎三腔之上，"听之最足荡人"。④ 明代嘉、隆年间，曲学家魏良辅、梁辰鱼等对昆山腔的唱腔进行重要改革，使其脱离原有的审美趣味，变得细腻典雅。自此，昆山腔与弋阳腔等民间戏曲声腔分野越发明显，朝精英化、典丽化方向演进。至万历朝，昆山腔已成为文人士大夫阶层最推崇的南曲声腔。万历时人顾起元《客座赘语》记载当时情形：

> 大会则用南戏，其始止二腔，一为弋阳，一为海盐。……今又有昆山，校海盐又为清柔而婉折，一字之长，延至数息，士大夫禀心房之精，靡然从好，见海盐等腔，已白日欲睡，至院本北曲，不啻吹箎

---

① 张次溪编纂《清代燕都梨园史料》，中国戏剧出版社，1988，第6页。
② 昆曲，亦称昆山腔、昆腔、昆剧。
③ 张次溪编纂《清代燕都梨园史料》，第55页。
④ 徐渭：《南词叙录》，中国戏曲研究院编《中国古典戏曲论著集成》第3册，中国戏剧出版社，1959，第242页。

击缶,甚且厌而唾之矣。①

昆山腔传至北京的确切时间,未见文献记载,但不晚于明万历三十八年(1610)。袁中道《游居柿录》卷4有相关记载:

> 万历三十八年庚戌,正月初一日,寓石驸马街中郎兄寓。中郎早入朝,午始归。予过东寓,偶于姑苏会馆前逢韩求仲、贺函伯,曰:"此中有少宴集,幸同入。"是日多生客,不暇问姓名。听吴优演《八义》。②

从上述记载来看,明万历年间,北京的姑苏会馆就已有来自吴地的伶人演出昆曲《八义记》。在通俗小说《梼杌闲评》中,万历年间北京城里的职业昆班有50班,弟子们的寓所在新、旧帘子胡同及椿树胡同等地,其中就有"苏州小班"。③

清康熙年间,政局渐趋稳定,北京的戏曲演出逐步走向繁盛。康熙二十二年(1683),"上以海宇荡平,宜与臣民共为宴乐,特发帑金一千两,在后宰门驾高台,命梨园演《目连》传奇,用活虎、活象、真马"。④ 此次宴乐,是昆曲在清代宫廷的第一次大规模演出,对昆曲在北京的发展、繁荣推动作用明显。康熙喜爱昆曲,且颇有造诣,每次南巡皆有江南昆曲戏班在御前承应,一批江南昆曲名家亦随之来到北京,居于景山,充当内廷教习。吴长元《宸垣识略》载:"景山内垣西北隅有连房百余间,为苏州梨园供奉所居,俗称苏州巷。总门内有庙三楹,祀翼宿。前有亭,为度曲之所。其子弟亦延师授业,出入由景山西门。"⑤ 清代宫廷还有专门负责太监学戏、排戏的"南府"。岫云《昇平署之闻见》云:"高庙巡幸江南,始带回昆剧并四大名班。昆腔班,隶南府,专排当时新编之剧,并承应高庙亲制之御制腔。"⑥

---

① 顾起元:《客座赘语》,《明代笔记小说大观》第 2 册,第 1430~1431 页。
② 袁中道:《游居柿录》,第 71 页。
③ 参见佚名《梼杌闲评》,第 76 页。
④ 董含:《尊乡赘笔》,1911 年《说铃》本。
⑤ 吴长元辑《宸垣识略》卷 16,第 347~348 页。
⑥ 岫云:《昇平署之闻见》(上),《国剧画报》第 1 卷第 14 期,1932 年 4 月 22 日。

昆山腔亦受到京师贵胄、士绅的喜爱，他们多蓄家班，演唱昆腔，不仅自娱，也用以宴请宾客。职业昆班也发展迅猛，涌现了内聚班（一作聚和班）、三也班、可娱班、金斗班等著名昆班。① 其中，内聚班就是首次演出昆剧名作《长生殿》的班社。徐珂在《清稗类钞》中高度评价了内聚班演出的《长生殿》："康熙朝，京师内聚班之演《长生殿》，乾隆时，淮商夏某家之演《桃花扇》，与明季南都《燕子笺》之盛，可相颉颃。"②《桃花扇》演出，亦盛极一时。"长安之演《桃花扇》者，岁无虚日，独寄园一席，最为繁盛。名公巨卿，墨客骚人，骈集者座不容膝。"③"长安"指代北京，"寄园"位于北京宣南地区，是安徽休宁人赵吉士（1628～1706）的私园。此园风景优美，意趣盎然，是清初文人雅士聚会酬唱之所，自然也成为搬演昆曲《桃花扇》的绝佳场所。即便乾、嘉朝花部崛起后，昆山腔仍深得士大夫文人钟爱。钱泳《履园丛话》卷12《艺能·度曲》记载："近士大夫皆能唱昆曲，即三弦、笙、笛、鼓板亦娴熟异常。余在京师时，见盛甫山舍人之三弦，程香谷礼部之鼓板，席子远、陈石士两编修能唱大小喉咙，俱妙。"④

乾、嘉时期，秦腔、徽调陆续进京，花部崛起，但昆曲在北京梨园的地位依然保持。一方面因为昆曲为官方认可的合法声腔，皇亲国戚、高官显宦与文人雅士的社交场合，皆尚昆曲。另一方面，昆曲唱腔体现士大夫的审美趣味，他们是昆曲的主要支持者，能引领时尚。因此，当时的花部戏班为了在京城生存和发展，都有兼唱或专唱昆曲的演员。据统计，在道光之前的清代中期北京剧坛，史料记载的戏班有104班，能确定属于何种声腔的戏班有63班，其中昆腔戏班和以唱昆腔为主的戏班有29班。⑤ 咸丰之前在文人士大夫的聚会场合，昆腔一直是主要声腔。

---

① 参见范丽敏《清代北京剧坛花、雅之盛衰研究》，博士学位论文，首都师范大学，2002，第89页。
② 徐珂编撰《清稗类钞》第11册，第5013页。
③ 孔尚任：《桃花扇·本末》，人民文学出版社，1959，第6页。
④ 钱泳：《履园丛话》，《清代笔记小说大观》第4册，第3493页。
⑤ 参见范丽敏《清代北京剧坛花、雅之盛衰研究》，博士学位论文，首都师范大学，2002，第108页。

咸丰年间，北京皮黄日盛，但"堂会则多演昆剧，以士大夫嗜昆剧者多"。① 清末民初，仍有春阳友会、言乐社、消夏社、饯秋社、赏音社等昆曲社，定期举办昆曲彩排和演出活动。

弋阳腔传入北京的时间比昆山腔更早。徐渭《南词叙录》云："今唱家称弋阳腔，则出于江西，两京、湖南、闽、广用之。"② 《南词叙录》成书于嘉靖三十八年（1559），说明当时的"两京"（南京与北京）已有弋阳腔的演出。明末，弋阳腔还进入紫禁城演出。沈德符《万历野获编补遗》"禁中演戏"条称："今上始设诸剧于玉熙宫，以习外戏，如弋阳、海盐、昆山诸家俱有之。其人员以三百为率，不复属钟鼓司，颇采听外间风闻以供科诨。"③ 清代宫廷演剧，同样是昆山腔、弋阳腔兼备。清逸居士《南府之沿革》云：

  清之南府，设自国初，原名内廷乐部，沿前明例也。专备内廷演戏，归四十八处都领侍太监管理。供奉演剧者，皆太监，兼有外人，亦是承差人员，非业梨园者。所演之剧，只昆腔、弋腔二种。其戏文除昆腔、杂剧、院本外，多应节令之戏。设在景山内，后于康熙年间，迁入南长街，始改称南府。④

宫廷演出的节令戏，多为弋阳腔，且为惯例。昭梿《啸亭续录》"大戏节戏"条云：

  乾隆初，纯皇帝以海内升平，命张文敏制诸院本进呈，以备乐部演习，凡各节令皆奏演。其时典故如屈子竞渡、子安题阁诸事，无不谱入，谓之月令承应。其于内庭诸喜庆事，奏演祥征瑞应者，谓之《法宫雅奏》。其于万寿令节前后，奏演群仙神道添寿锡禧，以及黄

---

① 倦游逸叟：《梨园旧话》，张次溪编纂《清代燕都梨园史料》，第820页。
② 徐渭：《南词叙录》，《中国古典戏曲论著集成》第3册，第242页。
③ 沈德符：《万历野获编补遗》，《明代笔记小说大观》第3册，第2741页。
④ 清逸居士：《南府之沿革》，《戏剧丛刊》第2期，1932年5月20日。

童白叟含哺鼓腹者，谓之《九九大庆》。①

昭梿所记为乾隆年间的宫廷演剧情况，而晚清宫廷的节令戏仍是昆山腔、弋阳腔兼备。据记载，光绪十八年（1892）六月二十六日万寿节，依照旧例，"宫内戏皆用高腔，高腔者尾声曳长，众人皆和，有古意，其法曲则在高腔昆腔间别有一调，……真雅音也"。② 内廷常演的《鼎峙春秋》《劝善金科》《昇平宝筏》《封神天榜》等连台本传奇大戏，皆为昆、弋二腔。

虽然昆、弋二腔皆有，但康熙年间，昆山腔是主流。康熙三十二年（1693），李煦在《弋腔教习叶国桢已到苏州折》中提到："切想昆腔颇多，正要寻个弋腔好教习，学成送去，无奈遍处求访，总再没有好的。今蒙皇恩特着叶国桢前来教导……今叶国桢已于本月十六日到苏，理合奏闻，并叩谢皇上大恩。"③ 李煦费心寻求弋阳腔教习敬献，说明康熙身边不缺昆山腔名家，从中也可看出，康熙喜好昆山腔的同时，对弋阳腔也颇有兴趣。

曹雪芹历康、雍、乾三朝，其祖父曹寅府中便有家班，曹寅本人亦创作了昆曲《续琵琶》。家庭戏曲文化因子对曹雪芹的《红楼梦》创作产生了深远的影响，《红楼梦》中有多处描写贾府的演剧活动，留下了丰富的戏曲资料，形象地呈现出当时贵族世家的演剧活动。《红楼梦》中描写演剧场面，明确交代演出剧目名称的有30余出，其中昆曲22出，弋阳腔5出，杂剧1出。④ 这一方面说明当时剧坛仍以雅部为主，另一方面也缘于贾府处于上流社会。昆山腔主要受贵族、文人雅士的喜爱，而弋阳腔主要流行于民众。贾府自然选择雅部的昆山腔，其家班优伶都是姑苏人士，上演的剧目皆为昆曲。元妃省亲所点剧目《豪宴》《乞巧》《仙缘》《离魂》即为昆曲经典。当然，花部剧目也偶有演出，第22回宝钗生日，院内搭了家常小巧戏台，"定了一班新出小戏，昆弋两腔皆有"，王熙凤"知贾母喜热闹，更喜谑笑科诨，便先点了一出《刘二当衣》"。⑤ 据吴新雷等考证，

---

① 昭梿：《啸亭杂录　续录》，《清代笔记小说大观》第5册，第4687页。
② 《翁同龢日记》第5册，陈义杰整理，中华书局，1997，第2533页。
③ 故宫博物院明清档案部编《李煦奏折》，中华书局，1976，第4~5页。
④ 参见王潞伟、张颖《〈红楼梦〉中演出剧目考证》表1-1，《曹雪芹研究》2014年第3期。
⑤ 曹雪芹著，无名氏续《红楼梦》，第293页。

《刘二当衣》为弋阳腔。① 第19回，元春省亲后，贾珍在宁国府请戏班演戏作乐，上演的《丁郎认父》《黄伯央大摆阴魂阵》《孙行者大闹天宫》《姜子牙斩将封神》等剧目，皆为弋阳腔。《红楼梦》创作于乾隆年间，其中描写的贾府演剧活动，反映了康乾时期贵族家庭演剧以昆山腔为主，偶有弋阳腔的戏曲文化生态。

二　京腔与秦腔的兴起

戏曲起源于民间，在民间有着顽强的生命力。昆山腔素有"曲苑幽兰"之雅称，难以满足民众的娱乐需求；而弋阳腔、秦腔等声腔更迎合和贴近民众，逐渐被北京民众所接受，最终在北京剧坛占据主导地位。

明末清初，弋阳腔充分发挥"随地改音"的优长，与北京话相结合，形成新的剧种——京腔。它较旧的弋阳腔更为雅致，又保留其健康活泼的特色。康熙二十三年（1684），王正祥刊刻有《新定十二律京腔谱》，说明至迟在康熙前期，京腔在北京地区已被观众普遍接受。京腔历经康、雍朝，至乾隆间，始与昆腔争胜，逐渐打破明末清初北京剧坛昆山腔"一统天下"的局面。

京腔高亢嘹亮，又名高腔或弋腔，其声腔特色非常契合燕赵"慷慨悲歌"之气，获得旗人青睐。《燕京岁时记》云："高腔者，有金鼓而无丝竹，慷慨悲歌，乃燕土之旧俗也。"②《天咫偶闻》亦云："京师士夫好尚，亦月异而岁不同。国初最尚昆腔戏，至嘉庆中犹然。后乃盛行弋腔，俗呼高腔。仍昆腔之辞，变其音节耳。内城尤尚之，谓之得胜歌。"③乾隆朝，京腔出现六大著名戏班和以霍六为首的十三位著名艺人，杨静亭《都门纪略·词场门序》云："我朝开国伊始，都人尽尚高腔。延及乾隆年，六大名班，九门轮转，称及盛焉。其各班各种脚色，亦复荟集一时，故诚一斋绘十三绝图像，悬于门额。"④

---

① 参见吴新雷、宋铁铮《〈刘二当衣〉是一出什么样的戏?》，《红楼梦学刊》1979年第1辑。
② 富察敦崇：《燕京岁时记》，《燕京岁时记》（外六种），第115页。
③ 震钧：《天咫偶闻》，第174页。
④ 王利器辑录《元明清三代禁毁小说戏曲史料》（增订本），上海古籍出版社，1981，第66页。

第九章　剧坛风云与梨园习尚

陈森《品花宝鉴》创作于道光年间，其中的戏曲资料十分丰富，历来为治戏曲史者征引，但大多将其反映的内容定位于乾隆朝，当然也有学者认为该书反映道光初年北京剧坛情形。《品花宝鉴》第3回写男伶蓉官和"大老爷"富三爷的对话："大老爷是不爱听昆腔的，爱听高腔杂耍儿。"富三爷是典型的纨绔子弟，粗通诗文，性好玩乐。他不爱听昆腔，是因为"我实在不懂，不晓得唱些什么！"① 富三爷的喜好，一定程度上代表了北京民众的审美趣味。

至乾隆中后期，京腔又让位于秦腔。戴璐《藤阴杂记》记载："京腔六大班盛行已久，戊戌、己亥（按：指乾隆四十三年、四十四年）时尤兴王府新班。湖北、江右公谳，鲁侍御赞元在座，因生脚来迟，出言不逊，手批其颊，不数日侍御即以有玷官箴罢官。于是搢绅相戒不用王府新班，而秦腔适至，六大班伶人失业，争附入秦班觅食，以免冻饿而已。"② 秦腔始于陕西，"以梆为板，月琴应之"，③ 又名梆子腔，后在流传过程中与其他地方语言相结合，形成河北梆子、河南梆子、山东梆子等不同种类。秦腔传至北京，逐渐压倒京腔，成为与昆腔竞争的花部代表，也标志着"花部""雅部"概念的正式确立。乾隆四十四年（1779），四川秦腔艺人魏长生入京，成为标志性事件。魏长生为当时著名伶人，又颇有侠气，清代笔记中相关记载甚夥。《燕兰小谱》云："魏三，（永庆部）名长生，字婉卿，四川金堂人。伶中子都也。昔在双庆部，以《滚楼》一出奔走，豪儿士大夫亦为心醉。……使京腔旧本置之高阁。一时歌楼，观者如堵。而六大班几无人过问，或至散去。"④ 昭梿《啸亭杂录》卷8亦有魏长生传：

> 魏长生，四川金堂人。行三，秦腔之花旦也。甲午夏入都，年已逾三旬外。时京中盛行弋腔，诸士大夫厌其嚣杂，殊乏声色之娱，长生因之变为秦腔。辞虽鄙猥，然其繁音促节，呜呜动人，兼之演诸淫

---

① 陈森：《品花宝鉴》，第37页。
② 戴璐：《藤阴杂记》，第51页。
③ 李调元：《剧话》，《中国古典戏曲论著集成》第8册，第47页。
④ 吴长元：《燕兰小谱》，张次溪编纂《清代燕都梨园史料》，第32页。

亵之状，皆人所罕见者，故名动京师。凡王公贵位以至词垣粉署，无不倾掷缠头数千百，一时不得识交魏三者，无以为人。"①

魏长生的走红使得秦腔在京城风靡一时，"九门轮转，称极盛焉"的京腔六大班被迫解散。魏长生追随者甚众，有永庆部蒋四儿、大春部孟九儿、三庆部江金官、太和部薛四儿等。"京班多高腔，自魏三变梆子腔，尽为靡靡之音矣。"②戴璐《藤阴杂记》载："自乾隆庚子回禄后，旧园重整，又添茶园三处。而秦腔盛行，有魏长生、陈渼碧之流，悉载吴太初燕兰小谱。近又见瑞云录，以续燕兰小谱，皆好事者为之。"③秦腔以迅猛之势抢占京师剧坛，一时风光无两。

魏长生表演细腻，唱腔婉转，呈现出不同于京腔的审美趣味，但其所演"淫戏"，有低俗化倾向，批评声亦多。《啸亭杂录》谓魏长生"演诸淫亵之状，皆人所罕见者，故名动京师"。④《燕兰小谱》亦云："友人言：近日歌楼老剧冶艳成风，凡报条有《大闹销金帐》者，是日坐客必满。魏三《滚楼》之后，银儿、玉官皆效之。……使年少神驰目瞤，罔念作狂，淫靡之习，伊胡底欤？"⑤得硕亭《草珠一串》云："班中昆弋两蹉跎，新到秦腔粉戏多。男女传情真恶态，野田草露竟如何？"⑥乾隆五十年，清廷对秦腔发布"禁演"令，魏长生被驱逐出京。光绪《钦定大清会典事例》记载：

（乾隆）五十年议准，嗣后城外戏班，除昆、弋两腔仍听其演唱外，其秦腔戏班，交步军统领五城出示禁止。现在本班戏子，概令改归昆、弋两腔。如不愿者，听其另谋生理。倘有怙恶不遵者，交该衙门查拿惩治，递解回籍。⑦

---

① 昭梿：《啸亭杂录　续录》，《清代笔记小说大观》第5册，第4572~4573页。
② 吴长元：《燕兰小谱》，张次溪编纂《清代燕都梨园史料》，第45页。
③ 戴璐：《藤阴杂记》，第50~51页。
④ 昭梿：《啸亭杂录　续录》，《清代笔记小说大观》第5册，第4573页。
⑤ 吴长元：《燕兰小谱》，张次溪编纂《清代燕都梨园史料》，第47页。
⑥ 得硕亭：《草珠一串》，路工选编《清代北京竹枝词》（十三种），第55页。
⑦ 光绪《钦定大清会典事例》卷1039《都察院四十二·五城·戏馆》。

"禁演"令短时间内遏制了秦腔的演出势头，但并未能改变北京剧坛的发展格局。花部诸腔在与雅部昆腔的竞争中后来居上，在北京剧坛占据主导地位。

三　徽调、皮黄的盛行

乾隆五十五年（1790），为贺乾隆寿诞，徽班三庆班入京演出。徽班的进京，引发了北京剧坛新一轮的"花雅之争"。因朝廷有禁演令，徽班以唱昆腔为主，兼唱二黄调、吹腔、柳子等，可谓诸腔杂陈。二黄调是徽班的代表声腔。大约在道光二十年（1840）之后，二黄调与湖北汉戏的皮黄融合，形成新的剧种——皮黄。皮黄又称"黄腔"，民国后称"京剧"。杨静亭《都门杂咏·词场门》有咏《黄腔》："时尚黄腔喊似雷，当年昆弋话无媒。而今特重余三胜，年少争传张二奎。"[①] "黄腔班"著名者有七家：三庆、春台、四喜、和春、嵩祝、金钰、大景和。其中，三庆、春台、四喜、和春就是所谓的"四大徽班"。梁绍壬《两般秋雨盦随笔》卷3"京师梨园"条云：

> 京师梨园四大名班，曰四喜、三庆、春台、和春。其次之则曰重庆，曰金钰，曰嵩祝。……四班名噪已久，选才自是出人头地。即三小班中，亦各有杰出之人，擅场之技，未可以邻下目之。[②]

四大徽班入京后，一跃成为剧坛盟主。无论私人堂会还是戏园子演出，徽班皆成为演剧主力。当时的戏园如广德楼、广和楼、三庆园、庆乐园，都以徽班为主。《梦华琐簿》云："戏庄演剧，必徽班。戏园之大者如广德楼、广和楼、三庆园、庆乐园，亦必以徽班为主。下此，则徽班、小班、西班相杂适均矣。"[③] 徽班兼容并蓄，集其他剧种声腔所长于一体，不专唱一腔，且艺有专精，因此深受北京观众欢迎。此外，徽班旦角较多，迎合文人"品花"习气，易受文人追捧。嘉庆初年，清廷再次发布

---

① 杨静亭：《都门杂咏》，路工选编《清代北京竹枝词》（十三种），第83页。
② 梁绍壬：《两般秋雨盦随笔》，上海古籍出版社，2012，第93页。
③ 蕊珠旧史：《梦华琐簿》，张次溪编纂《清代燕都梨园史料》，第349页。

禁令，秦腔、徽调等乱弹诸腔俱在禁止之列，但收效甚微。《啸亭杂录》"秦腔"条云："近日有秦腔、宜黄腔、乱弹诸曲名，其词淫亵猥鄙，……虽屡经明旨禁之，而其调终不能止，亦一时习尚然也。"①

咸丰年间，皮黄艺人进宫演戏，促进了皮黄的流行。咸丰非常喜爱皮黄，《清稗类钞·戏剧类》记载："文宗在位，每喜于政暇审音，尝谓西昆音多缓惰，柔逾于刚，独黄冈、黄陂居全国之中，高而不折，扬而不漫。乃召二黄诸子弟为供奉，按其节奏，自为校定，摘疵索瑕，伶人畏服。"②同光年间，慈禧太后授意在内廷演剧中加大皮黄戏的比重，并专门挑选外面戏班和演员进宫演出，称为"内廷供奉"。受此影响，北京的私人堂会、大小戏园亦多唱皮黄腔。皮黄腔遂成为北京剧坛流行声腔。《天咫偶闻》卷7载：

> 道光末，忽盛行二黄腔。其声比弋则高而急，其辞皆市井鄙俚，无复昆、弋之雅。初，唱者名正宫调，声尚高亢。同治中又变为二六板，则繁音促节矣。光绪初忽竞尚梆子腔，其声至急而繁，有如悲泣，闻者生哀。余初从南方归，闻之大骇。然士夫人人好之，竟难以口舌争。昆、弋诸腔，已无演者。偶演，亦听者寥寥。③

《红楼梦影》创作于道光后，此时的北京剧坛已呈花部压倒雅部之势。贵族家庭的演剧活动花雅兼备，但花部演出越来越受欢迎。《红楼梦影》中写得最精彩的戏曲演出，是斗龙舟戏与"彩凤三星"，二者皆属花部演出。④《品花宝鉴》对北京剧坛"花雅之争"的描述极为生动：

> 听得那美少年说道："我听人说，戏班以联锦、联珠为最。但我听这两班，尽是些老脚色，唱昆腔旦一个好相公也没有。在园子里串来串去的，都是那残兵败卒，我真不解人何以说好？"蓉官道："我们这二联班，是堂会戏多，几个唱昆腔的好相公总在堂会里，园子里

---

① 昭梿：《啸亭杂录 续录》，《清代笔记小说大观》第5册，第4571页。
② 徐珂编撰《清稗类钞》第11册，第5017页。
③ 震钧：《天咫偶闻》，第174页。
④ 参见云槎外史《红楼梦影》第5回、第22回。

是不大来的。你这么一个雅人,倒怎么不爱听昆腔,倒爱听乱弹?"

那少年笑道:"我是讲究人,不讲究戏,与其戏雅而人俗,不如人雅而戏俗。"又听得那玉美讲道:"都是唱戏,分什么昆腔乱弹。就算昆腔曲文好些,也是古人做的,又不是你们自己编的。乱弹戏不过粗些,于神情总是一理。……"

……那少年又说道:"我听戏却不听曲文,尽听音调。非不知昆腔之志和音雅,……即如那梆子腔固非正声,倒觉有些抑扬顿挫之致,俯仰流连,思今怀古,……人说那胡琴之声,是极淫荡的。我听了凄楚万状,每为落泪,……我不解人何以说是淫声?抑岂我之耳异于人耳,我之情不合人情?若弦索鼓板之声,听得心平气和,全无感触。我听是这样,不知你们听了也是这样不是?"那四个相公,皆不能答。①

这段对话形象地反映了当时北京剧坛的情形。首先是优秀的昆曲伶人在戏园子时少,主要在堂会演出,戏园子的昆曲演出质量越来越差。其次,伶人对昆腔与乱弹的态度发生变化。登春班的玉美和四喜认为:"都是唱戏,分什么昆腔乱弹","二簧也是戏,昆腔也是戏","学了什么就唱什么"。最后,更重要的是观众欣赏口味发生变化。"那少年"即应考举子田春航,他认为不论戏之雅俗,只"讲究人,不讲究戏","听戏却不听曲文,尽听音调",只要人好,音调能感动人,就可以接受。田春航纯粹从音律角度来评价昆腔和乱弹,说明当时文人雅士已接受乱弹。在当时情况下,学昆曲的越来越少。第32回,胡裁缝要把儿子送到苏蕙芳那里学戏,蕙芳劝他说:"你儿子要学戏,还是到那乱弹班里好,学两个月就可以出台。我们唱昆腔的学了一辈子,还不得人家说声好。一个月花了多少钱,方买得几出戏。学他作什么?"②蕙芳此言不免有自怨自艾之嫌,但也道出昆曲伶人面临的困境。

《品花宝鉴》以昆曲旦角为描写对象,对当时的花部着墨不多,但也

---

① 陈森:《品花宝鉴》,第61~62页。
② 陈森:《品花宝鉴》,第445页。

简单勾勒出乱弹兴起的情形。小说提到,当时北京剧坛,昆曲与高腔、梆子、二黄等并存。观众喜爱乱弹,对昆曲越来越漠视。第1回,梅子玉去戏园子听戏,里面"人山人海",因为台上演的是锣鼓喧天的《三国演义》。第3回,魏聘才去看联珠班演昆剧折子戏《南浦》,观众很少有人专心听戏,一个劲地指责昆曲难懂,夸奖高腔"倒有滋味"和梆子腔"听得清楚"。《南浦》演完,"台上换了二簧戏",戏园的气氛骤然一变,"一个小旦才出场,尚未开口,就有一个人喊起好来,于是楼上楼下,几十个人同声一喊,倒像救火似的。聘才吓了一跳"。① 这段描写反映出观众对花部与雅部截然不同的态度,说明乱弹在北京剧坛影响越来越大。

清代的北京,实乃戏曲之都。张次溪说:"戏剧一道,有清一代为最盛。盖清室来自漠野,目所睹者皆杀伐之事,耳所闻者皆杀伐之声,一聆夫和平雅唱、咏叹淫佚之音,宜乎耽之、悦之。上以此导,下以此应。于是江南各地梨园子弟相率入都。"② 统治者的喜好引领京师娱乐风气,也带动了北京戏曲的繁荣。北京戏曲的繁荣,又离不开花雅之争,正如青木正儿所言:

> 乾隆末期以后之演剧史,实花、雅两部兴亡之历史也。雅部,王者也;花部,霸者也。自明万历迄乾隆中期,适当西周时代。昆剧如周室,君临剧界,克保其尊严,自乾隆末期为始,成为春秋之世,昆曲威令,渐次不行,权柄遂落西秦南弋两霸之手,然斯时犹知昆曲之可尊也。道光以还,顿为战国之世。花部枭雄相竞,各树旗帜,昆曲遂如有若无矣。至咸丰、同治之间,皮黄成一统之业,奠定子孙可万世君临剧界之基矣。③

北京剧坛花雅之争,最终以"皮黄成一统之业"。这一方面缘于戏曲艺术本身的发展规律及八旗子弟听戏喜好,另一方面则缘于曲高和寡的昆曲与通俗易懂的乱弹在民间的接受效果。花雅之争,结局显而易见。

---

① 陈森:《品花宝鉴》,第38页。
② 张次溪编纂《清代燕都梨园史料》,"自序",第19页。
③ 〔日〕青木正儿:《中国近世戏曲史》,王古鲁译,中华书局,2010,第331页。

第二节 文人"品花"

清代北京作为戏曲之都，不仅剧坛上演风云变幻的花雅之争，在文人圈也形成特别的"品花"习尚，因此有"男娼"中心之别称。听戏赏伶、月旦品评成为京城士人的娱乐消遣方式。南国生《昙波》跋语云："京师为人才荟萃之区，笙歌之美，甲于天下。乾嘉以来，此风尤盛。间尝访故老之传闻，览私家之纪载，风流佳话播于南北。盖其时海内殷富，士大夫吟风弄月，亦不以是相诟病。而一二妙伶尚知风雅，故艳而传之也。"①播花居士亦言："都中伶人之盛，由来久矣。而文人学士为之作花谱、花榜者，亦复汗牛充栋。名作如林，续貂匪易。"② 清代留存的"花谱"《燕兰小谱》《日下看花记》《金台残泪记》等，以及通俗小说《品花宝鉴》，为了解文人"品花"习尚提供了详尽的资料。

一 "花谱"发展沿革

"品花"源于"花谱"。"花谱"本指系统记述各类花木的专书，如南宋范成大的《梅谱》《菊谱》，清代朴静子的《茶花谱》等。这些"花谱"，不仅介绍花木的品种、形态以及培植方法，还收录咏花之作，因此具有一定的文学性。

南宋时期，文学作品中出现一类"花谱"，开始品评女性，尤其是名妓。明嘉靖间，冶游风气盛行，文人"品评女色已成一时之风尚"，且"形诸文字，出版成册，堂皇上市"。③"花谱"逐渐成为文人对女妓列次品第的专书代称，著名的有《金陵名姬分花谱》与《十二钗女校书录》，品评对象为南京诸名妓。万历间，北京已出现品评女妓的专书《燕都妓品》，以郝云娘为冠。这类花谱有两种写作方式：一是有声望的文人参与评选，再将评选结果行诸文字；二是基于作者本人的游历经验，品评对象

---

① 四不头陀：《昙波》，张次溪编纂《清代燕都梨园史料》，第 402 页。
② 播花居士：《燕台集艳》，张次溪编纂《清代燕都梨园史料》，第 1054 页。
③ 王鸿泰：《明清文人的女色品赏与美人意象的塑造》，《中国史学》（京都）第 16 期，2006 年。

几乎都是作者所熟识的名妓。

　　清初律法禁止狎妓,如"凡(文武)官吏宿娼者,杖六十(挟妓饮酒,亦坐此罪)。媒合人,减一等。若官员子孙(应袭荫)宿娼者,罪亦如之"。"监生、生员……及挟妓赌博……等项者,问发为民,各治以应得之罪。"① 清廷还裁撤教坊女乐,严禁女伶活动,使得梨园成为男性的舞台。活跃在梨园舞台上的男伶,尤其是扮演女性的旦角,逐渐取代女妓地位。北京地区兴起以男伶为描写和品评对象的梨园花谱。

　　清代为男伶所作花谱数量繁多,较著名者有以下几种。安乐山樵《燕兰小谱》,是"现存清代梨园花谱中最早的一种",被学界视为开山之作。"是谱始于癸夏(1783),成于乙秋(1785)",记载从乾隆三十九年(1774)起11年间的64位男伶,他们皆为"都中旦色之得名者"。小铁笛道人《日下看花记》(嘉庆癸亥,1803),谱分4卷,共录北京名伶84人,品评诗200多首。播花居士《燕台集艳》(道光癸未,1823),全书不分卷,所评皆为作者"耳目之所及"四喜、春台、三庆、嵩祝部优伶,共24人。华胥大夫(张际亮)《金台残泪记》(道光戊子,1828),全书共3卷,记优伶21人。粟海庵居士《燕台鸿爪集》(咸丰元年,1851),全书不分卷,共记录优伶26人。蜀西樵也《燕台花事录》(光绪二年,1876),全书分3卷,上、中、下卷分别为品花、咏花与嘲花,有伶人介绍、咏赞伶人诗词以及个人札记。此外,还有《莺花小谱》《梦华琐簿》《消寒新咏》《听春新咏》《燕台花史》《群芳小集》《侧帽余谭》等。梨园花谱始创于清乾隆年间,一直延续到清末民初。陈森《品花宝鉴》则是中国第一部反映北京梨园生活的长篇小说。陈森常年流连歌楼舞馆,对北京梨园相当熟悉,其小说中有大量关于戏曲活动和伶人生活的描写,亦成为研究北京文人"品花"习气的重要资料。

　　之所以将品妓与品伶之作称为"花谱",关键在品评对象不论女妓还是男伶,都是"美人"。而在中国传统文化中,将"美人"比作花,是为惯例。在不少品伶专书中,"花"甚至成为伶人的代名词,陈森的小说则直接命名为《品花宝鉴》。

---

① 马建石、杨育棠主编《大清律例通考校注》,中国政法大学出版社,1992,第961页。

二 清代北京文人"品花"习气

清代北京士优交往日渐频繁。京师风尚,文人除进戏园子听戏,还常召伶人于酒席间侑酒,即酒楼雅集。知己相逢,必招伶人相陪。此外,优伶还经常陪伴文人出游,参加文人集会,参与诗文酬答等活动。

文人与伶人交往,被认为是"风雅之事",文人也乐于以此为谈资,甚至编撰集子以流传。现存的诸多梨园花谱,成为这一社会风气的见证。清代文人"品花"以男伶为品评对象,其中大部分为旦角。《燕京杂记》云:"京师优童,甲于天下,一部中多者近百,少者亦数十。其色艺甚绝者名噪一时,岁入十万。"① 《品花宝鉴》以"男旦"为小说主人公,自然要写到戏班中的小旦。魏聘才乘船进京,在船上就遇到两个小旦。在魏聘才眼中,这两个小旦就是神仙下凡,且"若是下八洞的神仙,恐还变不出这个模样"(第2回)。正如《品花宝鉴》所写,北京的男旦,多出自苏扬地区,教习亦然。《清稗类钞·优伶类》"伶人畜徒"条载:

> 京师伶人,辄购七八龄贫童,纳为弟子,教以歌舞。身价之至巨者,仅钱十缗。契成,于墨笔划一黑线于上,谓为一道河。十年以内,生死存亡,不许父母过问。同、光间,京师曲部每畜幼伶十余人,人习戏二三折,务求其精。其眉目美好,皮色洁白,则别有术焉。盖幼童皆买自他方,而苏、杭、皖、鄂为最,择五官端正者,令其学语、学视、学步。②

《品花宝鉴》中,男旦大多贫苦人家出身,只有苏惠芳"本为官家子,因漂泊入梨园"。他们随师学艺期间,没有收入,也没有人身自由。他们的人生"三十年中便有四变":少年时丰姿秀美为人钟爱,年龄稍长只能忸怩作态吸引观众,三十岁后当师傅压榨徒弟过活,最后沦为戏班打杂。男旦一旦进入梨园,终生不得再变成良家子。《品花宝鉴》主角杜琴

---

① 阙名:《燕京杂记》,第269~270页。
② 徐珂编撰《清稗类钞》第11册,第5102页。

言，各种机缘之下才获得良家子身份。

"品花"其实也是一种人物品鉴活动。"中国人最重'品'，人有人品，物亦称物品，乃就其人与物之价值意义而加衡量评判，定其高下，斯谓之'品'。"① 文人"品花"，首评伶人容貌。《燕兰小谱》虽"纪京师伶人之事"，但重点并非伶人之曲艺唱工和演技，其伶人评传，重点描述伶人身形容貌、性情韵致，所谓"诗品性情花品貌"也。比如：

> 王桂官，……身材彷佛银儿。横波流睐，柔媚动人，一时声誉与之相埒。余谓"银儿如芍药，桂儿似海棠。其丰韵嫣然，常有出于浓艳凝香之外，此中难索解人也"。②

上述文字堆砌了大量修饰女性的词语，描绘出的王桂官身形容貌完全是女性化的，但他其实是男伶。这种人物品鉴体现了京师文人"品花"的特别趣味。

"品花"不仅看其容貌，还看其气质、性情、韵味、才情、品格。在《品花宝鉴》中，梅子玉说："大凡品花，必须于既上妆之后，观其体态；又必于已卸妆之后，视其姿容；且必平素熟悉其意趣，熟闻其语言，方能识其情性之真。"③ 梅子玉好友编了一册《曲台花选》，其中罗列联锦班八大名花，后又增加琴官和棋官。排名第一的袁宝珠，其"花谱"为：

> 宝珠姓袁氏，字瑶卿，年十六岁，姑苏人，隶联锦部。善丹青，娴吟咏。其演《鹊桥》、《密誓》、《惊梦》、《寻梦》等出，艳夺明霞，朗涵仙露。正使玉环失宠，杜女无华。纤音遏云，柔情如水。《霓裳》一曲，描来天宝风流；春梦重寻，谱出香闺思怨。平时则清光奕奕，

---

① 钱穆：《钱宾四先生全集》第 45 册，台北：联经出版事业股份有限公司，1998，第 243 页。
② 安乐山樵：《燕兰小谱》，张次溪编纂《清代燕都梨园史料》，第 18 页。
③ 陈森：《品花宝鉴》，第 142~143 页。

软语喁喁，励志冰清，守身玉洁。此当于郁金堂后筑翡翠楼居之。①

《金台残泪记》中的徐桂林："既负绝代之姿，又善应对。进止容仪，如佳公子。"②《燕兰小谱》中的桂林官刘氏："喜书史，能举业，亦善画兰，骎骎乎有文士之风。"③《辛壬癸甲录》中的庄福宝："色艺不过中人，而语言妙天下。"④ 具有高洁、清逸等品格的伶人，更能成为"品花"对象。《品花宝鉴》着力塑造杜琴言这一男旦形象，他清新脱俗，虽处浊境，却不失本心，"心既好高，性复爱洁，有山鸡舞镜，丹凤栖梧之志"。⑤ 杜琴言在名士徐子云帮助下赎身，后成为身家清白的宦门子弟，得以学习礼乐文教。在《日下看花记》中，伶人何声明之所以入选，是因为"何郎平素与同班讲习外，不妄交一人，衣帽朴素无华，安分自守，泊如也，故特为表之"。⑥

从清代"花谱"来看，文人对伶人品评，不论是对其容貌的描摹，还是对其性情、气质、谈吐、品格的评价，其实都着眼于自身的审美趣味。所谓"品花"，表面是在写"花"，实则强调自己喜欢什么"花"。小铁笛道人明确表示："余论梨园，不独色艺，兼取性情，以风致为最。"⑦ 梅子玉最初对这种"花谱"嗤之以鼻，认为戏园子的小旦，怎可称之"美人""佳人"？好友给他看《曲台花选》，并问他其中的男旦如何。小说写道：

子玉看了只是笑，不置一词。南湘问道："你何以不加可否？"子玉道："大凡论人，虽难免粉饰，也不可过于失实。若论此辈，真可惜了这副笔墨。……故色虽美而不华，肌虽白而不洁，神虽妍而不清，气虽柔而不秀，有此数病，焉得为佳？若夫红闺弱质，金屋丽

---

① 陈森：《品花宝鉴》，第5页。
② 张次溪编纂《清代燕都梨园史料》，第229页。
③ 张次溪编纂《清代燕都梨园史料》，第37页。
④ 张次溪编纂《清代燕都梨园史料》，第293页。
⑤ 陈森：《品花宝鉴》，第66页。
⑥ 张次溪编纂《清代燕都梨园史料》，第83页。
⑦ 张次溪编纂《清代燕都梨园史料》，第107页。

妹，质秉纯阴，体含至静，故骨柔肌腻，肤洁血荣，神气静息，仪态婉娴，眉目自见其清扬，声音自成其娇细，姿致动作，妙出自然，鬓影衣香，无须造作，方可称为美人，为佳人。今以红氍毹上演古之绝代倾城，真所谓刻画无盐，唐突西子。……"①

梅子玉认为男旦不是自己理想中的"美人"，结果遇上了杜琴言，最终成为坚定的"品花"人。颜仲清也陈述自己对于京城相公的评判：

> 天下相公出在京城，京城相公聚在联锦班。史竹君的《曲台花选》品题最允，如袁宝珠、苏蕙芳等方配称名花，而且诗词书画无一不佳，直可作我辈良友。若翠宝、玉美等，不过狐媚迎人，蛾眉善妒，视钱财为性命，以衣服作交情，今日迎新，明朝弃旧，湘帆何其孟浪用情若此？②

颜仲清所言代表文人雅士对男旦的态度，他们推崇色艺俱佳、德高性良之人，而贬斥朝三暮四、行如娼妓者。对于后者，小说中称之为"黑相公"。这种评价体现的正是作者陈森的审美趣味。

品评者对品评对象排列名次、等级高低多按科举阶第而定。《清稗类钞》载："京朝士大夫既醉心于科举，……于是评骘花事，亦以状元、榜眼、探花等名词甲乙之，谓之花榜。"③ 清同光年间，更有"好事者每于春闱放榜之先，品评梨园子弟而定其甲乙，谓之菊榜"。④ 还有仿照传统诗人品评的，如播花居士《燕台集艳》按照伶人伎艺优劣，分为灵、仙、素、高、逸、生等二十四品。糜月楼主《群芳小集》将伶人分为上、逸、丽、能、妙五品。由上可见，清代北京"品花"习气在品评框架上颇具士人文化特色。

---

① 陈森：《品花宝鉴》，第10~11页。
② 陈森：《品花宝鉴》，第172页。
③ 徐珂编撰《清稗类钞》第11册，第5096页。
④ 夏仁虎：《旧京琐记》，第247页。

三 文人"品花"习气之根源

万历年间北京就已出现狎优之风。沈德符《万历野获编》载：

> 京师自宣德顾佐疏后，严禁官妓，缙绅无以为娱，于是小唱盛行，至今日几如西晋太康矣。……甲辰、乙巳间（按：1604~1605），小唱吴秀者，最负时名。首揆沈四明冑君名泰鸿者，以重赂纳之邸第，嬖爱专房，非亲狎不得接席。时同邑陈中允最称入幕，后为御史宋焘所劾，云与八十金赎身之吴秀，倾跌于火树银花之下，仕绅笑之。大抵此辈俱浙之宁波人，与沈、陈二公投契更宜。近日又有临清、汴城以至真定、保定，儿童无聊赖，亦承乏充歌儿，然必伪称浙人。①

"小唱"既清唱南曲戏文，也唱南散曲。小唱伶人，一般为十几岁的少年歌童。至万历年间，北京的小唱伶人以侑酒唱曲为业，甚至提供"男色"服务。史玄在《旧京遗事》中专门解释"小唱"的服务性质："唐、宋有官妓侑觞，本朝惟许歌童答应，名为小唱。而京师又有小唱不唱曲之谚，每一行酒止，传唱上盏及诸菜，小唱伎俩尽此焉。小唱在莲子胡同，门与倡无异，其殊好者，或乃过于倡。有耽之者，往往与托合欢之梦矣。"② 谢肇淛《五杂组》亦有类似记载。③ 不过，当时北京并未出现品评男伶的花谱。

至清代，清廷不仅严厉禁妓，更禁止女伶，于是北京戏曲舞台上的角色皆由男子担任。男伶逐渐成为北京梨园的主角，也成为文士宴席间侑酒的最佳选择。《春明梦录》记载："京官挟优挟妓，例所不许；然挟优尚可通融，而挟妓则人不齿之。妓寮在前门外八大胡同，麇集一隅，地极湫秽，稍自爱者绝不敢往。而优则不然，优以唱戏为生，唱青衣花旦者，貌美如好女，人以像姑名之，谐音遂呼为相公。其出色时，多在二十岁以

---

① 沈德符：《万历野获编》，《明代笔记小说大观》第3册，第2551页。
② 史玄：《旧京遗事》，第167页。
③ 参见谢肇淛《五杂组》，《明代笔记小说大观》第2册，第1638页。

下。其应召也，便衣穿小靴，唱曲侑酒。……盖优之风雅，远胜妓之妖冶，故禁令虽同，而从违不必一致也。"① 《品花宝鉴》中，袁夫人质疑丈夫对"相公"的偏爱，认为他们还不及自己身边的丫鬟。袁子云向妻子解释了"相公"侑酒的好处：

> 你们眼里看着，自然是女孩子好。但我们在外边酒席上，断不能带着女孩子，便有伤雅道。这些相公的好处，好在面有女容，身无女体，可以娱目，又可以制心，使人有欢乐而无欲念。这不是两全其美么？②

嘉道年间，优伶不仅可在筵席上侑酒、参与文人雅集，还在私寓（堂子）陪客人游戏、唱曲、闲谈等。私寓环境清幽，伶人性好风雅，获得文士青睐：

> 花间小醉，雅趣极矣。……赋艳词人于风清月白之宵，偕胜友访艳仙于梧桐庭院。或品茗，或赌棋，或闻香，或读画，各寻乐事。词人自拍昆曲，艳仙按笛和之。于时璧月璧人，争相辉映。……碌碌长安市上者，皆念不及此。③

私寓多集中于前门外，尤以韩家潭为最。男伶多于"口外挂小牌，缕金为字，曰某某堂。或署姓其下门内，悬大门灯笼一"，④ 以别于妓馆。杨懋建在《京尘杂录》中记载了嘉庆末至道光末走红的48家"堂子"，可见其规模之大。"堂子"为士优交往提供了多样化的场所，也使其交往更为密切与频繁。"京师梨园中有色艺者，士大夫往往与相狎。"⑤ 男伶尤其是男旦，逐渐取代妓女的地位，成为文人"品花"的主要对象。正是

---

① 何刚德：《春明梦录　客座偶谈》，第105~106页。
② 陈森：《品花宝鉴》，第151页。
③ 艺兰生：《侧帽余谭》，《清代燕都梨园史料》，第608页。
④ 艺兰生：《侧帽余谭》，《清代燕都梨园史料》，第603页。
⑤ 赵翼：《檐曝杂记》，《清代笔记小说大观》第4册，第3127页。

在如此浓厚的"狎优"氛围中，文人"品花"习气日重。

此外，北京聚集来自全国各地的官员及科举士子，赏"花"、看"花"、"评花"是士人交流的主要话题，"品花"成为其交际媒介。与伶人交往酬唱，不仅是文人"诗酒风流"的表现，也是文人炫技、展示才华的方式。而一旦仕途无望，"品花"则成为士人抒发愁情、打发时光的寄托。所谓寓其情，述其志也。张际亮的"品花"即属此类，他在《金台残泪记》自叙中慨叹：

> 余居都门三载，深观当世之故，颇能言其利而救其弊。无荐之者，既不敢献策，复不敢著书，辄恸哭。遭家多难，顾影自悲，又恸哭。故人怜之，恐其伤生，每为征乐部少年，清歌侑酒，以相嬉娱。余于醉后则又恸哭。……此其残痕，然一时之情也不可忘。因撰次为传十篇、诗五十九首、词三阕、杂记三十七则。①

张际亮科考屡受挫折，困守京城，因而借观剧"品花"抒发内心郁闷。《莺花小谱》作者半标子在自叙中说"将种树以忘忧，聊借花而写照"。② 梨园花谱的作者群体，既有寓京官吏、进京赴试的举子，也有仕途无望、科举失意的士人。他们的写作目的各有不同，但士优交往成为其京师生活的重要内容。这也是北京士人文化的重要特征。

"品花"成为京师习尚，还有另一方面的原因。男旦一经品题，身价骤涨，所谓"一经品题，声价何止十倍"。③ "花谱"遂成为宣传伶人的绝佳途径，梨园班社也推动"花谱"的传播。"花谱"成为京师流行读物，为刊刻书坊带来丰厚利润，撰写文士也借以获得收益。除书坊主付与稿费，文士有时还能获得伶人的酬赠。于是，文士乐于品评，伶人渴求被品评，梨园与书坊推动，"品花"一时成为京师习尚。"品花"不仅体现了文士"诗酒酬唱"的风流雅韵，还是城市娱乐消费活动，展现了清代北京鲜活的生活图景。

---

① 张次溪编纂《清代燕都梨园史料》，第225页。
② 张次溪编纂《清代燕都梨园史料》，第211页。
③ 张次溪编纂《清代燕都梨园史料》，第581页。

清代，北京"旗民分治"政策使宣南地区形成士人与伶人杂处的格局，此种特殊的城市空间格局也促进了士人与伶人的往来。为保持旗人特性，清廷规定京师内城不许开设戏馆，各戏园酒馆也禁止旗人出入，致使戏园和酒馆集中于外城，正阳门、崇文门、宣武门地区日渐繁荣，特别是正阳门前的大栅栏一带，成为戏园聚集之地。当时著名的四大戏园——广德楼、广和楼、三庆园、庆乐园，有三个位于大栅栏一带。《品花宝鉴》第3回中，寓京士子魏聘才去戏园子听戏，看到一条街上，就有五个戏园子。而《金台残泪记》载："大栅栏凡五园。"① 魏聘才走的街道，应是大栅栏。为方便赴戏园演出，应召筵席侑酒，戏园与酒馆附近是伶人最佳落脚之处。于是，大栅栏西南斜出虎坊桥大街，"此皆市廛、旅店、商贩、优伶丛集之所"。② 而大量寓京士子，则居住于宣南地区。据齐如山回忆："在光绪庚子以前，北平戏剧虽然极为兴盛，但看戏总算是不规矩的行为"，"男子看戏虽不在禁例，然够一个学者资格的人，他自动就不会看戏，官员更不敢在戏馆子中请客看戏"，"唯独来会试的举人，则无拘无束，行动诸处自由，没人敢管"。③ 大量应试举子云集宣南，促进京师"品花"习尚的流行。

"品花"是北京戏曲文化发达的产物，反之也促进戏曲文化的进一步繁荣。"品花"是文人的休闲娱乐行为，也是城市生活的真实写照。叶德辉在《秦云撷英小谱》序言中云："光宣季年，京朝官酷喜秦声，几如侍读之阿好。不数年，革除事起，九鼎遂迁，季札观乐而叹德衰，师旷歌风而知声死。世运之隆替，胥于声乐兆其端。侍读此书，比之稗官小说，犹有可观。录而存之，亦足见人情好尚异同，于国家治乱兴衰，实有隐相维系之道矣。"④ 清代留存的"花谱"，成为了解清代北京戏曲文化、士人文化的重要史料。

第三节 家庭演剧

明清时期，北京戏曲演出场所大体为宫廷、戏园、会馆、寺观与家

---

① 张次溪编纂《清代燕都梨园史料》，第250页。
② 吴长元辑《宸垣识略》，第182页。
③ 《齐如山回忆录》，中国戏剧出版社，1998，第338页。
④ 叶德辉编《双梅影闇丛书》，海南国际新闻出版中心，1998，第370~371页。

庭。其中家庭演剧最为特殊。其特殊在：首先，宫廷演出有朝廷制度与史书详细记录，戏园、会馆、寺观等演出则被大量文人笔记所津津乐道，而家庭演剧活动相关记载最少。其次，宫廷演出体现皇家文化特点，戏园、会馆等演出表现北京城市休闲娱乐的市井风貌，而家庭演剧则深入封闭的私人空间，由此可探究明清时期贵族家庭的文化休闲生活。北京作为京师，乃达官显宦云集之地，贵族气象是其城市文化的显著特征，而家庭演剧是考察这一城市特质的重要载体。

一 演出家班

"家班"一词，是近人对明清时期"由私人置办并主要用于娱乐消遣的戏曲演出团体"的称谓，[①] 亦称"家乐""家部""家梨园"等。家班的备置，在晚明和清代中叶以前风靡一时。家班主人上至皇亲国戚、贵族缙绅，中流砥柱则是文人士大夫。家班甚至成为豪门贵族士大夫家庭的标志之一。

金天羽《鞠通乐府序》云："朱明一代，士大夫席宋、金、元三朝声律之盛，莫不考宫谱、订管色，摘词吐韵，风流被于朝野。而豪贵之家，往往蓄声伎，招邀狎客，诗酒湖山之间，士能载笔为南、北歌剧，所至必受王侯藩邸束帛倒履之迎。"[②] 晚明时期，比较著名的家班多出自文人出身的官宦之家，如李开先、申时行、阮大铖、张岱等，都称誉一时。胡忌、刘致中合著的《昆剧发展史》将家班归纳为三类：一是以女性歌伎组成的家班，一般称为家班女乐；二是以男性童伶组成的家班，称为家班优童；三是以职业优伶组成的家班，称为家班梨园。明末清初，多数为家班女乐，其次是家班优童，家班梨园较少。[③] 由于昆山腔的盛行，家班甚至购买吴地幼男幼女进行训练。组织比较完备的家班女乐一般由12人组成。《红楼梦》中贾府为准备元春归省一事，就提到从姑苏买了12个女孩来组建家班女乐。

家班在清康熙年间盛行一时，"康熙间，神京丰稔，笙歌清宴，达旦

[①] 参见杨惠玲《戏曲班社研究：明清家班》，厦门大学出版社，2006，第4页。
[②] 金天羽：《鞠通乐府序》，《沈自晋集》，中华书局，2004，第187页。
[③] 参见胡忌、刘致中《昆剧发展史》，中国戏剧出版社，1989，第191页。

不息，真所谓车如流水马如龙也。是时养优班者极多，每班约二十余人，曲多自谱，谱成则演之，主人以为不工，或座客指疵，均修改再演。后来无此力量，亦无此韵事"。① 北京的家班虽不如江南知名，但亦为一时之风气。大学士明珠、辅国公经照等，皆"蓄养家班"。曹雪芹友人敦诚之祖父定庵公经照"雅有谢公之癖，中年哀乐，晚岁陶情。家有梨园，日征歌舞"。② 琼花主人龙燮，喜交友、好词曲，致仕后蓄家班以教曲自娱，"龙中允燮作《琼华梦》传奇，盛行于时。一日置酒招王阮亭辈观之，阮亭酒酣赋诗"。③ 据说龙燮所作《琼华梦》初不甚闻名，后经其家乐扮演，并邀王士禛等名流前来观看品题，遂风行一时。④ 曹雪芹祖父曹寅亦有家班。《苏州戏曲志》记载，曹寅备有曲师俱全的家班，其规模之大，为江南第一。曹寅家班为家班优童，曲师主要为王景文与朱音仙。据吴新雷考证，朱音仙先后服务于明代阮大铖家班、南明弘光朝钟鼓司和明遗民冒襄家班，是技艺精湛的名伶。⑤ 曹寅还曾迎请戏曲家洪昇至江宁织造府，"南北名流悉预，为大胜会。公（曹寅）置剧本（按：《长生殿》）于昉思席，又自置一本于席，每优人扮演一折，公与昉思雠对其本，以合节奏"。⑥ 二人边观剧边校正剧本，传为士林佳话。曹家家世对曹雪芹创作影响很大。在《红楼梦》中，世家大族都有蓄养家班的偏好，忠顺王府、南安王府、临安伯府、忠靖侯史家、贾家、李亲家、薛家等，"都是有戏的人家"。

雍正年间，清廷禁止官员蓄养优伶，"雍正二年十二月十八日，奉上谕，外官畜养优伶，殊非好事，朕深知其弊，非倚仗势力，扰害平民，则送与属员乡绅，多方讨赏，甚至借此交往，贪缘生事。二三十人，一年所费，不止数千金"。"夫府道以上官员，事务繁多，日日皆当办理，何暇及此。家有优伶，即非好官，着督抚不时访查。至督抚提镇，若家有优伶

---

① 缪荃孙：《云自在龛随笔》，山西古籍出版社，1996，第41~42页。
② 敦诚：《四松堂集》卷4《先祖妣瓜尔佳氏太夫人行述》。
③ 余金：《熙朝新语》卷7，上海书店出版社，2009，第116页。
④ 参见刘水云《清代家乐考略》，《戏曲研究》2003年第2期。
⑤ 参见吴新雷《曹家曲师朱音仙》，吴新雷、黄进德《曹雪芹江南家世丛考》，黑龙江教育出版社，2009，第123~124页。
⑥ 金埴：《不下带编》，《不下带编　巾箱说》，中华书局，1982，第10页。

者，亦得互相访查，指明密折奏闻。虽养一二人，亦断不可徇隐，亦必即行奏闻。其有先曾畜养，闻此谕旨，不敢存留，即行驱逐者，免其具奏。"① 在此政令下，官吏蓄养家班之风有所收敛。但乾隆时期，北京八旗世家养优蓄伎者不在少数。昭梿《啸亭杂录》云："时国家殷盛，诸藩邸皆畜声伎。"② 成亲王永瑆、大学士和珅、吏部尚书宋荦、军机大臣福康安等，都曾有家班。

嘉庆时期，清廷再发谕令："署内自养戏班，则习俗攸关，奢靡妄费，并恐启旷废公事之渐。……嗣后各省督抚司道署内，俱不许自养戏班，以肃官箴而维风化。"③ 至嘉庆、道光年间，家班逐渐走向没落。在《红楼梦影》中，已很难看到家班的影子，仅探春提及其姑太太家似乎蓄养有家班。《品花宝鉴》中，只有号称"城里头第一个贵公子、第一个阔主儿"的华星北备有家班。《金台残泪记》载："先朝诸王多蓄乐部"，"数十年来，此风已息"。④ 不过，北京城内仍有少量家班。礼亲王昭梿家中曾有"吴中乐部"，"嘉庆戊辰、己巳间，铁云礼闱报罢，留滞京华。时娄东毕子筠华珍方客礼亲王邸，二君皆精音律，取古人逸事，撰为杂剧，如杨笠湖《吟风阁》例。礼王好宾客，亦知音，甚重二君之才。王邸旧有吴中乐部，每一折成，辄付伶工按谱，数日娴习，即邀二君顾曲，盛筵一席，侑以润笔十金，亦一代名藩佳话也"。⑤ 从上述记载来看，曲学名家舒位、毕华珍等人曾客居礼王府，昭梿令家班演习，邀二人顾曲观演。昭梿对戏曲兴趣浓厚，其《啸亭杂录》留存了较为丰富的戏曲史料。同治年间，恭王府、醇王府亦养有戏班。同治十二年（1873），"恭亲王集巨资，招名伶周阿长、徐阿妮、杜阿五、陈寿彭、陈寿图等，组全福班"，"后恭亲王以事获罪，全福班因之瓦解"。⑥ 晚清的醇王府亦有戏班，且规模最大、持续时间最长。同治二年至光绪三年（1877），奕譞创办昆弋安庆班，将京师高腔艺人收罗殆尽；又于同治八年兼办昆弋科班，"召收京畿汉

---

① 王利器辑录《元明清三代禁毁小说戏曲史料》，第31页。
② 昭梿：《啸亭杂录　续录》卷6"恒王置产"，《清代笔记小说大观》第5册，第4523页。
③ 嘉庆《钦定大清会典事例》卷109《吏部九十六·处分例·居官燕游》。
④ 张次溪编纂《清代燕都梨园史料》，第251页。
⑤ 叶廷：《鸥陂渔话》，新文化书社，1934，第11页。
⑥ 参见张次溪《燕都名伶传》，张次溪编纂《清代燕都梨园史料》，第1198页。

人、旗人子弟学艺，培养出高腔昆腔兼擅的'庆'字辈十余人，成为北方昆弋较早的骨干力量"。①

家班主要为满足主人娱乐听戏需求，"外间优人总不若家伶为佳，且便于传唤"。②《红楼梦》中"享福人"贾母最讲究听戏，元宵节深夜来了兴致，就命家伶按照她的"新样儿"演戏瞧瞧。此外，还可以给亲朋好友送戏。如《红楼梦》第85回，为庆祝贾政升官，"这日一早，王子腾和亲戚家已送过一班戏来，就在贾母正厅前搭起行台"。③ 家班也可用于结交权贵或谋利。如著名戏曲家李渔曾组建家班，在自娱自乐之余，也承接达官贵人邀约的商业演出。

有家班的文人，往往招集同好在家中饮宴观剧品评，以为消遣。康熙间"辇下十子"之一的宋荦，文采风流，喜好交游，家乐是其会友宴客的重要方式。据称宋荦家乐常演《桃花扇》，吴陈琰《题〈桃花扇〉》其二云："侯生仙去宋公存，同是梁园社里人。使院每闻歌一阕，红颜白发暗伤神。"作者原注："往余客宋中丞幕，每有宴会，辄演此剧。"④

除了家班，贵族家庭也经常请戏班来府邸演出。《红楼梦》第53~54回，元宵夜宴，在大花厅戏台前演戏，则有外请的戏班。第71回，贾母八十大寿时，贾府传了外面的戏班与家班同时演出。而《品花宝鉴》所写家庭演剧活动，基本上是外请戏班唱堂会。

二 演出场所

家庭演剧一般在专门戏台、寻常厅堂或园林池馆等场所进行。

明清时期，家班盛行，贵族私人宅第多建有戏台。北京恭王府现存戏楼，即为明证。《红楼梦》中的贾府，为了元妃省亲事宜，依照"国体仪制"，在大观园建大观楼戏台。此戏台仅供元春归省大典时用，此后再未见提及使用。荣国府还有两处戏台：一处在荣庆堂，用于大的礼节演戏或

---

① 侯玉山：《北方昆弋渊源述略》，《河北戏曲资料汇编》第6辑，内部印刷本，1985，第266页。
② 袁枚：《蒋文恪公二事》，《新齐谐——子不语》，齐鲁书社，2004，第79页。
③ 曹雪芹著，无名氏续《红楼梦》，第1200页。
④ 赵山林选注《历代咏剧诗歌选注》，书目文献出版社，1988，第399页。

招待贵宾看戏；一处在大花厅，一般在过年过节或喜庆宴会时供自家人看戏。第71回，为祝贾母八十大寿，贾府准备两台戏。一台戏在荣庆堂，由贾母等人陪南安王太妃、北静王妃等几位世交公侯诰命看戏；另一台戏则在大花厅，由探春、黛玉等众姊妹陪薛姨妈看戏。而寻常的演剧活动则往往在厅堂临时搭建的戏台举行。《红楼梦》第22回，薛宝钗生日时，"就在贾母内院中搭了家常小巧戏台"。第85回王子腾送小戏为贾府庆贺，则在贾母正厅前临时搭起的行台演出。顾太清在《红楼梦影》中对厅堂看戏的环境有详细描述：

  尤氏因无外客，叫了一班小戏，就在上房院里搭了个行台，挂了堂帘。堂屋中间给王夫人设了个罗甸榻，铺着锦褥，上面又是狼皮罩褥。两边是罗甸高儿，设着花瓶，插着玉堂富贵鲜花。古铜小炉里焚着百合香饼，又有盖碗、唾盂等类。西间大炕上铺了大红洋呢绣花座褥，请探春坐了。旁边一张洋漆小炕案，上面摆着茶杯、槟榔盒。尤氏又把巧姐接了过来，又让李纨在里间屋里看戏。①

  寻常的演剧活动，有时也在厅堂举行，即在厅堂的地面铺上红氍毹，标示出表演区。此时，厅堂变为临时戏厅。"氍毹"是一种有一定厚度、印有图案的地毯。明清时期，厅堂演剧盛极一时，伶人常把唱戏生涯叫作"氍毹上生活"，后世干脆就将"氍毹"作为戏场的代称。程宗骏考察现存的晚明内阁首辅申时行家的戏厅，"昔大厅内谯集观剧，例于中堂屏门前方居中恭设朝南正席；其两侧附置副席。眷属妇女等则在厅翼'垂帘观剧'。在正席前暨东、西副席间，并延伸至中楹厅南之后轩，向作演区，演时上铺氍毹"。② 戏厅演剧时，观众席分为三个区域，包括正席、副席和带有帘幕的女性专用席。在上引《红楼梦影》中，贾府"挂了堂帘"，"李纨在里间屋里看戏"，即反映了当时妇女"垂帘观剧"的习俗。

  此外，园林池馆也是家班演出的重要场所。王骥德在《曲律》中说，

---

① 云槎外史：《红楼梦影》，第27页。
② 程宗骏：《明申相府戏厅、戏班与李玉出身初探》，《中华戏曲》第23辑，文化艺术出版社，1999，第145~146页。

适合昆曲演出的场所有"华堂、青楼、名园、水亭、云阁、画舫、花下、柳边"。① 《红楼梦》第 40 回，贾母吩咐凤姐叫家班演习，"就铺排在藕香榭的水亭子上，借着水音更好听"。② 《红楼梦》第 76 回，贾母等人中秋节月下闻笛，"猛不防只听那壁厢桂花树下，呜呜咽咽，悠悠扬扬，吹出笛声来。趁着这明月清风，天空地静，真令人烦心顿解，万虑齐除，都肃然危坐，默默相赏。听约两盏茶时，方才止住，大家称赞不已"。③ 中秋月夜，桂花飘香，袅袅悠悠的笛声传来，意境全出。曹雪芹有意突出中秋贾府的"悲音"，但贾母品笛的雅致，仍然体现出贵族家庭女性极高的艺术欣赏水平。

在《品花宝鉴》创作的时代，家班已不多见，书中所写家庭演剧活动多为外来戏班所唱堂会，演出场所则主要在两处园林——怡园与西园。《品花宝鉴》第 30 回，华公子在西园演剧，外请五大名班，分三处演出："日间在恩庆堂设宴观戏；酉戌二时，在西园小平山观杂技；夜间在留青精舍演灯戏。"④ 日间演戏的恩庆堂"极为壮丽，崇轮巍奂，峻宇雕墙，铺设得华美庄严，五色成采。堂基深敞，中间靠外是三面阑干，上挂彩幔，下铺绒毯，便是戏台，两边退室通着戏房"。⑤ 欣赏杂技则在水榭。众人所坐"潭水房山"，为"三间小榭"，"极幽雅"，"对面水阁上却安放了一班十锦杂耍"。文士边看杂技，边"与群旦猜枚行令，彼此传觞"。"堪堪月色将上"时，众人往留青精舍看灯戏，"进了一个月亮门，门前扎起一个五彩绸绫的大牌坊，挂着几百盏玻璃画花的灯，中间玻璃镶成一匾，两旁一副长联。进了牌坊，月光之下，见庭心内八枝锡地照，打成各种花卉，花心里都点着灯，射出火来，真觉火树银花一样。前面又是一个灯棚，才到了戏台，更为朗耀，两厢清歌妙曲，兰麝氤氲"。⑥ 《品花宝鉴》详细描述文人雅士于"名园""水榭"等处看戏的场景。

---

① 参见王骥德《曲律》卷 4《论曲之亨屯第四十》，《中国古典戏曲论著集成》第 4 册，第 182~183 页。
② 曹雪芹著，无名氏续《红楼梦》，第 538 页。
③ 曹雪芹著，无名氏续《红楼梦》，第 1058 页。
④ 陈森：《品花宝鉴》，第 420 页。
⑤ 陈森：《品花宝鉴》，第 420 页。
⑥ 陈森：《品花宝鉴》，第 423、424 页。

三 演出剧目

从《红楼梦》《品花宝鉴》《红楼梦影》等小说来看，清代家班所演剧目多为昆曲经典剧作，如《西厢记》《牡丹亭》《琵琶记》《邯郸记》《长生殿》《桃花扇》《玉簪记》等。

清康乾前后，贵族富户蓄养家班"最尚昆腔戏"。《红楼梦》中所涉剧目甚多，有昆曲、弋阳腔和杂剧剧目等，但昆曲剧目最多。首先是汤显祖的《牡丹亭》：第17~18回元妃省亲，元妃点的第四出戏是《离魂》；第23回，林黛玉隔着梨香院听到家伶演习戏文《游园·惊梦》；第35回，宝玉央龄官唱《袅晴丝》（《游园·惊梦》）；第54回，元宵夜宴，贾母"叫芳官唱一出《寻梦》，只用箫随着，笙笛一概不用"。汤显祖的《邯郸记》也有演出：第18回，元春点的第三出戏《仙缘》就是《邯郸记》的《合仙》；第63回"寿怡红群芳开夜宴"，芳官"细细的唱了一支《赏花时》"，《赏花时》是《邯郸记·扫花》中的曲子。其次是洪昇的《长生殿》，第18回元春省亲，元妃点的第二出戏就是《长生殿》的《密誓》，舞台本分为《鹊桥》《密誓》两出，或称《乞巧》。此外还有明代传奇《钗钏记》、李玉的传奇《一捧雪》等。家庭演剧中的昆曲，一般为折子戏，"在我国戏曲舞台上大放异彩的折子戏演出形式，主要形成于家庭戏班。明代中期以后昆曲盛行，家班主人的红氍毹上经常演出的昆曲是折子戏"。[①]

贾府也有弋阳腔演出，但所涉剧目皆为外来戏班演出，具体剧目本章第一节已列，兹不赘述。贾府还偶尔上演杂剧剧目。如第54回，贾母说她娘家史府戏班演过《西厢记·听琴》，指的就是《南西厢》；同回，葵官所唱的《惠明下书》，则出自《北西厢》。

陈森《品花宝鉴》一共记载有130多出剧目，除极少数全本剧外，基本为折子戏，大多存于戏曲选集《缀白裘》。《品花宝鉴》成书于道光年间，从剧种声腔来说，此时京都剧场犹以昆剧、乱弹相互奏演，雅部已呈衰颓之势。但由于陈森的审美倾向，《品花宝鉴》以昆曲旦角为主，书

[①] 胡忌、刘致中：《昆剧发展史》，第206页。

中所提剧目依然以昆曲折子戏为主，少数出自杂剧及南戏；书中出现的剧目以生旦爱情戏为主，出自《西厢记》《长生殿》者较多。

在《红楼梦影》中，贾府芝哥儿满月宴演出《火云洞》，"锣鼓喧阗，十分热闹"，显然是花部剧目。王夫人又加了一出昆曲折子戏《弹词》，而最精彩的则是灯戏（第5回）。此外，还有端午节的斗龙舟戏，生辰庆典中的"彩凤三星"等。《红楼梦影》中家庭演剧，显然以乱弹为主。

家庭演剧除了用于日常消遣，大多在特别的日子举办，比如岁时节庆、生日、婚丧嫁娶等重要场合。《红楼梦》中的贾府演剧活动，有"元妃省亲"、宝钗生日、贾母大寿等。《品花宝鉴》所叙写的家庭演剧，有年节酬宾的堂会，如梅学士、王通政定联锦班的戏，请同僚看戏（第6回）；有生日、婚嫁、及第等喜庆宴，如田春航召联锦、联珠两班，款待座师与同辈（第50回）。家庭所演剧目，除经典剧目外，其他大多贴合特定场景，蕴含美好寓意，体现出家庭娱乐的典型特征。

四 观众点戏与封赏

明清时期的家庭演剧，也有约定俗成的规则。比如，演剧之前先要点戏，点戏的顺序按照地位高低、辈分大小等进行，不可随意僭越。《红楼梦》中贾敬寿辰，宁国府备下了一班小戏，宴请王夫人、邢夫人和王熙凤等人。尤氏让凤姐点戏，凤姐却说"亲家太太和太太们在这里，我如何敢点"（第11回）。贾母八十大寿时，有南安太妃等人点戏的场景：

> 须臾，一小厮捧了戏单至阶下，先递与回事的媳妇。这媳妇接了，才递与林之孝家的，林之孝家的用一小茶盘托上，挨身入帘来递与尤氏的侍妾佩凤。佩凤接了才奉与尤氏。尤氏托着走至上席，南安太妃谦让了一回，点了一出吉庆戏文，然后又谦让了一回，北静王妃也点了一出。众人又让了一回，命随便拣好的唱罢了。[①]

另外，第17~18回、第22回、第29回也有点戏的情景。《品花宝

---

① 曹雪芹著，无名氏续《红楼梦》，第979页。

鉴》《红楼梦影》也写到"点戏"。比如,《品花宝鉴》第 30 回,华公子西园演剧,"今日是五大名班合演,拿牙笏的上来叩头请点戏,各人点了一出,就依次而唱"。①《红楼梦影》第 5 回,"只见贾蓉捧着牙笏请王夫人点戏,王夫人点了一出《访仙问寿》。又让探春、李纨,探春点了一出《儿孙福》的《势僧》,李纨点的是《蒲鞋夜课》。又让巧姐,巧姐说:'我不懂得,大娘替我点罢。'尤氏就点了《抱娃入府》。王夫人赏了两桌钱、八对荷包"。②

家班演出,主客根据演出效果会有打赏。《红楼梦》第 17~18 回,元妃赏赐了贾府家班女伶,给龄官"额外赏了两匹宫缎、两个荷包并金银锞子、食物之类"。③ 赏赐一般在演出后,但也有演出时或者演出告一段落给赏。演员得到赏赐则需谢赏。龄官得到赏赐,贾蔷便忙命她叩头。第 54 回,文官等演了《寻梦》和《惠明下书》,吹了一套《灯月圆》,"戏完乐罢,贾母命将些汤点果菜与文官等吃去"。④《红楼梦影》中,芝哥儿满月,周家送戏来,演出结束后,"众人都有赏赐。王夫人是四桌钱、四桌荷包,余外赏了白猿二两银子,一卷尺头"。⑤

"放赏"亦是观剧礼节之一。职业戏班唱堂会,更是要给赏。《红楼梦》第 53 回,贾母在花厅上摆了酒席,定了一班小戏。演戏之时,贾府准备了三张炕桌的铜钱,只等贾母一声"赏",就往戏台上撒去。第 71 回,贾母大寿,在座的贵宾也都放了赏。张宸《平圃杂记》载:"壬寅冬(按:康熙元年)……梨园封赏,初只青蚨一二百,今则千文以为常矣。"⑥《红楼梦影》中,放赏是四桌钱、四桌荷包。《品花宝鉴》中,徐子云、华星北二人的放赏则更为阔绰。徐子云赏了八枚五十两的元宝,华星北不甘示弱拿出了一盘金锞子,"有方胜的,有如意的,有梅花

---

① 陈森:《品花宝鉴》,第 420 页。
② 云槎外史:《红楼梦影》,第 27 页。
③ 曹雪芹著,无名氏续《红楼梦》,第 248 页。
④ 曹雪芹著,无名氏续《红楼梦》,第 742 页。
⑤ 云槎外史:《红楼梦影》,第 29 页。
⑥ 张宸:《平圃杂记》,转引自李平《〈品花宝鉴〉中的戏曲资料与价值》,《中华戏曲》1996 年第 1 期。

的，有菱角的，一两多重一个，约有百十个，分赏十旦"。①

明清时期，就世家大族而言，听戏是最普遍的娱乐方式。《红楼梦影》中，王夫人的生日唱了两天戏，贾政六旬寿诞演了四五天戏，端午节也演戏。亲戚之间送戏相庆贺，是最平常的人际交往。贾赦遇赦还家、宝钗儿子满月、贾政生日，亲戚都有送戏。其实，自宋元至20世纪80年代，看戏或听戏是中国人一种最为普及、影响最大的娱乐方式。美国传教士、《中国人的气质》一书的作者明恩溥说："中国人是一个具有强烈演戏本能的种族。戏剧几乎是惟一的全民娱乐方式，中国人之热衷于看戏，就如同英国人喜欢运动、西班牙人喜欢斗牛一样。任何一个轻微的刺激，都会使任何一个中国人把自己当做戏剧中的一个角色。他会做出种种戏剧化的动作，诸如躬身下拜……中国人是按照戏剧的方式来思考问题的。"②明清时期，北京梨园的演剧活动及其形成的社会风尚，展现了戏曲在城市文化生活中的重要地位。

---

① 陈森：《品花宝鉴》，第352页。
② 〔美〕明恩溥：《中国人的气质》，刘文飞、刘晓畅译，上海三联书店，2007，第1页。

第十章　京师气象与西风东渐

包容与吸收域外文化，是中华民族的优良传统。历代都城一般都是中外文化交流中心，汉唐时期的长安、明清时期的北京即为典型。明末清初，耶稣会士纷纷来华，拉开了西学东渐的序幕，北京城也在这股风潮中增添了异域文化色彩。西学东渐之风，对于北京的影响是方方面面的，它不仅影响了人们的时空观、宗教观等，还影响了人们的衣食住行、娱乐休闲等日常生活。本章主要从西洋物品与西洋建筑两方面，探讨西风东渐对北京城市文化的影响。

第一节　西洋物品与贵族生活

明代中期，西洋器物被欧洲传教士、商人、贡使等带入中国。这些西方的奇巧之物汇聚北京，影响了北京的城市生活。清代中期以前，清廷不断进口自鸣钟、西洋镜、鼻烟壶等物品，以满足贵族阶层生活所需，但是在官修《清实录》《清会典》等正史中，却有意回避或忽视。而明清笔记对这些新奇的西洋器物有闻必录，有见辄记，留下了大量史料，弥补了官修正史的缺失与不足。比如，《帝京景物略》记载北京西城的城隍庙市上，有"外夷贡者，有乌斯藏佛，有西洋耶稣像，……有猩猩毡，有多罗绒，有西洋布，有琐附，有左机等"。① 可见，崇祯年间，西洋物品已在北京的庙市上售卖。阅读《红楼梦》，可以发现自鸣钟、玻璃、眼镜、西洋呢布、西洋药品等已经开始影响贾府的日常生活。有学者将明清笔记中记载的西洋器物分为军事装备、生活用品、艺术品、科技仪器、电器、交通运输工具、生产工具七大类。② 方豪则将《红楼梦》中的西洋物品大

---

① 刘侗、于奕正：《帝京景物略》，第242页。
② 参见谢贵安、谢盛《吹皱春水：明清笔记对西器东传的关注与书写》，《史学集刊》2019年第2期。

致分为呢布、钟表、工艺品、玻璃品、机件、美术、食品、药品等。① 本节结合明清笔记与小说中的相关内容,选取自鸣钟、西洋镜、西洋药品这三类生活用品,以此观照明清时期西洋物品如何影响北京贵族家庭的日常生活。

一 自鸣钟

西洋物品在明清笔记与小说中出现频率最高的应该是自鸣钟。可以说,自鸣钟是明清两朝最有代表性的西洋物品,由此还产生了中西文化交流史上的一个特殊名词——"钟表外交"。

万历二十九年(1601),利玛窦第一次谒见万历皇帝,进献了自鸣钟、铁丝琴等西洋物件。万历皇帝最感兴趣的是两座自鸣钟。这两座钟一大一小。大者为楼式,高度超过内殿的房顶,万历皇帝命人在御花园专门为它建造了一座阁楼;小者为台式,万历皇帝将其搁在卧室,早晚听它报时。万历皇帝还"指定了皇宫钦天监的四名太监,命令他们三天后带着这些机器"来听神父们讲解如何管理自鸣钟,"在讲课的这三天中以及后来的一些日子里,皇帝派人向神父们询问他脑子里出现的有关欧洲的每一件事情:风俗、土地的肥沃、建筑、服装、宝石、婚丧,以及欧洲的帝王们"。② 一座自鸣钟,引发了从皇帝到太监对西方世界的好奇,这种好奇从自鸣钟延展到西方风俗、建筑等层面。自鸣钟是耶稣会士敲开紫禁城大门的第一要物。从某种程度上说,明清时期的紫禁城乃至北京城对西学的接受,其实是从以自鸣钟为代表的西洋物质文明开始的。

自鸣钟其实也是耶稣会士实现与明朝交流的第一要物。在肇庆,"利玛窦神父单独住在教堂里,在那里接待了异常之多的各个阶层的中国客人。这些访客可能是由收藏的欧洲珍奇而引起的。客人们最称羡的是他为教堂和邻居所树立的那座钟。它靠一口大铃来报时,不仅把一天的时间告诉过客,而且告诉远处的人;他们始终弄不明白它怎么能不用人敲击就自

---

① 参见方豪《红楼梦西洋名物考》,浙江人民美术出版社,2017,第6~45页。
② 〔意〕利玛窦、〔比〕金尼阁:《利玛窦中国札记》,何高济等译,中华书局,2010,第404页。

己发声"。① 耶稣会士将自鸣钟作为东西方相互了解的媒介的策略，被后世称为"钟表外交"。这种"钟表外交"并非始于利玛窦，而是自罗明坚以来的耶稣会士在澳门、广州等地传教积累的经验。"耶稣会'长征北京'计划的构思出自沙勿略，策划人是范礼安，最初执行者为罗明坚，最后由利玛窦完成了沙勿略的遗愿。而他们所借助的，就是自鸣钟的威力。"② 万历九年，意大利耶稣会士罗明坚首次将自鸣钟带入广州，在为皇帝准备贡礼时，他向耶稣会总会长建议：

广州一些官吏告诉我，如以伟大公父——教宗的使节名义去北京，很容易成功。他们还说，最好的礼物应算一架装潢豪华且体积大的钟表，每小时皆报时，将置放在皇宫中，可以听很远；再送一只小型的，就如多年前奥尔西尼枢机赠送给教宗的那种类型，上有把手，每点钟报时，或类似的皆可。③

这种"钟表外交"非常成功。明万历之后，清代的康熙、雍正、乾隆等都偏爱自鸣钟。自鸣钟历来是贡品的重要物件。康熙年间，荷兰的贡物中就有一座大自鸣钟。④ 康熙年间，宫廷中的钟表数量已经非常可观。雍正八年（1730）成书的康熙《庭训格言》记录：

明朝末年，西洋人始至中国，作验时之日晷。初制一二时，明朝皇帝目以为宝而珍重之。顺治十年间，世祖皇帝得一小自鸣钟以验时刻，不离左右。其后又得自鸣钟稍大者，遂效彼为之。虽能仿佛其规模，而成在内之轮环。然而，上劲之法条未得其法，故不得其准也。至朕时，自西洋人得作法条之法，虽作几千百，而一一可必其准。……今与尔等观之，尔等托赖朕福，如斯少年皆得自鸣钟十数，

---

① 〔意〕利玛窦、〔比〕金尼阁：《利玛窦中国札记》，第 209~210 页。
② 金国平、吴志良：《从自鸣钟探讨利玛窦居留北京的内幕》，《明史研究论丛》2004 年第 6 辑。
③ 《罗明坚神父致卖尔古里亚诺神父书》，罗渔译，《利玛窦书信集》下册，台北：光启出版社，1986，第 434 页。
④ 参见王士禛《池北偶谈》，第 80 页。

以为玩器，岂可轻视之，其宜永念祖父所积之福可也。①

康熙皇帝应该有随身携带钟表计时的习惯。钱泳《履园丛话》记载，康熙命吴廷桢"作御舟即事，韵限三江一绝"，吴廷桢构思时听到自鸣钟响起。② 这则记载反映出自鸣钟已经在康熙的日常生活中发挥计时作用。雍正时期，皇帝居住、办公之处都有自鸣钟陈设，如宫中的交泰殿、养心殿、承华堂，畅春园的严霜楼，圆明园的蓬莱洲、四宜堂、万字房、含韵斋、事事如意、勤政殿、莲花馆、西峰秀色、紫萱堂、后殿仙楼等。③ 乾隆时期，耶稣会士沙如玉估计清廷已有4000余座自鸣钟，④ 且御制的钟表极尽奢华之能事。

自鸣钟为何能进入紫禁城，且获得皇帝的青睐？一个重要原因就是钟表报时的精准性。明代谢肇淛《五杂组》记载：

> 西僧琍玛窦有自鸣钟，中设机关，每遇一时辄鸣，如是经岁无顷刻差讹也，亦神矣。今占候家时多不正，至于选择吉时，作事临期，但以臆断耳。烈日中尚有圭表可测，阴夜之时，所凭者漏也，而漏已不正矣，况于山村中无漏可考哉？⑤

谢肇淛由自鸣钟联想到"占候家时多不正"的问题。"占候家时多不正"，应是与自鸣钟"经岁无顷刻差讹"比较得出的结果。

清代赵翼在《檐曝杂记》"钟表"条也表达了对自鸣钟精准报时的感慨，他说：

> 自鸣钟、时辰表皆来自西洋。钟能按时自鸣，表则有针随晷刻指十二时，皆绝技也。今钦天监中占星及定宪书，多用西洋人，盖其推

---

① 雍正皇帝御纂《圣祖仁皇帝庭训格言》（不分卷），《文渊阁四库全书》。
② 参见钱泳《履园丛话》，《清代笔记小说大观》第4册，第3239页。
③ 参见李素芳《清朝皇帝与西洋钟表》，《紫禁城》2006年第2期。
④ 参见胡忠良《御苑深处钟自鸣》，《中国档案报》2015年6月26日，第4版。
⑤ 谢肇淛：《五杂组》，《明代笔记小说大观》第2册，第1515页。

算比中国旧法较密云。洪荒以来，在璇玑，齐七政，几经神圣，始泄天地之秘。西洋远在十万里外，乃其法更胜。可知天地之大，到处有开创之圣人，固不仅羲、轩、巢、燧已也。①

赵翼将自鸣钟的精准报时称为"绝技"，并慨叹"天地之大，到处有开创之圣人"，体现出对西方文明的开明态度。

有清一代，皇帝多有吟颂自鸣钟的诗篇，其中以康熙、雍正、乾隆为最。康熙、雍正的诗从钟表的准确、精巧入手，以钟声报时、指针显示均毫厘不爽来凸显自鸣钟的实用性。以自鸣钟为代表的西洋钟表，确实对中国固有的计时器造成强烈冲击。中国古代普遍使用刻漏、圭表、日晷作为计时器，用钟鼓作为报时工具。就传统农耕社会而言，人们日出而作日落而息，一天的时间概念相对模糊，遵循四时更替才是最主要的生活方式。而对北京这样的城市居民而言，要获知一天里时辰的变化，主要仰赖"暮鼓晨钟"，也就是每天官方发出的钟声、鼓声。自鸣钟进入紫禁城后，北京有了自动报时的钟表。之后，自鸣钟进入中轴线上的交泰殿，"交泰殿大钟，宫中咸以为准，殿三间，东间设刻漏一座，几满须日运水贮斛，今久不用；西间钟一座，高大如之，蹑梯而上启钥上弦，一月后再启之，积数十年无少差，声远，直达乾清门外"。②

新的报时工具的出现，相应地改变了人们的时间观念。中国传统的计时系统为时辰、刻，而自鸣钟则为时分秒，时间的计算更为精细。《清会典》卷81用西方计时系统解释了传统的计时系统："凡候时，皆准以昼夜。周日十二时。时八刻。刻十五分。分六十秒。"③《清会典》初修于康熙二十三年（1684），雍正、乾隆、嘉庆、光绪朝四次重修。从理论上说，紫禁城自康熙年间开始就有了两套计时系统，即本土的时辰、刻和西方的时分秒。这说明，居住在紫禁城里的人们已经有了时分秒的时间观念。

紫禁城的时间以交泰殿自鸣钟报时为准，而北京城的王公贵胄、文武

---

① 赵翼：《檐曝杂记》，《清代笔记小说大观》第4册，第3126页。
② 沈初：《西清笔记》卷2，上海进步书局1915年影印，第31页。
③ 光绪《清会典》卷81《钦天监·漏刻科》。

大臣，都得以紫禁城的时间为准开展工作。因此，自鸣钟带来的时间观念的变化，自然影响了北京上层社会的日常生活。皇帝喜爱西洋钟表，甚至将钟表作为奖赏赐给大臣，臣子也以拥有西洋钟表为荣。于是，北京的上层社会开始刮起了一股"钟表风"。乾隆朝重臣和珅被抄没的家产中，就有大自鸣钟、小自鸣钟、洋表等物数十件。富察皇后的弟弟傅恒，因为太过依赖钟表，甚至误了上朝的时间。赵翼《檐曝杂记》记载：

> 朝臣之有钟表者转误期会，而不误者皆无钟表者也。傅文忠公家所在有钟表，甚至仆从无不各悬一表于身，可互相印证，宜其不爽矣。一日御门之期，公表尚未及时刻，方从容入直，而上已久坐，乃惶悚无地，叩首阶陛，惊惧不安者累日。①

傅恒上朝误时，恰恰说明钟表已经融入北京贵族家庭的日常生活，甚至饮食起居的时间也依赖钟表。

与笔记形成印证的是成书于清乾隆年间的《红楼梦》。《红楼梦》中多处描写了贾府的钟表，宁国府抄家单子上就有钟表18件。第14回，王熙凤协理宁国府，这样给下人训话："素日跟我的人，随身自有钟表，不论大小事，我是皆有一定的时辰。横竖你们上房里也有时辰钟。卯正二刻我来点卯，巳正吃早饭，凡有领牌回事的，只在午初刻。戌初烧过黄昏纸，我亲到各处查一遍，回来上夜的交明钥匙。第二日仍是卯正二刻过来。"② 凤姐的话语显示贾府连体面的下人也有钟表，更遑论主子了。《红楼梦》中的描写与笔记中的记载相印证，说明自鸣钟在乾隆年间已经成为上层社会的一种时尚单品。

嘉庆年间，宫廷对西洋钟表的关注度下降。嘉庆四年（1799），上谕："朕从来不贵珍奇，不爱玩好，乃天性所禀，非矫情虚饰。粟米布帛，乃天地养人之物，家所必需。至于钟表，不过为考察时辰之用，小民无此物者甚多，又何曾废其晓起晚息之恒业乎？尚有自鸣鸟等物，更如粪

---

① 赵翼：《檐曝杂记》，《清代笔记小说大观》第4册，第3126页。
② 曹雪芹著，无名氏续《红楼梦》，第181~182页。

土矣。"① 但这并未能阻止钟表在北京上层社会流行起来。嘉庆时《啸亭杂录》记载："近日泰西氏所造自鸣钟表，制造奇邪，来自粤东，士大夫争购，家置一座以为玩具。纯皇帝恶其淫巧，尝禁其入贡，然至今未能尽绝也。"②

明清笔记在记载西洋钟表时，虽不免赞叹西方物质文明，但也时不时来点"考据癖"，力图从中国典籍中寻找相似物，以说明中华文明的源远流长。比如，昭梿《啸亭杂录》记载自鸣钟时引经据典："按《唐书·天文志》云：'浑天铜仪，立木人二于地平，其一上置鼓以候刻，刻至一刻，则自击之；其一前置钟以候辰，辰至一辰，亦自击之。皆于柜中各施轮轴钩键，关钥交错相持，置于武成殿前以示百官。'然其制作，亦有所仿矣。"③

当然，对统治者而言，自鸣钟主要是一种值得赏玩的西洋奇物，不仅能满足猎奇之心，还因为其贡品的性质，具有粉饰"八万里殊域，恩威悉感通"的政治意义。这一点在乾隆皇帝的《咏自鸣钟》以及纳兰性德的《自鸣钟赋》中体现得尤其鲜明。在紫禁城内，钟表已不仅仅是一种科学仪器，与欧洲造表的初衷大相异趣，这或许可折射出近代中外社会的不同走向。④

二 西洋镜

明清时期，西方的玻璃镜传入中国，并逐渐在北京流行。由于是西来之物，玻璃镜最初被称作"西洋镜"或"洋镜"。⑤

明万历年间，耶稣会士利玛窦第一次到北京给皇帝进献的礼物就包括"两个玻璃三棱镜"。⑥ 玻璃镜作为贡物流入宫廷，但并没有引起太大的轰动。西洋镜的流行，主要在清代。清代西洋镜多来自英国、葡萄牙、荷

---

① 《清仁宗睿皇帝实录》卷55，嘉庆四年十一月。
② 昭梿：《啸亭杂录 续录》，《清代笔记小说大观》第5册，第4762页。
③ 昭梿：《啸亭杂录 续录》，《清代笔记小说大观》第5册，第4762页。
④ 参见金国平、吴志良《从自鸣钟探讨利玛窦居留北京的内幕》，《明史研究论丛》2004年第6辑。
⑤ 晚清时期，北京人又称"拉洋片"为"西洋镜"。本书之"西洋镜"，指西来的玻璃镜。
⑥ 〔意〕利玛窦、〔比〕金尼阁：《利玛窦中国札记》，第334页。

兰、俄国等国家，或为贡物，或为中西方贸易商品。比如，康熙年间，荷兰进贡物品中有"照身大镜二面"；① 乾隆五十九年（1794），荷兰遣使进京庆贺乾隆帝登基六十年，此批贺礼中亦有"大玻璃镜一对、花玻璃壁镜一对"。②

较之中国传统铜镜，西洋镜有何优点？显然，西洋镜成像更为清晰，并且无须时时打磨拂拭。明末清初屈大均在其《玻璃镜》（二首）诗中云："谁将七宝月，击碎作玻璃。绝胜菱花镜，来从洋以西。""铸石那能似？玻璃出自然。光含秋水影，尺寸亦空天。"③ 屈大均认为西洋镜"绝胜"铜镜。

西洋镜逐渐替代铜镜，这应该是清代上层社会的流行趋势。清代中期，北京市面上已经有西洋镜售卖。潘荣陛《帝京岁时纪胜》载："（腊月）初十外则卖卫画、门神、挂钱、金银箔、稞子黄钱、销金倒酉、马子烧纸、玻璃镜、窗户眼。"④

从铜镜到西洋镜的演变，展现出明清时期在西学东渐之风下北京社会风俗的变迁。此种变迁，同自鸣钟一样，也有着深层次的文化内涵。在中国传统文化中，镜子具有劝惩、镇邪、闺怨象征等多种功能。中国古典诗词、散文、小说中有大量的镜子意象，特别是古典小说，从六朝志怪、唐代传奇到明清小说，都赋予镜子丰富的想象。在《红楼梦》之前，中国古典文学中的镜子大多指的是铜镜，而创作于乾隆年间的《红楼梦》，则将当时上层社会流行的西洋镜浓墨重彩地写入了书中。

《红楼梦》中多次描写贾府日常使用的镜子，给读者印象最为深刻的，无疑是那面风月宝鉴及怡红院的西洋镜。《红楼梦》中并没有明确风月宝鉴是铜镜还是西洋镜，不过大概率是铜镜。美术史家巫鸿认为，"《红楼梦》中描写了两类镜子，一是旧式的铜容镜，一是新式的全身玻璃大镜。前者除日常使用外也传达出传统的道德象征意义，后者引起的是令人惊讶的全新视觉经验。前者的代表是著名的'风月宝鉴'，后者都与

---

① 王士禛：《池北偶谈》，第80页。
② 梁廷枏：《粤海关志》，广东人民出版社，2014，第451页。
③ 欧初、王贵忱主编《屈大均全集》第2册，人民文学出版社，1996，第1142页。
④ 潘荣陛：《帝京岁时纪胜》，《燕京岁时记》（外六种），第60页。

怡红院有关，那是小说主角贾宝玉的住处"。① 风月宝鉴在《红楼梦》中的重要地位毋庸置疑，其更多地承载了中国古典小说中镜子意象的劝惩、镇邪功能。而怡红院的西洋镜，确实传达出了"令人惊讶的全新视觉经验"。将此种"全新视觉经验"置于明清西学东渐的语境中，更具有中西文化交流的意义。

《红楼梦》从贾政、贾芸、刘姥姥、贾宝玉四个人物的视角详细地描写了怡红院的西洋镜。第17~18回，贾政等人游览怡红院，"原来贾政等走了进来，未进两层，便都迷了旧路，左瞧也有门可通，右瞧又有窗暂隔，及到了跟前，又被一架书挡住。回头再走，又有窗纱明透，门径可行；及至门前，忽见迎面也进来了一群人，都与自己形相一样，——却是一架玻璃大镜相照。及转过镜去，益发见门子多了"。② 贾政见到的这面西洋镜，"大"和"玻璃"是其主要特征，它立在内室门前，进门者看见自己迎面走来，转过去则可以看到层层门户。在镜子跟前，贾政迷失了自我，见到自己却以为是"与自己形相一样"的人。在此镜子前迷路的还有贾芸。第26回，贾芸随侍女坠儿来到怡红院，进院后听见宝玉从里边唤他进去，他于是连忙迈步走进房内，"抬头一看，只见金碧辉煌，文章燦灼，却看不见宝玉在那里。一回头，只见左边立着一架大穿衣镜，从镜后转出两个一般大的十五六岁的丫头来"。贾芸在丫鬟的引导下，绕过穿衣镜，又进了一道碧纱橱，才见到"穿着家常衣服，趿着鞋，倚在床上拿着本书看"的贾宝玉。③ 这面立着的"大穿衣镜"既遮挡住了贾宝玉华丽又闲散的私人空间，又在富贵公子贾宝玉与贫寒旁支贾芸之间树立起一道屏障。

在镜子前最发蒙的是刘姥姥。第41回，刘姥姥醉酒后误入怡红院：

> （刘姥姥）刚从屏后得了一门转去，只见他亲家母也从外面迎了进来。刘姥姥诧异，忙问道："你想是见我这几日没家去，亏你找我来。那一位姑娘带你进来的？"他亲家只是笑，不还言。刘姥姥笑

---

① 〔美〕巫鸿：《物·画·影——穿衣镜全球小史》，上海人民出版社，2021，第95页。
② 曹雪芹著，无名氏续《红楼梦》，第231页。
③ 曹雪芹著，无名氏续《红楼梦》，第352页。

道：" 你好没见世面，见这园里的花好，你就没死活戴了一头。" 他亲家也不答。便心下忽然想起："常听大富贵人家有一种穿衣镜，这别是我在镜子里头呢罢。" 说毕伸手一摸，再细一看，可不是，四面雕空紫檀板壁将镜子嵌在中间。因说："这已经拦住，如何走出去呢？" 一面说，一面只管用手摸。这镜子原是西洋机括，可以开合。不意刘姥姥乱摸之间，其力巧合，便撞开消息，掩过镜子，露出门来。①

怡红院的这面大穿衣镜，带有可以开合的机关，且镶嵌在四面雕花的紫檀木上，在清代绝非寻常物件。正因如此，一面不寻常的西洋镜，足以体现贾宝玉居所怡红院之富丽堂皇。

怡红院的这面西洋镜应该是玻璃镜屏，此种镜子在紫禁城中的数量最多。雍正时期，"养心殿西二间拆出楠木边玻璃镜一面，改做得紫檀木边玻璃镜一面"；② 乾隆时期，三希堂南间即陈设有这种紫檀木边玻璃镜。这种玻璃镜其实是玻璃镜屏。王子林在《明清皇宫陈设》中称其为"当时流行的室内陈设风格"。③ 玻璃镜和紫檀木在当时都是奢侈品，组合而成的玻璃镜屏彰显了主人尊贵的身份与地位。此种玻璃镜屏，还有非常实用的分割不同空间的功能。这面西洋镜将怡红院的公共空间与贾宝玉的卧室这种私人空间隔绝开来，它较之屏风更具隐蔽性。刘姥姥正是通过这面镜子，发现了怡红院最为隐蔽的空间。这面大穿衣镜，从刘姥姥的视角写来，颇有趣味。刘姥姥本是一乡村老妪，初入大观园，不免为大观园的奢华迷了眼。这种视角上的巨大反差，加深了读者对贾府富贵景象的认识。更有意思的是，刘姥姥还是在醉酒的状态下见到穿衣镜，从而将镜子里的自己认作了其亲家母。这样描写或许是为了表现刘姥姥的醉态，但是将之置于明清时期中西文化交流史来看，则具有特别的意味。

在西洋镜传入之前，人们凭借铜镜认识自身。但铜镜不如玻璃镜清

---

① 曹雪芹著，无名氏续《红楼梦》，第 556 页。
② 中国第一历史档案馆、香港中文大学文物馆编《清宫内务府造办处档案总汇》，人民出版社，2007，第 197 页。
③ 王子林编著《明清皇宫陈设》，紫禁城出版社，2011，第 16 页。

晰，而且能够照见全身的大型铜镜更是少见。当时，大部分人或许从来没有全面立体地看到过自己。就如同刘姥姥，她或许从来不知道自己是什么样子，她更加熟悉亲家母的样子，因此才将镜中的自己认作了亲家母。也就是说，人们能通过自己的眼睛认识身边人，却不一定认识自己，而西洋来的穿衣镜，则让大部分人第一次清晰地认识了自身。

通过西洋镜更为清晰地认识自身的，还有贾宝玉。第56回，贾宝玉梦见甄宝玉的生活日常，梦醒后"向前瞧了一瞧，原是那嵌的大镜对面相照，自己也笑了"。① 贾宝玉在梦中见到了甄宝玉，就好像看到了自己。甄、贾宝玉相逢，就好像贾宝玉以镜自照一般。贾宝玉梦中见到的情景，可以视为他自身生活场景的再现。而甄宝玉对贾宝玉"空有皮囊，真性不知那里去"的疑问，又好比是宝玉质问自身。似乎镜子外的宝玉是肉体，镜子里的宝玉是灵魂。但到底哪个是甄（真）宝玉，哪个是贾（假）宝玉，或许宝玉自己都不清楚。解盦居士《石头臆说》云："宝玉实作者自命，而乃有甄贾两人者，盖甄宝玉为作者之真境，贾宝玉乃作者之幻想也。观五十六卷中，贾宝玉梦见甄宝玉，醒时于大镜内照见自影，犹呼宝玉一段，即所谓假即真时真即假也。"② 或许正是在镜子前的这种自我迷失、自我探索、自我认知的过程，帮助贾宝玉看清了自己的内心世界，最终"悬崖撒手"，遁入太虚。

怡红院中的西洋镜到底是一面，还是多面，学界仍存争议。从小说描写镜子的形制与位置来看，似乎是多面。但无论是一面还是多面，丝毫不影响怡红院西洋镜在小说中的思想意蕴。无论是贾政、贾芸，还是刘姥姥、贾宝玉，都曾在西洋镜前迷失自我。其中重点描写的刘姥姥与贾宝玉，更经历了自我迷失、探索及认知的过程。这种过程通过西洋镜的照形功能得以呈现，最为直接的表现即是西洋镜提供了重新认清自己的机会，即"由镜见己"。

唐太宗言："夫以铜为镜，可以正衣冠；以史为镜，可以知兴替；以人为镜，可以知得失。"镜子因其特有的照形功能，被赋予了丰富的文化

---

① 曹雪芹著，无名氏续《红楼梦》，第775页。
② 一粟编《红楼梦资料汇编》，中华书局，1964，第186页。

意涵。中国古典文学中不乏"揽镜自照"的场景，无论是闺阁女子还是失意文人，或许都曾在铜镜前自视、自省、自我沉醉或自我怀疑，但镜中的自己或模糊或为局部，就好比那"镜中花""水中月"，镜前人与镜中人之间总存在距离。而站在西洋镜特别是大型穿衣镜前，人物纤毫毕现，无可遁形，镜前人与镜中人之间似乎不存在距离。这种清晰的"由镜见己"的视觉体验，给人新奇与震撼。曹雪芹如此浓墨重彩地描写怡红院的西洋镜，未尝不是在表达自身面对西洋镜时的那种新奇与震撼。当代读者阅读这些文字，当可体会明清时人面对西洋镜时那种独特的视觉体验。

如果说梳妆镜、穿衣镜等让明清时人更为清晰地看见了自己，眼镜、千里镜等西洋玻璃光学镜则让他们更为清晰地见到了世界万物。清初，不同种类的西洋光学镜陆续传入中国，甚至某些光学镜已经实现了国产。康熙年间，黄履庄《奇器目略》中记载有千里镜、取火镜、临画镜、取水镜、显微镜、多物镜、瑞光镜等光学镜。不同种类的光学镜开阔了国人的眼界，使人们意识到镜子不仅可照形，通过它还可认识世界万物，西洋镜的功用也就由"见己"推及"见物"。黄履庄正是认识到"镜之用，止于见己，而亦可以见物"，"故作诸镜以广之"。[①]

康熙年间，查为仁在《莲坡诗话》中记载红兰室主人有四种西洋镜——千里镜、显微镜、火镜、多宝镜，并为之作咏物诗四首。红兰室主人即宗室子弟岳端，他曾提及这四种西洋镜带来的视觉体验，其中千里镜是"数片玻璃珍重裁，携来放眼云烟开。远山逼近近山来，近山远山何嵬嵬"。[②] 赵翼在《檐曝杂记》中也记载了自己在北京南堂使用千里镜的体验：

> 堂之旁有观星台，列架以贮千里镜。镜以木为筒，长七八尺。中空之而嵌以玻璃，有一层者，两层者，三层者。余尝登其台，以镜视天，赤日中亦见星斗。视城外，则玉泉山宝塔近在咫尺间，砖缝亦历历可数。而玻璃之单层者，所照山河人物皆正，两层者悉倒，三层者

[①] 参见张潮《虞初新志》，《清代笔记小说大观》第 1 册，上海古籍出版社，2007，第 311~314 页。

[②] 查为仁：《莲坡诗话》，第 23 页。

则又正矣。①

千里镜即望远镜,"以镜视天,赤日中亦见星斗。视城外,则玉泉山宝塔近在咫尺间,砖缝亦历历可数"。千里镜拉近了天与人之间的距离,也拉近了人与景之间的距离。它带给赵翼的视觉体验更是新奇,"单层者,所照山河人物皆正,两层者悉倒,三层者则又正矣"。这种全新的体验,促使人们去重新认识身边的"物",并重新审视自身与"物"之间的关系。

在这些光学镜中,眼镜最为大众所熟悉,在当代更是许多人不可或缺的物品。可想而知,在明清时期,视力障碍者拥有一副合适的眼镜,该是一种怎样激动的心情。康熙年间刘廷玑在《在园杂志》中这样评价眼镜:

> 自西洋人入中华,其制造之奇、心思之巧,不独见所未见,亦并闻所未闻。如风琴、日规、水轮、自鸣钟、千里眼、顺风耳、显微镜、雀笼之音乐、聚散之画像等类,不一而足。其最妙通行适用者,莫如眼镜。上古未闻眼昏而能治者。杜陵老年,花似雾中看,唯听之而已。自有眼镜,令昏者视之明,小者视之大,远者视之近,虽老年之人,尚可灯下蝇头,且制时能按其年岁以十二时相配合,则更奇矣。黑晶者价昂难得,白晶者亦贵,惟白玻璃之佳者不过数星,今上下贵贱男女无不可用,真宝物也。人人得用,竟成布帛菽粟矣。②

在诸多的西洋物品中,刘廷玑认为"其最妙通行适用者,莫如眼镜",评价不可谓不高。确实,眼镜"令昏者视之明,小者视之大,远者视之近",大大增强了人们肉眼"见物"的能力。且"白玻璃之佳者不过数星","上下贵贱男女无不可用",其价廉堪比"布帛菽粟",实在是超乎想象。

《在园杂志》书前孔尚任序及作者自序皆作于康熙五十四年(1715),

---

① 赵翼:《檐曝杂记》,《清代笔记小说大观》第4册,第3127页。
② 刘廷玑:《在园杂志》,《清代笔记小说大观》第3册,第2231~2232页。

刘廷玑所述反映的就是此时期眼镜的流行情况。关于水晶眼镜的珍贵性，《茶余客话》的记载可为佐证，"康熙癸未年五月，上特赐少宗伯孙公岳颁水晶眼镜。虞山蒋文肃公时方庶吉士，侍直内廷，奏臣母曹年老眼昏，乞恩，上亦赐之。当时以为殊荣，盖其制法尚未传世也。"① 康熙癸未年即康熙四十二年，当时赐给臣子水晶眼镜是一种殊荣，说明水晶眼镜还很稀少。嘉庆以后，眼镜成为北京街头的流行物品。嘉庆二十四年（1819）学秋氏所作《续都门竹枝词》云："近视人人戴眼镜，铺中深浅制分明。更饶养目轻犹巧，争买皆由属后生。"② 道光二十五年（1845）刊行的《都门杂咏》，其"时尚门"中的《眼镜》题为："方鞋穿着趁时新，摇摆街头作态频。眼镜戴来装近视，教人知是读书人。"③ 眼镜成为时尚单品，不近视的人也开始戴眼镜假装读书人。眼镜在北京之流行可见一斑。

三 西洋药品

明清时期，西洋药品经由传教士引入中国，并逐渐在上层社会流行。

晚明时期，相关文献记载最多的西洋药品是药露，与药露密切相关的传教士是意大利人熊三拔、西班牙人庞迪我及瑞士人邓玉函。熊三拔万历三十四年（1606）来华，后协助利玛窦工作，潜心研究水利科学。万历四十年，徐光启将请教熊三拔有关水法等问题的听讲笔记整理成书，名《泰西水法》，梓行于世。《泰西水法》卷4记载有"药露"："凡诸药，系草木果瓜谷菜诸部，具有水性者，皆用新鲜物料，依法蒸馏，得水名之为露。""凡此诸露，以之为药，胜诸药物，何者？诸药既干既久，或失本性。……西国市肆中所鬻药物，大半是诸露水。"④ 徐光启还曾跟随庞迪我学习西洋药物学知识，其家书有言："庞先生教我西国用药法，俱不用渣滓。采取诸药鲜者，如作蔷薇露法收取露，服之神效。此法甚有理，所服者皆药之精英，能透入脏腑肌骨间也。"⑤《帝京景物略》中《利玛窦坟》

---

① 阮葵生：《茶余客话》，《清代笔记小说大观》第3册，第2640页。
② 学秋氏：《续都门竹枝词》，路工选编《清代北京竹枝词》（十三种），第64页。
③ 杨静亭：《都门杂咏》，路工选编《清代北京竹枝词》（十三种），第76页。
④〔意〕熊三拔：《泰西水法》卷4，《文渊阁四库全书》第242册，第924页。
⑤ 王重民辑校《徐光启集》下册，上海古籍出版社，1984，第488页。

篇还记述了邓玉函"善其国医,言其国剂草木,不以质咀,而蒸取其露,所论治及人精微。每尝中国草根,测知叶形花色、茎实香味,将遍尝而露取之,以验成书"。① 从这些记载可知,晚明时期国人对药露的制法与功效已有初步的了解。

清代以后,药露成为外邦进贡的重要物品之一。顺治十三年(1656),荷兰使臣进呈给皇后的方物中有蔷薇露;康熙九年(1670),葡萄牙印度总督以国王的名义派遣使臣进贡的礼物中有金银花露。② 太医院使用的药露有状元露、黄连露、红毛露、青梅露、参苓露、龟龄露、延龄露、国公露、凤仙露、桂花露、补益延龄露、佛手露、神仙长寿露等,③ 国人对药露的认识日渐加深。乾隆年间的医学家赵学敏在《本草纲目拾遗》中对药露记载详细:"凡物之有质者,皆可取露。露乃物质之精华。其法始于大西洋,传入中国。大则用甑,小则用壶,皆可蒸取。其露即所蒸物之气水,物虽有五色不齐,其所取之露无不白,只以气别,不能以色别也。时医多有用药露者,取其清冽之气,可以疏沦灵府,不似汤剂之腻滞肠膈也,名品甚多。"④ 从赵学敏的记载来看,乾隆年间的医者在治病时已"多有用药露者"。

《红楼梦》则形象地写出了药露在贵族家庭的使用情况。第34回,宝玉被父亲责打后,胃口不好,王夫人给了他"木樨清露"与"玫瑰清露"。这两瓶香露,外观是三寸大小的玻璃小瓶,上面有螺丝银盖,只要在一碗水中挑入一茶匙,就"香的了不得"。按方豪的分析,"螺丝银盖,那时我国不会自造;况且盖子既作螺丝形,瓶口也必须是螺丝形,不然,就无法旋下去。但这样的瓶子,当时我们更不会制造"。⑤ 这种形制的药露,显然是西洋货。曹雪芹的祖父曹寅,以及曹寅的内兄李煦,都有与传教士交往的经历,是康熙年间接触西洋物品较多的人士。康熙三十七年《李煦奏折》"进果酒单"上,就有"桂花露计一箱,玫瑰露计一箱,蔷

---

① 刘侗、于奕正:《帝京景物略》,第304页。
② 参见光绪《钦定大清会典事例》卷1105,光绪二十五年石印本。
③ 参见清太医院编《太医院秘藏膏丹丸散方剂》,中国中医药出版社,2008,第29~37页。
④ 赵学敏:《本草纲目拾遗》,人民卫生出版社,1963,第9页。
⑤ 方豪:《红楼梦西洋名物考》,第38页。

薇露计一箱"。① 因此，周汝昌在《红楼梦新证》中认为"宝玉所见正即当日进贡之所遗无疑也"。②

贾府不仅有药露，还有鼻烟。《红楼梦》第 52 回写道：

> 宝玉便命麝月："取鼻烟来，给他嗅些，痛打几个嚏喷，就通了关窍。"麝月果真去取了一个金镶双扣金星玻璃的一个扁盒来，递与宝玉。宝玉便揭翻盒扇，里面有西洋珐琅的黄发赤身女子，两肋又有肉翅，里面盛着些真正汪恰洋烟。晴雯只顾看画儿，宝玉道："嗅些，走了气就不好了。"晴雯听说，忙用指甲挑了些嗅入鼻中，不怎样，便又多多挑了些嗅入。忽觉鼻中一股酸辣透入囟门，接连打了五六个嚏喷，眼泪鼻涕登时齐流。③

鼻烟是一种由西洋传入的价格昂贵的烟草制品，有提神醒脑、清心开窍之功效。晴雯感冒后，宝玉给了她鼻烟，用于缓解鼻塞。清代赵之谦在《勇卢闲诘》中称："鼻烟来自大西洋意大里亚国，明万历九年，利玛窦泛海入广东，旋至京师献方物，始通中国。"④ 刘廷玑《在园杂志》载："更有鼻烟一种，以烟杂香物、花露研细末嗅入鼻中，可驱寒冷，治头眩，开鼻塞，毋烦烟火，其品高逸，然不似烟草之广且众也。"⑤ 康熙年间，鼻烟已经在北京上层社会盛行。王士禛《香祖笔记》载：

> 吕宋国所产烟草，本名淡巴菰，又名金丝薰，余既详之前卷。近京师又有制为鼻烟者，云可明目，尤有辟疫之功，以玻璃为瓶贮之。瓶之形象，种种不一，颜色亦具红紫黄白黑绿诸色，白如水晶，红如火齐，极可爱玩。以象齿为匙，就鼻嗅之，还纳于瓶。皆内府制造，民间亦或仿而为之，终不及。⑥

---

① 参见《李煦奏折》，第 11 页。
② 周汝昌：《红楼梦新证》（增订本），第 820~821 页。
③ 曹雪芹著，无名氏续《红楼梦》，第 704~705 页。
④ 赵之谦：《勇卢闲诘》，中华书局，1985，第 1 页。
⑤ 刘廷玑：《在园杂志》，《清代笔记小说大观》第 3 册，第 2192 页。
⑥ 王士禛：《香祖笔记》，第 131 页。

《香祖笔记》作于康熙四十二年至四十三年（1703~1704），此时的上等鼻烟，"皆内府制造"。而至"雍正年间，使用鼻烟之风气更甚，进贡者以是为贵，赏赐者以是为恩。雍正三年，意大利教皇伯纳第尔进贡方物，有各色玻璃鼻烟壶、咖什伦鼻烟罐、素鼻烟壶、玛瑙鼻烟壶及鼻烟，居六十种之多。五年，葡萄牙国王若瑟遣使麦德乐进贡方物四十一种，亦有鼻烟，若干年后，葡萄牙国王若瑟复贡方物二十八种，各色鼻烟壶与鼻烟估有六种。当时皇帝宴会，诸王贝勒大臣以下，皆赐鼻烟与鼻烟壶，以示圣恩广大。而缙绅阶级对于鼻烟之嗜好，更可知矣"。①

乾隆间烟草专著《烟谱》"好尚第四"条记载："别有所谓鼻烟者，屑叶为末，杂以花露，一器或值数十金，贵人馈遗以为重礼。置小瓶中，以匙取之入鼻则嚏辄随之。服久相习亦可不嚏。有红色者，玫瑰露所和也；也有绿色者，葡萄露所和也；也有白色者，梅花露所和也。所贮之瓶备极工巧，多用玛瑙、玻璃、玳瑁或洋磁金银为之。"②《烟谱》成书于乾隆三十九年（1774）之前，说明在乾隆年间，鼻烟已经被"贵人馈遗以为重礼"。《红楼梦》中宝玉给晴雯所用鼻烟，用"金镶双扣金星玻璃的一个扁盒"装着，盒子"里面有西洋珐琅的黄发赤身女子，两肋又有肉翅"，显然是出自西洋的"上品鼻烟"，小说中称之为"真正汪恰洋烟"。关于"汪恰"是鼻烟的商标名、公司名，还是产地名，或西文译名，或满文译名，学界争论不休。但此鼻烟出自西洋，则毫无疑问。

至嘉道年间，鼻烟的使用更加普遍，就连普通的读书人也随身携带。《品花宝鉴》第8回，魏聘才在北京逛戏园子，张仲雨拿出烟壶递给元茂，"元茂不知好歹，当着闻痧药的，一闻即连打了七八个嚏喷，眼泪鼻涕一齐出来，惹得仲雨、聘才都笑"。③

贾宝玉不仅给晴雯用了鼻烟，还用"依弗哪"给她治头疼。"依弗哪"是一种"西洋贴头疼的膏子药"，与鼻烟一样，都是"外用药"。这种外用的膏药，王熙凤"贴惯了"，可见她经常使用。

《红楼梦》中关于药露、鼻烟与"依弗哪"的描写，说明在清乾隆年

---

① 黄现璠：《古书解读初探——黄现璠学术论文选》，广西师范大学出版社，2004，第198页。
② 陆耀著，杨国安校注《烟谱校注》，《中国烟草》1982年第3期。
③ 陈森：《品花宝鉴》，第110页。

间,贵族之家已经在使用西洋药品。这些西洋药品主要来自紫禁城的赏赐。所以,贵族之家对西洋药品的接受,其实是紫禁城对西洋药品接受的延展。

清代,传教士多次使用西洋药物治愈皇帝和大臣的疾病。最典型的案例,就是用金鸡纳治愈了康熙皇帝的疟疾,《燕京开教略》对此有详细记载:

> 次年皇上偶染疟疾。洪若(翰)、刘应进金鸡纳。张诚、白晋又进他味西药。皇上以未达药性,派四大臣试验。先令患疟者服之,皆愈。四大臣自服少许,亦觉无害。遂奏请皇上进用。不日疟瘳。①

此后,康熙皇帝多次将此药赐给患疟疾的王公大臣。康熙五十一年,曹雪芹的祖父曹寅不幸感染风寒,后转为疟疾,康熙皇帝派快马往江宁送金鸡纳,并嘱咐:"金鸡纳专治疟疾,用二钱末,酒调服。若轻了些,再吃一服,必要住的。住后或一钱,或八分,连吃二服,可以出根。若不是疟疾,此药用不得,须要认真。"② 可惜药未至,曹寅即去世。

清代宫廷中西洋药品数量不在少数,甚至有专门的"西药房"——露房。姚元之《竹叶亭杂记》载:

> 武英殿有露房,即殿之东稍间,盖旧贮西洋药物及花露之所。甲戌夏,查检此房,瓶贮甚伙[夥],皆丁香、豆蔻、肉桂油等类。油已成膏,匙匕取之不动。又有狗宝、鳖宝、蜘蛛宝、狮子宝、蛇牙、蛇睛等物。其蜘蛛宝黑如药丸,巨若小胡桃,其蛛当不细矣。又有曰德力雅噶者,形如药膏;曰噶中得者,制成小花果,如普洱小茶糕。监造列单,交造办处进呈。上分赐诸臣,余交造办处。旧传西洋堂归武英殿管理,故所存多西洋之药。此次交造办处而露房遂空,旧档册悉焚,于是露房之称始改矣。③

---

① 樊国梁:《燕京开教略》中篇,救世堂1905年印本,第41页。
② 《李煦奏折》,第118页。
③ 姚元之:《竹叶亭杂记》,《清代笔记小说大观》第5册,第4788~4789页。

露房又称"西洋堂",康熙六十一年(1722)始隶属武英殿的监造处,"专司合药、蒸露、造鼻烟及西洋胰子等事"。① 至嘉庆十九年(1814)夏被正式撤销,露房在紫禁城存在了近百年。露房贮藏了历代所得西洋药物,至被撤销时,仍然"瓶贮甚伙〔夥〕"。清姚衡《寒秀草堂笔记》卷3《武英殿露房药库颁赏例药目》载,露房储藏药物124种,"包括药油、药露、合成药、植物药、动物药、矿物药及制药辅料","所治疾病及用途涵盖伤寒伤热、咳嗽痨病、头晕头痛、牙痛眼疾、脾虚胃痛、痢疾泄泻、风湿痹痛、妇人小儿、外伤痈肿、解毒补益等"。② 露房成为西洋药品在紫禁城乃至中国传播的重要见证。

晚清时期,西洋药品已经从紫禁城走向北京街头。刊于同治年间的《增补都门杂咏·洋药局》云:"近来洋药好生涯,都下新开数百家。莫道货真皆茂盛,欲图多利贵多赊。"③ 从这首杂咏中可知北京城内专营西洋药品的药铺已经有数百家之多。由于价格比较昂贵,平民百姓难以一次购得,店家便采用赊账的方法来促销。

明清时期北京上层社会所使用的西洋物品,不仅有自鸣钟、西洋镜与西洋药品,还有其他日常生活用品。《红楼梦影》第13回描写了薛蟠从广东带给贾府的礼物,上面有"水法洋钟一座,玻璃家伙四桌,悲〔翡〕翠带钩一对,悲〔翡〕翠圆镯一对,珍珠花大小二对,天青、大红、宝蓝、绛色洋呢各一板,各色广纱二十四匹,葛布二十四卷,外有送蓉大爷的带玩艺儿的洋表一对,八音盒一对,洋枪一杆,洋画一卷,下注'有匣'"。④ 该书作者顾太清乃清宗室,她拟写的这份礼单,反映了晚清时期西洋物品在北京上层社会的流通情况。

笔记能够"保持较多的真实性,因为作者或闲居自娱,或消愁解闷而作笔记,无心沽名传世,亦非刻意著作,故无所避讳,无所顾忌,无所掩饰,能透露某些真实情况和真实思想,比起官方史书更加可信"。⑤ 笔

---

① 故宫博物院编《武英殿》,紫禁城出版社,2011,第18页。
② 张雪丹:《清代武英殿露房及其所贮异域药物考》,《中医药文化》2017年第6期。
③ 李静山:《增补都门杂咏》,路工选编《清代北京竹枝词》(十三种),第102页。
④ 云槎外史:《红楼梦影》,第80~81页。
⑤ 来新夏:《清人笔记随录》,"序言",第3页。

记的记录或许零散，但是能够让读者从细微处入手，感受明清时期西学东渐对北京社会生活的影响，体会西洋物质文明在北京乃至中国的渗透情况。小说的描写较之笔记的记载更为生动形象，可与笔记相互印证与补充。方豪曾言："我之所以从研究书中（按：《红楼梦》）所记西洋物品着手，是因为稗史小说的作者，在时间、地点、人物和一切故事的背景上，都可以故弄玄虚，或张冠李戴，或颠三倒四，使人无从捉摸；但在细微的情节上，却不容易面面顾到，而于不知不觉间，露出真相。"[1] 将明清笔记与小说结合起来看，从自鸣钟、西洋镜与西洋药品入手，或可于另一侧面真实地反映西学东渐语境下北京上层社会日常生活的变迁。

第二节 西洋建筑与城市景观

西学东渐之风影响了北京城市文化的方方面面，而最直观的体现无疑是建筑。

建筑是城市形象的重要标志，也是不同文化形态的重要标签。作为中外文化交流中心，北京的建筑在明清以前即具有多元文化之特征。如辽代修建的牛街清真寺，具有浓厚的伊斯兰风格；元代修建的妙应寺白塔（尼泊尔匠师阿尼哥主持），其形制源于古印度的窣堵坡，还融合了中尼佛塔的建筑风格。至明清两朝，随着耶稣会士来华，西洋建筑开始在北京出现。西洋建筑兴起于宣武门内的天主堂，其鼎盛以圆明园的西洋楼景区为标志，余绪则是北京城涌现的林林总总的西洋门。从明万历年间至晚清时期，西洋建筑分散在北京城的不同城市空间，为这座古老的东方都城增添了几抹西方文化色彩。明清士大夫在笔记中对北京西洋建筑的记述零星分散，且着墨多集中于北京天主教堂，却是探究明清士大夫文人对待西学态度的极有价值的史料。

一 北京"四堂"的出现时间与坐落位置

从中外文化交流史来看，宗教文化往往扮演先导角色。东汉以降，佛

---

[1] 方豪：《红楼梦西洋名物考》，第137页。

教对中国文化影响至深且远。明清之际西风东渐，传教士成为中西文化交流的主要媒介。诚如梁启超所言："中国智识线和外国智识线相接触，晋唐间的佛学为第一次，明末的历算学便是第二次（中间元代时和阿拉伯文化有接触，但影响不大）。"[1] "南朝四百八十寺"见证了南朝佛教的辉煌，而洛阳城的"伽蓝"则象征着北魏佛教的隆盛。至今屹立于中华大地上的年岁不等的木塔、砖塔等佛塔，无不是不同历史时期、不同佛教教派兴衰的标志。明清之际耶稣会士在北京的传教活动，可以是利玛窦在紫禁城的一次谒见，或利玛窦与徐光启的一次交往，或利玛窦绘制的《坤舆万国全图》；但就北京民众而言，他们第一次接触"西学"，或许是在熟悉的街面上突然看到一幢奇怪的建筑——教堂。教堂的出现打破了北京城的宁静，使恢宏壮观的中式建筑中出现了不同风格的西洋建筑。教堂的兴废又牵动着城市的神经，折射出统治者面对西学时的复杂心态。但无论如何，教堂在北京的落成，使得这座东方古都呈现出更丰富多元的建筑景观，也展示出这座古老城市兼容并包的气魄与胸襟。

　　明清以前北京就已出现教堂。建于唐代的房山区三盆山的景教十字寺，是"北京地区有据可考的最早的教堂"。[2] 元代，罗马教廷在北京"筑教堂一所。六年前，已竣工，又增设钟楼一所，置三钟焉"。后来"在大汗宫前，又建新教堂一所。堂与大汗宫仅一街之隔，两处相去不过一箭耳"。[3] 明万历二十九年（1601），万历皇帝为了放置利玛窦进献的大钟，命工部"按照神父们所画的图样为它修建一个合适的木阁楼"。[4] 这座建在紫禁城里的阁楼，应该是明代北京城的第一座西洋建筑。

　　西洋建筑在北京城的兴起，还得是教堂。明清时期，北京有名的教堂有四座。姚元之《竹叶亭杂记》载："都中天主堂有四：一曰西堂，久毁于火。其在蚕池口者曰北堂。在东堂子胡同曰东堂。在宣武门内东城根者曰南堂。"[5] 这四座教堂（以下简称"四堂"）出现的时间及坐落位置，

---

[1] 梁启超：《中国近三百年学术史》，商务印书馆，2011，第10页。
[2] 佟洵：《基督教与北京教堂文化》，中央民族大学出版社，1999，第266页。
[3] 张星烺编注《中西交通史料汇编》第1册，朱杰勤校订，中华书局，2003，第321、326页。
[4] 〔意〕利玛窦、〔比〕金尼阁：《利玛窦中国札记》，第405页。
[5] 姚元之：《竹叶亭杂记》，《清代笔记小说大观》第5册，第4823页。

几乎成为北京城西风东渐的风向标。

"四堂"中，南堂始建于明万历三十三年，东堂始建于清顺治十二年（1655），北堂初建于康熙三十二年（1693），西堂初建于雍正元年（1723）。南堂即宣武门天主堂，是明代北京城第一座天主教堂。明万历二十九年，利玛窦来到北京。四年后，他将来华耶稣会士的住所改建成一座规模不大的经堂，即南堂。东堂即王府井天主堂，由葡萄牙籍耶稣会士利类思和安文思修建。顺治十二年，顺治皇帝下诏赐此二人银两以修缮住宅，两人遂请求将其在八面槽的住宅改建为教堂。最初的东堂系由中国传统民居改建，仅在建筑细节上有天主教装饰。康熙元年，东堂改建为西洋风格建筑。北堂即西什库教堂，原址在西苑的中海西畔，此地名蚕池口，故称蚕池口教堂。康熙三十二年，耶稣会士洪若翰进呈的金鸡纳霜治愈康熙皇帝的疟疾，康熙帝因此将西安门内蚕池口前辅政大臣苏克萨哈的旧府赐给传教士修建教堂。北堂于康熙四十二年建成。"四堂"中，最年轻的是西堂，即西直门天主堂。康熙四十四年，罗马教皇派遣特使到中国，特使随员意大利籍味增爵会传教士德里格被康熙皇帝任命为皇子的西学教师。雍正元年，德里格在西直门内购置土地兴建了西直门天主堂。西堂直属罗马教廷，是"四堂"中唯一一座不是由耶稣会士修建的教堂。

"四堂"的兴建离不开万历、顺治、康熙三位皇帝的支持。正是因为他们对西学的包容，南堂、东堂与北堂才相继出现。西堂虽兴建于雍正元年，但其动因却始于康熙朝。而恰恰是雍正之后出台的一系列政策，使得北京的教堂转生波澜。因此，"四堂"出现的时间看似偶然，其实是明末清初几代帝王对西学包容与接受的必然结果。因而可以说，"四堂"是北京这座城市接受西方文化的重要标志。

"四堂"的坐落位置也值得思量。中国历代都城的建制须严格遵循礼制规定，北京也是如此，呈现出严格的圈层，由内而外依次延展。圈层的中心是紫禁城，也就是宫城。围绕宫城的，则是皇城。皇城之外，才是"大城"。嘉靖时期，城南部修筑外城，因此北京城形成了"凸"字形结构。随着外城的修建，以前的"大城"称内城，南边的新城则称外城。北京城从内到外，由过去的三重空间变为四重空间：以紫禁城为中心，由内而外，依次是宫城、皇城、内城与外城。"城市空间结构是各种人类活动与功能组织在城市地域上的空间投影",① 北京的这种四重圈形结构，体现出权力的递减，"从内而外，宫城、皇城、都城和外城，以及更远处的开放的乡村空间，形成一个社会地位和空间定位（positioning）依次降低的序列"。② 核心区的宫城（紫禁城）是皇权的象征，居住着皇帝及其家人；居中的皇城则是皇帝直系亲属的宅邸；外圈的内城多居住着达官贵人；距离宫城最远的外城乃至城外，则多居住着平民。可以说，距离核心区越近，政治地位越高，礼制要求也越严格。

教堂作为异域文化的标志性建筑，其选址并不是一件简单的事情。广州作为中国的重要门户，曾吸引大批西方传教士前往传教。然而当时利玛窦等人在广州建造教堂，被禁止建于城内，只能于城郊选址。北京最早出现的南堂，则在"宣武门内东城隅"。之所以在宣武门内，其实有一定的偶然性。《利玛窦中国札记》载，利玛窦等人在北京租赁房舍居住，有诸多不便，于是拟购买一处固定住所。恰好此时宣武门内有一处民居出售，面积很大，"地点很合适，几乎是在城区的中心"，"据说里面闹鬼，用中国的法术都赶不走"，但价钱合理，于是他们就买了下来。③ 自此，明代北京第一座天主教堂落户宣武门内。明清两朝，南堂一直在宣武门内扎根，其实也有其必然性。宣武门位于北京南部，是京师内城九门之一，宣武门外为菜市口刑场，囚车从此门出入，人称"死门"。于"死门"处设置一座教堂，似乎更能凸显"生死"的意味。宣武门虽为内城南三门之一，但不在中轴线上，不是正阳门这样的政治敏感地带，但又距正阳门不远。宣武门还是内城与外城的沟通口，属两个圈层的交汇处，是传教的上佳地点。改建为南堂的民居，"只有一层平房，所以视野所及就只有头顶上的天空"，"这所房子整个有墙环绕，而且和别的很多中国人住宅一样"。④ 因此，从建筑外观而言，南堂出现在北京内城的城墙根，并不影响城市的整体风格，视觉冲击力不大，可以说是低调地亮相。当然，南堂能够落址于北京内城，对于利玛窦而言，本身就是一次突破。

---

① 柴彦威：《城市空间》，科学出版社，2000，第13页。
② 宋剑飞：《中国空间策略：帝都北京（1420~1911）》，第86页。
③ 〔意〕利玛窦、〔比〕金尼阁：《利玛窦中国札记》，第514~515页。
④ 〔意〕利玛窦、〔比〕金尼阁：《利玛窦中国札记》，第515页。

东堂位于皇城东侧东安门外，地处皇城与内城的交界处，较之南堂，其距离权力中心紫禁城更近。较之明代，清代北京的城市地理空间虽然没有发生根本的变化，但其人文空间变化巨大。清代的北京内城为旗人居住，外城为民人居住。建造东堂的传教士利类思和安文思，两人于明末在四川传教，被清军俘虏并分派到北京肃王府做杂役。按照清代八旗制度，王府的包衣奴仆是其私有财产，因而跟随主子居住于内城。顺治皇帝在肃王府附近赐予宅邸让其居住，完全符合当时的居住规制。当然，顺治皇帝允许其在东安门外建造教堂，体现了对异域文化的开明态度。这或许还有为皇家服务的目的。况且，在东安门外东堂附近，寺庙道观本身就不少。从乾隆十五年（1750）绘制完成的《乾隆京城全图》看，当时这片地区有观音庵、成寿寺、忠孝祠、关帝庙等，可见历史积淀之深。不同类型的宗教建筑荟萃一地，体现出北京城的多元文化特征。

　　北堂最初位于皇城西安门内蚕池口，这片地区虽位于西安门内，但当时尚不属皇宫禁苑范围，与东堂的地理位置有些相似。就此时的北京城而言，南边、东边都已有天主堂，剩下的选择只能是北边与西边。北京的前三海与后三海地区，历来是寺庙道观荟萃之地，在此处建造一座天主堂，不失为上佳选择。当然，蚕池口毕竟距离皇家禁地较近，且教堂的高尖顶建筑从视觉上对紫禁城形成俯视态，因此在晚清时期，北堂最终迁址西什库。

　　西堂位于北京内城西部的西直门内，在"四堂"中最年轻，姿态也放得更低。它不是皇家赐地，距离紫禁城最远。但它的出现，宣告天主教在北京城东西南北四个方位的布局基本完成。这种格局的出现，无疑是明清帝王对西学包容与接受的结果。西洋建筑这种异域文化元素，也逐渐嵌入北京城市风貌之中。

　　"四堂"占据了北京城的东西南北四个方位，形成合围之势，代表着西方文化企图征服东方王朝的心脏——紫禁城的野心。1904年，美国卫理公会建造了珠市口教堂。珠市口教堂是北京南城（外城）唯一一座基督教堂，位于北京城中轴线上。中轴线是北京作为都城的一大标志，是北京的文化地标，更是北京城的灵魂与脊梁。清入关以后，除了在城西营建三山五园之外，并未对北京城的建筑格局进行调整，更是全盘接纳了中轴线。但在细节上，也嵌入了自身的民族特征与文化符号。最突出的现象是，他们将位于紫禁城中轴线上的坤宁宫，改造为萨满教祭祀的场所。坤宁宫本是明代皇后的寝宫，与乾清宫一阴一阳构成中轴线"前朝后寝"格局中"寝宫"的重要建筑。清代在此设置一处萨满祭祀的空间，留下了鲜明的民族印记。不过从外观来看，中轴线主体建筑并未有大的变动，作为城市的重要景观，延续了明代的稳定性。由此，在中国传统建筑的中轴线上矗立起一座哥特式基督教教堂。珠市口教堂的出现，改变了北京中轴线建筑的整体风貌，也反映出晚清的北京城被动接受西学的无奈。当然，在今天来看，这也成为北京中轴线融汇古今中外建筑文化的先声。

二 明清笔记对"四堂"的著录及其作者心态

北京的"四堂"历经了多次损毁与重建。损毁的原因，有遭遇自然灾害，也有人为因素。南堂经历四次重建，康熙、雍正年间遭遇地震，乾隆朝遭遇火灾，1900年毁于庚子事变，1904年重建。东堂在康熙年间也毁于地震，嘉庆时为火焚毁，1900年毁于庚子事变，1904年重建。北堂在道光年间被废弃，第二次鸦片战争后重建，光绪十二年（1886）迁至西安门内西什库，成为北京规模最大的教堂，也成为北京地区天主教活动的中心。西堂于嘉庆年间禁教令颁布后被拆除，同治六年（1867）重建，1900年毁于庚子事变，1923年重建。在这一次次的损毁与重建之中，"四堂"的建筑风格与规模自然也有所变化。但无论怎么变，其西洋建筑风格一以贯之。明清时期的文人士大夫是以怎样的心态面对这种西洋建筑？他们重点记载什么？由此引发怎样的思考？乾隆时期官修《日下旧闻考》记载北堂仅有"蚕池口内西为天主堂"之语，晚清朱一新在《京师坊巷志稿》中记录蚕池口时也简述北堂为"迤西有法国天主堂，今移西十库"。朱一新在此处有特别说明："案：西人祆祠，录其最初者以志变始，余不著。"[1] 即对于教堂建筑，只记录其"最初者"，其他的则忽略不计。朱一新的此种态度颇具代表性。明清笔记关于北京教堂的记载总体并不丰厚，对于东堂、北堂、西堂较少提及，然关于南堂的著录却甚为丰富。个中缘由，当然是南堂是北京教堂的"最初者"。南堂承载着北京

---

[1] 朱一新：《京师坊巷志稿》，第42页。

乃至中国天主教四百年历史的沧桑巨变，管中窥豹，大体可推测北京天主堂之发展全貌。

南堂作为北京城内历史最为悠久的天主堂，跨明清两朝。明万历年间利玛窦所建南堂其实是由一所传统民居改建而成，传教士做的第一件事就是"修建一间漂亮宽阔的礼拜堂"，"后来又加盖了三间房作为顶层，底层也增盖了三间"。① 因此，最初的南堂，其西洋风格主要体现在礼拜堂的内部装饰。《帝京景物略》中《天主堂》篇记载：

> 堂在宣武门内东城隅，大西洋奉耶稣教者利玛窦，自欧罗巴国航海九万里入中国，神宗命给廪，赐第此邸。邸左建天主堂，堂制狭长，上如覆幔，傍绮疏，藻绘诡异，其国藻也。供耶稣像其上，画像也，望之如塑，貌三十许人。左手把浑天图，右叉指若方论说次，指所说者。须眉竖者如怒，扬者如喜，耳隆其轮，鼻隆其准，目容有瞩，口容有声，中国画绩事所不及。所具香灯盖帏，修洁异状。右圣母堂，母貌少女，手一儿，耶稣也。衣非缝制，自顶被体，供具如左。②

初建时的南堂，其外观并未与周围环境完全分离。这一方面缘于南堂是由民居改建，另一方面也是利玛窦基于在岭南等地的传教经验采取的策略，即采用中西合璧的方式营造的教堂空间，更有利于天主教在中国的本土化传播。在《帝京景物略》中，南堂的神圣性被淡化，而被赋予了"景物"的世俗性。南堂与北京西城内的首善书院、双塔寺、灵济宫一样，都是可资游览的城市景观。书中重点描述的耶稣与圣母玛利亚的画像，与白云观的丘处机像在笔墨上并无不同。不仅如此，北京西城外的"利玛窦坟"也是《帝京景物略》中的一处"景物"。利玛窦坟"阜成门外二里，嘉兴观之右"，是北京第一座基督教墓地，异域色彩鲜明，所谓"其坎封也，异中国，封下方而上圜，方若台圮，圜若断木。后虚堂六角，所供纵横十字文。后垣不雕篆而旋纹"。③

---

① 〔意〕利玛窦、〔比〕金尼阁：《利玛窦中国札记》，第515页。
② 刘侗、于奕正：《帝京景物略》，第222页。
③ 刘侗、于奕正：《帝京景物略》，第304页。

《帝京景物略》"天主堂""利玛窦坟"两处"景物"中还记载有对利玛窦的评价。利玛窦"紫髯碧眼，面色如朝华"，"自欧罗巴国航海九万里入中国"，给中国带来了"耶苏像、万国图、自鸣钟、铁丝琴等"，"既入中国，袭衣冠，译语言，躬揖拜，皆习"，被尊称为"西儒"，死后"诏以陪臣礼"葬入北京西郊。① 刘侗、于奕正不仅介绍了利玛窦及晚明的耶稣会士群体，以及他们带来的西洋物品、西学知识，甚至还介绍了耶稣及天主教的教义。刘侗、于奕正以竟陵派洁净隽永的文风，记述北京城的这两处特殊"景物"，体现了对利玛窦的尊崇与称许。沈德符在《万历野获编》卷 30"大西洋""利西泰"条也记载了利玛窦之事。沈德符与利玛窦有过交往，他称："往时，予游京师，曾与卜邻，果异人也。"在沈德符眼中，利玛窦"性好施，能缓急人，人亦感其诚厚，无敢负者。饮啖甚健，所造皆精好"。但对利玛窦宣传的"福音"，沈德符则不敢苟同，"利西泰发愿力以本教诱化华人，最诽释氏，曾谓余曰：'君国有仲尼，震旦圣人也，然西狩获麟时，已死矣。释迦亦葱岭圣人也，然双树背痛时亦死矣。安得尚有佛？'余不谓然，亦不以为忤"。在沈德符看来，"盖天主之教，自是西方一种，释氏所云旁门外道，亦自奇快动人。若以为窥伺中华，以待风尘之警，失之远矣"。② 晚明时期，中西文化交流尚处于平等的阶段，利玛窦等人以谦逊的姿态表达对中华文化的认同。因此，当时开明的士大夫赞利玛窦"言慕中华风，深契吾儒理"，③ 流露出对中华文化的自豪感。《帝京景物略》与《万历野获编》的记载，为了解晚明时期士大夫对西学的接受心态提供了重要史料。

清代以后，南堂真正成为一座西洋建筑，且在每一次重建中，风格都有所不同。赵翼在《檐曝杂记》中记载了他眼中的南堂。在赵翼（1727~1814）生活的时代，南堂经历了雍正八年（1730）的第三次重建，乾隆四十一年（1776）的第四次重建。《檐曝杂记》卷 1、卷 2 是赵翼在京城生活经历的记录，时间范围是乾隆十四年至乾隆三十一年，此后他赴广西、云南等地任职，老年回归故里常州。很显然，赵翼眼中的是雍

---

① 刘侗、于奕正：《帝京景物略》，第 222、304 页。
② 沈德符：《万历野获编》，《明代笔记小说大观》第 3 册，第 2725~2726 页。
③ 叶向高：《赠西国诸子》，转引自刘侗、于奕正《帝京景物略》，第 223 页。

正八年第三次重建后的南堂,系当时欧洲盛行之巴洛克式建筑,"堂之为屋圆而穹,如城门洞,而明爽异常"。但赵翼此处记载的条目为"西洋千里镜及乐器",其重点是南堂的千里镜以及乐器,而不是建筑本身。他对南堂"作乐之所"的描述则更为细致:

> 一虬须者坐而鼓琴,则笙、箫、磬、笛、钟、鼓、铙、镯之声无一不备。其法设木架于楼架之上,悬铅管数十下垂,不及楼板寸许。楼板两层,板有缝,与各管孔相对。一人在东南隅鼓鞴[鞴]以作气,气在夹板中尽趋于铅管下之缝,由缝直达于管。管各有一铜丝系于琴弦。虬须者拨弦,则各丝自抽顿其管中之关捩而发响矣。铅管大小不同,中各有窾窍以象诸乐之声,故一人鼓琴而众管齐鸣,百乐无不备,真奇巧也。①

赵翼还赞叹南堂的自鸣钟,"并不烦人挑拨而按时自鸣,亦备诸乐之声,尤为巧绝"。南堂的乐器,其实在康熙年间重建时已有。此次重建,在南堂的两侧修建了两座高塔,一塔安置大风琴,一塔悬挂时钟。如果说《帝京景物略》中的"天主堂"称之为"景物"有些牵强的话,康熙以后的南堂当之无愧是北京城的"景物"。"教堂高出毗连房屋之上三十余埃勒,很远处即能望见。"② 它不仅有巴洛克式的西洋建筑,还有大风琴与自鸣钟演奏的乐曲,甚至还可以在观星台"以镜视天"。因此,"北京居民无不惊奇不止,前来瞻仰者,势如潮涌"。③ 而在赵翼笔下,南堂简直是西洋器物千里镜、大风琴、自鸣钟的展览馆。赵翼字里行间藏着的"惊奇",体现了当时士大夫文人对西洋物质文明的接受与称许。

编成于乾隆五十三年的《宸垣识略》对南堂亦有记载。其书云:"天主堂……门额曰通微佳境,有世祖御制碑铭,又圣祖御书堂额曰密合天行,曰尽善尽美,后厅扁曰声清气和。……堂制狭以深实,正面向

---

① 赵翼:《檐曝杂记》,《清代笔记小说大观》第4册,第3127页。
② 〔德〕魏特:《汤若望传》,杨丙辰译,知识产权出版社,2015,第176页。
③ 方豪:《中西交通史》,商务印书馆,2021,第887页。

外，而宛若侧面；其顶如中国卷棚式，而覆以瓦；正面止启一门，窗则设于东西两壁之巅。中供耶稣像，绘画而若塑者，……衣无缝，自顶被于体。"① 该书记载的是乾隆四十一年第四次重建后的南堂。《宸垣识略》系根据康熙年间朱彝尊编辑的《日下旧闻》和乾隆年间敕编的《日下旧闻考》两书提要钩玄、去芜存菁而成。此处的记载亦是参考两书写就。《日下旧闻考》中关于南堂内饰的记载，其实是引自《春明梦余录》，而《春明梦余录》多有借鉴《帝京景物略》之处，甚至语言也多有因袭。因此，关于南堂内饰的记载，其根源仍在《帝京景物略》。关于南堂的历史以及顺治、康熙的匾额、碑铭，则直接出自《日下旧闻考》，且《宸垣识略》不如《日下旧闻考》交代得清楚。顺治、康熙二帝在南堂的发展历史上发挥了重要作用，特别是顺治帝，更是起了决定性作用。顺治年间，汤若望因精于天文历算获得顺治帝的尊重，敕赐"通玄教师"。顺治七年（1650），顺治帝于"宣武门内天主堂侧，隙地一方，以资重建圣堂"，"孝庄文皇太后，颁赐银两，亲王官绅等，亦相率捐助，若望遂鸠工兴建"。② 这座教堂历经两年落成，顺治帝赐以"钦崇天道"匾额。顺治十四年，顺治帝巡幸南苑，经过南堂，又赐堂额"通微佳境"，并亲书《天主堂碑文》。该碑文称：

> 朕巡行南苑，偶经斯地，见神之仪貌如其国人，堂牖器饰如其国制。问其几上之书，则曰此天主教之说也。夫朕所服膺者，尧舜周孔之道，所讲求者，精一执中之理。至于玄笈贝文所称，道德楞严诸书，虽尝涉猎，而旨趣茫然。况西洋之书，天主之教，朕素未览阅，焉能知其说哉？若望入中国已数十年，而能守教奉神，肇新祠宇，敬慎蠲洁，始终不渝。孜孜之诚，良有可尚。人臣怀此心以事君，未有不敬其事者也。朕甚嘉之，因赐额名曰通微佳境，而为之记。③

---

① 吴长元辑《宸垣识略》，第 125~126 页。
② 黄伯禄：《正教奉褒》，上海慈母堂重印本，光绪三十年据光绪七年刊本，"中研院"近代史研究所藏光碟版，叶 25 上。
③ 于敏中主编《日下旧闻考》第 3 册，第 780 页。

顺治帝在碑文中并未对南堂的建造经过及天主教本身过多着墨，他重在褒扬汤若望治历有功，并将天主教与佛、道相提并论，虽不崇尚，却持宽容的态度。他还将天主教与儒家的天道相提并论，因此赐匾额"钦崇天道"。顺治帝还数次微服私行，临幸南堂与汤若望住宅，和汤若望结下了深厚的情谊。《日下旧闻考》完整辑录了顺治帝的《天主堂碑文》，为南堂保存了珍贵的史料，也体现出明末清初开明帝王面对西学时展现出的从容的心态与包容的气魄。

在姚元之的《竹叶亭杂记》中，南堂又呈现出另一番模样。姚元之生于乾隆三十八年（1773），卒于咸丰二年（1852）。《竹叶亭杂记》的记述重点是南堂内的两张线法画，"南堂内有郎士宁线法画二张，张于厅事东西壁，高大一如其壁"。这两张线法画传达出非常逼真的视觉效果：

> 立西壁下，闭一目以觑东壁，则曲房洞敞，珠帘尽卷，南窗半启，日光在地，牙签玉轴，森然满架。有多宝阁焉，古玩纷陈，陆离高下。北偏设高几，几上有瓶，插孔雀羽于中，灿然羽扇。日光所及，扇影、瓶影、几影，不爽毫发。壁上所张字幅篆联，一一陈列。穿房而东有大院落，北首长廊连属，列柱如排，石砌一律光润。又东则隐然有屋焉，屏门犹未启也。低首视曲房外，二犬方戏于地矣。①

所谓"线法"，乃清人将西洋透视法则概括为"定点引线之法"之简称。② 线法画是一种立体感极强的透视画，通过画面表现与建筑空间相互配合，创造出特别的观赏感受与视幻空间，以此增强建筑物的空间感与深远感。据记载，乾隆二十二年（1757），郎世宁"为南堂作壁画四，一曰君士坦丁大帝凯旋图，二曰大帝赖十字架得胜，存南北二壁，东西二壁则为第三、第四图"。③ 南堂东西二壁的线法画被姚元之赞为"其精乃如此"，因"惜古人未之见也，特记之"。郎世宁所作东西二壁之画作应该有宗教色彩，然姚元之的描述中不见痕迹。且关于南北二壁的"君士坦

---

① 姚元之：《竹叶亭杂记》，《清代笔记小说大观》第5册，第4823页。
② 参见聂崇正《"线法画"小考》，《故宫博物院院刊》1982年第3期。
③ 方豪：《中西交通史》，第872页。

丁大帝凯旋图""大帝赖十字架得胜",姚元之更是丝毫未提及,不知是画作已损毁,还是有意忽视。南堂的线法画是康雍乾时期"西画东渐"的标志性作品。"雍正以后,教禁甚严,帝王廷臣对西洋科学之兴趣亦不似曩昔之热烈,独对艺术之嗜好,初不因传授者为西教士而废也。"① 或许正是基于这种对西方艺术的"嗜好",南堂之于姚元之,其眼中似乎只有那视觉效果惊人的线法画。

在纪昀的《阅微草堂笔记》中,南堂引发的是另一个话题。《如是我闻》载:

> 裘文达公言:尝闻诸石东村曰,有骁骑校,颇读书,喜谈文义。一夜寓直宣武门城上,乘凉散步。至丽谯之东,见二人倚堞相对语。心知为狐鬼,屏息伺之。其一举手北指曰:"此故明首善书院,今为西洋天主堂矣。其推步星象,制作器物,实巧不可阶。其教则变换佛经,而附会以儒理。吾曩往窃听。每谈至无归宿处,辄以天主解结,故迄不能行。然观其作事,心计亦殊黠。"其一曰:"君谓其黠,我则怪其太痴。彼奉其国王之命,航海而来,不过欲化中国为彼教。揆度事势,宁有是理!而自利玛窦以后,源源续至,不偿其所愿终不止,不亦颠欤?"……东村曰:"天下趋之若鹜,而世外之狐鬼,乃窃窃不满也。人误耶?狐鬼误耶?"②

纪昀此则笔记本意不在记述南堂,他对耶稣会士带来的西洋器物甚是称赞,却用"黠""痴""颠"来概括耶稣会士,对天主教的教义甚不赞同。纪昀作为乾隆朝重臣,应该最能知晓皇帝对待天主教的态度。雍正、乾隆年间,是清廷实施禁教政策最为严厉的时期,以传教士为媒介的中西文化交流进入低谷。纪昀对待天主教的态度,在当时颇具普遍性。

晚清民国时期,徐珂在《清稗类钞》中记述"京师天主堂"仅涉及南堂,其文字无疑出自《帝京景物略》与《宸垣识略》,但徐珂对待天主

---

① 方豪:《中西交通史》,第871页。
② 纪昀著,韩希明译注《阅微草堂笔记》中册,中华书局,2014,第692页。

教的态度则颇具时代特征。他认为这些传教者,"皆熟悉吾国之方言习俗,深入内地,不惮艰险,设学校,建医院,就教育慈善事业,尽其发展之策,以和易合群为宗旨,以勤俭进取为目的。有佛家之神道作用,而无空寂之弊,有回教之坚忍不屈,而与人群无忤,对于中下社会,最为适宜。至借教以护符干预地方行政者,则皆不肖之教士也"。[1] 徐珂对真正的传教者不乏赞美之词,而对"干预地方行政者",则斥为"不肖"。天主教在北京乃至中国的传播,自乾嘉之后,又历经几多波折。徐珂对待天主教的态度,较之纪昀相对平和与理性。

从明清笔记来看,明清时期士大夫文人对天主教教堂、传教士与天主教教义的态度各不相同,有的客观叙事,有的言辞激烈,这既体现了明清不同历史时期的特点,也反映了士大夫文人个体的认知差异。这应该是明清时期西学在北京传播的真实状况。笔记作者对于南堂的记载重点各不相同,但普遍关注教堂内饰,尤其对其中的西洋人物、西洋器物、西洋艺术感到新奇。明清笔记中的北京南堂书写,呈现出一段曲折的中西文化交流史。

三 西洋建筑兴盛及因由

概览明清笔记,作者对教堂外观的描述相对较少,更没有出现概括西洋建筑风格的专业术语。天主教堂总体上属西洋建筑,但也融合了中国传统建筑的特征。西方教堂主要有罗马式与哥特式等不同建筑风格,北京的南堂、东堂主要是罗马式,北堂与西堂则主要是哥特式。罗马式教堂建筑采用典型的拱券结构,内部装饰主要使用壁画与雕塑,呈现安宁与凝重之感,南堂即体现了这一建筑风格。当然,南堂在罗马式建筑风格的基础上,又融入了中国传统建筑风格。西方教堂多坐东朝西,而南堂则坐北朝南。西方教堂主要呈开放式布局,南堂则采用中国传统院落式布局。在细节装饰上,南堂也采用了多种中国传统建筑元素,如"其顶如中国卷棚式,而覆以瓦"。中西建筑艺术相融合,共同营造出南堂古朴、庄重、典雅之美。此种中西合璧之美,在东堂、北堂与西堂建筑风格上都有所体

---

[1] 徐珂编撰《清稗类钞》第4册,第1956页。

现。如北堂的主体建筑凸显哥特式特征，但教堂里的中式台基、汉白玉栏杆、黄顶琉璃瓦重檐歇山顶的碑亭等，都富有中国气韵。当然，教堂建筑融入中国文化元素，并未改变教堂作为西洋建筑的本质特征。适当的本土化，亦是一种传播策略。

教堂建筑在北京的出现与稳固，为日后西洋建筑在圆明园的大规模建造以及在北京城的进一步发展奠定了基础。乾隆十二年至二十五年，圆明园长春园北部兴建了一组欧式园林建筑，俗称"西洋楼"。西洋楼景区由谐奇趣、蓄水楼、万花阵、养雀笼、方外观、海晏堂、远瀛观、大水法、观水法、线法山、方河、线法墙等10多个景点组成，主要由意大利传教士郎世宁、法国传教士蒋友仁等设计监造。其建筑形式和造园艺术，具有欧洲文艺复兴后期意大利的巴洛克风格和法国的勒诺特尔风格。"西洋楼"不仅是西洋建筑首次入驻中国皇家园林，也是北京甚至是中国第一次大规模兴建的西洋建筑。虽然"西洋楼"仅局限在紧靠长春园北墙区域，并不在圆明三园的重要位置，更没有建筑在中轴线或中心的位置，但它代表北京对西洋建筑的接纳、吸收达到了高潮，在中西方文化交流史上具有特殊意义。

继圆明园"西洋楼"之后，西洋建筑又以西洋门的形式在北京恭王府、万寿寺、颐和园等皇家建筑中出现。根据清代著名建筑世家样式雷图档，恭王府西洋门在道光末年恭亲王入住之前就已经存在。恭王府的前主人为和珅，而和珅又是负责圆明园工程的主要大臣，或许此西洋门在乾隆年间就已经存在。万寿寺的西洋门和颐和园养云轩的西洋门，据相关资料记载，也都建于乾隆年间。嘉庆、道光年间，北京的权贵之家或许已出现西洋房。成书于道光年间的《品花宝鉴》，第9回提及怡园中有一座"朝东五间三明两暗的西洋房"。虽然是小说家言，但在一定程度上也是历史真实的反映。

1900年之后，北京还刮起了一股西洋楼之风。1901年，中海海晏堂建成，此堂是样式雷第六代传人雷廷昌之手笔，不仅与圆明园海晏堂同名，且建筑式样、内部陈设也颇为相似。1907年开放的农事试验场（北京动物园前身），"庭内有西式屋四五幢"，"北步过桥，则为畅观楼，西式，高二层，构造宏壮，孝钦后避暑时曾游之。制拟殿阁，面临五龙桥，桥旁有二喷水池，铸铁狮形二，矗立其中。入门后，室中净不可唾，更上一层，若卧房，均西式。登楼下瞰，园景历历在目"。① 畅观楼位于农事试验场西北部，为法国建筑师设计的欧式建筑，它与农事试验场大门、场内万牲园大门，成为晚清北京西洋建筑的代表。西洋楼风也刮进了紫禁城，延禧宫灵沼轩（1909）、宝蕴楼（1915）都是这股风潮的产物。这股西洋楼风还流行到北京街面的商铺。北京前门外大栅栏、东四、西单、新街口、珠市口等处的商业建筑，都部分采用巴洛克建筑风格，形成西洋楼式的外观。正如梁思成所说："十九世纪末叶及二十世纪初年，中国文化屡次屈辱于西方坚船利炮之下以后，中国却忽然到了'凡是西方的都是好的'的段落，又因其先已有帝王骄奢好奇的游戏，如郎世宁辈在圆明园建造西洋楼等事为先驱，于是'洋式楼房'，'洋式门面'，如雨后春笋，酝酿出光宣以来建筑界的大混乱。"②

如今，建筑作为城市形象的标志这一理念越来越获得认同。随着文化交流的频繁，城市的建筑风格愈加多元化。北京不仅有故宫、天坛等传统建筑，有正阳门火车站、北京劝业场等近代历史建筑，也有人民大会堂、中国国家博物馆、水立方、鸟巢、国家大剧院等现当代建筑。不同风格的建筑见证了北京城的发展变迁，也描摹出北京城的多样面貌，体现出北京城开放包容、兼收并蓄的文化特质。

---

① 徐珂编撰《清稗类钞》第1册，第198~199页。
② 《梁思成文集》第2册，中国建筑工业出版社，1984，第221页。

参考文献

一 笔记、小说等文献类

北京市档案馆编《北京会馆档案史料》，北京出版社，1997。

北京市东城区园林局汇纂《北京庙会史料通考》，北京燕山出版社，2002。

本书编纂组编《北京先农坛史料选编》，学苑出版社，2007。

曹雪芹著，无名氏续《红楼梦》，人民文学出版社，2008。

柴桑：《京师偶记》，《北京历史风土丛书》第1卷，广业书社，1912。

柴小梵：《梵天庐丛录》，山西古籍出版社，1999。

长白浩歌子：《萤窗异草》，人民文学出版社，1999。

陈康祺：《郎潜纪闻初笔二笔三笔》，中华书局，1984。

陈康祺：《郎潜纪闻四笔》，中华书局，1990。

陈夔龙：《梦蕉亭杂记》，北京出版社，2018。

陈森：《品花宝鉴》，上海古籍出版社，1990。

陈宗蕃编著《燕都丛考》，北京古籍出版社，1991。

崇彝：《道咸以来朝野杂记》，北京古籍出版社，1982。

戴璐：《藤阴杂记》，北京古籍出版社，1982。

《都门汇纂》（外二种），北京古籍出版社，2017。

福格：《听雨丛谈》，中华书局，1984。

傅谨主编《京剧历史文献汇编》，凤凰出版社，2011。

富察敦崇等：《燕京岁时记》（外六种），北京出版社，2018。

高士奇：《金鳌退食笔记》，北京古籍出版社，1982。

顾起元：《客座赘语》，《明代笔记小说大观》第2册，上海古籍出版社，2005。

海圃主人：《续红楼梦新编》，内蒙古人民出版社，2016。

何刚德：《春明梦录 客座偶谈》，山西古籍出版社，1997。

和邦额：《夜谭随录》，上海古籍出版社，1988。

纪昀著，韩希明译注《阅微草堂笔记》全 3 册，中华书局，2014。

蒋一葵：《长安客话》，北京出版社，2018。

李家瑞编《北平风俗类征》，北京出版社，2010。

李家瑞编《北平岁时征》，北京出版社，2018。

李绿园：《歧路灯》，中州古籍出版社，1998。

李渔：《闲情偶寄》，上海古籍出版社，2000。

〔意〕利玛窦、〔比〕金尼阁：《利玛窦中国札记》，何高济等译，中华书局，2010。

梁绍壬：《两般秋雨盦随笔》，上海古籍出版社，2012。

刘侗、于奕正：《帝京景物略》，孙小力校注，上海古籍出版社，2001。

刘若愚：《酌中志》，《明代笔记小说大观》第 4 册，上海古籍出版社，2005。

刘廷玑：《在园杂志》，《清代笔记小说大观》第 3 册，上海古籍出版社，2007。

陆林主编《清代笔记小说类编》，黄山书社，1994。

陆容：《菽园杂记》，《明代笔记小说大观》第 1 册，上海古籍出版社，2005。

路工选编《清代北京竹枝词》（十三种），北京出版社，2018。

《明史》，中华书局，1974。

欧阳兆熊、金安清：《水窗春呓》，中华书局，1984。

钱泳：《履园丛话》，《清代笔记小说大观》第 4 册，上海古籍出版社，2007。

《清史稿》，中华书局，2021。

丘良任等编《中华竹枝词全编》，北京古籍出版社，1997。

阙名：《燕京杂记》，北京出版社，2018。

阮葵生：《茶余客话》，《清代笔记小说大观》第 3 册，上海古籍出版社，2007。

沈榜：《宛署杂记》，北京出版社，2018。

沈德符：《万历野获编》，《明代笔记小说大观》第 3 册，上海古籍出版社，2005。

沈善宝：《沈善宝集》，浙江古籍出版社，2021。

史玄：《旧京遗事》，北京出版社，2018。

宋起凤著，于德源校注《稗说校注》，北京燕山出版社，2020。
孙承泽：《春明梦余录》，北京古籍出版社，1992。
孙承泽：《天府广记》，北京古籍出版社，1984。
孙殿起辑《琉璃厂小志》，北京出版社，2018。
完颜麟庆：《鸿雪因缘图记》，浙江人民美术出版社，2019。
汪启淑：《水曹清暇录》，北京古籍出版社，1998。
王利器辑录《元明清三代禁毁小说戏曲史料》，上海古籍出版社，1981。
王圻：《续文献通考》，浙江古籍出版社，2000年影印本。
王锜：《寓圃笔记》，《明代笔记小说大观》第1册，上海古籍出版社，2005。
王士禛：《池北偶谈》，中华书局，1982。
王士正（禛）：《居易录谈 附居易续谈》，上海商务印书馆，1936。
王士禛：《香祖笔记》，上海古籍出版社，1982。
文康：《儿女英雄传》，人民文学出版社，2014。
《翁同龢日记》，陈义杰整理，中华书局，1997。
吴长元辑《宸垣识略》，北京古籍出版社，1982。
吴振棫：《养吉斋丛录》，中华书局，2005。
夏仁虎：《旧京琐记》，北京出版社，2018。
谢肇淛：《五杂组》，《明代笔记小说大观》第2册，上海古籍出版社，2005。
熊梦祥：《析津志辑佚》，北京图书馆善本组辑，北京古籍出版社，1983。
徐珂编撰《清稗类钞》（全13册），中华书局，2010。
薛福成：《庸庵笔记》，重庆出版社，1999。
姚元之：《竹叶亭杂记》，《清代笔记小说大观》第5册，上海古籍出版
　　社，2007。
叶梦珠：《阅世编》，中华书局，2007。
佚名：《梼杌闲评》，人民文学出版社，1983。
于敏中主编《日下旧闻考》，北京出版社，2018。
于慎行：《榖山笔麈》，中华书局，1984。
俞蛟：《梦厂杂著》，文化艺术出版社，1988。
袁枚：《随园诗话》，浙江古籍出版社，2016。
袁枚：《随园食单》，中华书局，2010。

云樵外史:《红楼梦影》,内蒙古人民出版社,2016。
查慎行:《人海记》,北京古籍出版社,1989。
张次溪编著《北平岁时志》,北京出版社,2018。
张次溪编纂《清代燕都梨园史料》,中国戏剧出版社,1988。
张爵:《京师五城坊巷胡同集》,北京出版社,2018。
张星烺编注《中西交通史料汇编》,朱杰勤校订,中华书局,2003。
昭梿:《啸亭杂录　续录》,《清代笔记小说大观》第 5 册,上海古籍出版社,2007。
赵其昌主编《明实录北京史料》,北京古籍出版社,1995。
赵翼:《檐曝杂记》,《清代笔记小说大观》第 4 册,上海古籍出版社,2007。
震钧:《天咫偶闻》,北京古籍出版社,1982。
周家楣、缪荃孙等主编《光绪顺天府志》全 16 册,北京出版社,1987。
朱国祯:《涌幢小品》,《明代笔记小说大观》第 4 册,上海古籍出版社,2005。
朱一新:《京师坊巷志稿》,北京出版社,2018。
朱彝尊:《日下旧闻》,《朱彝尊全集》第 12~14 册,浙江大学出版社,2022。

二　论著类

爱新觉罗瀛生:《老北京与满族》,学苑出版社,2008。
白继增编《北京宣南会馆拾遗》,中国档案出版社,2011。
陈东原:《中国妇女生活史》,商务印书馆,2015。
陈鸿年:《北平风物》,九州出版社,2016。
陈平原、王德威编《北京:都市想像与文化记忆》,北京大学出版社,2005。
德龄公主:《瀛台泣血记》,秦瘦鸥译,东方出版社,2008。
邓云乡:《旧京散记》,江苏文艺出版社,2006。
邓云乡:《燕京风土记》,河北教育出版社,2004。
范丽敏:《清代北京戏曲演出研究》,人民文学出版社,2007。
方豪:《红楼梦西洋名物考》,浙江人民美术出版社,2017。
方豪:《中西交通史》,商务印书馆,2021。
傅秋爽:《北京文学史》,人民出版社,2010。

葛永海:《古代小说与城市文化研究》,复旦大学出版社,2004。

葛永海:《中国城市叙事的古典传统及其现代变革研究》,商务印书馆,2022。

〔美〕韩书瑞:《北京:公共空间和城市生活(1400~1900)》,孔祥文译,中国人民大学出版社,2019。

胡春焕、白鹤群:《北京的会馆》,中国经济出版社,1994。

胡文彬:《红楼梦与北京》,陕西人民出版社,2008。

胡文楷编著,张宏生等增订《历代妇女著作考》(增订本),上海古籍出版社,2008。

季剑青:《重写旧京:民国北京书写中的历史与记忆》,三联书店,2017。

贾诺:《北京私家园林志》,清华大学出版社,2010。

焦雄:《北京西郊宅园记》,北京燕山出版社,1996。

金启孮:《顾太清与海淀》,北京出版社,2000。

〔英〕柯律格:《大明——明代中国的视觉文化与物质文化》,黄小峰译,三联书店,2019。

来新夏:《清人笔记随录》,中华书局,2005。

雷炳炎:《清代社会八旗贵族世家势力研究》,中国社会科学出版社,2016。

〔美〕雷·哈奇森:《城市研究关键词》,陈恒等译,三联书店,2022。

李宝臣:《北京风俗史》,人民出版社,2008。

李宝臣:《礼不远人——走近明清京师礼制文化》,中华书局,2008。

李纬文:《隐没的皇城——北京元明皇城的建筑与生活图景》,文化艺术出版社,2022。

〔美〕理查德·利罕:《文学中的城市——知识与文化的历史》,吴子枫译,上海人民出版社,2009。

梁启超:《清代学术概论》,中华书局,2011。

林永匡:《清代社会生活史》,中国社会科学出版社,2016。

林峥:《公园北京——文化生产与文学想象(1860~1937)》,北京大学出版社,2022。

刘凤云:《北京与江户——17~18世纪的城市空间》,中国人民大学出版社,2012。

刘凤云：《明清城市空间的文化探析》，中央民族大学出版社，2001。

刘水云：《明清家乐研究》，上海古籍出版社，2005。

刘小萌：《清代北京旗人社会》，中国社会科学出版社，2008。

刘叶秋：《历代笔记概述》，中华书局，1980。

刘勇：《北京历史文化十五讲》，北京大学出版社，2009。

罗哲文：《北京历史文化》，北京大学出版社，2004。

马芷庠：《老北京旅行指南》，张恨水审定，吉林出版集团有限责任公司，2008。

〔美〕明恩溥：《中国人的气质》，刘文飞、刘晓畅译，上海三联书店，2007。

穆儒丐：《北京梦华录》，北京出版社，2016。

齐如山：《戏班》，北平国剧学社，1935。

〔日〕青木正儿：《中国近世戏曲史》，王古鲁译，中华书局，2010。

商衍鎏：《清代科举考试述录》，故宫出版社，2014。

沈从文：《中国古代服饰研究》，上海书店出版社，2017。

〔美〕施坚雅主编《中华帝国晚期的城市》，叶光庭等译，中华书局，2000。

史念海：《中国古都与文化》，中华书局，1998。

释永芸、岳红：《北京伽蓝记》，商务印书馆，2015。

宋剑飞：《中国空间策略：帝都北京（1420~1911）》，诸葛净译，三联书店，2017。

孙立群：《中国古代的士人生活》，商务印书馆，2014。

孙晓飞：《繁盛与衰败——3000年帝国都城变迁史》，陕西人民出版社，2021。

佟洵主编《佛教与北京寺庙文化》，中央民族大学出版社，1997。

〔德〕瓦尔特·本雅明：《巴黎，19世纪的首都》，刘北成译，上海人民出版社，2006。

王灿炽：《燕都古籍考》，京华出版社，1995。

王岗：《北京历史文化研究》，人民出版社，2013。

王建伟主编《北京文化史》，人民出版社，2014。

王军：《尧风舜雨——元大都规划思想与古代中国》，三联书店，2022。

王日根：《中国会馆史》，东方出版中心，2018。

王世仁：《宣南鸿雪图志》，中国建筑工业出版社，2002。

王政尧：《清代戏剧文化史论》，北京大学出版社，2005。

魏泉：《士林交游与风气变迁——19世纪宣南的文人群体研究》，北京大学出版社，2008。

文化部文学艺术研究院红楼梦研究室编《大观园研究资料汇编》，1979。

巫仁恕：《品味奢华——晚明的消费社会与士大夫》，中华书局，2008。

夏晓虹主编《晚清北京的文化空间》，北京大学出版社，2021。

谢国桢：《明清笔记谈丛》，中华书局，1960。

徐苹芳编著《明清北京城图》，上海古籍出版社，2012。

许嘉璐：《中国古代衣食住行（插图本）》，中华书局，2013。

杨惠玲：《戏曲班社研究：明清家班》，厦门大学出版社，2006。

杨宽：《中国古代都城制度史研究》，上海人民出版社，2016。

伊永文：《明代社会日常生活》，中国工人出版社，2020。

原北平市政府秘书处编《旧都文物略》，中国建设工业出版社，2005。

岳升阳、黄宗汉、魏泉：《宣南——清代京师士人聚居区研究》，北京燕山出版社，2012。

张宝章：《三山五园新探》，中国人民大学出版社，2014。

张菊玲：《旷代才女顾太清》，北京出版社，2002。

张仁忠：《北京史》，北京大学出版社，2009。

张旭：《北京与南京：明清小说中抹不去的京都之恋》，上海古籍出版社，2021。

张艳丽主编《北京城市生活史》，人民出版社，2016。

赵园：《北京：城与人》，北京大学出版社，2014。

郑永华主编《北京宗教史》，人民出版社，2011。

〔日〕中野江汉：《北京繁昌记》，韩秋韵译，北京联合出版公司，2017。

周汝昌：《红楼梦新证》（增订本），中华书局，2012。

周维权：《中国古典园林史》（第2版），清华大学出版社，2005。

周晓琳、刘玉平：《中国古代城市文学史》，人民出版社，2014。

朱洪、马慕良：《宫墙内外的老北京文化》，北京工艺美术出版社，2011。

朱耀廷：《北京文化史研究》，光明日报出版社，2008。

后 记

本书写作缘起有二：一是多年前我参与了北京市哲社课题"明清小说与北京城市文化研究"，对明清小说与北京文化之关系颇有继续研究的兴趣；二是我的专业乃红学研究，红学界有句熟语"开谈不说《红楼梦》，读尽诗书是枉然"，此诗出自清代得硕亭的《京都竹枝词》（《草珠一串》），诗下注云"此书脍炙人口"，这引发了我的探究欲，既然《红楼梦》是如此"脍炙人口"，那么在清中期以后的文人笔记中应多有记述，于是大量翻检清代的文人笔记，结果却令人失望，在笔记中关于《红楼梦》及其作者的记述几乎可以忽略不计。但有另外的收获，即在清代笔记中发现了很多关于北京城市的记述。于是，我开始撰写这部《回望燕京：明清笔记、小说与北京文化记忆》书稿，于2020年7月完成了约28万字的初稿，并于同年获批国家社科基金后期资助一般项目"明清笔记、小说与北京文化记忆研究"。本书即为此课题的结项成果。

本书内容涉及明清时期北京的坛庙、寺观、园林、士乡、教育、礼俗、节令、衣食住行、娱乐、文化交流等诸多方面，基本框架为十章，分别是"都城威仪与坛庙祭祀""芸芸众生与寺观庙宇""休闲娱乐与山水园林""宣南'士乡'与士林文化""八旗世家与教育科举""京旗文化与人生礼俗""四时节序与节日习俗""衣食住行与日常生活""剧坛风云与梨园习尚""京师气象与西风东渐"。本来还想写写此时的城市商业，因为"文化记忆"部分分量已经足够，加之篇幅与结项时间限制，所以未能触及此话题，颇有些遗憾。

本书旨在从文学书写的角度研究文人笔记、通俗小说与北京城市文化的关系，为古代文学与都城文化的交叉研究提供实证文本，并试图为明清笔记、小说研究及北京学提供一些新的研究思路。此外，本书所展现的明清北京城市图景，所揭示的城市文化内涵，或许对当前的北京城市文化建设有借鉴意义。

感谢刊发课题前期成果的学术期刊及责编老师，你们的每一份修改建议，都使本书增色不少；感谢中国艺术研究院诸多同事的鼎力支持，使课题得以顺利结项；感谢本书责任编辑李丽丽、文稿编辑李蓉蓉两位女史的严谨与细致，有她们的帮助，本书才得以及时出版。

　　感谢段启明先生为拙作写序。先生从小在北京长大，对北京非常熟悉，先生在我的书稿上留下了很多铅笔写的修改建议，使我弥补了书中的诸多不足。

　　2020年上半年，90岁的母亲罹患重疾，我在家一边陪伴她，一边写作本书稿。母亲于当年她农历生日那天去世，至今已历五年，思念之情，日增月盛，谨以此书献给在遥远天国的母亲！

乙巳年春月

于京西南菜户营